销售队伍管理

黄德华 张大亮 编著

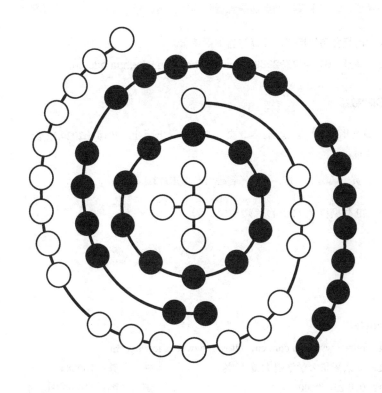

清华大学出版社
北京

内 容 简 介

这是中国本土第一本专注企业销售队伍管理的权威教材，它厚基于中国传统文化，植根于中国本土环境，着眼于国际视野。本书由富有卓越实战经验的浙大兼职教授和富有卓越理论研究成果的浙大营销学教授联手创作，实现了销售队伍领域的管理实践与前沿理论的完美融合。

本书融合了中国传统文化、现代西方管理学、销售学、市场营销、战略管理、组织行为学、领导学等近 10 门学科的最新原理与实践。书中全部案例均为中国本土案例，案例来自民企、国企和在华的外企，具有极强的真实性。另外，书中还穿插了很多实用性的管理表格工具，为企业设计、建立和管理销售队伍提供了可操作的理论指导。

本书分为五个部分：销售队伍管理入门篇，着重探讨了销售队伍管理的内涵、专业销售技能、顾问销售技能、适应性销售技能。销售队伍的战略规划管理篇，属于设计销售队伍范畴，主要探讨了销售预测管理、销售区域管理、销售指标管理等。销售队伍的人力资源管理篇，涉及设计销售队伍、组建销售队伍和管理销售队伍三个领域，主要探讨了销售组织设计、销售组织变革、销售薪酬设计、销售队伍的流入（招聘）、流出（辞退）和发展（同化、培训与晋升）等。销售队伍的运作辅导管理篇，属于管理销售队伍范畴，主要阐述了销售队伍的激励管理、士气管理、领导、辅导、指导与控制。销售队伍的绩效评估管理篇，属于管理销售队伍范畴，主要探讨了销售管理层的销售量分析、营销成本分析、盈利性分析以及销售员的绩效评估。附录中的综合案例是真实发生在中国本土的案例。

本书不仅适合作为 MBA、EMBA 课程的教材，同样适用于销售管理专业的本科生教学，更适用于企业总经理、销售经理、人力资源经理、销售主管，乃至那些想晋升的销售员和想创业的读者来阅读学习。

本书封面贴有清华大学出版社防伪标签，无标签者不得销售。
版权所有，侵权必究。举报：010-62782989，beiqinquan@tup.tsinghua.edu.cn。

图书在版编目(CIP)数据

销售队伍管理 / 黄德华，张大亮 编著. —北京：清华大学出版社，2014（2024.12重印）
ISBN 978-7-302-38484-7

Ⅰ.①销… Ⅱ.①黄… ②张… Ⅲ.①销售管理 Ⅳ.①F713.3

中国版本图书馆 CIP 数据核字（2014）第 257544 号

责任编辑：杨如林
封面设计：铁海音
责任校对：胡伟民
责任印制：刘 菲

出版发行：清华大学出版社
网　　址：https://www.tup.com.cn，https://www.wqxuetang.com
地　　址：北京清华大学学研大厦 A 座　　邮　编：100084
社 总 机：010-83470000　　邮　购：010-62786544
投稿与读者服务：010-62776969，c-service@tup.tsinghua.edu.cn
质 量 反 馈：010-62772015，zhiliang@tup.tsinghua.edu.cn

印 装 者：天津鑫丰华印务有限公司
经　　销：全国新华书店
开　　本：190mm×260mm　　印　张：36　　插　页：1　　字　数：925 千字
版　　次：2014 年 12 月第 1 版　　印　次：2024 年 12 月第 7 次印刷
定　　价：99.00 元

产品编号：061801-02

前　言

从宏观上来看，销售是社会再生产的中心环节，只有通过销售，才能保证社会再生产的顺利进行。从微观上来看，企业只有把产品销售出去，并把钱收回来，才能生存与发展。

产品微笑曲线告诉我们：产品利润率的最高端在研发与营销，同时，队伍管理难度的微笑曲线也提示，队伍管理难度最大的也在研发队伍和销售队伍。没有销售队伍管理的理论指导，很多企业只能望洋兴叹。少数企业通过摸着石头过河的方式进行销售队伍管理，仅有极少数企业获得了成功。

在国外的企业中，其推广费用的70%用在人员推销，而只有30%用在广告。广告与人员推销有着密切的关系，如果广告类似阵地战中的"炮火轰炸"，市场队伍类似导弹部队的话，那么销售队伍就是一步一步攻占并守住阵地的步兵。没有市场队伍用广告的炮火来支援，步兵的进攻代价将不可估量；同样，没有步兵就不可能有对阵地的实际占领。广告与人员推销、市场队伍与销售队伍是相辅相成、相得益彰的关系。

我国企业80%的问题是销售问题，而这80%的销售问题中，又有80%是销售队伍管理问题。在企业中，销售队伍的规模远远大于产品经理或品牌经理组成的市场队伍，很多中小型企业根本没有市场队伍，只有销售队伍。许多企业意识到受过良好教育的商业人员在完成销售目标中的巨大作用，但是面临外资企业的竞争时，销售专业化与销售队伍管理专业化的问题已经凸现。很多企业通过实战培训来解决这个问题，但是缺乏权威性的销售队伍管理教材。本土企业对高学历、有能力的专业销售人才与销售管理人才的需求很大并不断地增长。可喜的是，在一些高校中，从事销售队伍管理研究的人也在不断增多。销售队伍的专业管理在国外发展极为迅速，并随外资企业迅速引入我国。紧紧跟上它的步伐对我们来说是一个挑战。十分庆幸，评审家、编辑、读者及浙江大学MBA学生们都给予了我们机会，给《销售队伍管理》编写工作以莫大的帮助与支持。

本书的新颖之处

（1）聚焦性　本书聚焦在人与人的管理，主要是探讨与反映销售人员组成的团队与队伍如何进行专业化的管理，提高企业的销售效力。

（2）**整合性**　本书整合了中外销售管理原理与实践，整合了营销管理、战略管理、人力资源管理、组织行为学、供应链管理、电子商务、管理心理学、领导学、经济学、管理学等领域的最新原理与实践。

（3）**本土化**　本书使用的案例、情景故事等100%来自在中国的企业（包括在华的外资企业），厚基于中国这个大环境。

（4）**相容性**　本书是销售队伍管理领域的理论前沿成果与销售队伍管理实践的完美融合，通过来自真实世界的素材，把那些深奥晦涩的销售队伍管理理论展现给本书的读者。因此，本书是一本非常具有实用价值的前瞻性教材。

（5）**多样性**　虽然本书主要是为MBA的教学而编写的，但是它同样适用于销售管理专业的本科生，也适用于EMBA学员的学习，也适用于企业总经理、销售总监、销售经理、销售主管，乃至那些想晋升的销售人员和想创业的人们自学。既可以供高校教学使用，也可以供咨询与培训界使用，还可以供销售管理者自学使用。本书的目标之一就是提供能够适用于各行业的有效的专业的销售队伍管理原理与方法。尽管在高校的教学中，不是所有学过销售队伍管理的学生都会成为销售管理者，但是学生在这门课程中可以系统地学到销售队伍管理的基本原理，从而使他们在公司没有提供额外的培训时，就可以自信地与销售队伍及管理者进行合作与沟通。

本书的结构

为了让本书在销售队伍管理领域领先市场，我们聚焦在销售人员及组成的群体（团队与队伍），主要以外部销售队伍及其活动的管理为主，当然也用比较少的篇幅讨论了内部销售队伍及其活动的管理。这是基于21世纪互联网与电话销售的迅速发展带来的管理挑战，对于传统等待顾客到来的柜台销售人员（俗称坐贾）活动，本书没有进行讨论。但是本书中的销售部人力资源管理章节与部分销售运作辅导章节的内容对于坐贾队伍的管理，也有相通之处，可以借鉴使用。本书主要分为五个部分。

（1）**销售队伍管理入门（第一章至第三章）**。第一章介绍了销售队伍管理的性质、范围与重要性。该章贯穿全书的基本管理理念，认为销售队伍管理者不是超级销售员，而是销售组织的优秀管理者。第二章讨论了销售的本质、销售的形象演变，销售人员的类型、独特性和重要性，以及人员销售的发展等内容。第三章阐述了人员销售的沟通技巧原理，销售人员通过电话、拜访与互联网等工具进行销售的过程，同时也阐述了适应性销售技巧和销售心理原理。

（2）**销售队伍的战略规划管理（第四章至第七章）**。第四章介绍了销售队伍战略与营销战略、企业战略的关系，以及销售队伍战略的制定过程与内容。第五章详细介绍了销售潜力的评估方法，以及销售预测的影响因素、指导原则、程序及方法。第六章为销售区域的管理，介绍了销售区域设计规划的流程、销售区域划分的方法，分析与探讨了销售区域的边际递减现象及其解决方案。第七章主要介绍了销售预算管理与销售指标的分配及管理，讨论了销售指标的棘轮效应的产生与解决方案。

（3）销售队伍的人力资源管理（第八章至第十一章）。第八章主要探讨了销售组织结构设计、销售组织的战略选择以及销售组织的变革。第九章的内容是销售队伍薪酬的设计与实施管理，分析了销售队伍薪酬方案中可能存在的陷阱——销售曲棍球棒效应、卡尼曼损失厌恶效应与棘轮效应等，并提出了解决方案。第十章详细讨论了销售队伍的流入管理，包括招聘、遴选与融合，从销售高层管理者的层面探讨了招选中的俄罗斯套娃现象与TOPK风格匹配失调现象的产生原因和解决方案。第十一章是销售队伍的发展管理，包括培训、晋升与流出，探讨了销售管理者如何训练销售员的专业销售技能，包括销售总监对销售经理的管理训练，探讨了销售队伍的流出管理的策略。

（4）销售队伍的运作辅导管理（第十二章至第十三章）。该部分主要是围绕提升销售队伍的销售效能进行销售队伍的运作与辅导管理的探讨。第十二章从激励理论在销售队伍中的运用开始，结合销售队伍的年轻化变化带来的激励挑战，探讨了销售激励工具的组合运用，探讨了结构性激励对销售努力的影响，以及销售队伍士气的管理。第十三章探讨了销售管理者的领导风格和销售辅导的管理工具运用。

（5）销售队伍的绩效评估管理（第十四章至第十六章）。该部分包括销售队伍总绩效的销售量分析、营销成本和盈利性分析、销售员的个人绩效评估及绩效评估面谈技术，探讨了人际关系在评估销售队伍绩效中的具体运用。

致谢

许多人对本书的出版有直接的贡献，因为这是站在同仁肩膀上的智慧结晶。对于这些贡献，我们尽最大努力在参考文献中进行标明加以致谢。那些无法标注的而引起写作灵感的，我们在此表示最衷心的感谢。感谢浙江大学管理学院吴晓波院长、李小东副书记、寿涌毅主任及浙江大学MBA教育中心的老师们，感谢浙江大学MBA的学生，是他们给予了编写本书的动力，浙大MBA的不少同学提供了素材。感谢中国华能集团煤炭事业部的熊建明先生，对销售队伍的领导与督导章节的直接贡献。感谢清华大学出版社工作人员的创造性努力，感谢编辑们的创值努力。感谢我们的家人对本书写作所耗费时间的耐心和理解，感谢他们在我们研究与写作本书的过程中所给予的鼓励与支持。感谢本书的读者抽出时间与精力来学习本书中的知识，我们殷切盼望能够随时随地听到读者的呼声。欢迎通过电邮qiyeliangban@sohu.com来共同探讨销售队伍管理。也欢迎到博客http://gandyh.blog.sohu.com来交流销售队伍管理话题。

黄德华　张大亮

目 录

第一篇 销售队伍管理入门

第一章 销售队伍管理的范围·2

1.1 什么是销售队伍管理 ... 3
1.2 销售队伍是一个系统 ... 3
1.3 销售队伍管理更是一门科学 ... 6
    1.3.1 销售队伍管理为什么那么难 ... 6
    1.3.2 销售队伍管理有结构性的程序 ... 8
    1.3.3 销售队伍管理的五项基本职能 ... 8
1.4 销售队伍管理与营销管理的关联 ... 13
1.5 销售队伍管理的层级 ... 14
1.6 销售队伍管理的层级与管理职能的关联 ... 15
1.7 销售管理的职业生涯 ... 16
1.8 销售经理的主要职责 ... 17
1.9 销售经理的角色 ... 18
1.10 一线销售主管的角色 ... 20
1.11 销售经理的胜任力模型 ... 22
1.12 销售经理的任务与技能变化的趋势 ... 23
1.13 从销售员到销售经理的角色转变 ... 24

第二章 人员销售的性质·29

2.1 销售是古老而伟大的活动 ... 30
2.2 销售的本质 ... 30
2.3 销售的形象演变 ... 31
2.4 销售与营销的关系 ... 32
2.5 销售人员的类型 ... 33
2.6 销售人员的独特性 ... 37

2.7　销售人员的重要性 38
　　2.8　人员销售的新领域——专业销售员 39
　　2.9　人员销售的发展 40

第三章　人员推销过程·43

　　3.1　销售管理者需要懂得人员推销过程 44
　　　　3.1.1　探查客户——客户在哪里 45
　　　　3.1.2　研究规划——客户有什么特征 48
　　　　3.1.3　接近客户——方法与心态都很关键 50
　　　　3.1.4　需求探寻——找到客户购买的真正理由 52
　　　　3.1.5　利益介绍——用客户的语言进行销售陈述 54
　　　　3.1.6　回应异议——真诚热心而策略性地解除客户的担忧 55
　　　　3.1.7　获得承诺——机智而勇敢地获得客户承诺 57
　　　　3.1.8　访后跟进——持续用心经营客户关系 58
　　3.2　销售管理者需要懂得适应性销售技巧 59
　　　　3.2.1　人类行为风格的研究成果 59
　　　　3.2.2　人类行为风格的TOPK模型 60
　　　　3.2.3　识别客户的TOPK类型 62
　　　　3.2.4　TOPK的适应性销售技巧 63

第二篇　销售队伍的战略规划管理

第四章　战略性销售队伍管理·72

　　4.1　战略与战略规划 73
　　4.2　营销战略规划 73
　　4.3　销售队伍战略的制定 76
　　　　4.3.1　销售管理者需要具备战略领导力 76
　　　　4.3.2　销售队伍战略制定的过程 77
　　　　4.3.3　销售队伍战略制定的内容 77
　　　　4.3.4　以销售目标指导企业各个组织的其他活动 81

第五章　销售潜力预测管理·84

　　5.1　市场潜力评估 85
　　　　5.1.1　市场潜力的含义与意义 85
　　　　5.1.2　市场潜力评估的基础 86
　　　　5.1.3　市场潜力评估的方法 87
　　5.2　销售潜力 93

5.3 销售预测 ... 94
5.3.1 影响销售预测的因素 ... 94
5.3.2 销售预测的指导原则 ... 95
5.3.3 销售预测的程序 ... 97
5.3.4 销售预测方法 ... 100

第六章 销售区域管理·110

6.1 销售区域规划与管理的好处 ... 111
6.2 销售区域的设计与划分 ... 113
6.2.1 销售区域设计规划的流程 ... 114
6.2.2 销售区域划分的三种方法 ... 117
6.3 销售队伍规模的确定 ... 121
6.3.1 销售队伍的边际递减效应 ... 121
6.3.2 确定区域内的销售员数量 ... 124
6.3.3 确定销售队伍的管理跨度 ... 125
6.4 销售区域的评估与调整 ... 126
6.5 区域覆盖与时间管理 ... 129
6.5.1 销售时间管理的紧迫性 ... 129
6.5.2 为销售队伍规划路线 ... 131
6.5.3 为销售队伍制定销售访问战略 ... 133

第七章 销售指标与预算管理·136

7.1 销售指标设立与管理 ... 137
7.1.1 销售指标的性质 ... 137
7.1.2 设立销售指标的意义 ... 138
7.1.3 销售指标的类型 ... 140
7.1.4 销售指标的分配方法 ... 145
7.1.5 销售指标的棘轮效应 ... 149
7.1.6 销售指标分配中的特殊问题 ... 151
7.1.7 销售指标的评估与调整 ... 152
7.1.8 销售指标的沟通管理 ... 156
7.2 销售预算管理 ... 157
7.2.1 销售预算的地位 ... 157
7.2.2 销售预算的作用 ... 159
7.2.3 销售预算的主要内容 ... 160
7.2.4 销售预算的主要制定方法 ... 162
7.2.5 销售预算的管理 ... 164

第三篇 销售队伍的人力资源管理

第八章 销售组织管理·174

8.1 销售组织设计 176
8.1.1 销售机构人力资源管理 176
8.1.2 销售队伍组织设计的目的 177
8.1.3 销售队伍组织的设计维度 177
8.1.4 销售队伍组织的设计标准 178
8.1.5 常见的销售队伍组织结构 180

8.2 销售组织变革管理 191
8.2.1 销售战略实施的组织途径 191
8.2.2 销售组织变革的原因 193
8.2.3 销售组织变革的时机 194
8.2.4 销售组织变革的类型 196
8.2.5 销售组织变革的过程 199
8.2.6 销售组织变革的阻力类型 203
8.2.7 销售组织变革的阻力化解 205
8.2.8 销售组织变革成功的关键因素 207

第九章 销售队伍的薪酬管理·214

9.1 销售队伍薪酬的重要性 215
9.1.1 销售队伍薪酬的激励性 215
9.1.2 销售队伍薪酬与战略规划 216

9.2 销售队伍薪酬的管理团队 217

9.3 销售队伍薪酬的目标 218

9.4 销售队伍薪酬的基本元素 221
9.4.1 两大薪酬元素的优缺点 221
9.4.2 两大薪酬要素的适用条件 223
9.4.3 固定薪酬的实施要点 223
9.4.4 变动薪酬的实施要点 225

9.5 销售队伍薪酬的结构 229

9.6 销售队伍薪酬的方案 232

9.7 在薪酬设计中消除曲棍球棒效应 234
9.7.1 曲棍球棒效应 234
9.7.2 销售曲棍球棒效应 235
9.7.3 销售曲棍球棒效应的类型 237

　　　　9.7.4　销售曲棍球棒效应的群体现象 237
　　　　9.7.5　销售曲棍球棒效应的危害 240
　　　　9.7.6　销售曲棍球棒效应的抑制方法 242
　　9.8　在薪酬设计中消除卡尼曼损失厌恶效应 245
　　9.9　销售队伍的薪酬设计管理 248

第十章　销售队伍的流入管理 · 254

　　10.1　销售队伍的招聘管理 256
　　　　10.1.1　销售队伍招选与战略规划 256
　　　　10.1.2　销售队伍招选的责任人 256
　　　　10.1.3　销售队伍的招选规划 259
　　　　10.1.4　销售队伍的胜任力模型 261
　　　　10.1.5　销售队伍的招选标准 263
　　　　10.1.6　销售队伍的招聘来源 264
　　10.2　销售队伍的遴选管理 266
　　　　10.2.1　遴选应聘者与战略规划 267
　　　　10.2.2　销售队伍遴选章程 267
　　　　10.2.3　销售队伍遴选的面试流程 269
　　　　10.2.4　销售队伍的面谈管理 271
　　　　10.2.5　销售队伍的遴选测试 273
　　　　10.2.6　销售队伍的遴选决策 274
　　10.3　销售队伍的录用管理 277
　　10.4　销售队伍的融合管理 278
　　　　10.4.1　销售队伍融合的意义 278
　　　　10.4.2　销售队伍融合的过程 279
　　　　10.4.3　直线经理对新销售员的融合管理 280
　　10.5　抑制销售队伍中的俄罗斯套娃现象 283
　　　　10.5.1　销售队伍的俄罗斯套娃现象 283
　　　　10.5.2　俄罗斯套娃现象的危害 284
　　　　10.5.3　俄罗斯套娃现象的抑制方法 285
　　10.6　组建销售队伍的TOPK原则 288

第十一章　销售队伍的发展管理 · 292

　　11.1　销售队伍的培训管理 294
　　　　11.1.1　销售队伍的入职培训管理 295
　　　　11.1.2　销售队伍的在职培训管理 300
　　11.2　销售队伍的晋升管理 304

		11.2.1 新销售员的转正管理	304
		11.2.2 销售队伍的人力资源开发	306
		11.2.3 销售队伍的晋升管理	310
	11.3	销售队伍的流出管理	313
		11.3.1 销售队伍的流出类型	313
		11.3.2 销售队伍的流出管理的价值	315
		11.3.3 销售队伍的流出管理程序	317
		11.3.4 销售队伍的解雇管理	319

第四篇　销售队伍的运作辅导管理

第十二章　销售队伍的激励管理・326

	12.1	销售队伍的激励管理	327
		12.1.1 激励原理	327
		12.1.2 销售队伍激励的独特性	330
		12.1.3 销售队伍激励的维度与战略性	331
		12.1.4 激励理论及其管理实践	332
		12.1.5 选择有效的销售激励组合	359
		12.1.6 销售队伍激励的挑战	364
	12.2	销售队伍的士气管理	366
		12.2.1 士气的本质与重要性	366
		12.2.2 销售队伍士气的作用	368
		12.2.3 决定销售队伍士气的因素	369
		12.2.4 特殊的销售士气问题	372
		12.2.5 建立良好的销售士气	374

第十三章　销售队伍的领导与督导・377

	13.1	销售队伍的领导	378
		13.1.1 领导的本质	378
		13.1.2 管理者的五种影响力	379
		13.1.3 领导模型与领导力	381
		13.1.4 领导力的素质基础	382
		13.1.5 领导力的技能基础	385
		13.1.6 实施领导活动	388
		13.1.7 情境领导	391
		13.1.8 适应性领导	393

13.2 销售队伍的督导 396
 13.2.1 销售队伍的监督 396
 13.2.2 监督销售队伍的理由 397
 13.2.3 监督销售队伍的力度 397
 13.2.4 销售队伍监督手段的现代化 398
 13.2.5 销售队伍监督的特殊问题 399
 13.2.6 销售队伍的指导 399
 13.2.7 销售队伍的辅导 401
 13.2.8 销售队伍的两人拜访 402
 13.2.9 销售队伍的训导 407

第五篇　销售队伍的绩效评估管理

第十四章　销售量分析 · 412

14.1 销售队伍绩效评估的战略性 414
14.2 绩效评估与销售控制 415
14.3 绩效评估与销售审计 416
14.4 销售队伍的绩效评估过程 418
14.5 销售数据的冰山现象 421
14.6 销售队伍的销售量分析 423
 14.6.1 销售量分析 423
 14.6.2 总销售量分析 423
 14.6.3 地区销售量分析 425
 14.6.4 销售队伍人均销售量分析 427
 14.6.5 产品销售量分析 428
 14.6.6 客户类别的销售量分析 430

第十五章　营销成本与盈利性分析 · 433

15.1 营销成本分析的性质及范围 434
15.2 营销成本分析的种类 435
15.3 营销成本分析中的难点问题 438
15.4 盈利性分析成果的运用 441
15.5 管理资产回报率的评估工具 442

第十六章　销售员的绩效评估 · 447

16.1 绩效评估的重要性 448

16.2　销售员的绩效评估者 449
　　16.3　销售绩效评估的频率 450
　　16.4　销售绩效评估的指标与标准 451
　　16.5　销售绩效评估的方法 453
　　16.6　销售绩效评估的信息收集 457
　　16.7　销售绩效评估的面谈流程 460
　　16.8　销售绩效评估的面谈技巧 467
　　16.9　绩效评估与人际比较 468

附　录　综合案例・475

　　【销售区域案例】销售区域的边际递减效应及其对策 475
　　【销售组织案例】销售组织的俄罗斯套娃现象及其对策 490
　　【销售指标案例】销售棘轮效应的影响及其对策 513
　　【销售薪酬案例】销售薪酬的曲棍球棒效应及其对策 532

参考文献・561

第一篇
销售队伍管理入门

第一章　销售队伍管理的范围
第二章　人员销售的性质
第三章　人员推销过程

第一章
销售队伍管理的范围

本章要点：

界定销售队伍管理的内涵，解构销售组织系统；
描述销售队伍管理流程，分析销售组织管理特点；
讨论销售队伍管理的职能、销售管理者职责、销售管理者胜任力模型。

课前案例　　　　销售总监该管什么事？

某外资企业E，在2012年提升黄紫金为公司的销售总监，管理一个由320人组成的销售队伍。黄紫金是公司的老员工，从销售员做到区域销售主任（管理5个销售员）、区域销售经理（管理7个销售员）和大区销售经理（管理15个人的销售团队，其中有两位销售主任）。无论是做销售员、销售主任、区域销售经理，还是做大区销售经理，其业绩都是中等，特点是人缘关系好。

他上任销售总监后，销售员的招聘由人力资源部招聘专员负责初试，销售员的培训由人力资源部培训专员负责，理由是专业人做专业事。销售主任的专长是跑市场，应该把更多的时间用在市场上；销售队伍的薪酬设计由人力资源部主导，奖金条例中多了扣款条例；销售人员的晋升与提拔由他与人力资源经理共同把关，多了KPI考核；对销售主管级的培训侧重点在绩效考核，而非销售辅导、销售激励及销售预测等。黄总经常要求大区经理提供每个销售员的月销售指标与周销售实绩及客户详细的购买数据，表格与报告说明类的报表一个接一个，对于销售费用政策朝令夕改，甚至直接插手销售员的销售费用的申请与报销。对于各个区域或大区的销售会议，他都想方设法参加，每次会议后，都要组织宴请与卡拉OK，美其名曰与销售员打成一片。有一次，他因与销售员打沙滩排球而骨折住院，休整三个多月。他采取根据上年度数据乘以一个百分比的方式，把公司的销售指标分配给大区经理，而对于大区经理及其以下的销售主管如何分配销售指标，由他们自主决定。他主张人多力量大，在上任的第二个年头，销售员又增加了100多人，僧多粥少，很多销售主任为安置新增销售员而头疼。没能完成销售指标,他归因于竞争对手强大,包括竞争对手的销售队伍规模强大。于是,在第三个年头,他一意孤行,又增加了110名销售员。不仅如此,他还要求人力资源部优先招聘比E公司大的外企的销售员,工资高于E公司的三年工龄的销售员,同时把7个销售大区调整为5个大区,整个公司的销售目标达成度继续下滑,销售额对比同期增长比例也持续下滑。

终于,在第三年的5月,这位黄总被解雇了。他非常茫然:我这么努力,E公司怎么能解雇我呢?E公司回答他:你没有做销售总监应该做的事,何况你上任以来,每一年都没有完成公司下达的销售指标。这位黄总说:我所做的一切都是为了完成公司下达的销售指标。E公司回答他:事实证明,你所做的没能完成销售指标,这说明你所做的都是错误的,你要为错误担责。

讨论:1. 销售总监应该做哪些事?
　　　2. 在销售总监要做的事务中,哪些是完成销售指标的关键性事务?

1.1 什么是销售队伍管理

销售组织是由两个或两个以上的销售员组成的有明确的系统化的结构与组织目标的人群。一般把规模在5人以下的销售组织称为销售小组,规模在3~15人的销售组织称为销售团队,而把规模在15人以上的销售组织称为销售队伍。当然,从广义上来说,销售小组与销售团队也属于销售队伍范畴,本书的销售队伍属于广义概念。

销售队伍管理就是对销售组织及其相关活动的管理。销售活动是通过销售队伍去实施与完成的,因此对销售队伍的管理就更具有实践意义。销售队伍管理者拥有指挥下属的特权,也负有对下属的工作承担责任的职责。销售队伍管理者在销售组织中的根本任务是:创造一种积极向上的销售组织环境,使身处其间的人们能在组织内协调地进行销售工作,以充分发挥销售组织的力量,从而有效地实现销售组织的目标。

1.2 销售队伍是一个系统

在公司中,销售队伍无论其规模大小,销售管理者都需要通过销售队伍来完成自己所承担的销售目标,而不是通过自己作为超级销售员完成自己所承担的销售目标(参看阅读材料1-1)。管理就是通过他人完成本职工作的科学与艺术,而销售队伍本身就是一个系统,如图1-1所示。

阅读材料1-1　　　销售总监要懂销售队伍管理理论吗?

2008年年底,浙江萧宁纺织公司的销售总监离职了,销售管理由总经理阿里兼管。

12年前,阿里是一家企业的销售员,推销纺织布料。积累了实力后,2000年阿里自主创业成立了萧宁纺织公司。8年来,在他的带领下,公司取得飞速发展,2008年销售额为4.1亿元人民币。该公司不仅拥有纺织开发所,还拥有与国际接轨的3条生产流水线,以及由50多位销售员组成的销售队伍。

负责销售队伍的总监离职后,他没有从销售队伍中提拔销售总监。他认为销售队伍中的5位销售经理是超级销售员,没有什么销售管理能力,不能胜任销售总监的位置,同时他难以平衡5位销售经理之间的关系,故选择外部招聘。阿里听到过很多销售总监招聘不慎带给企业灾害性打击的故事,因此他采取通过外部推荐来招聘销售总监。半年过去了,阿里依然没有找到合适的人选。

他对未来的销售总监只有3个要求:第一,性格与阿里本人合得来,认可他经营企业的理念;第二,懂销售人员的脾气,懂得销售原理与过程,最好是做过推销工作;第三,懂得销售队伍管理原理与过程,最好是做过销售管理工作,尤其是管理过销售主管。阿里说,一个企业正常运转后,车间的管理、行政管理的难度就不大,按章办事即可。销售员是流动的兵,这群人精很难管理,不招一个强者很难镇住他们。销售队伍管理得好坏直接影响企业的生存,东西卖不出去,货款收不回来,企业就无法运作。

半年都没有招聘到销售总监,阿里依然没有放低他对销售总监的3个要求。有人建议阿里,通过成立萧宁商学院的形式内部培养销售总监,同时通过赛马式的良性竞争促使这5位销售经理成长。阿里认为,这个建议虽好,可操作,但时间太长,担心精力不够。

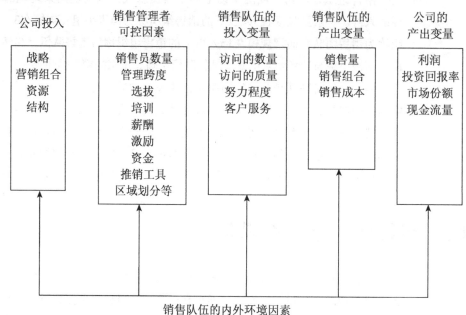

图1-1 销售队伍系统

公司投入代表了战略计划的四个要素:战略、营销组合、资源与结构。这些要素表明销售管理者可以使用的资源状况,销售管理者的责任就是有效地配置资源,以求得到最大的产出。

销售管理者可控要素是那些由管理者实行控制的要素:销售人员的数量、销售队伍的规模、销售地盘、销售指标、选拔、培训、信息、激励、薪酬、推销工具、资金、销售绩效评估等。由于其中任意一项要素都会影响到其他要素,所以所有要素视作一个整体。所有要素都很重要,其中一个要素的一次性失败就意味着整个系统的瓦解或系统效能的低下。销售人员的选拔、培训及激励奖惩措施的建立固然很重要，但其他的一些控制手段也不能忽略。例如，销售地盘的划分，如果划分标准不公开或者很随意，调整销售地盘很随意，那么销售人员就很难尽心尽责地对客户进行深耕细作，客户的流失率就非常大。当然对于每一个人而言，要在工作的各个方面都取得杰出成绩是相当困难的，因此，销售管理者必须对自己的劣势进行检查，并根据情境变化逐步进行改进，而不仅仅是扬长避短。

在一定程度上，销售管理者的控制领域不会超过上述可控范围。换句话说，销售管理者具有直接影响那些可控因素的能力，乃至拜访客户的数量；然而，销售管理者对销售人员的投入与产出变量却只能拥有一种非直接的影响力，尤其是销售努力程度。如果销售管理者对其所控要素处理得当，在很长时间内，销售人员的投入与产出量将遵从行为规范，但是销售管理者对此总是心里没有底。此时，在销售管理者身上会出现两种极端。第一种极端是销售管理者亲自上阵，成为超级销售员，想通过自己的榜样带动销售队伍，结果成了"光杆"司令。第二种极端就是，销售管理者总是致力于"驾驭队伍"，以保证销售队伍按要求"正确"行事。这也是销售队伍管理难度大的根本原因所在。

销售队伍的投入变量是指销售人员可以直接控制的因素——访问客户的数量与质量、销售努力的程度和客户服务等。销售人员必须依赖有效且高质量的访问、精力的恰当分配和智慧的灵活运用，来完成其销售工作。仅仅将销售视作一场数字游戏（如访问量足够多，销售量就应该比较高），这将是一种短期行为。访问客户（包括电话访问、互联网访问与面对面访问）需要进行有效的安排和实施，特别是当竞争压力不断增大时，关于解决销售问题的一些方案就更需要统筹安排。此外，销售人员需要权衡其精力、心态和技能，以使其资源用在刀刃上。

销售队伍的产出变量是公司投入、销售管理者与销售人员投入的结果体现，它是销售队伍战斗力的直接体现，包括销售量、销售组合与销售成本。无数的公司都是以销售量来考核销售队伍的，将来会有越来越多的的销售组织接受这样一个事实：销售组合与销售成本在确定利润时，与销售量至少是同等重要，销售量可通过很多方法得以提高，不同的方法获得的销售量，其销售量的持久性与利润额是不一样的。例如，销售人员可以用较低的价格或通过取悦客户（如请客户吃饭、娱乐等方式）"买"业务，但是这样做却牺牲了边际利益。一般而言，如果这些客户是在这种方式下被争取过来的，那么他们也可以被竞争对手用同样的方法"买"走。

公司的产出变量是指系统中所有上述要素的净产出——利润、投资回报率、市场份额和现金流量。这是考核销售队伍或销售管理者的"底线"。通过该基本标准，公司可用来衡量成功和获取整个销售队伍管理方案的质量状况的信息反馈，并且为日后销售目标与销售战略补充有关措施等。公司投入的资源经过销售组织的转换过程（销售管理者的投入与销售员的投入）变成了销售绩效即公司产出，这就是销售组织管理的重要性。把销售投入转换为销售产出的一整套彼此独立的因素组合在一起，就是销售队伍系统。它以销售目标为导向，并拥有特定结构的多个人构成的体系。销售人员的主要任务就是通过销售组织把企业的产品销售出去获得销售业绩，而销售管理者的主要职责就是以一种高效的方式对组织的资源进行分配与协调，以实现销售队伍的销售目标。销售管理者对销售队伍实现既定目标的程度（又称达成率）与为实现销售队伍的既定目标而使用的资源数量肩负起管理责任。销售管理者的最终责任就是实现高水平的销售管理绩效。

在现实生活中，为了增加销售额，销售管理者经常雇佣更多的销售人员并支付更多的销售费用，搞人海战术与费用战术。无数失败的案例告诉我们，这种方法经常会导致公司垮台。那些真正成功的企业，在销售方面出现问题的时候，不是雇佣更多的销售人员而是缩减销售人员，以更少的销售人员更快更好地实现更多的销售，通过精兵强将的方式去实现更多的销售。在经济萧条时期，不是招聘更多的销售员去销售，而是发动公司其他部门的员工，一起和销售队伍去推销，实现全员推销。

在销售队伍管理过程中，如果出现了一些不能令人满意的行为或结果，那么就表明这个系统中出现了某些问题，而这些问题通常很难诊断，因为这些要素的相互影响是交织在一起的。在很多情况下，销售管理者是头痛医头，脚痛医脚，乃至到处扑火。而那些成功的销售管理者一般会从整个销售队伍系统认真核查，从而找到解决之道。销售队伍管理不仅仅是销售人员的管理，销售部的人力资源管理只是销售队伍管理系统中销售管理者的部分可控因素。

1.3 销售队伍管理更是一门科学

1.3.1 销售队伍管理为什么那么难

中国台湾地区的施振荣先生的微笑曲线理论（见图1-2）认为，企业的高额利益率在于研发与行销，而行销的基础在于销售队伍，只有建立一支能征善战的销售队伍，才可以取得商场的全面胜利。但是现实生活中，很多企业却不敢涉及行销，总喜欢贴牌生产，或者找代理商进行行销，那是因为他们认为行销的管理成本高、管理难度大。实际也是如此。在企业管理中，如果把横坐标视作产品的作业链，纵坐标视作管理成本（见图1-3），我们会发现产品销售的管理成本很高。如果把横坐标视作产品作业链上的雇员，纵坐标视作管理难度（见图1-4），就会发现销售队伍的管理在微笑曲线的右端，管理难度很大。销售队伍是一批自由度很高的人。外部销售人员不在企业内部办公，而经常在客户那里从事销售工作，工作过程不可控制，销售努力取决于其主观努力与心理态度，其销售技能在大脑。即使是内部销售人员，如电话推销人员与网络推销人员，在企业办公室的时间比较多，但是其销售努力依然取决于其主观努力与心理态度。有些销售管理者会把电话销售人员的电话推销过程全程录下来，进行监控与辅导，但是若在其推销过程中出现差错，销售管理者是很难当场纠正的。市场策划人员（或产品经理或品牌经理）虽然在办公室里的工作时间比销售人员多，但是其市场策划的创意在于大脑，其策划的效果需要销售队伍去实施，很难直接快速评价其创意的绩效。只有行销管理水平，可以降低行销管理成本，让企业管理领域的微笑曲线变平缓，从而获得经济学领域微笑曲线两端的高额利润。

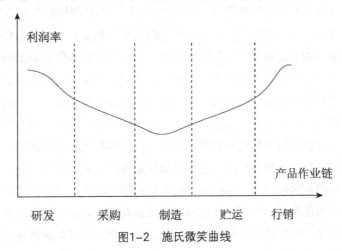

图1-2　施氏微笑曲线

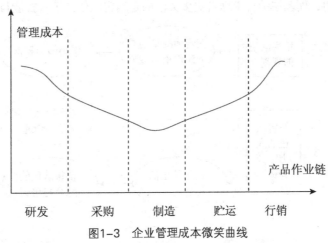

图1-3　企业管理成本微笑曲线

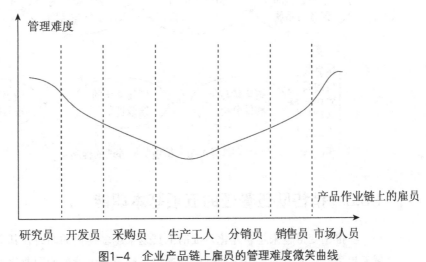

图1-4　企业产品链上雇员的管理难度微笑曲线

1.3.2 销售队伍管理有结构性的程序

销售队伍管理是一门科学,它是可以复制并通过学习获得的。销售队伍管理具有自身的内在结构程序,如图1-5所示。不能把销售队伍管理程序简单地视为孤立的活动,它们之间存在一种系统化的关联。例如,通过销售培训可以为销售队伍提供激励,如通过科学的划分销售区域,可以为销售队伍提供激励;通过科学的销售指标分配,可以提高销售队伍士气等。当然对于创业型公司来说,可能没有营销战略,直接就是销售战略,也没有太多的规划,销售队伍规模不大,结构也不复杂,那么更多的精力是用于销售队伍的招选、激励、辅导与心态的管理。他们也许会借鉴同行的销售薪酬设计与销售流程系统。实际上,他们虽然是企业的创始人或企业老总,但是管理的销售员不超过15人,更多扮演的是基层销售管理的角色。销售战术性的问题会花费他们更多的时间。不同管理层次的销售管理者对于这个结构性程序,所花费的时间与精力也是不一样的。高层销售管理者会对销售队伍规划与销售薪酬设计等给予更多的关注,中层销售管理者会对销售的人力资源管理与运作评估管理投入较多的时间与精力,而基层销售管理者更多关注的是销售队伍的销售技能与心态的管理。

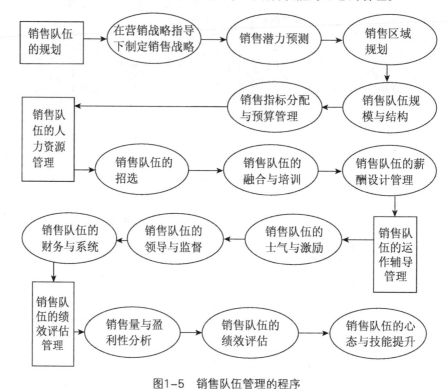

图1-5 销售队伍管理的程序

1.3.3 销售队伍管理的五项基本职能

在推销变得越来越职业化、推销工具越来越多样化的同时,其实推销的竞争也就越来越激烈,此时的竞争优势就更加取决于销售队伍管理的职业化。而销售队伍管理的职业化离不开五项基本职能的掌握与提升。这五项基本职能是销售管理者影响所有销售人员行为的基本能力，基本职能的履行都需要沟通、协调与整合能力的支撑才可以顺利完成。本书主要讨论的是五项基本职能及其关联，如图1-6所示。

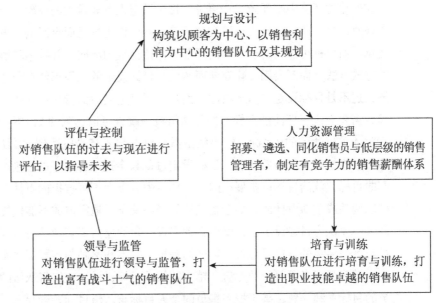

图1-6 销售队伍管理的五大基本职能

1.3.3.1 规划与设计

规划与设计可以简称为计划，它确定了销售队伍的未来发展目标与方向，以及实现这个目标所采取的方式。它是一个有意识的和系统化的决策过程，明确了对个体、团队和队伍未来期望达到的销售目标和预期进行的销售与管理活动，以及为了实现这些目标与活动所需要使用的资源。销售队伍管理者需要为整个队伍、特定团队与每个销售员制订计划。这些计划有的涉及时间很长（如3~5年规划或更长时间的规划），也可能很短（如日计划、周计划或月计划等）。它可以是战略性计划，也可以是策略性计划，还可以是战术性计划。但无论是哪一种情况，为了合理地制订计划，都要求销售管理者收集足够多的信息，并对信息加以分析与演绎、归纳，建立明确的目标，同时对为实现这些目标所需采取的活动进行决策。

销售管理者通过规划与设计，会养成面向长远利益的习惯，清楚地看到未来5~10年的情况；可以通过规划与设计来预测未来，并通过规划与设计带领销售队伍走向未来。尽管规划与设计是一个缓慢的过程，但销售管理者需要投入时间与精力来聚焦规划与设计，经过深刻的分析、科学的测算，并整合到公司的战略中去。有效的规划与设计必须从行业与公司的深处奔涌出来，当然他们还可以通过销售员的个人远见的整合（合众为一），把远见清楚地表达出来。他们不应该把规划与设计放在抽屉里，而是要通过不断地宣讲，让更多的销售员了解销售管理者的远见，这样就可以激励到销售队伍。如果同时能找到那些清楚看见这个远见并愿意为之努力的销售员，那么销售管理者就获得了一支不可战胜的销售队伍。

在规划与设计中，通过规划确定远见或远景目标，接下来就要通过设计目标与结构来实现这个远见。销售管理者不仅要善于设定销售队伍的目标，还要教会每个销售员学会目标的设定与管理。很多销售管理者认为计划不如市场变化快，这种目标设定在变化的环境中毫无意义，再说，目标设定也有非常大的风险，当目标未能很好地实现时，销售队伍会有失望感和挫折感，对销售士气反而有影响。没错，环境时时在变化，而目标可以在起伏不定的环境中保持稳定的航向，并根据环境的变化调整工作的方式方法，而不会因变化航向而迷失。目标设定的风险当然在于达不到时产生的失望，这不是目标设定本身造成的，而是目标设定之后的管理造成的。作为销售队伍管理者需要设定三部曲的目标：销售队伍跳一跳就可以达到的A目标，销售队伍需要跳三跳才可以达到的B目标，销售队伍需要跳五跳才有希望达到的C目标（后者经常被称为梦想，有梦就有希望）。目标设定过低只会造成低水平的业绩表现。通过ABC三部曲目标，就给目标以扩展空间。当环境中有重大不可抗拒的事件发生时，目标也是可以调整或重新设计的，如金融危机与经济萧条、地震造成不能供货等。作为销售管理者不要认为目标设定了，就会自动实现，他们还需要管理销售目标，尤其是对销售员与低一层级的销售管理者进行现场辅导，并不断奖励与表扬那些实现销售目标的员工。销售管理者要善于"兜售"销售队伍的目标，设法让销售队伍的目标与每个销售员目标总和一致，善于把销售员的个人目标与队伍目标融合起来；采取积极的强化措施，如时刻增强销售人员的实力与士气，不要过于考虑他们的弱点。

1.3.3.2　人力资源管理

在销售队伍管理过程中，人是最重要的因素。尽管互联网与电话技术成为了销售队伍的现代推销工具，但是人际交往并没有发生实质性改变，人们依然喜欢沟通与交流，依然需要合作才可以把事情做得更好，依然要通过组织才可以完成单个人无法完成的事情。销售管理者必须履行销售部的人力资源管理，首先要设立销售队伍结构，并随着环境的变化，有意识、有步骤地推动销售组织的变革。为销售组织招募遴选合适的销售人员与低一层级的销售管理者，同化新进的销售人员与低一层级的销售管理者，把一群来自五湖四海的对销售与销售管理感兴趣的人们集结起来，打造出一支有核心价值观的高绩效的销售队伍。而在招募遴选与提拔前，需要明确销售岗位与人员标准，根据销售目标确定销售队伍结构及其人员计划。作为高层销售管理者，还需要制定有激励性的销售薪酬制度；而作为中低层销售管理者，要从积极的角度去"兜售"销售薪酬制度，引导销售人员对销售薪酬体制的知觉。

作为创业型公司或小型公司，销售管理者则要把这两项工作一起做。他们还需要解除雇佣劳动合同的技能，尤其是销售工作转交技能。一些中大型公司，解除销售员工的雇佣关系的具体工作是由人力资源部去完成的，但是提出不继续雇佣谁，一般是销售管理者首先提出的，而且员工离职后的客户转交工作需要在销售管理者的直接参与下才能有效完成。故对解雇员工与解雇员工的管理也是销售管理者必须掌握的技能。

很多中大型公司把销售队伍的招募遴选工作交给公司的人力资源部去履行，甚至外包给专业机构去履行，会落入很大的陷阱。首先，很多公司的人力资源部员工不是销售出身的，对销售没有实践的感悟，对销售工作的理解不透，只能纸上谈兵。专业招选机构，最多是对销售员与销售工作的理性认识多一些，但是实践知识，尤其是具体产品的销售实际知识很有限。同时增加了销售员与其直接上司的融合成本。因此，无论哪一级销售管理者，都必须有卓越的招选技能与心态。

作为拥有绝对权力的销售管理者，肯定会招募遴选那些比自己强的员工。作为职业人的销售管理者，在职场没有绝对权利，他们虽然知道招选强者的好处，但又担心招选强者会为自身招来的威胁。作为高层销售管理者必须建立强者更强的招选机制，确保公司招选的销售队伍是胜利者与优秀者，而不仅仅有销售或销售管理经历。组建高绩效的销售队伍是销售管理者必须做好的一件大事。这期间他们必须招选出强者，留住强者、发展强者，辞退不合适者。

1.3.3.3 培育与训练

销售管理者是一位出色的销售或销售管理教练，而不仅仅是调兵遣将的出色指挥官。他们必须把很多时间与精力花费在对销售队伍的培育与训练上，不仅要为招选的销售人员包括低一层级的销售管理者胜任现有的本职工作进行培育与训练，还要为他们未来工作所需要掌握的技能而进行培育与训练。

培训可拆分为培育与训练。为了强调销售与销售管理的专业技能，光培育还不够，训练必须成为主导。培育是帮助员工掌握与销售工作有关的文化、技能、知识和态度，从而帮助他们胜任本职工作，为他们创造成长的学习环境与条件。给予员工授课，就好像是学开车的理论学习，通过了理论考试，就要进行场地训练，亲自掌握将钥匙插入启动装置、运用油门、刹车、方向盘、倒车、移库等技能。授课老师虽然会安排一些角色扮演或情境演练，但仍需要销售管理者借助授课的技能模块，在平时腾出时间让销售员进行内部训练（模拟训练），使得销售员从有意识的不胜任状态进入有意识的胜任状态，把销售过程的每个技能练得得心应手。学开车的第三步是路上训练，拿到路考合格证后，才可以拿到驾照，从而脱离师傅单独开车。销售技能也是这样，内部训练熟练后，就要到客户那里使用，此时销售管理者要采取两人拜访方式，观察销售员使用销售技能的情况，在现场给予辅导，这就好像是在路上学开车，师傅在旁边进行辅导。经过了现场的不断辅导，销售方法就变成了销售员的习惯，从而进入销售员的无意识胜任层次。因此训练对销售技能的掌握是非常关键的。销售是一门技术活儿，销售管理也是一门技术活儿，技术活儿不训练是不行的。

很多企业把培训简单地理解为请外部老师或内部培训师上课，这种观念与做法只停留在知识的传播阶段，没有进入技能训练阶段。同时很多中大型企业把销售队伍的培训交给人力资源部去完成，这里存在陷阱。对于那些被证实对本公司有效的重复性课程，可以这样做，对于一些操作性环节可以交给人力资源部去做。不过，课程内容与授课老师，需要销售管理者亲自把关，精心挑选，按照销售员成长规律给予课程安排，而不是随性安排授课课程。

有些销售管理者认为不需要提供任何销售培训，因为他们只雇佣有经验的销售人员。这是一种认识误区，把有经验等同于受过培训，或把经验丰富等同于训练有素。

令人遗憾的是，在现实中，大多数从业销售人员在自己的销售生涯中从未接受过任何正式的专业销售培训，以及专业销售技巧的训练。同时在现实生活中，很多销售经验是片面性的，有偶然成功的，有必然失败的，是经验就有时空的限制。而我们招募销售员是面对未来的销售，时空发生了变化，经验就不一定会起好作用。

1.3.3.4 领导与监管

领导是一种引导他人为实现特定目标进行工作的能力。销售管理者要履行领导的职能，把目标传达给每个人，并激励他们为了各自承担的个人目标与组织共同目标而努力。通过发挥领导职能给销售队伍营造他们为自己提供动力的环境，因为人们拥有动力是因为他们自身的原因。销售管理者只能营造一种可以激活每个人的动力环境，创造一个帮助每个销售员实现自我激励的工作环境。在这种环境里，销售员会把关于完成销售工作的想法从"不得不"改变为"我要"。销售管理者要帮助销售队伍中的每个人取得他们单枪匹马无法取得的业绩，帮助他们成为更好的销售员或销售管理者。这是销售管理者的使命与意义。如果销售管理者对自己队伍中的每个成员富有同理心、忠诚与信任，并把它们传递给销售队伍，同时获得他们的同理、忠诚与信任，那么销售队伍在心理上就会把销售管理者当成完整意义上的上司，愿意听从销售管理者的指挥，并保持高昂的销售士气。

领导是拉式管理职能，而监督是推式管理职能。监督就是对队伍成员进行监视与督促。虽然没有任何人需要监视与督促，但是作为一个组织，需要监督，否则那些偏离公司行为规范与共同目标的销售员，就会对那些遵守公司行为规范与朝共同目标努力的销售员造成伤害。销售管理者要在领导与监督职能上进行情境中的不断转换，保证销售队伍带有高昂的士气，朝既定的目标高效力地前进；进行预应式领导与监督，与每位成员约定时间一起讨论并且帮助他们规划自己今后的销售工作，与每位成员约定时间一起学习公司政策与组织要求，并帮助他们养成与公司组织要求相吻合的职业行为。销售管理者就好比一支运动队的教练，为了让队员表现最佳并赢得球赛而做所有事情，为销售员提供成功的条件与环境。

1.3.3.5 评估与控制

各种具体计划的有机结合、高素质高技能的销售员、完善的培育与训练及出色的领导与监督，并不意味着一定会成功。销售管理者还需要了解一个销售组织的过去与现状及未来环境的变化，同时不断地作出客观的评估，并根据它们作出必需的修正，从而确保既定目标通过整个队伍完成，并为将来的目标打下积极的基础。

评估与控制就是将销售队伍的目标与其达到的结果进行对比，将销售队伍的行为规范与其实际的行为表现进行对比。如果达到目标与公司行为规范，就进行表扬与认可；如果没有达到，就要评审分析造成差距的原因，并采取行动（包括提出改进方案与贯彻改进方案）改进绩效。其中包括销售管理者对销售组织的活动加以修正。举例来说，如果销售队伍中有烂苹果，作为销售管理者就要果断地拿掉，控制其他的苹果不被"传染"而跟着"腐烂"。如果市场上发生了不可抗拒的地震，如A产品的原材料供应不上，销售管理者就要灵活务实地调整A产品的销售目标，并引导销售队伍暂时减低A产品的销售努力程度，同时调高B产品的销售目标与销售活动，提升销售队伍对B产品的销售努力，从而确保销售队伍的销售量目标、利润目标及销售队伍的收入等不会受到下降的影响。

简单来说，销售队伍的评估与控制有三部曲：明确标准、评估差异、庆功或鞭策。具体来说，销售管理者要制定明确的销售绩效标准；要确定现有活动是否符合组织的长期发展目标；要通过收集相关的绩效资料监测销售人员与销售单位的销售业绩与过程，为销售人员与销售单位的业绩提供反馈与相关信息；要确定实际与标准的差距，明确实际工作中好的表现与坏的表现；要采取行动激励好的行为和纠正不好的行为以保证销售管理目标的实现。

1.4 销售队伍管理与营销管理的关联

在我国，营销4P的管理又统称为销售管理。销售队伍管理、销售管理与营销管理之间的关系如图1-7所示。科特勒（Philip Kotler）认为营销管理包括营销战略和营销4P组合的管理，外资企业把营销战略、产品的管理、促销四组合中的公关关系与销售促进活动交给品牌经理或产品经理管理，而把营销4P组合中的分销（俗称渠道）与价格交给商务经理管理，把人员销售与部分销售促进活动交给销售经理管理。他们一般把营销管理分为产品管理、商务管理和销售管理，对应的职务分别为产品经理（品牌经理）、商务经理与销售经理，如图1-8所示。一般来说，微小型企业总经理有位副总经理直接负责营销，其下属也就是5~15位销售员，此时他管理的范围就是营销管理的范围，尽管他主要内容是销售队伍管理。可惜不幸的是很多微小型企业负责营销管理的副总经理却成了超级销售员（或称干活经理），亲自处理客户业务，而没有把相应的精力用于产品管理与销售队伍管理。营销策划与运作的技能偏弱，加上销售队伍的专业销售技能偏弱，销售队伍的管理能力偏弱，因此产品的销售难度相对加大。很多微小型企业没有长大，这是最为关键的原因。

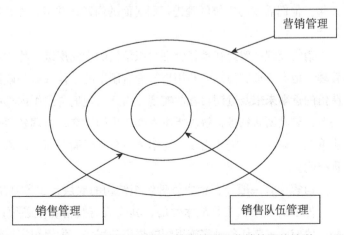

图1-7　销售队伍管理、销售管理和营销管理的关联

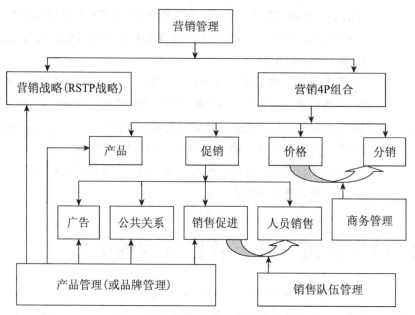

图1-8 销售队伍管理在营销系统中位置

1.5 销售队伍管理的层级

在大中型公司，尤其是拥有1000多个销售员的公司，如果管理跨度为10，那么销售队伍管理的层级有三个，也就是销售队伍管理为3级。如图1-9所示，处在最顶端的为最高销售管理层级，销售总监、营销总监、副总经理等处在这个层级，这个层级也称为销售战略管理，需要对整个销售组织的行为负责。其责任是制定销售组织的总体目标，为实现这些目标制定相应的销售战略，对外部环境进行监测和解释，并对影响销售组织整体结构的事项进行决策。他们需要关注销售组织的长期发展状况、市场的变化趋势及销售组织的整体发展前景。他们的个人行为还决定了销售队伍的内部文化。他们需要与销售经理进行面对面的沟通，并努力提升销售经理的销售队伍管理技能。

销售经理一般处在销售管理组织结构的中间层级，称为中层销售管理或销售策略管理。他们负责实施由最高销售管理者制定的总体战略与政策，需要关注企业与销售队伍的近期未来及近期目标的实现。因此，他们与组织内部的各部门建立良好的合作关系，鼓励团队精神，解决组织内部产生的冲突，协调各项销售活动的实施。他们的决策是策略性的，需要更多地与销售主管进行面对面的沟通，辅导销售主管的销售管理技能。

销售主管一般处在销售管理组织结构的底层，也称基层销售管理或销售运营管理。他们的决策主要是战术性的，其决策需要精确但必须符合销售组织的战略与策略。他们的主要任务是实施组织的规定和程序，为组织实现销售和利润，为顾客提供服务，以及为销售员提供激励与支持，包括监控销售员按照销售组织的规范进行销售工作。他们关注的核心在于实现销售组织的日常运营目标。他们需要更多地与销售员面对面的沟通，以及到客户那里现场辅导销售员，在销售战术上更多地帮助到销售员，在销售士气上更多地鼓舞到销售员。

在微小型企业，销售管理者一般只有一级管理层级，销售总监或副总经理乃至总经理直接管理销售主管，此时他们就肩负着战略决策与策略决策；如果直接管理销售员，那么他们还肩负着战术决策。

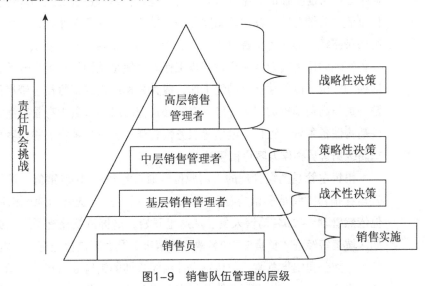

图1-9　销售队伍管理的层级

1.6_ 销售队伍管理的层级与管理职能的关联

美国的查尔斯·M·福特雷尔（Charles M Futrell）经过研究发现，销售队伍管理的五项基本职能在销售队伍管理的三个层级存在差异。每个销售队伍管理者都需要执行这五项职能，但是不同层级的销售队伍管理人员，其侧重点有所不同，所花费的精力与时间也有所不同。制定销售组织战略与规划是最高层销售管理者的主要任务，而对于中基层级的销售管理者来说，他们在此项职能上所花费的时间是逐渐递减的，如图1-10所示。

高层管理者	规划与设计 35%	人力资源管理10%	培育与训练 5%	领导与监督 30%	评估与控制 20%
中层管理者	规划与设计 28%	人力资源管理10%	培育与训练 10%	领导与监督 30%	评估与控制 22%
基层管理者	规划与设计 15%	人力资源管理20%	培育与训练 25%	领导与监督 25%	评估与控制 15%

图1-10　销售管理组织中不同层次在各项职能方面耗用时间的百分比

1.7 销售管理的职业生涯

销售管理职业路径在不同的公司是各不一样的，在同一公司也会因人而异。同一公司不同的人也会通过不同的路径达到最高销售管理者的位置，因为每个人的职业经历不同，所受教育不同，偏好也不尽相同。图1-11描绘了个人在销售管理及其相关职业生涯中可能担任的典型职位。销售管理路径是从销售员到销售主管、销售经理、销售总监、营销总监。其他两条路径是与销售相关的职业路径，当然有的公司还会提供第四条路径，如人力资源管理路径，给销售管理者选择。一般来说，99%的人在走上销售管理职位之前曾经从事过销售工作。一般是从销售实习生开始，经过一段时间的训练到完全可以单独从事销售工作，成为公司的正式销售员。销售员有销售员、中级销售员与高级销售员三个等级。有的公司把高级销售员中有管理潜力的称为销售组长或销售储备主管。银行、电信等服务性较强的企业把销售员称作客户经理。有的公司把高级销售员称作大客户销售员。

销售主管是销售管理的入门职位，通常管理5~10名销售人员的日常工作，很多公司在销售主管从事销售管理岗位2~3年后，把他提升为地区销售经理，尽管此时他依然管理5~10名销售人员。从这里开始，销售员就拥有了进入更高层次的机会，如区域销售经理（负责5~10名地区的销售）及大区销售经理（负责5~10名区域的销售），如公司销售总监，他负责设计组织长期的销售战略规划，承担着销售部门与财务、生产及公司其他主要职能部门高层经理的联络角色。同时，任何一个层次的销售经理都有机会进入企业的其他管理岗位，如培训、产品管理、市场研究、人力资源管理等部门。一些中大型公司，由于覆盖范围较大，如覆盖中国整个市场，他们往往在大区层级设立产品管理岗位，这些产品主管如果隶属于大区销售经理管理的话，大区销售经理就被称为大区销售总监或大区营销总监。

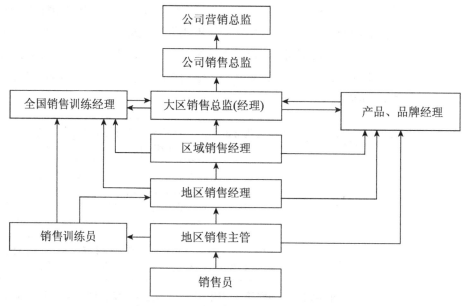

图1-11 典型的销售管理职业生涯路径

1.8 销售经理的主要职责

销售经理就是销售的经营管理者,他们既要通过销售的经营活动(如财务、营销、战略、核心竞争力与文化),又要通过销售的管理活动(如人的管理、事的管理、信息管理与资源管理)来履行其工作职责。销售经理的主要职责是在所负责的销售地盘内带领销售队伍实施上级销售管理者制定的计划与策略,从而实现既定的销售目标。由此可见,销售经理为了完成其主要职责,最为关键的是带领销售队伍的能力,包括招募、遴选、同化、辞退技能,领导与激励技能,评估与辅导技能等。为了完成主要职责,销售经理一般要做以下工作:销售队伍目标的分解与销售员个人目标的制定,所辖销售地盘的设计与规划,所辖销售地盘的销售预测与预算,销售员的招选、融合、培训与解雇,评估销售队伍成员,激励销售队伍成员,开展销售部的行政管理工作,拜访重要的关键客户,为营销部门提供建议,为研发部门提供建议等。阅读材料1-2,是某在华独资企业的大区销售经理的工作职责。

在现实生活中,销售经理对自身肩负的主要职责与销售员对销售经理的主要职责的理解有很大的偏差。笔者作了一个研究,涉及31家企业的516位销售员与112位销售经理,销售经理的最主要的职责是什么?90%的销售员认为"帮助销售员完成销售任务(或销售订单)"是销售经理的最主要的工作职责,并且认为"培养销售员、知道何时帮助销售员、知道何时给予销售员空间"等也是销售经理的职责。在他们看来,销售经理的真正职能就是帮助他们,培训他们,带领他们完成销售任务。80%的销售经理认为自己的主要工作职责是"完成上级交给的各项任务"。销售经理对自己主要职责的理解,与本书提倡的销售经理的主要职责也有本质的差异。本书认为销售经理的最主要职责是:通过销售员来完成既定的销售指标(或销售目标),以及上级交给的销售任务。要实现这个职责,就必须帮助或训练销售员完成销售订单,而不是通过自己作为"干活经理"、"超级销售员"或"某些销售员"来完成上级交给的销售任务。

阅读材料1-2　　　　大区销售经理的工作职责

1. 工作汇报程序

大区销售经理必须直接向全国销售经理汇报工作,在联系市场销售部相关部门或代理商时,应随时将问题传真通知市场销售部总监和全国销售经理。

2. 基本职责

大区销售经理的职责是在所负责大区内领导区域经理和销售代表实施上级主管制订的计划,从而实现销售/消化目标。

3. 主要工作内容

3.1 在大区内实施大区销售策略;发展并领导一支成功的销售队伍。

3.2 对部下的日常工作进行考察(共同拜访),并要维持适当的共同拜访频率,在实践中培养部下独立分析处理问题的能力,从而提高部下的工作效率。

3.3 应用不同级别人员水平考核表对大区内人员的发展情况进行评价记录,识别并培养有潜力的人员,使其在公司中得到相应的发展。

3.4 正确领导和调动下属的工作热情,使其在工作上有出色表现。

3.5 联络政府官员,保持公司良好形象。

3.6 联络分销公司,了解市场动态。

3.7 联络VIP客户,增加公司影响力;支持销售代表工作,并找到可以支持和改善销售代表工作的地方。

3.8 按时提交每月工作计划、费用计划等各种工作报告。

3.9 有效使用经费,并进行合理控制;每月应按时审核发票。

3.10 在收到每月销售代表提供的销售追踪后,及时做出销售分析,并与区域经理共商行动计划。

3.11 协助产品经理做好产品上市会准备工作,以及产品上市会后的客户跟催。

3.12 收集并分析竞争产品信息,并及时反馈给市场部。

3.13 保持与代理公司的正常交流,以便及时了解销售情况。

3.14 与公司各部门人员保持良好合作。

3.15 负责对大区内销售代表进行定期产品知识的培训与销售技能的训练。

3.16 负责对大区内销售管理者进行定期产品知识的培训与销售管理技能的训练。

3.17 聘用、培训、培养、保留好的人员。

3.18 在有关补贴及奖金方案方面给上级提供合理化建议。

3.19 经常与区域经理交流,给予足够支持,并发展他们的领导能力。

3.20 在工作中带着公司积极同心的精神,实施公司为消费者服务的理念。

1.9 销售经理的角色

如今,企业的销售经理们被寄予厚望,他们要在公司中起到更加重要的战略作用,同时在公司制订计划时也常常要出谋划策,发挥关键的作用,而不仅仅是带领销售队伍完成既定的销售指标。销售经理首先是过滤器,如图1-12所示。

图1-12中阴影部分代表销售经理这个层级,他们作为内部力量、外部力量与销售力量(销售员)之间的连接地带,起着沟通的作用。这个联系纽带的位置要求他们了解所有人员的需要与欲望,知道协调各个人员的行为,并具有执行的技巧。连接纽带的位置会产生很大的角色压力,只有在销售经理所涉及的成员之间,发展共同满意的关系,才能降低角色压力。事实上,这一连接位置意味着所有销售经理都必须扮演过滤器的角色,他们必须在内部力量和外部力量的限制下实施市场营销计划,带领队伍完成上级交给各项任务,尤其是销售指标任务。他们期望承担计划的统筹和提炼的角色,并承担决定向销售员传播信息的优先权。他们从销售人员处获得反馈,这些反馈信息不仅影响他们的决策,而且会经他们传达给上层经理。销售队伍的内部力量与外

部力量都是具有活力的，销售经理要成功地组织内外部力量，就必须具有相应的弹性和创造性。

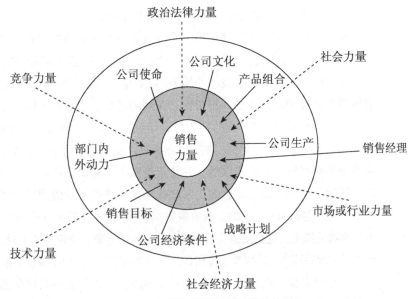

图1-12 销售经理扮演过滤器的角色

销售经理的过滤器的定位，就决定了销售经理的角色具有多样性和两面性。所谓两面性，是指在上层销售管理者面前，销售经理要扮演代表其下属的角色，而在其下属面前，销售经理必须扮演代表公司管理者的角色。他们必须在这两个角色之间自觉平衡地转换。所谓多样性，是指销售经理不仅仅是销售指挥者，还是协调者、监督者、促导者、辅导者、目标设定者等。销售经理还要承担创新者角色与改革家角色，销售经理是销售队伍的改革家。销售经理通过审视内外环境的变化，对组织内部问题进行正确诊断，找到解决方案并且减轻方案实施的难度。组织的变革有可能会损害部分销售员的利益，如果不在组织改革前去改变销售员，影响他们做什么或如何做，那么改革的阻力会增加。面对销售变革，销售员会紧张与担忧。因为改革意味着一整套新的销售规则需要被掌握、被理解，销售员将要面对许多未知的问题，如其随时随地都可能被调离其销售领地，而销售领地的改变意味着他们必须熟悉新的顾客、新的地区环境和新的竞争对手，他们在旧的销售领地的努力化为零，要面临重新再来的局面。

销售经理是销售目标的设定者。销售目标的设定是销售成功的主要因素。俗话说：无目标，则失败。销售目标给出了销售工作的方向，对于流动的"兵"（销售员）来说，显得尤为重要。它们将有助于销售员理顺优先次序，将指导销售员决定资源的最优配置。销售经理在目标制定中扮演了非常重要的角色，他们不仅需要设定个人目标和销售团队目标，而且在帮助销售员设定个人目标时要承担重要角色。他们不仅要协助销售员设定销售量目标，还要帮助销售员去设定销售行动目标（与其销售产出有关的目标），以及销售学习目标（提高销售技能与改善销售心态的目标）。

1.10 一线销售主管的角色

接下来通过具体的事例来阐述一线销售主管的角色。

在蝴蝶花公司工作了两年后，小李被提升为一线销售主管。"我所在的销售机构只有3名全职销售代表。"小李说，"该地区去年的销售额为600多万元人民币，当时我的工作就是直接推销，我的业绩为280多万元。我被提升为销售主管后，要带领7名销售员完成1200多万元的销售指标。在刚刚接受这个职务的第一个星期里，我必须完成以下的工作：招募5名新的销售员；培训这5名新的销售员；让这7名销售员与自己形成积极同心的销售团队；寻找办公场所，建立地区办公室；划分销售地盘，让这7名销售员都有自己的销售领地，并给予他们相应的销售指标。"小李继续说："由于办公场所所在地远离公司总部，因此我在担任销售主管的同时，还得给自己做秘书、打字员甚至是接待员。总之，所有事务，包括行政事务都要自己去履行，如公司把经营费用打到我的账上，我要把这些费用按预算分给销售员。销售员的工资没有到账，我要去了解情况并帮助解决。这些非销售和非销售训练的事务，占用了我很多精力与时间。"

对小李来说，担任销售主管的最大挑战在于他需要不断地激励自己的销售团队。"首先，我以前没有真正地管理过别人。以前是自己直接找客户进行推销，完成自己的销售指标即可。现在就不同了，我必须通过自己的团队来完成上司给予的销售指标。我不能直接单独向客户推销，而必须控制自己直接做销售的欲望，把自己的销售经验与专业销售技巧传授给团队的销售员。在这段时间里，我经常与销售员两人拜访客户，还要在办公室进行角色情景模拟训练，通过实践与训练，辅导销售员如何更有效地推销蝴蝶花公司的产品。"

"对我来说，最主要的是两个挑战。第一个是如何招选更优秀的销售员。有些应聘人员在面试的时候，可能表现得非常自信、经验丰富，但是经过两个星期的试用之后，我发现实际情况根本就不是这么回事；还有一些情况，来面试的时候是从事销售工作的，但是经过6个月的工作之后，他们却认为从事办公室的工作更适合他们，结果主动离职了。有了这些经验后，我觉得应该努力学习与提升自己的面试技能。挑选既优秀又合适的销售员，对完成团队的销售任务来说，至关重要。如果能找到最佳的销售员人选，那么我的销售管理工作压力就会大大减少，完成团队销售指标也不再是那么令人望而生畏的任务了。第二个最大挑战就是原先与我共事过的资深销售员，以前我们是平级关系，现在是上下级关系。我为此谋划了很久，决定依然保持伙伴关系，而不是朋友关系。我尽可能地尊重他们，有任何新的决策，我都事先与他们商讨，听取他们的建议，但是难度还是很大的。如果我能事先学习一些管理心理学也许会好一些。"

"这些问题都解决了之后，销售主管就必须督促销售员实现他们各自的销售目标和团队销售目标，从而完成所辖区的销售指标。因此帮助每个销售员确定他们认可的销售指标就成为了我的第三大挑战。如果我事先能学到分配销售指标的科学原理，也许就不会走弯路了。"

可以形象地说，销售主管是公司的手臂，销售员则是手指，公司主要是透过他们来接触客户的。对客户而言，销售员就是"公司"的化身，销售主管与销售员是工作在一起的伙伴，要经常在一起努力改善表现以达成目标，销售主管的工作就是要能营造这种具有生产力的关系与这样的环境。一线销售主管在公司的具体位置如图1-13所示。

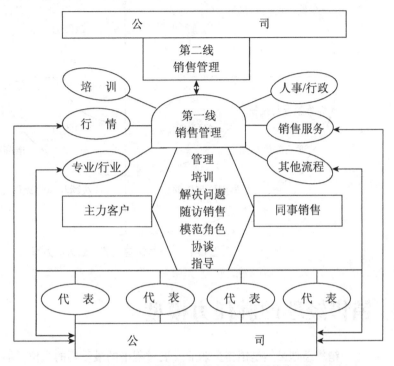

图1-13　一线销售主管在公司的具体位置

一线销售主管成功胜利地履行其角色，必须具备四大能力群，如图1-14所示。其实这些能力群需要在上岗前进行训练。在实际工作中得到上司的辅导，才能不断地提升。在这四个能力群中，有两个能力群主要是关于工作上"人"的处理（沟通与督导），而另外两个能力群则是关于工作上"事情"的处理（行政与认知）。行政能力群又称自我工作管理能力，沟通能力群又称与人沟通协调能力，我们把建立工作团队的能力群称作督导能力群，把对问题的思考清晰缜密能力群称为认知能力群。

现实中，企业对一线销售主管的辅导与训练少得可怜。很多企业会加大对销售员进行培训，而对销售主管培训甚少，因为销售主管不直接创造销售额，而钱要用在刀刃上。这是一个误区与偏见。一线销售主管充当着销售队伍中其他员工的榜样，他们的能力高低与心态好坏直接影响着销售代表的销售效率。因此一个有效的销售运营方法就是要着重强调对这些销售主管们的培训：在岗指导，岗位轮换，还有销售管理培训方面的资助，创设新的角色和激励措施来留住这些主管，让他们在每个岗位上工作足够长的时间，以便有效地履行职责和磨炼好四大能力群。换句话说，企业不应陷入每18个月就对经理进行一次晋升的误区。这些努力将有助于提高一线销售主管的管理技能与心态，促使他们成为优秀的销售主管，这样就可以吸引新的销售代表，并留住现有人员。

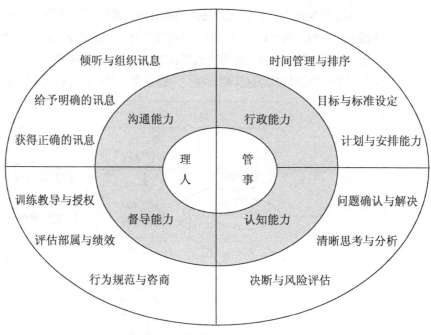

图1-14 一线销售主管的四大能力群

1.11 销售经理的胜任力模型

销售经理虽然是销售员职业发展过程中的最重要的岗位,但不是所有的销售员可以胜任销售经理岗位。本书探讨的销售经理包括一线销售主管在内,但不仅仅是一线销售主管。每家公司虽然对销售经理的胜任力要求有所不同,但是作为职业,销售经理的胜任力模型还是有很多共性。笔者根据22年的管理实践与研究,提出如图1-15所示的销售经理胜任力模型。

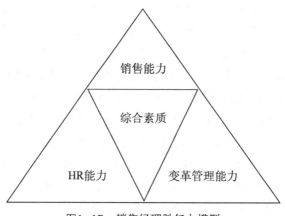

图1-15 销售经理胜任力模型

(1)销售经理的综合素质主要包括职业道德、职业个性、职业动机与基本能力四个领域。职业道德主要包括诚信、承诺、伦理;职业个性主要是指责任、相融、情绪稳定；职业动机主要是指成就、权力、亲和；基本能力主要包括推理、知觉、归纳。

（2）销售经理的销售能力主要包括商务素质与礼仪、销售技能、客户导向、市场营销意识与思维、谈判技能等。

（3）人力资源管理能力（HR能力）又称搭班子带队伍的能力，主要包括组织设计、人员配置、人员训练与发展、薪酬设计与管理、激励沟通、绩效评估与团队协作等。

（4）变革管理能力主要包括环境识别、战略规划、人际影响、问题解决、创新发展与流程重构等。

这四大模块构成了销售经理的胜任力模型，每家公司对其权重有所不同。我们知道，综合素质对于任何岗位的人来说都非常重要，销售管理岗位也不例外。综合素质中的职业动机对于人们的职业成功来说，是非常关键的因素。如果担任销售经理的职业动机是以下一项或几项：我想要更多的自主和控制权、我该被提拔了、公司要我干、我要尽快脱离销售工作、我希望在没被发现不是销售的料之前就被提拔、名片上有"经理"头衔更体面、我做了多年的销售该换换职位了、这是我想多赚钱的唯一途径、我受够了指标的压力与客户的压力、我要大家尊敬我、我想多待在办公室、我做销售就是为了有一天要当销售经理、销售经理可以坐好车，那么销售管理业绩平庸者较多，而且大多数在从销售到管理的角色转变中会遇到职业挫折。如果销售经理把其想当销售经理的原因归于以下一项或几项：我喜欢培养别人、我喜欢团队组建、帮助别人使我快乐、我喜欢鼓励别人达标、我喜欢与能干的人合作、我喜欢认可和发展别人的优点，那么这位销售经理带领的销售队伍会持续取得卓越的销售业绩，而且这支队伍往往是士气高昂的成功队伍。

1.12_ 销售经理的任务与技能变化的趋势

电话销售员、网络销售员与实地拜访销售员一样，都在主动推销产品。有的公司把主动推销的销售员分为三支销售队伍，也有公司要求每位销售员既要通过电话进行销售，又要通过网络进行销售，还要实地拜访进行销售。最成功的销售经理的工作是经常性地为销售员提供资源与支持，而非仅仅进行一对一的辅导。他们要不断地关注销售努力的内部协调，以使其销售员能为消费者投入更多的时间，为消费者服务。销售经理的技能变化趋势表现在以下几个方面。

（1）平等对待销售员，在工作中与销售员建立伙伴关系（内外伙伴观念）。

（2）敢于向销售员授权，鼓励并奖励那些主动与创造性帮助顾客解决问题的销售员。

（3）运用灵活且人性化的激励工具提高团队士气。

（4）掌握影响买卖双方关系的最新技术与观念。

（5）与公司内部其他部门像团队成员般紧密合作以实现客户满意。

（6）创造灵活学习和消费者是老板的工作氛围。

从能力的含义来看，"人的技能"会比"事的技能"更为重要，今天的销售经理必须对个人的需求和技能敏感，更多地关注交流与辅导，而非仅仅依靠监督和控制。今天的销售经理依然要扮演行政管理人员的角色，而且这个要求比以往任何时候的要求更高。随着互联网技术的运用，销售队伍管理的跨度在扩大，以往销售经理管理3～5名销售员，现在却要求管理8～12名销售员。但不幸的是，很多销售队伍管理者是因为销售才能而提升到经理层的，缺乏销售行政管理的学习与锻炼。今天的销售经理仅仅有销售能力是不够的，许多成功的销售员性格坚强、敢作敢为、目标导向，这在组织内与其他人密切合作时，稍不注意就会成为一种负面因素。大多数销售员所厌恶的细节与文案工作却是销售经理的基本工作内容之一。同时，今天的销售经理没有销售能力也是万万不行的。很难想象一个成功的销售经理没有或对销售知识知之甚少，他的销售队伍不会相信这位销售经理可以带领他们获得成功。销售员一般是这样推理的：一位销售经理如果从未从事过实际销售工作，他就不可能明白一位销售员所面对的独特的挑战与要求。因此销售经历或销售技能，尤其是成功的销售经历能激发销售队伍对销售经理的信心。

外勤销售员的工作的最大不同点就是其大部分时间是在拜访客户，在客户那里而非公司的办公室，同时，由于销售领地的部署，很多销售员远离销售经理的办公室（或远离公司的总部）。即使是电话销售员与网络销售员，看似坐在公司办公室，但是他们与客户的电话与交流过程是由销售员主导的，而销售经理很难插手参与。对于电话销售员与网络销售员，看似容易管理，其实是容易管理其身，但很难管理其心。因此销售经理的工作与其他管理工作有很大的不同。只有很强的行政管理技能，也是不够的。

更多的公司被迫利用互联网络与销售团队来快速回应消费者购买模式与需求的变化，因此，协作、达成共识、危机管理和全局管理将成为销售经理的基本技能。电子通信系统与计算机技术将得到更广泛的运用，在销售管理领域也是如此，销售经理将利用这些现代工具提升销售管理效率，就如同销售人员利用这些工具进行人员推销一样。但是不管怎样，值得注意的是"技术能使工作更有效，但它不能替代面对面的接触"。很难想象，一位销售经理一年乃至几年不到销售员所在的领地，与这位销售员进行面对面沟通和两人实地拜访客户，只是通过互联网或电话与这位销售员进行接触，而这位销售员还会有归属感和成就感。

1.13_ 从销售员到销售经理的角色转变

销售员把晋升为销售主管或销售经理作为职业目标，在"仕途"观念比较浓厚的中国有着特别的意义，当然晋升为销售主管也是销售队伍管理职业最为关键的入门。

很多公司喜欢提升那些优秀的销售员为销售主管，认为既可以激励其他销售员把销售做得更好，也可以让他们把成功的销售技巧与经验最大化地复制给其他销售员。但事实上，那些优秀的销售员或销售明星晋升为销售主管后，却往往会出现其个人销售业绩不断提升，但销售团队的整体业绩起色不大甚至下滑的情况。他管理的部门士气逐渐降低，他不喜欢处理诸多报表，跟部属相处的状况也不甚理想，争执和不合时有耳闻，需要批示的公文也常被积压。甚至有些晋升为销售主管的新官，为了急于出成绩，往往来一场新官上任三把火，结果不仅烧死了他人，还烧死了自己，导致出师未捷自己先下课的惨剧。尽管具有强烈自我意识是销售工作获得成功的关键因素，但这种强烈的自我意识的存在会给其走向销售经理岗位带来极大的麻烦，尤其在与其他部门合作的时候。销售精英晋升为销售主管，要迅速完成角色定位。当然销售明星没有完成角色转变，与其公司的选拔、训练与辅导等机制有关。但更为重要的是与提升的销售明星本人有关。在晋升任命后的前三个月，不管是老板还是他的下属，对他的关注度一定是最高的。由于是新的岗位、新的领域，面对很多未知，所以其自身的自我压力也很大。在内外双重压力下，那些成功完成角色的销售主管，一般会非常冷静地分析其作为销售员的成功要素与新主管的成功要素差异，见表1-1。同时，参加各种培训、进修学习或网络学习，尽快训练自己的"经理人思维"。一般来说，销售员在成为销售经理后会发生六大主要变化，如果晋升的销售员在新官上任三个月之内，能够成功驾驭这些变化，那么他就将成功地完成从销售员到销售经理的角色转变。

表1-1 销售员到销售主管的技能变化

销售员成功的自身要素	销售主管成功的自身要素
直接掌控与完成个人的销售指标	能够掌控并通过他人完成销售指标
发展良好的客户关系	发展良好的部属与资深管理人员的关系
能够很好地独立工作而不需要监督，高度的自我激励	能够与他人或通过他人一起工作；激励他人完成区域目标
高于平均水平之上的表现与智能	必须乐于与低于水平与中等水平表现者一起工作
行动导向，工作迅速与个人化	小心地计划；维持团队标准、政策与流程

（1）观念的变化。销售员主要做好自己的销售工作，尽最大销售努力为消费者服务，从而完成或超额完成销售指标。而销售经理必须在自己的头脑中建立一个总体性的概念，认识到计划和决策对销售组织的目标、特定群体（销售地区）的利益、其他部门的利益及销售组织的总体利益会产生很大的影响。自己的角色具有多重性，这些角色有时候会发生冲突，主要精力要用于协调内部力量，全心全意为销售员服务，带领他们一起完成整个团队的销售指标。

（2）目标的变化。销售经理主要考虑的是如何实现组织的销售目标，组建与带领好一支销售队伍。而销售员的工作重点是服务好客户，实现自己个人的销售目标。

（3）责任的变化。销售经理除了需要完成一般性的行政管理工作之外，还需要对自己的下属加以管理，并为他们的工作创造条件，更多的工作是引导与协调他人的销售活动以实现本部门的销售目标。而销售员只要管理好自己就可以了。

（4）满意来源的变化。由于销售经理基本上已经不再从事实际的销售活动，与客户的实际接触比销售员大大减少，所以对销售经理来说，其更多的满意是来自他人的成功（销售员的成功），而不是自身的销售活动。

（5）技能要求的变化。对于销售经理来说，销售技术是相当重要的，但是拥有管理技能更为关键。销售经理必须拥有良好的沟通、领导、协调、规划、指挥、激励、培训他人与管理时间的能力。

（6）工作关系的变化。销售经理必须和以前的同事、其他管理者与上司建立良好的工作关系。而销售员只要处理好与自己上司、客户的关系即可。

本章小结

1. 销售队伍管理就是对销售组织及其相关活动的管理，本质是创造一种积极向上的销售组织环境，使身处其间的人们能在组织内协调地进行销售工作，以充分发挥销售组织的力量，从而有效地实现销售组织的目标。
2. 销售队伍管理的五项基本职能包括规划与设计、人力资源管理、培育与训练、领导与监管、控制与评估。
3. 销售人员队伍构成包括销售员、基层销售管理者、中层销售管理者、高层销售管理者。不同层次销售管理者的职责、权限与能力要求有所不同。
4. 销售人员职业生涯的主要路径包括销售员、销售主管、区域销售经理、销售总监、营销总监。
5. 销售经理的主要职责是在所负责的销售地盘内带领销售队伍实施上级销售管理者制定的计划与策略，从而实现既定的销售目标。
6. 销售经理角色具有多样性，通常包括指挥者、监督者、辅导者、促导者、协调者、目标设定者等。
7. 销售管理者的四大能力群是行政能力群、认知能力群、沟通能力群与督导能力群。

本章思考题

1. 销售团队与销售队伍有什么区别？带团队的能力与带队伍的能力要素有哪些不同？
2. 销售队伍管理与销售管理有哪些区别？作为销售总监更应该关注哪个？
3. 很多人认为，销售总监带领队伍是门艺术而不是科学，你怎么看？为什么？
4. 有人认为，销售经理只要完成了上级交给的销售指标，就是合格的，其他的就不用要求太多，你怎么看？为什么？
5. 能把业务做好的销售员，肯定也能把团队带好，因为都是与人打交道，管理业务与管理团队是相通的，你怎么看？为什么？

案例分析

任命谁为销售总监

唐宋公司2012年的销售额为7亿元，销售人员407人，其整个中国市场分为7个大区，每个大区平均管辖7个区域，每个区域平均管理7位销售员，每个大区有4个大区品牌推广经理。销售员拜访新客户时，需要花费大量时间与客户建立长期关系。

区域销售经理承担着管理实地销售团队的责任，包括培训、监督、补偿、控制和评估销售员等。有时，区域销售经理还必须和销售员密切合作，共同处理特殊客户或特殊的合同，并帮助实地销售员。大区销售经理承担管理销售队伍的责任，负责处理部门所有的文案工作，雇佣与解聘的决定权、营销策划、制定预算、成本审计及销售队伍规划等。销售总监承担着管理唐宋公司销售队伍的责任，并对整个公司的销售指标承担直接的责任。

公司有内部区域网络，每个销售员都配置笔记本电脑、移动电话与传真机，各地销售员可以随时与公司总部保持密切的交流，也可以随时与公司的数据库联系，通过后台数据库很快得到技术性信息。每个公司雇员都可以通过电子邮件相互沟通。在公司总部，大区销售经理有销售助理负责销售员和销售经理之间的常规性沟通。大区销售经理则投入大量时间与其他管理人员协调销售队伍活动与其他职能部门的关系。大区销售经理需要与销售总监保持密切的工作关系，而销售总监需要与营销副总裁、市场总监和人力资源总监等保持密切的工作关系。

唐宋公司营销副总裁邓道长知道，他必须作出决定，选择谁来管理公司407人的销售队伍。7个月前，销售总监辞职创业，成立销售公司销售唐宋公司的仿制产品，对唐宋公司构成了直接威胁。邓道长只得直接控制销售队伍，但他清醒地意识到，这不仅使他忽略了其他职责，而且管理销售队伍也不尽如人意。邓道长开始寻找新的销售总监，目标锁定在黄云龙与刘艺龙两个大区经理身上，他们似乎能够担任这个职位。

邓道长反复阅读黄云龙的背景资料，认为如果不任命黄云龙为销售总监，可能会产生一些反响。黄云龙不仅是公司最佳的销售员，而且是公司最积极的区域销售主任、最佳的区域销售经理及最佳的大区销售经理。重点大学本科毕业后，黄云龙在某国企工作了3年后进入唐宋公司。他现年36岁，在唐宋公司的9年里，他本人及带领的队伍均年年超额完成计划。因为采取佣金制，所以黄云龙很早就跨入了中产阶级行列。去年他的年收入是20万元人民币。黄云龙有一位既非常优秀又漂亮的妻子，他们在娱乐和社交场合，都能得体地与人们交往。虽然黄云龙的本科课程与唐宋公司的产品关联度不大，但邓道长知道他很有才能，而且掌握了很多商业技能。黄云龙收集了许多商务书籍，参加了许多自我提高的培训。黄云龙当大区销售经理已有3年，在他管理的12个主管级的下属中，只有1位是外聘的，他因建立了一支优秀的销售队伍而在公司与业界获得了令人羡慕的声望。但尽管他获得令人赞扬的成功，他仍然继续努力进取，致力于追求卓越。由于他偏于注重工作，所以忽视了与总部行政管理人员，尤其是人力资源总监的非工作关系的维护。在邓道长的总监级下属中，有一半的人暗示提拔黄云龙为销售总监，或者把中国市场分为南北两个事业部，黄云龙为公司南方事业部总监。但在前销售总监辞职后，黄云龙没有直接找过邓道长要求得到这个职位，也没有直接向邓道长表露过南北事业部的规划事宜。黄云龙能力卓越，似乎意愿不足，邓道长为难了。

邓道长开始考察另一位职位候选人——刘艺龙。刘艺龙非国家级重点大学本科毕业后，直接进入唐宋公司工作，有15年的工龄，从业务员到区域销售主任、区域销售经理，再到大区销售经理。在他任大区销售经理的8年中，无论是销售员，还是销售主任、区域销售经理及大区销售经理，业绩都不是最差的，也不是最好的，只属于中游水平。8年的大区销售经理期间，只有3年完成了销售指标。在他管理的8位主管级的下属中，有3位是外聘的。他任销售管理岗位期间的人员流动率高过黄云龙队伍的流动率。在7个大区中，刘艺龙的大区销售额位居第四，黄云龙的大区位居第二。上海大区的大区销售经理已换过两任，新上任的大区销售经理来自市场部的品牌经理，资历与能力等方面还不足以和黄云龙、刘艺龙相比。

当然，邓道长对刘艺龙更为熟悉，刘艺龙作为邓道长的直接下属已有7年多的时间，而黄云龙作为邓道长的直接下属只有半年多的时间。尽管黄云龙是由邓道长招聘进入公司的，但其一直在前任销售总监手下工作。邓道长私下认为，在人情方面，刘艺龙更忠于他；在事业方面，黄云龙更忠于他。邓道长要什么大区的信息，刘艺龙总是最早给他，但总不能令邓道长满意，而黄云龙要么不给，一给就准，给的总能令邓道长满意。刘艺龙善于揣摩上级领导的意图，非工作方面总是准的，但事业方面心有余而力不足。刘艺龙与总裁、人力资源总监、邓道长的秘书和其他6个大区经理的关系非常融洽。在公开场合，刘艺龙不仅取悦上司与同僚，还取悦下属，下属关系也很融洽，而黄云龙在这方面似乎比刘艺龙逊色一些。在得知前任销售总监辞职后，刘艺龙非常活跃，经常找邓道长、邓道长的秘书、人力资源总监及总裁汇报工作，多次直接向邓道长表达对晋升为销售总监的想法等。邓道长在答谢刘艺龙的同时也告诉他，他确实是该职位的主要候选人，并保证会充分考虑。但是，邓道长向刘艺龙说明此事不是完全由他来决定的。刘艺龙能力欠缺，但意愿很强，忠诚度与人缘都不错，邓道长内心十分纠结。

邓道长担心，如果提拔黄云龙，首先可能会失去一位优秀的大区销售经理而得到人际关系不太好的销售总监。他看到了其他公司类似的情形，这两种工作要求不同的技能，销售总监更需要人际关系技能。其次，他担心黄云龙不满意12万元的销售总监年薪，因为黄云龙任大区经理以来，因超额完成销售指标，年收入远高过12万元。而刘艺龙对此坚持说他并不在意薪水。第三，他担心黄云龙步前任销售总监的路子，在羽翼丰满之时辞职创业，因为黄云龙似乎对赚钱和事业更感兴趣。

邓道长也担心，如果提拔刘艺龙，可能会得到一个人际关系和谐的销售总监而失去销售战略发展机遇。从销售战略规划来看，刘艺龙任8年的大区销售经理的业绩远远逊色于黄云龙。黄云龙在任销售员时，就对浙江市场作了五年规划，任大区经理时，继续作了杭州大区的五年规划，令人惊喜的是，这些规划都变成了现实。其次，他为刘艺龙与总部的关系而烦恼。刘艺龙很受大家欢迎，是那种哥儿们义气很浓的人。而且，总部的女性同事，都说刘艺龙是她们喜欢的那种男子汉，认为刘艺龙与她们相处得非常适宜和愉快。最后，邓道长担心刘艺龙不能服众，尤其是不能得到那些有实力的销售员与销售经理的认可，尽管刘艺龙有资历，但销售实力与销售队伍管理实力确实一般。

是由一头狮子来带领销售队伍，还是由一只绵羊来带领销售队伍？黄云龙似乎是狮子，是强将，强将手下无弱兵。而刘艺龙似乎是绵羊，是"良将"，良将无赫赫之功。但黄云龙手下的销售主任或销售经理，客观来看，远远高于刘艺龙手下的战将。从正反两方面考虑两个小时后，邓道长还是无法决定。而总裁不想做任何损害成功模式的事情，提议要全面考察才能保证将最佳人选安排在销售总监岗位。看来这个周末，不能平静而过。

讨论：
1. 如果你是营销副总裁邓道长，你会任命谁为销售总监？为什么？
2. 如果你是营销副总裁邓道长，你将如何解决这个任命问题？

第二章
人员销售的性质

本章要点：

理解销售的本质；
了解销售人员的类型；
熟悉销售人员的工作特点。

课前案例　　　　客服人员能做销售吗？

中国台湾地区某外商银行信用卡电话理财中心（Call Center）在中国台湾地区的信用卡发行量虽居于第二名，但客户的使用率、为银行带来的利润却排名第一。总体来说，信用卡电话理财中心是个花钱的单位（Cost Center），而并非赚钱的单位（Revenue Center）。

2003年该银行的纽约总部为了节省成本，有意把Call Center移到马来西亚，总裁为了不让300多个员工失业，只好想办法让Cost Center变成Revenue Center。于是，在2004年就要求Call Center的所有客服人员，在接客户来电的同时，除了做好服务，还要做销售工作。这一举动引起了Call Center主管及客服人员非常大的反响。

但总裁坚持"既要求做服务又得做销售，这件事是One Way Ticket"，意思就是一条不归路，完全没有商量的余地。之后Call Center的团队负责人带领5个部门领导离职自行创业去了，紧接着许多Unit Head和资深客服人员也纷纷离职。整个Call Center的客服人员就几乎得天天加班，而主管们就陷入了几乎天天要招聘面试的情况，人招进来之后需要3个月的培训期，新人的离职率又高，资深的员工受不了业绩的压力有的也纷纷离职，所以整个部门出现了非常严重的断层。最后，总裁被总部解职了。

（本案例根据浙江大学MBA2009年秋集中2班蔡玉卿同学的作业改编而成）

讨论： 1. 原来只做服务的客服人员适合做销售工作吗？为什么？
2. 客服人员和外勤销售员在性质上有什么区别？

2.1 销售是古老而伟大的活动

交换是人类特有的活动，是人们在社会分工条件下相互提供劳动产品，以满足各自需要的经济行为。交换被人类看作社会进步的标志。经商就是交换，用我有的东西交换我没有的东西。在这里，东西可以是任何物品，可以是钱财，可以是权力，可以是感觉，甚至可以是生命。经商是采购与销售的总和，作为经商的关键环节，销售活动是人类社会分工的必然产物。销售就是去卖东西，促成买卖双方对彼此的价值利益实现交换，这种交换在买卖双方对等、互尊、互利的原则下实现。销售是主动促成交换，是以卖的方式促进商品流通的经济活动，它能够帮助有需要的人们得到他们所需要东西，是用交换来满足双方的利益，实现价值传递的活动。我们认为销售是为人类传递美好信息的活动，它可以减除人类痛苦，提高社会幸福，促进人类社会的繁荣。

销售还可以减轻通胀压力，因为销售员可以站在客户的立场，关注客户的问题，介绍能解决这些问题的产品特征和利益，帮助客户更明智、更有效地花钱。同时，通过增减买主，鼓励采用更为先进的生产方式，可以使产品价格降低且质量提高，实现了以销定产，减少了社会浪费。所以，没有销售员传播好信息，没有销售员的努力，产品的价格就会很高；没有销售，社会再生产就不可能顺利进行；没有销售，企业就根本不可能生存；没有销售，消费者就无法实现交换。如果没有人销售东西，世界就不会有任何事情发生。销售是一个交换与传递价值且帮助他人的伟大活动。

2.2 销售的本质

销售的本质就是主动把东西卖出去，卖给需要的人类伙伴，并在他犹豫不决的时候，提供信息给他，帮助他作出明智的决定。销售的本质有两层意思，缺一不可。第一层意思是帮助他人做得更好。销售是在客户拿不定主意或认为购买存在风险的时候，帮助客户作出明智决定的活动。销售就是给客户一个消费理由，让其产生明智的消费。销售是为客户提供购买的诉求点的活动，是帮助有需要的人们得到他们所需要东西的过程。销售员需要付出关心与大爱，认真聆听，解决问题，为客户伙伴提供服务。帮助客户解决问题是销售的最基本的行为底线和道德底线。第二层意思是主动去出售自己的产品或服务的活动，促成交换的实现，顺利完成价值的传递，满足交换双方的需求。与商人从事买卖不同，销售只是卖东西，是主动以展示商品特性而进行卖东西的行为，销是动作，售是目标。它的基本特征是：销售行为具有主动说服性、销售对象具有多样性、销售目标具有双重性、销售过程具有互动性。

销售既可以帮助他人满足需求，又可以让自己赢得合理利益（利润）。销售就是介绍商品提供的利益，以帮助客户作出明智的决定，从而通过交换满足各自需求的过程。销售就是一种有偿帮助有需要的人们得到他们所需要东西的过程。销售是从爱开始，由服务他人而推进的活动。爱他人，并帮助他人实现其正常而有意义的需求，这就是销售的本原。

一般把更主动寻求交换的一方称为销售员。销售员通过服务来为他人的幸福做贡献，交换人们所需求的产品与服务，从而使人们的梦想得以实现。所以伟大的销售员不仅仅是那些创造卓越销售业绩的销售员，还必须是具备诚心诚意服务他人的职业精神的销售员。

2.3 销售的形象演变

虽然销售是人类古老的活动，但销售的形象演变之路非常坎坷。在西方，人们在很长时间内对销售员的看法是贬多于褒。销售一直被视为下等工作，销售员没有什么社会地位，从事销售工作的都是一些穷人，是他们不得已的谋生手段。在美国从事销售工作的人曾被称为"北方货郎"或"乡村小贩"。从1870年开始，至20世纪20年代末，推销员（那些专门从事拜访消费者并劝说消费者购买的人）才在美国赢得了人们的尊敬，获得了应有的社会地位，直到今天，依然如此。

在我国从事销售活动的人被称为"行商坐贾"。行商，即行走的商人，流动着贩卖商品的人，多指那些走街串巷的小商小贩们，他们是没有固定地点而行走贩卖的商人。坐贾，又叫坐商，坐着的商人，一般指有比较固定的经营场所（如店铺），从外进货或自己制作然后出卖。坐贾比行商容易管理，在古代，坐贾的地位就比行商的地位要高。

在我国春秋时期，人们开始讨论销售活动的方式，对那些不符合公道的销售方式进行贬抑，如楚国人销售"矛与盾"的故事，说明我国古人开始探讨销售技巧与方式是否符合人性。但进入汉代以后，长达数千年的主流文化对销售活动是贬多褒少。21世纪初开始，虽然褒多于贬，人们贬的是那些不道德的销售行为，但人们内心还是对销售有误解，认为销售就是忽悠，销售就是拉拢人的不得已的职业。

殷商是以商为先的国家，行商非常发达，商汤是中国历史上有记载的第一个因经商而立国的帝王。西周采取的是农工商并重的政策，虽然并重，但是商已经排在第三。春秋时期，商态（商贩形态）自由发展，著名的范蠡则是中国历史上有记载的第一个辞相而从事商贩的政治家与军事家。秦朝对商态有所限制，鼓励经商，但以鼓励坐贾为主。汉朝采取轻商贱商政策，汉朝颁布"贱商令"，第一次从法律上贱低商人，如规定商人子弟不得"仕官为吏"，把商人列为四民（士农工商）之末。晋代对商人进行人格侮辱，唐代依然规定商为贱业，唐朝初年，规定工商不能参加国家选拔人才的科举考试。诗歌写商人，起于六朝，盛于唐代，通过诗歌来贬低商人的声誉，强化了人们鄙视商人的思想，如白居易《琵琶行》中的"商人重利轻别离，前月浮梁买茶去。"宋代开始，虽然有"四民同道、四民皆本、儒商同道"等观点，但是没有形成主流观点。其中"儒商同道"的结果演绎出了儒商群体，儒商是以儒家理念为指导的、从事商品经营活动的商人。明中叶以后，人们把春秋战国之子贡、范蠡、白圭等视为儒商代表。儒商的出现是对"奸商"的鞭笞,也是对俗商(一个单纯地以收入产出来计算的商人)的抛弃。明代的王明阳认为:商贾虽终日作买卖,不害其为圣贤。只要他们在商业行为中能"致良知",能恪守儒家教义就行。明代中叶设立了"商籍",让商人子弟不但有了参加科举考试的机会,商人地位也有所提高。20世纪初,清朝突破中央六部政务格局设立商部,我国的兴商办厂才逐渐形成气候,但商人的地位依然没有得到法律上的确认。中华民国开始,法律上确认了商人的社会地位,并把那些从事主动找客户并将商品与服务卖给客户的人称为推销员,把那些在店铺、商店等固定营业场所把东西卖给找上门来的顾客的人称为售货员或营业员。中华人民共和国在计划经济制度下,推销员大量减少,但营业员蓬勃发展。有不少营业员由于"满腔热情、科学售货"地为人民服务而获得劳模称号。如今,推销员虽然是法定职业,但在我国,其地位依然显得有那么一些尴尬,还有不少人把销售工作理解为求人买东西,把销售员视为高级乞讨者。

2.4 销售与营销的关系

广义上,销售无时不在、无处不在。几乎所有领域,人人都在从事销售。上至国家元首,下至平民百姓,无一不需要销售。例如,妻子说服丈夫放下手中的报纸,去照顾小孩;科学家说服政府机构设立研究基金。生活在一个销售的社会,我们每一个人都需要销售,每一个人都在从事销售,无时无刻不在销售自己的思想、观点、产品、成就、服务、主张、感情,等等。

狭义上,销售就是出售商品或服务给有需求的顾客。本书探讨的是狭义层次的销售。通过电话、互联网、拜访等方式主动把东西卖给客户(或主动找客户进行购买东西)的活动称为推销,俗称推式销售。客户主动上门寻求购买而完成的买卖活动称为售货,俗称坐式销售。通过各种口碑、广告、公众活动等方式影响客户购买东西的活动,称为拉销,俗称拉式销售。营销就是推拉结合的销售活动。通俗地说,营销就是营造把东西卖出去的氛围,让销售更容易进行。营是手段,销是目的。营销是为了把东西卖得更好,是为了让销售工作事半功倍,是为了使推销工作相对轻松地进行。营造卖东西的氛围固然很重要,但营销不可能让销售成为多余;也不可能是市场营销做好了,产品就会轻而易举地自动被买走。营而优则易销,即只要营销工作比竞争对手做得优秀,那些销售员的销售工作就会变得相对容易些。在市场经济时代,两者缺一不可。任何企业只有灵活务实地组合运用推拉方式,才能更好地让销售活动造福人类。由于现代科技的发达,通过售货机,也可以进行人机购买东西,所以严格来说,销售分为人员销售与自动销售。本书所指的销售,是指人员销售。

美国市场营销协会对营销的定义是:营销是一项有组织的活动,它包括创造价值,将价值通过沟通传递给顾客,以及维系并管理公司与顾客间关系,从而使得公司及其利益相关者都受益的一系列过程。美国市场营销协会对人员销售的定义是:企业通过指派销售人员与一个或一个以上可能成为购买者的人进行沟通,确认购买者需求，作出产品或服务的陈述，以销售产品或服务，从而促进和扩大销售额。美国菲利普·科特勒教授认为，营销是个人和集体通过创造，提供出售，并同别人自由交换产品和价值，以获得其所需所欲之物的社会过程。美国查尔斯·M·福特雷尔教授认为，人员销售就是为了无私地劝说潜在顾客购买某些满足其需求的东西，而进行的人与人之间的信息沟通。由此可见，营销与销售是交叉但不等同的社会活动。销售与营销的关系如图2-1所示。人员销售只是促销四组合中的一种促销方式，它被人们看成是营销职能中的部分活动。但人员销售是促销四组合中最为重要的活动，不仅仅人数多、费用支出大，更为重要的是人员销售是把产品换成现金的最为关键的环节。营销虽然范围比销售范围广，但是营销起源比销售晚，是先有销售后有营销。现实生活中，微小型企业一般是重视销售多于营销，简单产品也是重视销售多于营销。

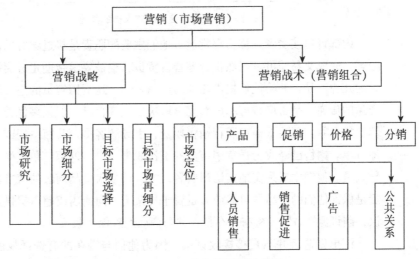

图2-1 销售与营销的关系

2.5 销售人员的类型

销售是多样化、极具挑战性、相对自由、成就评估直接的工作（或职业）。销售工作的类型与工作需要的条件涵盖很大的范围，每家企业的销售工作都有自己的特殊性。因此，对于销售员的分类也就没有统一说法。传统上采取二分法把销售员分为两大类：一线销售员与支持型销售员，外勤销售员与内勤销售员。外勤销售员又被称作行销员，类似行商，是指把通过亲自拜访、邮件、电邮、电话、互联网、手机等方式走访消费者的销售员。内勤销售员又被称作售货员，类似坐贾，是指消费者自己上门寻求购买时，促成购买活动的销售员。本书从销售的任务与渠道来探讨销售人员的类型。

从销售的任务角度，典型的销售员可以分为三大类八种，如图2-2所示。订单接受者主要服务于那些已经决定购买的顾客，也称为销售推进者。它又分为三种：内部订单接受者、送货销售员和外部订单接受者。

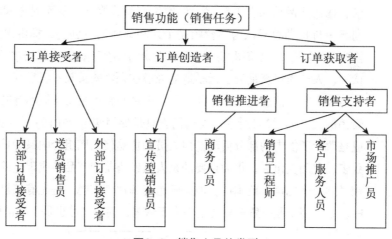

图2-2 销售人员的类型

内部订单接受者又称为售货员，他们主要的职责是接过顾客的付款，将货物交给顾客，完成交易即可。当然柜台零售售货员，也被要求帮助走进店铺的消费者选择最好的几种产品，并给他们提供建议与产品陈述。送货销售员的主要职责是送货，完成产品的传递。是否增减订单虽然完全取决于顾客自己，但很多优秀的公司不仅要求他们送货可靠，还要求他们履行销售职责，引导顾客多订几瓶牛奶或多要几份报纸等增加订单。销售已经成为送货销售员的工作职责之一。外部订单接受者，又称为市场督导人员。他们主要是实地走访消费者，如拜访零售食品商店的售货员。他们的主要职责是保证他们的产品尽可能地大量置于货架上，向商店或超市提供如何摆放商品的建议，制订促销方案，检查库存量，并与商店经理保持联系。

订单创造者并不直接接收订单，因为他们与潜在的有选择权的客户打交道，而不是与购买者打交道。订单创造者主要是指宣传型销售员，又称为销售代表或销售特使。他们频繁拜访那些能够影响购买决策但实际上并不是真正下订单的人，如杜邦的销售代表拜访服装设计师；制药企业的销售代表（又称医药代表）访问医生们，他们的目的是希望并影响医生在给病人开处方时选用他们的产品，医生不会自己采购药品，但说服了医生，实际上就是让病人选择了商家的产品，病人不是直接去药厂购买药品，而是去药店或医院药房去购买。这类销售员的销售任务主要是为产品选择者提供信息、开展促销活动、建立信誉及为他们提供其他服务。实质上是促通销售员，他们通过拜访选择者来拉动产品实体的销售。他们与产品的选择者没有直接的购买关系，主要是信息沟通的关系。

订单获取者是指那些努力说服顾客立即作出购买决定的销售员，主要是指商务人员。商务人员主要是发现潜在客户，说服他们购买，从而获得新的订单；同时做好现有客户的关系维持与提升工作，防止现有客户突然拒绝继续购买，从而让订单可以持续获得。他们既要负责订单的获取，又要负责货款的回收。

支持型的销售员（销售支持者），主要是提供销售支持服务。他们和商务人员往往组成销售团队进行一起说服顾客进行购买的销售活动。支持型的销售员分为销售工程师、市场推广员与客户服务人员三种。销售工程师的主要职责是在产品及其使用过程中，为消费者提供技术建议或咨询式帮助。他们从产品技术的角度提供支持。市场推广员的主要职责是在产品及其使用过程中，为消费者提供产品在市场上的使用信息、建议或咨询式帮助。他们主要从产品的市场角度提供支持。客户服务人员的主要职责是从事产品的售后服务性的工作，包括应对客户反馈的产品问题和产品维修的调度及其回访等。他们对客户问题提出支持性服务，做好与已经购买产品的客户沟通工作，定期拜访客户以了解产品使用情况，帮助客户正确使用产品。关心顾客，与顾客建立长期的伙伴式关系，支持型销售员正在成为大客户销售团队中的一部分。

从渠道的角度，销售员分为直销人员、商务代表、售货员与销售代表四种，如图2-3（B2B渠道）与图2-4（B2C渠道）所示。商务代表又称为贸易型销售员，售货员又称零售商销售员。

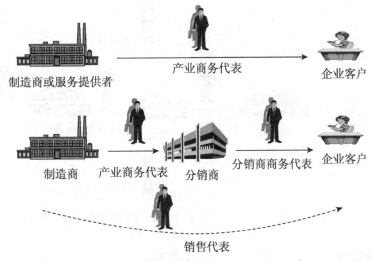

图2-3　B2B渠道与销售人员的类型

任何企业都会根据自己企业的情况把销售任务进行组合，一般来说都是1～8种之间进行组合。格力电器的董明珠作为销售员的成功，就是把"直销人员、商务代表、售货员和销售代表"四种角色融合一身（参看阅读材料2-1）。无数个微小型企业会把销售任务（订单接受、订单创造与订单获取）全部交给一位销售员去处理。而中小型企业则把销售任务分类法中的八种销售员划分为内勤销售员（或客户服务代表）、销售代表与商务代表三种。其中销售代表既负责外部订单的接受，又负责订单的创造（宣传型销售员），还负责客户服务、市场推广、产品技术咨询等工作。

目前我们国家的销售队伍中，销售特使类的销售员不够多。信息流的传播与产品实体现金流合在一起，虽然看似成本比较低，但是粗而不精。在面对外资企业的竞争时，销售队伍的销售力量与效率就缺乏竞争力。例如，医药行业，外资企业就有非常强大的拜访医生的医药代表队伍，而本土企业则只有拜访药品采购人员的商务代表队伍。

在销售任务组合中，未来的趋势是要关注三大类销售任务：接受订单还是产生新的解决方案，提供信息给选择者还是直接获取订单，买卖关系处在新的阶段还是持续阶段。同时任何企业也都会根据自己适合的渠道把销售员分类，如微小型企业往往把渠道分类法中的商务代表与销售代表合二为一，统称销售员，统一负责产品实体、产品信息与产品现金等工作。

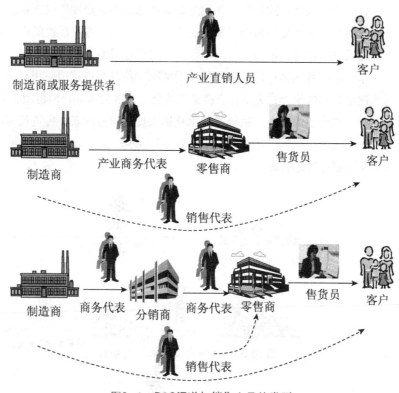

图2-4　B2C渠道与销售人员的类型

阅读材料2-1　　　　董明珠的促通而非促销

1992年，在珠海这块改革开放的前沿地带，许多人怀着不同的梦想聚集于此。这一年，董明珠38岁，成为格力电器的一名推销员。此时的格力电器，只是一家投产不久，年组装能力约2万台的空调器厂，没什么名气，年销售额只有2000万～3000万元，20多个业务员，每人每年完成100万元的销售任务，每100万元提成2万元，但工资、差旅费、请客送礼等费用全包括在内。当时有人劝过董明珠，格力电器不是什么好企业，在珠海机会很多，不妨重新选择，但都被她回绝了。一项新的工作，只有努力尝试过了，才知道自己适合不适合。"既然来了，为什么不去试试？"

半年之后，由于销售业绩优异，董明珠被总部安排开拓安徽市场，就职之后面临的第一件事情是向总经销商要账。能否把钱要回来，董明珠没有经验。按理说，清理欠债这件事情，是前任业务员的问题，她不必也不需要管，可她认为自己既然承担了安徽地区的业务，就应该有责任把债追回。于是，董明珠整整坚持了40多天，这40多天里，对方的无赖嘴脸显露得淋漓尽致：要么不到办公室，要么答应退货，到了第二天却又找不到人了。经历了追债事件之后，董明珠在安徽区域推出了如今在业界闻名的先款后货，决不赊账的"格力制度"。在当时，整个行业都采用先货后款的代销制。格力电器本就默默无闻，还要坚持先款后货，听到这个条件，经销商往往二话不说就摆手送客。其实按格力电器的规定，推销员只要能卖出货就行，收款是后话，没有人逼着她必须这么做。

一次次碰钉子之后，她依然满面微笑地敲开下一家家电商店的大门，推行自己的先款后货，结果在安徽淮南一家电器商店，经理被董明珠的勤奋和诚恳所感动，答应"先进20万元的货试试，好销再多进，不好销就不要了"。就这样，董明珠做成了第一笔生意，拿着20万元的支票走出这家商店的大门。

在其他业务员看来，她确实太笨了——其他业务员签了合同就甩手不管了，而董明珠却是一次次亲自登门，真心实意地站在对方的立场看市场、想问题，然后像朋友似的出谋划策。董明珠想到，只有把这二十万的货尽快卖掉，才能换回对方的信任，把产品卖给经销商只是万里长征走完的第一步，产品只有卖给消费者（用户），才是真正的销售。于是，她每天就成了电器销售店的一个不拿工资和提成的售货员，每天很早赶到经销商的店里，热情迎接顾客，主动而耐心地向进店的顾客宣讲空调的使用知识以及格力空调的产品特性与优势。并和店内的其他店员们搞好关系，让全部人员对每一位进店的顾客都宣讲格利空调的优势，短短十数天的时间，在董明珠的带领下，这家商店的20万元的空调销售一空，而且又进了一批货。

接着董明珠用同样的方式对其他商店"现身说法"，一张张订单又签了下来。经销商们也纷纷赞扬董明珠的服务，"虽然先付款，但做格力的产品却最省心最舒心"。仅仅1992年，董明珠在安徽的销售额就突破了1600万元，占整个公司1/8的销量！

（根据张廷伟的《营销女皇董明珠》的"从业务员到总裁"改编而成）

2.6 销售人员的独特性

销售人员与企业的其他雇员有很大的不同，主要是由其从事的销售工作的独特性所决定的。他们负责实施公司实地的营销战略，并对实施结果负有极大的责任。

销售人员是少数可以花费公司资金的雇员。他们花费公司经费来娱乐、住宿、就餐、交通、开展销售促进活动及其他商务开销。他们负责的工作的效果对企业的营销成本与利润有重大影响。

销售人员的角色具有双重性。对于消费者和社会而言，销售人员代表公司。公司的观念和产品形象通过他们的工作及外部活动来传播，公众很少通过工厂或办公室工作人员来判断一家公司。在消费者和社会面前，销售员需要代表公司的利益。而对于自己的公司而言，销售员又代表着消费者的利益。一方面，他要把消费者的需求与问题等信息反馈给公司；另一方面，消费者是真正付钱给他的老板，而企业主只是分配钱的老板。销售员经常要在这两个代表之间进行角色转换。当消费者与企业主之间存在矛盾时，这种两面性的角色很难转换，此时销售员是非常痛苦的，需要智慧性地化解这个矛盾，得罪任何一方，都将是很大的损失。

销售人员的工作具有自由性、自主性、挑战性、流动性、自律性、激励性、成果性等特点。销售人员的工作场所名义上在公司办公室，实际上在客户那里。工作自由度相对较高，但经常出入陌生的地方（相对自己公司的办公室而言，客户所在地具有陌生性），他们长期处于紧张状态。如果销售员不能有效地化解这些紧张压力，其销售努力及业绩就会受到很大的影响。销售工作常常要求相当多的出差和经常离家外出，这对于已经面对众多压力和要求的销售员来说，加重了其体力与精力上的负担。

为了销售的成功,销售员需要从体力、精力与智力上去努力工作,他们需要积极主动地推动创新去解决困难问题,需要百折不挠地处理客户拒绝带来的负面情绪。他们的销售成功更多地依赖大脑而非设备。

销售工作必须得到销售管理者的充分授权。不能做主的销售员,在今天,已经很难快速满足客户的需求。如果销售员能为牢骚满腹的顾客切实地解决问题,那么他们之中将会有70%的人再次向销售员购物,而如果销售员能当场为他们解决问题,这一比例将会高达93%。

人员销售的四大特点要求销售员必须得到充分授权。第一,灵活性。销售员在不同的环境下,需要根据不同潜在客户的需求和购买动机,及时调整自己的销售策略,解答客户的疑问,满足客户的需求。第二,选择性。销售员需要对潜在客户做一番研究,拟定具体的销售方案,选择那些具有较大可能购买产品的客户进行拜访。第三,完整性。销售人员从寻找客户开始到接触、拜访、最后达成购买协议、售后跟进等独立承担整个销售过程。第四,长远性。除了消费品有可能是一次性买卖外,其他商品都属于长期买卖,故需要与购买方建议长期伙伴关系。因此,销售员在自己管理的销售辖区内,像是独立的小企业家,虽然工作相对自由与灵活,获得的授权比较多,但他们必须对辖区内的销售额与利润负有直接的责任。这就要求销售员必须拥有很强的责任心与解决问题的能力。

2.7 销售人员的重要性

导致销售人员更为重要的原因主要有四个。第一,顾客的期望值在不断提高。顾客越来越不能容忍产品的缺陷和产品服务的有限性。借助于优秀与专业的销售人员,可以建立与顾客之间的良好关系与顾客忠诚度。不满意的顾客很快会转而使用竞争产品与服务。因此公司会加强顾客导向的创新和开发高质量的产品与服务,这就要求销售人员更清楚地了解顾客的需求及其变化,并勤于收集和报告顾客对企业和产品的意见。第二,购买者拥有越来越多的专门知识,即知识型的顾客越来越多。同时很多企业成立采购中心(由很多相关人员组成)来决策购买活动,他们的购买越来越理性或追求获得长远价值,他们会把采购作为一种战略投资而获得他们的竞争优势。这就增加了销售人员的责任,销售人员不仅仅是在卖产品或服务,而且是在卖顾客需求的解决方案。第三,通信系统和互联网技术的革命。通信系统与互联网技术的革命不仅有效地减少了产品信息的不对称,而且加快了信息的沟通速度。为了有效地面对竞争,销售人员必须熟练地运用这些最新技术,以提高销售效率。通过高科技可以让产品的展示更为生动和逼真,可以为顾客提供更迅捷的服务,减少了很多以往不方便的可能。第四,国际性的激烈竞争的影响在加大。具有13亿人口的中国市场吸引了全世界在质量和管理方面有竞争力的企业,这就要求中国本土的销售员与销售经理必须具备国内外领先的专业技能与眼光,否则就会在激烈的市场竞争中被淘汰出局。

这四大原因也导致了销售员的职业标准在逐年提高,有成就的公司越来越认识到必须选用那些有才能的专业销售员，与那些决定公司成败的现有及潜在的顾客进行有效的接触。现代电子通信与互联网的革命，提升了口碑传播的广度，不良口碑对任何公司的销售都会产生重大影响。拥有一支专业并训练有素的高素质的销售队伍，也就成了企业成败的关键所在。

2.8 人员销售的新领域——专业销售员

今天及将来的人员销售与以往已有很大的不同。靠吸烟、喝酒、搭背、讲笑话、聊天的销售员已不复存在。那些莽撞、不考虑顾客利益或是言过其实的销售员，都不可能取得销售的成功。

销售领域已经发生着巨大的变化，今后的变化将更加巨大。大多数变化是由消费者，特别是商业客户购买产品的方式变化所致。消费者比过去更复杂，要求更高。他们对寻找解决企业问题的解决方案更感兴趣，而不再仅仅关注于购买产品。他们希望供应商和销售员帮助他们找到解决问题的方案。他们对信息的获得速度与广度远远大于以往任何时代。伴随着产品差异性的越来越少和消费者的越来越重要，以及竞争压力的增加，销售员的工作难度和复杂性也大增。这要求销售员必须拥有更多更深的消费者知识和更明智的销售及服务哲学与技巧。

越来越多的客户要求销售人员成为他们的业务伙伴或技术顾问，因此新型的销售员，即专业销售员将成为每家企业成功生存的关键。他们不仅要获得订单，还要投身于整体性顾问性和非操作性的销售工作，并且要能解决消费者的问题。专业销售员具有三环重叠思维，如图2-5所示。如果把"行为是否有品质、内容是否专业、方法是否专业"理解为三个圆环，销售员对这三个圆环都有深刻的理解与把握，能够深刻感悟三环的交叉部分，并把交叉部分变成一个简单而明晰的理念（专业销售员），用它来指导销售工作，让自己向三环交叉部分努力：行为符合心地善良，内容也符合科学，并且技能符合专业，这样就可以成为专业销售员。专业销售员在销售行为、内容与技能三方面都训练有素，从而实现提高社会幸福的人生意义与企业生存意义（生意）。

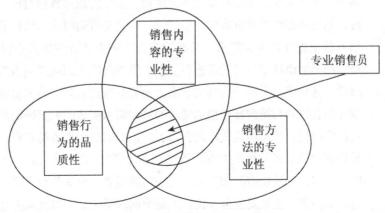

图2-5 专业销售员的三环模型

2.9 人员销售的发展

你有过在网上购物的经历吗？网络购物正在成为趋势，网络店铺、网络超市正逐渐变成现实。那么为什么网络会变成一个普遍性的商品交易场所呢？原因很简单：网络提供了一种消费者想要的并且确实可行的购买商品和服务的方式。那些以网络为媒介的销售者通过购买者愿意购买的方式获得了生意。销售员如果想获得成功的销售，必须意识到不仅要满足顾客对产品的需求，还要满足顾客对销售过程（时间、精力、体验、购买成本等）的需求。因此，销售员的一部分任务就是要以顾客想要的方式进行销售。

一般来说，销售员通过销售获得了利润。那么为什么顾客还会购买呢？大家会说，顾客购买是为了满足自身需求。销售者的利润是指销售价格减去商品的成本和销售成本，顾客的价值是指购买商品所带来的利益减去售价和讨价还价的成本。

比如，销售员A有一件东西在他的主观概念中值100元，可这件东西在顾客B的主观概念中值500元。如果A把这件东西卖给了B，只要销售价格在100~500元，A和B的主观价值都增加了！假设销售的价格是200元，对于A来说，他用仅仅值100元的东西换回来200元货币，他的价值增加100元；对于B来说，他用200元货币买到价值500元的东西，他的价值增加了300元。两个人都使得自己的主观价值增加了，两个人都感到幸福！这就是销售的社会功能；销售使得社会作为一个整体，它的幸福感增加了！买卖的双方同时感到幸福。这里的销售是自由条件下进行的销售，不是欺骗性销售与强制性销售。

网上购物，顾客花费的时间与精力成本更少，他的价值就会增加，即使网上的价格（包括运输费）和实体商店中的价格一样。这就是网络销售与网络购物兴起的关键所在，它已经成为人们生活中的一部分了。

由于商业自身的发展导致人们购买方式的不断变化，销售方式也在不断地变化。在美国，人员销售经历了六个阶段。第一阶段是买卖时代，销售员的角色是产品的提供者，主要工作是接受订单与运输货物。第二阶段是推销时代，销售员的角色是劝说者，劝说顾客购买其负责的产品。第三阶段是营销时代，销售员是需求的满足者。他们不断地去找消费者需求，并有策略地影响消费者的购买心智，如借助产品的宣传语、产品的市场定位与关键核心信息。第四阶段是顾问式销售时代，销售员是问题解决者，他们卖的是问题的解决方案，销售员通过双向沟通来鉴别消费者需求，通过寻问等信息告知与谈判技巧把消费者的潜在需求变成需要解决的问题。第五阶段是战略性销售时代，销售员是战略的兜售者。他们前瞻性地看待客户，从客户的终身价值来看待客户的需求与解决方案。战略性销售模型如图2-6所示。第六阶段是伙伴式销售时代，销售员是价值的创造者，是战略同盟者。顾客代替了产品作为销售中的驱动力量，更强调产生重复业务和推荐人的全面质量关系，彼此双方建立一种长期的有价值的伙伴关系。

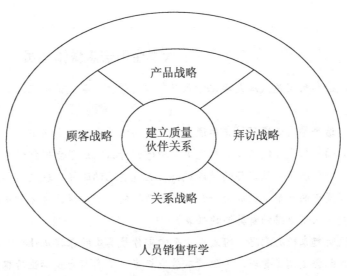

图2-6 战略性销售模型

目前我国的很多企业的人员销售还处在第二至第三阶段,少数企业进入了第三至第四阶段,极为少数企业进入第四至第五阶段,到达第六阶段的企业基本上没有。随着互联网技术的发展与产品竞争的加剧,预计人员销售进入第三至第六阶段的企业会越来越多,而且第三至第六阶段的人员销售模式会在我国企业组合运用,从而获得销售的竞争优势。

本章小结

1. 交换是人类特有的活动,是人们在社会分工条件下相互提供劳动产品,以满足各自需要的经济行为。
2. 销售的本质就是主动把东西卖出去,卖给需要的人类伙伴,并在他犹豫不决的时候,提供信息给他,帮助他作出明智的决定。
3. 销售人员按照行业特点、工作性质与工作职责的不同可以有许多不同的称谓。常见的有:推销员、业务代表、客户经理、售货员、促销员、导购员、业务顾问、营销员。
4. 销售工作的特性:自由性、自主性、挑战性、流动性、自律性、激励性、成果性。
5. 专业销售员的三性:销售内容的专业性、销售行为的品质性、销售方法的专业性。
6. 销售发展的六个阶段:买卖时代、推销时代、营销时代、顾问式销售时代、战略性销售时代、伙伴式销售时代。

本章思考题

1. 销售与营销有哪些区别?
2. 有人说,销售是人类伟大的职业之一。你同意他的观点吗?为什么?
3. 客服人员和销售人员有哪些区别?
4. 销售代表与商务代表有哪些区别?
5. 网购的兴起,会让销售员失业吗?为什么?

案例分析

大学生阿宏想做销售员

阿黄、阿徐和阿宏是武汉大学化学系三年级的学生,某天他们三人在桂园餐厅聊天。这是他们的一段对话。

阿黄:我这个学期选修了《先秦通史》,这门课的老师讲得很棒!

阿徐:真的?但是你能从《先秦通史》中学到什么?这跟我们化学专业没有关系呀。

阿黄:可以体验历史系老师的授课风格,拓宽自己的眼界。我还打算关注秦朝帝国,了解它是怎样从诸侯万国中的一个小国成为一统天下的帝国的。老师说,在学期中期,会安排一场很大的辩论会,题目是《从创业搭档看秦国的兴衰》。

阿徐:这听起来很有意思。阿宏,这个学期你最喜欢的课程是什么?

阿宏:我想会是销售管理。(阿黄不屑地轻声一笑)因为我毕业后想做化工产品的销售工作。

阿黄:为什么!?你父母花了这么多钱,你也花了四年时间,你毕业后就去做销售工作?我初高中的同学中没有考上大学,就直接去做销售。四年下来,他们的销售经历比你丰富,说不定,初高中学历的他们是我们武汉大学高才生的上司。这太丢脸了!

阿徐:是呀,我们好歹是重点大学的高才生,怎么能去做那个到处求人的贩子?我不能忍受那些总是打电话向我推销东西的家伙。

阿黄:阿宏,你的成绩这么好,做实验很有天赋,老师经常夸奖你。你选择去做销售,实在太可惜了。

阿徐:不过,阿宏,你是不是对从事销售工作做好了充分的心理准备?你太老实了,我还记得上次我们俩一起去买鞋子,售货员说,这是最后一双,8折,你竟然相信了,把它买了下来。结果第二天,我去那家商店,发现货架上又有一双一模一样的鞋子。

阿黄:我也同意阿徐的意见。阿宏,你太老实了,不适合做销售员。而且你太聪明了,智商这么高,很适合做科学研究。想想去年,你代表系里参评的论文获全国一等奖,这是化学系近十年来最好的成绩呀,那简直令人肃然起敬。你需要从事一个能发挥你创造力的工作,而不是放弃它。你是很有可能成为科学家或院士的栋梁之才,你将是这一届同学的榜样呀!

阿徐:很多人告诉我,做销售的,要什么三陪?陪喝酒、陪唱歌、陪抽烟吃饭。阿宏,你不抽烟、不喝酒、五音也不怎么样。算了吧,不要去做销售。

讨论:1. 如果你是阿宏,对于阿黄与阿徐的看法,你该怎么回答?

2. 阿黄与阿徐的看法正确吗?为什么?

第三章
人员推销过程

本章要点：

了解人员推销的基本过程；
掌握推进销售过程的方法与技巧；
熟悉人类行为风格及特征。

课前案例 难弄的客户不是我的错

黄辉正一身豪气，其热情与生俱来，对同事、朋友或客户，甚至对陌生人都会表现出极大的热情。他善于表达，干营销如鱼得水，很快就成为公司营销部的省区经理，把省区的公司业务做得红红火火。

晨光电力实业公司采购科的蓝主任戴一副眼镜，斯斯文文的。黄辉正每次拜访蓝主任，一见面总是拱手拍肩的，让蓝主任颇不自在。蓝主任私下跟别人说，黄辉正怎么像拉山头似的。所以黄辉正每次请他吃饭都被他拒绝了，双方见面，无论黄辉正怎样热情，蓝主任都是淡淡的，业务当然也就没有进展。

黄辉正非常苦恼，他攻下了很多比晨光电力实业公司采购科强数倍的采购科，却搞不懂这个看上去有些软弱的蓝主任，怎么会那么难沟通。有一次，黄辉正得知蓝主任的母亲生病住院，便风风火火地买了东西去看望。其后，黄辉正每天都来到病房，看过老人，就与医生、护士聊天，问这问那。蓝主任非常反感，脸色难看地把他赶走了。

月度小结时，黄辉正百思不得其解："这个蓝主任，是不是在感情上有什么障碍？"

讨论：热情的黄辉正遭到了冷遇，应该怎么办？

3.1 销售管理者需要懂得人员推销过程

如果没有很好地理解销售过程，就很难管理好销售队伍（参看阅读材料3-1）。几十年来，人们对销售经理是否需要丰富和成功的销售经验有着激烈的争论。笔者认为，销售经理要懂得人员推销过程，良好的判断有利于销售经理胜任和了解其管辖领域，接触推销或学习推销过程是成为销售经理的保证。销售训练及其规划是销售经理重要的工作内容，销售训练规划包括训练新销售员的销售技巧、训练销售员的新销售技巧。改进销售员的销售技巧和提升他们的销售管理能力是销售经理的职责所在。

阅读材料3-1　　销售员辞职不干源于经理不懂销售原理

杭州启明动力公司是UPS的经销商，它有200多位客服人员和8位销售人员。2008年，公司任命阿翁为公司的销售经理。阿翁虽然在公司有5年的工龄，但从来没有做过销售工作。有人劝说公司刘总，任命阿翁为销售经理不合适。刘总却认为阿翁是一位不错的员工，在客户服务部工作5年来一直表现不错，曾经被公司评为年度最优秀的客服主管；客服工作和销售工作是相通的，能把客服工作做好，销售工作也没有问题。同时销售团队也比较稳定，2位有3年销售经历，3位有2年的销售经历，3位有1.5年的销售经历。

阿翁很不情愿地接受了任命。第三个月就有2位在公司有3年工龄的销售员辞职了，理由就是阿翁不能在销售技巧方面给予有效的指导。刘总认为这不是真正的理由，而真正的理由就是他们对阿翁的任命不服气。阿翁随即招聘了2位有销售经验的销售员，在新员工培训时，阿翁主要讲解了公司的销售政策与销售工作的要求，并让有2年销售经历的资深销售员给新销售员培训销售技巧。刘总认为这一招可以留住资深的销售员。

第五个月，3位有2年工龄的销售员被竞争对手挖走了，他们认为阿翁不理解他们的销售工作，下达的销售目标不切实际。刘总认为这些销售目标是阿翁和自己共同制定的，怎么会不合理呢？这些人是在故意捣蛋。阿翁随即就招聘了3位有销售经验的销售员。在新员工培训时，阿翁依然主讲销售政策与工作要求，取消了销售技巧培训，让3位新销售员跟随3位资深的销售员跑了一个星期市场，通过观摩的方式学习销售技巧。刘总认为这种创新不错。

第七个月，3位有1.5年工龄的销售员也辞职不干了，理由就是阿翁无法在顾客探查、寻问顾客、说服顾客和排除异议等方面帮助到他们。刘总认为这是无理取闹，这些工作都应该是销售员本身所具备的，自己没有销售能力，就不要说是领导的责任。阿翁随即又招聘了3位有经验的销售员。在新员工培训时，阿翁主要讲解了公司的销售政策与要求，以及公司的产品知识与客户服务技巧。刘总认为阿翁有进步，正在发挥其优势。

第八个月，阿翁发现，公司的销售队伍出现了前所未有的和气。大家都很客气，做事情都是按部就班。销售员在办公室的时间比以往多了一倍，他们总在忙碌。销售队伍很听话，刘总与阿翁在会议上讲话，下面没有一个人插话，当然也没有人提问。最近的订单也开始逐渐减少。刘总认为也许是经济危机造成的。

销售代表首先要知道销售的成功首先取决于对销售本质的把握。销售本质就是帮助客户获得更大的成功。其次就是销售态度的把握，把销售当作快乐的职业去做，把宣传好产品与提高社会幸福感当作工作使命。心态好，技能发挥就会更出色；心态不好，本质没有把握，最神奇的销售技能也无法持续地获得订单。客户不仅对产品有需求，对客户关系的维持也有需求。销售员要把客户当作太阳去追逐，只要太阳能够天天在，就不怕没有光明与温暖。再次就是知识的拥有，销售类知识包括产品知识、产品所在领域的知识、客户知识和客户所在领域的知识。最后是人员推销技能。人员推销有八大过程，如图3-1所示。这八大过程都有很多技巧。作为人员推销的对象——客户，他们对待产品的态度也有八大阶梯，如图3-2所示。作为销售队伍管理者需要熟练掌握这"双八"模型，方可有效地管理销售队伍。

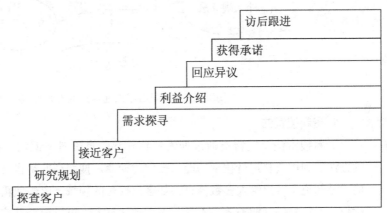

图3-1　人员推销的八大过程

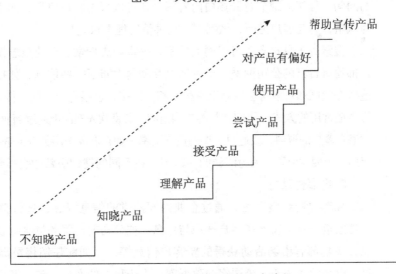

图3-2　客户对待产品的八大阶段

3.1.1　探查客户——客户在哪里

谁是客户？客户在哪里？这是销售员进行推销必须回答的第一个问题。以往销售员只能通过"扫街、扫楼、扫门"等方式进行推销,如今这样做,就会遭受客户的抵制或控告。

探查客户就是销售员寻找潜在客户(有产品需求并有购买能力的客户),它包括识别线索、确认线索与搜索信息三个关键的内容。本书探讨销售员寻找潜在客户的五种常规方法,如图3-3所示。

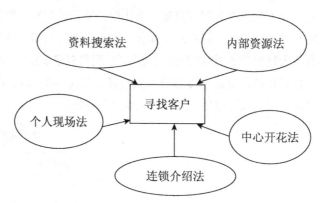

图3-3　销售员寻找潜在客户的五大方法

1. 资料搜索法

资料搜索法是销售员通过搜索各种外部信息资料来识别潜在的客户及客户信息的方法。利用资料进行搜索的能力被称为搜商。搜商高的销售员,在没有见到客户之前,就知道了客户绝大多数信息,如客户擅长的领域、电子信箱、生日、籍贯、毕业学校、手机号码、职务等。不见其人,却知其人。可以根据其信息,设计好拜访提问的问句、拜访的细节及开场白内容等。还可以根据客户信息,初步判断客户的个性行为风格,为与客户见面,做到"一见钟情"埋下伏笔!

搜索的工具很多,可以网上搜索、书报杂志搜索、专业杂志搜索等。现在很多公司都建有自己的公司网站,或者通过互联网发布了一些信息,如招聘信息等。还有在这些专业网和行业协会网站上有很多相关链接,也很有用。网上搜索寻找潜在客户是销售员最常用的方式,他们在与客户沟通前,总喜欢先在网上通过商业网站或行业网站去搜索潜在客户的资料,或通过大型的搜索引擎(如百度等)用关键词进行搜索。他们不会固定用一个搜索引擎,因为同样的关键词,在不同的搜索引擎中会搜到不同的结果。

2. 内部资源法

如客户资料整理法,通过企业内部提供的信息资源,进行整理分析,并结合网上搜索进一步丰富潜在客户知识与信息。如公司前台服务员会有新打进电话的客户信息,市场部有市场活动获得的新客户信息等。又如前任销售员提供的客户资料与信息,电话呼叫中心,公司客户数据库。由于科技的发达,包含客户源、潜在客户和客户信息的交互式数据库及客户关系管理系统,已经成为销售员获得新的潜在客户的重要来源。对这些客户资料进行整理与分析,从中会发现新的潜在客户。有的公司使用了销售门户,这是一个包含许多与销售相关信息来源的在线数据库。其信息主要包含了客户数据、竞争对手实力、有关公司内部新闻、行业信息及经济信息等项目。

研究表明，在呼叫、客服与网站进行询问过的客户中，有45%的会在12个月内从该公司或竞争对手那里购买所询问的产品或服务，另有25%的人正在计划购买。很多公司开始把这三大带来好线索的系统整合成客户探查中心，这极大地减轻了销售员寻找潜在客户的负担，很受销售员欢迎。这种方法大约提供了23%的客户线索。不幸的是，目前这些线索只有10%~15%得到销售员的有效跟进，如果销售员可以跟进一个询问产品或服务的客户，那么他们将得到购买者的80%业务份额。

3. 个人现场法

这个方法包括逐户寻访与现场观察。比如，推销大学生用的教材与文化用品，选择大学校园为寻找区，推销处方药品，选择医院或诊所作为寻找区，并对这些地方加强拜访。在这些地区，可以先选择非目标客户进行情报搜集。例如，所推销的药品为胃药，可以先拜访比较空闲的科室或进修或实习医生，向他们了解该医院与消化科的信息；可以到医院的挂号厅或候诊室去观察与搜索客户信息，如挂号厅一般有医生介绍与专科特色介绍；可以观察某个医生的看诊病人数，从而判断其潜力或医院的市场潜力。

4. 连锁介绍法

连锁介绍法就是销售员请求现有客户介绍潜在客户的方法，分为直接介绍与间接介绍两种。间接介绍就是销售员在现有客户的交际范围内寻找潜在的客户，直接介绍就是请现有客户介绍与其有关系的客户。研究表明，通过连锁介绍法开发的客户成功率为60%，而自己亲自直接开发客户的成功率仅为10%。为什么会出现这么大的差别呢？因为人们总是愿意答应自己熟识与喜欢的人提出的要求。销售心理学中的"熟悉与喜欢原理"提示销售员要学会利用现有客户的交际圈扩大销售员本身的客户圈。连锁介绍的具体方法有很多，如请现有客户给予参加其聚会的机会，请现有客户代转送资料，请现有客户以书信、写条子、电话、名片等手段进行连锁介绍。这种方法最好是从满意的客户开始，因为人们往往不乐意为销售员推荐其他潜在的客户，因为他们担心如果销售员的工作没做好，他们就会被自己推荐的客户责备。故对于刚好签约的新客户就要求其推荐其他潜在客户为时过早，一般最好等到新客户已经使用过本公司的产品，并感受到产品的好处和销售员的服务水平后再请求其推荐。

成功的销售员会与他们的满意客户时常保持联系，保持对客户的趋势了解，并为客户提供一些他可以更好地做好其工作的信息。帮助自己的客户成功，这种客户就很容易满意甚至忠诚，容易为销售员推荐新的潜在客户。他们还定期举办推荐人的集会活动，允许当前满意的客户把潜在的客户介绍给销售员的集会，销售员可以利用这种集会来产生新的客户源。例如，凯地公司会邀请一部分当前满意的客户来参加俱乐部周末举行的羽毛球技能培训活动，如果一个客户能带来一个或更多的潜在客户，那么这个周末的羽毛球技能培训活动对于该客户来说，就将是免费的。关键是这种集会要有乐趣且具有社交性质。

5. 中心开花法

销售员在某一特定的销售客户中发展一些具有影响力的中心人物，通过他们来影响该范围内的其他人，使这些客户成为销售员的潜在客户。这一方法的原理是销售心理学中的"权威原理",又称专家原理,即人们的鉴别能力往往受到来自行家与权威的影响。人们对自己心目中的有威望的人物是信服与顺从的,因此争取到这些专家级人物的支持就显得非常关键。如果销售员能把核心人物发展成满意乃至忠诚的客户,那么销售员就会获得无尽循环的价值链带来的新的潜在客户。

只有获得中心人物的信任与支持,才能利用中心开花法进一步寻找更多的潜在客户。销售员只要集中精力向少数中心人物做细致工作,并使他们变成忠诚客户,通过他们的口碑传播,就可以获得很多潜在的客户;也可以通过他们的名望和影响力提高产品的知名度。例如,医生是病人范围里有影响力的中心人物,教师是学生中间有影响力的中心人物。

无论线索来自哪里,有了线索之后就必须分析与确认线索。原则上,职业销售人员并不会打扰不需要产品的人。而且,对职业销售员来说,由于客户的不需要、不想或买不起他们的产品,这种成功率极低的拜访代价也非常大。他们会根据以下三个条件来确定线索:第一,客户需要所推销的产品(正在用类似或竞争对手的产品);第二,客户能够支付产品(他们的银行信誉不错,发展前景也非常好);第三,客户原则上会接受销售员的拜访(不是那种拒见销售员的人)。

在当今竞争激烈的环境中,如果销售员不进行新客户的开发,将会失去30%~40%的客户。销售员要寻找新的潜在客户来代替那些由于各种原因而流失的老客户,尽管开发一个新客户的成本为维护一个老客户的5倍左右。销售员的基本战略就是狠抓两手:一手抓老客户的维护,一手抓新客户的开发。只有不断地寻找潜在新客户,维持那些价值观相同的老客户,让客户流动起来,才能创造基业长青的销售业绩。无论是新销售员还是资深销售员,都必须提升自己探查客户的能力。

3.1.2 研究规划——客户有什么特征

为了确定优秀的潜在客户,为了做销售访问规划,销售员要深入研究客户。研究现有的客户或公司销售人员以前拜访过的客户,可以从公司的文件,如客户档案资料入手。至于新客户,则要通过探查客户的方式获得客户资料,并把这些资料填入客户资料库中。无论是现有客户,还是新客户,销售人员都要深入研究,尽可能多地了解对方的行为风格、社会关系及对方公司的信息。

一般来说,优秀的潜在客户特征包括以下信息:欲望或需求是否存在、客户源是否有支付能力、客户源是否拥有购买的决定权、客户源是否能被顺利地接近、客户源是否在自己负责的销售地盘内、客户源的行为风格及现在与以往的采购情况等。

如果该客户源属于机构客户,那么销售员还要去研究并回答以下问题:

(1)该公司属于什么行业,它的销售量是多少,它的主要产品线是什么?

(2)该公司的财务状况怎样,商业信誉如何?

(3)该公司的战略要求是什么,是否强调减少成本,提高质量或其他?

(4)该公司的组织结构是什么,谁是负责人?

(5)谁是真正的采购主管?谁是产品的真正使用者?

（6）该公司正在开发什么产品？计划开发什么产品？

（7）该公司的工厂在哪里？总部在哪里？

（8）过去的几年里，该公司发展如何？

（9）谁已经向该公司进行了推销？他们的销售力量如何？

（10）该公司的销售负责人是谁？

（11）该公司的具体负责人毕业于哪所院校？何时毕业？祖籍何处？有什么行为风格？

……

销售访问规划中最为关键的是规划访问路线图、访问目标及访问话术等。在拜访前研究客户资料，规划拜访路线图（见图3-4和图3-5）。如果是电话拜访，就规划打电话的线路图，如果是网站拜访，就规划网站访问线路图。规划访问线路图可以增加销售员的销售时间，减少时间的浪费。

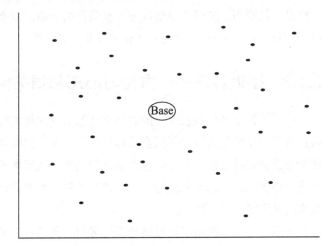

图3-4　客户的地址分布图

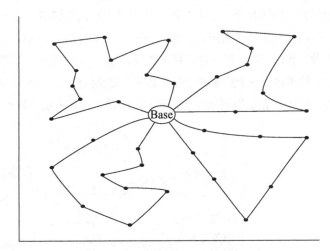

图3-5　规划好的拜访路线图

在销售规划中，销售员需要养成设立访问目标的习惯。访问目标要遵循SMART原则，即具体（S）、可衡量（U）、可达成（A）、现实性（R）和有时间限制（T）。

一次访问可以设立多个访问目标，但必须有个最低访问目标。一般情况下，销售员很难每次访问（电话或面对面）都能实现交易目标，根据图3-2所示的客户对待产品的八大阶段来规划访问目标是非常有效的方法。事实上，在我国销售员要使客户成为使用产品的客户，平均每次需要7~11次访问。销售员在每次访问中都要从潜在购买者那里获得一些推进销售的承诺（或客户在客户对待产品阶梯的提升），这些都应该成为销售访问的目标。另外销售员可能试图获得客户对卖主的选择标准，或者获得客户安排与其他相关决策人物见面的机会，这也应该是访问目标。访问目标就应该是任何可以推进销售行动的协议。

销售员根据客户的行为风格，准备好如何接近客户、如何寻问需求、如何销售陈述及回答他们的提问。而且，他们要根据访问时客户展现的行为风格，自觉地调整自己的推销话术，以适应客户的行为风格。这被称作适应性销售，我们在3.2节中会进行具体阐述。另外，对于预访问的潜在客户，要准备好必要的推广资料，如产品资料（样品、说明书、文献、批准证书、获奖证书、第三方推荐等）、演示材料（录像、PPT、挂图等）和其他辅助材料（促销礼品、名片等）。

3.1.3 接近客户——方法与心态都很关键

一旦销售员知道潜在客户的名字和其他信息并规划好了访问路线图，下一步就是接近客户。良好的接近，不仅会给客户留下一个好的印象，从而获得好的首因效应，还能帮助销售员与购买者之间建立融洽的关系。如果接近失败，销售员通常就没有机会进行销售陈述了；如果接近成功，销售员就必须设法让客户进入需求评估（对销售员来讲是需求探寻）阶段。

一般情况下，新销售员很惧怕接近客户，尤其是与客户的第一次接触。第一次接触是最容易被客户拒绝的时候，没有一定的接近方法，新销售员很难获得与客户交谈的机会。原因在于陌生人相识，压力极大；同时销售工作被很多人误解，也被一些不良的销售员搞坏了名声，一般人对销售员都有拒绝心态。销售员除了需要在接近客户前做好客户资料分析、选择拜访路线、熟练产品知识外，还要决定使用什么方法接近客户。给予客户一个见面的理由，是获得交谈机会的敲门砖。本书探讨除常规的产品接近法、自我介绍法之外的6个接近客户的方法，这些方法可以组合使用，如图3-6所示。

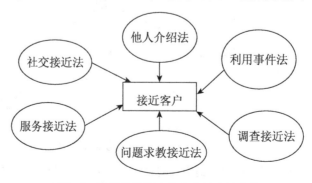

图3-6 访问接近客户的六大策略性方法

（1）他人介绍法。通过他人的帮助接近客户的方法是非常有效的方法。这一方法的背后是社会学中的熟识与喜爱原理。采用这种方法接近客户的成功率高达60%以上。其包括他人亲自引荐和他人间接引荐两种方法。他人间接引荐主要包括电话、名片、信函、便条等形式。销售员拿着他人的间接介绍信物接近新客户时，需要注意谦虚，不要居高临下，也不要炫耀与介绍人之间的关系如何密切，以真诚的称赞客户本身的语言引出他人的介绍。

（2）利用事件法。这是一种把事件作为契机，并作为接近客户的理由的方法。这些事件可以是销售员自己企业的事件，可以是客户（客户企业）的事件，也可以是社会上的事件。诸如庆典、酬宾、开业典礼、产品上市周年活动、客户的同学会、客户所在学校的校庆、各种节日与节日活动、奥运、高考、中考，甚至是自然灾害、危机事件等，都是接近客户的最好时机与素材，当然事先知道客户的资料背景及社会偏好很重要。

（3）调查接近法。这是一种销售员利用市场调查的机会接近客户的方法。它既可以帮助企业了解客户需求的状况，又可以借调查之机扩大企业产品的知名度，并且进行宣传，还可以为销售员提供接近客户的理由。另外，对于企业来说，采用这种方法，可以提高销售员的专业知识。因为如果销售员的专业知识不能理解调查内容的话，会引起客户的不满。销售员在客户填完调查表后，第二次可以以馈赠礼物感谢客户的形式接近客户。作为销售管理者要经常为销售员创造产品市场调查的机会，以增加他们接近客户的理由。比如在各种类型的学术会议上发放市场调研问卷。这种调查接近法，可以促进客户对销售员所推销产品的了解与熟悉。

（4）问题求教接近法。销售员可以通过请客户帮忙解答疑难问题，或者直接向客户提问（提与客户关联的问题）接近客户。这种方法主要是利用了人类好为人师的特点。采用这个方法需要注意的是，一定要问对方擅长回答的问题，以及在求教后及时将话题导入有利于促成交换的谈话中。销售员利用商品或服务为客户带来利益来提问，以此引起客户兴趣而获得拜访时间，这种提问方法又被称为利益提问接近法。

（5）服务接近法。这是一种销售员通过为客户提供有价值并符合客户需求的某项服务来接近客户的方法。具体的方法包括维修服务、信息服务、免费试用服务、咨询服务等。采用这种方法的关键在于服务应是客户所需求的，并与所销售的商品有关。

（6）社交接近法。这是一种通过走近客户的社会交际圈接近客户的方法。例如，客户加入健康俱乐部，销售员也加入这家健康俱乐部；客户加入了某社会团体，销售员也加入这一团体。这一方法引申开来，如在外地旅游碰到客户，即时接近客户，此时的交谈，不要开门见山地推销产品，而是尽量先与客户形成和谐有缘的人际关系。车站、商场、农贸市场、飞机、学校等公共场合，都是接近客户的好地方。

接近客户的方法固然很重要，但接近客户的心态更为重要。如果销售员接近客户的心态是寻找帮助客户满足其需求的机会，而不仅仅是卖产品，那么绝大多数的客户都会欢迎这种销售员访问他们。

接近客户的前3分钟内要进行开场白，开场白的好坏就决定了是否可以获得客户给予的时间。如果销售员只顾自己的理由而忽视客户的理由，那么往往会遭到拒绝，即使没有遭到客户拒绝，这次见面的效率也肯定不高。开场白就是给客户一个理由：给予销售员时间以进行访问是有所值的。开场白的目的就是对即将讨论的内容或欲达成的事项取得共识性协议。除了在开场白中用到以上六大策略性的方法与帮助客户成功的心态外，还要注重开场白的话术流程：提出议程、陈述议程对客户的价值、询问是否接受。

一般来说，专业电话销售的开场白如下。

第一步：称呼客户的名字，如"您好！是皮特森先生吗？（停顿）"。

第二步：说出自己的名字，如"我是浙大经济继续教育中心的蝴蝶花"。

第三步：礼貌地询问时间是否合适，如"您现在方便给我一点儿时间吗？（停顿）"。

第四步：开场白（表明目的并吸引客户），如"我打电话来是向您介绍我们的最新课程《企业市场营销管理培训班》（意图陈述）。我已经向好几个企业销售总监交流过，他们发现该课程的销售计划的制订与销售薪酬设计正是他们想要进一步提升的部分（利益陈述）。我可以请教几个与销售队伍管理相关的问题吗？"

一般来说，专业面对面拜访的开场白如下。

第一步：称呼客户的名字，如"您好！皮特森先生。（停顿）"

第二步：说出自己的名字，如"我是蝴蝶花，在浦发银行宁波鄞东支行工作"。

第三步：礼貌地询问时间是否合适，如"可以给我一点儿时间吗？（停顿）"

第四步：开场白（表明目的并吸引客户），如"我来拜访您是向您推荐浦发白金信用卡（意图陈述）。我们鄞县有100多位企业家已经使用了白金卡，他们发现白金卡的'好心情不被延误打扰'的6000元年补偿金很实在（利益陈述）。（停顿）我可以请教几个问题吗？"

3.1.4 需求探寻——找到客户购买的真正理由

公司与消费者购买产品和服务都是为了满足需要或解决问题，而且公司购买总是与改善其经营业绩的需要相关。客户的需求探寻与评估是销售员发现、澄清并理解客户需要的阶段。发现和理解客户需求的最好方法是提问，提问可以让销售员获得客户的特定需要、客户的特定态度与客户的情形环境，从而对客户的需要有清楚、完整和有共识的了解，为接下来进行有针对性的销售介绍奠定基础。销售是从提问开始的，销售员提问越多，他们成功的可能性就越大。如果销售员不会提问，那么他们就不可能针对客户需求进行产品陈述。而提问是需要设计的。

SPIN法是由Huthwaite公司开发的客户需求发掘技术，它是指销售员要按照"背景问题、难点问题、危害问题、需求回应问题"的顺序进行提问，每一类问题都会自然引出下一类问题，每一类问题都能够使客户愿意聆听销售员提供的解决方案。SPIN提问就是事先设计的五大销售问句，目的是鼓励客户说明并讨论其需求。

（1）情景式提问。寻问客户现状信息的问句。例如，"你经常更换钻床的切削液吗？"（开放式）

（2）发现难点提问。它用来揭示销售员的产品或服务能够解决的隐藏难题、困难或者客户经历过的不满。例如，"你在钻压设备服务上遇到过什么问题吗？一般有哪些问题？"（开放式或封闭式）

（3）影响难点提问（暗示性提问）。它用来促使客户去认识其存在的问题带给他的影响（如意识到问题的严重性）。例如，"这些问题对你的生产成本有什么影响？"（开放式）

（4）需求回应提问。它用来帮助客户去评估解决问题的价值，从而产生花时间和金钱来解决这些问题的决定。例如，"如果停工减少1%，对生产成本的降低有多少影响？"（开放式）

（5）确定性提问。它用来确定客户对销售员即将开始的销售介绍产生兴趣，因为即将开始的销售介绍将解决他的问题，并让他受益。例如，"你对能减少停工的方案非常感兴趣，是吗？"（封闭式）

以下是推销《企业市场营销管理培训班》培训项目所设计的SPIN提问。

情景式提问：如"你经常为你的销售员分配销售指标吗？"（开放式）

发现难点提问：如"你在分配销售指标时出现过什么问题吗？一般有哪些问题？"（开放式或封闭式）

影响难点提问（暗示性提问）：如"这些问题对你的销售业绩有什么影响？"（开放式）

需求回应提问：如"如果销售积极性提升1%，对销售业绩的提升有多少影响？"（开放式）

确定性提问：如"你对能提升销售积极性的销售指标分配方法非常感兴趣，是吗？"（封闭式）

大多数成功的销售员往往使用较少的情境问句，但较多地使用难点发现、难点影响、需求回应式的问句。

SPIN的五大问句又可以简单地分成两种：开放式问句与封闭式问句。开放式问句是为了让客户有自由的回答空间。它通常以"谁""什么""何时""何处""为什么"及"如何"等字眼进行提问，客户并没有被要回答的事所限制。开放式的问句通常用在销售对谈的开始。它对客户产生的压力比较低，需注意要合理且有次序，否则会被客户视为浪费时间。封闭式问句是为了限制客户的回答范围。它通常以"是"或"不"回答，以"是不是""会不会""行不行""好不好"等字眼进行提问，一般用于确定客户需求或澄清信息的时候。它获取信息非常迅速，但容易对客户形成负面压力，因为客户会觉得这类问句具有侵略性。

每个客户的需求都有一个根本的原因，销售员必须不断地寻根究底，直到发现了问题的根本或真正的需求。这一过程被称为"发现需求的根本原因"或"发现需求背后的需求"。比如客户最初口头表达的需求（A）是：我们需要购买稳定性能好的商务电脑。这一需求的背后（B）可能是：我们需要商务电脑来装备我们的销售队伍。隐藏的需求之后的需求（C）可能就是：我们需要提高我们的销售业绩。隐藏更深的需求（D）（在C之后的需求）是：我们的竞争对手正在超过我们，我们需要比他们更快地响应客户需求。作为销售员就要通过提问得到BCD，越到后面的需求被客户表达，那么销售的成功率就越高。

3.1.5 利益介绍——用客户的语言进行销售陈述

为了帮助客户作明智的购买决定，销售员必须提供资料并给予陈述，让客户知道产品可以怎样满足他的需要，因为这是客户想知道的事情。销售员进行销售陈述的目的，是帮助客户了解产品及产品所在的公司可以用哪些具体的方式来满足他表达的需要。通过提问，销售员发现了客户的需求，或客户表达了很多需求，那么此时销售员必须通过大脑的迅速活动，把客户的需求进行排序并给予优先权，并立即制定好FABE销售介绍战略，即只介绍那些专门满足客户排在第一需求的产品特点或解决方案，并把这些特点所带来的利益陈述出来。销售员要站在买方的立场上，让自己的销售陈述符合客户的需求，而不是按部就班式进行销售陈述。为什么客户会使用某一特定的产品或服务？答案是物有所值。汤姆·雷诺兹（Tom Reynolds）的"手段-目的"链理论认为：客户在购买产品或服务时，其出发点是实现一定的价值（购买价值），为了实现这一价值，需要取得一定的利益，为了实现这一利益需要购买一定的产品和服务。因此成功的专业销售员一般从产品带给客户的价值开始，并围绕利益进行生动而有针对性的陈述，陈述产品为什么会带给客户这些利益。

当销售员介绍所推销产品的特点时，如果没有说明相关的利益，客户没有兴趣，就可能不会明白销售员所介绍的特点如何能满足他的需要。他的回答可能是：那又怎么样？因此介绍产品利益，就可把产品和公司的特点与客户的需要相连起来。在这种情况下，客户就会对销售陈述保持兴趣，并会产生购买欲望。

成功的销售员一般会把销售陈述理解为说服客户，专业说服客户有三个步骤：表示了解客户的需要，进行有针对性的产品特点与利益介绍，询问是否可以接受。这类销售员用表示了解客户需要来完成从寻问到说服的转换。这一步骤可以使客户与销售员之间产生一种和谐关系，因为这一步骤等于说："我是站在你那一方的，我明白你的观点，尊重你的选择，同情你的感受，并且支持你想有所行动的愿望。"表示了解的技巧可使客户愿意聆听产品或公司所能提供的帮助，也鼓励客户去表达其他的需要。表示了解客户需要有四大方法。第一，同意该需要是应该加以处理的。例如，"有道理""我想您把那个列在最优先是对的"。第二，提出该需要对其他人的重要。例如，"我与好多有同样怀疑的经理谈过""不只是您有这样的想法"。第三，表明你认识到该需要未能满足的后果。例如，"对了，如果你不采取一些措施的话，这种情况一定会继续下去""是的，以目前来看是很难达到您想要的目的的"。第四,表明你能体会由该需要而引发的感受。例如"听起来真是一件很难的事""要让这么多的人参与决定,确实很难"。

3.1.6 回应异议——真诚热心而策略性地解除客户的担忧

所谓异议,就是客户提出的任何关心的事或问题。在销售陈述时,销售员经常会遇到客户的异议。专业的销售员遇到这种情况,会向客户表明他们欢迎客户的所有异议,并反映在言词中。例如,"我十分理解您的意思,我也有同样的感觉"。因为他们认为客户提出异议,就表明客户对销售陈述有兴趣。

销售员要全盘了解及正确处理客户所关心的事,因为这是接近成功缔结的不二法门。同时销售员更应该将客户异议视为销售成功的契机,因为回应异议恰当的话,客户的异议就会引发销售机会。美国销售大师罗纳德·马科斯教授的研究表明,当客户有异议时,销售成功率为66%,销售再商议为14%,销售失败率为20%;而当客户没有异议时,销售成功率为54%,销售再商议为21%,销售失败率为25%。

客户有异议是好事情,但是太多的异议,也很有可能是销售员对客户需求的辨识工作没有做好,或销售陈述时遗漏了一些重大要点等。面对客户的异议,销售员的使命就是以一种不反对消费者并且有说服力的方式提供信息。因为人们不希望被证明是错误的。不要与客户正面争议,但也不要因客户的异议而逃避客户、产生烦恼。专业的销售代表会以一种稳重有礼、正面积极的方式处理异议,因为唯有这么做,销售员在客户心目中的形象才会提升,而且这么做会让客户对销售员产生一种尊敬的心理。

按性质分类,异议有客户的冷淡、怀疑、误解和反对四大类。

(1)冷淡,又称不关心。这是销售员遇到的最难处理的异议,因为客户拒绝透露任何信息。不关心的态度是由于:客户对厂商或销售代表有一种基本不信任感;或正使用某一个竞争对手的产品(并且感到满意),或者正使用公司内部提供的某一种服务;不知道可以改善目前的情形和环境;看不到改善目前情形和环境的重要性。例如,客户会说:"我们已经有一家研究服务公司了,目前也很满意。"此时销售员就要提醒自己,已经遇到了客户的不关心。接下来,销售员应该采取以下三个步骤来面对客户的不关心:表示了解客户的观点,请示允许自己寻问,利用寻问促使客户察觉需要。这种模式的前两个步骤,是希望使客户愿意和销售员交换资料,最后一步是引导交换资料。在最后一步,销售要探究客户的情形和环境,以寻找机会和影响,或者确定需要的存在。

(2)怀疑。在销售员结束说服的陈述后,客户可能仍不相信销售员所推销的产品或公司具有销售员所强调的特征,或仍不相信销售员所推销的产品或公司能提供的其所强调的利益。一般来说,持怀疑态度的客户需要重新获得保证,这些保证就是销售员推销的产品或所在的公司真的具有其所介绍的特征,或能提供其所说的利益。专业的销售代表必须要能对所介绍的产品或提供的服务提供佐证,而在提出证明时,要非常谦虚、有礼貌和自制,因为一不小心,就会像是告诉客户:"你看吧!你错了！"当客户需要证明时，最好能马上提供。如果不能立即拿出，那么可以把这当作下次拜访客户的机会。如果客户需要书面证明，也要尽快提供给客户，在提供证明时，一定要说明证明的来源，并附上适当的备注；然后有礼貌地提供给客户，作为消除疑虑的证据。化解客户怀疑的专业方法是：先寻问以了解客户的怀疑，当销售员清楚地知道客户怀疑的特征或利益时，就可以采取以下三部曲化解客户的怀疑：表示了解该怀疑、给予相关的证据、询问是否接受。

（3）误解。因误解而产生异议的客户，认为销售员不能满足某一个需要，而其实销售员是可以的。要澄清这方面的误解，销售员就应该寻问以了解其误解，当已清楚客户认为销售员不能提供某项特征和利益，而其实销售员是可以提供的，销售员就可以采取以下方法消除误解：确定误解背后的需要，说服该需要（表示了解该需要、介绍相关的特征和利益、询问是否接受）。

（4）反对。客户对销售员所推销的产品或公司的某些方面有所不满。反对意见的提出，通常是和产品的缺点有关，因为没有一项产品是完美的，所以有一两样缺点是可能而且的确存在的。例如，价格、样式、颜色等。因缺点而产生的反对，是由于客户有销售员不能满足的需要。客户不能得到满足，是因为销售员的产品或公司，没有他所期盼的特征，也未能提供他希望得到的利益，或者销售员的产品或公司有某种客户不想要的特征。面对缺点的问题，特别重要的是，销售员敢于并善于寻问，直到明白背后的需要为止——客户想要些什么？以及他为什么有这种需要？虽然销售员不能提供客户想要的特征和利益，但销售员还是可以提出回应，以显示另外所提供的特征和利益，也能达到客户对整体效益的期望。首先销售员要寻问以了解客户异议，当已清楚客户的不满意是因为某项特征或利益的存在或欠缺时，销售员就要采取以下四步来克服缺点：表示了解该客户认为的缺点，把焦点转移到总体利益上，重提先前已接受的利益以淡化缺点，询问是否接受。

潜在客户公开表达他们的异议，并给销售员以进一步陈述的机会，这是理想状况。不幸的是，潜在客户往往会隐藏不购买的真实原因，而且，说出来的异议可能是假的，而没有说出来的真实异议就称作隐藏异议。例如，客户说不喜欢产品的外观而其真实想法是产品太贵。建议销售员采取FICW步骤有效地回应客户的隐藏异议：先友好地提问，以确认客户确实关心异议，并确保自己明白了其异议，再友好地寻问异议的原因。FICW是以下四个英文单词第一个字母的组合：Friend（友好）、Inquire（寻问，提问）、Confirm（确认）、Why（原因）。通过FICW步骤后，销售员要立即在大脑中进行异议评估，如果发现客户的陈述不是真实的，那就采用直接或迂回否定法回应客户；如果发现客户的陈述是真实的，那就采取补偿法、推荐法（感同身受法）、重新审视法、承认法或推迟法回应客户。这七大回应客户异议的方法也可以组合使用。比如，顾客说："我认为你们这种产品不如竞争对手，价格更贵一些的产品耐用"。销售员可以这样回应："这或许正是您应该购买它的原因（重新审视法）。它可能不能使用那么长时间，但它比竞争对手的产品要便宜一半（补偿法）。不过，我完全理解您的担心。您知道杰克也这么想，他也担心产品的寿命，但当他使用我们的产品一年以后，发现它的平均寿命没有给他们的生产部门带来任何问题（感同身受法）。"

回应客户的异议是销售员的职责中非常重要的部分，异议会在销售员进行销售访问的任何时段出现。它们应该被销售员所预期，甚至应当受到欢迎，但处理异议时，销售员必须讲究方式方法并投入热情谨慎处理。

3.1.7 获得承诺——机智而勇敢地获得客户承诺

销售员使客户确信在某种程度上对他们的产品感兴趣，并确信物有所值，那么销售员就应要求客户承诺采取行动以推进销售。获得购买者（客户）生意的承诺又被称为达成交易或达成协议。传统的销售学把销售员要求得到购买者的生意称为成交，把获得客户（购买者）的订单技术称为成交技术（成交技巧）。有成功潜质的销售员深知没有拒绝就没有销售，因此他们敢于用成交技术提出成交要求。本书探讨了五种非人为操纵的成交方法。

（1）直接请求法。这是最有效最直接获取订单的方法，一般在销售员接到客户购买信号后，用明确的语言向客户直接提出购买建议（购买选择）。例如，"李先生，我们都同意×××型号的车符合您对低噪声、省油及驾驶舒适度的要求，我可以为这个型号的车给您下订单吗？"这种方法能够快速地帮助客户作出购买选择，节省销售时间，提高工作效率。一般在以下三种情况中，这种方法都会成功。第一，在销售沟通过程中，客户未提出异议，对销售员的销售介绍没有反对意见时，销售员可以直接提问："李经理，您看，如果没有什么问题，我们就签合同吧？"第二，在销售沟通过程中，客户有异议，但是通过销售介绍，这种担心消除了，而且对产品表现出很大的兴趣时，销售员可以直接提问："黄经理，您打算订多少货？"第三，客户已有意购买，但不愿先开口。此时销售员可以直接提问："王经理，这种机器的运输与安装，我将亲自全程参加。我们今天把购买合同签好，可以吗？"

（2）利益总结法。销售员在销售对谈过程中使用了USP和FABE技术，而且客户都给予正面的回应。销售员就可以帮助客户综合销售对谈中提到的各种利益，以促使客户作出明智的决策。例如，"正如我所提到的那样，我们的扣件曾经被一家独立的试验室测评过，它比最接近的竞争对手的产品可提供高出20%的抗拉强度，从而使其寿命超过4年，可以在你们要求的3小时之内将扣件送到你们的现场，这个承诺每天24小时有效。最后，我们谈到公司共有4位工程师，他们的唯一职责就是为已有客户的新扣件提供技术支持。您是否愿意告诉我们曾经讨论过的采购委员会，并向他们提交您签署的采购建议？"

（3）平衡表法。在销售对谈过程中，客户对销售成交没有明显异议。销售员可以在一张普通的纸上画一个"T"，在纵线的每侧写一个标题，在下面留下空白，以便填写特定的利益和卖点，然后邀请客户一起列出购买决策的理由。一般纵线的左侧写销售员推荐的产品，右侧写客户现在正在使用的产品。如果客户没有时间一起来填写，他会要求销售员填写好后，再来与他讨论。

（4）探究法。销售员用事先设计好的探究式问句来发现潜在客户犹豫不决的原因，一旦弄清楚了这些原因，销售员就问一些"如果……您愿意……"式的提问。这个方法试图把潜在客户关心的问题都拿到桌面上来谈。当客户关心的问题被识别出来后，销售员若能成功解决这些问题，就可以获得订单（"如果我成功地解决了这个问题，您愿意委托我们吗？"）。

（5）选择法。销售员向潜在客户提供几种可供选择的购买方案，让客户自己作出选择。一般把产品的属性作为选择内容的提示物，如产品价格、规格、性能、订货数量、送货方式、时间、地点等。选定的范围不要超过3个。例如，在商场的一个卖T恤的柜台，一位客户好奇地翻看T恤，销售员就可以说一句："怎么样？买一件吧。要黑色的、蓝色的还是红色的？"这就是选择成交法。选择法的成功率一般为90%。这个方法失败的原因在于，如果语气与场合不对，会给客户以压任务的感觉。所以失败了，下次调整语气与场合就可以了，同时对同一个客户，不要连续使用，可以间断使用。

对许多销售员而言，无论是否获得客户承诺，紧接着的访问告辞往往显得很重要。假如能够得体地告辞，可以为日后获得客户承诺打下基础；即使没有获得客户承诺，得体的访问告辞也能起到积极的作用，它会增加日后销售的成功率。销售员获得客户承诺的结果，常常是下一次拜访时开场白的依据。在没有获得客户的承诺时，专业的销售员会想办法保证客户不会感到接待自己而浪费了时间，而是获得了一些对其日后购买有益的信息。甚至在被客户草率、鲁莽、不礼貌地拒绝时，专业销售员仍然会保持一种礼貌与尊重的态度，使得客户在销售员离开后，能感到不论遇到什么情况，销售员是值得信赖和忠诚的。在遇到挫折的时候，销售员的言谈举止将是下一次访问成功的关键所在。

3.1.8 访后跟进——持续用心经营客户关系

销售员离开客户的办公室后，并不表示拜访已完全结束。相反，在这个阶段尚有非常重要的工作要完成。不论是客户订购产品，还是仅索取有关产品的资料，拜访后都要有跟进活动。客户认为，如果销售员在跟进工作上，能够迅速且有效率地提供所需的资讯或样品等，会给自己留下特别深刻的印象。因此访问结束时，业务上的联系并未结束。客户关系可能因达成交易才刚刚开始！前一次拜访的跟进工作可为下一次拜访铺路，也是下一次拜访工作的一部分。访后跟进活动／工作的目的就是要满足客户的需求、赢得客户的尊敬和客户的继续支持。

访后跟进活动／工作不论如何，销售员要尽可能地亲自去执行。前后连贯的跟进工作，能够赢得并增进客户的尊敬。尊敬仅能随时间增长而累积产生。为了要获得客户的尊敬，借着一次又一次高品质的跟进工作或活动，随着时间的增长，来增强和客户的关系，而跟进的工作必须是重复的、持续的，用以维持客户的支持并使用公司的产品。身为专业的销售代表，要用"服务"来帮助销售员，让客户能够满意销售员的服务与公司的产品。

在销售员获得客户的承诺时，一般有两种情绪体验：首先他们会感到成功与胜利的兴奋，接着会产生客户可能改变其购买承诺的恐惧与担心。这两种情绪体验必须被销售员恰当地控制，否则就容易遭受失败。同时，客户也会在承诺购买或已经购买后，产生一种怀疑购买产品的决策可能不正确的矛盾心理，这被销售专家称为购后焦虑症和消费认知失调。此时销售员就应该通过访问告辞与访后跟进来有效地帮助客户度过购后焦虑期。优秀的销售员还会通过各种方法（如电话跟进、电邮跟进等）进行访后跟进。跟进形式有很多。例如，可能的话，和客户约定下次拜访的日期和时间。又如，当经过一个特别的、重要的业务拜访后，可尽快打一通"确保服务"的电话。就跟进工作而言，这是一个重要的部分，因为，这可以让客户感受到回馈的温暖并维持对我们销售代表良好的印象。另外，当客户有任何问题时，要让他知道可以在哪里联络得到销售代表；可以亲自到发货现场并通知客户送货时间或亲自到安装现场。

在访问并获得客户的订单承诺之后，很多公司就把售后服务交给客户服务中心去做。其实，在这种情况下，专业的销售员依然会进行访后跟进工作。例如，打电话表示感谢与问候；亲自到安装现场；把订单处理进程告诉客户；亲自参与客户的投诉；亲自参与对客户的专业指导等。这些访后跟进（或售后跟进）都是为了与客户建立长期的伙伴合作关系，从而获得客户的口碑传播或新一轮的订单或交叉销售。

3.2 销售管理者需要懂得适应性销售技巧

适应性销售技巧，就是按照对方喜欢的行为方式进行销售。西方把它称为销售的白金定律或社会风格矩阵销售技巧。他们认为销售员首先要识别顾客的社交风格，然后把自己的社交风格调适为客户一类的风格。比如，客户是分析型的，销售员需要运用牢靠的、可感知的证据，并需要有条不紊地按照逻辑提出这些证据，销售介绍时需要严密、精确，并做到从容不迫。这里关键的就是对人类行为方式的掌握。

3.2.1 人类行为风格的研究成果

数千年来，古今中外的智者们一直力图探究我们人类行为特征的规律，目的就是提升人类相处的技能，消除人类自身行为造成的误会与偏见，做到知己知彼。

在中国古典哲学中，《易经》有"无极生太极，太极生两仪，两仪生四象，四象生八卦"之说。道家的太极图有"一阴一阳，阴中有阳，阳中藏阴"。《尚书》与《黄帝内经》中提到"天有五行，水火金木土，分时化育，以成万物"。东方哲学以《西游记》的形式传承下来，被亿万百姓喜闻乐见。成君忆把《西游记》中唐僧、孙悟空、猪八戒、沙和尚解读为"完美型、力量型、活泼型、平和型"四种性格。姜祖桐提出四宗八族（四象八卦）人格论。第一，控制型（太阳象）——理想控制型人格8种乾族，现实控制型人格8种震族。其表现特征是独裁果断，支配别人干什么。第二，理智型（少阴象）——理想理智型人格8种兑族，现实理智型人格8种坎族。其表现特征是理智逻辑，询问这是为什么。第三，支持型（太阴象）——理想支持型人格8种艮族，现实支持型人格8种坤族。其表现特征是支持包容，征询此事怎么办。第四，热情型（少阳象）——理想热情型人格8种离族，现实热情型人格8种巽族。其表现特征是热情表白，告知我要做什么。赵菊春提出现代五行人格模型。他认为金行风格的人喜欢竞争，获胜欲望强；独立性强，不愿意依赖他人；追求权力与成就，有强烈的支配欲；率直、果敢，越挫越勇。木行风格的人对自己要求严格，责任第一；追求精确，对数字与细节特别关注；思维缜密，善于逻辑分析；喜欢思考与研究，三思而行；做事有耐力，能始终如一；善于预测、高瞻远瞩。水行风格的人善于接纳他人意见；处理事情惯用低调手法；能宽恕他人对自己的伤害；富有同情心，为人细腻；乐天知命，与世无争。火行风格的人善于和不同人相处，善交际；善于表达，喜欢到处演讲；对新鲜事物很有兴趣；富有激情，有鼓动性；喜欢赞美自己与他人；有错就认，能道歉，能原谅他人。土行风格的人深厚博大、包罗万象、怀纳世间万物生灵、孕育地球无限生机，万物出于土而归于地，沉静而不失活力。

西方从古希腊就开始研究人类的行为风格，苏格拉底是最早以四种不同的元素来诠释人类行为模式的人，他以四元素——火、空气、水、土为基础，提出人类具有四种基本性情，即易怒、乐观、冷静和忧郁。人们在日常生活中确实能观察到这四种气质类型（胆汁质、粘液质、多血质和抑郁质）的典型代表。1920年威廉·莫尔顿·马斯顿（William Moulton Marston）博士在《常人之情绪》中提出的DISC模型，他承袭了苏格拉底的四分法思维。现代西方通过心理学的科学研究，还提出了MBTI模型、PDP领导风格模型和贝尔宾团队角色模型。MAST技术和MAP沟通风格测试都是DISC的变异技术。

3.2.2 人类行为风格的TOPK模型

根据中西方关于行为风格的所有四分法理论，笔者提出性格的黄氏TOPK十字圆模型。TOPK是tiger（老虎）、owl（猫头鹰）、peacock（孔雀）与koala（考拉）这4个单词的第一个大写字母组成的。笔者把支配力作为横坐标（从左到右支配力增加），自制力作为纵坐标（从下到上自制力增加）。这里的支配力是指一个人希望运用威权的力量，来控制或支配别人；但并不是说此人目前的职务有此权力，而是一种由其精神或个性的本质衍生形成的，并且自然地向他人展现的力量。这里的自制力是指一个人自我约束的力量或程度。由此得出十字四象限，外加一个圆，其寓意是作为销售员，要擅于站在圆上根据所遇到的对象性格进行转换。第一象限的人具有老虎风格，权力与成就的欲望排在第一位。第二象限的人具有猫头鹰风格，安全与秩序的欲望排在第一位。第三象限的人具有考拉风格，合作与安全的欲望排在第一位。第四象限的人具有孔雀风格，认同与成就欲望排在第一位。第一象限的人最显著的特征是

"做"，第二象限的人最显著的特征是"想"，第三象限的人最显著的特征是"听"或"看"，而第四象限的人最显著的特征是"说"。每个象限又可以分为4个小象限，这样就有16种小风格，如图3-7所示。例如，老虎型风格中有4种亚型：老虎亚型、猫头鹰亚型、考拉亚型、孔雀亚型。把具有老虎型、猫头鹰亚型风格的人称为猫头鹰亚型的老虎，如秦始皇。在使用TOPK模型时，最重要的是要记得：人是有多变的能力来扮演各种不同的风格的，但通常是会忠于自己天生的行为风格。

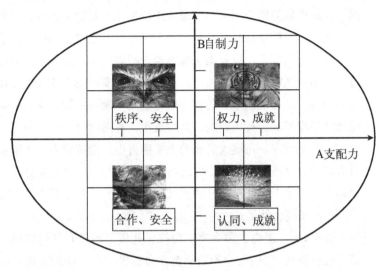

图3-7　人类行为风格的翰溪黄氏TOPK十字圆盘

4个象限的人具有完全可以相割的行为风格。第一象限的人做事当机立断，大部分根据事实进行决策，敢于冒风险，在做决策前，会寻找几个替代方案，更多地关注现在，忽视未来与过去；对事情非常敏感，而对人不敏感，属于工作导向型，注重结果而忽视过程，工作节奏非常快，很容易与别人起摩擦。第二象限的人非常崇尚事实、原则和逻辑，他们做事情深思熟虑，有条不紊，意志坚定，很有纪律性，很系统地分析现实，把过去作为预测未来事态的依据；追求周密与精确，没有证据极难说服他们；对事情非常敏感，而对人不敏感，也属于工作导向型，但注重工作证据，决策速度比较缓慢，为人很严肃，难以通融；遇到快速变化的环境时，很容易与别人起摩擦。第三象限的人喜欢与别人一道工作，营造人与人相互尊重的气氛；他们决策非常慢，决策时总是寻求与做决定的相关人员达成一致意见，他们总是试图避免风险；办事情不紧不慢，对事情不敏感，而对人的感情很敏感，属于关系导向型，很会从小处打动人，为人随和与真诚；非常善于倾听，属于听而不决的，也很少对别人发怒，别人很喜欢找他们倾诉，但他们优柔寡断。第四象限的人热情奔放，精力旺盛，容易接近，有语言天赋，善于演讲，经常天马行空，做事比较直观，喜欢竞争，对事情不敏感，而对人很敏感并很感兴趣，他们更关注未来，把他们的时间和精力放在如何去完成他们的梦想，而不关注现实中的一些细节；行动虽然迅速，但容易不冷静而改变主意；喜欢描绘蓝图，而不愿意给别人实在的指导与训练；决策时主要依据自己的主观和别人的观点，与别人谈工作时，思维属于跳跃式，别人经常难以跟得上，别人得到的是激励，而得不到具体指导。

这4个象限为什么用老虎、猫头鹰、考拉与孔雀来分别比喻？主要是这4个象限所体现出的行为风格与这4种动物的行为习性很像。长久以来，老虎是威武的象征，因为它行动迅猛，力量强大。成年老虎都单独捕猎，虎的啸声能传到两三公里以外的地方，其出色的爆发力是其在野外擅用的狩猎手段。老虎在短距离奔跑时的速度非常快，但这种速度无法维持很久。猫头鹰是古希腊神话中智慧女神雅典娜的爱鸟，在中国，枭雄中的枭属于猫头鹰。猫头鹰的视觉与听觉都很发达，视觉更为发达，但"昼不见泰山，夜能察秋毫"。每到夜幕降临，万籁俱寂的时候，它就悄悄地蹲在树上，转动着灵活的脖子，沉着而又机灵地进行着搜索。发现了老鼠以后，它就迅速地飞扑过去，用利爪牢牢地将其抓住。在中国，孔雀被视为优美（美丽）的体现。孔雀在开屏的同时，经常发出响亮的如同吹号般的"啊——喔，啊——喔"的叫声，有时会把尾巴抖得哗哗响。孔雀翩翩，美貌奇声，喜迎伙伴，恐吓敌人。考拉性情温和，行动笨拙，憨态可掬。在澳大利亚的土著语言中，考拉意即"不喝水"。它长满密毛的两只大耳朵，高高地竖立在头部的两边，听觉与嗅觉都很发达。考拉善于节省能量，保存体力。每个考拉都有自己的家域范围，并且一辈子只守护它需要的桉树，它拥有一片、一丛桉树就够了。

TOPK的"老虎、猫头鹰、考拉、孔雀"不带有任何歧视，不带有任何迷信，不带有任何遗传等色彩，4种动物都在自然界存在，作为高级动物的人类很容易记住与把握其风格，非常贴切生动，而无须通过漫长的经历去领悟自己及对方的行为风格。同时TOPK行为风格与其他行为风格四分法有兼容之处，如DISC对应TOPK，MBTI的ST对应TOPK的T、NT对应O、NF对应P、SF对应K。MBTI的16种人格可以与TOPK的16种小亚型风格对应。指挥官风格对应老虎型风格，下棋者风格对应猫头鹰型风格，倡导者风格对应考拉型风格，传播者风格对应孔雀型风格。贝尔宾团队角色学说中的推进者与监督者属于老虎型风格，行政者与完善者属于猫头鹰型风格，创新者与信息者属于孔雀型风格，协调者与凝聚者属于考拉型风格。易经四象学说中的太阳对应老虎型风格，少阴对应猫头鹰型风格，太阴对应考拉型风格，少阳对应孔雀型风格。姜祖桐的四象八卦人格论中的控制型对应老虎型风格，理智型对应猫头鹰型风格，支持型对应考拉型风格，热情型对应孔雀型风格。赵菊春教授的五行人格中金型风格对应老虎型风格，木型风格对应猫头鹰型风格，水型风格对应考拉型风格，火型风格对应孔雀型风格。

3.2.3 识别客户的TOPK类型

销售员要知道自己的TOPK类型，可以借助测试工具，诸如包括DISC、MBTI、TOPK等性格测试，网上有很多相关的免费测试。但销售员很难用试卷测试法去判断客户的TOPK类型，只能通过客户的社交风格的线索来识别，观察客户的行为、倾听其语言、询问一些问题、参观其办公室或家庭、与其一起活动等，从而获得对其行为风格进行区隔的信息。

为了更好地识别客户的TOPK类型，销售员必须经常近距离地接近客户，同时把注意力集中在客户的行为上，不要依赖自己的感觉，更不要作出这种推断：他是工程师，他是猫头鹰。即不能把行为风格与职务、工作简单地关联起来。最后要不断地修饰自己对其行为风格的判断。一般而言，在非办公室或非工作场所，其行为展现的TOPK类型偏向其天生的类型。如果能够通过研究客户资料，事先判断客户的TOPK行为风格，那么销售员在未见到客户之前，就可以调适自己的行为风格，这种拜访就容易达到未见其人，就知其行为之妙效。

表3-1和表3-2是识别客户TOPK的线索，可供所有销售员借鉴使用。

表3-1 识别TOPK类型的线索

类型	老虎	孔雀	考拉	猫头鹰
学科背景	理科	文科	文科	理科
办公室屏风（或墙）	没有任何鼓励性的宣传	激动性口号	家人照片、个人重要信息	奖状
办公桌	日历放在显著地方	杂乱、较少收拾	干净有开放性	干净条理有活力
衣装	保守、单一	休闲、华丽	休闲、多样	保守、单一
活动的爱好	群体活动	群体活动	单独活动，如阅读	单独活动，如阅读

表3-2 日常生活细节中识别TOPK类型

类型	老虎	孔雀	考拉	猫头鹰
行为举止	坚决强硬	活跃充沛	轻松随便	目标明确
环境布置	摆有奖状与荣誉证书	杂乱无章，摆有大量私人物品	摆有个人历程的照片与纪念品	井然有序，摆有各种表格图示
工作方式	关注结果	善于交际	顾全大局	注重真凭实据
性情气质	焦躁不安	和蔼友善	平静随和	冷漠严峻
对待他人意见	缺乏耐心	注意力不集中	全盘接受	抱有怀疑
谈论话题	成就荣誉	奇闻轶事	熟人信息	方法程序
处理问题	指挥命令	专心致志	对别人言听计从	对别人评头论足
决策行为	决策果断，力求实用	仿效别人进行决策	决策缓慢	信息齐全方才定夺
时间安排	时间安排相当紧凑	经常浪费时间	遵守时间但较为充足	充分利用时间计划周详
形体语言	使用频繁	丰富生动	谨慎	精确而节制
衣着服饰	剪裁讲究	新潮时尚	大众款式	传统保守
向往追求	获得成就与荣誉	与人坦诚交往（认同）	得到他人认可	保持言行正确
行为检验标准	事实结果	社会形象如何	他人评价	自我满意程度
对压力的反应	与主观意志抗争	与情感对抗	屈服顺从	放弃分析推理

3.2.4 TOPK的适应性销售技巧

强化和客户关系的方法之一，就是有效地和客户的行为风格产生关系。一种以类似或补足的表现方式来回应别人，也可解释为对别人表示适当地回应，这在心理学上称作心理互应。如果能够利用心理互应的方式来从事销售，也就是说，自觉地调适自己的风格以配合正在会谈的客户，心理互应便会发生。这样容易建立成功的业务拜访和长远肯定的客户伙伴关系。

在运用TOPK来进行适应性销售拜访之前，首先要做到知己知彼，知道自己的行为风格是哪一种，然后根据TOPK模型判断对方属于哪一种风格。虽然人有多变的能力来扮演这4种不同的风格，但是人通常会忠于自己天生的那种行为风格。在我国，很多有职务的客户，会在办公室扮演老虎型或猫头鹰型的风格，作为我国的销售员需要注意到这一点，这些客户在放松的情况下，如家里或旅途中，则把自己天生的风格显露出来。这就是我们经常说的家里与单位，换了一个人似的。表3-3是客户TOPK类型对销售访问的一些期望，可以指导销售员调适自己的拜访行为以适应客户的行为。

表3-3 客户TOPK类型对销售访问的期望

类型	老虎	孔雀	考拉	猫头鹰
销售会晤氛围	务实、井井有条	友好轻松	轻松真诚	务实、井井有条
销售时间的利用	高效率、高效果	用于培养关系	不紧不慢、培养信任	周密精确
拜访节奏	快速	快速	从容不迫	从容不迫
希望提供的信息	产品价值	销售员认识谁	销售员是否值得信赖	产品证据、销售员专业能力的证据
销售介绍的利益点	产品能做什么	谁用过该产品	为什么这个产品是最佳选择	该产品如何解决客户的问题
赢得认可的行为	言之有据，强调结果	认可赞许	对他个人的用心与兴趣	产品分析及证据
帮助做决定的细节	对各种选择及可能性解释	推荐信	保证与承诺	提供证据

一般来说，遇到老虎型客户，销售员需要调整自己的控制力，当这类客户觉得销售员的控制力与他相当时，就会进行有意义的讨论。遇到猫头鹰型客户，销售员要用证据来支持自己所说的话，不应试图控制他们，尊重他们是关键！销售员要压低身体，与他们的眼睛和头部保持同高。遇到考拉型客户，销售员要热情友好，想方设法赢得其信任；多与他们分享社会经历。遇到孔雀型客户，与他们交谈必须保持很高的热情，并设法让他知道你喜欢他；多与他们分享新奇特的新闻与故事。

就TOPK各类型的客户，按照访问的七大流程来具体阐述TOPK适应性销售技巧。

1. 访问老虎型客户

（1）开场白：开门见山，销售员要直陈拜访目的和需占用时间，请对方允许。其交谈的兴趣点是问题的解决方案、效益，切忌离题或绕圈。

（2）寻问方式：要直截了当，并且告诉对方提每个问题的目的，让对方主导，每提一个建议，问"您觉得可以吗？"

（3）在说服阶段，要诱之以利，多展示产品的功效，运用FAB法陈述，如"这……（特性）……意味着……（优势）将给你带来的真正利益是……（利益）"。比如"该款真空吸尘器的高速电机（特性），轻轻松松就能产生双倍的功效（优势），不但可以为您节省15~30分钟的清洁时间（利益），还免去了您推动笨重吸尘器的不便（利益）"。

（4）遇到异议：要把利弊得失摊开，大家摆观点，对方为"对事不对人"，所以不必过于担心针锋相对。

（5）达成协议（成交）：要爱憎分明，如果走关系套交情，反而效果不大。

（6）在拜访的缔结阶段，老虎型客户经常会替销售员缔结，若直接地要求他采用我们的产品，也会获得其反应。所以要以尊敬的措辞来要求，以结果导向来缔结和他的讨论。

（7）拜访后的跟进：要及时尽快兑现承诺，出现问题按合约办。礼多反诈，点到为止。如果动用上级关系让其购买，这种人会保留自己的观点。

2. 访问猫头鹰型客户

（1）开场白：简单寒暄，不要过度调笑，采用正式礼节。其交谈的兴趣点是问题的解决方案、新资讯、过程、细节而非结果，提供书面材料，细细讲解一遍，他还会自己再看一遍。

（2）寻问方式：顺着思路往下问，不要离题，喜欢精致深刻的问题，和他一起思考，有问必答。注意提问与回答的逻辑性。

（3）在说服阶段，要说之以理，多展示权威机构对企业和产品的评价与鉴定等证据，运用FABE陈述法，如"这……（特性）具有……（优势），它将给你带来的真正利益是……（利益），这些都被……所证实（证据）"。比如，"在如今的市场上，这辆车有最高质量的自动锁死刹车（特性），而其他车辆没有（优势），这点经联邦政府测试得出（证据），它能提供给您正在寻找的安全保障（利益），您同意吗（赞同）？"

（4）遇到异议：要清楚自己的缺陷和应答方法。通过提供新信息、新思路改变对方的观点，但不要代替他作判断。不要否定，不要下断言，要先讲"因"再讲"果"。

（5）达成协议（成交）：该签时会签，可用时间表催促，或说服对方暂时搁下一些次要问题。

（6）在拜访的缔结阶段，不要施压于他，一定要让他有足够的时间去斟酌衡量证据及考虑所有的观点，让他有时间进行分析与思考，通常他对摘要式的缔结反应非常好，以安全导向来降低风险。

（7）拜访后的跟进：不用太多关怀，别占他太多时间。如果结果与预期不符，应及时处理，解释原因，与对方一起回顾原来的思路，拿出实际行动。对方不会把责任都推给销售员。如果动用上级关系让其购买，这种人会分析结果，并从技术上提意见，后续挑毛病，走着瞧。

3. 访问孔雀型客户

（1）开场白：不要直奔主题，插入笑话、闲话，直至挑起气氛，然后很随便地转入主题。其交谈的兴趣点是和别人不一样的东西，新鲜事物，而不是技术细节。

（2）寻问方式：能触及对方的快乐和痛苦，最好是引对方发牢骚，于是顺着往下问。

（3）在说服阶段，要赞之以词，大力宣传产品的独特之处，包括其新颖性、名人使用经验等，表扬其识货等。运用FABD陈述法，如"这……（特性）……（优势），它将给你带来的真正利益是……（利益），如果您购买的话，您将成为使用这个产品的领袖者（差异性价值）"。比如，"怡神保含有一个甲基的维生素B12（特性），它能够直接参加神经细胞的核酸、蛋白质和髓鞘中的磷脂合成（优势），从而直接修复损伤的神经，缓解病人的麻木与疼痛（利益）。如果现在就开始坚持对所有周围神经病变的患者采取怡神保治疗，您就可以成为对这个新治疗方案有发言权的专家（差异性价值）。"

（4）遇到异议：一定不要伤感情。有时搁一搁也就忘了。苦肉计能奏效。

（5）达成协议（成交）：打铁趁热，时间一长，热度就没了。会酒后签单，事后不舒服一下也就算了。能用情打动。

（6）在拜访的缔结阶段，可以尽量地说明并表示意见，但是必须先确定该论点真的是他们所同意的，对他们，在缔结时，行动阶段十分重要，以认同导向来再次强调产品特有的利益。

（7）拜访后的跟进：不时问候即可，送些新颖的小礼品。如果动用上级关系让其购买，这种人会不快乐，逃避。

4. 访问考拉型客户

（1）开场白：销售员要先谈一点儿他个人所关心的或者两个人有共同语言的话题，获得对方充分信任。其交谈的兴趣点在于人，尤其是熟人。要把自己的兴趣告诉他，试探他的反应，反应不对，立即换话题，直至他打开话匣子。不要怕试探，需要什么都懂一点儿。

（2）寻问方式：不能直接问，要通过暗示。他戒备很高，尤其是初次见面，要设法让他慢慢放松。他说话通常小心翼翼，不直接亮出他的观点。要常用"你说对了"，切忌"交浅言深"。

（3）在说服阶段，要动之以情，使他们认识到购买、使用和服务的便利性。运用FABC陈述法，如"这……（特性）……（优势），它将给您带来的真正利益是……（利益），您的朋友购买后，认为这个产品的使用非常方便（便利性）"。比如，"ART一天服用一次（特性），阿尔茨海默病患者每天只要早上或晚上服用一粒ART即可（优势），这种服用方法不但会节约医生的医嘱时间，而且会节约病人家属给病人服药的时间（利益）。从患者及其家属的角度来看，其服用非常简单方便（便利性）"。

（4）遇到异议：当他说不满意A时，要提防他实际不满意的是B。如果你不能领会，他会继续提不痛不痒的问题，说话模棱两可。

（5）达成协议（成交）：不能逼得太急，除非关系到了，但可以用"万一"催促。

（6）在拜访的缔结阶段，对于这类客户同意的论点/感兴趣的地方，可以加以反复重述，明白地帮助他们作决定，但是要以温和平静的态度来做，对他们不要施加压力。

(7) 拜访后的跟进：一定要不断维持关系，否则信用破产。答应的一定要补上。出问题一定要说明原因，以便他能给别人交代。如果动用上级关系让其购买，这种人会愿意接受上级的观点。

对于销售对谈的五个阶段——初次接触、资讯、交流、诱导、缔结中，老虎型客户会十分快速地进行，经过所有的阶段作出快速的决定；孔雀型客户会轻松进行对谈，决定也很快速，最着重在初期阶段和诱导阶段；猫头鹰型客户会耗时较久才作出决定，看重在交流阶段和行动阶段；考拉型客户在所有的阶段都进行缓慢，而且需要业务代表的协助来做决定。

对于销售沟通的要求，TOPK模型有以下提示。拜访老虎型客户要非常有准备，不要做无意义的闲聊浪费时间，说话要简短、针对重点及合理。拜访猫头鹰型客户要非常有准备，清楚地解释拜访目的，要能合理、有条不紊地对谈，不要浪费时间，但也不要催促客户。拜访考拉型客户要保持轻松，准备好花费时间，要健谈，保持微笑。拜访孔雀型客户要能展现热诚，表现健谈；准备好倾听，能做一个好听众；要能控制对谈，进入正题。

对于销售拜访的最初接触，TOPK模型有以下提示。一般而言，考拉型客户与孔雀型客户在拜访之初都是十分快乐地加入寒暄。考拉型客户是因为友谊需求；而孔雀型客户是因为他们的高度认同需求。事实上，拜访考拉型客户时，如果没有先寒暄一下的话，他们反而心里面会不舒服。老虎型客户，由于权利需求使然，会要求开门见山式的展开销售对谈。猫头鹰型客户，因为他们的秩序和安全需求，通常会欣赏相当正式的接触。

对于销售沟通的提问方式，TOPK模型有以下提示。老虎型客户会回答封闭式的提问，容忍开放式的提问（如果是合理的）。猫头鹰型客户会回答开放式的问句，容忍封闭式的问句。孔雀型客户会回答所有类型的问句，尤其是开放式和想象式问句。考拉型客户会回答开放式与想象式的问句，不喜欢封闭式的问句。

对于销售细节，TOPK模型有以下提示。在希望提供销售信息方面，老虎型客户希望销售员提供产品价值；猫头鹰型客户希望销售员提供产品证据、销售员专业能力的证据；孔雀型客户希望销售员提供销售员认识谁，谁用过这个产品；而考拉型客户希望销售员提供销售员是否值得他信赖。在帮助他们承诺购买的细节方面，把选择权交给老虎型客户，把产品的书面证据提交给猫头鹰型客户，把名人的推荐信提交给孔雀型客户，把朋友的信赖与自己的个人担保及服务提交给考拉型客户。与老虎型客户一起做，与猫头鹰型客户一起思考分析，与孔雀型客户一起健谈并注意倾听，与考拉型客户一起倾听并注意谈论人际话题。

本章小结

1. 推销基本过程分为探查客户、研究规划、接近客户、需求探寻、利益介绍、回应异议、获得承诺、访后跟进等八个步骤。
2. 客户接受产品的过程分为不知晓产品、知晓产品、理解产品、接受产品、尝试产品、使用产品、对产品有偏好、帮助宣传产品等八个阶段。
3. 寻找潜在客户方法有：内部资源法、资料搜索法、个人现场法、连锁介绍法、中心开花法。
4. 接近客户方法有：他人介绍法、社交接近法、利用事件法、问题求教接近法、调查接近法、服务接近法。
5. SPIN法是指销售员要按照"背景问题、难点问题、危害问题、需求回应问题"的顺序进行提问，挖掘客户需求的一种方法。
6. 回应客户异议的七种方法：直接否定法、迂回否定法、补偿法、推荐法（感同身受法）、重新审视法、承认法、推迟法。
7. 五种影响成交的方法：直接请求法、利益总结法、平衡表法、探究法、选择法。
8. 人类行为风格TOPK模型：老虎（Tiger）、猫头鹰（Owl）、孔雀（Peacock）与考拉（Coala）。

本章思考题

1. 人们常说，销售员是天生的，不是学来的。你认为呢？请阐述理由。
2. 销售员往往把"推广公司产品"六个字作为销售访问目标，你认为这样做对吗？为什么？你会如何指导销售员拟定他们的销售访问目标？
3. 有销售经理说，我们在招选销售员，会把他们的搜商作为一个参考因素。你如何评价他的观点？
4. 有销售经理说，外向性格的人，适合做销售。你如何评价他的观点？
5. 有人说，"见人说人话、见鬼说鬼话"的销售员，人品有问题，这类销售员应该受到谴责。你如何评价他的观点？

案例分析

阿强错失了成交信号

阿强是北京一家大型体育用品商店的销售员。一天下午，一位顾客走进阿强公司的产品展厅，开始仔细查看展出的帐篷。阿强认为他是一位帐篷的潜在客户，于是就有了以下对话。

阿强：您好，您需要购买帐篷吗？

顾客：是的。

阿强：正如您所见，我们这里有许多帐篷，能满足任何购买者的需求。

顾客：是的，可选的不少。我都看见了。

阿强：谢谢。请问您喜欢哪种帐篷？

顾客：我家是三口之家，有一个不到10岁的小孩。我们想去南方度假，因此打算买个帐篷。但帐篷不能太贵，度假的花销已经够多了。

阿强：这儿的许多帐篷都能满足您的需求。例如这种，质地很轻，并且防水；右边的窗子也很容易打开，接受阳光；地面是用强力帆布特制的，耐拉且防水；很容易安装和拆卸，大小也很适合三口之家，您在使用中不会有任何问题。

顾客：看上去挺不错的，多少钱？

阿强：价格合理，960元。

顾客：旁边的那个多少钱？

阿强：这个圆顶帐篷是名牌，特性与前面一个相差无几，价格是860元。

顾客：好的，现在我已经了解了不少信息了。星期六我带妻子来，到那时再决定。

阿强：这是我的名片，如果有问题可以随时找我，我从早上开业到下午6点都在这儿。我很高兴能与您和您妻子在星期六谈谈。

顾客：谢谢。再见。

讨论： 1. 顾客在对话中有没有发出购买信号？购买信号是什么？

2. 如果你是阿强，你将如何回应顾客的购买信号？

第二篇
销售队伍的战略规划管理

第四章　战略性销售队伍管理
第五章　销售潜力预测管理
第六章　销售区域管理
第七章　销售指标与预算管理

Sales Force Management
销售队伍管理

第四章
战略性销售队伍管理

■ **本章要点：**

了解营销战略的内涵及构成；

了解销售队伍战略及制定过程；

了解销售队伍战略的内容。

课前案例　　　　　　　　**战略规划不是我的事**

西南公司销售总监肩负着整个公司的销售任务。在明天的战略规划会议上，他要向公司汇报5年销售战略规划，可他现在还没有动笔。他心里很烦恼：每天都忙于招聘销售员，训练销售员，冲在销售第一线，其上司（营销总监）却要求他作出5年销售战略规划，计划不如市场变化快，当年的任务都没有把握完成，哪有心思去想5年？

西南公司生产安防产品，公司老板读了浙江大学的EMBA后，准备在公司实施战略管理，公司战略有三大块——研发战略、生产战略和营销战略。营销总监直接管理商务总监（负责产品从工厂到渠道商）、市场总监（产品的品牌、产品价格、产品广告、产品促销）、销售总监（负责产品从渠道商到终端商再到终端客户）和政策事务总监。他要求各个总监分别提出自己负责领域的5年战略。比如，商务总监提出商务渠道战略，市场总监提出产品战略、价格战略、广告战略、销售促销战略，销售总监提出销售战略，政策事务总监提出公关事件战略。但是，营销总监没有提出任何目标。

销售总监认为，没有5年的目标，难以制定战略规划。与销售有关的战略，如商务渠道要由商务总监规划渠道战略，产品品类与价格及广告等要由市场总监规划产品战略、价格战略、广告战略、促销战略等，政策环境要由政策事务总监规划公关事件战略，这些相关的战略都要由他人去做，而且又无法事先获得他们的战略内容。如此一来，销售战略就是无米之炊，即使是巧妇也难为！做销售就是执行，谈不上战略。销售总监不禁感叹："战略规划不是我的事，却叫我来做，这不是成心为难我吗？"

讨论：销售战略规划应该规划哪些内容？

4.1 战略与战略规划

销售队伍管理要有战略，销售队伍战略要支持营销战略，是营销战略中最为关键的部分，也是公司战略中最为关键的一环。销售经理要从战略角度来管理销售队伍，规划销售队伍，并善于作出明智的战略决策；要掌握如何使通过销售努力来实施整体营销规划和公司整体规划。

战略规划是对组织使命、愿景、价值、中长期目标和战略的决策。在一般情况下，战略目标要反映企业的有效性指标（创造适当的产出）和效率性指标（更高水平的投入产出比），如股东投资收益率、利润率、产出的数量与质量、市场份额、销售效率及对社会的贡献等指标。公司在制定战略目标时，可能会有很多目标指标，这些目标指标之间要遵循相互支持与相互配合的原则，不能相互冲突。也许目标指标之间没有冲突，但是执行过程中的某项行为可能会导致其中一个目标可以实现，而另一项指标却不能实现，因此战略目标指标之间也必须确立优先顺序。例如，30%的年增长率的销售额目标与15%的利润率目标就可能相互冲突。诚华公司在2008年就遇到了这个难题，为了实现在5亿元的基础上再增长30%，销售队伍就拼命地销售M产品，但是M产品的利润远远低于15%，只有5%左右。为了实现销售额增长目标，诚华公司就不得不牺牲利润目标。

一旦公司就战略目标达成了共识，所有的决策都应配合战略目标。决策与目标的不相容只会阻碍目标的实现，这种配合看起来简单而明显，但并不容易做到。行为决策与战略目标的不匹配，在现实中比比皆是，南辕北辙的故事就是对这种现象的高度概括与经典描述。战略目标要分解到每年，分解到每个产品，分解到每个销售区域，乃至每个销售员（如销售员的人均销售目标）等。战略目标的分解必须SMART化与激励化，同时还要保证这些目标的一致性和统一性。

4.2 营销战略规划

销售活动要达到效果，就必须在营销规划的整体战略中进行，只有这样才能保证销售活动与其他营销活动相得益彰，而不是相互竞争。因此销售部门要懂得并认可营销战略规划。

对于公司战略而言，营销战略就占主导地位，它对其他部门的战略起指导作用。横向而言，营销战略必须整合其他部门的战略，如营销战略必须整合生产与销售。具体举例来说，销售计划是生产预测的基础，根据销售预测来制定材料需求与生产进度，因此生产和销售就必须整合起来以避免运作出现问题。完成客户订单也需要协调好销售和生产活动，然而，调查研究表明37%左右的公司没有协调好他们的规划过程。这些公司的营销部门与生产部门虽然认同基本的目标，如提高利润，但他们在实现目标的特定行动或策略上经常会不一致。比如，销售部门以"销售"为导向，希望生产尽可能多的不同产品以满足客户需求，而生产部门则可能更关注生产成本与生产技术。为了解决这些问题，公司就应该制定两个部门的沟通和协调关系的程序。

纵向而言，营销战略必须整合其所辖各部门的战略，尤其是销售队伍战略。营销创造了销售额，销售创造了收入，销售是营销活动中最为关键的部分。营销人员负责为销售队伍提供更有效的营销工具，如广告、支持服务和销售促进。但是如果销售员不认可或不喜欢某种营销工具，那么他们就可能不会使用它们。销售员负有实施营销战略的主要责任，他们将决定这些战略的成败。因此在制定营销战略过程中寻求销售队伍的介入就非常重要，营销管理人员要进入各个销售区域及其办公室来制定营销战略。公司不仅要协调营销与销售活动，还要充分整合营销与销售，让销售队伍战略与营销战略相融并相互支持。

营销战略一般由产品战略、商务渠道战略、价格战略与促销战略共同组成，它们之间相互支持又相互配合，既区隔又相融（见图4-1）。产品战略一般包括产品的定位战略、差异战略、生命周期战略、竞争战略、顾客价值战略、品牌战略等。商务渠道战略一般包括渠道战略、价格战略、回款战略和融资战略等。促销战略一般由销售队伍战略、广告战略、销售促进战略和公关事件战略组成，其中最为关键的是销售队伍战略与广告战略。广告战略一般由首席市场经理负责，销售队伍战略由首席销售经理负责，而销售促进战略由市场部、商务部和销售部共同制定并分责实施。销售促进按照对象分为消费者促进和经销商促进。消费者的促进工作包括向顾客赠送免费样品、优惠券、顾客教育及向顾客进行产品演示等；经销商的促进工作包括商品陈列、免费商品、价格折扣和销售竞赛等。销售队伍战略一般包括销售区域战略、销售队伍规模战略、销售薪酬战略和销售力战略等，销售力战略包括销售技能战略、销售工具战略和客户关系管理战略等。

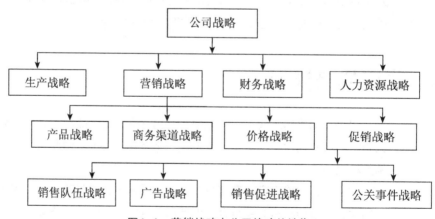

图4-1　营销战略在公司战略的地位

在制定营销战略时，把营销部门作为一个系统，营销系统的运作是在环境因素作用下进行的。这些因素有三组（宏观环境、供应商、购买方）在公司外部，属于不可控部分，另外两组（公司的营销组合、公司的非营销资源）在公司内部，属于可控部分。它们的关系如图4-2所示。

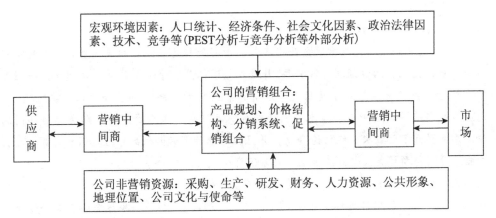

图4-2　公司整体营销系统：内部资源在外部因素作用下的运作框架

营销战略制定者必须时刻扫描外部环境，收集并分析外部环境信息与市场信息，从中发现变化趋势与机会所在。很多公司的战略制定者，往往忽视外部环境的扫描，对于内部资源过于乐观，容易让战略目标变得大而空。这是中国企业很多战略不落地的关键所在（参看阅读材料4-1）。

营销战略制定者必须时刻整合公司内部资源，时刻关注它们之间的匹配情况。公司内部资源分为公司的非营销资源和营销组合两个要素，这两个要素是公司可控的部分。其中促销组合又称沟通组合，其主要组成要素是：广告、人员销售、销售促进和公共促进（简称公关）。对于营销部门的负责人而言，非营销资源属于非可控部分，需要借助公司总裁级的高管进行协调。而营销组合对营销部门的高管而言是可控部分，需要进行全盘整合。其中促销组合是最难整合的部分，因为在现实生活中，它们性质完全不同，广告、公关与大部分的销售促进活动具有拉的性质，而人员销售与少部分的销售促进活动具有推的性质。

阅读材料4-1　销售战略还没有执行就面临调整

浙江翰溪袜业有限公司经过12年的发展，在2007年进入了中国内衣袜业前百强。2007年翰溪公司的销售额为8600多万元，其产品线非常丰富，有彩棉内衣系列、保暖内衣系列、高柔丝巾系列、高档连裤系列和男士保足运动袜系列等10多个门类、22个系列。

该公司是由阿林在1988年创办的，1987年阿林毕业于浙江丝绸工学院。2006年阿林报名参加了浙江大学EMBA的学习。在长达两年多的时间里，他系统地学习了企业经营管理的理论知识，了解了企业经营管理、企业领导力和企业战略管理等前沿思想。一幅宏大而清晰的企业蓝图在他的脑海里一遍又一遍地浮现：用5年的时间，超越前面的50多名竞争对手，进入行业前10名，成为中国国内内衣和袜业的强势品牌。

2008年年初，阿林召开企业高层管理团队会议。在会上，阿林向这些高管们描绘了他对公司未来5年的战略蓝图。这些高管们都非常兴奋与赞同，他们说，老板读了EMBA后就是不一样，要好好地跟着他干大业。会议上达成共识——成立企业战略部，协助各个部门的高管一起完成各个部门的战略规划，并整合出公司的战略规划。当然各个部门的战略规划要以公司用5年时间进入行业全国前10强的战略目标为指导。

很快在2008年2月就组建了企业战略部,由部长与两位经理组成,直接向阿林汇报。战略部长为原总裁办主任,两位经理是2007年7月进入翰溪袜业有限公司的两位高材生,一位毕业于武汉大学市场营销系,一位毕业于复旦大学经济系。阿林带领战略部长和两位战略经理用了3个月的时间,分别与公司的生产部、技术部、营销部、品质部、人力资源部和财务部等部门的高管进行讨论,期间召开了无数次小组讨论会议,并且战略部长带领两位战略经理亲自考察市场,检索文献与数据,分析与解读行业与经济数据。在2008年6月,经过4个多月的艰辛工作,企业战略部与各个部门的战略目标和规划都完成了。尽管这时候各个部门的负责人似乎心情况重了好多,但是他们还是认可与支持阿林的战略目标:奋斗5年添个0。阿林在7月初的半年度全体员工会议上,激情澎湃地描绘了2009—2013年战略蓝图,大家也都显得激情澎湃,斗志昂扬。

其中,营销部门的战略分为三个部分:销售战略、产品战略和商务渠道战略。销售战略中提出2013年销售目标为10亿元(2008年为1亿元),销售队伍规模为1000位销售员(2008年为100位),销售区域为13个大区与80个区域制(2008年没有大区,只有6个销售区域直接向营销总监汇报,这6个销售区域是:浙江4个、上海区域1个、苏南1个),销售工具以当面拜访、电话拜访、论坛发帖和网络销售为四驾马车,销售客户以零售商与终端用户齐驱并进。2009年的战略规划:销售目标为2亿元、销售员200位、销售大区4个、销售区域20个;销售总监1位、大区经理4位、销售区域经理20位。

2008年9月15日,全球金融危机爆发了。尽管翰溪袜业有限公司是以内贸为主的企业,但是销售额也在顿减,1—9月的销售额为5600万元人民币,营销总监预计2008年的销售额至多为8000万元,2009年即将到来,营销总监的压力越来越大。11月,营销总监提出先前的战略规划没有考虑到金融危机,应该调整2009年的销售战略目标,放缓销售区域与销售队伍的扩张。但阿林认为销售目标不能改变,因为他在当时的销售规划中已经适当考虑到了金融危机因素的影响,再说危机不见得是坏事,公司有实力化危为机,对别人是危,对阿林就是机遇。结果两人的分歧没有得到化解,而且越来越深。

4.3 销售队伍战略的制定

4.3.1 销售管理者需要具备战略领导力

销售管理者要训练与提升自己的战略领导力,尤其是销售总监。销售总监是销售队伍战略家。战略家要能够着眼整个战局,且拥有极强的宏观意识和长远的战略目光,并能正确制定己方的战略方针,合理分配使用己方所持有力量与资源,从而引导己方获得战争的最后胜利。销售环境在发生快速巨变,作为销售高管,必须运用前瞻性思考方式,明确销售战略意图和销售战略任务,并尽快形成成功的销售战略行动方案,让销售战略的表达通俗易懂地传达给销售队伍,躬自入局,审视环境变迁和配置资源,促进销售战略行动发展和战略方案的实施,从而实现销售战略目标。因此,销售总监的战略领导力就成了企业销售竞争的关键因素。所谓战略领导力,是指一种可以预期、想象、保持灵活并且促使他人创造所需的战略改变的能力。这种战略领导力主要包括两个方面。第一，管理销售部人力资源的能力。销售总监必须学会在不确定的情况下，有效地影响他人的行为，尤其是销售队伍的行为，通过言语或以身作则，积极地影响销售队伍的行动、思想和情绪，从而实现销售战略目标。第二，管理销售竞争环境与战略决策的能力。识别、判断和处理复杂多样的销售竞争环境，并作出比竞争对手好的决策。有能力的销售总监必须具备五大关键性的战略领导行为：确定销售战略方向、确立均衡的销售组织控制、有效地管理企业资源组合、有效培育高绩效的销售队伍文化和建立销售伦理准则。

4.3.2 销售队伍战略制定的过程

销售队伍战略属于职能战略，必须支撑营销战略与公司战略等，它与营销战略紧密结合与相互协调，是企业战略实现的关键所在。制定销售队伍战略要求销售经理们首先要掌握公司的营销战略，对公司所定义的市场范围、产品组合方式、企业即将推出的新产品、经营范围的扩大及有关渠道、分销、定价和市场信息等政策熟练在握。否则制定的销售队伍战略就很有可能与营销战略不协调，从而导致南辕北辙。销售队伍战略制定过程由八个步骤组成（见图4-3）。

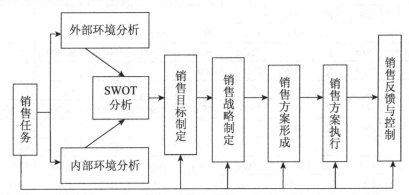

图4-3 销售队伍战略制定的过程

4.3.3 销售队伍战略制定的内容

销售队伍战略要把销售战略目标、建设有竞争力的销售组织、开发销售组织的能力和促进销售绩效融合在一起。一般包括阐明销售队伍管理的哲学和政策，设计战略激励性的薪酬计划，加强销售管理能力与行动能力，建设团队精神、提高组织效益和销售管理接班人计划等。除此之外，主要包括以下四个方面的内容。

1. 对销售机构的内外状况进行审视

主要通过对销售环境的内外分析，尤其是SWOT分析的完成，选择战略类型。对销售队伍规模、销售地盘规划、销售薪酬设计、销售工具选择、客户关系管理、销售效力等领域进行诊断，明确销售队伍目标的整体状况，包括销售人员与销售管理人员的优点、劣势、现有的问题、竞争对手的销售队伍状况及目前市场中存在的机遇和风险。在这一过程中，销售管理人员不得藏有任何一丝的侥幸和自欺欺人的心理。

2. 跨年度销售战略计划的制订

在明确整体状况与未来趋势的前提下，承接销售任务，规划下一年度和未来3~5年的销售战略目标，并制订出销售战略计划与重大战术方案。具体包括销售组织的销售量预测、销售利润预测、销售资产利润率、销售员的人均产出、销售队伍的人均产出、销售队伍的组织结构、销售管理者接班人计划、销售软技术与硬技术的选择与运用和顾客发展策略等。表4-1中双井药业有限公司的销售战略规划就是一个很好的例子，从这个表格中，不仅可以知道未来各个产品的销售额数据及其趋势，而且还可以知道销售队伍规模与组织结构，以及销售队伍的效率。当然详细的销售战略计划还需要用文字来表达，以便更好地与公司其他部门、销售队伍进行沟通。

表4-1　双井药业有限公司2000—2005年销售目标规划

产品		包装	内部单价（元/盒）	单位	1998年（实际）	1999年（计划）	6年预测						
							2000年	2001年	2002年	2003年	2004年	2005年	6年合计
分产品	NEQ	T30	34.3	盒	10661	10000	20000	40000	80000	144000	205700	279900	769600
				万元	36.6	34.3	68.6	137.2	274.4	493.9	705.6	960.1	2639.8
	MRS	T30	17.3	盒	46169	51200	76800	92200	129100	180600	285500	388400	1152600
		T100	42.4	盒	588								
				万元	82.4	88.6	132.9	159.5	223.3	312.4	493.9	671.9	1993.9
	SLX	C20	25.68	盒		22000	62050	112200	201900	363400	472400	560750	1772700
		C100	128.8	盒	5966	2600	1600						1600
				万元	76.8	90.0	180.0	288.1	518.5	933.2	1213.1	1440.0	4572.9
	MYO	T20	34.7	盒	33663	70000	72500	100000	132000	196000	253800	346000	1100300
		T100	164	盒	5083	2000							
				万元	200.2	275.7	251.6	347.0	458.0	680.1	880.7	1200.6	3818.0
	MBL	T20	16.6	盒	3095	25000	26000	30000	32000	35000	42000	48000	213000
		T100	158.5	盒	11441	15000	18000	28000	43100	56000	71000	91000	307100
				万元	186.5	279.3	328.5	493.6	736.3	945.7	1195.1	1522.0	5221.1
		A6	99.04	盒		12500	20000	22000	28000	36000	49000	69000	224000
		A10	166	盒	24377	24000	28000	31200	46000	68000	80000	110000	363200
				万元	404.7	522.2	662.9	735.8	1040.9	1485.3	1813.3	2509.4	8247.6
	合计			万元	591.2	801.5	991.3	1229.4	1777.2	2431.0	3008.4	4031.4	13468.7
	ART	T30	516.7	盒			820	2100	9000	12100	22500	33500	80020
				万元			42.4	108.5	465.0	625.2	1162.6	1730.9	4134.6
公司合计				万元	987.2	1290.1	1666.7	2269.7	3716.4	5475.9	7464.3	10035.0	30628.0
年递增率						30%	35%	36%	64%	47%	36%	34%	
SR人数					7	10	12	18	32	50	64	86	
SR的人均产出				万元	141.0	129.0	138.9	126.1	116.1	109.5	116.6	116.7	
SM人数					1	1	2	3	4	5	6	7	
AS+PM					3	3	3	3	4	4	5	5	
ST的人均产出				万元	89.7	92.1	98.0	94.6	92.9	92.8	99.5	102.4	

3. 年度销售计划的制订

销售机构的基本目标就是向现有客户和潜在客户出售企业的产品，提供服务，收集、分析、研究、传达客户信息，最终实现企业给予的销售指标任务。销售战略规划尤其是年度销售计划将有助于销售经理更有效地利用组织的现有销售力量，来实现企业给予的销售指标任务。销售管理者在明确关键性销售目标与环境变化趋势的基础上，才可以制订下一年度的销售计划。关键性销售目标，不同的公司会有所不同。但主要包括销售量计划、销售人员数、销售管理人员数、销售人员接受的年培训时间、销售管理人员接受的年培训时间、客户数量、销售成本、销售利润、商品退还率、销售费用等。其中最为关键的是每个区域每个产品每月的销售量计划。例如，表4-2就反映了各个产品在五大销售区域每个月的销售量计划，每个月的销售额占全年的份额，以及五大区域所承担的公司份额、人均销售额产出等。区域销售经理可以套用这张表格，把区域改成销售代表，就变成销售代表的年度销售计划表。而销售代表也可以套用这张表格，把区域改成客户，就变成客户贡献销售额目标计划。因此销售部门就可以借助这张表格指导自己的销售工作，销售工作的效率与方向性就会比较明确。而其他部门，如生产部、商务部、财务部等拿到这张表格，就可以安排生产进度、发货进度和销售收入与销售费用支出进度等，通过年度销售计划建立了各个部门之间的伙伴合作关系。在制订年度销售计划时，还需要考虑销售队伍的现状，比较目前关键目标与预期关键目标之间的差异，尤其是销售量的差异，如2006年对比2005年增加了3000万元人民币，作为销售管理者，要知道这些差异销售额从哪里来，并引导销售队伍去找填补差距的方案。这种基于销售目标的管理思维有助于每个人区分哪些工作是重要的，哪些工作是不重要的，帮助每个人按照事情的轻重缓急安排工作与时间。这种销售量计划的制订方法，会在本书的第七章具体阐述。

表4-2 阿材药业有限公司2006年销售量计划

区域	产品	包装	单价	单位	计划												2006年SR人数	2006年SR的人均产出	各区域贡献率
					1月	2月	3月	4月	5月	6月	7月	8月	9月	10月	11月	12月	合计			
沈阳	MBL	T20	31	千盒	7	6	9	8	9	9	8	9	9	9	9	8	100			
				万元	22	19	28	25	28	28	25	28	28	28	28	25	312			
		A10	156	千盒	7	6	9	8	9	9	8	9	9	9	9	8	100			
				万元	109	94	140	125	140	140	125	140	140	140	140	125	1558			
	合计			万元	131	112	168	150	168	168	150	168	168	168	168	150	1870	12	156	12%

续表

区域	产品	包装	单价	单位	计划												各区域
北京	MBL	T20	31	千盒	10.5	9	13.5	12	13.5	13.5	12	13.5	13.5	13.5	12	150			
				万元	33	28	42	37	42	42	37	42	42	42	37	466			
		A10	156	千盒	11.9	10.2	15.3	13.6	15.3	15.3	13.6	15.3	15.3	15.3	13.6	170			
				万元	185	159	239	212	239	239	212	239	239	239	212	2653			
		合计		万元	218	187	281	249	281	281	249	281	281	281	249	3119	18	173	19%
上海	MBL	T20	31	千盒	14	12	18	16	18	18	16	18	18	18	16	200			
				万元	43	37	56	50	56	56	50	56	56	56	50	622			
		A10	156	千盒	17.5	15	22.5	20	22.5	22.5	20	22.5	22.5	22.5	20	250			
				万元	273	234	351	312	351	351	312	351	351	351	312	3900			
		合计		万元	316	271	407	362	407	407	362	407	407	407	362	4522	26	174	28%
杭州	MBL	T20	31	千盒	11.2	9.6	14.4	12.8	14.4	14.4	12.8	14.4	14.4	14.4	12.8	160			
				万元	35	30	45	40	45	45	40	45	45	45	40	500			
		A10	156	千盒	18.2	15.6	23.4	20.8	23.4	23.4	20.8	23.4	23.4	23.4	20.8	260			
				万元	284	243	365	324	365	365	324	365	365	365	324	4054			
		合计		万元	319	273	410	364	410	410	364	410	410	410	364	4554	25	182	28%
广州	MBL	T20	31	千盒	7	6	9	8	9	9	8	9	9	9	8	100			
				万元	22	19	28	25	28	28	25	28	28	28	25	312			
		A10	156	千盒	7.7	6.6	9.9	8.8	9.9	9.9	8.8	9.9	9.9	9.9	8.8	110			
				万元	120	103	154	137	154	154	137	154	154	154	137	1712			
		合计		万元	142	122	182	162	182	182	162	182	182	182	162	2024	13	156	13%
每月消化形式					7%	6%	9%	8%	9%	9%	8%	9%	9%	9%	8%				
每季度消化形式					22%			26%			26%			26%		100%			
全国	合计（万元）				1126	965	1448	1287	1448	1448	1287	1448	1448	1448	1287	16088	94	171	100%

4. 销售战略中的财务计划

销售部门对于企业一般性的管理费用不负有直接责任，如生产产品的材料成本和生产部门的劳动力成本，这些成本是其他部门核算的。但销售管理者仍需对本部门的资金和财务状况进行预测和分析，销售部门一般要考虑三个主要方面的财务核算：销售收入；销售费用；销售毛利，每个产品的毛利是不一样的，销售毛利多的产品，会给企业带来更高的利润。一般来说，只要销售量指标计划制订了，财务计划也就70%左右的敲定了。比如，有的公司销售财务政策是，销售费用按照销售量的一定比例进行使用，如销售量计划的3%，以表4-2为例，1月份的销售计划为1126万元人民币，销售部门的销售费用就为34万元人民币，销售部人力资本假设为100万元人民币，销售差旅费为30万元人民币，销售部的办公等日常管理费用为3万元人民币，那么本月销售部的财务支出就为167万元人民币。销售人力资本中工资和福利是固定的，只要销售队伍人数定了，就可以计算出其总额，但是销售奖金是变动的，销售薪酬计划的设计会影响财务计划。

4.3.4 以销售目标指导企业各个组织的其他活动

销售目标一般承接企业的战略目标和市场营销目标，反过来，一旦确定并就销售目标达成了共识，销售目标包括销售队伍的目标就成了指导企业一切运营活动的刚性指标，它把企业各个部门串联在一起，各个部门围绕销售队伍目标的达成与实现而进行齐心协力的工作，这就是以销售目标为企业中心的最好诠释。

对于销售机构内部而言，不同的销售单元、个人及其计划和目标的建立是对销售队伍进行管理的第二个关键步骤。如图4-4所示，战略性销售队伍规划过程包括承接营销部的战略目标、明确相关的市场，确定销售人员为服务于这些市场应发挥的作用和采取的行动，然后，根据这些市场的具体要求设计并建立销售队伍的组织结构，同时制订销售薪酬方案、预测不同市场、产品和地理区域的销售额、成本和利润。根据这些预测，为销售及其不同单元（如销售区域和销售地区）以及每一名销售人员制定具体的销售目标。这一过程包括根据销售额对现有客户和潜在客户进行分类，并针对每个区域、每个产品和每类客户分别制定相应的战略与战术。

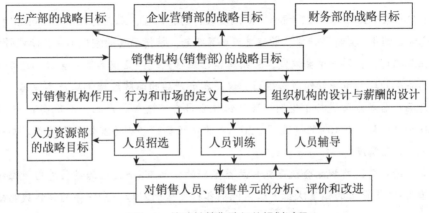

图4-4 战略性销售队伍的规划过程

成功地实施这些计划是实现销售量计划和目标的最关键的一环。对于一名销售管理者来说，他必须雇佣合适的销售员并为他们提供适当的训练和指导，以帮助他们实现既定的销售量目标与计划。通过对销售收入和销售成本的详细分析和评价，销售经理们可以了解每一名销售员和销售单元的工作业绩如何，好的就立即激励与表扬，有差距的立即找出解决方案。如图4-4所示，销售队伍管理就是规划、实施、评价和改进的不间断过程。

本章要点

1. 营销战略一般由产品战略、商务渠道战略、价格战略与促销战略共同组成，它们之间相互支持又相互配合，既区隔又相融。
2. 销售总监五大关键性的战略领导行为：确定销售战略方向、确立均衡的销售组织控制、有效地管理企业资源组合、有效培育高绩效的销售队伍文化和建立销售伦理准则。
3. 销售队伍战略规划过程：销售任务明确、营销环境分析、销售目标确定、销售战略制定、销售方案拟定、销售方案执行、销售反馈与控制。
4. 销售队伍规划内容通常包括：销售队伍管理的哲学和政策，设计战略激励性的薪酬计划，加强销售管理能力与行动能力，建设团队精神、提高组织效益和销售管理接班人计划等。

本章思考题

1. 有人说，促销战略应该包括商务战略。你同意他的观点吗？为什么？
2. 销售队伍战略包括哪些内容？
3. 有人说，销售机构是执行机构，销售总监应该是战术家，而不是战略家。你同意他的观点吗？为什么？
4. 有人说，薪酬计划是公司人力资源部门的事情，不应该作为销售队伍规划的内容。你同意他的观点吗？为什么？

案例分析

如何制订销售队伍战略规划

2011年某个炎热的一天，杭州千岛湖度假村的会议室，正在召开银乾公司2012—2016年销售战略规划会议。销售总监非常严肃，营销总监略显疲惫。诗情画意的湖光山色，没能带给大家好心情。

在此之前，在同一个会议室，营销总监已经召开过产品战略规划会议。这个会议是市场总监主持下的品牌经理的市场营销战略规划会议，各个产品的品牌经理都从产品战略、产品价格、产品促销、产品广告等方面进行了规划，预计银乾公司在不增加新产品，而现有5个产品的价格从2014年起，在预计平均降价10%的情况下，2016年的销售目标预测为20亿元人民币。那一天，营销总监非常愉悦，自信满满！

今天的销售战略规划会议是销售总监主持的，共有5个大区的销售总监（每个销售总监平均带领规模为108名员工的销售队伍）陈述他们各自大区的2012—2016年的销售战略规划。汇总他们未来5年规划的销售目标分别是：6亿元、6.8亿元、7.5亿元、8.2亿元、10亿元。销售总监规划的销售目标分别是：6.5亿元、7.5亿元、8.5亿元、10亿元、12亿元。2011年的销售指标为5.5亿元，2010年的销售实际为5亿元，销售队伍的平均劳动生产率（又称销售队伍的平均产出）为100万元。而5个大区的销售总监预测的2016年销售队伍平均产出仅为110万元，全国销售总监预测的2016年销售队伍平均产出为200万元，与同行最优秀的公司在2010年的销售队伍平均产出260万元相差甚远。除了杭州大区销售总监在提出销售目标预测，并详细陈述了GDP与人口预测法、类比法、组合法（GDP与人口预测法50%+类比法50%进行组合）推导预测数据的过程后，其他销售总监都是说"我认为""我个人经过深思""我和我的地区销售经理通过脑力激荡""我汇集了整个队伍的预测数据""我在整个队伍的预测数据上增加了10%"等来解释其预测数据的依据。

仅有杭州大区的销售总监，提出了5个产品的销售要采取线上与线下相结合的销售模式。线下销售模式为"分两组推广"，线上销售模式为综合推广模式（每个线上销售员要推销5个产品）。他还详细提出了销售薪酬规划、销售区域调整规划、销售队伍的部署、销售队伍的结构、销售队伍招选、销售队伍的融合与培训、销售队伍的晋升与激励、销售队伍管理信息智能化、线上销售队伍的组建与管理、大区销售总监对销售队伍的非货币激励设想等内容。连全国销售总监的销售战略规划汇报也没有杭州大区销售总监的明确而具有操作性。

营销总监非常纳闷，其实杭州大区销售总监所作的销售战略规划内容，他曾经多次在大区销售总监会议上讲过，难道只有杭州大区销售总监记住了吗？市场总监提醒营销总监，杭州大区销售总监之所以这么做，是因为第一次参加五年度的销售战略规划会议，5个大区销售总监中，杭州大区销售总监任职时间最短，初生牛犊不怕虎。

营销总监提出休会半天，给大家做功课，准备第三次会议。第三次会议是市场销售战略规划会议，发言者为市场总监、各个产品的品牌总监、销售总监、各大区的销售总监。市场总监发言时，营销总监和销售总监提问；品牌总监发言时，大区销售总监和全国销售总监提问。反之亦然。在第三次会议上，营销总监高兴的是品牌总监与大区销售总监的相互提问与答复氛围，不高兴的是他们的发言与之前会议的发言，改动的部分没能超过10%，无论是产品战略还是销售战略都宏观而笼统，不具操作性和科学性。品牌总监依然积极而缺乏具体可行的操作方案，销售总监依然保守而缺乏具体可行的操作方案。第三次会议结束时，营销总监布置了任务：第一，在不增加新产品的情况下，如何规划2016年实现18亿元人民币、销售队伍人均产出230万元人民币的战略与目标；第二，预计2013年银乾公司上市XX新产品，请规划XX新产品2013—2016年的战略与目标，时间是会议结束后，各个品牌总监和大区销售总监在7天之内递交到市场总监和销售总监，抄送给营销总监。市场总监和销售总监在10天之内递交到营销总监。

千岛湖会议结束的第11天，营销总监审阅递交的战略规划，皱起了眉头。尤其是新产品XX的4年战略与目标规划，惨不忍睹！

讨论：1. 销售队伍战略规划是销售目标数据的规划吗？

2. 作为全国销售总监，如何做全国的销售队伍战略规划？

第五章
销售潜力预测管理

本章要点：

弄清市场潜力、销售潜力和销售预测的联系与区别；
了解市场潜力的内涵和市场潜力的各种评估方法、特点及适用条件；
了解销售预测的内容和销售预测的各种方法、特点及适用条件。

课前案例 销售预测没有必要做

2006年阿邓空降到上海阿云食品有限公司任营销总监，2007年他与自己提拔的销售总监阿刘在公司茶室里，边喝着咖啡，边讨论公司未来5～10年的前景。阿刘上任销售总监已经半年了，阿邓对阿刘的表现基本上满意，因此要求阿刘在3个月后提出本公司的5年销售预测。阿刘从事销售已经18年了，7年任销售员，5年任销售主任，3年任区域销售经理，2年任大区销售经理，对于销售预测，他最熟悉不过了，但是，5年预测却从来没有做过。他认为5年销售预测没有多大意义，预测没有市场变化快。于是，他理所当然地采取以前的销售预测方法，由每个销售员提出5年销售预测，自己再根据以往的销售数据，尤其是年增长比例，把下属的数据进行修改，就得出本公司的5年预测。阿刘将销售预测交给阿邓，阿邓非常满意。

2008年1月，阿邓交给阿刘的2008年的销售指标，就是阿刘在2007年所作的五年规划中第一年的销售额。阿刘哑巴吃黄连，有苦说不出。2008年的10月6日，阿邓与阿刘又一次在公司茶室里喝咖啡，这次谈话的气氛却非常紧张。阿邓要求阿刘对半年度的最后一个季度重新预测，并对2009年的销售预测重新修正和明确销售预测程序。阿邓严肃地问阿刘究竟是什么原因导致了这种情况。两大主要产品没有完成销售指标，造成产品严重积压，生产车间、财务部和仓储部对营销部意见很大。阿邓还要求第四季度要拼命完成2008年年度销售预测。因为如果五年规划的第一年就打折扣，那么五年规划就变成了空中楼阁，公司总经理也无法面对董事会，而大家就可能面临被解职的危险。

阿刘这时才感到销售预测的重要性。阿刘在整整一个星期后，向阿邓提出了第四季度的销售预测，比原先的第四季度销售预测增长了20%，如果第四季度销售预测可以100%地实现，2008年全年依然只能完成原销售预测的90%。阿刘这次提出的销售预测，数据来自各个大区销售经理提供的销售预测，并采纳了大区销售经理提出的额外增加8.5%的销售费用，用于销售促销活动。阿刘对阿邓说，额外增加的8.5%的促销预算，将有效地激励销售人员完成指定的销售指标任务，每一名销售人员将根据超额完成的销售额，按一定比例获得销售奖金。这一奖金的数目是相当可观的，最高的奖金足以购买一辆12万元左右的汽车，即使最低的奖金也可以买到一部3000元左右的智能手机。由于最后的奖金是根据超额完成部分确定的，因此，所有销售员都会尽最大努力增加销售额，而增长了的20%的销售预测肯定是可以实现的。

2009年1月6日，阿邓与阿刘再一次坐在公司的茶室里喝着咖啡。两人的神情都很严肃。2008年的销售预测只完成了86%，第四季度的销售预测只增长了15%，而批准的销售费用预算却增加了近30%。阿刘说，主要是市场变化太快了，竞争对手的推广力度比本公司的力度还要大。这次喝咖啡的第二天，阿刘向阿邓主动提出辞职申请，阿邓批准了。

讨论：阿刘两次进行销售预测的方法对吗？为什么？

5.1 市场潜力评估

5.1.1 市场潜力的含义与意义

战略的运作规划离不开销售预测，生产部门用销售预测来制定生产数量与进度，以及采购与存货管理；财务部用销售预测来编制公司经营预算和现金流量计划；人力资源部用销售预算来决定雇工数量和招聘进展计划；市场营销部用销售预测把资源分配到各种营销活动中去。销售预测尤其是销售额的预测是根据产品和价格，在若干月或若干年内，对预期销售额的估计。它以未来的假设为起点，以市场潜力评估为基础。很多销售经理认为，市场潜力是产品经理、品牌经理、市场经理或营销总监的事情，甚至认为是市场研究人员的事情，市场潜力只是虚幻的"饼"。实际上市场潜力是其决策的基础，如销售队伍规模设计、销售区域的划分和销售指标的分配等都要考虑到市场潜力，3~5年的销售预测与规划都要以市场潜力为指导。如果以市场潜力作为远景激励销售队伍，那将对销售队伍有很大的激励性。不过销售员会经常怀疑市场潜力数据的可靠性，此时，如果销售队伍的统帅知道市场潜力是怎样得出的，并知道每个方法的优缺点，那么在用市场潜力激励销售队伍时，不仅仅底气足、信心足，而且可以轻松化解销售队伍的质疑，从而让数据更有说服力。不过，很多销售队伍的统帅却做不到这一点。

市场潜力是指在特定的时期，在一个具体的市场上，整个行业的某种产品或服务的总的预期销售额。它有五个关键要素：产品可出售；货币表达；时间间隔；地理范围或顾客类型；行业的未来预期，而不是行业现有的销售额。有的专家把市场潜力预测称作市场需求预测或市场规模预测，这是有道理的，因为市场潜力是市场需求或市场规模的货币表达。市场需求是指在一定的地理区域内和一定时期内，对某种产品有某种程度兴趣的顾客总数量。市场潜力评估或市场需求预测一般还取决于市场类型。市场一般细分为潜在市场、有效市场、目标市场与已有市场。潜在市场是指那些表明对市场上出售的商品有兴趣的顾客群体。有效市场是指一群对某种商品有兴趣，而且买得起的顾客群体；目标市场是符合国家政策和公司政策的有兴趣、买得起和有购买渠道的顾客群体，又称合格的有效市场。已有市场，又称已耕耘市场，是指那些正在购买公司产品的顾客群体。我们一般所说的市场潜力是指有效市场的货币表达。

5.1.2 市场潜力评估的基础

公司在评估市场潜力时通常采用四段程序法展开：第一进行宏观经济预测，第二进行人口变化趋势评估，第三进行行业发展趋势预测，第四进行公司某个产品的市场潜力评估。通常有四种基本方法可以进行市场潜力评估（包括区域市场潜力评估），这四种方法的基础都是顾客分析。

顾客分析的起点是确定产品的使用者和他们可能具有的全部特征，必须严格区分购买者和使用者。市场潜力的基础是目标顾客（消费品的使用者）和目标企业（工业品的使用者）。虽然有很多女士会给男士买衬衫，但是男式衬衫的市场潜力最终取决于男士的数目，而不是女购买者的数目。小孩的产品是如此，那些行动不便的老人的产品也是如此。

用户是家庭消费者，还是产业用户，或者具有双重身份，都应该严格区分。如果是家庭消费者，制造商与经销商还可以通过人口统计因素，如年龄、性别、婚否、住所、收入、职业、宗教和教育程度，进一步区分他们。有时还可以考虑生活方式，如顾客喜欢的锻炼和娱乐方式。如果是产业用户，必须获得厂商产品的最终用户的类型和数量的资料。还要收集能够影响购买决策者的人的姓名、职位和公司竞争对手的信息。很多公司通过与顾客的不断接触或市场调查，已经积累了这样的资料。

进行顾客分析还要求确定顾客的购买原因、购买习惯和顾客对产品态度的阶段。很多产品都是为了满足某种需要而购买的，了解这些需要有助于提高市场潜力和销售预测的准确性。例如，消费者对日常用品价格的敏感引起了某产品的热销。由于消费者对价格的关注，生产消费品的大型厂商，经常采取通过大幅度降价来保持产品的竞争力。在这种情况下，理解价格因素在消费者购买决策中的关键重要作用，有助于公司提高市场潜力，尤其是销售潜力预测的准确性。此外，也应该确定顾客的购买频率与购买数量，有些商品，如牛奶和面包，是每周购买一次或两次，而其他商品，像空调、热水器和汽车，是每隔8～10年才购买一次。

要分析顾客的购买能力，再从购买能力去分析市场潜力。对于那些家用大件，如电视机、空调和汽车等来说，不仅仅要分析顾客的年收入，还要分析其家庭的年收入和储蓄情况。荷兰某著名电视机厂商为代表的欧洲厂商，在1979年认为中国的电视机市场潜力不大，因为那时中国企事业单位职工的薪金收入非常低，买不起电视机。欧洲电视机厂商放缓了进入中国的计划。而日本电视机厂商，尽管也是从"市场=人口+购买力+购买动机"角度来分析中国电视机市场，但在购买力的数据选择上，他们选择了家庭收入，并考虑到中国人浓厚的家庭观念、储蓄习惯及家族团购等文化，认为中国的电视机市场潜力很大，选择大举进入中国市场。

5.1.3 市场潜力评估的方法

5.1.3.1 市场关键因素派生连比漏斗法

市场因素派生法，是用市场因素中最为关键的因素作为数据衡量。这个市场因素必须有以下特征：引起产品或服务的需求；与需求密切相关联。这种方法的优点是有效性高，简单方便，经济快捷。市场关键因素派生连比漏斗法其实是由一个基数乘上数个相关比例（或修正率）的数学计算公式，它是用得最多的市场潜力评估法。无论是总市场潜力的评估还是区域市场的市场潜力评估，无论是产品或品牌经理还是销售经理，无论是消费品还是工业品，都喜欢采用这种方法。这种方法的前提就是抓住产品的市场关键因素。很多时候都是以人口为关键因素。假设有一个啤酒厂对估计一种新淡啤酒很感兴趣，就需要知晓新淡啤酒的市场潜力，它就可以采取市场关键因素派生连比漏斗法来计算，计算公式为：

新淡啤酒的市场潜力（或市场需求）=人口数×每人可支配的个人收入×可支配收入中用于食品的平均百分比×食品支出中用于饮料的平均百分比×饮料支出中用于含酒精饮料的平均百分比×含酒精饮料支出中用于啤酒的平均百分比×啤酒饮料支出中用于淡啤酒的预计百分比

这种方法的准确性经常会受到销售人员的挑战，尤其是连比的比例数据，因此一般是找行业公认的数据或权威数据，且要注明数据的来源。一旦销售人员认可这个数据，市场潜力的计算与宣讲对他们来说，就具有极大的激励性。其对于销售战略的规划也就具有前瞻性与执行性。我们可以通过例子来说明这种方法的具体使用过程。

第一个例子是评估管理书籍的市场潜力，如图5-1所示。其中，非双低人口是指非低教育，非低收入的人口，找到非双低人口占非文盲人口的比例，假设找到的数据为30%。假设每人平均购买3本管理书籍，每本书平均价格为20元，管理书籍在中国的市场潜力数据有三个：以有效市场为基础的市场潜力为93.6亿元，以目标市场为基础的市场潜力为9.36亿元，以再细分的目标市场为基础的市场潜力为9360万元。一般而言，以9360万元的市场潜力数据为指导。而销售潜力则根据公司的实力与目标来确定，如追求再细分的目标市场中30%的顾客购买管理书籍，那么销售潜力就是2800多万元。

其计算公式为

管理书籍的市场潜力=人口×非文盲人口比例×非双低人口比例×买得起且感兴趣有需求的人口比例×公司选择供货的16个大城市的有管理职务的人口比例×书的数量×书的价格

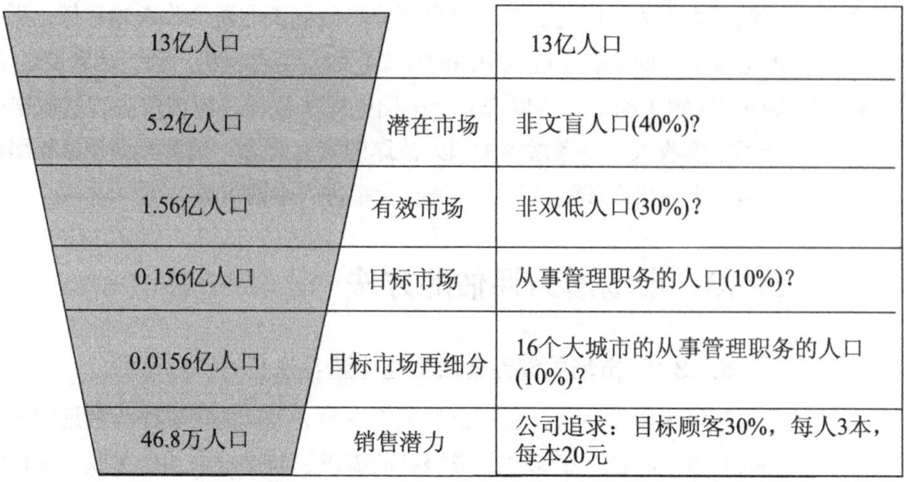

13亿人口		13亿人口
5.2亿人口	潜在市场	非文盲人口(40%)?
1.56亿人口	有效市场	非双低人口(30%)?
0.156亿人口	目标市场	从事管理职务的人口(10%)?
0.0156亿人口	目标市场再细分	16个大城市的从事管理职务的人口(10%)?
46.8万人口	销售潜力	公司追求：目标顾客30%，每人3本，每本20元

图5-1 管理书籍的市场潜力评估与战略选择

第二个例子，医药行业用这种方法比较多，他们把这种方法也称为患者流漏斗法。患者流是指从疾病总人口数到接受处方某一个药品的过程。而疾病总人口数可以根据某区域的总人口数乘以患病率而得到，可以从专家的流行病学研究得到患病率的数据。故患者流一般是从疾病总人口数开始，到对疾病有意识人口数，寻求治疗人口数，被诊断人口数，接受药物治疗人口数，接受该产品类药物治疗患者数，接受该品牌药品治疗患者数，到按照剂量要求与疗程要求服药患者数，这个管道呈漏斗型（见图5-2）。表5-1，就是以ART产品在浙江省的市场潜力为例来说明这种方法的具体使用，其数据可以通过医学会与政府卫生部门获得，也可以通过医药咨询与调研公司获得。

图5-2 市场关键因素派生连比漏斗法计算药品的市场潜力模型

表5-1 市场关键因素派生连比漏斗计算ART的市场潜力模型

产品		ART	适应症	阿尔茨海默病	区域	浙江省
患者流					预计每阶段患者数量（人）	
1	疾病总人口数				246800	
2	对疾病有意识人口数				100000	
3	寻求治疗人口数				46000	
4	被诊断人口数				26700	
5	接受药物治疗人口数				15400	
6	接受该产品类药物治疗患者数				12000	
7	接受该品牌药物治疗患者数				7000	
8	按照疗程要求服药患者数				4000	
9	按剂量、剂型要求服用药物患者数				2200	

如果阿尔茨海默病患者服用ART三个月，且以ART的零售价28元/片来计算（ART服用方法是每天一次，一次一片），那么一个患者的疗程费用为2520元。所以，ART在浙江省的潜在市场的市场潜力为6.21亿元、在阶段2的市场潜力为2.52亿元，阶段3的市场潜力（有效市场潜力）为1.16亿元，阶段4的市场潜力（目标有效市场）为6728万元，阶段5的市场潜力为3881万元，阶段6的市场潜力为3024万元。如果2007年浙江区域的ART的销售指标计划为2000万元，那表明ART占该产品类药物市场的66.1%，ART的市场地位在同品类药物市场中属于领导地位，2007年的战术策略就可以定为与竞争对手（竞争品或仿制品）进行战术竞争，属于红海中抢占市场份额。阶段7的市场潜力为1764万元，如果ART的实际销售额为1560万元，那表明对ART而言，医生医嘱与患者的依从性相当不错，只有11.6%的患者虽然认可并接受ART，但是有其他原因没有购买，如渠道的原因、医生没有推荐的原因等。阶段8的市场潜力为1008万元，如果ART的实际销售额为900万元，那表明有10%左右的患者没有按照疗程服用。阶段9的市场潜力为554万元，如果ART的实际销售额为332万元，那么表明40%左右的患者没有按照剂量和剂型服用。

很多产品有不同的购买群体，这些购买群体分布在不同的行业，那么该产品在每个行业的市场潜力都可以采取市场关键因素派生连比漏斗法计算，最后把各个行业的市场潜力汇总，从而得出这个产品总的市场潜力。通过产品在各个行业的市场潜力计算，指导市场运作战略。

5.1.3.2 关联类比法

用市场关键因素派生连比漏斗法来预测市场潜力，最为关键是数据及其来源，这些数据可以来自国家统计数据、海关总署数据、银行采集数据、税务部门采集数据、证券交易采集数据、经济信息中心采集数据、商务部采集数据及阿里巴巴数据库等，也可以来自调研公司，但是如果数据不是那么容易获得，或者根本获取不到那么多数据，尤其对于那些不成熟产品、不成熟行业，该怎么办呢？在这种情况下，建议大家使用关联类比法。

关联类比法是找到关联因素，进行类比数据分析而计算市场潜力的方法。这种方法较市场关键因素派生连比漏斗法简单方便，成本不高而高效，但准确性与权威性不高。其一般用于数据无法全部获取的情况，其类比的数据一般很容易获得，可以来自报纸、专业杂志、互联网等。因为是关联产品、关联行业、关联地区的数据，所以这些关联产品、行业和地区的数据比较齐全。举例来说，在新淡啤酒的市场潜力评估中，如果获取不到市场关键因素派生连比漏斗法中的数据，那么就可以用啤酒销量作为关联数据A，找到类似本国生活习惯的某个国家啤酒与新淡啤酒的销售数据，并计算出该国新淡啤酒占啤酒市场的份额B，本国或本地区的新淡啤酒市场需求就可以用A与B的乘积得出。

比如，卫浴企业、厨柜企业、安防产品企业等行业进行市场潜力分析时，一般找到关联行业——房地产，房地产行业的数据容易获得，而且数据较为详细与权威，基本上各个省级城市都会发布本市房地产市场运作情况与趋势，那里有房地产开发情况数据、商品房销售数据、商品房价格数据等。例如，某市在2007年新增50万户家庭，那就意味着在2007年可能要增加50万套商品房，每家一个浴缸，就有50万个浴缸的市场需求。

比如，阿材公司1999年要在中国上市治疗阿尔茨海默病的药物ART，在此之前，这个市场没有治疗阿尔茨海默病的任何药物，国内没有任何关于阿尔茨海默病的任何数据，无论是其发病率，还是诊断率等。只有65岁的人口数据8000万，这是一个不成熟的市场！阿材公司面临着ART产品进行市场潜力评估、销售量预测和销售指标制定的巨大压力。他们后来采取关联类比法解决了这个难题。他们找到了中国台湾地区65岁以上的老年人中，阿尔茨海默病的发病率（5%）、诊断率（15%）、药物治疗率（30%）等。于是以中国台湾地区的数据进行类比，计算出ART在中国大陆市场的两个市场潜力数据：4.5亿元（8000×10000×5%×15%×30%×2520）和1.1亿元（8000×10000×5%×7.5%×15%×2520）。第一个市场潜力数据是用中国大陆65岁以上的老年人口乘以中国台湾地区的相关比例数据而得，第二个市场潜力数据是用中国大陆65岁以上的老年人口乘以修正后的相关数据（诊断率与药物治疗率进行了修正）而得，而修正的根据是中国台湾地区的数据。因为中国台湾地区的文化与传统习惯最接近中国大陆地区的人，这是关联的依据。

5.1.3.3 消费者意图调查法

消费者意图调查法是一种接触潜在的顾客，询问他们在给定价格的情况下的购买情况，从而估计出市场潜力的方法。其主要优点是调查情况均直接来自最终购买决策者。其主要缺点是费用高，时间长，对计划在全国销售产品的厂商，尤其如此，况且，同时受调查的客户口头表达（或书面表达）与实际购买也会有很大差距。所以，在一般情况下，很多公司会首先对某个省或某个地区采用消费者意图调查法，预测这个省或这个地区的市场潜力，然后采取关联类比法，得出全国的市场潜力。这是一个简易快速和方便可行的方法，但是数据肯定缺乏权威性和可靠性，不过仅作参考还是可以的。

菲利普·科特勒认为，美国那些工业品调研组织定期对工厂设备和材料的定期购买意图的调查，其数据与实际结果相比，误差在10%左右。他认为消费者意图调查法在工业品、耐用消费品、要求有先行计划的产品采购和新产品的市场需求预测中有较高的使用价值。

阿清公司是正在考虑进入生产铝质婴儿围栏的制造商，该公司想了解两个问题：第一，如果市场零售价为59.9元人民币，会有多少人购买这种产品？第二，顾客是否认为物有所值？为此，阿清公司自己进行了一次涉及300位婴儿家长的人员访谈，有180位家长（60%）对这种产品表示了兴趣，但是大部分人可以接受的价格是39.9元人民币，访问的平均价格为45元人民币，而这个价格会使一半的受访者失去购买兴趣。在零售价为59.9元人民币的时候，只有10位家长表示有兴趣购买这种产品，即使他们全部按照59.9元人民币购买，阿清公司也只占有3%（10/300）左右的市场份额。调查还表明这300位家长当中有100位肯定会购买婴儿围栏，如果全国每年的婴儿出生数为1700万左右，那么婴儿围栏的市场潜力就是561万个围栏（1700×0.33），目前市场只能供应213万个围栏，可以接受价格59.9元人民币的婴儿围栏为16.83万个（561×3%）。于是他们决定进入婴儿围栏的生产制造。他们原计划投资确定的生产能力为1万个婴儿围栏，从调查结果来看，应该是可以实现的。

5.1.3.4 市场试销法

市场试销法是指在与公司其他市场相似的市场上，推出和销售一种新产品，而获得销售数据与销售信息。它只适用于能以最小成本产出少量产品的情形，关键是选择的试销地要有代表性。其不足之处是需要耗费的时间与精力比较大。其优点是得出的市场潜力数据准确性可能较高，因为试销需要消费者真正掏腰包。

新产品通过试销不仅可以测试产品，而且可以用来预测市场潜力需求。例如，浙江阿诚汽车卫星定位仪制造商，生产了一款汽车卫星定位仪，选择了上海、北京、武汉、广州、西安、杭州和沈阳进行试销，每个城市选择一个汽车经销商，时间为一个月。这一个月里7个城市的销售额为200万元人民币，在试销过程中，收集数据，如所有接触这款汽车卫星定位仪的消费者。用购买过该产品的消费者人数除以所有接触过这款汽车卫星定位仪的消费者人数得到该产品的购买指数，之后他们用购买指数乘以全国汽车数量就得出该产品的市场潜力。

5.1.3.5 多因素指数法

获得销售区域的市场潜力一般有两种方法。第一种是用计算全国市场潜力的方法计算各个销售区域的市场潜力。第二种是用总的市场潜力乘以区域购买力指数得出各个区域的市场潜力。第二种方法又称区域购买力指数法，或多因素指数法。它是指借助与区域购买力有关的各种指数（如区域购买力占全国总购买力的百分比，该区域个人可支配收入占全国的百分比，该区域零售额占全国的百分比，以及居住在该区域的人口占全国人口的百分比等）来估计其市场潜力的方法。如果只采取一种指数，称为单一市场指数法。它在分配销售指标与评估销售经理时经常被销售管理者使用。

在中国，目前还没有统一的各区域购买力指数（BPI）发布，有些数据调研公司会出售这种数据。有些公司是自己计算区域购买力指数。例如，在i地区，可利用下述相对购买力指数公式计算其区域市场潜力：

$$B_i = 0.5Y_i + 0.3R_i + 0.2P_i$$

式中 B_i——i区域购买力占全国总购买力的百分比；

　　Y_i——i区域个人可支配收入占全国的百分比；

　　R_i——i区域零售额占全国的百分比；

　　P_i——i区域的人口占全国人口的百分比。

至于权重50%、30%和20%的设置，则要根据行业有所调整。有的行业的购买力指数中的P不是人口，而是家庭户数。举例来说，阿敏汽车制造厂商确定了蝶花牌汽车在全国的市场潜力为400万辆，全国分为五大区域，这五大区域采取区域购买力指数法计算蝶花牌汽车在各区域的市场潜力，数据见表5-2。

表5-2　阿敏汽车制造公司各个区域的市场潜力评估

地区	总户数比重（%）	GDP比重（%）	商品零售额比重（%）	各区域的购买力指数（%）	各区域的汽车市场潜力（万辆）
A	18.19	28.24	29.13	26.497	106
B	22.32	15.28	16.35	17.009	68
C	18.91	15.38	14.18	15.726	63
D	23.67	18.95	19.12	19.945	80
E	16.91	22.15	21.22	20.823	83
合计	100	100	100	100	400

注：购买力指数=总户数比重×20%+GDP比重×50%+商品零售额比重×30%。

有些公司只是以其中的一个因素比重为市场指数进行各区域市场潜力的计算。举例来说，阿胜男士服装制造公司，运用了关联类比法确定了飞扬产品的市场潜力为3500万元人民币，全国分为五大区域，这五大区域的市场潜力就等于各区域的商品零售额比重乘以全国的市场潜力。数据见表5-3。

表5-3　阿胜男士服装制造公司各个区域的市场潜力评估

地区	商品零售额比重（%）	各区域的飞扬服装市场潜力（万元）
A	29.13	1020
B	16.35	572
C	14.18	496
D	19.12	669
E	21.22	743
合计	100	3500

还有的公司是以行业市场比重为市场指数来计算其各个区域的某产品的市场潜力。举例来说，2009年阿泉制药公司从政府机构拿到各个省市的药品销售额数据，其先计算出各个省市的药品销售额在全国的比重，这些省市在其销售区域规划中分为五大区域，因此，其很快就计算出五大区域的药品销售额比重，再根据市场关键因素派生连比漏斗法计算出其药品LS的全国市场潜力为10亿元人民币，最后用这10亿元乘以各个区域的药品销售指数得出各个区域LS药品的市场潜力，具体见表5-4。

表5-4 阿泉制药公司LS药品的各个区域市场潜力评估

地区	2009年全国药品销售额比重（%）	各区域的LS药品市场潜力（亿元）
A	19.13	1.91
B	20.35	2.04
C	20.01	2.00
D	19.02	1.90
E	21.22	2.12
合计	99.73	10

5.2 销售潜力

销售潜力是指公司对自己能够在整个市场潜力中获得的最大市场份额的合理预期。它与公司的销售效力、营销效力及整个公司的能力有关，而市场潜力是关于整个行业的某种产品的预期销售额，与单个公司无关。

销售潜力与公司需求有一定的关联，常常受到公司需求的影响。公司需求是指公司在给定的时期内的营销努力基础上所预测的市场潜力份额要求。它取决于公司的产品、服务、价格、渠道、传播及竞争者等因素。很多公司的营销部门会建立销售反应函数的营销模型，以研究公司的销售受它的营销费用水平、营销组合和营销效益影响的程度。

销售潜力数据一般是市场潜力数据乘以一定的百分比而得，这里的百分比具有一定的主观性，它需要销售高层管理者根据销售队伍的销售力和产品的品牌力等因素进行决策。很多时候，它经常以一定的市场份额来代替。例如，公司要求产品在同类产品中的市场份额为10%，那么该产品的销售潜力就是该产品的市场潜力乘以10%。若燕京啤酒在2007年取得了将近7%的市场份额，那么如果2008年啤酒的市场潜力为400万吨，则燕京啤酒在2008年的销售潜力就为28万吨左右。如果燕京啤酒的产量为32万吨，那表明还有4万吨左右是库存量。

很多公司会根据自己在各个市场的投入情况（人力与资金）、回款与渠道情况等因素进行权重设计，最后以各区域的市场潜力乘以权重，得出各区域的销售潜力。举例来说，2009年阿泉制药公司通过单因素指数法确定了各个区域的市场潜力，再通过对内外环境的SWOT分析，确定公司未来3～5年的奋斗目标是占有市场潜力的20%，那么他们对公司的五大区域的销售队伍、经销商、资金回笼和市场运作等现状与未来进行评估，对每个区域的销售潜力指数进行修正。具体数据见表5-5。

表5-5 阿泉制药公司的五大区域的市场潜力与销售潜力预测

地区	2009年全国药品销售额比重（%）	各区域的LS药品市场潜力（亿元）	各区域的LS药品销售潜力指数（%）	各区域的LS药品销售潜力（亿元）
A	19.13	1.91	16.00	0.31
B	20.35	2.04	24.00	0.49
C	20.01	2.00	21.00	0.42
D	19.02	1.90	17.00	0.32

续表

地区	2009年全国药品销售额比重（%）	各区域的LS药品市场潜力（亿元）	各区域的LS药品销售潜力指数（%）	各区域的LS药品销售潜力（亿元）
E	21.22	2.12	22.00	0.47
合计	99.73	10	20	2

注：阿泉制药公司认为其公司的销售潜力指数为20%，各区域的销售潜力=公司销售潜力×Mi（Mi为修正系数）。

5.3 销售预测

销售预测是指公司对其在一段具体时间内，在特定的市场上按照预计的市场营销计划及假设的市场环境对未来可能实现的销售额进行估计。初看起来，销售预测与销售潜力评估好像是一样的，但是在通常情况下，它们是不一样的。销售潜力有点儿理想色彩，乐观成分会多一些，尤其是销售潜力指数的设定，在很多公司是属于奋斗的追求梦想。而销售预测的时间一般很具体，短期（3至6个月）、中期（6个月至2年）、长期（2至5年）。而且销售预测的数据来源不是市场潜力，而是来自行内专家、公司内部相关人员、公司现有顾客、历史数据和公司的经营要求，因此其可实现性比销售潜力大一些，数值比销售潜力小一些。

一般来说，数值大小规律是：市场潜力大于销售潜力，销售潜力大于销售预测，销售预测大于销售指标任务。在很多持续成功的企业，其销售管理者会把市场潜力当作远景，告诉其销售队伍，他们选择的产品很有市场前景，值得一辈子奋斗！把销售潜力当作梦想，告诉销售队伍，这个梦想通过大家的合力促进是可以实现的，值得大家奋力跳三跳！把销售预测当作目标，告诉销售队伍，这个目标的实现是不难的，这个目标是来自大家提供数据的组合，是大家的预测，实现的可行性很大，是大家跳两跳就可以摘到的桃子。而销售指标计划，则是公司对销售员的基本要求，是大家跳一跳就可以摘到的桃子。销售队伍站在山顶上，心向往着遥远的蓝色天边，如果摸不着白云，即使狂风暴雨，也要站在山腰上，而不能站在山脚下被暴雨冲走或浸没。这种"指标—目标—潜力—规模"的销售数据管理体系对销售队伍的激励性很大，因为世上的一切生物中，只有人类对未来有自觉的合理预期，他们因合理预期（或梦想）而采取行动，不仅仅是他们对预期有好奇心，也是他们想挑战自己。

5.3.1 影响销售预测的因素

销售预测必须考虑到已经发生或者预计将要发生的可能影响销售的变化，这些变化包括销售潜力、营销规划、行业环境、商业环境和市场环境，如图5-3所示。其中行业环境、商业环境和市场环境属于外部因素，或不可控因素；营销规划（包括营销策略、销售政策、销售队伍和生产状况等）属于内部隐私，或可控因素；销售潜力是内外因素的结合，它是影响销售预测的第一个因素。

营销规划是影响销售预测的第二个因素，它包括战略营销规划和战术营销计划。

战略营销规划包括RSTPP（市场研究、细分市场，目标市场选择，目标市场的再细分，以及市场定位），若其发生了变化，就会影响市场潜力、销售潜力和销售预测。比如，战略营销规划中改变了目标市场，那么市场潜力、销售潜力和销售预测的基础就发生了改变，因此这三套数据要重新预测计算。战术营销计划一般是指营销组合（4P：产品价格，分销渠道，促销组合，产品品牌），若其发生了变化，如价格或广告费用发生了变化，销售预测就得变化。行业内政策的变化，以及行业景气的变化，也会影响销售预测。市场中，人口的变化，人们收入的变化，也会影响销售预测。

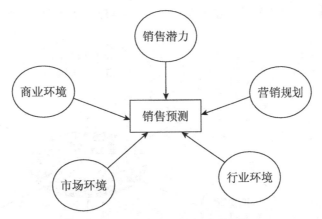

图5-3　影响销售预测的五大因素

行业环境是影响销售预测的第三个因素。企业的销售是整个行业销售的一部分，任何行业的变化也许都会对企业销售造成影响，如行业内的竞争加剧、新厂商的出现、厂商之间的并购、行业内新领袖企业的产生、行业规则的变化、竞争对手的销售队伍的战略变化等。

市场环境的变化是销售预测要考虑的第四个因素，尤其是需求动向，如流行趋势、爱好变化、生活形态变化和人口流动等，都会影响产品的需求。整个市场的基本需求不景气时，企业的销售将会受到影响。如果公司产品只在有限的行业内有需求，那么市场环境的变化对销售预测的敏感度就会增加。例如，液化气价格的上涨，就会导致太阳能热水器的销售增加；汽油价格上涨，轻便汽车厂商的销售也会大大增加。

商业环境也会影响销售预测，如某区域的回货款行为不好，公司在该区域的销售预测就会减低。另外经济与经济政策的变化，包括政府和消费者团体的动向，对企业的销售决策及销售预测会带来影响。

5.3.2　销售预测的指导原则

很多公司的销售预测只是放在抽屉里封存的装饰品，很多销售经理的销售预测对销售工作起不到帮助作用，那是因为销售预测是一项非常困难的工作，而任何一种销售预测方法都有其局限性。因此，在实际销售预测工作中要遵循六大原则（见图5-4），以提高销售预测的准确性。

（1）采用的销售预测方法要适合产品和市场。对一些产品和市场而言，某些预测方法会优于其他方法。选用最合适的预测方法直接关系到销售预测的准确性。举例来说，阿吴动物保健药品公司服务于好几个市场，他针对不同的市场采用不同的预测方法。对于家禽市场，由于全国主要由七大公司控制，阿吴公司就让销售人员广泛深入地参与产品在家禽市场的销售预测工作，因为销售人员与这七大公司有着密切的关系，他们清楚地了解客户方面的所有变化。而对于养牛市场则很分散，销售人员不可能深入了解所有的顾客，在这种情况下，阿吴公司主要依靠模型和趋势分析来进行养牛市场的销售预测，而销售人员的主要工作就是提供和核对分析用的信息资料。因此，选择销售预测方法的时候，销售经理的决策逻辑很重要。

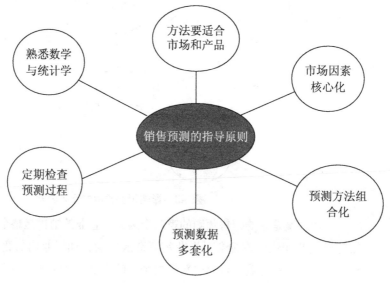

图5-4　销售预测的六大指导原则

（2）预测的市场因素核心化。简化和核心化在市场分析中具有很重要的意义，分析的依据因素越多，就越难确定影响产品需求的真正因素。一个包括很多因素的市场指数，其结果往往是一些基本因素的重叠。销售经理在做销售预测时，要将市场因素核心化，即尽量减少市场因素的数量。比如，一家药厂按下列市场因素构造一个市场指数：药店数量、人口数量、医生数量、收入水平、医院床位数、超过65岁的人口数。其实把人口和收入作为核心市场因素即可（如果他们的药物是老年人用药，只要把收入水平与超过65岁的人口数作为核心市场因素即可），这两个因数是基本因素，一个地区的医生数量一般是该地区人口与收入的反映，药店与医院床位数也通常取决于人口。

（3）销售预测方法组合化。由于每种销售预测方法都有各自的优缺点，所以并不存在完美的销售预测方法。为了提高销售预测的准确性，很多成功的公司都是采取两种或三种销售预测方法，最后由高级销售管理者确定组合权重（组合系数），得出最后的销售预测数据。当然有的公司把组合系数的敲定通过销售预测会议来完成。例如，阿梅公司采取三种销售预测的方法：品牌经理预测、销售人员预测和财务人员预测（由财务人员采取临界点法）。品牌经理考虑各种内外因素与市场潜力，考虑产品价格、竞争、促销计划、生产能力和技术变革等因素，经过一系列的销售预测头脑风暴会议，得出某产品销售预测数据（A）。每位销售人员根据自己对市场的判断，提出各自对未来自己所管辖区域的销售数据，销售行政把销售人员的数据进行汇总，得出某产品销售预测数据（B）。财务人员计算出每个销售人员的投入产出比，以及每个销售人员的利润状况，采取临界点法，预测每个销售人员的销售额底线，销售行政把财务人员的预测销售额数据汇总，得出某产品销售预测数据（C）。然后根据公式 $X=A\times a+B\times b+C\times c$（其中 a、b、c 为组合系数，$a+b+c=100\%$）得出最后的销售预测数据。有些公司对于来自销售人员的数据，会由其销售主管对它进行修正，改正某些销售人员的众所周知的乐观主义或悲观主义的预测；有的公司会邀请公司内部或外部的经济学家（或行业专家）对品牌经理提供的销售预测数据进行修正，改正某些品牌经理的众所周知的乐观主义或悲观主义的预测。

（4）销售预测数据多套化。那些成功的销售经理一般拥有两套销售预测数据，一个是最大化的预测数据（俗称乐观数据），一个是最小化的预测数据（俗称悲观数据）。销售经理如果知道了销售预测的最小值（最坏的预测）和销售预测的最大值（最好的预测），就可以关注这两个极端之间的变化情况，并且胸有成竹地采取对策。这种销售预测的管理会带给企业更健康的发展。

（5）养成定期检查预测过程的习惯。一般检查两个环节。第一，检查过去预测的准确性，目的是确定预测方法与预测过程是否需要调整。如果发现以往的销售预测与同期实际销售数据相差很大，就要审议预测方法是否适合该产品或该市场，接着审议销售预测程序是否脱节有漏。第二，检查预测所用的数据及来源。一般来说，来自顾客那里的数据会提高预测的准确性。不良的数据收集方法会降低销售预测所用数据的质量，或者导致数据不适合某一产品的销售预测。在我国，特别需要审视数据输入的准确性。

（6）熟悉数学与统计学。销售预测的数学模型随着互联网与计算机的发展而得到普及，这些模型会涉及很多数学和统计学方法，销售经理要熟悉它们的优缺点，熟悉的目的不是去计算销售预测，而是看出或指出销售预测者陈述预测中可能犯的严重错误；同时要善于读懂数据背后的销售与市场含义。

5.3.3 销售预测的程序

那些成功的公司在进行销售预测的时候，会建立合适的销售预测程序，如图5-5所示。

第一步，销售预测的发起者需要明确销售预测的目的是什么。例如，用来督促本年度销售计划的达成；督促各级销售管理人员，包括产品管理者进行半年度的战略与战术微调；为了制订下个年度的销售指标计划等。不同的预测目的，选择的销售预测方法不同，不同目的的销售预测，参与销售预测的人员层次不同。

第二步，选择合适的销售预测方法。如果销售预测的目的是制订2～5年的销售规划，那么可以选择德尔菲法和购买者意图调查法；如果销售预测的目的是制订下年度的销售指标计划,那就可以选择销售管理人员意见法、产品管理人员意见法、历史销售数据数学模型处理法和能力基础法等;如果销售预测的目的是确保全年计划的达成,那就可以选择销售人员意见法和临界点法等。根据所选择的销售预测方法,应该慎重地选择参加销售预测的人员。

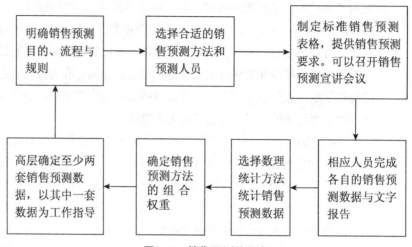

图5-5 销售预测的程序

第三步,设计标准的销售预测表格并明确预测表格填写人,如阿画公司的表5-6、表5-7和表5-8。在设计销售预测表格时,发起销售预测的销售管理者,需要懂得数理统计方法,否则错误的数学统计会带来错误的销售预测,或者会给销售预测错误的信号。

第四步,让参与销售预测的人员填写其预测数据,并附上销售预测报告。有的公司会在销售预测表格填写前,召开销售预测宣讲会议,介绍表格内容及要求,甚至有的公司会把参加销售预测的人员,拉到一个环境优美而寂静的旅游胜地,让他们在不受工作等外界干扰的情况下,完成销售预测及其预测报告,之后就在宾馆召开销售预测会议。当然有些公司会在第五步完成以后,根据销售预测目的重新筛选相关人员参加销售预测会议,主要目的是当面听取部门负责人的销售预测报告,明确销售预测方法之间的组合权重。有的公司会在会议上宣布最后的销售预测,有的则就销售预测中达成共识的部分进行宣布。

很多公司会把销售预测当作其销售管理的一项职责来做,通过销售预测及其会议,调整销售工作方法、设立销售目标、明确销售方向、提出销售挑战、微调销售资源及提高销售士气,让销售预测不仅仅成为销售预测技术的训练,而更多的是激励销售队伍。

第五步,根据销售预测主题与目的,选择合适的数学统计方法,统计各个销售预测方法所得到的预测数据。有的预测方法,如德尔菲预测法需要把统计数据进行反馈。

第六步,确定销售预测方法之间的组合权重,最后计算出预测的数据。一般是三套数据,高层销售管理者把销售预测数据与报告递交给更高一级管理者,他们之间的沟通可能需要反复多次,最后达成共识。

第五章
销售潜力预测管理

表5-6 阿画公司半年度销售预测（销售经理）

销售代表姓名	1~6月计划	1~6月实际	半年度完成比例%	7~12月预测分解	预测月均	全年计划	全年预测	预计年度完成比例%	超越计划的解决方案
SR1									
SR2									
SR3									
SR4									
SR5									
SR6									
SR7									
SR8									
SR9									
SR10									
SR11									
区域合计									

表5-7 阿画公司半年度销售预测（产品主任）

产品	区域	1~6月计划	1~6月实际	半年度完成比例%	7~12月预测	预测月均	全年计划	全年预测	预计年度完成比例%	超越计划的解决方案
	一区									
	二区									
	三区									
	四区									
	五区									
	大区合计									
	一区									
	二区									
	三区									
	四区									
	五区									
	大区合计									

表5-8 阿画公司半年度销售预测（销售代表）

客户姓名	1~6月计划	1~6月实际	半年度完成比例%	6~12月预测	预测月均	全年计划	全年预测	预计年度完成比例%	超越计划的解决方案

续表

客户姓名	1~6月计划	1~6月实际	半年度完成比例%	6~12月预测	预测月均	全年计划	全年预测	预计年度完成比例%	超越计划的解决方案
合计									

5.3.4 销售预测方法

销售预测方法按照数据来源可以分为四大类：专家与销售队伍相关人员、购买者意图、历史数据数学统计处理法和公司经营法。数据来源与预测方法的关联如图5-6所示。

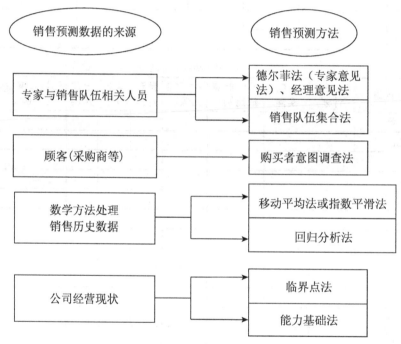

图5-6　销售预测数据来源与销售预测方法的关联

1. 德尔菲法

德尔菲法又称专家意见法。它是依据系统的程序，选择预测专家，各个专家采用匿名发表意见的方式，即专家之间不得互相讨论，不发生横向联系，只能与调查人员发生关系，通过多轮次调查专家对问卷所提问题的看法，经过反复征询、归纳、修改，最后汇总成专家基本一致的看法，作为预测的结果的预测方法。它由美国兰德公司发明并因预测结果相对可靠而得到广泛运用，属于改进型的专家预测方法。很多公司用德尔菲预测技术法来预测公司的销售额，此时邀请的专家不仅仅是外部的行业专家与市场研究专家，还有公司内部的相关人员，有的公司还邀请销售代表参与。人员组成采取"三三三制"：本公司参加的预测人员占1/3，与本公司有业务关系、关系密切的行业的专家占1/3，社会上有影响的知名人士、对市场问题有研究的专家占1/3。

阿银公司研制出一种新产品，现在市场上还没有相似产品出现，因此没有历史数据可以获得。但公司需要对可能的销售量作出预测，以决定产量。于是该公司成立专家小组，并聘请业务经理、市场专家和销售人员等8位专家，预测全年可能的销售量。8位专家通过对新产品的特点、用途，以及人们的消费能力和消费倾向作深入调查，提出了个人判断，经过三次反馈得到结果见表5-9。

表5-9 阿银公司用德尔菲预测技术预测新产品销售额的数据统计　　　　单位：千件

专家编号	第一次判断			第二次判断			第三次判断		
	最低销售量	最可能销售量	最高销售量	最低销售量	最可能销售量	最高销售量	最低销售量	最可能销售量	最高销售量
1	500	750	900	600	750	900	550	750	900
2	200	450	600	300	500	650	400	500	650
3	400	600	800	500	700	800	500	700	800
4	750	900	1500	600	750	1500	500	600	1250
5	100	200	350	220	400	500	300	500	600
6	300	500	750	300	500	750	300	600	750
7	250	300	400	250	400	500	400	500	600
8	260	300	500	350	400	600	370	410	610
平均数	345	500	725	390	550	775	415	570	770

统计专家预测数据一般有四种统计学方法：

（1）算术平均法统计。在预测时，最终一次判断是综合前几次的反馈作出的，因此一般取后一次判断为依据。如果按照8位专家第三次的平均值计算，则预测这个新产品的平均销售量为58.5万件［（415+570+770）/3］。

（2）加权平均法统计。将专家第三次的最可能销售量、最低销售量和最高销售量的平均值分别按0.50、0.20和0.30的概率加权平均，则预测平均销售量为59.9万件（570×0.5+415×0.2+770×0.3）。

（3）中位数法统计。可将第三次判断按预测值高低排列如下：

最低销售量：　　　　　300　　370　　400　　500　　550
最可能销售量：　　　　410　　500　　600　　700　　750
最高销售量：　　　　　600　　610　　650　　750　　800　　900　　1250

中间项为第［$(n+1)/2$（n为项数）］项，则最低销售量的中位数为第三项，即400；最可能销售量的中位数为第三项，即600；最高销售量的中位数为第四项，即750。

将最可能销售量、最低销售量和最高销售量分别按0.50、0.20和0.30的概率加权平均，则预测平均销售量为60.5万件（600×0.5+400×0.2+750×0.3）。

（4）上下四分位数法统计。可将第三次判断按预测值高低排列如下：

最高销售量：　　　　　600　　610　　650　　750　　800　　900　　1250

下四分位数的位置$J'=(n+1)/4=(7+1)/4=2$，故下四分位数为610。
上四分位数的位置$J'=3(n+1)/4=3×(7+1)/4=6$，故上四分位数为900。

阿银公司对于新产品就有五套预测数据：算术平均值58.5万件、加权平均值59.9万件、中位数值60.5万件、下四分位数61万件和上四分位数90万件等统计的结果信息反馈给专家，专家了解相关信息后，可坚持原来的预测数据，也可修改自己的预测数据。需要说明的是，如果数据分布的偏态较大，一般使用中位数，以免受个别偏大或偏小的判断值的影响；如果数据分布的偏态比较小，一般使用平均数，以便考虑到每个判断值的影响。概率加权平均法中的概率设定，每家公司需要有自己的标准，可以是0.5、0.3、0.2，也可以是0.6、0.2、0.2。

德尔菲预测技术的成功关键是选择好的专家和细心地整合专家们的答案。在运用德尔菲技术预测的时候，不要迫使专家去搞调研和折中，而是通过更多的信息投入，让专家们在灵通的信息下，不断地思索销售预测，从而让他们的预测趋向一致。匿名、多次反馈，让销售预测收敛趋同。它具有社会经验判断法特性，使用非常广泛。它因为预测成员不在会议上见面式地讨论，从而避免了盲从权威与职场的色彩。对于预测高科技新产品的销售和动态市场环境中的销售预测，德尔菲预测技术特别有效。

2. 经理意见法

这是最古老和最简单的预测方法。由各个经理提出预测，把他们的预测汇总就得到全体经理的总预测。然后通过相互讨论来消除分歧，增加共识，得到的最终结果一般会作为下一年度财务计划的基础。例如，很多公司在每年6—10月会选择一个环境优美的地方召开下一年度销售预测会议。中小公司一般由销售经理参加经理意见预测法，那些中大型公司会邀请市场经理（或品牌经理、产品经理）、财务经理和销售经理一起参加经理意见预测法。

这种方法的最大优点就是简单快捷，利用了集体管理层的经验与智慧，尤其利用了经理们对市场的直觉判断。当预测资料不足而预测者的市场销售经验非常丰富时，采取这种方法是最适宜不过的了。其次这种方法会增加管理层对预测的认可度。由于管理层参加了预测，增加了管理层的主观能动性，促使他们更加主动地思考自己负责的产品、市场与销售，锻炼了他们的预测与规划能力。由于最后的数据是根据他们自己提出的预测讨论而成的，所以他们实施预测的责任性会比其他方法强一些。最后这种方法增进了管理层的沟通，容易形成管理团队。因此尽管这种预测方法更多地依靠经理们的观察、经验和直觉，似乎显得不够科学，同时为了消除分歧，他们需要耗费经营时间进行沟通与讨论，但这个方法还有86%的美国公司在使用。

这种方法的最大缺点就是高层管理者和情绪强烈的管理人员，比那些更了解产品及其销售的管理人员对最终预测会产生更大的影响。其次是经理们的素质参差不齐，如他们对产品、市场和销售的熟悉度不同，会导致预测的主观性和随意性较多。最后有些经理出于自己的私欲（如升迁、喜好、下年度指标不要过高等因素），会故意提高或压低预测。

很多公司会采取德尔菲法中的"不在会上讨论"的方法来消除经理们之间的相互干扰，即修正的德尔菲法，只是参加预测的"专家"都是内部的管理层，其他做法与德尔菲法一样。

采取经理意见法关键是要给各位经理统一的销售预测表格，见表5-10和表5-11，否则每个人的表格不一样，就增加了数据统计与讨论的难度。由于计算机的普及与数据处理软件的使用，经理意见法不排除其预测数据来自其管辖的销售人员预测的汇总或汇总数据的修正。在实际操作过程中，有些销售经理会把表5–10和表5–11中的区域改成"销售代表"，把表5–11中的"SR人数"改成"客户数"，让销售代表预测销售代表负责区域的销售额。然后销售经理把销售代表的预测数据汇总，修正后得出销售经理的预测数据，递交给更高层销售管理者。

表5–10　阿胜公司的半年度各个产品销售预测与行动方案

产品	包装	单价	单位	2008年实际	2008年实际月均	2009年1–6月				弥补差额的方案
						计划	预测	完成比例%	预测月均销售	
A			盒							
			千元							
B			盒							
			千元							
C			盒							
			千元							
			盒							
			千元							
总计			千元							

地区/区域：　　填表人：　　填表时间：

表5–11　阿胜公司的半年度各个城市销售预测与行动方案

城市	2008年实际	2008年实际月均	2008年SR人数	2008人均月销售	2009年1–6月						弥补差额的方案
					SR人数	计划	预测	完成比例%	预测月均销售	预测人均月销售	
A											
B											
C											
D											
E											
总计											

地区/区域：　　填表人：　　填表时间：

3. 销售队伍集合法

销售队伍集合法是由每个销售员对自己负责区域的产品或服务销售进行预测，通过数据处理软件进行汇总而成。

如果把销售预测与销售指标及其销售报酬挂钩的话，那么销售员的报酬是基于他们自己的销售预测，他们的怨言会比较少，但是销售员的预测会过于悲观。有的公司把销售费用、销售报酬和销售预测三者联系起来，这样销售预测的悲观程度会有所减轻。如果不把销售预测与销售报酬联系起来，销售员的预测会偏乐观。同时，由于销售员过于关心日常的拜访工作，没有很充分的时间进行理性预测，所以他们经常会忽略影响产品销售的广泛因素，宏观面偏窄。

至于销售员的预测数据要不要经过其上级销售主管审阅、修正，再依次上报、审阅修正，每家公司的操作方法不一样。有的选择依次审阅和修正的层级法，有的采取经理意见法和销售队伍集合法平行进行，即销售员的预测数据直接到达销售预测中心，期间无须销售管理者的审阅与修正。这样的好处是防止销售预测在层级中的衰减，公司直接获得了一线销售员的实际观点，并间接督促销售经理提高自己的销售预测能力；不好的地方是销售管理者会有被剥夺权力与不信任的感觉。

这种预测销售数据方法的优点有5个：①简单明了，比较容易进行；②销售员经常接近购买者，对购买者意向有较全面深刻的了解，对市场比其他人有更敏锐的洞察力，所作的销售预测贴近市场；③适应范围广，几乎所有行业和所有公司都可以采用这种方法；④销售员直接参加企业的销售预测，其销售努力程度一般会有所增加，同时锻炼了他们的销售预测技能；⑤运用这种预测方法，可以获得按产品、区域、顾客和销售人员来划分的各种销售预测值。

这种预测销售数据方法也有其缺点：①销售员不了解总体经济因素和公司的力量对预测数据的影响，因为他们缺乏对宏观形势和公司总体规划的了解；②销售员受知识、能力、兴趣或情绪的影响，其判断会有所偏差，或偏高或偏低，一般来说，新销售员偏高的情况多些，而资深销售员偏低的情况多些；③如果销售预测与销售指标、销售考评等有关联时，为了获得奖励、晋升、安全等机会，他们的销售预测的主观性会增减，此时，他们往往会故意提高或压低销售预测数据。

很多公司通过这种方法促使销售员不断地思考他们自己负责的市场，锻炼他们的判断与预测能力，让他们养成明确销售目标的习惯。很多公司要求一线销售管理经常使用这种方法督促销售员明确销售目标，并让销售员学会目标分解。例如，阿健药业公司要求销售员定期填写销售预测表，见表5-12。销售预测还提供了一线销售管理者与销售员进行沟通的平台，有利于跟进销售目标与销售计划的达成，在这种情况下，他们不是每次都要收集销售员的销售预测，销售员的预测数据只需交给他们各自的上司即可。

表5-12　阿健药业公司的销售代表销售预测与目标跟进

MR：				地区/区域/城市：			填表时间：			
		上一期间	下一期间	下一期间	Difference	完成比例%	销售增长的来源			
Hospital	Product	实际	计划	预测	差额		原有客户		新客户	
医院	产品		a	b	c=a−b	d=b/a	千元	%	千元	%
合计										

注：上一期间可以是周、月、季度、半年度、年度。

4. 购买者意图调查法

用于销售预测的购买者意图调查法与市场潜力评估的消费者意图调查法有相同之处，但是也有不同的地方。不同之处在于前者的调查对象是经销商或下游厂商，这种方法很适合那些工业品的销售预测。很多公司的年度经销商订货会其实就是在采用购买者意图调查法，通过订货来预测下年度的销售额。当然那些对经销商管理能力强的消费品公司也经常采取购买者意图调查法，如娃哈哈的联销体模式中含有购买者意图调查法，一级经销商需要向娃哈哈提出下一期间的销售额，并交付一定的定金，娃哈哈把每个经销商预报的订单汇总，得出下一期间的销售额，以这个销售额乘以一定的修正系数，交给生产部门，实现以销定产和基本上零库存管理。

这种方法会征询顾客的未来购买商品计划的意见，以及征询顾客对未来市场的判断与预测，因此准确性比较高，但是如果预测期限过长，如两年，或者产品的企业链太长（如经销商的层级超过3层），在这种情况下，购买者意图调查法的准确性会下降。因此有些大中型公司，会去调查二级经销商的销售预测，以此数据作为一级经销商预测数据的参考。比如制药行业，他们会派出商务人员去收集每家一级经销商的下一期间的采购计划，同时会要求其销售代表去收集每家医院的下一期间的采购计划。对比这两套数据，进行修正，就得出下一期间的销售预测数据。

5. 移动平均法

选择以往的销售数据，用以往销售实际数据的平均值为销售预测数据的方法，称为移动平均法。它假设上期的环境与下期的环境一样，或者变化不大。它采用的是把以往几期销售数据平均化的方法。它的计算模型是：

$$S_t+1=(S_t+S_t-1+\cdots+S_t-n)/n$$

n期移动平均法，若n为2，我们称为两期移动平均法；若n为3，我们称为三期移动平均法。S_t+1是下期的销售预测；S_t是当期的销售预测；S_t-1是上期的实际销售，依此类推。n取值多大，由销售预测者自己决定。具体例子见表5-13。第三个月的销售预测数据就是第一个月与第二个月销售实际数据的平均值52万元[（52+52）/2]。如果继续采用两期平均法，那么第四个月的销售预测数据就是第二个月和第三个月实际数据的平均值63万元[（52+74）/2]。如果采取三期移动平均法，那么第四个月的销售预测数据就是前三个月销售实际的平均值59万元[（52+52+74）/3]。

表5-13　用移动平均法预测销售额

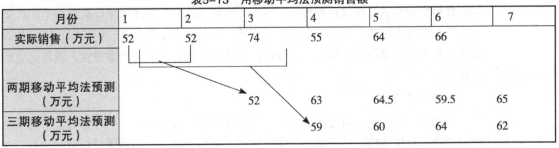

月份	1	2	3	4	5	6	7
实际销售（万元）	52	52	74	55	64	66	
两期移动平均法预测（万元）			52	63	64.5	59.5	65
三期移动平均法预测（万元）				59	60	64	62

移动平均法最大的优点是计算简单。其适用于销售稳定的产品的销售预测，对于销售变动剧烈的产品，其预测的准确性很差。另外该模型不能反映首次出现在

预测期间的新因素的影响。例如，有一个强大的竞争者突然进入市场，该模型就失效了。

6. 指数平滑法

它与移动平均法有很多相似之处，原理相通。移动平均法中，过去的每期销售实际数据对销售预测的影响程度都是一样的，无法反映首次出现在销售预测期内新因素的影响程度。在指数平滑法中，预测者可以让各期的销售实际数据对销售预测的影响有所差别，即调整各期实际数据对预测销售的影响程度，也就是说给予不同的指数（或称修正系数）。

指数平滑法的计算模型是：

$$S_t+1 = L \times S_t + (1-L) \times S'_t$$

其中，S_t 为当期实际销售；S'_t 为当期销售预测；L 为平滑指数，L 越低，表明现期对预测销售的影响相较于前期越小。

举例来说，在表5-14中，第四个月的销售预测数据是多少呢？第四个月的销售预测数据等于第三个月的实际数据乘以指数0.3（假设L=0.3）加上第三个月的预测数据乘以0.7，约等于59万元（74×0.3+52×0.7）。预测第五个月的销售数据，一般是用第四个月的销售实际与预测数据，但指数L可以与前期的指数不一样。

表5-14 用指数平滑法预测销售额

月份	1	2	3	4	5	6	7
实际销售（万元）	52	52	74	55	64	66	
预测销售（万元）		52	52	59	58	60	62

在实际运用过程中，有的公司修正指数平滑法，其计算模型是：

$$S_t+1 = L \times S_t + (1-L) \times S'_t - 1$$

如果是两期指数平滑的话，那就是前两期的销售实际数据乘以不同的指数（或称系数），这些指数加起来等于1。比如第一个月销售实际为8万元，第二个月销售实际为10万元，第一个月的环境因素与第二个月的环境因素对第三个月的环境因素相似性分别为0.4和0.6，那么第三个月的销售预测数据就是9.2万元（8×0.4+10×0.6）。

该方法的最大缺点是平滑指数的选择有随意性。需要预测者的直觉，对数据的看法，以及预测期间与过去环境相似性等因素综合考虑去决定L值。对预测者的道德素质也有很高的要求，如公正客观等。该方法的最大优点是计算简单，比移动平均法更客观些。指数平滑法，在企业中也很受欢迎，尤其是中小型企业，那些对销售产品或服务有影响的环境因素可以预见，或者往复循环出现，如销售的季节性、销售的促销活动等。

7. 回归分析法

这种方法因计算机的普遍运用而得到广泛运用，因为计算机中的Excel工作表中就有回归线性分析功能，只要输入以往的数据，激活数据，点击图表导向键，选择折线图，就会得到数据图表，再点击趋势分析，选择回归分析方法，如选择线性分析，就会得到线性分析线，从而得到线性分析的趋势数据。

8. 临界点法

对于新产品，很多公司一般以保本或保一定利润点为基础的销售额为销售预测。甚至有的公司在保本销售额的基础上乘以一个百分比，以确保不亏本。这个百分比一般为5%~20%。例如，阿云互联网公司，第一年的费用总预算为300万元人民币，那么老板要求销售额必须在300万元人民币以上，否则他就亏本。如果他要求利润率为5%，那么销售额就必须为315万元人民币。

对于新增加销售员、新开发区域，很多公司也采取临界点法。例如，新增加一位销售员，去开发新的销售区域，给这个新销售员多少销售指标计划（或销售额任务）呢？很多公司认为销售额必须能够养活他自己。举例说，如果这位新销售员的成本为12万元（包括管理他的成本），那么这个销售员的销售额必须为12万元人民币以上。这是底线数据，如果新区域的销售潜力低于这个底线数据，那么这个区域就不要开发了。如果这位新销售员没有能力达到，那么他要么被辞退，要么就不要把他派往这个新区域。

9. 能力基础法

这种方法适合于市场很大，大到企业的生产能力有多大，销售预测就有多大。在有些情况下，企业的市场大到足以让企业把生产和经营的所有产品都销售光。例如，一家生意兴隆的餐馆，有40张桌子和160个椅子。餐馆只供应午餐，每天中午招待两拨顾客。这样，餐馆一年开张300天，每天中午可以为320位顾客服务，午餐的平均价格预计为30元人民币，那么一年的销售额预计就是288万元（30×320×300）。

很多成功的公司会根据销售员能力的发展来调整销售预测，如将销售员的销售能力分为ABCDE级，A级为销售能力很强的销售员，其销售额为300万元；B级销售员的销售额为200万元；C级销售员的销售额为150万元；D级销售员为120万元；E级销售员为100万元。如果第一年的销售队伍有150位销售员，他们的组成是"10A+20B+30C+40D+50E"，那么销售预测为2.13亿元；第二年的销售队伍假设依然为150位销售员，而销售员的组成是"20A+20B+30C+40D+40E"，那么销售预测为2.33亿元。

能力可以是公司的生产能力、供应能力，也可以是销售队伍的销售能力，具体因情况而定。在实际工作中，有些公司会把能力基础法与临界点法综合运用。比如，销售能力为E的销售员，其销售额的临界点值（或称销售额底线）就有可能为100万元人民币。

销售预测的九大方法都各有优劣，也有其相应的使用场合，销售预测发起者在开始预测之前就应该非常清楚它们各自的特点。一般而言，为了达到高质量的销售预测，在实际工作中都会选择几种销售预测方法（一般不超过三种），通过销售预测方法的组合，消除它们的劣势，集合它们的优点。这样做就会提高销售预测的准确性，从而更好地指导企业的其他经营活动。销售预测是关于未来的假设，是对未来的预估，无论使用什么预测方法，无论如何组合，100%的准确几乎做不到，当使用内部员工进行销售预测时，不要用严厉的方法去惩罚或者讥笑那些销售预测不准的员工，也无须为那些销售预测的准确者去颁发奖金。这些做法都是忽视了销售预测是关于未来的假设，既然是未来的假设，那就肯定会有误差。

本章小结

1. 市场潜力是指在特定的时期,在一个具体的市场上,整个行业的某种产品或服务的总的预期销售额。
2. 市场潜力评估方法有:市场关键因素派生连比漏斗法、关联类比法、消费者意图调查法、市场试销法、多因素指数法。
3. 销售潜力是指公司对自己能够在整个市场潜力中获得的最大市场份额的合理预期。它与公司的销售效力、营销效力及整个公司的能力有关,而市场潜力是关于整个行业的某种产品的预期销售额,与单个公司无关。
4. 销售预测是指公司对其在一段具体时间内,在特定的市场上按照预计的市场营销计划及假设的市场环境对未来可能实现的销售额进行估计。
5. 销售预测的六大指导原则:预测方法要适合产品和市场、市场要素核心化、预测方法组合化、预测数据多套化、养成定期检查预测过程的习惯、熟悉数学与统计学。
6. 销售预测方法按照数据来源可以分为四大类:专家与销售队伍相关人员(德尔菲法、经理意见法、销售队伍集合法)、购买者意图、历史数据数学统计处理法(移动平均法、指数平滑法、回归分析法)和公司经营法(临界点法、能力基础法)。

本章思考题

1. 描述某个市场潜力评估方法,分析它的优缺点及适用条件。
2. 描述某个销售预测方法,分析它的优缺点及适用条件。
3. 假设你是一线销售经理,你将怎样做好明年的销售预测?
4. 假设你是销售总监,你将如何做好明年的销售预测?
5. 计划没有市场变化快,销售预测只能靠经验的累积与直觉判断。你是否同意这个观点,为什么?

案例分析

销售因素预测模型

吴华明毕业于浙江大学MBA,加入善真公司,任销售总监,带领300多人的销售队伍,管理8个大区销售总监。他的上司要求他递交2012—2016年的销售战略规划。当然,他知道,这个销售战略规划中最为关键的是销售战略目标的制定与规划,所以他根据MBA《销售队伍管理》所学,自行设计了"销售因素预测模型",预测模型见表5—15。

表5—15 销售因素预测模型

指标	指标解释	指标可选数值
目标期销售额预测值(Y)	$Y=H(1+a+b\%+c\%+d\%+e\%+f\%+g\%+h\%)$	
去年同期销售额(H)		
销售额变动趋势(a)	(线性回归值−上期销售额)/上期销售额	
大客户因素(b)	前10名或前50名大客户销售额可能增加或减少的程度	−5,−2,0,+2,+5
宣传促销因素(c)	本企业的宣传促销活动对销售的可能影响	0,+1,+2

续表

指标	指标解释	指标可选数值
技术产品改进因素（d）	技术产品改进带来的机会因子	$-2, 0, +2, +5$
新产品因素（e）	新产品上市带来的影响	$-5, -2, 0, +2, +5$
政策因素（f）	相关政策对销售带来的影响	$-10, -5, -2, 0, +2, +5, 10$
竞争对手（g）	主要竞争对手未来可能带来的影响	$-10, -5, -2, 0, +2, +5, 10$
行业景气程度（h）	行业发展健康因子	$-5, -2, 0, +2, +5$

注：依据各因素对本区域销售影响的好坏程度来选择不同的分值，0表示没有影响，负值表示不利的影响，正值表示有利的影响，大小表示影响程度。

他要求大区销售总监按照销售因素预测模型，递交各个大区的5年销售预测数据，并要求大区销售总监所管理的区域销售经理，也按照这个模型进行销售预测。然后，他按照"全国销售总监预测数据（A）×40%+8个大区销售总监预测数据的平均值（B）×30%+48位区域销售经理预测数据的平均值（C）×30%"的公式，计算出他递交的5年销售战略目标数据。

吴华明的销售战略目标数据低于其上司的销售战略目标数据，当上司问其销售预测数据的来源时，吴华明向其上司展示了销售因素预测模型，以及预测数据经过"$A×40\%+B×30\%+C×30\%$"处理时，其上司接受了吴华明的预测数据。

讨论：请你评价这个销售因素预测模型的优缺点。

第六章
销售区域管理

本章要点：

了解实施销售区域规划与管理的好处；
掌握销售区域设计规划的流程；
熟悉销售区域划分的方法及选择方法时考虑的因素；
掌握确定销售队伍规模的步骤和方法。

课前案例　　新公司布局销售队伍

杭州智联安防公司的营销总监吴良春同时也是公司股东之一，但由于没能完成2011年董事会分配的3000万元人民币的销售指标，所以被解雇了。由于销售队伍没能如期建立起来，致使2011年的销售额仅为1000万元人民币，销售指标的达成率只有33%左右，而且这1000万元人民币的销售额，有600多万元是董事长武骅梅的关系带来的，也就是说其中600多万元的销售额是董事长做的。

董事长武骅梅是安防界的顶级技术专家，他从杭州达华安防公司辞职退股自行创业。杭州达华安防公司已有12年的司龄，把中国市场分为13个销售大区。武骅梅由于专攻产品的研发，由另一个股东吴良春任营销总监。吴良春向董事会递交了15位销售员、1位销售总监、4位销售经理，3000万元人民币的销售指标的方案，董事会批准了。

2010年年底，吴良春开始招聘与组建销售队伍。他先招聘销售总监，之后，他和销售总监一起招聘4位销售经理，最后，由销售总监和销售经理招聘销售员。所有的初试都是由公司人力资源部的招聘专员进行的。销售总监和销售经理均来自同行，在15位销售员中，有12位来自同行，3位来自其他行业且有销售经历。这些人的户口或档案都落在杭州，外派到各地进行销售，每个季度回杭州一次。广西、昆明与贵州、贵阳共4人组成西南销售区域（1位经理+3位销售员），北京2位销售员、天津1位销售员、长春1位销售员与西安1位销售员共6人组成北方销售区域（1位经理+5位销售员），杭州2位销售员、上海1位销售员、苏州1位销售员共5人组成华东销售区域（1位经理+4

位销售员），武汉1位销售员、重庆1位销售员、广州1位销售员共4人组成中南销售区域（1位经理+3位销售员）。达华公司13个大区中的12个重点城市，智联公司也都布局了销售员。

讨论：如果你是营销总监或企业老总，你会怎么布局这20人？

6.1 销售区域规划与管理的好处

在销售队伍战略规划中，确定市场潜力评估与销售预测之后，建立与调整销售区域就变得非常关键。把销售区域的建立与调整称作销售区域的规划管理，也称为销售区域的配置管理。它是销售管理者的核心任务，是最能体现销售管理者是否具有战略眼光的管理活动。

销售区域就是销售辖区或销售领地，它规定了销售责任范围。对于销售管理者来说，销售区域规定了他的销售管理责任范围。没有销售区域，就不可能计划、指挥、评价销售队伍；没有销售区域，那么销售薪酬的设计就失去支柱性的内容。无论销售组织结构设计是地域型、产品型、客户型还是职能型，由于中国有23个省、4个直辖市、5个自治区和2个特别行政区，这34个一级行政区幅员辽阔，所以任何公司的一级销售地区都将以地理范围来建立销售区域。如果没有销售区域结构，任何公司的中国市场都将显得太大，从而导致不能对这些开疆辟土并占领阵地的销售队伍进行高效率的管理。

当然有些公司，尤其是那些微小型公司，他们的销售区域不会是全国，可能只是某个省或某几个省。但不排除这些公司从小型扩大到中型的时候，要进行销售区域的扩张。在扩张时，同样要进行销售区域规划，这些销售规划要有战略性与前瞻性，否则后患无穷。退一步讲，把销售区域限于一个省，也要进行销售区域规划，因为省内有很多城市与县，仍然需要把位于特定地理范围内的当前与潜在顾客分配给某个销售员和销售经理。因此，只要是建立销售队伍，无论规模与地域大小，就必须进行销售区域规划。

有效而科学的销售区域规划与管理，具有战略性与激励性的特点，会把"责任、自主、安全与收获"带给销售队伍，从而实现公司与销售员工双赢的局面。具体来说，销售区域的规划与管理有六大好处，如图6-1所示。

（1）有助于销售队伍的管理结构与规模有序地发展。销售区域的规划决定公司的销售力量的布局与走向，也决定了销售队伍规模的大小，进而决定销售队伍的管理结构（管理跨度与层级）。而销售管理跨度与层级将是决定销售队伍管理效率高低的关键因素。框架设计好了，就需要把人与事填充进去。每个人都想通过拥有更大的销售区域来挑战自我，并实现自我。因此，销售区域规划，尤其是一级销售行政区域的规划，对于销售队伍具有极大的激励性。

（2）有助于对市场的周期性管理，提高质量和改善关系。市场是不是在第一年就全面覆盖？是不是所有顾客都是目标顾客？这些问题都需要通过销售区域规划来解决。有效的销售区域规划，就是对市场采取战略性管理，一般有两种策略。第一，重点突破，以大带小。先集中兵力开发那些重要的关键区域或顾客，再通过重要关键区域带动周边区域。第二，见缝插针，星火燎原。如果在布局时，发现那些重要的关键区域或顾客被竞争对手占领，而且一时半载拿不下这个销售地盘，他们就会采取细分市场的策略，见缝插针，建立根据地，最后达到"农村包围城市"的目标。这两种战略性的销售区域规划，都可以实现对市场覆盖的周期性管理。明确了销售责任区域范围，销售员就会意识到，他的销售业绩在很大程度上取决于现有顾客在以后是否持续购买他的产品。赢得顾客的信任，加深和维系顾客的关系，就会成为销售员极为重要的工作。销售员有了自己的领地，就会产生自我作主、自我负责的意识，就会努力提高拜访质量和客户服务质量，就可以更好地深入了解客户的需求，与客户建立长期的伙伴式关系，不必担心"自己栽树，他人乘凉"。由于人类社会存在熟悉原理，俗话说，"人熟好办事"，大多数客户也愿意与固定的销售员建立长期的关系，而不喜欢每次与不同的销售员打交道。经常性地换销售员，客户会感到紧张不安。有了自己的销售领地，销售员就愿意对客户资源精耕细作，积极开发新客户，努力维护老客户。规律性的销售拜访对那些稳定而重复购买的产品尤为重要。如果熟悉的销售员不在场，订单很容易被竞争对手抢走。对于销售管理者也是如此，他们会意识到，他们的销售业绩在很大程度上取决于现有销售员在以后是否会跟随他们继续积极地进行销售工作。因此他们就会努力去赢得其管辖的销售员的信任，提高销售管理的质量，加深和维系销售员的关系，努力培养销售员的技能与心态。结果就是销售团队的能力蒸蒸日上，销售队伍的忠诚度与日俱增。

（3）有助于提高销售队伍的士气和效率。没有销售区域，销售队伍就会内争不断，甚至恶性竞争；销售区域的好坏不均，或随意性调整，销售队伍的士气与工作效率就会大大降低。因为除了主观努力外，销售区域就是决定其工作收益的关键。明确科学的销售区域是权责一致原则实现的基础，如果给每个销售员分配一个具体的地理区域，并且不允许他们到其他区域销售，那么他们可能会更努力地开发市场。每个销售代表被指派负责一个地区或区域，让他全权负责公司在该区域的所有销售活动，其责任就非常明确，他的职责就相当于公司在该区域的"总经理"。在其拥有的销售区域时，实际上是在为自己干活，他们会意识到要对自己区域的结果负完全责任。如果销售领地给了销售队伍担当意识（如主人意识、老板意识或经理意识等），他们就会主动地、全力以赴地从事自己主管区域内的销售工作，如更好地设计拜访路线，更好地安排拜访频率。销售行为就不会短期化，而是有战略性和长期性。销售管理者也同样会更努力地带领其辖区的销售员去获得销售的成功。因此正确的销售区域规划与管理能够激励销售队伍，提高他们的士气与效率。

（4）有助于降低销售与销售管理成本。把销售员限制在一个区域范围内，比让他们在所有市场上东奔西跑节省差旅时间与费用，这就意味着销售员有效销售时间的增加。同时，可以根据销售区域的市场进展情况、客户的情况，训练销售员以满足市场与客户的具体需求。一般来说，销售员与顾客的相似程度越高，销售工作取得成功的可能性越大,从而降低了销售成本。划分销售区域可以使得销售管理层根据顾客和销售额的增减变化情况,更容易地对销售区域及时进行区域重组或销售员与顾客匹配。销售管理者也无须在市场上东奔西跑,走访下属和辅导下属,而是有规律性地定期对下属进行走动式管理。

(5)有助于提高市场营销活动的效果。以销售区域为基础进行市场营销活动的分析与成本评估,更为准确,更有指导意义。销售管理者可以更有效地用营销研究来设定可行的销售指标,准备更有竞争力的销售费用预测,策划当地化的市场营销活动。不同的销售区域,尽管它们的市场潜力相差无几,但是销售区域内的顾客会有很大的差别,如风俗的差异、商业行为的差异等,这样就可以让促销管理变得更有效,可以针对不同的销售区域,采取适合当地的促销活动。促销活动形式的当地化可以得到更好的实施,因此有助于提高市场营销活动的效果。

(6)划分销售区域为销售管理层提供了一个有效的控制机制。有了销售区域,特别是按照市场潜力来划分销售区域,那么销售管理的评价就变得相对公平,管理的评价也就更容易进行。对照区域潜力与预测及指标,管理层可以有效地评价销售队伍的实际业绩。有了销售区域,收集销售数据与顾客信息就变得更加容易,建立CRM系统也就变得更加可行,同时销售管理者可以通过计算机系统,随时知晓各个销售区域的销售实际情况,从而及时做出相应的管理措施,如表扬、辅导、鼓舞士气等。

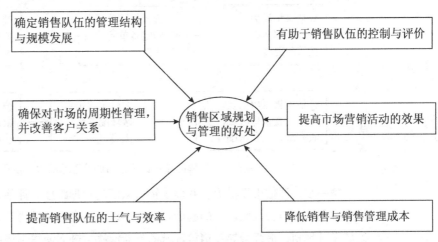

图6-1 销售区域规划与管理的六大好处

6.2 销售区域的设计与划分

销售区域设计是销售管理高层最重要的组织设计工作,因为它是销售队伍能否获得良好销售业绩和得到激励薪酬的一个决定因素。研究表明,销售总监对区域设计越满意,销售队伍的销售效力越好。设计销售区域大小与范围可参考以下六大因素:销售区域管理的难易;差旅时间或距离的长短;销售区域市场潜力评估的难易;销售代表的工作量与销售潜力的差异尽可能接近;销售区域内的人们生活习惯与风俗等尽可能相近；销售区域无论大小，都要考虑公平合理、机会均等。

销售区域设计的理想目标是使所有区域在销售潜力和销售队伍的工作负荷上都相等。在这种情况下，评价和比较销售队伍的业绩就变得更容易，也减少了管理层与销售员之间的争吵，一般也利于鼓舞销售队伍的士气。在实际操作中，同时实现这两个理想目标有相当大的难度，但是这并不意味着销售管理者可以减弱为实现这两个目标而必须进行的持续努力。当这两个目标相互冲突时，以市场潜力均等或接近为优先原则，销售队伍的工作负荷通过管理跨度与销售员数目来调整。

从销售薪酬的角度来看，市场潜力相当的销售区域，为同一职位的销售员或销售管理者提供了均等或相当的销售机会或销售管理机会。因此在规划设计和调整管理销售区域结构时，要特别关注两大关键因素的变化：区域的市场潜力和销售队伍的工作负荷。同时关注销售流程（销售管理流程）的优化和销售时间（销售管理时间）的增加。

6.2.1 销售区域设计规划的流程

一个公司为了成功地进行推销和销售员的管理，从而为市场和顾客提供良好的服务，需要科学设计公司的销售区域。一般来说，销售区域的设计规划和调整管理具有六大步骤，如图6-2所示。

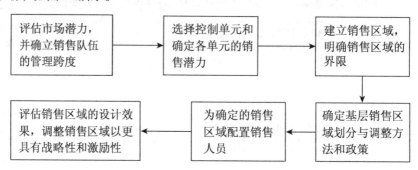

图6-2 销售区域设计规划与调整管理的六大步骤

第一步，评估市场潜力，并确定销售队伍的管理跨度。评估市场潜力和承接营销战略规划，是销售区域设计的起始。那些不以市场潜力与销售管理跨度为基础的销售区域设计规划，最终会导致销售区域的不断漂移，进而使得销售区域漂移成为销售效率低下的黑洞。同时，也会导致销售队伍的士气低落，因为他们衡量销售区域划分的激励性是以市场潜力的均衡为判断依据的。

第二步，选择控制单元和确定各个单元的销售潜力。常用的控制单元是县（市辖区）、市和省、直辖市和邮政编码地区，其中县作为基础的控制单元。中国有1642个县和845个市辖区，也就是说作为基础的控制单元，中国有2487个。中国共有661个城市，超大城市49个，特大城市有6个。典型的销售区域都是一个或几个控制单元组成。明确与选择控制单元至少有三个原因：第一，有利于销售管理者获得市场统计图（人口、收入、就业、销售额等）；第二，有助于销售管理者设计潜力相等的区域，并指出问题区域的位置；第三，便于销售管理者进行区域调整。

选择县或市辖区为控制单元设计销售区域，一般来说是针对销售员的；而选择城市作为控制单元来设计销售区域，一般来说是针对销售主管或销售经理的；选择省为控制单元来设计销售区域，一般来说是针对高级销售经理的。当然对于那些刚刚进入中国市场的企业，无论是初创企业，还是外资企业，他们刚开始都是以省和直辖市为控制单元，来设计销售一级行政区域的。尽管此时没有高级销售经理，只有销售员，但是这些销售员经过发展、培养和竞争淘汰，会慢慢走向一级销售行政区域的管理岗位。

第三步，建立销售区域，明确销售区域的界限。明确了销售区域的控制单元，销售管理者就可以按照第五章的方法确定各个控制单元的市场潜力。然后根据销售总监的管理跨度、营销战略规划中的目标市场规划和市场潜力均衡原则，建立一级销售区域。在确定了控制单元的范围后，再综合考虑行政区划、人口数量、消费水平、交通条件、客户分布、商业习惯、种族文化、政策投入等相关因素，将控制单元合并成若干个一级销售区域。销售区域的划分，一般要优先考虑符合市场因素，其次是考虑公司的销售策略。在中国大陆地区，一级销售区域怎样设置才算合理有效？经过长期研究发现，企业一般把中国大陆地区划分为8个一级销售区域。

（1）华北地区：北京、天津、河北、山西、内蒙古。
（2）华东一区：上海、江苏、山东。
（3）华东二区：浙江、福建、江西、安徽。
（4）东北地区：辽宁、吉林、黑龙江。
（5）中南地区：河南、湖北、湖南。
（6）华南地区：广东、海南、广西。
（7）西南地区：重庆、四川、贵州、云南、西藏。
（8）西北地区：陕西、甘肃、青海、宁夏、新疆。

很多公司会把一级销售区域称作销售大区，有的公司干脆把一级销售区域组建为销售分公司。在公司不同的发展阶段，公司的一级销售区域也会有所不同，不见得每家公司都有8个一级销售区域。很多公司会把生产所在地的省与周边的省，作为一级销售区域，有的公司会把上海、北京和广州作为三个一级销售区域的所在地，也有的公司会把中国分为沈阳、北京、上海、武汉和广州五大一级销售区域的中心所在地。一般来说，销售区域先少后多，对销售队伍具有激励性。

第四步，确定基层销售区域划分与调整方法和政策。很多公司会把基层的销售区域划分与调整交给一线销售管理者去实施，这是正确的方法，但是往往会忘记了把销售区域划分与调整的方法和政策交给他们。结果一线销售管理者划分与调整销售区域的方法五分八门，划分与调整的效果总是不尽如人意。因为有些销售管理者挥舞权术大棒，惯例"肥水不外流"，好的销售区域自然成了其一些亲信至戚的自留地；不听话、没关系、表现一般的只能捡到"贫土地"或"荒山坡"。如此权力交易、裙带关系地分派销售区域，结果造成队伍内部分裂对立和冷战内耗，销售队伍士气大大降低。有的公司招聘新销售员，上岗不到一两周，就纷纷离职不干。原因在于老销售员不愿意放弃好的销售区域，新的销售员获得的销售领地都是残羹冷炙，因此很难融进销售队伍。有些公司为了解决以上问题，把划分销售区域的做法，改变为由销售员自己划分销售区域。具体做法是：将所有销售员平分成三组，任选一组不参加区域划分，由另外两个组将整个区域划分成为三份。不参加划分的小组享有优先挑选区域的权利，再由掌管划分的两个小组挑选剩下的区域。对于每组内的个体销售员，也采取了类似的方法。这个方法特点是划分者掌握划分权利，但由于自己后选择，所以会尽量划分公平，即使最后选择也不会产生抱怨；而优先选择者则由于自己首先选择，即使没有划分权也不会抱怨。这种方法看似解决了问题，但是销售员因为信息掌握不全和对市场缺乏长远眼光，由他们划分销售区域，只是对现有销售区域的销售量的平均划分，实行的是平均主义做法。从长远来说，这并不利于公司的销售区域覆盖和发展规划。

成功的公司，其高层管理者会制定销售区域划分与调整的方法和政策。针对销售员的销售地盘的划分一般有三种方法：合成法、分解法和销售反应函数法。要求整个销售管理层采取统一的划分方法，或同时采取其中几个方法，通过组合修正得出最后的结果。对于销售区域调整，有的公司也会统一销售区域调整政策，如当把销售区域由少变得多，即销售区域进行裂变时，要求相关管理者对裂变前后的市场进行市场潜力估算和多角度的市场前景预测。同时对那些贡献出销售领地的员工建立补偿机制，如学习机会的增加、晋升发展的机会、薪金的奖励。例如，金松公司对于那些贡献出其耕耘过的销售地盘给新销售员的老销售员，在半年内，发放辅导奖励金，辅导奖励金与销售地盘的业绩进展挂钩。

第五步，为确定的销售区域配置销售人员。在任何一支销售队伍中，销售员的销售效率都可能不同，销售主管的销售管理效率也都可能不同。他们在经验、年纪、身体状况、主动性、创造力、销售技巧和销售管理技能等方面也都会存在差异。一个销售员或销售主管，可能在A区域获得成功，在B区域却会遭受失败，即使这两个区域的销售潜力和工作负荷都一样。例如，如果区域里大多数顾客是工程师，具有技术背景的销售员的销售效率可能会更高一些。地方风俗、宗教和种族等背景的差异也会影响销售业绩，因此，很多公司都倾向录用当地的人为其所在区域的销售员。

很多公司故意设计出区域潜力或工作负荷不一样的销售区域。这样做有两个目的：一是适应销售员之间的差异；二是给销售经理管理销售队伍的弹性。这弹性表现在，很多公司有意给新业务员或实习业务员设计较小的区域，在业务员的业绩与技巧提高后，他们就被派往（提升）到更大或更具盈利性的区域。也有些公司把新销售代表派往偏远的地区，后来把他提升到离家或离办公室较近的好区域。

因此，销售管理者在为销售区域配置销售员的时候，需要考虑很多因素。因为每一个销售区域都有可能产生几百万元的销售收入。错误的人选可能会使公司丧失大量的销售收入，恶化公司与顾客之间的关系。而正确的人选却有可能把一个业绩不佳的销售区域转变为盈利大户的销售区域。正是基于这种原因，会在第十章重点讨论销售区域的人员配置问题。

第六步，评估销售区域的设计效果，调整销售区域以更具有战略性和激励性。

6.2.2 销售区域划分的三种方法

针对销售员的销售区域的划分，一般有三种方法：合成法、分解法与销售反应函数法。合成法是采用自下而上的拜访量来进行销售区域划分，考虑到了交通道路系统和拜访时间。分解法是采用自上而下的销售潜力来进行销售区域划分，考虑到预期的销售量是否可以盈利。销售反应函数法是根据销售额与拜访量之间关系的数学表达。

1. 合成法

它是根据销售员预计的拜访量，把一些小的地区合并成大的销售区域，以便让销售员的工作负荷相当。快速消费品行业多半采用合成法来划分销售区域。具体程序如图6-3所示。

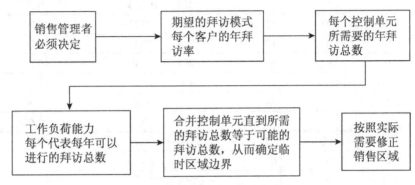

图6-3 销售区域设计的合成法

（1）作为销售管理者，需要确定每个顾客平均的最优拜访频率或销售产出贡献。拜访频率和销售产出贡献受销售潜力、产品性质、顾客购买习惯、竞争特性与顾客购买成本五大因素的影响。这五大因素决定了客户的盈利性，很多公司会把客户按照盈利性分成ABCD级。最优的销售拜访频率的具体数据一般由上级销售管理者下达，上级销售管理者一般会用计算机模型来确定最优拜访频率的数据，当然那些微小型企业则是通过判断来确定最优拜访频率数据。在判断时，他们需要参考每次销售拜访所需要的时间、销售拜访的时间间隔、在销售区域内的行程时间、非销售与行程时间、特定顾客的拜访频率、顾客的平均购买值等数据。比如，阿涛公司要求销售员对A级客户每月拜访4次，每次不得少于10分钟；对B级客户每月拜访2次，每次不得低于8分钟。

（2）确定每个单元的拜访频率总数。把控制单元中的各类客户数量乘以该类客户的拜访次数，就能确定每个控制单元所需要的拜访总数。

（3）确定销售员的工作负荷。通常以拜访总数、拜访所需时间、客户数量或销售目标任务作为销售员的工作负荷。一个销售员的工作负荷等于他每天拜访的平均次数乘以一年的拜访天数。销售员的一天有效拜访次数取决于两大因素：拜访的平均时间与两次拜访之间的旅途时间。前者受每天拜访要会见的客户数和要完成的传播工作量的影响，后者受交通工具与客户距离的影响。例如，销售员一天工作8小时，一次拜访的平均时间是0.25小时，平均每次拜访之间的行程时间为1小时，那么他一天可以作6次拜访。如果销售员一年的拜访时间是250天,那么他一年的拜访次数就是1500次。也可以用工作量来计算工作负荷,工作量计算公式为:

$$W=\sum n_i \times t_i + n \times t_k$$

式中:W表示工作量;n_i表示对种类i的顾客进行拜访的总次数;t_i表示对i类顾客拜访交谈的平均时间;n表示拜访的总次数;t_k代表每一次拜访途中所需要的平均时间。阿清公司的工作负荷分析表见表6-1。影响销售员的工作负荷一般有六大因素,具体如图6-4所示。

表6-1 阿清公司划分销售区域的工作负荷合成法

控制单元	客户类型	客户人数	每个客户的平均年拜访次数	年拜访次数	每个客户每次拜访交谈时间(小时)	每次拜访途中时间(小时)	工作负荷量
西湖区	A	10	24	240	0.25	0.30	132
	B	10	18	180	0.20	0.30	90
	C	20	12	240	0.15	0.20	84
	D	40	6	240	0.10	0.20	72
	合计	80		900			378
富阳县	A	5	24	120	0.25	0.50	90
	B	8	18	144	0.20	0.60	115
	C	15	12	180	0.15	0.40	99
	D	20	6	120	0.10	0.30	48
	合计	48		564			352
西富区域	总计	128		1464			730

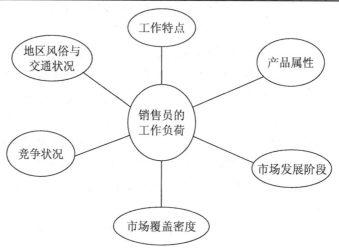

图6-4 影响销售员工作负荷的六大因素

工作特点:与那些既要宣传又要销售的代表相比,只负责销售的代表每天可以进行更多的拜访。

产品属性:周转率高的方便产品比重复购买率低的工业品,要求更频繁的销售拜访。技术复杂的产品会要求时间更长的拜访,要求更多的售前与售后拜访。

市场发展阶段:产品四个阶段——导入、成长、成熟与衰退,要求销售员的拜访不一样。

市场覆盖密度：与选择性或独家分销的企业相比，广泛分销的企业要求较小的销售区域，因为后者需要更多的销售拜访。

竞争状况：销售管理者决定全力应付竞争，他们往往指示销售员增加拜访频率和延长每次的拜访时间，以加强销售努力。还有另外一种情形，管理者竞争过于激烈，指示销售员只拜访筛选过的客户。

地区风俗与交通状况：在中国，很多地区的生活习性、文化风俗和商业习性都有很大的差异。每个地方的人，对待销售员的态度也有很大的差别。有些地区，销售拜访很容易，但是销售拜访成功率却不高。即使是销售拜访成功了，但是其采购量却不见得高；有些地区的客户喜欢把其购买量平摊给他认可的公司或销售员。有些地区交通非常发达，高速公路与铁路四通八达；有些地区交通非常不方便，看似直线距离一样的两个顾客位置，在A区域可能需要1小时，而在B区域却需要2小时。现在各个城市的交通状况都不一样，距离公里数相同的两个顾客位置，在A城市可能需要0.5小时，而在B城市，因为交通拥挤，却需要1小时。因此区域不同，销售员的工作负荷不同。

（4）将相邻的控制单元合并成销售区域。合并控制单元直到所需拜访总数等于可能拜访总数，从而确定临时区域边界。例如，阿涛公司在第一次建立销售区域的时候，第一年台州和温州的可能拜访总数等于公司对一位销售员的年拜访总数的要求，阿涛公司就把台州与温州合并成温台区域。又如，阿涛公司计算出金华市年拜访总数为900次，衢州市的年拜访总数为660次，而阿涛公司对一位销售员的年拜访总数最低要求为1500次，于是就把相邻的金华与衢州合并成金衢区域，配置一个销售员来管理，这位销售员的工作负荷为1560次。如果出现金华市的年拜访总数为800次，合并后的金衢区域的年拜访总数为1460次，差距40个拜访，在这种情况下，阿涛公司要求销售员去寻找未来的新客户，或者在规定的ABC客户中，可以增加对他们的拜访次数。有的公司是把拜访次数与销售额一起关联起来计算工作负荷，如阿臻公司的ABCD分析法（见表6-2）。

表6-2 阿臻公司的ABCD分析合成销售区域法

控制单元	客户类型	客户人数	每个客户的平均年拜访次数	年拜访次数	每个客户年预期平均销售额（元）	预期年销售额（元）	平均每次拜访的预期销售额（元）
西湖区	A	10	24	240	360000	3600000	15000
	B	10	18	180	210000	2100000	11667
	C	20	12	240	120000	2400000	10000
	D	40	6	240	8000	320000	1333
	合计	80		900		8420000	9356
富阳县	A	5	24	120	360000	1800000	15000
	B	8	18	144	210000	1680000	11667
	C	15	12	180	120000	1800000	10000
	D	20	6	120	8000	160000	1333
	合计	48		564		5440000	9645
西富区域	总计	128		1464		13860000	9467

（5）按照需要修改临时区域。由于某个区域的特殊性，可能需要调整临时设定的区域边界。比如，在一个控制单元中，竞争加剧，要求销售员作出更多的销售努力，并需要付出更多的销售精力。因此，销售员就需要集中精力来迎接竞争挑战，也就是销售员可能需要更小的销售区域，以便能对竞争激烈的控制单元内的客户进行更多的拜访与市场运作活动。比如，阿涛公司建立的温台丽区域不到三个月，突然温州的竞争加剧，这时，温台丽区域可能就面临修正，很有可能修正为温州区域和台丽区域（台州与丽水合并）。

2. 分解法

它是根据市场潜力把整个市场分解成近似相等的细分市场，以便让各个区域的市场潜力相等。分解法在工业品销售中运用得比较多，具体程序如图6-5所示。该方法成功的关键是销售管理者必须客观公正地对区域市场进行市场潜力评估与销售潜力预测。

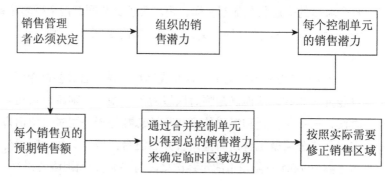

图6-5　销售区域设计的分解法

（1）作为销售管理者必须确定整个公司在0～5年内的销售潜力，这一步可以使用第五章描述过的方法。

（2）确定每个控制单元的销售潜力。每个控制单元的销售潜力预测方法有两种：控制单元的销售预测组合修正法和总销售潜力乘以控制单元市场指数法。一般来说，采取市场指数法，把总销售潜力分配到各个控制单元，从而得到每个单元的销售潜力。

（3）确定每个销售人员的预期销售额。销售管理层应该估计为了盈利而要求每个销售员必须完成的销售额。这时销售管理层常常要进行销售经验研究和成本分析，以及未来销售员成本分析，以便确定此销售额。

（4）设定临时销售区域的边界。控制单元合并成销售区域，合并后的销售区域的销售潜力要大于销售员预期销售额的最大值。比如，控制单元A、B、C、D的每月销售潜力分别为10万元、8万元、6万元和9万元，公司要求每个销售员的预期销售额为15万元，那么控制单元A和控制单元C合并成AC区域，控制单元B和控制单元D合并成BD区域。AC区域的销售潜力为16万元，BD区域的销售潜力为17万元，在A、B、C、D的任何组合中，AC组合与BD组合的销售潜力最接近，而且都大于15万元的销售预期。

（5）按照需要调整临时区域。和合成法一样，由于地区的特殊情况与竞争的突发事件，可能会对销售员的临时销售区域进行调整。

3. 销售反应函数法

随着计算机的运用与发展，人们已经开发出复杂的数学函数模型，以辅助销售区域的设计与调整。这些模型把销售努力（如销售拜访、电话拜访）分配到各个客户，以最大化公司的销售额或利润。其使用的方法包括两个基本步骤。

（1）为顾客建立销售反应函数。销售反应函数是拜访次数和销售额之间的关系的数学表达方式。它有两种构建方法：第一，实证法，用回归分析构建一个过去的销售和拜访之间的相关的方程；第二，判断法，请销售员估计拜访次数的变化引起的销售反应。例如，计算机程序可能请销售员在拜访次数上增加10%，或减少10%，或拜访次数变化为0时，估计对特定顾客的下期销售额。根据这类信息就可以构造每个顾客的销售反应函数。

（2）根据销售反应函数分配客户拜访和划分销售区域。这一步首先要评估所有可能的客户拜访分配方案的销售额或利润水平，然后，计算机程序会在企业销售额或利润最大的条件下，给出每个客户的具体拜访次数建议。最后，根据拜访总次数划分销售区域。

很多公司都已经用计算机模型来辅助销售区域的设计与调整，尤其是那些大中型的公司，使得销售额和利润额明显增加，或成本大大减少。某化工公司采用Map III软件（销售人力分配与规划系统），销售管理人员首先要把某些具体要求，如实际销售额、预测销售额、客户的数量及途中交通时间等输入计算机。这种软件就会把输入的经营数据与当地的地理特征、交通网络及邮政编码等数据结合起来，计算出最佳的销售区域建议。虽然使用这种软件或计算机数学模型，也有销售管理者的个人判断，但是计算机程序可以对销售管理者的想法马上（一般是几分钟的时间）作出反馈。因此，销售管理者在有限时间内，可以尝试多种不同的解决方案，直到找到相对来说最满意的方案为止。由于方便、快速、可靠，所以计算机加软件的模式用于销售区域的调整时，最受销售管理者的欢迎。

6.3 销售队伍规模的确定

6.3.1 销售队伍的边际递减效应

在管理经济学中，有个著名的边际效应递减原理：消费者在逐次增加一个单位消费品的时候，带来的单位效用是逐渐递减的（虽然带来的总效用仍然是增加的）。在销售队伍管理领域，边际效应递减原理也非常有指导意义。不仅在销售队伍规模设计中存在边际效应递减现象，在销售队伍的薪酬与福利中，在销售促销费用的增加、销售渠道的增加等领域，也有可能发生边际效应递减现象。

销售队伍的边际效应递减规律，是指当其他投入要素保持不变时或变化可以忽略不计时，如果不断地增加销售员，那么超过了某一点之后，所获得的总销售的增量将越来越小,即边际销售逐渐递减。当边际销售递减到负值时,销售总量就会出现下滑。比如,在一定的销售区域内,如果没有出现新产品上市,销售员增加所带来的销量会有一个最佳的限度,超过这个限度,追加销售员,销量增长可能小于追加的销售员,得不偿失,再继续增加销售员就是浪费。销售量函数的一般方程是

$$Y=f(K,L)$$

式中:K为客户的数量;L为销售员的数量。我们假设K的影响小到可以忽略不计,就可以得到$Y=f(L)$的函数。把因增加单位销售员而引起的销量的变化称作销售员的边际产量,边际销量函数为:

$$MP=\triangle Y/\triangle L$$

APL为销售员的平均销售,TPL为销售总量,它们的函数图线就如图6-6所示。销售总量会随着销售员的增加而增加,边际销量增加到一定的时候会下降,此时平均销售量依然会增加,但当边际销售量等于平均销售量时,平均销售量又开始下降,此时销售总量依然在增加,直到边际销售量为负值时,销售总量开始下降。故边际销售量为零就是销售总量的拐点。当边际销售量与平均销售量相等时,增加销售员要非常谨慎,一不小心,销售员从L_2到L_3就出现销售总量下降。

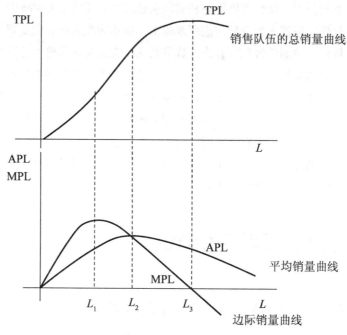

图6-6 销售队伍的边际效应递减函数

MPL等于零时,所对应销售总量是一个拐点,因此只要找到销售队伍的销售量函数就可以确定拐点,并确定最佳的销售队伍人数。这个拐点是个理想拐点,实际中的拐点出现得更早,因为这个函数没有考虑到销售队伍本身的管理效率。例如,100人的销售队伍,总销售量为12000万元,那么平均销售量为120万元,根据销售量函数,我们再增加1位销售员,会带来的销售量增加30万元,即边际销售量为30万元,于是我们就增加了这位销售员。而在实际中可能会出现两种情况。一是由于没有潜力大的

新区域与新客户供销售员去开发,在销售区域产生了拥挤效应,结果老员工的士气下降,其销售量下降了80万元,实际边际销量为-50万元,而不是0万元或30万元,这样实际总销售量为11950万,平均实际销量为118万元,下降了2万元。因此实际工作中不要把MPL等于0作为拐点,而要把拐点前移,即留有余地。二是由于开发难度超出意外,或者开发成本与管理成本增加,虽然达到了30万元的产出,而成本却增加了31万元。因此,当边际销量远远低于平均销量时,就必须考虑边际销售量与边际成本的关系。

增加销售员一般会增加成本(销售直接成本和管理成本),销售队伍的成本也存在一个函数:

$$C=f(Q)$$

式中:Q为自变量,如销售员、销售管理者等。因此在分析是否增加销售员时,还要注意采取盈亏的边际分析法,即把追加的成本和增加的收益相比较(边际成本与边际销量的比较),其中边际成本的特点是先递减后递增,与边际销量的先递增后递减特性刚好相反,二者相等(两线相交)时为临界点,也就是我们所说的盈亏拐点,如图6-7所示。在交点L_2时,就要停止销售队伍的扩张,因为已经没有了最优化的投入产出比。图6-7告诉我们,在交点L_1与L_2之间增加销售员是安全的。假设增加这位销售员的边际成本为20万元,非常接近边际销售量30万元,一不小心,边际成本就会大于实际的边际销量,即边际成本20万元>边际销量-50万元。假设100人的销售队伍的总成本为1000万元,增加这位销售员后,销售队伍的总成本为1020万元,那么平均成本上升0.1万元。结果就出现了人员增加,销售量与利润减少的怪现象。

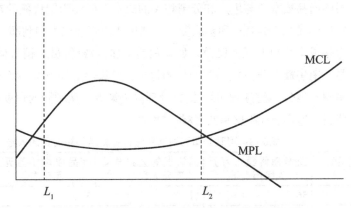

图6-7 销售队伍的边际销售量与边际成本分析

销售管理者在增加销售队伍的人数时,需要时刻用边际效应递减原理提醒自己,因为边际效应递减原理不会因完美的管理艺术而不发挥作用。

销售队伍的边际效应递减现象在我国企业很普遍。有些企业喜欢搞人海战术,追求销售量的快速提升,认为销售队伍规模越大越好,因此,悲剧性的案例层出不穷。例如,1996年,丝宝集团以舒蕾为品牌冲击洗发水市场。短短几年,舒蕾凭着独特的终端渠道模式迅速崛起,2000年以年销20亿元、15%的市场占有率坐上了中国洗发水市场第二把交椅,创造了宝洁、舒蕾、联合利华三足鼎立的局面。然而,好景不长,舒蕾的亚军桂冠还未戴稳,销售额就迅速下滑。2001年舒蕾的销售队伍曾扩充至两万多人,号称一周之内能将一种产品铺到全国。庞大的销售队伍意味着高昂的人工成本和管理成本,大投入必须要有大产出。销售员的增加不仅没有带来销量,反而带来销量的下降。舒蕾一面要支付上涨的销售人员工资和不菲的人员管理成本,而另一面却不得不面对销量下滑和利润下降的现实。舒蕾2002年的销售额也由两年前的近20亿元跌到10亿元以内。

6.3.2 确定区域内的销售员数量

决定销售队伍规模一般要经过五个步骤:第一步,科学预测市场潜力,并客观确定销售潜力;第二步,确定划分销售区域的标准与区域市场潜力;第三步,根据区域的销售潜力,确定辖区的销售员数量;第四步,确定销售管理的管理跨度,根据销售员数量,确定基层销售管理者规模;第五步,根据基层销售管理者规模,确定销售管理层次。

决定每一个销售领域应配销售员的数量,可通过由上到下和由下及上两种思路来展开。

第一条思路是由上到下,这个方法是计算每增添一位销售员所带来的效益和成本,直到所增效益和所增成本相等时,就得出了销售员的最佳数目。这个方法如果用在某个固定的销售区域是否增加或增加几个销售员的情况下,也称为增量法。例如,阿胜公司在浙江省已有7个销售员,目前这7个销售员的销售额为700万元人民币,公司的商品成本(与生产和分销相关的成本)假设为销售额的70%,剩余的30%包括销售员的成本(如薪资和差旅费)、销售队伍管理成本和利润。假设新增一个销售员的直接成本为11万元人民币,如果预测增加1位销售员,销售额上升8%;增加2位销售员,销售额上升10%;增加3位销售员,销售额上升15%,那么作为销售管理者如何决策呢?表6-3就直接告诉了销售管理的决策者。从利润的角度在浙江省只能增加1位销售员,这样浙江省就总共有8位销售员。

表6-3 阿胜公司利润增量法计算新增加销售员的人数

新增加销售员的人数	新增销售额(万元人民币)①	销售员的直接成本(万元人民币)②	商品成本(万元人民币)③	净利润增量(万元人民币)④=①-②-③
1	56	11	39.2	5.8
2	70	22	49	−1
3	105	33	73.5	−1.5

第二条思路是由下及上,这个方法是衡量必要的客户接触深度,如应该联系多少目标客户,多长时间应该联络一次,每次联络需要投入多少时间和完成项目所需的销售人员的数量。这与区域合成法里计算销售员的工作负荷法非常相似。比如,某出版社在浙江省有200个A类、800个B类和3000个C类图书批发商销售通俗故事书。该出版社认为A类顾客1年需访问12次,B类需访问6次,C类需访问3次。每个销售人员1年平均可访问1200次。那么它在浙江省需要多少销售员呢?根据销售工作负荷法可以这样计算:

总访问次数 = 200×12+800×6+3000×2= 13200(次)

所需销售人员数 = 13200÷1200 = 11（人）。当然有的公司不仅仅用拜访频率来作为销售工作负荷，他们会把拜访时间也计算在内，见表6-4。如果客户的数量及其访问要求已定，那么这里的变量就是销售时间，每家公司因为产品、地域和销售员的组成不同，销售时间是不一样的。这里计算的销售时间只是一个假设数据，每个销售员的销售时间越短，那么要求的销售员就越多，否则就无法完成由客户决定的工作量（无法达到客户的有效拜访与覆盖）。

表6-4　销售工作负荷平均法计算销售员规模

销售员工作负荷分析法					
客户	数量	每个客户每年拜访频率（次/年）	每个客户每次访问时间（h）	每个客户年总访问时间（h）	年总工作量（h）
A大型客户	150	24	1	24	3600
B中型客户	200	12	0.5	6	1200
C小型客户	650	6	0.33	2	1300
总计	1000	42		32	6100

一位销售员一年可用于工作的时间为：40×46=1840小时。其中，销售时间（假设占40%）为736小时（1840×40%），差旅途中时间（假设占35%）为644小时（1840×35%），非销售非差旅途中时间（假设占25%）为460小时（1840×25%）。所以销售员人数为8人（6100÷736）。

最后将两条思路结合起来，就能在销售队伍的长期和短期规模之间求得最佳平衡。

6.3.3　确定销售队伍的管理跨度

管理跨度又称"管理幅度"，它指的是一名主管人员有效地监督、管理其直接下属的人数。一般来说，管理跨度大，管理的层次就会小，利于组织的扁平化。但扁平化组织与直式组织各有利弊。扁平结构有利于缩短上下级距离，密切上下级关系，信息纵向流快，管理费用低，而且管理幅度较大，被管理者有较大的自主性、积极性、满足感，同时也有利于更好地选择和培训下层人员；但管理宽度的加大，加重了同级间相互沟通的困难，加重了销售管理者的工作量，诸葛孔明的悲剧就是管理幅度过宽、事必躬亲的结果。而直式结构具有管理严密、分工明确、上下级易于协调的特点。但层次越多，管理人员就越多，彼此之间的协调工作也急剧增加，互相扯皮的事会层出不穷。在管理层次上所耗费的设备和开支，所浪费的精力和时间也会增加。管理层次的增加，会使上下的意见沟通和交流受阻，最高层主管人员所要求实现的目标，所制定的政策和计划，不是下层不完全了解，就是层层传达到基层之后变了样。管理层次增多后，上层管理者对下层的控制变得更加困难，易造成一个单位整体性的破裂；同时由于管理严密，会影响下级人员的主动性和创造性。故管理跨度与管理层次需要动态平衡。

为什么人类组织中会存在管理跨度？沃顿商学院管理学教授珍妮弗·S·缪勒说："早在社会心理学初创时期，就有人提出团队规模的问题。"缪勒还说："在规模大于5个人后，人们在团队中的拉力发生收益递减。"偷懒（社会惰性）指的是在群体背景下个人努力的减少，而搭便车则是理性的利己主义行为，即一个群体或团队往往会"隐藏着"缺少个人努力的现象。

美国销售管理专家认为：在销售领域，一般来说，基层销售管理者有效管理的下属不超过12人，中层管理者有效管理的下属不超过10人，高层管理者有效管理的下属不超过7人。按照这个观点，如果销售员为120位，那么基层销售管理者为10人，管理层次为2（组织层次为3）就可以了，故管理者为11人（10+1）就可以了，高管需要一位助理，那么管理层为12人，管理者比例为1：10。我国企业一般存在两种不合理的典型：第一，管理跨度过窄，管理层次过多；第二，管理跨度过宽，管理层次过少。比如，2009年中石油的销售总经理，直接管理15个省区总监和4个公司副总，加上总经理助理1人，其管理跨度为20，而管理层次为3（组织层次为4）：股份公司—省区总监—销售主管—销售员。在这种情况下，总经理难以腾出时间去思考未来3~5年的销售战略与组织变革，20个管理者之间的相互沟通将极大减少，从而难以形成真正的销售管理团队。

销售区域的战略性思维要把销售队伍规模和管理结构放在一起来考虑，并且要用规模决定结构作为核心的指导原则。先从市场潜力规模、销售潜力规模入手，计算出销售员的规模，再根据销售管理跨度决定销售管理人员，最后从销售管理人员的管理跨度设立销售观层级，如图6-8所示。这种决策程序可以有效地抑制销售队伍的边际效应递减现象和管理效益边际效应递减现象。

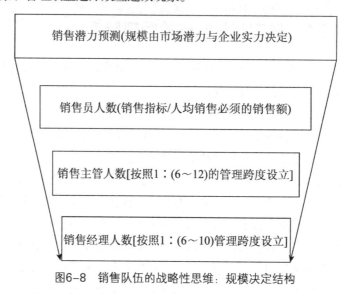

图6-8 销售队伍的战略性思维：规模决定结构

6.4 销售区域的评估与调整

销售区域确定后，不是一成不变的，因为公司、市场和销售队伍在不断变化，销售区域的结构很有可能变得不合时宜而需要调整。销售经理一年至少需要审查一次其管理的销售区域，思考是否需要重新调整，尤其是销售员所管辖的销售领地是否需要调整。但很多销售管理者要么经常性地调整销售区域，销售区域漂移频繁，要么数十年不调整销售区域，销售区域的评估与调整成了销售效率领域最经常被忽略的管理事件。

一般来说，销售员的销售领地要每年评估一次，评估不合理的，需要立即调整。而销售经理的管辖领地，尤其一级销售行政区域，虽然也要每年审视与评估，但不能高频率地调整。销售区域的调整稍有不逊，就会挫伤销售队伍的士气，因为销售区域往往是销售指标计划和销售薪酬收入的基础。区域经常性地变动与漂移，会让销售队伍处在心情不定之中，因而无法静下心来对市场进行精耕细作。因此，销售管理者要谨慎对待销售区域的评估与调整。

在调整任何边界之前，销售管理层应该明确，销售管理问题是哪个因素造成的。是销售区域设计不当、销售报酬计划不当、销售监管不力、销售指标体系不当，还是销售训练不当？只有理性而充分地排除其他因素后，才可以进行销售区域的评估与调整。而在销售区域的评估与调整时，要以战略性和激励性为两大原则。

首先要客观地评估销售区域，评估后要指明调整的需要。如果销售区域出现下列三大信号，那就表明需要进行区域调整：销售潜力发生了巨变，销售任务变了，区域重叠了（因老客户不接受新招进销售员造成，管理者当时允许），区域发生侵犯事件日益明显。

经常出现的情况是，区域销售潜力增长太快使得销售员只能做表面的维持工作，而不能进一步开拓市场。使用过时的销售潜力指标，会造成对某个销售区域的销售业绩误判。比如，在一个快速增长地区，某销售代表的销售额在4年里增长了100%，为全公司最大的增长率。销售总监高度嘉奖了这个销售员，并将其作为公司销售员的榜样。后来，这位销售总监发现这位优秀销售员的市场份额却减少了，因为该地区的销售潜力在这4年间，增长了200%~300%。由于这些销售区域的市场潜力快速增长，没有及时调整销售区域，因而使公司失去了更好的发展机会。

有时销售任务也会发生变化。比如，很多公司在头几年，实行广覆盖和快占领的销售策略。之后，销售策略调整为精耕细作和交叉销售的策略。销售任务由开疆辟土转为提供更细作的创值服务。于是公司就会缩小销售员的销售区域，增加新的销售员，以便让每个销售员有更多的销售时间走进客户办公室，为客户提供创值服务。

区域重叠是一个必须纠正的结构缺陷。它一般是历史原因造成的。比如，销售代表A原先负责的区域包括浙江、福建、上海和江苏。由于销售潜力的增长，这个销售区域在第二年被分为两个区域，A负责浙江和福建，B负责上海和江苏。但是，A仍然可以与原先属于他的区域的一些老客户保持联系，这样做是因为A花了很多时间来发展这些客户，这些客户也喜欢A，如果A不去拜访他们，他们就会转向竞争对手购买。由于公司还小，经不起这么折腾，于是管理层允许这两个区域出现重叠。B由于是新进的销售代表，但是屈于公司的销售压力和自身能力的压力，也接受了这种安排。但是随着B的能力与自信心的增长，以及销售指标的压力，B迟早会提出销售区域的调整，要求公司把A联系的客户转给他，这时公司就会陷入两难境地。

在发生区域侵犯事件的时候，就必须评估销售区域的合理性。如果区域侵犯事件越来越多，那表明销售区域的调整就变得非常有必要。公司理应公开反对区域侵犯事件的发生，应该制定区域侵犯事件的处理制度。但依然不能排除某些销售管理者为了某种原因，如销售指标的压力，默认销售员进入其他销售员的领地，尤其是进入非其管辖的销售员的领地。作为公司最高层的销售管理者，必须明确销售区域侵犯的处理态度。如果销售队伍知道公司会严惩销售区域的侵犯事件，但依然不断出现销售区域侵犯事件，那就表明销售指标、销售员规模、销售区域的划分等管理环节有问题，销售管理者需要冷静评估销售区域，并明智地调整销售区域。

要尽最大可能减少闲置的销售区域。闲置的销售区域是指那些没有明确归属的销售区域，以及新销售员上任之前处于销售员空缺状态中的销售区域。后者会导致巨额的销售遗漏，从而带给公司巨大的损失。销售遗漏是指人员空缺及新销售员达到平均水平所需要的一定时间内发生的销售额损失。比如，高安建筑材料公司有30名销售员，这家公司在年度内总共有360个月（30×12）可以进行销售，突然今年有6个销售员辞职（流动率20%），而招聘和培训销售员需要2个月，这样就有12个月（6×2）的销售遗漏时间。在销售员空缺的条件下，每个销售区域在第一个月平均损失3万元，第二个月平均损失9万元，那么在新销售员接替这个空缺之前，总的销售损失就大约为72万元。这6个销售员达到平均水平需要的时间平均为3个月，这3个月内销售额只能达到原有销售额的70%。因此，销售员流失带来的销售遗漏非常巨大。为了减少销售遗漏，完成上级的销售指标，很多销售经理会让其他销售员来顶替接管，或者自己亲自接管。让其他销售员顶替接管，就会为今后销售区域的侵犯与重叠带来隐患。处理不好就会降低销售队伍士气。

很多销售经理认为销售区域的调整是他们的权力，销售员必须服从。他们轻视销售区域调整的障碍：人抵制变化的本性、没有补偿计划、补偿计划与最佳调整目标相悖、调整所需数据无法立即获得或调整数据不全等。不能正视这些障碍的销售区域调整肯定会对销售队伍产生消极影响。很多销售员不希望区域调整，因为人们不喜欢变化，变化使得他们不能预期结果。于是就有不少的销售管理者，因害怕挫伤销售队伍的士气，对销售区域的调整犹豫不决。实际上，很多销售区域问题，如销售区域侵犯与重叠，都是销售管理者以前试图避免摩擦而造成的。

销售区域范围缩小时，会特别影响队伍士气。销售代表怀疑销售管理层要限制他们的收入。另外他们不愿意失去长期培育起来的客户。在调整过程中，要注意倾听和尊重销售员的建议，采取符合人性的调整政策，让销售区域调整具有激励性与战略性，从而实现销售区域调整顺利进行。

报酬计划的类型将会影响销售员对失去客户的态度。过渡时期的报酬如何计算，将影响转交工作中销售员对失去客户的态度。在现实中，很多公司在销售员的报酬上不进行任何调整，就先开始进行区域调整，或者通过说服让销售员接受"只要销售员继续努力工作，大力开发现有市场，他将很快使自己的收入达到或者超过原来的水平"。不过在实际中，销售员很难接受这种观念。

在已定的销售区域中增加销售员，意味着销售区域缩小。增加新的销售员，需要拿走老销售员的销售地盘，但对老销售员没有任何补偿，或补偿不足以让老销售员拿出销售地盘给新来的销售员。这就给销售队伍一个信号：销售量做上去了，老板就会增加销售员来瓜分他的销售地盘，限制其收入，做得越多，死得越快。于是销售队伍中很少有人会努力把销售量做上去。销售区域调整的补偿机制要明确并形成区域调整文化，从而让销售区域调整变成激励士气实现战略的途径之一。补偿可以是销售薪金报酬，可以是名誉与地位，也可以是发展机会，如晋升、学习与培训、证书、勋章、礼品和奖励旅游等。

销售区域的设计与调整必然涉及销售队伍规模的确定与调整，销售队伍规模设计不科学，必然会导致销售队伍边际递减效应的出现。而边际递减效应的出现将使销售员的销售地盘减少，客户资源减少，销售士气下降，优秀销售员离职，最后导致企业销售成本增加，销售利润减少，销售量下降。盲目相信人多力量大、采取销售的人海战术，不仅会导致销售区域与销售管理的边际递减现象，而且会大大增加销售成本和降低销售效率，尤其是增加新销售员划分销售领地时，忽视原有销售员的人性知觉。

6.5 区域覆盖与时间管理

6.5.1 销售时间管理的紧迫性

时间就是金钱。如果一位销售员一年工作240天，每天工作8小时，那么一年就工作1920小时。如果一位销售员一年赚10万元，那么每小时将值52元。而这1920小时中，真正花费在顾客身上的时间不多。在美国，典型的优秀销售员的年销售时间为920小时，占工作时间的48%左右。换句话说，如果销售员的收入为销售额的10%的话，那么意味着销售员必须保证每小时卖出价值1087元的商品，才能挣到10万元的收入。公司拥有员工的工作时间，尽管工作时间是不可替代的稀缺资源，但销售员对工作时间拥有的分配自由度比其他员工大得多，不同的销售员用于销售时间是不一样的。因此，公司就必须从两条途径来保证销售员实现其年收入：提高其销售能力和增加其销售时间。

这里重点探讨如何提高销售员的销售时间。首先销售管理层有必要了解这些工作时间到底是如何分配的。可惜在多数情况下，销售员交上来的报告总是含糊其辞，看了这些报告经理们更是一头雾水。工作时间就这样被"黑洞"吞掉了，销售员经常被繁多的行政琐事所困。文书工作、预算、内部会议、培训、出差，还有营销方面的各种要求都在吞噬着销售员本该用于开发客户的工作时间。

维尔和伯斯两位时间管理专家用3年时间，对美国257家企业进行调查，惊讶地发现：83%的企业没有确定每次销售访问所需要的最少时间要求；63%的企业没有给销售人员规划销售路线图；61%的企业，其销售代表的销售时间只有2小时左右。如图6-9所示，其中A代表交通与等待客户的时间，B代表整理书面资料与内部开会的时间，C代表打电话与在线接触客户的时间，D代表礼节性访问客户的时间，E代表与客户面对面洽谈业务的时间。图6-10列出美国各行业的销售员的工作效率。美国销售管理者采取以下措施提高销售队伍的销售时间：训练销售员使用电话与互联网，用计算机设计拜访路线，简化报告记录格式等。

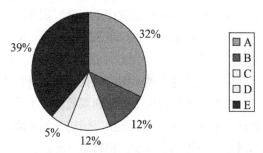

图6-9 美国销售员的工作时间分布情况

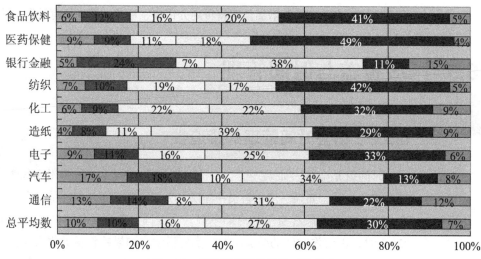

图6-10 美国销售员的销售工作效率

笔者对中国销售员的销售时间进行了研究，研究成果如图6-11所示，基本上参照图6-9的美国研究参数，只是增加了具有中国特色的参数F，F代表与客户一起娱乐（包括宴请）的时间。这个研究涉及1000多个销售员，10多个行业。我国销售员平均接触顾客的时间为37%，远远低于美国的56%，而面对面推销时间我国只有9%左右，也远远低于美国的39%。在我国，销售员花在交通与等待顾客的时间平均在52%，远远高于美国的32%。用在交通与等待顾客的时间太长，这与我国不重视路线规划和电话预约顾客能力较差有关。如果销售时间可以提高到29%，那么我国的销售效率可以翻一倍。因此，我国销售队伍效率的危机在于销售时间太少。我国企业的销售管理者无须从扩张销售队伍规模来提高销售，提高销售队伍的销售时间就可以实现提高销售的目标。

笔者采用美国保富咨询公司对美国销售员工作效率的六大研究参数——实质性销售时间、开发潜在客户时间、解决老客户的使用问题时间、行政性事务时间、在途中时间和休整时间，对中国30多家民营企业的销售员研究发现，他们的销售员用在"实质性销售和开发潜在客户"的时间，大约为22%，约高于美国的20%。解决老客户的使用问题时间、行政事务性时间、在途中时间和休整时间分别是18%、15%、37%和8%。从研究数据中可以看出，我国民营企业的销售行政事务性工作时间比较少，这表明我国民营企业行政管理精练或简单，而途中时间则高于美国的30%，销售路线规划和预约客户的能力是突破口。其中我国民营银行宁波银行，这两项时间高达54%，但途中时间（17%）依然比美国银行金融业的11%高出6个百分点。这主要是行政事务时间远远低于美国同行业，宁波银行的销售员用于行政事务的时间仅为11%，而美国同行业高达38%。

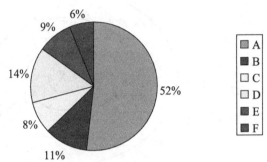

图6-11 中国销售员的工作时间分布情况

6.5.2 为销售队伍规划路线

为了增加销售时间，很多公司都会精简多余或过时的文书，考虑集中行政，以获得规模效益和实用效益。越来越多的公司采取计算机为基础的销售支持系统，目的是协助销售拜访规划和销售管理报告的传送及网上订货等。计算机技术节省了销售员很多的行政时间，增加了销售拜访时间，甚至有的公司已经开始了网上拜访客户。很多公司要求销售员运用电话和网络作为现代销售工具，目的就是充分利用销售员的工作时间，提高销售时间。增加销售队伍的销售时间，除了销售行政管理的精化、计算机运用及现代销售工具的运用之外，很多公司还要求销售管理者为销售区域覆盖管理担起管理责任。所谓销售区域覆盖管理，就是通过为销售队伍规划路线和制定销售访问战略来管理他们的拜访时间。

拜访路线规划是指确定销售员在各自区域拜访客户时应遵循的正式模式的一种销售管理活动。这种模式一般是在销售地图上或列表上标识出来，并说明销售员拜访覆盖区域内每个客户的顺序。虽然拜访路线规划是一种销售管理活动，但它并不仅仅是销售管理层的工作，更重要的是销售员要把路线规划作为他们工作的一部分。

销售管理层帮助销售员规划销售路线，目的是减少途中时间，从而提高销售时间，让销售员不要在路上疲于奔波，而可以大大增加访问次数与访问时间。美国的研究表明，销售员根本不需要把1/3的日常工作时间花在路上。按照这个比例，销售代表一年内有4个月左右不在客户办公室，而在途中。因此，路线规划可以确保有序且全面的市场覆盖来减少途中时间和差旅费。

一般而言，销售员会选择最轻松且最舒适的工作路线，而不是最有效的路线。如果让销售员自己确定销售拜访路线，他们会为了一周能在家里多待几个晚上，而在区域里来回穿梭和原路返回。图6-12中的同心圆可以说明销售员自己规划销售拜访路线时常常发生的问题。最小的椭圆X代表销售员的家，第二个椭圆A离销售员的家最近，A椭圆上有公司要求拜访的顾客，我们把它称作A区域，第三个椭圆为B区域，第四个椭圆为C区域。假设A、B、C的潜力都一样，三个区域都由一个家在X的销售员管辖，一年半载后会出现什么结果？无数次实验表明，销售额在这三个区域会出现A>C>B的情况。

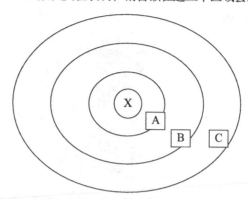

图6-12　销售员自己规划销售拜访路线所带来的问题

为什么呢？A区域一般是销售代表做得很好的区域，因为A区域离家很近，销售代表在A区域可以进行全面的销售工作，并很容易回家过夜，所以拜访频率会很高。C区域一般是做得第二好的区域，因为在C区域，销售代表不得不在外过夜，所以能集中精力进行销售工作。而B区域一般是有问题区域，因为销售代表想晚上回家，就不能工作一整天，B区域的实际销售会大大低于其销售潜力。

现实中不少的销售经理认为，用一个缺乏弹性的销售访问路线规划指导销售员的拜访，会抑制销售员的主动性。他们认为，现场销售员才是确定客户访问顺序的最佳人选。同时，他们认为市场环境时刻在变化中，制订一个固定的销售访问路线计划限制了销售员的随机应变，容易造成销售员的心理不满。高素质的销售员不需要什么路线规划，如果给他们强加限制的话，他们可能会牢骚满腹。限制了自由，会引起士气的下降，得不偿失。也有的销售经理认为，销售收入与销售额直接挂钩，为了获得更多的销售收入，他们自己会设计效率最大化的拜访路线，否则他们就是傻瓜，不值得留在本公司。这些观点有一定的道理，但是规划与设计拜访路线的本领，不是每个销售员天生就具备的，与其让他们摸索出最佳的拜访路线，不如在他们一进公司，就与他们一起设计最佳拜访路线。那些具有路线规划思维的销售管理者，在销售区域设计的时候，会尽可能考虑到交通便利和客户的集中分布，不会把两个相隔很远的客户划到一个销售区域。很多成功的公司会在实际工作中，允许销售员适度调整销售拜访路线，只需汇报即可（无论是提前还是滞后）。他们把事先设计与规划的销售访问路线，称为例行访问路线；遇到特殊情况，采取的拜访路线称为可变访问路线。拜访路线规划对新进公司的销售员很有帮助，可以让他们一开始就养成好的习惯。那些成功的公司会采取制订计划和拜访路线规划的指导方针，他们会在新销售员刚进入公司的前两周，指导销售员设计出高效率的拜访路线图，教会销售员设计和规划销售拜访路线。这样指导路线设计，新销售员就不会困惑无助，他们从一开始就最大限度地利用每天的黄金般的销售时间，花费在行程上的时间大大减少，不仅避免了路途费用（出差费用）的浪费，也避免了销售员由于过度奔波而导致的疲惫和由此产生的工作厌倦。

在制订销售拜访路线规划时要考虑产品与工作特点。如果拜访频率需要有规律，工作内容有惯例，那么路线规划就比不规则拜访时容易得多。产品为药品、杂货、香烟或硬件，需要有规律拜访，否则客户极容易选购其他供货商。例如，一个杂货或硬件零售商根据销售员的规律性拜访，如每周二上午，制订采购计划。如果销售员的拜访时间没有规律，零售商就很可能寻找其他供货商。

6.5.3 为销售队伍制定销售访问战略

销售员经常面临的问题是找到最可能购买他们产品或服务的客户或公司，然后分配销售资源，尤其是时间资源，以期最大化地获得销售机会。路线规划是一个分配时间资源的方法，但这种方法没有解决每个客户分配多长的访问时间。因此，销售员有必要根据客户的购买潜力将其分类，以避免在低潜力的客户身上花费过多的时间资源。客户的分类管理就意味着销售员用最富有成效的方式来处理包括时间在内的所有资源进行分配。常规的客户分类方法有ABCD分类法、客户演进阶段分析法和销售访问分配方格分析法。这里重点介绍田字方格分析法，销售员辖区内的每个客户都能在图6-13中所显示的四个区域里找到定位。分类是销售员按照以下两个维度对客户的评估来确定的。

第三区域	第四区域
吸引力：客户具有很大的潜力吸引力，因为这部分客户可以提供很高的成交机会，尽管当前的销售组织处在弱势地位。销售访问战略：对这类客户应该安排较多的面对面式的销售访问以加强销售组织的地位。	吸引力：客户有很大的吸引力，可以提供高成交机会，销售组织也具有强势地位。销售访问战略：对这类客户应该进行较多的销售访问。销售访问形式可以多元化，但面对面的销售访问依然占主导，因为他们是销售组织当前最青睐的客户。
第一区域	第二区域
吸引力：客户没有吸引力，因为这部分客户仅能提供很低的成交机会，销售组织又处在弱势地位。销售访问战略：对这类客户应该安排较少的销售访问，并尽可能选择电话、网络与直邮等方式代替面对面的销售访问。	吸引力：客户有几分吸引力，因为销售组织有强势地位，但是未来发展机会有限。销售访问战略：对这类客户应该安排中的销售访问，同时用电话、网络与直邮等方式进行销售访问。

图6-13 销售访问分配方格

首先，客户机会维度表示客户需要多少产品、客户是否能够购买产品。销售员在确定客户机会时，要考虑的因素有客户的购买潜力、增长率及财务状况。与ABCD分类法类似,这是对客户整体购买潜力的一种测算。在图6-13中为纵坐标,从下到上,客户机会由低到高。

其次,地位优势维度表示销售员和公司在向客户销售过程中的影响力度的大小。决定地位优势的因素有当前客户购买产品所占的份额、客户对公司和销售员的态度、销售员与客户主要决策人之间的关系等。在图6-13中为横坐标,从左到右,销售组织地位从弱到强。地位优势帮助销售员明确在客户方面能够达到什么样的销售水平。某客户机会可能很多,假定该客户可挖掘的销售潜力为200万元人民币,但是该客户一直青睐购买另一个品牌,目前该客户提供给销售员的购买量为20万元人民币,这就意味着该销售员的地位优势较弱。

恰当的销售访问战略取决于客户落在方格的哪个区域。具有高购买潜力和销售组织强势地位的客户是很有吸引力的,这是因为相对来说,销售员很容易与这个区域的客户做成大宗买卖。因此,销售员应该给这个区域的客户分配最高水平的销售访问量(高拜访次数和高拜访时间)。销售访问分配方格告诉销售员,销售时间的分配从高到低分别是:第三区域、第四区域、第二区域、第一区域。在ABCD分类法中,销售时间的分配也是如此,花费在A客户身上的时间最多,其后依次是B、C、D。很多公司就是用两维四格(田字分析法)分析法来指导销售员分配销售时间和拜访路线。目前这种技术已经计算机化,由计算机直接告诉销售员应该如何分配销售时间。

本章小结

1. 实施销售区域规划与管理的六个好处包括:有助于销售队伍的管理结构与规模有序地发展;有助于对市场的周期性管理,提高质量和改善关系;有助于提高销售队伍的士气和效率;有助于降低销售与销售管理成本;有助于提高市场营销活动的效果;划分销售区域为销售管理层提供了一个有效的控制机制。
2. 销售区域设计考虑的因素包括:销售区域管理的难易;差旅时间或距离的长短;销售区域市场潜力评估的难易;销售代表的工作量与销售潜力的差异尽可能接近;销售区域内的人们生活习惯与风俗等尽可能相近;销售区域无论大小,都要考虑公平合理、机会均等。
3. 销售区域设计与调整的步骤包括:评估市场潜力,并确定销售队伍的管理跨度;选择控制单元和确定各个单元的销售潜力;建立销售区域,明确销售区域的界限;确定基层销售区域划分与调整方法和政策;为确定的销售区域配置销售人员;评估销售区域的设计效果,调整销售区域以更具有战略性和激励性。
4. 销售区域划分的三种方法包括:合成法、分解法、销售反应函数法。
5. 影响销售人员工作负荷的因素包括:工作特点、产品属性、市场发展阶段、市场覆盖密度、竞争状况、地区风俗与交通状况。
6. 决定销售队伍规模的步骤包括:科学预测市场潜力,并客观确定销售潜力;确定划分销售区域的标准与区域市场潜力;根据区域的销售潜力,确定辖区的销售员数量;确定销售管理的管理跨度,根据销售员数量,确定基层销售管理者规模;根据基层销售管理者规模,确定销售管理层次。

7. 销售区域覆盖管理就是通过为销售队伍规划路线和制定销售访问战略来管理他们的拜访时间。拜访路线规划是指确定销售员在各自区域拜访客户时应遵循的正式模式的一种销售管理活动。

本章思考题

1. 有人说，无形产品的销售，不需要划分销售区域。你认为呢？为什么？
2. 什么是销售队伍边际递减效应和销售队伍管理边际递减效应？请阐述它们的危害及解决方案。
3. 一般情况下，销售员被禁止超出自己的区域进行销售，但有时候，区域内的某个客户自愿与其他区域内的销售员联系并采购。在这种情况下，销售员应该怎么做？作为销售管理层，应该如何决策？
4. 有人说，销售区域的分配是销售经理的权限，可以作为一种控制和激励销售代表的有效手段。比如，让最佳的销售代表自行选择销售区域。你同意他的观点吗？为什么？
5. 哪些信号表明公司的销售区域结构需要进行调整？

案例分析

发生在销售代表以前所在区域的区域侵犯事件

珞珈公司的销售总监黄道长，刚刚听完湖州区域的销售代表小陶打来的电话。这是4个月来，黄道长接到小陶就同一个问题打来的第5个电话。嘉兴区域的销售代表夏先生，侵犯了小陶的销售区域，把产品销售给了湖州区域里的一些客户，小陶感到很气愤。

两年前，湖州与嘉兴都是由夏先生负责的，属于浙北地区。由于这个区域的潜力太大了，以至于让一个销售代表负责浙北地区已是不可能了。夏先生对市场开发漫不经心，他依赖老客户，而不去开发新客户。于是，黄道长就把浙北地区分为湖州与嘉兴两个区域，夏先生负责嘉兴区域，小陶负责湖州区域。

夏先生在公司已经5年了，在浙江的总销售额排名上，总是位于前三名。他的客户总是说他的好话，黄道长几乎没有收到过有关夏先生的客户投诉。小陶自从加入公司以来，工作相当出色。她在发展新客户与维持夏先生的老客户方面，都保持着良好的记录，客户反馈表明，小陶在为客户提供所需服务方面也干得非常棒。

在过去的两年里，夏先生偶尔也会向他在湖州区域的老客户销售产品。他声称有老客户打电话要求供货，有时候，客户也要求夏先生抽空去拜访他们。夏先生声称，如果不为他们服务，公司很可能失去他们。其中有个湖州客户，工作在湖州南浔，但是居住在嘉兴的桐乡，夏先生不断地到桐乡拜访这个老客户。

这是对小陶销售区域的侵犯，小陶很恼火。她也声称，夏先生的一些老客户也认为他损害了她的利益。她告诉黄道长，夏先生是一个肆无忌惮的"侵权者"，他利用老关系从她手里抢走了生意。她提醒黄道长，她领取的是比例佣金，因此夏先生的做法就是对她的抢劫。对于黄道长没有就她前4次电话提到的同一问题采取措施，小陶感到愤怒至极。

讨论：你认为黄道长应该如何化解销售的区域冲突？

第七章
销售指标与预算管理

■ **本章要点：**

了解销售指标的含义及销售指标的类型；
了解销售指标的确定与分配方法；
掌握销售指标的棘轮效应及其解决方法；
了解销售预算的含义及其内容；
掌握销售预算制定方法。

课前案例　　　　　　销售旺季，销售不升反降

　　八达岭饮料公司今年4月份在江西省实现销售收入400万元；5月份，该公司考虑到随着气温进一步升高，饮料市场全面进入旺季，经过权衡，销售目标就定到了600万元。

　　此销售目标一经公布和分解，销售基层一片哗然，因为他们心里都明白，上个月之所以完成了400万元的销售量，其实都是通过良好的客情关系、"苦口婆心"地劝说压货甚至不惜动用公司促销、返利等资源才完成的。

　　由于营销高层一再坚持，这多出的200万元就硬性地层层分解到了片区经理、营销人员及经销商的身上。可是，半个月过去了，令人意想不到的是，该公司才销售了100多万元。这时，公司高层急忙派人下去调查，反馈过来的结果是，过高的销售任务让营销员和经销商"喘不过气来"，他们自认为再努力也完不成，于是消极怠工，得过且过，个别区域甚至出现与公司对抗的过激现象。整个营销团队丧失了应有的战斗力，加上5月中旬以后阴雨连绵，该饮料公司在江西省的销售计划彻底落空了。

　　讨论： 在销售旺季，八达岭饮料公司的销售额为什么不升反降？

7.1 销售指标设立与管理

7.1.1 销售指标的性质

销售指标就是指预先分配给销售单元在未来特定期间内必须完成的销售目标。销售单元可以是销售员、销售区域、销售地区、销售分支机构,或者是代理商、分销商。例如,给每个销售代表分配其在一年内必须承担的销售量目标、毛利指标或销售活动指标等。指标可以是用人民币衡量的销售量、用产品单位衡量的销售量、销售活动、销售费用、销售毛利等。指标期间通常是一个月、一个季度、半年或一年,特殊情况可以是一周、一天等较短的期间,当然也有给予项目或特殊客户设立销售单元的销售指标。在销售员完成销售指标后,他们常常会获得与之绩效相应的奖励。

一般把销售指标理解为销售量指标,并把销售量指标称为销售计划。有些行业,也把销售量指标称为销售任务。在实际工作中,销售员所承担的任务,不见得都要与绩效奖金挂钩。而且,人们会把上司分配的销售事情也称作销售任务,销售任务有委任的事务之意。

销售指标是销售管理者计划、控制、激励、评估和调整销售活动的指南。销售指标是建立薪酬制度和激励制度的基础,也是制定销售预算和生产计划的依据,它是企业实现战略管理的最关键数据。

分配销售指标是各级销售管理者的基础职责。销售指标与销售区域、销售薪酬的关联度很大,销售指标以销售区域为基础,以销售薪酬为意义。企业一般是根据销售区域制定销售指标,根据销售指标设计销售薪酬。它们三者组合在一起构成推动销售队伍发挥其战斗力的源泉。有了销售指标、销售区域和销售薪酬,销售队伍就有了有源之水!良好的销售指标必须对营销战略的实现具有激励性和导向性,它会保证企业战略的有效实施与高效执行。但是,如果它们存在人性的不合理,它们的组合就成了污水或毒水之源,最后会污染企业或者毒死企业。

由于销售指标与绩效考核有关,所以销售指标往往与销售员获得的佣金和奖金有关,销售指标就成了评估销售队伍绩效的最基础数据。人们通常会认为完成销售指标的销售员或者销售经理是出色的,是企业英雄。销售指标的设计需要销售管理者非常谨慎对待,因为一个永远都可以轻松完成的指标很容易让销售队伍丧失进取心;同样地,一个永远达不成的指标也让销售队伍倍感沮丧与士气低落。因此,销售指标对销售队伍的士气有很大的影响。从战略规划与执行实施来考虑,销售管理层要尽最大努力设定良好的销售指标就特别重要。销售指标被人们视为企业实现其战略管理的第二个关键数据,销售指标管理成为企业销售管理者最为重要的管理项目。

在现实中,也有一些公司没有使用销售指标,它们会为举出销售指标体系的种种局限性为其辩护。比如,指标没有市场变化快、指标不可能准确地设定、指标会导致高压销售、指标不利于建立客户的忠诚度,等等。然而,这些局限性并不是指标体系固有的。恰恰相反，它们是销售管理上的弱项，反映出销售管理层设定指标的能力偏弱，销售管理层没能充分发挥良好指标体系的作用，销售指标管理过程中执行力不足，等等。

7.1.2 设立销售指标的意义

设立销售指标是各级销售管理者的基础职责，销售指标是销售管理者计划、控制、激励、评估和调整销售活动的指南。设立销售指标的意义，如图7-1所示。

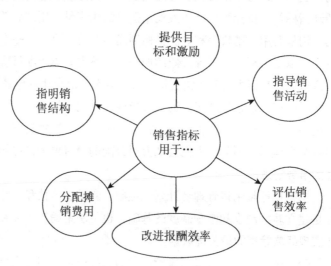

图7-1 设立销售指标的意义

第一，指明各个销售区域（或销售员）的发展状况。了解各个销售区域和销售员组成的销售结构，及其发展状况，有利于销售管理者进行管理策略的调整。管理层可以根据指标的完成情况来判断销售结构发展状况。如果某个销售区域大大地超过之前设立的销售指标，那么管理层应该仔细分析造成这种情况的原因，是竞争对手退出，还是当地商业政策的巨变？如果某个销售区域没有达到销售指标，这也会提醒管理层去思考和分析，是内部销售士气不足，还是竞争对手的增加而导致竞争激烈程度增加？销售管理层还可以根据各个销售结构的产品完成情况，调整产品在销售结构中的促销活动战术及其资源运用情况。

第二，为销售队伍提供目标与激励。销售指标对销售队伍的工作有极大的导向性与激励性，为销售队伍提供了定量的工作任务，也为销售队伍的销售努力提供了方向。人们的活动由标准和目标来引导，往往会表现更好。如果销售工作没有度量标准，那么销售员就很难确定他们的绩效是否能令人满意。只告诉销售员"我们期望你的工作做得出色"是不够的，而用下个月应完成的明确销售额、拜访次数或开发新客户的数量等作为具体的指标来表示这种期望则更有意义。对照销售指标进行绩效评估是运用最为广泛的销售队伍绩效评估方法。当销售员完成或超额完成销售指标时，他们会产生强烈的成就感，而人们一般会认为这些销售员是出色的，当这些出色的销售员受到表扬、奖励、加薪水、得到额外的学习机会或晋升机会的时候,销售队伍的士气就会大大地得到提升或保持较高的状况。

第三,有效地控制销售队伍的活动。在有指标的时候,管理层可以比没有指标的时候更有效地指导销售队伍的活动。比如,想要销售员在客户身上花更多的时间,就可以给每个销售员制定每天8个高质量拜访的活动指标。通过特定的销售访问数、特定的产品销售促销活动或者特定拜访的客户数,销售经理们就能够有效地指导销售员的活动,从而使得销售指标在预定的期限内完成。销售管理层还可以通过运用适当类型的销售指标,如高毛利的产品销售和获得新客户订单,来指导和控制销售队伍的销售行为。

第四,评估销售员的工作效率或工作业绩。销售指标提供了度量销售代表工作效率的标准。通过比较销售员的实际工作结果和销售指标,销售管理层可以评价其绩效,并据此指导销售员的下一步销售行为。销售指标指明了销售员需要帮助和改善的工作领域,从而为地区销售主管的管理工作提供了参考。销售代表也可以将自己的销售业绩与销售指标进行对比,找出销售工作中存在的不足和问题,从而找到下一步销售工作改进的方向与策略。销售指标有助于提高销售员的自我管理。

第五,改进报酬计划的有效性。销售指标结构在销售报酬体系中起到非常重要的作用,因为销售指标往往与报酬挂钩。销售指标给领取固定工资和固定佣金的销售员影响最少,只是在令人信服地完成销售指标后,在来年工资调整、学习发展和晋升等方面会给销售员带来好处。如果佣金比率是有变化的,如采取"工资+佣金+奖金"的薪酬模式,那么这时销售指标就成了佣金比率的变化点,销售指标的完成情况就决定了销售队伍的报酬收入。在这种情况下,一般做得越多,拿到的报酬也就越多。即使在目标激励奖金方案体系中,销售指标也是一个关键点,它在平衡收入和平衡容量不同的销售区域上发挥着至关重要的作用。销售指标的确定必须是精明与公正的,如果定得太容易完成,会造成支付过度;如果定得太难完成,会造成支付不足和销售士气下降。如果销售指标制定过程与方法存在棘轮效应,那么销售员为了获得报酬,就会以销售指标为支点,提前压货或延期发货,玩弄数字游戏,从而导致销售曲棍球棒效应的出现。因此,销售管理层要根据销售指标的完成情况及市场变化情况(如经济形式的重大变化、客户的巨变、汇率与定价的变化和不可抗拒因素)对销售报酬体系进行微调,从而确保公司销售战略目标的实现。

第六,控制与分配摊销费用。销售管理层通常只需运用费用指标就可以起到激励销售队伍、控制费用的作用,而不必将其与报酬计划联系起来。有些公司把销售队伍的费用报销与销售量指标挂钩,如公司给销售员的费用最多不超过销售实际的7%。有些公司对于销售队伍的差旅费和住宿费也与销售指标挂钩,如销售指标为20万元人民币的销售员,可以报销400元/天的住宿发票。另外一些公司则给销售队伍设定一个费用指标,并让销售队伍知道对其绩效的评判部分取决于费用指标的执行情况。有些公司会给销售员以毛利指标,给销售高层管理者以利润指标或管理资产回报率指标等进行考核。从而促使销售员提高销售效率,促使销售管理层提高销售管理效率。

7.1.3 销售指标的类型

企业需要建立许多类型的销售指标,最常见的销售指标有销售量指标、销售利润指标、销售费用指标、销售活动指标及销售组合指标,如图7-2所示。不同的企业或者企业的不同时期,都会在这五种销售指标类型中,选择适应的销售指标。销售管理层选择指标取决于几个因素:产品属性和市场属性。例如,销售管理层发现一个新的区域,可能倾向设置销售活动指标。

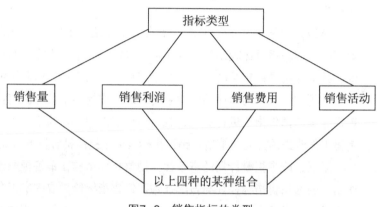

图7-2 销售指标的类型

销售量指标是最普遍使用的指标,它一般用销售的货币金额和销售的产品数量来表示。用货币金额表示的销售量指标,一般称为销售额指标;用产品数量来表示的销售量指标,一般称为销售数量指标(又称销售单位指标)。这两种类型的销售量指标,没有好坏之分,适合于不同的情形。对于一些产品种类相对比较少、单位产品价格较高的公司,或者产品价格变化急剧、变化频繁,或者产品价格变化不被公司所控制的公司,如汽车、房屋、汽油等公司,他们一般采取销售数量指标。销售额指标有利于公司管理层清楚地觉察利润变化情况,有利于销售队伍在不同的产品之间进行评估与决策,有利于评估和计算产品的财务指标,如销售成本和销售费用等。销售额指标容易被销售员和销售经理所理解,所以使用销售额指标的企业比较多。当然,有的企业会在年初给予销售队伍以销售额指标,但由于不可控因素,产品价格急剧下降,为了稳定销售队伍及其士气,把年初的销售额指标按照年初的价格换成销售数量指标。有的公司经常采取两套销售量指标,即销售额指标和销售数量指标并存,哪个对销售队伍有利,就以哪一个销售量指标为考核与评估的基础。

销售量指标可以按地区、产品线、客户、时期或它们的某种组合来设立。一般而言,月度指标或季度指标会比年度指标更为有效。为了更好地完成销售指标,很多公司会设立周销售目标、日销售目标等。这些销售目标是一种不考核的销售指标,主要是提醒与跟催销售队伍所用。

管理层喜欢使用销售量指标是因为这种指标容易理解与记忆,计算也简单。销售量指标很关键,但它不是衡量销售员价值的唯一尺度,因为它无法说明销售员的工作效率和效果的全部内容，如利润、非销售活动的质量等。

销售利润指标是指企业把销售利润作为销售队伍的指标，它包括销售毛利（润）指标与销售净利润指标。销售毛利（润）是指销售额与产品生产成本的差额。产品生产成本是指生产这种产品所支出的费用，它一般由公司制造部门和财务部共同提供信息数据。销售净利润是销售额减去产品生产成本和销售成本（销售队伍的直接费用）后的差额。

在企业里，销售额很高的业务员不一定是公司利益的最佳销售员，于是公司常常要求销售队伍必须创造能够带来利润的销售额。因此，在制定销售量指标的同时，公司也会给销售员、销售地区甚至不同的产品或客户制定相应的销售利润指标。因为销售员出于本然与习惯，会在其感觉舒服的客户身上或容易销售的产品上面花费更多的时间，而容易销售的产品可能是低利润产品。而那些利润高的新产品往往会因为"销售难度"大，而被销售队伍本然地放弃销售努力与减少销售时间。因此，很多公司会给销售队伍设立销售利润指标引导销售队伍的销售行为。

销售利润指标，对于公司的高管，尤其是企业主来说，比较乐于接受。因为他很直接就知道自己的利润额，并且通过设定销售利润指标来保证公司的年利润指标的达成。但是对于销售队伍而言，这个指标最容易引起管理层与销售队伍之间的摩擦，因为销售利润指标确实有一些缺点。

第一，对于销售队伍而言，生产成本不在他们的控制范围内，无法也无权对销售成本负责任。比如，金融危机导致生产成本突然升高，往往会导致公司某些产品只有微利，甚至无利可赚。又如，制造部门管理不善，导致生产成本突然升高，等等。因此，销售利润指标被销售队伍认为是不太公平的指标。尤其在双方相互不信任的情形下，这种指标会让销售队伍灰心并缺乏实在的激励动因。

第二，对于销售管理者而言，销售成本在他们的控制范围之内，但对于销售员而言，只有一部分销售成本在他们的控制范围之内。比如，他们无法也无权干涉销售经理所用的销售费用。因此，对于销售员而言，同样会认为销售净利润指标也没有真实地反映其销售业绩。为了解决这个摩擦，很多公司现在采用销售利润贡献指标与销售利润贡献率指标。所谓销售利润贡献指标，就是毛利减去销售员个人的直接费用后的剩余部分。如果企业把销售净利润指标或销售利润贡献指标看得很重的话，为了完成销售净利润指标，销售员一般会采取消减销售费用的做法，而销售费用的减少会对销售额产生消极影响。比如，有快速提高销售额的市场机会，会因销售员担心销售净利润指标的是否完成而被他们放弃掉。同时，那些需要培育的客户，也会因为销售净利润指标的达成而被销售员减少拜访，导致第二年的销售额增长受阻。

第三，销售利润指标对销售队伍的激励没有销售额指标对销售队伍的激励直接与迅速及时，因为它要花更多的时间来计算，而且很多数据要由其他部门提供，这就会增加很多文案成本，尤其是会减少销售队伍的销售时间。销售经理为了确保销售利润指标的达成，必须花很多时间与精力监督销售费用的支出情况，既不应该超支，也不应该一味地缩减。因此，销售利润指标一般是作为辅助指标。

销售费用指标是指销售队伍用在销售活动的相关费用指标。它一般包括销售行政费用和销售客户费用，前者包括手机通话费、差旅费、住宿费等，后者包括客户的招待费、客户的促销费用等。经营一个销售机构，企业需要付出巨大的费用。笔者对在华的外资企业研究表明，在100元的日常费用中，市场销售部门就要花掉70元，约占公司成本的70%左右。随着交通、娱乐、餐饮和住宿等支付成本变得越来越高，为了更好地提高销售的效益，更好地评估销售队伍，鼓励销售队伍的利润意识与经营意识，而不仅仅是控制销售单位成本，很多公司给销售队伍制定了销售费用指标。它常常与销售额挂钩，如销售费用指标是销售额的4%，即直接销售费用（如差旅、招待、餐饮与住宿等费用）不能超过净销售额的4%。这种销售额比例制的销售费用指标，给予了销售队伍很大机动灵活的自主权，它要求每位销售员，包括销售经理必须像对待自己的银行存款那样，对销售费用进行精心的管理与经营，使之效益最大化。不足之处，可能会影响新客户的开发力度，迫使销售员将过多的精力用在老客户身上。因为开发新客户的成本是维护老客户成本的5~6倍。这就需要销售管理者对销售员使用的销售费用明细清楚，以便引导销售员把销售费用适当用在新客户身上。也有很多公司对销售费用指标采取模糊制或申请报销制。这种方式加大了销售员与销售管理者的沟通力度，对提高销售管理效率有一定促进作用，但它有"人治"的味道，容易产生不公平等消极现象。还有很多企业，把销售行政费用与销售客户费用分开管理，销售行政费用不与销售额挂钩，采取预算申请、使用审批与报销签字制，在公司规章内，实报实销。健康的公司一般不会把销售费用当作销售员收入的一部分。比如，销售费用指标为销售额的4%，实际只用到3.5%，剩下的0.5%作为奖励，计入销售员的收入。健康的公司更不会把销售收入与销售费用混在一起，费用的公私相混会产生很多消极问题。销售费用是属于公司的，不属于销售员本身。销售队伍有权使用，但没有拥有权，使用就必须遵守公司的规章，尤其是财务规章。销售费用指标不是提倡大家节省费用，而是更好地评估销售队伍的效益，更好地提高销售额。

销售活动指标是指针对销售员为实现销售量目标而制定的销售活动数量指标。例如，日常性拜访次数，拜访新客户数，获得新客户的订单数，产品展示次数，开展会次数等。这个指标对宣传性销售员特别有效，对更年轻的、没有销售经验的销售员特别有益。因为销售活动指标可以促使销售员对他们的日常销售活动和拜访路线作出更好的计划，从而更加有效地增加销售时间。例如，每天多进行一次销售拜访，那么每周就可以多出5次销售拜访，一个月就多了20次，一年就多了240次左右。如果一名销售员的平均成交率（成交数除以拜访次数）为10%，那么这位销售员在一年内就可以多出24次的销售成交记录。因此，假设某个行业平均每天进行6次的销售拜访的话，销售经理希望增加每天的平均拜访次数，他就可以制定出每天进行7次拜访的销售活动指标。同样，也可以针对每天需要接触新的潜在客户数量制定相应的指标。销售活动指标一般用于快速消费品或者需要提供售后服务的工业品销售中，如食品的销售，要求销售员根据要求搭建合适的货架，并把产品摆放在零售货架上。他们有个销售活动指标就是产品上架率。销售活动指标管理主要有两大困难：制定的活动是否实际得以实施，以及如何判断活动实施的效果。

销售活动指标的设立是源于这样的逻辑，销售量源于大量的正确的渐进式的销售活动，如针对适当的人进行访问（面对面访问或电话访问）、进行产品展示、开发新客户、推荐新产品，等等。因此，如果销售经理想更好地实现销售额指标，必须找到一个方法来督促销售员做好基础性的并能带来销售的工作。而销售活动指标就是一个很好的方法。

不幸的是，很多销售员并不重视这种具体的销售活动，他们所关心的只是今天能不能成交，往往忽视基础性的渐进式的销售活动工作，认为这些东西本来就是无关紧要的。如果把销售活动指标作为对销售员进行奖励的基础，就会出现销售员经常虚构销售活动报告的情况。很多健康的公司不把销售活动指标作为奖励的基础，而是作为评估销售员的销售质量的一部分。销售活动指标的实现情况，有助于销售经理更好地找到销售员没有完成销售量指标的可能的具体原因，从而帮助销售经理指导或督促销售员改进销售工作。

表7-1说明了一家中国公司如何利用销售拜访活动对销售员进行评价与比较。这家公司利用计算机进行数据处理，并且事先已经确定"一般情况下"，销售员每年工作250天，每个星期平均工作5天，每天进行10个拜访，那么他全年可以进行2500次拜访，故这家公司把年度拜访次数2500次作为销售拜访指标。这样，通过表7-1分析，管理者就可以发现在5名销售员中，有3人在这方面超过了公司设定的年销售拜访次数指标。

表7-1 杭州善德公司浙江区域的销售效能分析

销售员	全部客户数	年销售拜访次数	客户拜访频率	年成交次数	订单拜访率	年度销售额（万元，人民币）	平均每次成交金额（元，人民币）
黄德华	200	2630	13.2	1970	74.9%	248	1258.88
李云龙	170	2380	14.0	1680	70.6%	206	1226.19
曾国强	156	2290	14.7	1370	59.8%	208	1518.25
毛泽勇	230	3250	14.1	2560	78.8%	365	1425.78
朱原彰	210	2730	13.0	2100	76.9%	283	1347.62
合计	966	13280	13.7	9680	72.9%	1310	1353.31

注：客户拜访频率就是客户数除以拜访次数，订单拜访率就是订单数除以拜访次数。

组合指标就是把几种指标按照一定权重组合起来的业绩指标。如果公司对任何单一指标都不满意，他们往往会采取组合指标。因为组合指标可以利用几种指标的优点，同时，组合指标能对销售经理更全面地指导和控制销售员的销售行为，以及帮助销售经理更全面地评估销售员之间的业绩状况。如表7-2所示，在销售量指标完成情况相同的情况下，甲销售员在净利润指标和获得新订单客户数指标的完成情况方面优于乙销售员，按照公司管理层设定的组合指标及其权重，在最后的评估结果中，甲的组合指标完成率优于乙的组合指标完成率。

表7-2　杭州善清公司浙江办的销售业绩分析

项目	销售员甲			销售员乙		
	销售额（元）	净利润（元）	有订单的新客户（位）	销售额（元）	净利润（元）	有订单的新客户（位）
指标	2300000	230000	24	2400000	240000	24
实际	2150000	210000	20	2230000	210000	19
完成比例	93%	91%	83%	93%	88%	79%
权重	50%	30%	20%	50%	30%	20%
完成率份额	47%	27%	17%	47%	26%	16%
组合完成率	91%			89%		

在很多行业中，很多公司最常见的是采取销售量指标与销售活动指标进行组合，因为这两个指标分别影响着销售员的销售活动与销售辅助活动。在一般情况下，销售活动指标的权重少一些，或者他们虽然把销售活动指标作为考核指标，但不与销售奖金挂钩，只与销售晋升或销售评比挂钩。

组合指标的缺点是组合指标过多而显得复杂，难以被销售代表所理解，这样组合指标就成为不满而非激励的源泉。另外，销售代表也可能过于重视组合指标中的某个指标。例如，在表7-3中，销售代表完成产品展示指标的113%和获得的橱窗展位数完成指标的150%，但忽视了获得新客户订单指标的达成，或者花费在获得新客户订货的精力或时间就不足。在组合指标设立中，管理层的挑战在于组合指标的权重设计，在表7-3的例子中，各25%的权重设计是不合理的。我们可以发现，在这种权重设计下，销售利润指标与新客户的订货数指标，销售员都没有达成，而他的组合指标却111%地达成了。

表7-3　杭州善诚公司浙江办某个销售员的组合指标及其完成情况

	指标	实际	完成指标的百分比	权重
全部产品的毛利（元）	60000	55000	92%	25%
进行的产品展示（个）	120	135	113%	25%
新客户的订货数（件）	24	21	88%	25%
获得的橱窗展位数（个）	24	36	150%	25%
组合指标完成率			111%	

在中国，由于商业习惯，很多企业采取赊账销售，允许买家有一定回款期限，而由于各种原因，买家不一定在约束的回款期限内把货款给到卖家。同时，中小型企业销售队伍兼做商务工作，他们不仅仅要把货卖出去，还要把货款收回来。在这种情况下，很多中小型企业就给他们的销售队伍一个具有中国特色的指标——销售回款指标，一般是放入组合指标中，对销售员进行考核。大中型企业会成立专门的商务队伍，负责商品的发货与回款工作，而销售队伍专门负责销售拜访、订单争取、促销等销售类工作。

7.1.4 销售指标的分配方法

公司董事会或高管一般会在上年度最后一两个月把销售指标明细给到公司销售机构的负责人，这些明细的销售指标一般是已经按时间进度、按产品类别或按客户类型进行了分解。表7-4中，杭州清德公司给销售总监的销售指标是按照时间进度与产品进行了分解。销售机构的负责人接下来的工作，就是把销售指标分配到他管辖的直系部属，乃至分配到销售员。相比较而言，董事会制定销售量指标的难度比较大，他们要根据公司战略、营销目标、生产目标、财务目标等内部因素及公司面临的外部环境作出决策。当然他们选择销售量指标的制定方法相对多一些，拥有的信息量与资源也相对多一些。而销售总监及其以下的销售管理者，分配销售指标的方法相对少一些，当然分配销售指标的难度也相对少一些，因为他们只要按照公司提供的分配原则与规则，把上级既定的指标分配给下属即可。但他们面临销售员对销售量指标的质疑与挑战会多一些。由于销售指标与销售薪酬有密切的关联，所以那些把销售员指标分配权授给销售经理的销售总监们，一定要制定分配销售量指标的原则与规则，并训练销售经理如何分配销售指标；对于分配的销售量指标要亲自审阅，审阅批准后，公布实施，以保证各个销售经理所分配的销售指标相对公平合理。否则，销售量指标的不合理分配，会成为整个销售队伍士气低落的根源。

表7-4 杭州清德公司的销售量指标明细

	包装	单价	单位	1月	2月	3月	4月	5月	6月	7月	8月	9月	10月	11月	12月	合计
产品A	T30	271元/盒	盒	4200	3600	4800	4200	5400	5400	4800	5400	6000	5400	6000	4800	60000
			万元	114	98	130	114	146	146	130	146	163	146	163	130	1626
产品B	A10	579元/盒	盒	5600	4800	6400	5600	7200	7200	6400	7200	8000	7200	8000	6400	80000
			万元	324	278	371	324	417	417	371	417	463	417	463	371	4633
每月比例				7%	6%	8%	7%	9%	9%	8%	9%	10%	9%	10%	8%	
季度比例					21%			25%			27%			27%		100%

这里主要探讨在公司常见而有效的制定或分配销售量指标的方法，具体到每个公司或每个销售管理者，要根据自己所在的情形进行分配方法的选择，或者选择其中适合的方法进行组合分配。

第一，根据市场潜力设立与分配销售量指标。在前面第五章探讨了市场潜力的计算方法（市场关键因素派生连比漏斗法、关联类比法、消费者意图调查法、市场试销法和多因素指数法），可以用其中的一种或几种方法进行销售区域或客户的市场潜力评估。以各个区域的市场潜力为基础进行销售量指标的分配。例如，阿敏汽车制造公司的市场潜力评估，评估其蝶花牌汽车在全国的市场潜力为400万辆，现在董事会给予2010年的销售指标为20万辆，那么销售总监如何把这个销售量指标分配给5个销售区域经理呢？如果他采取市场潜力分配销售指标的话，就可以按照表7-5进行，用20

万辆乘以各个区域的市场潜力份额即可得出相应区域的销售量指标。这种分配销售指标的方法相对公正公平,易被销售队伍的大多数人认可与接受。

表7-5 阿敏汽车制造公司各个区域的蝶花牌汽车在2010年的销售量指标情况

地区	各区域的汽车市场潜力(万辆)	各区域的市场潜力份额	各区域的销售量指标
A	106	26.50%	5.30
B	68	17.00%	3.40
C	63	15.75%	3.15
D	80	20.00%	4.00
E	83	20.75%	4.15
合计	400	100.00%	20.00

第二,根据销售潜力设立与分配销售量指标。在第五章探讨了销售潜力与市场潜力的关系,以及它们之间的计算方法。其中销售潜力指数带有一定的主观判断性,它由销售管理者根据销售队伍的实际情况与竞争状况等因素进行决策,对各个区域的销售潜力指数会进行微调,如考虑人的因素、心理因素等。

所谓人的因素,如销售员是老年人,应将指标适当往下调整。这位销售员在公司干得一直很出色,但他现在接近退休年龄,解雇或强迫他提前退休是不人道或不道德的。这时候可以给他小一点儿的区域及相应低一点儿的指标。新进员工也可以适当降低一点儿指标。所谓心理因素,就是人们在实现一个目标后都会有所放松,但是面对一个难以实现的目标,人们往往会选择放弃,这是人的天性。激励性的销售量指标是人们通过有效的工作可以实现乃至超越的指标。

阿敏汽车制造公司的20万辆蝶花牌汽车销售指标,如果根据销售潜力分配销售量指标,那情形会是怎么样的呢?请参看表7-6。尽管销售潜力指数调整有一定的主观判断性,但这种分配指标的方法也容易被销售队伍的大多数人认可与接受。公司的销售潜力指数与各个区域的销售潜力指数的判断,来源于公司董事会与销售高管的综合判断,这个判断面对两个不确定性:外部环境的不断变化存在着不确定性;公司内部能力演变存在着不确定性。

表7-6 阿敏汽车制造公司各个区域的蝶花牌汽车在2010年的销售量指标情况

地区	各区域的汽车市场潜力(万辆)	各区域的销售潜力	各区域的销售潜力份额	各区域的销售潜力指数	各区域的销售指标
A	106	31.8	26.50%	21.20%	4.34
B	68	20.4	17.00%	20.40%	4.18
C	63	18.9	15.75%	16.54%	3.40
D	80	24.0	20.00%	17.00%	3.40
E	83	24.9	20.75%	22.83%	4.68
合计	400	120	100.00%	97.97%	20.00

注:阿敏汽车制造公司认为其公司的销售潜力为30%,各区域的销售潜力指数=各区域销售潜力份额×M_i(M_i为修正系数)。

第三,根据销售预测设立与分配销售量指标。阿敏汽车制造公司的20万辆蝶花牌汽车销售指标,如果根据销售预测分配销售量指标,那情形会是怎么样的呢?请参看表7-7。在销售量指标分配前,阿敏汽车制造公司首先要进行蝶花牌汽车的销售预测,表格中各个区域的销售预测数据是采取经理意见法、销售人员意见法与队伍盈亏临界点法进行销售预测,并最终通过权重"50%+30%+20%"组合而成。

表7-7 阿敏汽车制造公司各个区域的蝶花牌汽车在2010年的销售量指标情况

地区	各区域的汽车市场潜力(万辆)	各区域的销售潜力	各区域的销售预测	各区域的销售指标指数	各区域的销售指标
A	106	31.8	4.65	22.67%	4.53
B	68	20.4	3.79	18.48%	3.70
C	63	18.9	3.67	17.89%	3.58
D	80	24.0	3.52	17.16%	3.43
E	83	24.9	4.88	23.79%	4.76
合计	400	120	20.51	100.00%	20.00

注:阿敏汽车制造公司认为其公司的销售潜力为30%,各区域的销售预测由三方按"50%+30%+20%"组合而成。

销售预测其实是根据非市场潜力因素来进行的,九大销售预测方法都存在各自的优缺点,预测组合最好在四大类型中进行,否则会过重依赖一种预测类型。

比如,在销售预测组合中,最好在三大历史数据预测方法中选择一种,否则就会严重依据过去的销售数据来进行预测,从而造成严重依据过去数据来制定和分解销售指标。而过分地依赖过去的销售数据进行销售量指标的制定和分配,具有很大的局限性和危害性。它忽略了区域市场的销售潜力可能的变化:当年的地区商业形势可能会发生衰退,消费者观念发生了变化,新的竞争者加入等,从而减少了销售潜力;重要的新客户已经进入这个地区,这个区域的销售潜力已经提高了;等等。如果把销售指标建立在1年或几年的销售数据的基础上,那就不能揭示特定区域销售员的糟糕表现和区域市场的实际情况。比如,张三在杭州区域的三年销售数据平均为12万元人民币,2011年增长率为20%,那么张三在2011年的销售指标为14.4万元人民币,而实际上杭州区域的销售潜力为100万元人民币,这样的话,张三近几年的销售数据是比较差的,而销售管理忽视了这个问题的存在。又如,假设杭州区域在上一年度有很长一段时间处于销售员空缺状态,如果按照这种方法设计与分配销售量指标的话,那么新进的销售员在下一年度就可以很容易地完成这个销售量指标。这种依赖历史数据的销售指标也忽视了已经实现的销售潜力比例。比如,杭州、宁波区域的销售潜力都为100万元人民币,杭州的销售员张三近三年的销售额实际为80万元、90万元、95万元人民币,宁波的销售员刘明这三年的销售额实际为70万元、75万元、80万元人民币,如果采取依据近三年平均数据的基础上增长同样比例的话,那显然是不切实际的,也是不公平的。

过分地依赖历史数据来进行销售预测和分配销售指标,容易产生销售指标的棘轮效应,即销售员销售得越多,他们来年承担的销售指标越高,或者完成计划的销售员越多,来年承担的销售指标越高。这对销售员和销售管理者的士气打击都非常大,最终会导致优秀销售员或优秀管理者离开公司。

在过去一定期间的销售数据的基础上,销售管理层依据主观判断的增长比例来预测销售数据或分配销售指标,这种方法的唯一优点就是计算简便、销售指标管理成本低廉且考虑了销售变化的数学趋势。很多不成熟的公司或初创公司都把当年的销售数据作为下一年度的销售指标设定与分配的基础，当然也有些公司把前几年的销售数据的平均值作为下一年度的销售指标设定与分配的基础。短期运用，问题不大，但长期运用，必将导致销售指标的棘轮效应。

比如，在销售预测组合中，最好在专家与销售队伍相关人员预测方法中选择一种，否则就会严重依赖经理的判断或销售员的判断来进行预测，从而造成严重依赖经理的判断或销售员的判断来制定和分配销售指标。在给销售员设定销售量指标时，有些公司完全依赖于经理的判断，实际上更准确的说法是经理的臆测。经理判断通常是良好指标制定程序中不可缺少的因素，从销售员的角度来看，符合自上而下的原则；从销售总监的角度来看，符合自下而上的原则。但并不建议把这种方法作为确定销售量指标的唯一手段。仅仅依赖经理判断而不参考其他变量的销售指标，将面临巨大的风险，在我国极容易造成拉帮结派、圈内与圈外的工作氛围。使用这种方法隐含着这样的假设：经理为人处世公正并充分掌握了市场与销售的信息。有些公司喜欢让销售员自己设定指标，从而把销售指标问题推给了销售员。他们认为销售员比销售管理层更了解其销售区域，销售员有权决定自己的指标并公开作出承诺，更有利于提高销售员的士气，更有利于提高销售员的销售努力。但从现实来看，这种方法过于理想。其实，销售员也不可能获得所有相关的必要信息，对宏观经济与市场全局及企业规划缺乏了解，预测未来趋势的能力可能更缺乏，他们的判断更容易受到情绪影响，悲观与乐观起伏比较大。同时，为了报酬与评估，往往会把指标设置得低一些。而新人倾向对自己的能力与机会过于乐观，而往往把指标设置得高一些，意识到完成指标很困难时，他们的士气就会非常低落。销售员判断也是良好指标制定程序中不可缺少的因素，符合自下而上的指标原则，但仅仅依赖这种方法不可取，也不能把它作为权重超过50%的方法。如果同时采取经理判断法和销售员判断法，那就符合自上而下与自下而上的两个原则。一般而言，对于销售总监而言，销售总监一般会采取经理判断和销售员判断相结合的方法。在操作过程中，销售总监要求销售经理和销售员单独递交其销售指标预测数据。

第四，运用组合方法设立与分配销售量指标。比如，市场潜力份额×50%+销售潜力份额×30%+近三年数据的平均值份额×20%。阿敏汽车制造公司自成立起就保存着历史销售数据，拥有最近三年的各区销售数据，以及该公司的20万辆蝶花牌汽车的销售指标，如果根据组合方法分配销售量指标，那情形会是怎么样的呢？请参看表7-8。这种设立于分配销售量指标的方法，容易被我国销售员所接受与理解。因为他们会把这种方式方法理解为机会公平、过程公平和方法公平，这就足够了。也许结果可能不公平，因为我们中国人追求的是相对公平与机会公平，他们知道世上没有绝对公平的事情。至于初创公司，没有实力与基础进行市场潜力、销售潜力的评估，也没有历史数据，建议在销售员判断法、销售经理判断法、盈亏临界点法、下游客户购买意图法中选择2~3种进行组合。随着公司的发展，要进行市场潜力和销售潜力的评估，获得数据以备将来制定与分配销售量指标使用。

表7-8　阿敏汽车制造公司各个区域的蝶花牌汽车在2010年的销售量指标情况

地区	各区域市场潜力份额	各区域的销售潜力指数份额	各区域的近三年实际份额	各区域的指标份额（组合法）	各区域的销售指标
A	26.50%	21.20%	23.55%	24.32%	4.86
B	17.00%	20.40%	20.29%	18.68%	3.76
C	15.75%	16.54%	16.21%	16.08%	3.22
D	20.00%	17.00%	19.78%	19.06%	3.91
E	20.75%	22.83%	20.17%	21.26%	4.25
合计	100%	97.97%	100.00%	99.40%	20.00

注：阿敏汽车公司认为其公司的销售潜力为30%，各区域的指标份额＝市场潜力份额×50%＋销售潜力指数份额×30%＋近三年数据的平均值份额×20%。

7.1.5　销售指标的棘轮效应

在销售管理中，最容易忽视的问题是棘轮效应，在销售管理中有两种棘轮效应：销售指标的棘轮效应和销售薪酬的棘轮效应。

棘轮效应是公共经济学的一个概念，最初就是对苏联计划经济制度研究的一个结果，美国著名的苏联经济问题专家博林纳用"棘轮效应"一词描述这样一种企业实际现象：在计划体制下，计划者根据一个企业的本期绩效来制定其下期的计划指标。企业生产指标总是只上不下，就像"棘轮"一样，只能前进，不能后退。他认为这效应来自于人们的偷懒本性或者无知。用博林纳的棘轮效应来观察企业的销售量指标数据，发现了销售指标的棘轮效应。所谓销售指标的棘轮效应就是指销售管理者分配给部属的销售指标，对比上年度的销售实际只上不下，就像"棘轮"一样，只能前进，不能后退。销售基数越大，增加的销售量指标越多。销售指标棘轮效应的最大危害就是指标的承担者会用隐瞒销售实力的做法来对抗计划当局，具体危害主要表现为销售士气下降并常年疲态、大家一团和气（慢慢熬），从而丧失很多市场机会。结局就是市场开发速度减缓、产品销售的提量减缓及胜任销售员的流失率提高。

美国经济学家杜森（James S.Duesenberry）教授发现消费领域也有棘轮效应，他认为带有制轮作用的消费棘轮效应是人类的一种本性。在销售队伍管理中，管理层调高销售人员的基本工资，销售人员都会支持，调高容易；如果把销售人员的基本工资调低，销售人员都反对，调低很难。调高销售队伍的销售激励薪酬收入，销售队伍都很乐意；如果调低销售激励薪酬收入，销售队伍的士气就明显降低。如果公司持续增加销售队伍的收入，销售队伍就对公司增加收入的行为有了惯性，哪一年收入突然停止增加或减少，销售队伍的意见就会极大，士气下降。销售薪酬调高容易，调低难，这就是销售薪酬的棘轮效应。

在东方文化中，博林纳的棘轮效应被称为"鞭打快牛"，意思是越是走得快的牛，越是用鞭子打它，让它走得更快。如果销售员超额完成销售指标，就说明他是能人，能人是要承担大任的，而天将降大任者，是要苦其心志和劳其筋骨。能者多劳是销售职业的常态，顶不住的就不要做销售。公司鞭打快牛就是让快牛快起来，因为快牛可以起到领头的作用。快牛要带动慢牛动起来，激发其他牛进入快牛行列，万牛奔腾才是目标。快牛使用起来顺手，而使用慢牛费时费心费力，也解决不了问题。再说鞭打慢牛，一般会把慢牛鞭死的（销售队伍推倒重建），而死掉的慢牛的销售指标，仍需要快牛来背。鞭打快牛，快牛也有可能跑掉，但管理层可以通过各种手段挽留他，如给予晋升的承诺。这样快牛与慢牛一起干，就有可能完成上级给予的销售指标。如果队伍中存在有"野心"的快牛，那就要通过重重鞭打而让他出局，否则今后他翅膀硬了，更不好驾驭。所以在鞭打快牛还是鞭打慢牛的两难选择中，很多销售管理者都采取了鞭打快牛式的销售指标分配哲学。鞭打快牛，短期有效，尤其在一个发展中的公司或缺少管理层的公司有效，因为可以拿管理职位留住那些想晋升到管理层的快牛。但对于成熟的公司或者发展中公司的长期发展来看，则是弊大于利的。

销售指标的棘轮效应会给予销售队伍这样的印象：今年销售业绩越好，明年承担的销售指标就越高。好的表现反而由此受到惩罚。因为在能够完成销售指标的情况下，销售员虽然会受到一定的奖励，但如果他准备明年继续在公司从事销售工作，就会调整自己的努力程度，只要达到或略超过销售指标即可，而不会全力以赴；他甚至会把当年的销售推迟到下一个财务年度，因为他知道自己在第一年努力工作会导致第二年同等努力程度下报酬的降低，于是他就会降低第一年的努力水平。销售指标棘轮效应带给销售队伍最坏的体验是不公平，他们认为区域潜力不一样，实际销售额也不一样，怎么可以用上一年度的实际数据乘以简单的比例？销售主管也会困惑：完成销售指标的比例越高或管理的销售代表越多，下一年度所承担的销售指标就越高。于是他们要么开始留一手，要么选择去更好的公司，因为第二年他们的同等努力，带来的收益却是下降的。于是销售人员就抱有这样的心态：做销售要慢慢来，太快了，是自找苦吃，老板们总是枪打出头鸟；留着市场慢慢做，要做长命鬼，不要做短命鬼。

能否在销售指标数据管理中，解决鞭打快牛还是鞭打慢牛的问题呢？或者，能否抑制或消除销售指标的棘轮效应呢？笔者认为是完全可以做到的。那些长期健康发展的公司总是追求能者多劳与强者更强兼顾，他们不会为了短期发展而牺牲普世的核心价值，如公平原则。在实际操作中，采取这样的销售指标哲学：今年做得越少，明年的增长率就更高（例如A:100→150=+50%）；今年做得越多，明年增长率就越低（例如B:150→210=+40%，明年销售额B会比A增长多，但B的增长比率却低于A）。这种销售指标哲学实际上是"轻打快牛与重打慢牛，两手一起抓"。这种销售指标哲学的成功基础取决于销售管理层有较强的销售数据管理能力，以及"奖励快牛与训练慢牛"的管理手段。这样的销售指标分配具有一定的激励性，销售队伍就不会留一手，也不会跟公司玩数字游戏，大家都把精力放在市场与客户那里。

在具体操作中，建议采取以下措施来抑制或者消除销售指标分配与制定过程中的棘轮效应。

第一，杜绝销售队伍的政治斗争和少用政治手腕，给予销售队伍公正公平原则。

第二，采取组合方法分解与制定销售量指标。在九大销售指标分解方法中，依照过去数据是最容易出现棘轮效应的。组合分配销售指标的挑战在于权重的设置，这就需要销售管理者对于本行业及本公司有着深刻的理解与把握，以及销售管理者对公正的把握。

第三，如果采取组合方法分解销售量指标，依然出现棘轮效应，那么就要根据"完成比率越高、来年增长率越低"的销售指标哲学进行微调。

第四，给销售队伍下达销售组合指标，而不仅仅是销售量指标。在考核与评估中，也要采取组合销售指标，不要让销售队伍的精力只盯住销售量指标。

第五，成立销售指标分解委员会或者销售指标分解小组，加强管理层与销售员的沟通与协商，整合各个方面的意见。

第六，销售指标要和销售区域关联起来，销售指标不能超过市场潜力。

第七，科学合理地设计销售薪酬，让销售指标与销售薪酬呈正相关。销售指标只是标志着预期业绩，不会产生任何经济上的影响，但销售指标很可能是销售佣金比率或奖金比率的变化点。一旦销售薪酬设计与销售指标的完成率关联，销售指标也就标志着预期收入。比如，销售薪酬这样设计："完成销售指标的80%，佣金率为2%；完成销售指标的100%及其以上，奖金率为8%"。这样的销售薪酬设计必将导致销售队伍更加关注销售指标制定与分配的公平性。这是销售指标的棘轮效应带给企业危害的关键所在。

7.1.6 销售指标分配中的特殊问题

在销售指标制定与分配中除了出现销售指标的棘轮效应外，还经常会出现以下一些特殊问题。销售管理者要接受这些特殊问题的挑战，并承担责任。

第一，分配销售指标是分配偏差还是分配等同？很多销售经理选择了分配偏差。分配偏差包括分配过量和分配不足。很多企业在销售指标分配过程中故意分配过量或者分配不足。如果个人销售量指标之和大于公司给予销售管理层的销售量指标，这就是分配过量。比如，有位销售总监所承担的销售量指标为1亿元人民币，他分给各大区销售经理的销售量指标加起来为1.2亿元人民币。主张这种操作的销售管理者们认为，这是防地震的最好做法，因为工作中总会出现一些意想不到的情况，如客户的变化、产品问题或者销售员离职等。这些额外分配的销售指标将有助于销售队伍实现销售量指标。如果个人销售量指标之和小于公司给予销售管理层的销售量指标，我们称之为分配不足，或者销售指标缺口。这种情况，通常用在为保护销售员承担公司管理层制定的不现实的销售量指标，不切实际的销售量指标会压走很多销售员，这时销售管理者就采取销售指标分配不足的做法，以稳住销售队伍为第一要务。当然，有些公司存在自然销售，比如，没有销售队伍去耕耘，通过公司品牌带来的销售额，或者公司存在一些不可预见的大额订单，而这些订单的客户不可以事先划分给销售员，这些实际的销售额就计入销售管理层。在这种情况下，很多公司就故意留出销售量指标的缺口。比如，善德公司的浙江省销售量指标为1200万元人民币，金华、衢州、丽水等地虽然每年有30多万元人民币的销售额，但这三地不足以养活一个销售员，因此善德公司不打算派销售员去经营这三个地方。善德公司的销售经理分配给销售队伍的指标之和为1170万元人民币，销售指标的缺口为30万元人民币。销售指标分配不足，金额不能太大，否则销售管理层承担的风险很大。同时会遭受销售员的质疑，金额大，表明可以招聘销售员来承担更多的销售量指标。其实，不管出于什么原因，当销售经理在进行销售指标分配时，选择了过量分配或者不足分配，就已经在冒着个人诚信和指标分配的可信度被削弱的危险。因为当销售队伍了解到他们的销售量指标并不是他们真正应得的销售量指标时，就会怀疑销售管理层变相减少他们的收入，尤其是在销售量指标与销售薪酬挂钩的情况下。销售指标分配过量，俗称层层加码的分配法，是很多销售经理的最常规做法，而且会获得公司高层的默认支持，因为这样做会为公司创造额外利润。笔者黄德华从事销售管理12年中，一直坚持"分配等同或分配适当不足"的做法，得到了销售队伍的认可，造就了连续9年超额完成上级的销售指标的辉煌业绩，使整个销售队伍充满了信任与诚信。

第二，销售周期超过1年的销售指标分配难题。长销售周期会向销售指标的分配提出挑战，尤其是项目性销售。当销售周期大于12个月时，年度销售指标就变得不那么恰当了。对这种情况，最好采用以项目为基础的销售激励方案，即销售薪酬与销售项目（比如合同的签订、项目款的回收等）相关联，而不是把销售薪酬与销售量指标关联。当然也有些公司是这样做的：第一年把项目数作为销售指标；从第二年开始，设立两个销售指标，一个是项目数指标，一个以原有项目的回款作为销售指标。

第三，不时出现大宗订单。有些公司是把可预见的销售订单和不可预见的大额订单组合在一起，给予销售队伍指标。最好的方法是不要把这些大额订单放进销售量指标中，而是为这些订单单独设计一个销售薪酬方案，并且当超过一定的销售额时，采取适当的递减比率佣金的薪酬方案。

第四，新产品上市日期不在公司控制范围内。在每个财政年度的开始，产品经理也许都会有一份新产品上市时间表，新产品的销售量指标也会从上市时间开始。但新产品上市的具体时间，往往不能由产品经理控制。所以，遇到这种情况，一般有两种解决方案。第一，销售量指标按照原先拟定的数据顺延。比如，原计划新产品上市是3月份，3月、4月、5月……的销售量指标分别是2万元人民币、4万元人民币、7万元人民币……现在产品上市时间是4月份，那么4月、5月……的销售量指标应该是2万元人民币、4万元人民币……原计划12月的销售量指标就在这一年作废。第二，以附加薪酬方案的形式对该产品业绩进行支付激励薪酬，新产品销售量指标与激励性薪酬都单独计划，与原有产品完全脱钩。销售队伍对这种新产品收集更多更确切的信息，在下一个财政年度分配销售量指标时，再把新产品的销售量指标纳进总体指标体系。

7.1.7 销售指标的评估与调整

销售管理层很重视销售指标，会花费很多时间与精力去制定和分配销售指标，甚至有的公司还成立了销售指标管理委员会，会集中时间、精力及费用来管理销售指标。不过，还是有很多销售员内心不认可所承担的销售量指标。除了销售指标分配的方式方法要科学合理外，销售管理者还要关注什么呢？通过研究发现，良好的销售指标具有六大特质，需要销售管理者去把握，如图7-3所示。

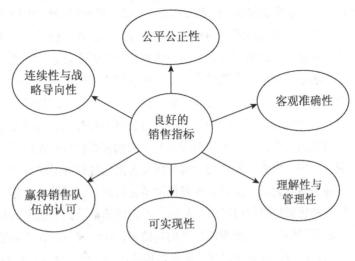

图7-3　良好的销售指标的六大特质

第一，分配的销售指标要有可实现性。如果目标定得太高而无法实现，销售员就会失去积极性，销售队伍的士气就会低落。一般来说，指标的激励性，来自它的可实现性。但在实际工作中有三种分配销售指标的流派。

第一种是高指标派。坚持所设定的销售指标要高于大多数销售员实际所能达到的水平，即跳三跳才能实现的指标，高指标能刺激销售员更努力地工作。因为人的本性是懒惰的，而高指标能刺激销售员更努力地工作。他们还认为，销售队伍是一支喜欢挑战压力的队伍，给予偏低的指标，是对他们的一种侮辱。对于销售员而言，有压力就有动力，如果竞争对手定了高指标，虽然他们有可能没有完成，但他们的市场份额可能就会增大。另外，销售指标定低了，销售员会无所谓，就会优哉游哉地从事销售工作，反正已经完成了销售指标。

第二种是中指标派。坚持所设定的销售指标，是大多数销售员都能完成的，即跳一跳就可以完成的指标，有利于打造积极快乐的销售氛围，有利于提高士气。因为销售员是靠士气生存的队伍，通过努力就可以完成指标，努力越多，完成指标越高；完成指标越高，心情就会越好；心情越好，销售士气就会越高，销售生产力也就会越高。销售指标定得低一些，反而会激励销售员更努力地争取更优异的销售业绩，产生良性的马太效应。

第三种是可变指标派。销售员之间有差异、销售区域有差异，因而可以给某些销售员较高的指标，给某些销售员中等指标，给某些销售员指标低一些。

这三种分配销售指标的流派实际上把自己困在"给销售员的销售指标是偏高些还是偏低些"的二选一陷阱中。对于销售管理者，尤其是中基层的销售管理层，对于既定的销售量指标，不是考虑给谁高给谁少的问题，而应该更多地考虑如何让分配的销售指标更加具有激励性。

第二，分配的销售指标要有客观准确性。分配销售指标不要仅采取一种方法，无论采取哪种销售指标管理体系，都应与市场潜力要相联系，否则会影响指标的客观准确性。历史数据法需要，经理的判断也需要，但不应该成为销售指标决策中的唯一要素。

第三，分配的销售指标要有理解性与管理性。销售指标必须易于为管理层与销售队伍所理解。销售指标体系也应该在经济上便于管理，不要太复杂。有不少的公司为了追求销售指标的全面性，设立了很多销售指标。不要说，这些销售指标之间存在重叠或者冲突的可能，更为重要的是增加了销售队伍的理解难度，销售员可能要花很多时间去理解和计算这些销售指标，占去其销售时间；同时受这些指标的束缚，销售员在销售工作中就可能缩手缩脚。复杂的销售指标也会耗费销售管理层的很多时间去沟通、宣讲、核查。复杂的销售指标会占据销售管理层的督导时间，有些公司的销售指标连销售管理层，尤其是中基层的销售管理层也理解不清楚，因而就更说不清了。分配的销售指标要尽可能简单易懂，可以快速地被销售员理解与计算，如果他们每完成一次订单活动，就很快能计算出其销售指标完成状况，或者他们能预期每次拜访活动带给其销售指标完成状况，那么销售队伍的士气就会更加高昂。

第四，分配的销售指标要有公平公正性。良好的销售指标要让销售员感到是公平公正的。由于区域潜力、市场竞争与销售员的能力有差别，所以销售员不会去追求销售指标的相等，但他们会要求销售管理层分配销售指标的程序与方法要公平公正。对于他们来说，程序与方法的公平公正就是机会的公平公正。销售指标的公平公正性，与现实的可实现性一样，对销售队伍来说，具有极大的激励性。如果分配销售指标采取分配过量，那就会增加销售员对销售管理者的不信任感，从而会削减销售指标的公平公正性。例如，营销总监背的指标为1000万元，销售总监是1100万元，区域销售经理加起来的指标为1200万元，地区销售主管加起来是1300万元，所有业务员加起来是1400万元，那么整个队伍完成计划的72%，营销总监就100%完成了计划。

第五，分配的销售指标要有连续性与战略导向性。销售指标的连续性与导向性，有利于销售员采取耕耘市场的战略，有利于调动他们的积极性并提高他们的销售努力。作为公司来讲，一般是追求长期健康地发展，会有3～5年的战略规划。销售指标是对市场未来销售数据的规划，分配销售指标不仅仅要参考历史数据（包括公司的历史投入状况）与过去的竞争状况，更要参考市场的未来走势状况与竞争状况，以及公司未来3～5年的营销战略与部署。这样分配销售指标，就有可能让销售指标具有连续性与战略导向性。管理层不能为分配销售指标而分配销售指标，采取杀鸡取卵式的销售指标分配方法，让某个销售区域的销售指标起伏跌宕。销售员不仅会看过去的销售指标，会关注现在的销售指标，还会关注明年的销售指标，乃至今后1～3年的销售指标，尤其对于那些愿意长期为公司效力的销售员而言更是如此。作为销售管理者，更要考虑未来1～3年内，各个销售区域的销售指标走势，从而做到未雨绸缪。

第六，分配的销售指标要赢得销售队伍的认可。除了销售指标设计精心，指标体系运作良好，最后一个关键就是要赢得销售队伍的全心全意的认可。由于信息的不对称，闻道有先后，术业有专攻，所以对于分配的销售指标，不同的人肯定有不同的知觉。作为销售管理层，不要因为有不同的知觉，就质疑销售员的工作素养，也不要强制他们认可销售指标，更不要对于他们的知觉采取无所谓的态度，而要向他们解释清楚设定指标的目的与分配指标的方法，并尽可能让他们参与指标的制定，最终赢得他们对销售指标的合作与认可。销售队伍从内心认可了分配的销售指标，那么这一年整个队伍完成销售指标的可能性就大大地提高了。

在评估销售经理分配销售指标的好坏时，除了良好指标的六大特质外，人们常常用实施后销售队伍完成指标的人数比例来评估。完成指标的人数越多，一般越会赢得销售队伍的支持。图7-4中的方案，属于分配指标的中指标派，它的目标是让2/3的销售员完成或超额完成其销售指标。美国研究的结果表明，这种2/3超额、1/3不达额的销售指标分配方案，是成功的公司常用的方法，虽然它是成功的公司实践的结果，目前还不能说明其因果关系，但是这种模式在各种行业都适用。

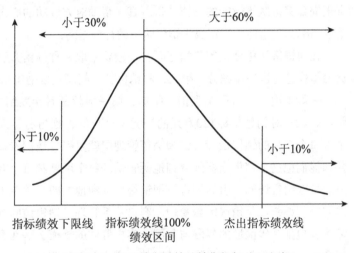

图7-4 基于销售绩效的销售指标分配方案

年中是否需要调整销售量指标？很多人认为，计划没有市场变化快，销售量指标要与时俱进，根据市场情况，作出全面或局部的销售指标调整。销售经理也可以通过年中销售指标的调整来寻求分配指标的公平性，纠正年初分配指标的过失。但这样做，会导致年初销售量指标的权威性，使得销售队伍更多地寻求客观原因以得到更低的销售量指标。也有不少公司，主张年初既定的销售指标，无论多大的地震，如产品在年中没有中标，都不调整销售量指标，以树立销售指标的权威性，并引导销售队伍把精力用于解决问题，而不是花费时间与精力去找一大堆客观原因来寻求指标的减少。对于年中是否需要调整销售指标，没有唯一的标准答案。如果要调整，则需要制定有严格限制的调整条件并谨慎进行。任何年中的销售指标调整，都必须得到公司所有相关管理层的支持，包括首席财务官和首席营运官在以下情况下可考虑年中销售量指标调整：第一，如果销售机会的改变大于15%，并有利于公司未来1～3年的发展，可以对销售量指标作出调整，如客户合并重组等；第二，宏观经济发生重大变化，每个销售队伍都面临着同样的宏观经济的变化，如金融危机；第三，不可抗拒的因素，如某个地区发生了海啸或地震，比如汶川地震，汶川地区的销售量指标就得进行调整。

7.1.8 销售指标的沟通管理

现在很多公司在下达销售指标之前，都会聆听销售员的意见，而不仅仅是销售经理的意见，并会把销售员预测的销售指标作为销售指标分配的依据之一。那些卓越的公司，把销售指标的最终值在交付给部属时，还会腾出充足的时间和部属进行一对一的沟通。因为部属在接受销售指标时的恐惧感与压力最大，作为销售管理层要通过充分沟通，疏导部属对销售指标的压力与恐惧，帮助他们找到完成销售指标的途径与方法，并在能力范围内尽可能地解决在完成销售指标过程中面临的难题。所以，销售管理层不是在下达销售指标，而是在推销销售指标；不仅要赢得销售队伍对销售指标的认可，提高他们完成销售指标的信心与士气，还要获得他们对完成销售指标的承诺，更重要的是和他们一道找到完成销售指标的方式方法。要通过销售指标的推销找到能真正提高销售队伍效能的措施。带着真正帮助对方成功的心态来推销销售指标，会让销售指标真正落地，真正成为销售队伍的行为指南。

在向销售队伍推销销售指标时，一般要采取两种推销方法：第一，把分配给销售员的指标进行进一步细分；第二，和销售员一起设立以销售指标为基础的销售目标。

一般来说，销售员拿到销售指标，第一眼就是看年度销售量指标，如120万元人民币，就有对销售指标120万元的知觉（高与低、难与易等判断），而不会继续看每个月每个产品的销售指标。作为销售管理层就要引导他们看每个月每个产品的指标，并和他们把这个销售指标细分到他所管辖的每个区域和每个客户，甚至把销售指标细分到每次销售访问，引导销售员把销售指标和他的四个关键工作领域相关联。销售员的四个关键领域是销售区域管理、客户关系管理、销售访问管理和自我管理。销售区域管理包括销售区域的界限与范围、客户群体的规模、潜在客户的数据、潜在的销售机会数、市场份额和市场增长情况等。客户关系管理包括客户的结构（如客户的ABC结构）、客户的周期（用波士顿矩阵把客户分类）、客户的潜在购买、客户采购记录、客户的商业信誉等。销售访问管理包括访问数量、访问质量、销售技术、访问路线等。销售员的自我管理包括态度、仪表、言谈举止、身体健康、销售能力等。最终与销售员一道形成销售指标的可行性分析，并获得销售员的承诺。请注意，推销销售指标不是对销售指标进行讨价还价（讨价还价是"讨"不出科学合理的指标的，只能"讨"出面子与权势的指标），而是对销售指标再细分的沟通过程，最终帮助销售员树立完成指标的信心并形成完成指标的实施方案。表7-9和表7-10都是销售指标细分的范例。表7-9是销售指标细分到访问客户数的例子，要完成年度销售指标120万元，销售员只要每天坚持打13.6个电话，每天拜访9.12个客户，从340个客户中培育出24个平均订单为5万元的客户。销售经理指导销售员进行这样的指标分解，销售员就不会觉得120万元的指标高不可攀了，同时，这也为销售经理与销售员在分解过程中充分进行交流提供了机会，促进他们进一步熟悉与理解的伙伴关系，销售经理还可借此辅导销售员。表7-10是以销售目标为基础的销售指标分解到客户处方数的例子。一般来说，如果推销新产品，在给予销售员指标时，多半会有销售员认为指标高不可攀（尤其是价格高的产品），不过通过设立销售目标和销售梦想，并把销售目标进行细分，销售员就会发现，原来目标都不那么可怕了。通过把大目标分解为中目标，再细分到可以看得见摸得着的易实现的小目标，增强了销售员完成销售指标的信心与决心。通过三套数据的设立和分解，让销售员心向往着蓝天（销售梦想），努力去摸白云（销售目标），即使没有摸着白云，也站在山巅上（销售指标），这比让他们站在山脚下（没有完成销售指标）要好得多。

表7-9 电话销售员黄虎的年度销售指标细分模式

销售员黄虎的年销售指标	120万元
平均每个订单成交额	5万元（这是黄虎去年订单的平均额）
完成120万元指标所需的订单数	24个
拜访客户获得订单的概率	15:1（这是黄虎去年获得订单的客户概率）
完成24个订单所需拜访的客户数	340位
每位客户所需要的拜访次数	7次（行业内拜访客户的平均次数）
拜访客户的次数为	2280次
每天拜访客户的次数为	9.12次
电话约见拜访的成功率	10:1（这是黄虎去年约见客户的成功率）
约见340位客户所需的电话数	3400个
每个工作日的电话数	13.6个电话

表7-10 销售员蓝山的X产品年度销售指标细分模式

X产品年度销售指标	5000盒
X产品年度销售目标	6000盒
X产品的年度销售梦想	6600盒
X产品月度平均销售目标	500盒（6000/12）
X产品每个工作日的平均销售目标	22.7盒（500/22）
X产品每个工作日每家医院的平均销售目标	7.6盒（22.7/3）（3家医院采购了X产品）
X产品每个工作日每家医院每个目标意识的平均处方目标	1.3盒（7.6/6）（3家医院6个目标处方医生）
确保指标达成	3家医院6个医生平均每天处方：1.1盒
实现销售指标	3家医院6个医生平均每天处方：1.3盒
实现销售梦想	3家医院6个医生平均每天处方：1.43盒

7.2 销售预算管理

7.2.1 销售预算的地位

预算是管理者通过预测收入和费用支出来安排利润的一种财务计划。它是很多公司，尤其是大公司的控制结构的核心。企业的预算涉及销售部、市场部、财务部、行政管理部、研发部、生产部等企业部门。它由这些部门的负责人提出，经过经营委员会审核批准，有的还需要递交给上级经营委员会或董事会审核批准。销售部负责人提出的预算，称为销售机构预算，简称销售预算。市场部提出的预算，称为市场预算。销售预算和市场预算之和，统称为营销预算。在一些中小型公司，没有营销部，也没有市场部，广告策划等活动比较少，直接归销售经理管理，在这种情况下，销售预算会包括市场预算在内。在一些大公司，尤其是特大公司，他们还有与销售部并行的商务部、大客户服务部，事务公关部等部门，这些部门的预算与销售预算并行，他们各自递交给营销总监，营销总监整合后的预算，称为营销预算。

完成一定的销售量需要发生一定的销售费用，故编制销售预算和监控实际的费用支出是销售经理的关键职责之一。销售预算是指销售机构在一定时期为了获得预期销售收入而分配销售资源和销售努力的销售财务计划。它可以根据事先得到的或分配到的一定数额的资金进行销售资源的安排，也可以根据市场销售现状与未来，以销售指标为基础，进行销售资源和销售努力的安排。销售预算是对未来销售量及获得这些销售量的成本的财务计划，因此，销售预算的基础是未来一定时期内的销售预测数据。

企业的经营通常是从销售预算开始的，数据从销售预算开始流向五个方向。图7-5揭示的是企业预算之间传递的信息流。销售预算为销售部门的各种预算提供了依据，如办公费、差旅费、客户招待费、客户交际费等。销售预算数据中的销售量数据直接传给生产部门，生产部门将确定总的生产预算，并以此制定各种材料和劳动力预算。财务经理也要用销售预算中的预期销售量来制定现金、利润和亏损预算，以及本部门的员工预算。现金预算是用来确定每月现金流入流出的工具，它对于企业各个部门的正常运作非常关键。这是由于费用与资金回收存在时间差，预算必须确保公司有足够的现金来应付费用和资金回收前这段时间的开支。

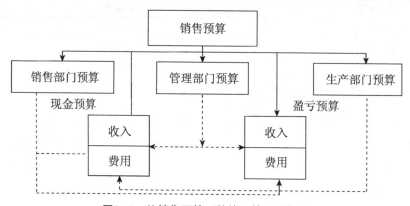

图7-5 从销售预算到其他预算的信息流

财务经理必须把预计销售额作为利润和亏损预算的起点，要把销售部门费用预算、生产部门预算、管理部门预算等都计入盈亏预算和现金预算，以确定预期经营成本，所有的预算都在盈亏预算和现金预算中汇总。销售预算有助于产生公司收入，一般来说，销售预算中预期销售是公司收入的主要来源，而其他的预算是在实现预期销售过程中的花费。因此，在预算体系中，非常关键的数据就是销售部门预算中的预期销售数据。它的错误会对财务预算产生双重影响。第一，销售收入不正确，影响现金流。要么不足，要么太多。第二，由于销售预算决定生产预算和管理预算，要么费用超支而承担较高的资金成本，要么费用不足而失去很多的销售机会。

因为公司的所有活动都基于公司各个产品的销售和所得收入，所以销售预算会影响公司其他职能部门的运作，比如，财务部门、行政部门、生产部门。这就对销售经理做预算的能力提出了很高的要求。

7.2.2 销售预算的作用

一般来说,销售预算有助于帮助销售管理者掌握全局和控制整体情况,有助于销售管理者合理配置资源和控制组织中各项活动的开展;有助于对销售机构的工作进行有限的评价;有助于培育销售机构勤俭节约、精打细算的工作作风;有助于提高销售机构的资金管理技能,有助于提高销售机构的销售效率。因为销售预算是销售经理在更低层经理之间或销售员之间进行资源再分配的基础,所以向销售活动提供适当的资金支持,可以帮助销售员和整个销售部门完成销售指标,保证销售机构正常运行。

各层人员常常都会花很多时间去游说自己的直接上司,以增加本人或本部门的预算资金。因为销售预算中的资金预算是销售成功的关键环节,它不仅仅是支撑销售活动的费用支出,更为重要的是销售成功的一种投资。比如,销售培训费用就是一种投资,销售员接受了销售技能的培训,就有获得更高的销售业绩的可能。销售员的销售预算能力很强,这就意味着,销售机构把筹资、投资和资金分配的决策做好,管理做好,那么在营销水平不变的情况下,就可获得较好的销售成果(资金的较大增值)。整体来说,销售预算对销售活动有计划、协调、控制和评估等作用。

1. 计划

公司要制定营销和销售指标,就要用销售预算来决定如何实现这些销售指标。对于销售部门而言,销售预算既是销售活动的行动计划,又是销售活动的绩效标准。通过销售预算在产品、区域和客户之间的详细分解,才能使销售员真正了解销售经理对他的期望和要求。而销售经理对销售预算进行最后决策前,需要考虑不同市场之间、不同销售员之间、不同销售团队之间、不同销售队伍之间的差异与未来趋势,整盘考虑部门的销售业绩的达成和销售战略的实现。

2. 协调

销售预算是协调整个组织内部各个职能部门和机构活动的一个重要的管理工具。比如,为了保证生产部门能够生产足够多的产品以满足市场需要,销售部门与生产部门必须相互协调,生产经理(或生产厂长)可以利用销售预算中的预期销售量来确定生产水平。销售预算可以帮助财务经理确定公司的收入水平和支出水平,并筹集足够的资金来保证生产、销售、管理等部门的正常运转。销售经理和财务经理要相互协调,以保证销售部门的现金支出。销售经理和管理部门经理相互协调,以保证销售员的招聘、培训、离职、薪资发放等活动可以顺利进行。

但是,在制定销售预算的过程中,必须保持一定的灵活性,要根据具体的市场情况对计划加以调整。许多公司为销售经理制定销售预算限额,但允许销售经理根据实际销售情况和市场竞争情况,灵活地使用这笔资金。因此,每个销售机构(销售部、销售大区、销售地区)都有自己的销售预算,每个销售员都会有自己的销售预算。这些销售预算之间,就需要整合与协调。

3. 控制

公司管理层通过预算资金的分配对预算资金的使用情况加以控制。销售经理首先需要估算他们的资金需求,以及资金使用回报;然后把分配到的预算资金投入到本部门的运营中，他们对有效地使用预算资金以实现既定的销售指标负有最终的责任。因此，他们有权在其管辖部门进行预算资金的协调与控制。比如，浙江市场紧缺资金，预算资金不够，但销售潜力很大，可以帮销售部更好地完成本期销售指标，而江苏市场，虽然也缺资金，预算资金也不足，但费用进度领先销售指标完成进度，销售经理就要限制江苏市场的预算资金支出，而增加浙江市场的预算资金支出。比如，很多公司的销售员负责销售几个产品，这些产品的销售难易程度不一样，要达到同样的销售额，其销售费用使用的情况也不一样；有的产品达到同样的销售额，使用同样的销售费用，但其利润也不一样。一般来说，那些利润低的产品，其销售费用不会太高，也相对容易上量。如果不进行控制，很多销售员只会关心销售量，容易把预算资金用在低利润率的容易上量的产品上，所以这就需要销售预算来控制销售员的资金分配。

4. 评估

目标或指标，一旦确定，就会成为绩效评估的工具。如果公司实现了目标或指标，管理层就认为它很成功。实现了销售预算中的各项指标，就成了销售经理成功的有力证明。而达不到预算要求的销售经理，则通常被认为不是一个好经理。但我们不建议把销售预算执行评估结果作为考核员工的KPI指标，也不建议把销售预算评估结果作为发放奖金的依据。

当然，更为重要的评估是为了改进工作。销售预算有助于销售经理进行实时评估，如果发现，某个市场销售业绩不理想是由于销售预算管理混乱，那么销售经理就需要单独指导管辖这个市场的销售员或销售经理，提高他的销售预算技能和销售预算管理技能，从而帮助他完成销售指标。

7.2.3　销售预算的主要内容

销售预算一般由四部分组成：销售量预测、行政费用预算、人员费用预算和推广费用预算。销售量预测是收入预期，费用预算是支出预期。销售量预测是以销售量指标为基础进行预测的。销售费用一般包括三个方面：

（1）销售机构的行政费用预算。它是指支撑销售机构的行政管理费用，一般包括办公室的租赁、办公的固定资产、办公的低值易耗品、网络与电话、邮寄、电费等费用。

（2）销售机构的人员费用预算。它是支付给销售机构的所有人员的费用，一般包括人员的薪资、奖金、补贴、福利、差旅、培训、招聘、调转与离职等费用。这里的人员，包括销售员、销售经理、销售内勤、销售助理等所有销售机构的人员。

（3）销售机构的推广费用预算。它是销售机构用在客户方面的费用，一般包括客户的招待费、交际费、顾问费、咨询费、科研费、会议费、礼品费、展销费、广告费、产品样品费等促销费用。

绝大多数公司对于销售预算都采取Excel表格化管理，并软件处理数据。表7-11是双井公司销售经理每月递交的销售预算表。每家公司的销售推广费用都包括这三部分内容，当然具体费用的归类会有所不同。比如，有些公司会把销售员的差旅费用也归在销售推广费用栏目，并把推广费用称为业务费用。另外，由于销售员的权限不一样，在具体预算中，有些具体费用就不用预算。比如，销售员一般不作销售奖金和佣金的预算,这一部分内容由销售经理负责预算。

表7-11 双井公司销售部每月费用预算

Shuangjing Sales Dept. Monthly Budget 双井公司销售部每月费用预算					
姓名:	月份:				Unit: RMB
Aspect 方面	Item 项目	Budget Detail 预算明细	Plan(yuan) 计划(元)	Results(yuan) 实际(元)	Percentage(%) 百分比(%)
Sales Administration 行政方面	Fixed Assets 固定资产				
	Equipment 低值易耗品				
	Rental 租赁费				
	Communication Expenses 电话费				
	Office Stationary 办公费				
	Total 合计				
Staff 人员方面	Travelling Allowance 差旅费				
	Training Expenses 培训费				
	Housing Expenses 外地住宿费用				
	Home Expenses 探亲费用				
	Total 合计				
Promotion 推广方面	Meeting Expenses 会议费				
	Case Studies 临床费				
	Entertainment 交际费				
	Advisor Expenses 顾问费				
	Policy affairs 政策事务费用				
	Others 其他				
	Total 合计				
	Grand Total 总计				
销售量预测					
Plan Approved by			Results Approved by		
Date			Date		

7.2.4 销售预算的主要制定方法

公司的高管，尤其是销售机构的高管，需要制定销售预算的规则和标准，尤其是销售推广费用的预算及其审批标准。销售机构的人员根据这些规则与标准编制销售预算，从下而上递交每月销售预算，并逐级审核汇总。对于销售总监而言，费用预算就是资金分配，对于销售总监以下的销售人员而言，费用预算就是资金申请。

制定资金分配的规则和标准大概有三种方法：销售百分比法、销售费用定额法、市场销售活动法。

（1）销售百分比法，根据销售量的一定比例进行资金分配。使用这种方法，容易计划和控制他们的公司及其部门业绩，因为管理者用一定的比例乘以销售量，简单易操作。在具体操作中，由销售人员填写销售预算表递交申请。

使用这种方法有两个关键点。首先是费用比例的确立。一般而言，比例的确立多半依靠销售总监的经验、行业平均数、竞争对手的费用数据、公司的利润要求及上司直接的分配比例。其次是销售量的确立。有的公司采取的销售量数据是已经实现的数据，如月度销售预算，销售量是上月已经达到的销售量。这样确立销售量数据，容易控制实际费用不超标，但推广费用的使用，属于还债性质。有的公司采取的销售量数据是预期销售量，推广费用的使用，属于投资性质，这种方法有效性的基础是销售预测的准确性。比如，月度销售预算，销售量是本月预测的销售量，尽管有的公司规定这个预测数据要以销售指标为基础，但这个销售量属于未来数据，有一个月的不确定期，实际销售量数据有可能超过预期的，也有可能没有达到预期的。前者是销售总监愿意看到的，后者是销售总监不愿意看到的，也是销售总监感觉最为棘手的。要解决这个问题，每家公司采取的方法不一样，有的采取特殊费用申请来解决，有的采取滚动累积预算来解决。滚动累积预算就是在费用预算栏目中，增加累积实际费用比例，如果累积实际费用比例没有超出，本月可以多申请一些费用；如果累积实际费用比例超出标准，本月申请的费用就要减少。表7-12是威材公司销售员每月销售预算申请表。

（2）销售费用定额法，销售总监规定各级销售人员的推广费用定额及差旅费定额。比如，初级销售员每月推广费用3000元人民币，中级销售员每月推广费用6000元人民币，高级销售员每月推广费用10000元人民币。

（3）市场销售活动法，又称目标任务法。先确定实现销售目标必须完成的市场任务（一般指市场销售活动任务），接着估计完成市场销售活动任务的成本。销售人员根据市场销售活动的具体情况，进行预算，并由上级主管结合目标任务判断其合理性。有的公司规定，这些活动需要提前一年、半年或一季度在经营会议上得到批准，并预先有个粗略预算。在有市场部的公司，这个方法经常被产品经理或市场经理所运用。在那些没有市场部，但有产品主管的销售机构，往往授权产品主管使用这种方法，进行产品主管的销售预算。采取这种方法的公司，往往事先会召开周期协调会议。对于达成共识的市场销售活动，则由相关人员填写预算申请表。表7-13是翰溪公司的市场销售活动预算申请表。

以上三种方法，没有好坏之分，在具体操作中，也许是多种方法并存，也许还有更好的方法。不过，无论采用哪一种方法，销售预算都是一个执行战略和管理沟通的过程，需要相关者有着良好的协调技巧。

表7-12 威材公司销售员每月销售预算申请表

WSZ-Sale&Marketing Department Staff Expenses Budget Sheet 威材（苏州）制药有限公司市场销售部人员费用预算表													
大区：			地区：			区域：				时段：			
费用 医院	推广费用					消化	推广费用比（%）	行政差旅费用						总消化当月	总费用当月	业务费用比（%）
	会议	交际	赞助	其他	合计			差旅	培训	邮电	办公	其他	合计			
填表申请人：			填表申请时间：			审核主管：				审核时间：			

表7-13 翰溪公司的市场销售活动预算申请表

翰溪公司的市场活动费用申请表			
活动大类：	活动项目编号：		
申请人：	申请部门：		申请时间：
活动信息			
活动类型：			
活动目的：			
活动时间：	活动地址：		
活动议程：（可以附页）			
参与人员：	内部：		外部：
活动预算金额明细			

项目	数量	单价	金额	活动实际费用明细			
				数量	单价	金额	偏差说明
机票							
出租车票							
火车票							
公共汽车票							
住宿费							
签证费							
劳务费							
餐费							
礼品							
场租费							
注册费							
杂费							
展台布置费							
翻译费							
其他							
合计							
审核主管：		审核时间：		财务审核员：		财务审核时间：	

7.2.5 销售预算的管理

销售预算的成功，取决于销售预算的策划、编制、审批、运作、实时评估、报账、再评估、调整等全过程，因此，销售预算需要良好的管理。不好的销售预算管理，会带来灾难性的损失（参看阅读材料7-1）。除了要慎重选择销售预算方法之外，还需要注意销售预算的期间性、程序、灵活性和实时评估的选择。不能把销售预算仅当作工作任务，也不能把它当作工作目标，销售预算只是销售工作的控制手段，其目的是促进销售目标的达成。销售预算虽然要维护其严肃性，但它是销售管理和实现销售目标的手段，而不应凌驾于组织销售目标之上。不应借口维护销售预算的严肃性而不惜损害组织销售目标的实现。有些销售管理人员热衷于使自己部门的费用不超过预算，却忘记了自己的首要职责是实现组织销售目标。因为其开支未列入预算，而使一笔符合组织销售目标的活动无法实现，那显然是一个失误。因此，当销售预算目标和组织销售目标的实现不相一致时，要调整销售预算目标而不是相反。

阅读材料7-1　　　　　　　　　**翰溪食品公司浙江大区的销售预算困惑**

翰溪食品公司每年年底，全国上下都会编制下一年的经营计划，这个经营计划中最为重要的就是销售预算。年度销售预算由销售部门的高层管理者提交给公司经营委员会批准。在通常情况下，批准通过的年度销售预算在年度内不做调整，如果遇到紧急情况，销售部门的高层管理者需要向经营委员会提出特殊申请。以年度的销售预算是以年度销售指标为基础，以年度销售活动规划为参考编制而成的。

该公司的销售预算管理，以年度为一个期限，采取的是"年度批准、月度申请和评估实际"的管理体制。该公司的销售部门，每个月底都要向公司管理部门递交下个月的销售预算，如果在经营委员会年底批准的销售预算范围内，实际评估累积费用没有超过公司预设标准的，一般就会得到贯彻执行。否则就要通过多次沟通并以书面备忘录的形式进行审批。销售部门每3个月向经营委员会汇报一次销售预算的进展情况，并预测下一个季度的销售情况。该公司的销售部在全国分为7个销售大区，每个大区经理在月底向销售总监递交各自大区的销售预算，销售总监汇总大区经理的数据，并结合销售行政部门的数据，按照公司预算表格递交销售部门的销售预算。

2010年12月1日，浙江大区的销售经理阿黄非常气愤，本月的销售预算，销售指标计划不变，而批准的销售费用砍掉了一半，很多销售活动面临停下来的命运，有些销售活动也面临推迟，最为头疼的是很多销售活动都已经通知了客户，得罪客户可是销售大忌。这是阿黄担任销售经理多年来所没有遇到的情况，因为他之前的销售预算申请与执行都是非常符合公司政策的。2010年1—11月，浙江大区的销售指标完成情况非常好，销售预算进展也在年度批准的范围内。阿黄寻求上司销售总监阿牛的帮助，殷切希望上司能给他网开一面。阿牛说，整个销售部门砍了2/3的费用。浙江大区砍掉一半费用，已经很客气了，充分考虑了浙江大区的实际情况。这是公司的决定，虽然阿牛也争取过了，但销售部门没有完成销售指标，所以心有余力不足。阿黄说，浙江大区完成了销售指标，没有超预算，按照公司政策，不应该砍掉费用预算。阿牛说，要顾全大局，不要斤斤计较。阿黄更加困惑了，自己带领浙江大区完成了销售指标，不仅没有得到鼓励与表扬，反而被认为是斤斤计较，可悲！阿黄要面临两大难题：安抚实施销售活动的销售员，取得销售预算所涉及的客户的谅解。前者对公司会有埋怨而失去工作激情动力，后者会对公司怀疑而逐渐失去采购动力。

销售预算要有期间性。在确定预算期间时，公司要在控制程度与预算编制成本之间取得平衡，从而选择期间段。销售预算期间有年度编制、半年度编制、季度编制和月度编制四种。公司高层关注更多的是年度或半年度销售预算编制，中层销售管理关注更多的是半年度或季度销售预算编制，基层销售管理和销售员关注的是季度或月度销售预算编制。一般来说，预算期越短，不可预见事件打乱预测的可能性就越小。具体实施哪个预算期间，每家公司要根据自己产品的性质来确定。复杂产品，预算期间可能要长一些，如季度、半年度；简单产品或快速消费品，预算期间可能要短一些，如月度，季度。

销售预算程序要明确。销售预算申请的时间、审核时间及批准结果通告时间，都需要明文规定。在互联网时代，很多公司采取区域网上计算机直接操作，销售预算程序很快就可以完成。而那些没有采取网上办公的公司，可能会通过E-mail等方式完成。无论采取哪种方式，良好的预算编制程序，要求申请者和相关管理者必须在所有计划与预算的结尾处签名，以表明大家同意努力实现这些计划和预算，从而提高大家对销售预算的责任感。

销售预算要具有灵活性。由于市场波动是瞬息万变的，所以要把一定数量的资金精确地分配给各个销售机构是件很难的事情。销售额、销售成本、产品价格、竞争对手的市场活动、市场经济变化及人员的变化等，都会影响到实际情况偏离预期的状况，销售机构应该对这些变化作出灵活的反应。

无灵活性也许是销售预算中的最大危险。即使销售预算未被用来取代管理工作，把计划缩略成数字后也会造成数字是确切无疑的错觉。要保证销售预算的有效性就必须使预算成为可变的和灵活的，哪些是部分可变的，哪些是完全可变的，据此来制定相应的销售预算。

销售预算过繁过细也是造成销售预算不灵活的重要原因。销售预算过于烦琐会产生两方面的问题。一是由于详细地列出了细枝末节的费用，从而剥夺了销售管理者管理本部门时所必需的自由，以至于当实际情况与销售预算设想不相符时，销售管理人员无法进行灵活调整。例如，在一个销售预算编制过细的销售机构，销售人员可能因差旅费超支而无法进行一项重要的促销工作，尽管他所在销售部门的总支出没有超出预算，而且还有资金购买办公用品。二是花费过多的时间、精力和资金于销售预算编制，使销售预算工作成了负担，得不偿失，从而使预算失去了意义。销售预算要突出重点，而不必面面俱到。

销售预算需要实时评估。销售经理不仅要关注预算的编制程序，更为重要的是关注预算的运作。当月初旬，会计部门会把上月的实际销售与费用反馈给销售经理。所有超过预算的数字，特别是累积超预算的数字都必须标注并引起注意，进行跟踪管理。防止预算失控，提高预算使用效率。销售预算的目的不是节省和控制费用，而是通过市场销售活动中货币资金的运作，让资金创造出最大销售效益。因此，销售预算执行评估的目的，不是惩罚员工，而是指导员工实现销售目标，帮助员工纠正工作中的偏差。它是一个辅导提升员工的过程，如销售员的预算执行不到位，可能反映出销售员的心态不稳，需要销售经理分析其心态不稳的原因，并协助他们解决问题。这可能是销售路线规划需要调整，可能是客户分类需要调整，可能是客户跟进需要调整，可能是销售活动组织技能需要提升，可能是拜访客户的时间和客户接待时间不协调，等等。

销售预算的依据不足，是销售预算常犯的严重错误。在销售预算编制时，人们常有按过去的情况进行增减的习惯。销售预算的编制固然要参考过去的情况，但"昨天"毕竟不同于"明天"，销售预算是为了"明天"，仅限于参考"昨天"的资料显然依据不足。另外，有些销售管理人员考虑到在销售预算审批过程中申请数会被层层削减，因而故意加大销售预算基数；有时则为了使销售预算得以通过、项目得以确立，故意缩小各项预算基数，待项目上马后再迫使上级为避免"前功尽弃"而追加款项。这些销售预算编制都脱离了实际，使销售预算失去了应有的作用。因此，关注和完善销售预算的依据是销售机构的首要任务。

本章小结

1. 销售指标就是指预先分配给销售单元在未来特定期间内必须完成的销售目标。
2. 设立销售指标的意义是指明各个销售区域（或销售员）的发展状况，为销售队伍提供目标与激励，有效地控制销售队伍的活动，评估销售员的工作效率或工作业绩，改进报酬计划的有效性，控制与分配摊销费用。
3. 销售指标类型包括：销售量指标（如销售额、销售量、销售品种）；销售利润指标（如销售净利、销售毛利、贡献利润）；销售费用指标（差旅费、广告费、促销费用）；销售活动指标（访问次数、广告投放量、产品覆盖率等）。
4. 销售指标的棘轮效应就是指销售管理者分配给部属的销售指标，对比上年度的销售实际只上不下，就像"棘轮"一样，只能前进，不能后退。
5. 销售指标的棘轮效应的解决方法：第一，杜绝销售队伍的政治斗争和少用政治手腕，给予销售队伍公正公平原则；第二，采取组合方法分解与制定销售量指标；第三，如果采取组合方法分解销售量指标，依然出现棘轮效应，那么就要根据"完成比率越高、来年增长率越低"的销售指标哲学进行微调；第四，给销售队伍下达销售组合指标，而不仅仅是销售量指标；第五，成立销售指标分解委员会或者销售指标分解小组，加强管理层与销售员的沟通与协商，整合各个方面的意见；第六，销售指标要和销售区域关联起来，销售指标不能超过市场潜力；第七，科学合理地设计销售薪酬，让销售指标与销售薪酬呈正相关。
6. 销售预算是指销售机构在一定时期为了获得预期销售收入而分配销售资源和销售努力的销售财务计划。销售预算一般由四部分组成：销售量预测、行政费用预算、人员费用预算和推广费用预算。销售量预测是收入预期，费用预算是支出预期。
7. 销售预算的制定有三种方法：销售百分比法、销售费用定额法、市场销售活动法（目标任务法）。

本章思考题

1. 销售员为什么会特别关注销售指标的分配？
2. 新产品的销售指标制定应该如何进行？
3. 在销售指标制定过程中，为什么要抑制棘轮效应？
4. 一般来说，公司不要进行销售指标的调整，为什么？出现了哪些信号，公司才要进行销售指标调整？
5. 一般来说，销售预算的制定有哪三种方法？请阐述它们的优缺点及适用条件。

案例分析

销售指标的调整

裕龙公司是艾德公司旗下的核心子公司，裕龙公司作为艾德公司搭建在手机厂商、运营商及其他渠道商之间的平台，专注于CDMA移动通信产品的营销服务，是三星等国际著名品牌在中国的核心代理商，并与中国电信建立了良好的合作关系。裕龙公司立足北京，营销网络覆盖全国。其总部位于北京市朝阳区乐成中心，在全国建立了华东、华南、华北、华西、东北等5个大区，在29个省市地区设立了办事处，营销网络深入三四线市场，形成了覆盖全国的销售、推广和服务体系。裕龙公司秉承艾德公司多年在手机分销服务和全国销售网络领域的优势，发挥在人才、成本控制及IT系统上的核心竞争力，通过快速的物流和终端服务，力争实现与厂商及运营商的三方共赢。公司自

2009年以来，已成功运作三星S259、I859、F539、B309、W589、F619等多款产品，得到业界、三星公司等厂商及电信运营商的赞誉。

裕龙公司浙江办事处，2009年分为杭州、宁波舟山、温州丽水、金华衢州、绍兴、嘉兴、湖州、台州8个销售区域，并分别设了销售主管和销售代表。2010年11—12月的区域销售指标及完成情况见表7-14和表7-15。

表7-14　2010年11月浙江省任务分解及完成情况表

负责人	区域	占比	本月任务总量	产品	任务	完成量	本月完成总量	完成率
陶力	杭州	19.0%	6826	I899	0		6200	90.83%
				W609	422	657		
				B309	5624	4512		
				F619	352	249		
				W589	428	782		
章建洪	嘉兴	6.5%	2334	I899	0		740	31.70%
				W609	144	195		
				B309	1924	440		
				F619	120	17		
				W589	146	88		
韩建强	湖州	6.5%	2334	I899	0		676	28.96%
				W609	144	38		
				B309	1924	550		
				F619	120	25		
				W589	146	63		
徐凯	台州	11.0%	3952	I899	0		3164	80.06%
				W609	244	26		
				B309	3256	3078		
				F619	204			
				W589	248	60		
王盛	绍兴	7.0%	2515	I899	0		232	9.22%
				W609	155	15		
				B309	2072	135		
				F619	130	17		
				W589	158	65		
刘晨冬	金华	9.0%	4310	I899	0		972	22.55%
				W609	266	238		
				B309	3552	636		
	衢州	3.0%		F619	222	20		
				W589	270	78		
卓善飞	宁波	18.0%	7184	I899	0		2481	34.54%
				W609	444	201		
				B309	5920	2080		
	舟山	2.0%		F619	370	90		
				W589	450	110		

续表

负责人	区域	占比	本月任务总量	产品	任务	完成量	本月完成总量	完成率
陈云强	温州	14.5%	6466	I899	0		496	7.67%
				W609	400	17		
				B309	5328	415		
	丽水	3.5%		F619	333	25		
				W589	405	39		
	浙江办			I899			681	
				W609		121		
				B309				
				F619		60		
				W589		500		
	全省	100.0%	35921	I899	0	0	15642	43.55%
				W609	2219	1508		
				B309	29600	11846		
				F619	1851	503		
				W589	2251	1785		

表7-15 2010年12月浙江省任务分解及完成情况表

负责人	区域	占比	本月任务总量	产品	任务	完成量	本月完成总量	完成率
陶力	杭州	20.0%	5960	I899	0		6058	101.64%
				W609	360	758		
				B309	5000	4010		
				F619	200	730		
				W589	400	560		
章建洪	嘉兴	6.5%	1937	I899	0		931	48.06%
				W609	117	165		
				B309	1625	750		
				F619	65	11		
				W589	130	5		
韩建强	湖州	6.5%	1937	I899	0		689	35.57%
				W609	117	41		
				B309	1625	586		
				F619	65	2		
				W589	130	60		
徐凯	台州	11.0%	3278	I899	0		663	20.23%
				W609	198	12		
				B309	2750	640		
				F619	110			
				W589	220	11		

续表

负责人	区域	占比	本月任务总量	产品	任务	完成量	本月完成总量	完成率
王盛	绍兴	7.0%	2086	I899	0		1073	51.44%
				W609	126	14		
				B309	1750	1010		
				F619	70	14		
				W589	140	35		
刘晨冬	金华	9.0%	3576	I899	0		693	19.38%
				W609	216	149		
				B309	3000	490		
	衢州	3.0%		F619	120	13		
				W589	240	41		
卓善飞	宁波	17.0%	5662	I899	0		2788	49.24%
				W609	342	141		
				B309	4750	2475		
	舟山	2.0%		F619	190	83		
				W589	380	89		
陈云强	温州	14.5%	5364	I899	0		1160	21.63%
				W609	324	55		
				B309	4500	960		
	丽水	3.5%		F619	180	60		
				W589	360	85		
	浙江办			I899			350	
				W609		50		
				B309				
				F619				
				W589		300		
	全省	100.0%	29800	I899	0	0	14405	48.34%
				W609	1800	1385		
				B309	25000	10921		
				F619	1000	913		
				W589	2000	1186		

12月，湖州、宁波舟山区域反映销售指标太高，办事处经理计划对这两个区域指标进行调整。销售经理邵逸凡任务暂不调整，等到2011年1月进行调整。结果，还是将宁波舟山区域任务指标减少1%，划归杭州。2010年11月和12月的销售指标的完成率分别是43.55%和48.34%，面对这种低完成率，销售经理邵逸凡头痛不已。随后，邵逸凡在浙江大学MBA学习期间，选修《销售队伍管理》，得知销售指标管理是销售经理的必备职责，销售指标的分配存在棘轮效应，销售指标有很多分配方法。于是，邵逸凡对浙江办事处进行销售队伍管理变革。首先，邵逸凡根据浙江办事处的实际情况，将销售区域进行了调整，新增大客户部，并根据历史的销售记录，将大客户部的销售任务指标定位为15%。之后，获取相关数据，对地市区域销售任务进行调整，过程见表7-16。

表7-16

	杭州	宁波	温州	嘉兴	湖州	绍兴	金华	衢州	丽水	台州	舟山	全省
终端公司地市占比（%）	20.01	15.34	15.06	6.25	4.32	7.36	12.41	2.22	2.88	11.17	2.98	100.00
三星地市占比（%）	22.00	17.00	14.50	6.50	3.50	8.50	10.00	2.80	3.00	9.40	2.80	100.00
2010年电信放号量（%）	19.98	15.36	15.31	6.29	4.35	7.37	12.16	2.21	2.82	11.26	2.89	100.00
平均值（%）	20.66	15.90	14.96	6.35	4.06	7.74	11.52	2.41	2.90	10.61	2.89	100.00
地市指标（%）	17.56	13.51	12.72	5.40	3.45	6.58	9.79	2.05	2.46	9.02	2.46	100.00

注：1. 平均值=（终端公司地市占比+三星地市占比+2010年电信放号量）/3；
2. 地市指标=（1-大客户部指标）×平均值，大客户部指标=15.00%。

邵逸凡把浙江省分为大客户部、杭州区域、宁舟区域、嘉湖区域、金衢区域、台绍区域和温丽区域等几个区域。各地市的2011年的销售指标，为各个地市的新份额与浙江办事处的销售指标的乘积。

（本案例根据浙江大学MBA2009年秋集中班邵玉龙的作业"销售指标管理案例"改编而成）

讨论： 1. 请评价裕龙公司浙江办事处2010年11-12月销售指标分配中存在的问题。

2. 请分析裕龙浙公司浙江办事处2011年的销售指标分配方案的优缺点。

第三篇
销售队伍的人力资源管理

第八章　销售组织管理
第九章　销售队伍的薪酬管理
第十章　销售队伍的流入管理
第十一章　销售队伍的发展管理

第八章
销售组织管理

本章要点：

- 了解销售组织设计的目的；
- 了解销售组织设计遵循的原则及组织设计规范；
- 掌握常见的销售组织结构形式及其特点；
- 了解销售组织变革的过程；
- 了解销售组织变革的阻力分析。

课前案例　销售组织变革

时征公司的总裁董仕廷对公司新销售总监黄业待说，多了解一点儿公司的销售组织的历史，将有助于未来几个月作为销售总监开展工作。时征公司成立于1999年，是一家产品多元化的大型制造商，大部分产品在产业市场上销售，最近要引进几种新产品，部分提供给产业市场，部分提供给消费品市场。

董仕廷继续道："过去5年，我们的销售队伍似乎一直处在动荡之中，不出一年，就要进行某种方式的重组，但效果可能甚微。2008年，由于美国金融危机引发世界经济危机，公司销售下降了40%。原以为每家公司都如此，后来，发现竞争对手并非如我们那样损失严重，他们的销售组织更趋专业化，最成功的竞争对手将销售队伍划分为4个专业化组，规模小的竞争对手则界定在更小的产品线。看起来，其他公司的销售员能把产品卖给客户，而我们的销售员却无能为力。最大的客户要求我们设立专为他们服务的销售代表队伍。销售组织结构的变动势在必行"。

"最不满意的是，当时的销售总监一个人负责28个人的销售组织，每个销售员都要推销公司所有的产品，每个销售员都直接对他负责，并认为销售下滑与销售组织结构无关。于是，我们解雇了他，并从最大的竞争对手那里挖来名叫黄文章的销售总监。他野心勃勃地雇佣了3个销售经理助理监督销售队伍，还设置了销售培训主管、销售分析员，为现场销售队伍设置技术支持人员（技术支持人员在总部上班）。他坚持，要想成为一流企业，就得向大公司学习，成功的关键是总部给现场销售队伍全力支持，并配合密切的现场监督。

黄业待问："那结果呢？"

董仕廷叹了口气，继续道："这还用问？销售没什么起色，成本却疯狂飙升。于是，我们炒了他，内部提拔了一名业绩出色的销售代表黄选勋为销售总监，黄选勋立即解雇了黄文章雇佣的辅助人员。于是，我们又回到了起跑线上，但并非完全如此。"

黄业待问："是吗？那黄选勋作为新销售总监，没有什么变动的措施吗？"

董仕廷解释："他认为我们面临的问题是，销售代表不可能向所有的客户销售，所以他将销售队伍按照客户类型进行分组，每组两个销售经理，每个销售经理平均管理7个销售代表，4个销售经理直接对他负责。这样做的结果是，4个内部提拔的销售经理不服众，销售代表都不愿意放弃自己的老客户，新上任的销售经理也不愿意放弃自己手头的客户，总是尽量拖延时间。销售当然也没有改善，反而变得一团糟。没过多久，他也主动辞职了。"

董仕廷继续道："内部的不行，又得花大力气寻找销售总监的继任者。面试了30多位职位候选人，直到找到有过区域销售经历的业绩惊人的黄应朝先生。我们对他的期望值很高，他一进公司，就调查了公司的现状，然后给我一份销售队伍变革方案。他的方案是，销售队伍按产品分组，两分法，A产品组有3位销售经理，平均带8位销售员；B产品组有2位销售经理，平均带6位销售员。这就意味着要新增加13位销售成员。说实话，他的变革会比黄选勋的容易实施，因为没有让销售员让出客户，只是让出产品。他没有考虑到销售不同产品线的两名销售代表可能拜访同一个客户，在经济危机条件下，这是一种浪费；更为可怕的是两名销售代表因上级的不同，会发生冲突和缺乏合作。遗憾的是，他要在原来28名销售代表中解雇15名，他认为他们无望成为他所认为的合格销售代表，并强硬要求立即解雇他们。然后他对剩余的13名销售代表进行强化培训，使之能按照他希望的方式进行销售工作。我建议他培训所有的销售代表，通过培训观察，再解雇3~5名，但他坚决反对，他主张'他们不是我要的那类人，我的销售队伍要么按我的方式工作，要么就滚蛋'。"

黄业待反问："在雇佣黄应朝先生之前，您没有发现他的这些个性特点？"

董仕廷长吸了口气，继续说道："我意识到了，他的前任把他形容成一个固执而冲动，但能取得好成果的人。我当时需要一个果敢而又能取得好业绩的人。没想到他这么激进而不通人情。"

黄业待总结道："那么现在是我了，您想知道我发现了什么和我打算做什么吗？"

董仕廷高兴地说："没错，你有什么要汇报的吗？"

黄业待回答："现在就提交规划，未免不成熟，但是以前发生的一切，都是我规划的基础，下周五，我会提交一份销售队伍变革方案。"

董仕廷回答："很好，我等你的方案。"

黄业待早已确定如何开展工作，但通过这番谈话，黄业待心里忧虑重重。很快，他在走访销售队伍的过程中，接触到谈话中提及的所有事情。黄文章的变革有他正确的一面，销售代表极少获得总部的支持，竞争对手都设置有技术支持人员；黄选勋也有他正确的一面，销售代表不能同等有效地拜访所有的客户；黄应朝也有他正确的一面，销售队伍中确有不少能力平庸且倚老卖老者。黄业待有些战栗，销售组织的变革是长期的工作，没有好的方案、达成共识的方案，他也会重蹈覆辙。

讨论：黄业待应该如何进行销售组织变革？

8.1 销售组织设计

8.1.1 销售机构人力资源管理

销售管理者不是超级销售员,他需要成为销售组织的管理者。销售组织的管理者,除了要承担销售战略管理,完成销售区域管理和销售指标管理,还要承担销售人力资源管理。所谓销售人力资源管理,就是要设计销售组织结构,并为销售组织的各级销售机构开展吸收、开发、保留、晋升、辞退等人事活动,最终帮助销售组织进行资源配置以实现销售目标(包括销售战略)。广义的销售机构人力资源管理是指针对销售队伍的行为、态度及绩效会产生影响的各种销售政策、管理实践及销售制度的总称。它不仅仅是"涉及销售成员的管理实践",还包括了销售组织设计、销售组织规划、销售组织变革和销售薪酬设计等。其中销售组织设计是人力资源规划的前提,属于战略性人力资源管理的范畴。

销售组织具有组织的共性,销售组织的本质和其他任何组织本质都一样:通过人的活动安排和资源的配置,使得相关者一起活动的效果优于个人单独活动,从而实现目标,包括战略目标。但其特殊性非常明显,如销售组织成员的流动性大(销售队伍的离职率高),销售组织的变革频率高(市场需求变化大,销售模式和销售区域会随之而变革),销售成果更多取决于销售个体的"无形"努力。所有组织发生的问题,尤其是组织中的人性问题,在销售组织中都会放大,从而对企业的产品销售带来极大的损害,这些损害经常危及企业的生存。销售战略定好了,那就需要组织的所有销售成员共同去执行,组织人就成为销售管理者最为重要的事情。每位销售管理者都必须是人力资源经理。销售部门的人力资源管理是销售管理者的"本职工作",人力资源管理技能是每个销售管理者的必备技能。当今及未来,由于客户越来越根据人表现得如何而不是产品表现得如何来进行购买选择,因此企业销售的竞争力关键是销售组织。

经常看到"同素异构"的现象:销售队伍人数相同(或销售队伍规模相近),销售队伍的结构单元相同,而销售队伍的结构不同,其销售队伍的销售力量就完全不同。因此,销售队伍的组织结构是销售管理者在销售战略规划以后,进入销售人力资源管理领域首要重视的课题。销售队伍的组织结构与公司的战略营销规划、战略销售规划之间有着紧密联系。销售战略明确了销售组织的具体工作内容,尤其是销售区域管理、销售指标管理为销售组织结构奠定了基础,而销售组织提供了销售队伍的具体工作方式和运营机制,组织结构不仅保证了当前的销售目标的实现,而且对战略规划的实施有直接决定性的影响,组织结构更侧重于保证战略规划的实施。

在低成本领先战略下,销售管理者通常采用侧重于提高效率的方法进行组织设计,这种组织设计趋向直线制的组织设计;在集中化战略下,销售管理者通常采用效率与效能并举的方法进行组织设计,这种组织结构类型有弱矩阵的事业部或弱矩阵的区域部。

合理的销售组织或者适应性销售组织,虽然不能保证销售队伍一定能实现销售预期结果,但是不合理的销售组织或者不适应的销售组织,必然会带来不利的结局。因此,科学的组织结构设计是卓越销售管理者必修的技能。合适的销售组织结构设计,对于销售战略目标的实现,会起着事半功倍的作用。销售组织结构是一种控制和协调机制,虽然销售管理者还可以通过其他机制来指导销售队伍行为,如销售指标管理、销售薪酬管理、销售激励管理、销售培训计划、监督领导计划等,但销售组织结构是最有力的机制,因为它先于其他机制的设立,并且销售组织结构的缺陷将大大降低销售队伍的招选、融合、培训、晋升及其他管理手段的效率。

8.1.2 销售队伍组织设计的目的

销售组织工作就是设计和维护销售机构合理的分工协作关系以有效地实现销售组织目标的过程。这包括两个基本要点:一是销售组织结构的设计与变革,二是销售组织内部关系的确定和维护。一定的组织结构和一定的组织关系相结合,就构成了一定的销售组织模式。

销售组织设计的目的,就是实现销售机构的短期销售目标和长期战略目标。销售结构的本身不是销售组织设计的目的,它只是销售组织设计的结果,是实现销售目标的工具(或手段)。任何销售组织结构都有其生命周期,美国学者卡兹(Katz)提出了组织寿命曲线,被称为卡兹曲线,他认为科研机构的组织最佳年龄为1.5~5年。美国学者库克(Kuck)研究发现,一个人在组织的创造力,在第4.5年达到顶峰,第4年为创造力发挥期,第5年创造力就出现明显下降。另外,如果销售组织面临的市场需求和竞争状况变化大,销售组织的寿命就更短,一般为1~3年。因此,在设计最初的销售组织结构时,需要考虑下一个销售组织结构的情形,让它们之间具备合序递进的关系,为下一轮的组织变革减少阻力和损耗。

8.1.3 销售队伍组织的设计维度

销售组织设计与销售组织行为有明显的区别,销售组织行为是对销售组织的微观研究,它的重点是销售组织中的个体,即销售成员本身,探讨的是诸如招选、培训、发展、控制、激励与领导风格、个性及人们认知和情感方面的问题。而销售组织设计是对销售组织的宏观研究,它的重点是销售组织的整体、系统、结构,探讨的是诸如组织环境、组织技术、组织效率、组织效能、组织寿命、组织变革与组织文化等内容。

销售组织设计,就是用最恰当的方式来协调一个组织的结构要素的过程。它要遵循3个原则:第一,考虑企业的现实情况(包括队伍能力情况);第二,支持销售目标与战略;第三,尽量融入企业的使命与宗旨。

在销售组织设计时,需要把握两个维度:结构性与关联性。结构性维度描述了组织的内部特征,它包括规范化、专门化、层级化、集权化、职业化与人员比率(管理人员比率、支持人员比率)等6个要素,它是衡量和比较销售组织的依据。关联性维度描述了组织结构间的关联度和整个组织的外部特征,它包括销售队伍规模的关联、销售目标与战略的关联、销售组织文化的关联(这三个关联又称为内部环境的关联)、外部环境的关联、组织技术的关联等5个要素。

销售组织结构,就是销售组织内部个体与群体之间为了销售责任与职权而联系在一起的正式构造。它有3个关键要素:第一,正式的报告系统,包括管理跨度和管理层级;第二,组合方式,销售成员如何组成团队或部门,部门如何组合成整个组织;第三,沟通与合作系统,这些系统保证销售部门与销售支持部门、市场部门之间的有效沟通。前两个要素是组织结构性框架,属于纵向科层内容,包括科层转交、规范、计划及正式管理信息系统。主要用来协调组织的上下级活动,力争上下齐动,共振合拍。第三个要素是关于组织成员之间的相互作用类型,一个优秀或卓越的销售组织是鼓励销售成员在销售组织需要的时候,能够有效地提供横向信息,进行高效的横向协调。横向沟通机制,在很多组织中没能体现在组织图中,但有些组织中用虚线来体现。有的组织会指派特殊联络员,有的组织会设立任务组或项目团队,这些任务组或项目团队,有的是临时性的,有的是短期的。

组织设计的两大维度和11个要素之间是相互依存和相互影响的。例如,巨大的销售组织规模、常规的组织技术和稳定的市场环境,都会创造出一个更加规范化、专门化、层级化和集权化的销售组织。而创业型的销售组织,多半会选择非规范化、灵活性和变革性的销售组织。层次不同的管理者,对11个要素的关注不同,但都离不开两个维度。在现实的企业活动中,很多管理者对关联维度关注不够,他们对11个要素的态度是,要么不关注,要么关注重点不符合岗位,要么眉毛胡子一把抓。高层销售管理者必须对整个销售组织负责并制定目标和战略、关注并解读内外部环境和决定组织设计,而中层管理者必须在规范化、专门化和职业化等方面进行关注,决定本部门与其他部门之间的联系,基层管理者必须在职业化、组织文化的融合员工、外部环境的识别反馈等方面进行关注。

8.1.4 销售队伍组织的设计标准

不同形式的销售队伍必须有不同组织结构形式,但关键是合适。所谓"合适"的销售组织结构,就是要与公司内外环境需求相适应,并且具有内部平衡有序的特征。仅仅适应强大的外部力量不足以成为高效的销售组织,还必须保持组织内一定程度的连贯性,以及使得销售成员懂得如何行动的各种职能和流程的整体性。合适的销售组织,尽管不可能杜绝"流水的兵",但必须具有"铁打的营盘"特征。这个铁打的营盘,具有快速获得销售成员的组织认同(或组织忠诚度)的能力。这种组织认同主要体现在两方面:第一,销售成员对组织目标(价值目标和销售目标)的认同;第二,销售成员对组织本身的存续和发展的认同。因为相对其他组织来说,销售组织具有松散性和很难认同的特点。克服松散性与难认同的特点及其影响,就是销售组织设计与管理的难点，也是最具生产力的工作。

一个良好的销售组织，其组织结构设计一般遵循以下组织设计规范：

（1）销售组织结构体现客户导向。要以客户为中心设计销售组织结构，销售组织结构不是以满足内部管理需要为目的的，而是为了快速响应客户需求，从而保证销售机构的销售目标及战略目标的实现。要因客户需求而设立销售岗位，而不是因销售员而设立销售岗位；要因销售员需求设立销售管理岗位，而不是因销售管理者设立销售管理岗位。

（2）销售组织结构适应周围环境。企业的市场环境可以分为三大类：相对稳定的市场环境，可以预见的变迁市场环境，变化剧烈或莫测的市场环境。销售组织结构要能做到对环境的能动性适应。

（3）销售组织结构的责权匹配一致。任何人完成工作，都必须有合适的工具。每一个岗位（或每一个活动）的责任必须明确，每个岗位必须落实到人，而这个人必须被授予相应的权力（或权威）。销售组织结构具有职责分明、职权清晰、目标明确（岗位目标或个人目标明确并且与组织目标有关联）和内部沟通渠道畅通公正等特点。

（4）销售组织结构需要呈现发展态势。正在成长和蓬勃发展的销售组织能比停滞不前、正在衰落或动荡不安的销售组织，更能获得销售成员的认同或忠诚，因为在存续价值高的销售组织中，销售成员将会获得更多的扬名或晋升的机会。销售组织结构的设计要遵循从简单到复杂，从少到多，从当下到未来的三原则。

（5）销售组织的管理跨度与幅度必须合理。合理的跨度取决于销售成员的工作性质（开发还是维护）、销售成员的工作能力（对于销售员来说，是销售能力，对于销售管理者来说，是销售管理能力）。原则上，销售管理跨度从小到大，一般来说，从3人到15人。基层销售管理者的跨度从5人到15人，中层销售管理者的跨度从3人到10人，高层管理者的跨度从3人到8人。

（6）销售组织必须稳定而不失弹性。销售组织必须在可预见的情形内稳定，这样，销售成员就会安心工作，尤其是他们就会安心尽力去开发和维护客户，否则，他们会经常担心"自己种树，别人乘凉"，担心自己的行为是为他人作嫁衣。销售组织保持弹性或灵活性，那是销售组织对环境的适应性，这种弹性以不牺牲销售成员的利益或牺牲销售成员的利益最少为前提。

（7）销售活动应该平衡协调。好的平衡并不意味着所有组织单元一律平等，平衡只是意味着不使某一组织单元比其他单元过分重要。组织单元有关键和非关键之分，但没有高低和重要不重要之分，组织单元之间不能存在歧视，不能强调进攻而忽视合作。销售组织内部各组织单元要平衡协调，如销售团队要与销售支持团队（产品技术团队、销售内勤团队、客户服务团队、信贷团队等）平衡协调。

（8）销售组织不排除非正式组织。只要有人的地方，就有江湖，就会有八卦。无论正式组织多么强大，都消灭不了非正式组织。对销售员自己建立民间QQ群、民间微信圈等持反对意见，这是不现实的。销售管理者越是反对非正式组织，非正式组织反而可能越发达。非正式组织对正式组织是有利有弊的，根据"安全性与紧密性"两个维度，非正式组织分为四大类——积极型、兴趣型、消极型和破坏型。健康的组织，智慧的销售管理者，会因势利导，引导非正式组织朝着提高组织效率和效能方面发展，鼓励积极型和兴趣型非正式组织的发展，控制消极型和破坏型非正式组织对正式组织的破坏作用；善于化解不同非正式组织之间的矛盾，引导大家和平共处。销售管理者要以平易近人，保持平和、虚心的态度，主动与员工接触，尽可能地参与非正式组织的活动，以消除员工对管理者的顾虑和防备，这样才能使管理者更容易加入到非正式组织中，如加入兴趣型非正式组织。当管理人员成为非正式组织的成员时，可以通过他们施展个人影响，逐渐使非正式组织的行为和利益与正式组织管理目标保持一致；发挥非正式组织的积极作用，遏制消极作用的产生。

8.1.5　常见的销售队伍组织结构

如果把视角转向销售组织内部，那么根据销售及其相关活动，可以把销售组织结构分为直线型与职能型；如果把视角转向销售组织外部，那么可以把销售组织结构分为区域型、产品型、客户型、事业部型。按照美国学者彼得·德鲁克（Peter F.Drucker）的组织管理思想，既可以把职能单元视为组织砖瓦，也可以把区域单元、产品单元和客户单元都视为组织砖瓦。

8.1.5.1　直线型结构

在那些微小型企业或者微小型销售公司（经销商或渠道商）中，企业雇主直接抓销售，公司所有销售员都向他汇报工作，管理的销售员一般为3~15个。如图8-1所示，为直线型销售结构图（或直线型销售组织图）。随着企业的发展，或者因为企业本身结构（企业有生产部、研发部、财务部、行政部）的因素，这些企业就设立销售部，由公司总经理或公司副总经理来管理销售部，所有销售员都直接向他汇报销售工作，如图8-2所示。很多采取电话销售、在线销售的微小型企业都采取这种直线型结构，如微小型的外贸企业、培训机构、网络公司。

图8-1　直线型销售组织结构（一）　　图8-2　直线型销售组织结构（二）

这种组织结构的优势在于，形式简单，销售管理费用相对较低，决策效率高，指令传递快。在这种情况下，销售员可以直接体会到自己对公司所作出的贡献，因而具有一种成就感；同时，销售员直接向企业主或副总经理汇报，一方面具有荣誉感，另一方面直接受到企业主或副总经理的指挥，技能与心智成长会更快、更全面，销售员的发展很快，成长需要得到满足。俗话说，找工作，不仅仅是找企业，更为重要的是找老板。在这种销售组织下，企业主非常了解和熟悉销售员，他们相对会更无私地训练与关心销售员，销售员对企业主也更为了解，他们之间的关系更为融洽。因此，销售员的士气一般很高。因为销售员数量为3~15人，所以这种销售组织一般被称为销售团队。

8.1.5.2　职能型结构

在职能组织结构中，下级既要服从上级主管的指挥，也要听从上级职能部门的指挥，或者与同级职能部门要进行有效合作。由于市场竞争的激烈、产品的复杂度增加，所以公司的销售活动必须提高专业化程度。这就需要把销售活动按照职能进行细分，将相似的职能或工作的员工组织在一块，以便提高他们的知识与技能，从而提高销售队伍的竞争力。参谋服务原则，如设立市场部，让产品经理成为销售经理的参谋，并不能使销售经理免除判断上的错误，但可以减少知识上的错误。

它的优势是促进职能部门内的规模效益，促进深层次知识与技能的提升，为客户提供更专业、更高层次的服务，更有效地促进销售组织实现销售目标；其缺点是增加了销售组织内部协调沟通的成本，响应客户需求速度相对直线型结构来说慢了些。

在直线—职能型的销售组织结构中，直线职能代表"人的权力"，而参谋职能代表的是"意见的权力"，直线人员发布命令，参谋人员（如市场部经理、产品经理）提出咨询，支持部门提供帮助。只要记住这点，就很少会发生直线—参谋或支持关系的冲突。下级要服从直线上级的指挥，尤其是行政命令的指挥，而在专业上要听取上级职能部门的建议，对于同级职能部门的要求或建议要进行沟通协调。当行政命令与专业命令有冲突时，下级要求双方进行协商，当协商不成时，服从直线上级的指挥。有的公司把销售活动分为销售和销售支持（或销售内勤）两部分。如图8-3、8-4所示，这里的销售员和销售内勤人员的总数，一般不超过20人，当管理跨度过大时，有的公司就在销售内勤部设立民间组长、正式组长或专门联络员，协助企业主或公司副总经理进行协调沟通。有的公司把销售支持进一步细分为售前支持（招标组）、售后支持（如客服、施工、维修）。有的公司把销售活动分为销售代表和商务代表。比如，制药企业有两支销售队伍，一支跑医院，拜访医院医生，引导医生在处方中使用本公司的产品，这支队伍被称为销售代表，俗称医药代表；另一支队伍跑医药公司（医药经销商）和医院药剂科，负责药品的渠道畅通和货款的回收，这支队伍被称为商务代表。甚至有的制药企业还设立药店销售代表队伍，引导药店营业员推介本公司的产品。职能型组织结构，在公司处在创业期或者微小型时，一般都放在销售部，采取的是团队（或小组）形式。比如，电话销售团队、线上销售团队、线下销售团队、或销售团队、销售支持团队等。到公司达到一定规模时，有些职能就会分立出去，成为与销售部平级的部门，如商务部、市场部、客户服务部、维修部、施工部，当然也有留在销售部的，和区域组织结构形成了矩阵式销售组织结构。无论职能部门在销售部还是其他部门，职能部的角色定位是销售部的"促进者、顾问和伙伴"，而不是"监控者、检查者和乱出点子者及告发者"。

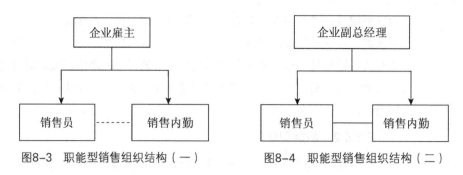

图8-3 职能型销售组织结构（一）　　　图8-4 职能型销售组织结构（二）

8.1.5.3 区域型结构

以地理位置为基础来划分销售区域，在销售区域上分配销售力量，从而形成区域型销售组织结构。它是最常见的划分责任和直线权力管理销售活动的组织形式。在这种组织结构中，每个销售员都被分配到独立的销售区域（俗称销售地盘），每个区域经理控制和管理合适数量的销售区域（销售员的销售区域合并就是区域销售经理的管理地盘），区域销售经理向地区销售经理汇报（区域销售经理的地盘合并就是地区销售经理的地盘），以此类推，直到销售总监。

最为简单的区域型结构，就是直线区域型结构，如图8-5所示。微小型企业或者初创企业一般采取这种销售组织结构。对于最为复杂的区域型组织结构，在中国市场，成熟企业一般采取如图8-6所示的组织图。区域型销售组织结构的变化，一般从简单到复杂，从层级少到层级多，如销售组织图从图8-5较变为图8-6。优秀的公司采取的是渐进式的裂变增多的发展策略，完善和发展区域型销售队伍结构。这种方式有利于销售组织变革，这种变革作法有利于提升销售队伍的士气。

区域型销售组织的优点体现在以下三个方面。

第一，明确的销售地盘会增强销售员的责任心。每个销售员都有自己的销售地盘，这个地盘非常明确，因此他的责任也就非常清晰，在这个相对固定的地盘上，他可以自己做主，这有利于提高他的士气和企业家精神；自己的地盘，自己收获，他对该销售地盘的目标实现情况，要承担全部责任。所以，他会花费尽可能多的精力去培育与发展客户关系，客户也知道，当他们有疑问或出现问题时，他们该找哪位销售员。最终这位销售员往往会成为这个地盘上的销售专家。

第二，销售行政费用最少化。每个销售员巡回的销售区域只限于一个很小的地理范围，这就降低了销售员的出差成本，减少了他们离家的时间。与产品组织结构、客户组织结构相比，这大大地减少了路途时间，从而增加了销售时间。

第三，公司的销售部门从区域专业化中获益也很多。比如，这种组织结构，可以引导公司产品既走向全覆盖，又走向深入发展（做深做透微市场）。通过大区经理、地区经理、区域经理、区域销售员，把细分的微市场耕耘好，可以更好地面对当地的竞争和适应当地的市场环境及变化，快速响应微市场的客户需求反应，赢得时间的竞争优势。销售管理层因自己管理地盘相对明确和固定，其管理责任心也得到大大提升；他对销售员的管理与领导，决定了他的销售目标达成情况。区域专业化有利于上级对下级的管理与控制，在这种结构下，管理相对简单，人员相对集中，管理决策快,管理成本也会降低,管理效率得到提升。

区域销售组织也有它的不足或缺陷。它只适用于产品不多或者产品关联度强的企业。如果公司的产品类别很多,产品之间相差太大,产品使用的客户也很复杂,那么销售员就会面临巨大挑战——精力不足、专业度不深。产品线很宽,关联度不强,销售员不可能对每个产品都做到专业掌握;客户差异很大,销售员不可能对每个客户都做到适当的服务。比如,快速消费品客户与企业型客户,政府型客户与盈利型客户,他们的需求不一样,打交道的要求不一样,对销售员的访问要求也就不一样。大多数销售员,很难在差异大的客户之间,调整自己的销售行为。产品过多,其奖励政策又很难统一,即使奖励政策统一,但推广难易程度会不一样。在这样的情况下,销售员一般会把精力放在那些容易推广的产品上,所以公司的产品就很难得到平衡发展。

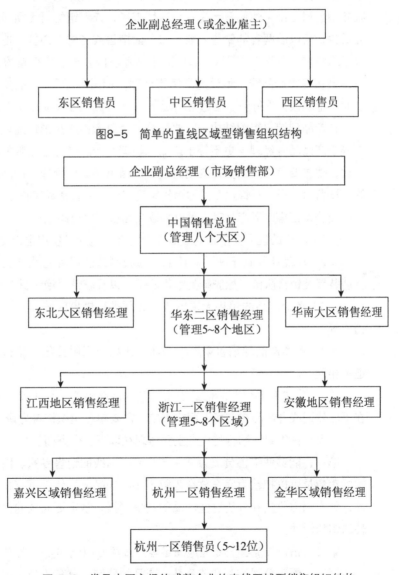

图8-5 简单的直线区域型销售组织结构

图8-6 常见中国市场的成熟企业的直线区域型销售组织结构

8.1.5.4 产品型结构

对那些有很多不同的产品线或者有几条非常不同且复杂的产品线的公司来说，产品型销售组织结构是最有效的组织形式。在那些产品极其复杂的公司，销售员的工作负担会呈几何级数增加，这是因为他们除了必须熟悉自己的产品外，还必须了解竞争者的产品。产品跨行业太大，销售员的行业知识跟不上，而复杂性又提高的话，就意味着销售员若要覆盖很宽的产品，销售力量就会延伸得过细，并且，产品越复杂，客户所要求的服务水平也就越高，如果不减少销售员所负责的产品数，不用多长时间，销售员就会不堪重负，销售效率也会急剧降低。

所谓产品型销售组织结构，就是指公司按照不同产品或者不同产品群来组建销售队伍。比如，家电销售队伍、食品销售队伍。在那些微小型企业、互联网公司或者服务型公司，由于他们只专注一个区域市场，或者销售员无须面访客户，或者面访机会很少，所以后两者的销售一般采取电话销售或者线上销售，他们也会采取产品型销售组织结构，如图8-7所示。那些大中型互联网公司、电话销售公司或者线上销售公司，会在各类产品线上增设产品销售经理，如图8-8所示。很多大中型企业，如制药企业、金融银行等行业，在通常情况下，会采取产品型和区域型组合的组织结构。

在产品型销售组织结构中，要区分一个概念：产品销售经理不等于产品经理，也不等于产品品牌经理，更不等于产品总经理。产品经理或品牌经理，一般归在市场部管理，他主要负责产品生命周期管理、产品市场运作管理、产品战略规划、产品定价等市场营销工作，不管理产品的销售渠道工作和销售活动工作。

当公司销售以下产品时，可以采取产品型销售组织结构。

（1）产品的技术要求很高或者非常复杂，包括其使用也很复杂。

（2）产品相异且不相关。比如，橡胶制造公司可能就有三支销售队伍：卡车与自动装置类销售队伍、橡胶鞋类销售队伍，以及胶带、绝缘材料类销售队伍。

（3）多个产品的销售无须出差，无须进行销售区域划分。比如，互联网的在线销售等。

（4）各类产品的销售渠道不一样。比如，家用日化产品和工业用产品的销售渠道不相同。

（5）公司有多个产品已经上市，新的战略性产品要上市、新上市产品的市场处在不成熟期或者产品在市场上面临困境，需要单独组织销售力量。

产品型销售组织结构的优点主要体现在以下三个方面。

第一，能够使销售员成为某一产品或产品线的销售专家。因为产品型销售组织结构的销售员可以把精力完全放在为数不多的产品上，他就更有精力熟悉和掌握这些产品，更有精力收集和分析这些产品的竞争情报，制定更高效的销售策略和进行有针对性的销售活动。

第二，销售员能够更专注地满足客户日益专门化和复杂化的需求。

第三，便于公司控制和监督某一产品的营销。有利于公司把销售力量分配到各个产品，各个产品的战略规划可以有效地得到实施，各个产品的生命周期可以有效地管理，做到每个产品销售最大化。

产品型销售组织结构最大的缺点是，有时会有多个销售员拜访同一个客户，造成重复拜访。这种情况的出现，不仅增加了销售成本，还可能引发客户的不合理要求（因为不同产品的销售政策可能不一样）及客户厌倦（客户接待同一家公司多个销售员而浪费大量时间），客户也可能不能确定他们应该找哪一位销售员。如果同一公司的不同产品销售员表现不一样，客户总是会以表现最差的那个销售员来评定公司，这就致使其他产品的销售阻力加大。

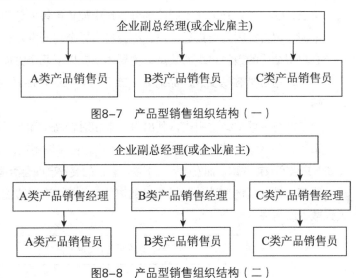

图8-7 产品型销售组织结构（一）

图8-8 产品型销售组织结构（二）

8.1.5.5 客户型结构

由于市场竞争激烈，很多公司纷纷寻找更为有效的方法来服务不同的细分市场，尤其是在产品标准化不强（比如新产品）、客户需求各种各样（或者不清晰或者客户需要公司多个产品）、客户行业差异很大的情况下，销售员就必须成为处理某类客户要求的专家。这时，公司经常采用客户导向型的销售组织结构，即客户型销售组织结构。

所谓客户型销售组织结构，就是按照客户的类型、客户行业或分销渠道来划分销售组织的直线权力的销售组织。比如，计算机公司建立金融行业销售队伍、电信行业销售队伍、政府系统销售队伍等。

这类组织结构中的销售员，一般是客户专家，在产品方面，通才性大于专业性。这类组织非常有利于销售员进行交叉销售（或关联销售），把客户的购买潜力做到最大化。这类组织的销售员一般会受到客户的欢迎，因为客户只需要接待公司的一个销售员即可，节省了客户的时间。它适用于客户差异比较大或者客户竞争很激烈的市场情形。客户型结构也是从简单到复杂，简单的客户型结构一般由初创型企业或微小型企业采用，如图8-9和8-10所示。在大中型公司中，它和区域型结构、产品型结构会组合出现。

很多公司把客户销售经理简称为客户经理，如果公司有客户服务部作为职能部，这一简称就容易引起误会，因为客户服务经理也经常被简称为客户经理。有些公司的产品需要在购买或者安装后派遣人员进行跟踪，这些人员往往被称为客户关系经理，他们也经常被简称为客户经理。

客户型结构的销售组织与其他类型的销售组织一样，有其优点，也有其缺点。其优点主要体现在以下几个方面。

第一，能够让销售员满足不同客户的不同需求，具有产品的广度和客户的深度的优势。

第二，销售员更熟悉某类客户的需求，成为客户专家（或行业专家），知道客户所在行业正在发生的事情，更了解客户行业是怎样变化的，更清楚客户行业的变化趋势。

第三，公司能更好地在不同的细分客户中配置销售力量等资源。

第四，销售员因为更接近客户，更容易引导公司开发新技术和新产品。

客户型结构的销售组织的缺点，主要体现在以下几个方面。

第一，销售员容易变成产品通才，或只对1~2个产品精通，而对某些产品的专业度不够。

第二，与区域型结构相比，其出差成本相对较高（和产品结构型一样）。

第三，与区域型结构相比，销售员的销售指标难以制定，销售业绩会因客户的变化（如客户破产或被并购）而发生巨大下跌，客户的突发事件会给销售考核带来很大挑战。

第四，销售员的变故，如销售员的离职，一旦新销售员接不上关系，客户订单将大大减少或消失。

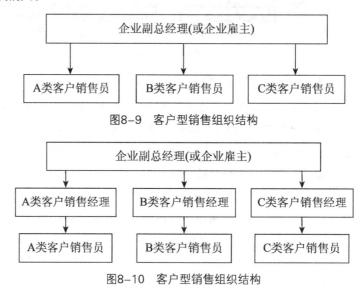

图8-9 客户型销售组织结构

图8-10 客户型销售组织结构

8.1.5.6 复合型结构

许多公司为了克服单一结构型销售组织带来的问题，往往会采取组合形式，在区域、产品、客户三个设计元素中进行销售组织的设计，形成"区域—产品型"结构、"区域—客户型"结构、"产品—客户型"结构和"区域—产品—客户型"结构四种复合型销售组织。每两种组合有两种具体形式。比如，"区域—产品型"组合，分为以区域为源头的产品型和以产品为源头的区域型，如图8-11和图8-12所示。"区域—产品—客户型"销售组织具体形式有6种。比如，图8-13就是以产品为源头的客户第二的区域型销售组织。组合形式会因公司而不同，公司发展阶段不同，采取组合的形式也不同。中国的银行系统在省市级多半采取的是以区域为源头的"产品-客户型"结构建立销售队伍，在县区级则采取以客户为源头的"产品—区域型"结构建立基层销售队伍。各种组织形式，带给成员的责权利是不同的，很多销售组织变革忽视这一点而导致组织变革失败。在变革时，由两种组合变成三种组合，带给公司和客户的影响，利大于弊；其他组合及其具体形式直接的转换变革，带来利弊要因对象而定。

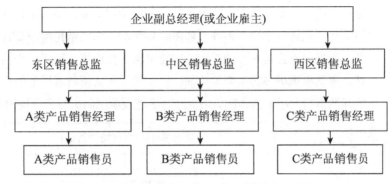

图8-11　以区域为源头的产品型销售组织结构

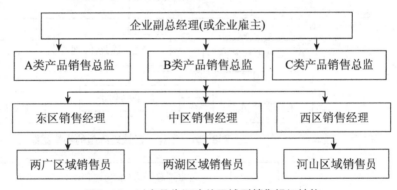

图8-12　以产品为源头的区域型销售组织结构

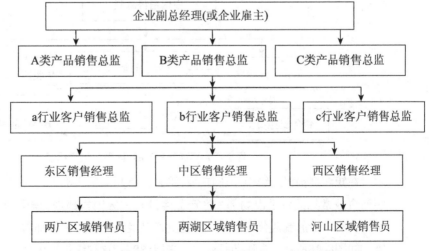

图8-13　以产品为源头，客户第二的区域型销售组织结构

8.1.5.7 矩阵型结构

随着公司业务的发展和竞争的加剧，很多公司经常会进行销售组织改革，其中一种改革组织的途径，就是采取矩阵型结构建立销售队伍。这里有三种形式：职能结构型与区域结构型组合形成"职能—区域"矩阵，如图8-14所示；矩阵实直线表示直接权力（又称为强直线），直虚线表示间接权力（又称为弱直线）。常见矩阵都是有强弱汇报系统，很少出现纵横权力相当的矩阵。职能结构型与产品结构型组合形成"职能—产品"矩阵，如图8-15所示；职能结构型与客户结构型组合形成"职能—客户"矩阵或"职能—市场"矩阵，如图8-16所示。职能结构型与复合型组合形成多重矩阵型。可能随着公司业务的扩大，职能结构也会按照"区域、产品、客户"进行组织设计，那就出现更多的矩阵。比如，区域型职能队伍与区域型销售队伍的矩阵，区域型职能队伍与产品型销售队伍的矩阵，区域型职能队伍与客户型销售队伍的矩阵。

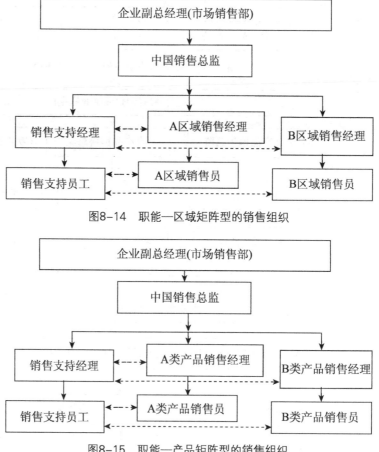

图8-14 职能—区域矩阵型的销售组织

图8-15 职能—产品矩阵型的销售组织

在矩阵型销售组织中，还有一种形式，就是与销售部平行的职能部门进行矩阵，制药企业常见的就是市场部大区产品经理与大区销售部进行矩阵组合，如图8-17所示，也有不少的制药公司，在大区建立产品经理，作为销售部内部的职能岗位参加矩阵，如图8-18所示。在医药行业，是采取图8-17这种组织图还是采取图8-18这种组织图好？这个问题很难回答。一般来说，在中国，采取图8-18这种组织图比较好。综合案例中的销售区域管理案例中（附录第1个案例），威材公司变革失败的原因之一，就是销售组织图由图8-18变成图8-17。在2012年，销售队伍结构又重新变回图8-18这种组织图。

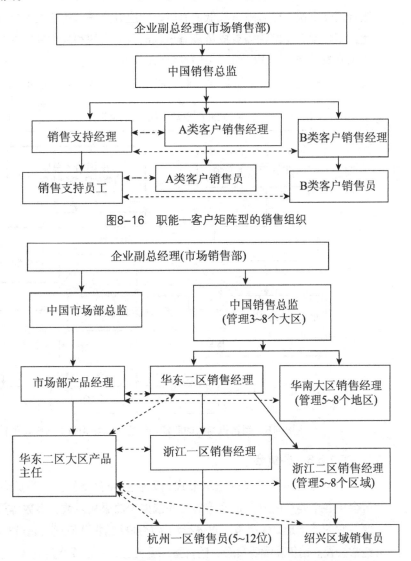

图8-16 职能—客户矩阵型的销售组织

图8-17 销售部以外的职能部门与销售区域结构型进行矩阵的销售组织

矩阵型组织结构的特点是，既有按销售管理职能设置的纵向组织系统，又有按产品、项目、任务等职能划分的横向组织系统。纵向系统通常是实直线汇报系统，称为行政直线系统，横向系统通常是虚直双向汇报系统，称为专业指导系统。横纵的结合，多半是任务组销售团队、项目型销售团队，任务或项目一结束，各自回到原部门工作。

矩阵型组织结构的优点是，上下左右和集权分权都实现了有效的结合，有利于加强各部门之间的配合和信息交流，便于集中各种专门的知识和技能；同时，可以避免各个部门的单独工作，加强销售组织的整体性、机动性和灵活性，通过横向机制形成团队，形成销售合力，增强销售力量，满足客户双重需求，最终提高客户的忠诚度并提升销量。其缺点是，容易产生官僚与内耗。例如，时间内耗，职能队伍的成员和销售活动的成员，需要大量的时间进行融合和开会讨论，这种融合没有上下级关系，融合速度不快，融合效率较低。有时，响应客户需求的速度变慢而引起客户不满。因此，矩阵型组织结构需要成员具有出色的人际交往和解决冲突的技能。例如，销售团队越复杂，官僚就越严重，因为每个人都有自己的顶头上司，容易造成领导职责不清，决策延误等，员工容易卷入双重职权之中，感到左右为难而沮丧困惑。

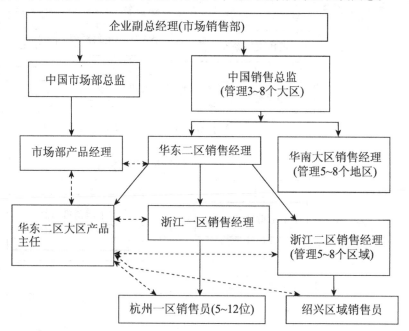

图8-18 销售机构内的职能与销售区域结构型进行矩阵的销售组织

8.1.5.8 委员会

委员会是一种常见的组织形式，如企业经营委员会。委员会由一群人组成，委员会中各个委员的权力是平等的，并依据少数服从多数、多数尊重少数的原则处理问题。它的特点是集体决策、集体行动。在那些销售队伍规模超过300人的销售机构中，经常会设立销售薪酬委员会、销售指标委员会、销售战略委员会等。在产品多而复杂的企业中，其市场部会设立XX产品品牌发展委员会，内有很多销售部的员工参加。

销售部的委员会可以有多种形式。按时间长短划分，有常设委员会和临时委员会。一般来说，销售薪酬委员会和销售指标委员会，属于常设委员会；而XX产品特别行动委员会或销售改革委员会等，属于临时委员会。常设委员会是为了促进协调、沟通和合作，行使制定和执行重大决策的职能，临时委员会是为了某一特定的目的而设立，达到特定的目的就立即解散。按职权划分，有直线式委员会和参谋式委员会。直线式委员会，如销售薪酬委员会，它的决策下级必须执行；参谋式委员会，如销售效能委员会，它主要为决策下级提供咨询和建议。委员会还有正式和非正式之分，凡是属于组织结构的一个组成部分，并授予特定的责权的委员会都是正式的；反之，就是非正式的委员会。

销售机构把委员会作为销售组织管理的一种手段,其目的主要包括以下几个方面。

(1)集思广益,制定解决问题的更好方案。

(2)利用集体决策,防止个别部门或个人权限过大,滥用权力。

(3)加强沟通,了解和听取不同利益集团的要求,协调解决"计划和执行"的矛盾。

(4)通过鼓励参与,激发决策执行者的执行积极性。

委员会的优点是可以充分发挥集体智慧,获得更多解决问题的智慧,有利于从多层级多角度来考虑问题,并体现各个方面的利益,有助于提升组织沟通效率,并满足多层级员工的参与感和荣誉感、责任感,从而提高销售队伍士气。

委员会的缺点是作出决定往往需要较长时间,集体负责,个人责任不清,有委曲求全、折中调和的危险,有可能为某一特殊成员所把持,形同虚设。有的委员,可能会把委员会没有达成共识的或者还不到公布时间的信息,不小心泄露出去。

8.2 销售组织变革管理

组织成长需要规划,销售组织变革需要管理。销售组织变革管理,就是对销售组织变革进行计划、设计、组织、实施与评估及调整,确保在变革过程中,组织内部每个要素都发挥作用,每个环节得以成功完成,最终实现变革后的组织更具活力而成长。因此,销售组织变革管理的技能,就成了销售机构管理者,尤其是销售机构的高层管理者必备的管理技能。

按照美国菲利普·科特勒教授的观点,销售队伍管理包括设计销售队伍和管理销售队伍。设计销售队伍,主要包括销售队伍目标、销售队伍战略、销售队伍结构、销售队伍规模和销售队伍薪酬;而管理销售队伍则包括招聘销售队伍成员、培训销售队伍成员、指导销售队伍成员、激励销售队伍成员和评价销售队伍成员。销售组织变革,起于设计销售队伍,尤其是销售组织结构变革,成于管理销售队伍。只懂得管理销售队伍,或只懂得设计销售队伍,那都不可能成功领导销售组织变革。如果把管理销售队伍比喻为战术,把设计销售队伍比喻为战略,那么,只有既懂战略又懂战术的管理者,才会成为销售组织变革的最佳管理者(或最佳人选)。因此,销售组织变革管理能力的高低,就决定了高层销售管理者是否胜任的关键技能。

8.2.1 销售战略实施的组织途径

目标决定战略,战略决定结构,结构保证战略和目标的实现。当战略、目标发生了变化,结构就要进行变化。当结构不能支撑战略与目标的实现,结构就要进行变化。这种变化有文悦式与非文悦式两种。文悦式的变化有改进、变革与创新三种途径,最终保证销售组织生存、发展与成长。文悦式变化对内具有连续性特点,它在销售组织相对稳定中，以文明的方式进行，它把员工变成"变化的伙伴"，在员工与管理层之间、员工之间、管理层之间形成伙伴关系，使得信息沟通顺畅，以双赢的策略力争上下同心。而非文悦式变化，通常是指销售组织的推倒重建（俗称销售组织革命，或销售组织重构）。它是通过贬低原结构和肃清旧队伍（贬低原有销售组织及其成员，强硬把原有销售成员全部或大多数清除公司），选择新结构和建立新队伍的方式来实现销售组织变化。

销售组织的改进，又称销售组织的改良，一般是指在销售组织的基本框架不变的情况下，进行调整与完善。一般是在数量方面的变化，如管理幅度与管理跨度的调整，如销售岗位上的人事调整。如果采取的是区域型的销售组织结构，区域重组、区域裂变等属于销售组织改进与完善。

销售组织创新被认为是采纳一些对于组织所在的行业、市场来讲是全新的构思或行为，即第一个导入全新组织结构的就被认为是组织创新。比如，在医药行业，所有企业的销售组织都采取区域型结构，而第一个引进产品型销售组织结构的，就属于销售组织创新。而销售组织变革是指组织采纳的是一个与自己之前不同的构思或行为，导入行业或市场已经拥有的但本公司所没有的组织结构。比如，销售组织之前采取的是区域型组织结构，由于竞争的需要或区域型的组织结构不能保证销售战略的实施和销售目标的实现，必须采取产品型组织结构（行业内或市场上有公司采取了产品型组织结构），从区域型到产品型的过程，就是销售组织变革。

"创业难，发展更难"。相对来讲，销售组织创建或销售组织组建比较容易，因为群体之间还没有形成关系，销售成员还没有形成习惯，只要目标、战略与结构都弄清楚了，选择了匹配销售目标与销售战略的结构，创建销售组织或组建销售组织，就只剩下招选、融合与训练工作了。而销售组织变化则不一样，它们是在组织成员之间已经形成了关系和养成了习惯的基础上进行的，要解决"老人问题"，也要解决"新人问题"，两手要一起抓。如果战略性地创建销售组织，即在创建时，采取战略性销售组织设计，预期未来3~5年的市场环境与结合企业战略，采取适应性更强的销售组织，那么可以减少变革频率与变革幅度，让今后的销售组织变革更容易进行。

在销售组织改进、变革与创新中，风险从小到大依次是：销售组织改进、销售组织变革、销售组织创新。管理难度从小到大依次是：销售组织改进、销售组织变革、销售组织创新。发生频率从小到大依次是：销售组织创新、销售组织变革、销售组织改进。组织更新的程度从大到小依次是：销售组织创新、销售组织变革、销售组织改进。因此，销售组织变革，就成了销售组织发展的重要而常规的途径。当然，那些具有战略性思维的企业家或销售高管，他们在设计与选择销售组织结构时，往往会设计并选择那些应需而变的销售组织结构，这些销售组织结构具有高度的适应性。在这种情境中，销售组织的变化经常走的途径是销售组织改进，通过改进，实现质的变化。

销售组织重构，虽然管理难度小，但风险极大，破坏性极强。管理难度小是指其管理方法简单，一刀切，速度快。但其打击面广，打击力度大，遇到的暗阻力多而强。在这种方法的实施过程中，销售成员之间没有客户关系的转交过程，对外表现出没有连续性，很容易让客户感到"不通人情"，因而遭到客户的反感，导致客户的不信任，最终因客户的不信任而失去市场，销售量明显下滑而难以提升。因为是以不友好的方式进行销售组织变化，所以整个业界会给予一个"刽子手"的评价，口碑差而导致招选困难。据目前的研究来看，那些重构销售队伍的企业，失败率极高。

8.2.2 销售组织变革的原因

具有活力的销售组织，有常神无常形，一般来说，充满活力和高绩效的销售组织有稳定性、持续性、适应性和革新性四大特点。其具体形态会因以下三个原因而发生变化：组织外部环境的变化；组织内部环境的变化；组织自身的特征及其发展的需要（见图8-19）。

美国组织发展理论的创始人沃伦·本尼斯（Warren G. Bennis）认为，组织必须完成两项互相关联的任务才能存在下去：一是协调组织成员的活动和维持内部系统的运转，包括组织内部环境与组织本身的特征；二是适应外部环境。第一项任务要求组织经由某种复杂的社会过程使其成员适应组织的目标，而组织也适应成员的个人目标。这一过程又被称为"互相适应"、"内适应"或"协调"。第二项任务要求组织与周围环境进行交流和交换，称为"外适应"或"适应"。当内部不适应、外部不适应或内外都不适应时，销售组织的变革就成了必然。

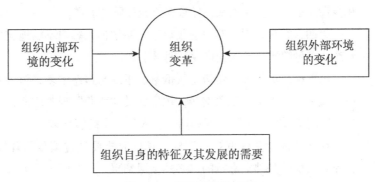

图8-19 组织变革的原因

销售组织作为一个更具开放性的组织，更加从属于社会大环境，销售组织必须适应外部环境的变化而发展，当组织环境发生变化时，销售组织必须作出新的调整，以便抓住外部环境中的机遇。这种调整的前提工作，就是要不断地扫描外部环境的变化，对外部环境不断地进行SWOT分析。宏观环境与行业环境是管理者控制不了的部分，管理者只能从中发现机遇并利用机遇，做到适应环境。企业的微环境是企业家可以控制影响的部分，但不是销售高层管理者可以控制的部分，因此销售组织变革需要得到企业高层的大力支持，方可获得成功。

销售组织的内部环境是销售高层管理者可以控制的部分，主要包括销售成员的能力与素质状况、销售管理条件的变化，如销售管理软件的引进和更新。

销售组织自身特征及其发展的需要主要包括组织生命周期的变化、销售组织规模的变化、组织文化的变化等。任何一种类型的销售结构，都有创立、成长、成熟与衰退四个阶段。在成熟阶段进行的销售组织变革，往往会比在衰退时期进行的销售组织变革容易成功。而在销售组织成长时期就进行销售组织变革，很容易引发变革频率过多，而导致销售组织变革失败，同时丢失或浪费成熟期带来的红利。销售组织规模的变化，主要是指销售管理幅度过宽或管理层次过多，开始阻滞整个销售组织绩效的提升。

8.2.3 销售组织变革的时机

当导致变革的三大原因致使销售组织出现以下情况时，销售高层管理者就要进行销售组织诊断，用以判断销售组织是否有变革的必要。如果有，就需要主动地进行组织变革。

第一，决策失灵。组织决策经常出现错误，或者决策过于缓慢，决策质量不高，以致经常无法把握良好机会。

第二，沟通阻塞。销售组织内部意见沟通不良，上下级常常不能进行顺利有效的沟通，内部摩擦冲突增多，扯皮增多，以致造成活动失调、人事纠纷等严重后果。

第三，机能失效。销售组织的机制不能发挥效率，或者不能起到真正的作用，销售机构臃肿，职责重叠，管理效率降低，无法保证销售组织目标的达成，销售成员的积极性无法充分发挥出来，导致客户服务质量下降。

第四，客户失望。客户的投诉率不断增加，客户不断地流失，新客户开发缓慢，新产品上量缓慢，导致销售业绩明显下降。

第五，成员消极。销售士气低落、不满与抱怨增多，销售方法与管理方法单一，销售成员"磨洋工"现象增多，销售成员"兼职"现象增多，销售成员"堤内损失堤外补"现象增多，人员离职率增加，人员的事病假增多。

什么时候要实施变革？实施变革的时机要经过慎重而理性的思考，因为变革是在原有组织的基础上进行的，必然会遇到阻力。当阻力很大时，采取强硬手段推行变革，或者根本不知道阻力在何方、有多大时，就匆忙地进行变革，这种变革多半会失败；即使变革成功，也会元气大伤，得不偿失。前者要么把阻力强压下去，可能一时平息，但反对力量会暗中积聚卷土重来；要么阻力过大而导致自己翻船。何时实施变革方案，这个时机的判断与把握非常关键。

美国心理学家库尔特·勒温（Kurt Lewin）提出"力场分析法"帮助变革者来判断或识别变革实施的时机。当然，在整个变革过程中，也要用这个力场分析法观察各方力量的变化，以保证变革顺利贯彻进行。勒温根据物理学中的作用力和反作用力的原理，把变革中的推动力量或支持力量称为推动力（作用力），把变革中试图保持原状和反对变革方案的力量称为阻碍力或制约力（反作用力），在这些作用力与反作用力基础上建立变革力量分析模型。这些力量包括组织成员、行为习惯、组织习俗及态度等。勒温采取力场图示方法把支持变革和反对变革的所有因素进行排队，分析比较其强弱程度。当支持变革的力量大于反对变革的力量时,就实施变革,并在变革中不断地化解反对力量;当两者力量相当或者反对力量超过支持力量时,暂缓实施变革,采取策略来减弱反对力量或消除反对力量,让合力大于零($F_{合}=F_{推}+F_{阻}$)。在现实中,很多失败的变革,采取的策略是增强推动力,对阻力不屑一顾,认为只要变革的合力大于零,就可以实施变革。他们没有意识到,当管理者不理会阻力或对阻力轻视时,阻力会变大,推动力会减少或消失。变革的阻力不会因变革的推动力增强而消失,因此,最好的变革策略是保持动力,减少阻力。

勒温力场分析图适用于各个不同层次的变革力量分析,如个人、项目、组织、网络等,它能够帮助我们识别出促进或阻碍变革的各项力量。因为力场分析图帮助我们直观地看到既定议题下的"力量之争"。通常,拟订的变革计划总是位于力场图的最上方(见图8-20)。其下,图分两栏。各推动力位于左栏,阻碍力则位于右栏。各力量作用方向均指向中间栏线。其中,箭头较长则意味着作用力也较强。勒温力场图表达的意思就是,同一事物遭受所有不同力量的作用,并发生相应变化。应该按照以下步骤来绘制勒温力场分析图。

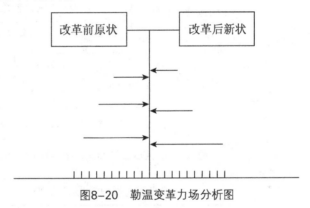

图8-20 勒温变革力场分析图

(1)描述当前状态。
(2)描述期望状态。
(3)辨认如果不采取任何行动的后果。
(4)列出朝向期望状态发展的所有推动力。
(5)列出朝向期望状态发展的所有阻碍力。
(6)对所有力量进行逐一讨论与研究:它们是否真实有效?它们能否被改变?它们中的哪一些又是最为关键的?
(7)用1~10的数字对每一力量的强度进行判分,其中1代表力量最弱,10代表力量最强。
(8)在图上按比例标出力量箭头,其中推动力位于左侧,阻碍力位于右侧。
(9)通过力量分析,对变革的可能及其过程进行判断。
(10)分析讨论如果减弱阻碍力或加强推动力,对变革又会产生怎样的影响。
(11)需要注意的是,当改变某一推动力或阻碍力的时候,有可能对其他力量产生关联影响,甚至产生新的力量。

8.2.4 销售组织变革的类型

销售组织变革根据不同的划分方法，可以分成不同的类型。

按照变革是否跨部门来分，可以分为跨部门的销售组织变革与非跨部门的销售组织变革（单纯的销售组织变革）。销售机构的跨部门的销售组织变革，是大中型公司经常采取的类型，涉及的部门有公司的市场部、商务部、政策事务部，甚至包括人力资源部、财务部。比如，很多医药公司刚开始采取区域市场部在销售部的职能—区域型组织结构，由于竞争的加剧与客户需求的变化，采取区域市场部归中央市场部的"职能—区域"矩阵型组织结构，从图8-21转化为图8-22。

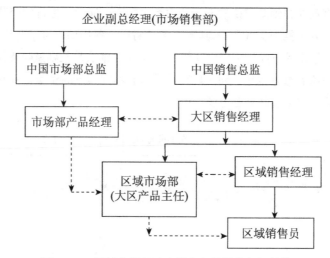

图 8-21 区域市场部建在销售部的销售组织结构

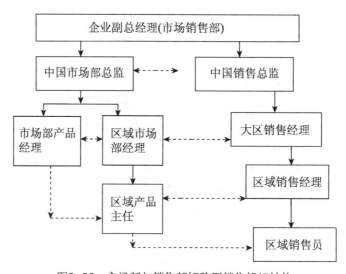

图8-22 市场部与销售部矩阵型销售组织结构

非跨部门的销售组织变革，一般指销售机构内部的变革，不涉及公司其他任何部门。比如，由区域型销售组织转换为产品型或客户型销售组织，如销售组织文化变革、销售队伍薪酬方案变革、销售管理工具的变革、销售流程的变革等。

按照变革的发动者的控制程度或是否有计划性来分，销售组织变革分为计划性变革（或主动性变革）和非计划性变革（被动性变革）。计划性销售组织变革是指销售管理者洞察内外环境中可能给销售组织或销售组织本身带来的挑战，考虑到未来发展趋势与变化，以长远发展的眼光，主动地制订对销售组织进行变革的计划，并分阶段有步骤地进行实施的变革。非计划性销售组织变革是指在突发事件或者环境逼迫下被动地匆忙作出的销售组织进行变革决定的销售组织变革，它属于临时抱佛脚的变革，失败率非常高。那些成功的重要的销售组织变革都是有计划性的销售组织变革。

按照变革的决策情形来分，销售组织变革分为三种。第一种是独断式变革，又称独裁式变革，发动者利用自己的职权宣布变革，并独断变革方案。第二种是团队式变革，又称共享权力的变革。发动者成立变革领导团队或变革委员会，通过团队共享权力，利用团队智慧，进行团队决策。第三种是授权式变革，变革从基层开始，得到上级的授权，基层员工率先发起变革，在上级的引导下，最后变成全员参与式变革。

按照变革的内容来分，销售组织变革有销售组织结构变革、销售文化变革、销售管理变革、销售技术变革、销售工具变革、销售流程变革、销售薪酬变革。在这些变革中，最为关键的也是最难的是销售组织结构变革与销售薪酬变革。销售组织结构变革是本节的重点，销售薪酬变革，我们在第九章会有论述。

按照变革进行的方式，可以分为渐进式变革与激进式变革（或一步到位式变革，又称剧烈式变革、爆破式变革）。采取试点方式进行的变革，或者把变革内容模块化，然后一个模块一个模块地进行实施的变革，都属于渐进式的变革，其特征是销售组织保持宏观稳定，变革在局部进行，通过量变达到质变。渐进式变革，有时候也被称作进化式变革，它是采取综合性、连续性的变革措施，对原有组织进行渐进的、局部的变革。它力求通过一个循序渐进的过程对组织进行小幅度的局部调整，逐步实现组织模式的转变。其特点是在时间上分步到位地达到最终的变革目标；在空间上由点到面逐步推广变革方案和成果。其变革的幅度小、程度浅、速度慢，因而容易获得成功。它适合在企业内外环境相对稳定的情况下进行。比如，很多中型制药企业，刚开始采取区域型销售组织结构，由于公司在迈上大型制药企业的路上需要采取区域—产品复合型销售组织结构，所以他们通常采取的变革是，先把销售员分组，按组进行销售推广，销售员的直线上司，依然是按区域管理。比如，销售组织结构从图8-23转化为图8-24，然后，销售组织结构依次从图8-25到图8-26，再到图8-27。激进式变革，是指一次性打破原有的组织框架或组织结构，迅速采取全新的组织框架或组织结构，变革时限很短，没有回旋的余地或时间。有时候，激进式变革又被称作革命式变革，它是对组织进行大幅度、全面、急速的调整，以求在较短的时间、较大的空间范围内彻底打破原有组织模式并迅速建立理想的组织模式。其变革的幅度大、程度深、速度快，因而成功率不高。它一般适合企业内外环境剧烈变化的情况。比如，销售组织结构从图8-23直接转化为图8-27。

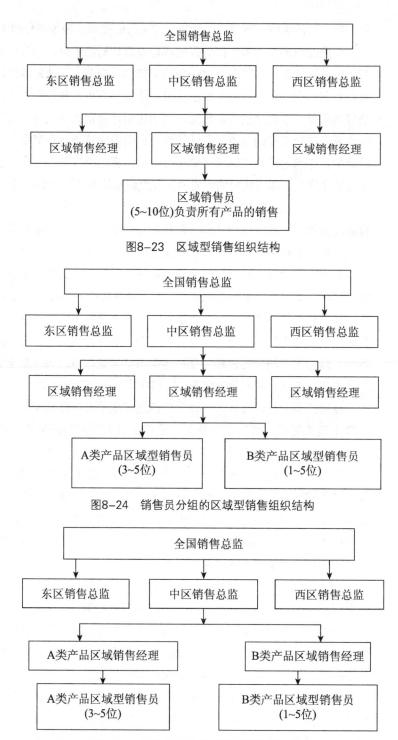

图8-23 区域型销售组织结构

图8-24 销售员分组的区域型销售组织结构

图8-25 分产品团队的区域型销售组织结构

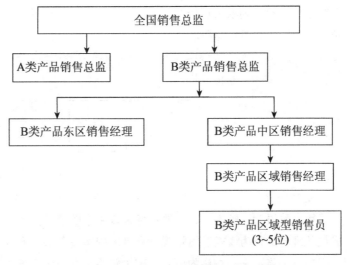

图8-26 产品—区域型销售组织结构

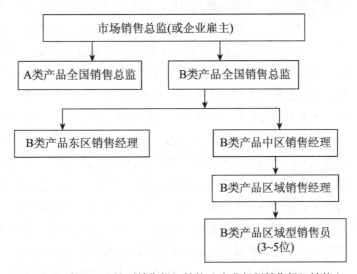

图8-27 产品—区域型销售组织结构（事业部制销售组织结构）

8.2.5 销售组织变革的过程

销售组织变革过程，又称销售组织变革程序，是指销售组织实施变革的步骤、程序或过程。变革过程可以分为好几个阶段，每个阶段都有其特征，阶段进程也存在规律，如果能认识这些阶段的特征及进程规律，导入策略与方法，把变革过程管理起来，那么就可以确保销售组织变革沿着正确的轨道进行。本节介绍常规的变革过程划分方法。

8.2.5.1 变革三段论

变革三段论有三种类型：减少阻力的勒温三段变革、增强推力的蒂奇（Noel M. Tichy）三段变革与持续不息的圣吉（Peter M. Senge）三段变革。这里重点探讨勒温的三阶段变革论。勒温根据他对组织成员的心理态度和行为的研究，在1951提出了"变革三步论"，如图8-28所示。

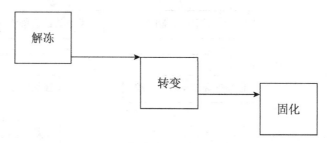

图8-28 变革过程的勒温三阶段图

第一阶段为"解冻"，主要任务是以未来的情形，要求放弃现有的行为模式，让成员从现有的行为模式、思想观念和制度中解脱出来，准备进行转换。解冻要遵循固守现有行为将被未来淘汰的原则。破（解冻）是任何变革的首要一步，鼓励成员为了更美好的未来，采取新的适应组织战略发展的行为与态度。为了做到这一点，变革管理者要做到三点。第一，需要对现有行为与态度用未来的要求进行否定。第二，要使成员（管理者+员工或干部员工）认识到变革的紧迫性。可以采用比较评估的办法，把本单位的总体情况、经营指标和业绩水平与其他优秀单位或竞争对手一一加以比较，找出差距（业绩沟）和解冻的依据，帮助成员"解冻"现有态度和行为，参与变革，并愿意接受新的工作模式。在展示业绩沟的时候，要特别注意，千万不要直接、完全地指责他们，否则就会激起他们的防御倾向。业绩沟，就是实际业绩和应有的或可能达到的业绩之间的差距。业绩沟对解冻很有帮助，但千万不要把与目标有关的业绩沟归因于成员的不努力或能力不行。与同行产生的业绩沟或与潜力产生的业绩沟，可以更好地激励成员解冻。第三，应注意创造一种开放的氛围和心理上的安全感，减少变革的心理障碍，提高变革成功的信心。重点解决由于变革带来的迷茫震惊、不安全感、预期损失和骚动反应，其措施以追求群体对变革的心理适应为主。

第二阶段为"转变"，主要任务是引入组织变革要达成的新方法、新系统或新观念，对代表新方法、新系统及新观念的人和行为进行奖励。在这一阶段需要给成员提供新信息、新行为模式和新视角，既要宣传新行为、新文化的重要性，又要提出具体的实施方法和成员行为规范要求，带头身体力行，挖掘成功的故事并不断传播，进而形成新的行为和态度。管理者要知道转换是一个学习过程，有耐心地给成员以时间来学习，并提供学习的平台。在这一步骤中，变革管理者要注意为新的工作态度和行为树立榜样，采用角色模范、导师指导、专家演讲、群体培训等多种途径。勒温认为，转换是个认知的过程，它由获得新的概念和信息得以完成。不能仅仅下达变革指令，而是需要形成变革情境，同时要尽可能保留有益的习惯和非正式关系，尤其是要做到使群体成员分享变革带来的利益，可以采用谈判方式解决变革带来的问题。在实施转换过程中，变革管理者要注意这样几个方面来完成"立"的使命：第一，判定组织成员对新方式的赞成或反对情况，不同情况的力量大小；第二，分析哪些力量可以变化，在什么程度改变，哪些力量必须要改变；第三，调整变革的策略；第四，评估变革的结果，总结经验教训。

第三阶段为"固化"，又称"冻结"、"再冻结"或"封冻"。其主要任务是稳定变革，把"立"的新规内在化。从各个角度巩固、强化与支持已实施的新方法、新系统和新观念，使第二阶段产生的变革能真正稳定存在，使组织变革处于稳定状态，促使变革成果稳定化。为了确保组织变革的稳定性，需要加强群体新行为的稳定性，促使形成稳定持久的群体新行为规范。被冻结的部分是能增进销售组织的持续适应能力与提高绩效的新行为、新规范。

8.2.5.2 四季变革模型

在长期销售管理实践中，笔者黄德华总结并提出了四季变革模型，如图8-29所示。四阶段变革可以形象地用四季来描述：春生夏长、秋收冬藏。春天选好种子，并在阳春三月播种。变革要设计并选择好变革方案，选择内外环境可以接受的时间，实施变革方案。夏天阳光普照，施肥灌溉，锄草修剪，促使幼苗成长。变革的第二步，就是要营造变革的积极环境，全心全意地领导变革，增强变革推动力，减弱变革阻碍力，让变革不仅生根发芽，更要健康成长。秋天风和日丽，除虫保果，施肥健果，看护守果。变革的第三步，就是要让变革之树开花结果，挖掘变革的成果，护卫变革成果，让变革的成果不断成熟，让大家看到变革带给大家和组织的好处，协助每位参与变革的成员都可以收获变革的好处。冬天收获果实，分享果实，挑选下一个春天的种子。变革的第四步，就是巩固变革成果，让好的新行为、新规范融入公司的制度与文化，让所有成员分享变革带来的好处，并遵守新规。同时，审视环境的变迁，为将来的变革选好"种子"。

在中国，很多企业的销售组织变革，是在上一年度第四季度进行酝酿，成立变革讨论小组，讨论与决定下一年度变革等事宜。如果决定变革，那就成立变革管理小组，在本年度第一个季度的第一个月第一周宣布变革，并就变革内容与目的等与销售成员进行沟通，安排培训等，有时候与外部客户进行沟通，解释变革的原因，打消客户的顾虑。一般来说，在2月就实施变革。在2月或3月，所有新制度、新规范都出台。在本年度第二季度初（4月），所有调整到位，变革小组指导变革，收集建议，并现场解决变革引起的冲突问题，保证变革顺利实施。第三季度初，变革管理小组评估变革成果，好的方法继续坚持，不合适的方法调整，挖掘并宣传变革好故事，激励大家继续支持变革。8月和9月基本稳定新规范、新行为。这个变革遵循的是"酝酿、宣讲与培训、实施、巩固"四个过程。

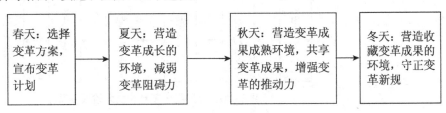

图8-29 四季变革图

8.2.5.3 变革六段论

中华文明源远流长，我们的祖先在《周易》一书中，针对"革"有专门的论述，革卦中的"革"，既可以理解为革命，也可以理解为变革或改革。这里姑且把革卦中的"革"，理解为变革，理解为组织变革。从这个角度来解读革卦，笔者黄德华认为，革卦实际上是讲述组织变革六阶段。

革卦的卦辞：革，巳日乃孚，元亨利贞，悔亡。革卦的卦辞是讲变革的总原则，变革要选择好时间，并获得信任（或认同），变革者做到仁礼利信，参与者做到创新、参与、获利和贞固，这样的变革就没有什么可后悔的。孔子在《革卦 象》中说：革而信之，文明以说，大亨以正。意思是，变革要获得信任，在得到大家开心拥护的情况下，以文明的方式进行，走正道走大道进行变革，才会获得巨大成就。

革卦的爻辞：初九，巩用黄牛之革。六二，巳日乃革之，征吉，无咎。九三，征凶，贞厉。革言三就，有孚。九四，悔亡，有孚改命，吉。九五，大人虎变，未占有孚。上六，君子豹变，小人革面。征凶，居贞吉。革卦的爻辞是讲变革的六个过程或六个阶段，如图8-30所示，初九是第一爻，也是变革的第一阶段，是讲变革要选择最好的方案，用最好的方案把大家凝聚在一起。六二是第二爻，即变革的第二阶段，有了最好的方案后，不要马上实施，要选择合适的时机实施，变革才会顺利进行。九三是第三爻，即变革的第三阶段，是讲要反复听取成员对变革的建议，反复宣讲变革的愿景和目标、变革的好处与变革措施。多次宣讲后容易获得成员的信任与认同，否则变革容易失败。守正变革的使命是为大家谋福，所以才会获得大家的支持。九四是第四爻，即变革的第四阶段，是讲放弃原有习惯的后悔消失了，取得大家的信任，就可以进一步推进变革，这样的变革会有好结果的。九五是第五爻，即变革的第五阶段，是讲变革过程中，变革领导人要以大家的利益为原则，坚持天下为公，这是减弱变革阻力和增强变革推力的好方法。（按照孔子的说法：夫大人者，与天地合其德，与日月合其明，与四时合其序，与鬼神合其吉凶，先天下而天弗为，后天而奉天时。这里把大人理解为明智的公心的变革家或变革领导人）上六是第六爻，即变革的第六阶段，是讲支持变革的人，会革面又革心，从思想上、行为上进行变革，而那些反对变革或对变革持消极态度的人，经常是革面不革心；如果不停地改变，就危险，朝令夕改的变革是要不得的，需要巩固变革的好成果，把变革相对稳定下来；对于那些革面不革心的成员，要继续做思想工作，让他们从内心遵守变革后的规范。

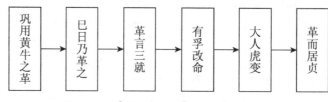

图8-30 《周易·革卦》的六阶段变革图

根据革卦的六阶段变革模型，销售队伍变革的第一步是选定全体组织成员的利益最大化的变革方案；第二步是在组织成员作好变革的心理准备时，实施变革；第三步是在变革中，不断地给予组织成员以信心，保持信息沟通顺畅，虚心接受组织成员的建议；第四步是在变革中，保证变革带来的好处或创造短期利益让组织成员共享；第五步是快速彻底地推进变革；第六步是提高变革质量，让变革后的新规走进组织成员的内心。

8.2.6 销售组织变革的阻力类型

只要是变化，就会有三种态度"支持、中立与抵制"，并导致三种不同的结果，如图8-31所示。成功变革对策就是，要想方设法让支持变革的人越来越多，让反对变革的人越来越少。作为变革管理者，一定要清醒地意识到，只要是组织变革，无论变革意义多么伟大，变革目的多么大公无私，变革目标多么激动人心，变革方案多么完美无缺，变革阻力也是无处不在、无时不在的。因为变革具有革故鼎新的本质，组织中的人不仅具有经济属性，还具有社会属性。变革管理者要对任何形式的变革阻力保

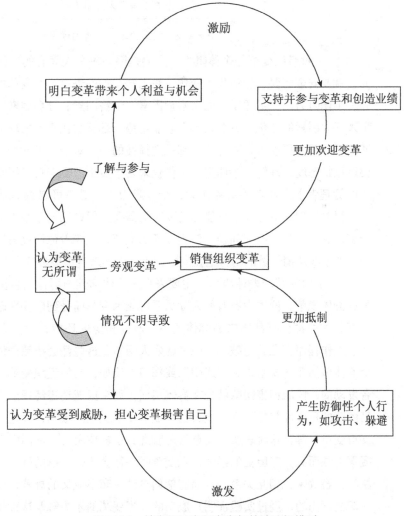

图8-31 销售组织变革态度与策略选择模型

持高度警觉，并用心化解它们。在销售组织变革过程中，如果出现以下现象，那就表明变革遇到了阻力：销售成员磨洋工、销售限量、无动于衷、消极顺从、不学习新规范、放缓工作、有意犯错、故意破坏、销售业绩下降、提似是而非的建议、离职人员增多、请病事假增多等。

销售组织变革阻力一般来自五个方面，如图8-32所示。

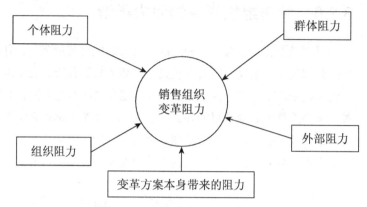

图8-32　组织变革的五阻力模型

（1）对组织变革的个体阻力，主要是因为每个人固有的工作和行为习惯难以改变、就业安全需要、经济收入变化、对未知状态的恐惧及对变革的认识存在偏差等引起。个体阻力的产生源于人的"心理因素、经济因素和社会因素"三大因素，变革会带来三大因素的变化。每个人都有职业定势，都喜欢在熟悉的环境里，都希望看到预期结果，都厌恶损失，对待信息都是选择性的……对于员工的变革阻力，变革管理者要以正常态度去理解。个体阻力不仅仅来自于员工，也来自各级管理层经理人。《有效的管理者》的作者德鲁克认为，个体阻力中，最不可忽视的是经理人员的个体阻力，很多经理人员理智上可能知道变革的需要，但是感情上跟不上，不能作出相应的转变，有时会为了面子问题，认为今天的变革，意味着他们过去决策的失误。在变革中，如果涉及销售员的销售地盘变更，容易引起来自销售员的个体阻力。

（2）对变革的群体阻力，主要来自于群体惯性与群体信息沟通障碍。每个群体都有群体规范，群体中原有的人际关系可能因变革而受到改变和破坏等。任何组织的变革，往往都会打乱原来的群体关系，改变相应的环境，放弃人们熟悉的习惯、地点、工作程序，尤其是破坏了原来的熟人网络，这些都会招致群体的反对和阻挠。这个群体包括非正式组织和正式团队或部门。比如，销售组织变革是销售部的最高管理者发动的，区域销售团队就处在群体层面，如果区域销售经理或其成员，经常强调自己团队的重要性与特殊性，或者销售成员要求更换区域销售经理（这位区域销售经理支持变革）等，这就表明，变革管理者遇到了群体阻力、部门阻力或团队阻力。那些凝聚力强而有一定历史的群体，在变革时往往会产生变革的群体阻力，他们在工作方法、销售效率、相互关系等方面有他们自己一套不成文的规范，而且他们往往认为这一套是管用的，经过实践证明是成功的。当变革的矛头触及这种规范时，就会遭受群体阻力，尤其是这个群体的带头人的个体阻力。比如，非正式组织的"民间领袖"因变革而离开或对变革持消极态度，那么这个非正式组织就会抵制变革。

（3）对组织变革的组织阻力。任何组织都有维持原有习惯的倾向，组织层面的阻力来自组织惯性，如业务活动惯性（组织运行的惯性）、管理体系惯性（现行组织结构的束缚）、组织文化惯性（包括组织文化的保守性，追求稳定、安逸和确定性甚于革新和变化的保守型组织文化）等。组织阻力来自于组织权力的变更，变革对现有责权关系和资源分配格局所造成的破坏和威胁，如果变革涉及管理岗位的人事调整或权力调整，组织阻力就会变大。

（4）对组织变革的外部阻力。它包括企业外部环境的阻力与企业整个环境的阻力。企业外部的阻力，包括劳工市场阻力、国家法律、客户阻力、社会团体阻力。比如，客户阻力，变革如果带来人事动荡，客户就会远离公司，转而购买竞争对手的产品。尤其是客户认可的销售员或销售经理，在这次变革中失利或不满，这些客户因感情因素就会疏远公司。企业本身的阻力，包括企业文化、企业部门生态、企业高管等，也会带来阻力。比如，如果企业文化发现销售组织变革带来的销售部文化与之不相容，它就会进行自我保护。销售组织变革会带来很多财务关系的变化、人事关系的变化，这些变化都会带给财务部、人力资源部等部门额外的工作量，当这些额外工作量不能给他们带来更多的利益时，他们就会抵制变革。

（5）变革方案带来的阻力。很多时候，人们也知道不变革不行，虽然愿意支持变革，但他们依然抵制变革，在这种情况下多半是变革方案带来的阻力，他们不支持有缺陷的变革方案，不喜欢变革领导人的风格，或他们不愿意把前途压在存在能力缺陷的变革领导人身上，或选择变革的时机不对，等等。

8.2.7　销售组织变革的阻力化解

组织变革过程是一个破旧立新的过程，自然会面临推动力与阻碍力相互交错和混合的状态。组织变革管理者的任务，就是要采取措施改变这两种力量的对比，促进变革的顺利进行。大量的实践表明，在不化解阻力的情况下增强驱动力，可能加剧组织中的紧张状态，从而无形中增强对变革的阻力，如商鞅变法、王安石变法。在采取措施化解阻力的同时增强驱动力，会更有利于加快变革的进程。化解阻力，争取合作，这是所有变革管理者要遵循的原则。五种变革阻力，在变革中有大有小，在动态变化过程中，不同的企业，不同的组织，会有所不同，化解阻力（减弱或消除）的方式也不同。本节主要探讨共性的化解方法。

1. 成立有广泛代表意义的变革委员会（或变革讨论小组）

变革委员会不仅有公司的高管（公司总经理）、财务总监、人力资源总监、市场总监、销售总监，还有各个大区的销售经理（或全部中层销售管理者），更要有优秀的基层销售经理、优秀的销售员；并且，在变革委员会中，要设立变革领导小组。变革委员会主要是讨论要不要变革、怎样变革、变革时机、变革幅度、变革频率、变革目标、变革配置方案、变革支持策略等。参与心理告诉我们，提高成员的参与度，可以化解阻力。因为人们参与了某种事情的讨论与决策，就会把这件事看成是自己的事情，并主动承担责任。参加委员会的成员，不仅要为变革方案献计献策，而且要更完整地掌握变革信息，更好地理解变革，回到岗位后，要更好地宣讲变革信息。变革成员来自五湖四海，应该包括可能反对变革的成员，只要他认可公司文化、对公司忠诚、业绩良好，就可以成为变革委员会成员。即使变革委员会人数过多，也要在宣布变革之前，召开一次变革扩大会议，集众人智慧，优化变革方案，凝聚变革共识。

2. 与销售部成员进行多渠道沟通

通过沟通销售机构的全体成员以消除或减弱变革阻力是销售变革者的本分。除了在销售部年会或者公司年会上宣布变革方案，与全体销售部成员进行正式沟通外，还需要到销售部的各个办事处或销售大区进行沟通。全员沟通是为了保持变革信息的完整性。局部沟通，主要是尊重成员，消除疑虑，倾听心声，吸取智慧。局部沟通，要在每个办事处或大区进行。沟通形式可以是讨论、演示、报告、座谈等，也可以采取聚餐等非正式沟通渠道，进行互动沟通。沟通的目的是给销售部成员提供关于变革的完整信息，防止谣言、误解和愤恨。很多变革的失败是因为成员从小道消息得知销售部要变革，或者从公司其他部门或公司外部得知销售部要变革的消息。反对力量很强大的团体，采取面谈协商；反对力量很大的个体或意见很大的个体，采取面谈方式沟通。开放式沟通会化解很多阻力。在沟通过程中，销售成员可能会诉苦，变革管理者要能够区分事实与情绪，并能在经济的逻辑与非逻辑的感情之间进行平衡，能够判别他们的诉苦是表现出来的诉苦，还是潜在的诉苦，是物质内容的诉苦，还是心理形式的诉苦。如果是表现出来的诉苦或物质内容的诉苦，变革管理者耐心听完就可以了，也许员工只是"泄泄气"而已；如果是潜在的诉苦或心理形式的诉苦，睿智的变革管理者会引起重视，并看到问题的源头，帮助员工解除其心理的疙瘩，获得其信任与支持。

3. 提供更多的培训

销售组织的变革往往会导致销售地盘的调整，或变化销售的产品类型，或由维护客户关系变成开发新客户等。这时，销售部要会同人力资源部组织培训（培训包括技能类、产品类、客户类和心态类等），让销售员感受到公司在帮助他们提升面对变革的能力。对于销售管理层，要提供《组织变革管理》之类的培训，提高他们带领下属参与变革的能力。通过培训还可以帮助员工理解并执行他们在变革中的角色。通过培训帮助成员胜任变革后的工作环境，是销售变革管理者的本分。

4. 提供公正的支持与协商

销售队伍成员分散在各个省市，而各地的风俗习惯会有很大的不同。在销售组织变革中，肯定会遇到各种各样的困难，对于这些困难，变革管理小组或变革领导人，不要因为销售成员提出困难就主观认为对方是反对变革，而是要有耐心和他们一起讨论解决方案，可以微调变革步骤、变革策略。遇到阻力较大的，可以在不影响大局的前提下，放缓变革节奏。在变革过程中，如果致使成员利益损失，要设立补偿机制，通过利益的结合来减少变革带来的冲突。

5. 以时间交换空间

即使不存在对时间的抵制也需要时间来完成变革。组织成员需要时间来适应新的制度，排除障碍。如果领导没有耐心，加快速度推行改革，那么下级会产生一种压迫感，产生新的抵制。

6. 在招聘新销售员时多引进喜欢变革与挑战的销售员

员工的个性与其对待变革的态度有着密切的关系，在招聘的过程中，可以引入心理测评，由此招聘一些有较强适应能力、敢于接受挑战的员工。

7. 杜绝一切形式的政治斗争

要公平公正地对待各个团队或群体，销售组织的变革最容易造成政治斗争，出局者会在公司外、客户那里散布"坏消息"，这些坏消息会成为变革的阻力。

8.2.8 销售组织变革成功的关键因素

销售组织变革要取得成功，天时、地利、人和与己和都缺一不可。其中，己和是第一步：任何变革，不能为自己牟私利；出现任何变革问题或冲突，自己要冷静、要睿智面对。人和是关键：所有的销售组织变革，都要获取企业所有者、企业其他部门和销售机构全体成员的信任。信任是变革成功的基础，取信于民和取信于组织是变革成功的核心。

在大中型企业中，销售组织变革都不是由企业"老大"来领导的，通常企业"老大"是变革的后台或名义上的变革领导组长，实际操盘的是销售机构的"老大"，如负责销售的公司副总、销售总监。这种情况下的变革，变革操盘手与企业老大的关系，就好比商鞅变法中的商鞅与秦孝公、王安石变法中的王安石与宋神宗的关系，二把手操盘的变革，没有企业老大绝对信任的支持，销售组织的变革100%是失败的。在变革带来的预期业绩越来越不好的情况下，企业"老大"对变革的信心会逐渐减弱，乃至动摇。最后，变革操盘手出局，成了变革失败的"替罪羊"。这种情景下的销售组织变革的成功关键因素，是企业"老大"的信任与支持。

除了企业"老大"的绝对支持外，促进销售组织变革成功的关键因素有四个，如图8-33所示。

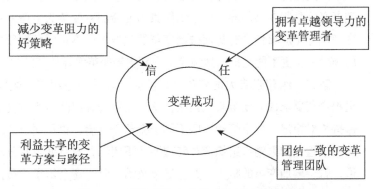

图8-33 销售组织变革成功的关键因素模型

在现实社会中，很多销售变革的发动者认为，销售组织变革就是更换销售组织结构，就好比机器更换零部件那么简单，秉承"不换思想就换人"的原则，粗鲁地对待对变革有疑虑、有困惑的销售成员。这种变革的发动者，把人当作机器看，由他来领导变革，肯定失败。从经济的角度来看，销售成员的思想和销售成员的努力，是组织最大的资源，这种资源具有稀缺性，怎么可以随意放弃不用呢？从社会的角度来看，销售成员是组织成员，虽然他们具有不同的需要、能力和价值观，但他们发现，加入组织与其他人一道工作，能够加强他们自己的能力，从而更好地满足他们自己的需求。他们都自动遵循组织最高"契约"而变成组织成员，并在组织内、成员之间形成感情伦理关系、群体关系和组织关系等。

第一，变革管理者需要有卓越的领导力。他必须赢得销售机构全体成员的认可与信任，没有销售成员的同意，他将失去的不仅仅是变革推动力，更为重要的是失去带领大家变革的权力。卓越的领导力体现在他有很强的人际关系能力（能够创造出一种同某人一起工作而不是在某人之下工作的感觉氛围），并能根据变革情境的变化，富有成效地调整自己的领导风格。在黄氏TOPK十字圆盘中的四种领导风格之间进行有效转换，最终带领大家去实现他们从来没有实现过的目标。比如，在设计变革方案时，要扮演猫头鹰型领导风格；在倾听、沟通和讨论时，要扮演考拉型领导风格；当大家看不到变革或不相信变革前途时，要扮演孔雀型领导风格；当大家在变革中犹豫、徘徊或行动迟缓时，要扮演老虎型领导风格，对那些散布变革谣言的公害，在多次说服无效时，果敢劝退。他们不是命令员工服从变革，而是利用知识为员工参与变革和员工获得变革成功而服务。他既能偏好行动而推进变革的目标，又能体谅到成员的需要与人际关系，把两者结合得很好。当成员对变革持否定态度或消极抵制时，他深知这不是员工的错，而是变革管理者的错。他努力说服员工支持并参与变革，采取更频繁的走动式管理，与他们保持更紧密接触。他具有很强的内心活力（同时应付多种不同问题的能力），在设计好变革的同时，会预备变革中可能出现问题的解决方案。他会提出适当的措施与激励办法，激发员工的创造力与主动性，让员工激情满怀地参与变革，并让员工得到相比变革前更多的好处（包括能力的提升）。变革管理者必须具有六种能力：创造性洞察力，能够提出正确的问题；对待他人的敏感力；开创未来的远见力；预料变化的应变力；集中意志的执行力；面向未来的忍耐力。变革管理者必须是制变型领导（以组织愿景为使命的视变革为生命方式的领导），而不是应变型领导（应事情应时势而被动变革的领导），不是回顾型领导（认为改革是一时性的领导），更不能是抵制型领导（表面支持变革实际使坏的领导）。

第二，组建强有力的变革管理团队。在销售组织变革幅度较大时，成功的销售组织变革要求成立变革管理团队，这个变革管理团队最为重要的特征是团结一致并且保持相对稳定。变革管理团队不同于变革委员会，也不同于变革讨论小组，它是变革推动小组。如果销售组织变革管理团队不团结，对待变革有分歧并被销售机构成员知道，就会增加变革的阻力，并会导致政治斗争，还会给予成员抵制变革的理由。如果不稳定，有成员离开，尤其是离职或换岗，那危害更大，销售机构的成员会把变革管理成员的离职或换岗的理由，看成是管理层对变革没信心，并且他们在猜测加入变革管理团队的新人会不会更改变革方案，于是他们怠惰地对待变革。

第三，制定利益共享的变革方案与路径。无论多么完美的变革方案与途径，它都必须得到参与者的信任。而得到信任，最为关键的是要让组织成员得到更多的利益，包括满足人们的社会需要。当人们感到通过变革可以实现组织目标，他们也可以获得个人的满足（实现个人目标或获得更多的个人利益）时，他们就会同舟共济地为组织变革作出贡献。变革方案要让销售机构成员有奔头并肯定能得到报偿，变革路径要符合人性（考虑到员工是人，有非理性的成分）。很多变革管理者说变革是公司的使命、是公司下达的死命令等，这些都是空洞的话，很难获得销售机构成员的信任。无论何种形式的变革，销售成员首先关注的是销售薪酬方案是否有吸引力，新的变革是否会影响自己的收入，而销售薪酬与销售指标最密切，所以他们第二步就会关注销售指标分配的合理公平性，关注销售指标的纵向（与过去比）和横向（与同事比）。因为销售指标的基础是销售区域（或销售地盘），所以他们第三步会关注销售区域（销售领地或销售管理领地）的变革方案，销售区域变革要有公平性。

要获得销售成员的信任，销售组织的变革者必须让销售区域配置方案、销售指标分配方案与销售薪酬方案均有利于推动销售变革的实施。因此，作为变革管理者，首先必须公正无私、虚怀若谷，设计利益共享的变革方案，睿智果敢地选择利益共享的变革方案与路径，并随时防范变革失误的产生，而不是在变革发生问题后再去检查。变革管理与控制是向前看，而不是向后看，要时刻准备防范而不是亡羊补牢。

第四，选择减少变革阻力的好策略。第一个策略是不要贬低过去。改革者为了说服员工支持改革，往往倾向于把昨天说成是沉闷低效、错误百出的，以此证明非改不可。这种做法会令老员工心里难以接受；同时，他们会联想到公司过去一直是错误的，现在才要加以纠正，错误的责任不应该由他们来承担，而首先应该惩罚管理层。否定过去，就相当于告诉员工，他们以往都是失败者，他们在心理上就难以接受，从而不自觉地对变革产生心理阻力。销售变革成功的关键策略之一，就是不要贬低过去，而是告诫人们，继续按现在方式进行，将被未来的环境所淘汰。第二个策略是打造变革文化。杰克·韦尔奇（Jack Welch）引导美国通用电气的变革，无疑是企业变革成功的典范，他采取的策略就是打造变革文化。他对自己的经理人说：把每一天都当作你参加工作的第一天，以崭新的视角审视你的工作，进行任何必要的有利的改进。经常不断地研究你的工作计划，如果必要，就重新拟订。这样，你才不会因循守旧。他对他的员工们说：记住要自己决定。如果你自信你是对的，就不要放弃，更不要屈从别人的意志。你可以改变你的上司，或者，你可以督促他们去改变。变革融入了每位员工的血液，员工拥抱变革成了他们的行为准则，于是变革文化就成了组织氛围。

本章小结

1. 销售组织工作就是设计和维护销售机构合理的分工协作关系以有效地实现销售组织目标的过程。

2. 销售组织设计原则：销售组织结构体现客户导向；销售组织结构适应周围环境；销售组织结构的责权匹配一致；销售组织结构需要呈现发展态势；销售组织的管理跨度与幅度必须合理；销售组织必须稳定而不失弹性；销售活动应该平衡协调；销售组织不排除非正式组织。
3. 常见销售组织结构形式包括直线型、职能型、区域型、客户型、产品型、委员会型、矩阵型、复合型。
4. 销售组织变革的形式：销售组织改进、销售组织改革、销售组织创新。
5. 销售组织变革的时机：决策失灵时；沟通阻塞时；机能失效时；客户失望时；成员消极时。
6. 四季变革模型：春季，选择变革方案，宣布变革计划；夏季，营造变革成长环境，减少变革阻力；秋季，营造变革成果成熟环境，共享变革成果，增强变革推动力；冬季，营造收藏变革成果的环境，守正变革新规。
7. 变革的五种阻力包括个人阻力、群体阻力、组织阻力、外部阻力、变革方案本身带来的阻力。
8. 销售组织变革成功的四个关键：变革管理者需要有卓越的领导力；组建强有力的变革管理团队；制定利益共享的变革方案与路径；选择减少变革阻力的好策略。

本章思考题

1. 销售组织设计要考虑哪两个维度和哪些要素？
2. 销售组织结构有哪三个关键要素？它们之间有什么联系？
3. 请在常见的销售组织结构中选择一种，阐述其优缺点和适用条件。
4. 导致销售组织变革的原因有哪些？在什么情况下，要进行销售组织变革？
5. 请阐述销售组织变革过程的六阶段模型。

案例分析

销售变革如此频繁

胡馨元就职于一家国有商业银行C银行，对于她所在的组织而言，销售区域都是根据行政区划来划分的。比如，一级分行都为省、自治区、直辖市或国务院单列市等，而二级分行均为省所辖地市，以此类推，逐级下分。而在同一个城市内，区域划分并不明显，譬如有类似分管杭州西湖区业务的西湖支行，但事实上其客户可能在上城区，也可能在下城区，甚至会在萧山、下沙，甚至在金华、绍兴乃至省外（尽管受到银监局的管制）。所以跨区域销售的现象也随处可见。另一方面，就销售组织而言，因她所在单位人力招聘全部由人力资源部门负责，所以最终员工从事何岗位完全取决于组织的需要，即哪里缺人，放哪里，一个萝卜一个坑，或是凭借领导的喜好。

胡馨元2007年进入了C银行，在外人看来是非常不错的一个选择，收入高且工作相对稳定。因此，她对未来的工作充满了憧憬和期待，以一名正式员工的身份加入了C银行。C银行用工性质分为四种，分别为正式工（分为中长期合同工和短期合同工）、派遣工和C银工。其中，中长期合同工是自招聘时就以正式员工身份入职；短期合同工由派遣工和C银工转正而来；派遣工是通过外部劳务派遣公司招聘而来，是临时工的一种；C银工是C银行自己的劳务外派公司招聘的员工，也是非正式员工的一种。这种用工方式在C银行内部称为协议薪酬制。第一年她得到的薪酬是税前3.14万元,尽管这远远低于她的心理预期,但是她想刚刚踏入社会,能多学些东西总是好的。毕竟C银行作为一家国有商业银行,尽管薪酬不具备竞争力,但业务知识比较全面,社会影响力较强,在这里更能提高自身能力。C银行对于协议薪酬大学生(第一年入职的正式员工)采取的是按学历及学校层次分配薪酬。其拟定了自身认可的十几家学校作为重点学校,这几家学校薪酬要比其他学校高些;博士研究生要高于硕士研究生,硕士研究生要高于本科生。薪酬水平从税前2.5万元~8万元不等。尽管薪酬不是十分具有竞争力,但其凭借自身品牌凝聚了大量优秀的毕业生。

一年过后,胡馨元发现,尽管她是一名正式员工,但她的薪酬远远不如与她同年入行的派遣工陈芳的薪酬。因为她仅能领取协议薪酬的固定工资,而陈芳则是跟着公司的整体经营情况领取绩效工资。尽管胡馨元心里有些不舒服,但是同事们都和她说正式工未来发展前景大,晋升空间大,加薪也容易,于是她心里平和了很多。而由于她所在的部门大都是派遣工,所以,大家经常对她投来异样的目光,说她工资薪酬要高很多。虽然她经常觉得很委屈,但她总是告诉自己,未来总会有机会的,以此宽慰自己。但后来她发现,公司有个规定,就是员工每年的工资基数都是根据前一年的薪酬制定的,不能超过指定增幅。因此,在未来的两年内,她的工资增长一直很有限,且始终低于陈芳,这让她很费解。

2010年,因为公司更换领导,她被调任到新成立的一个业务发展科室。科长陈澜是一名有过多岗位经验的老员工,在这之前她曾经带领过销售团队,但因自身要求和工作需求先后被调任国际结算部经理、办公室主任等岗位,是大家看好的未来副行长(主管公司业务)的人选。但这次改革后,因为职位缩减,她又被调回了业务发展科室。同时,在这次改革中,原来的业务发展科室变成了业务发展团队,打破了科室的概念,原来的科长也变成了团队负责人,每个团队5~6人。团队负责人直接管理各自团队内的成员,可以直接给自己团队的员工下达销售考核指标,分配考核任务,并最终完成考核清算、测评等工作。改革前,各业务发展科的科长拿专项工资,即行内薪酬制度按员工登记切分成基本部分,业务发展科科长及副科长的工资为底薪加考核绩效,绩效按照各团队完成情况奖励,由计财部门考核并清算。所有公司客户经理(对公业务销售人员)的工资也根据当年自身业绩完成情况获取薪酬,薪酬分为底薪加考核,年底由计财部门统一清算。工资构成为:薪酬=(基本工资+基本绩效+补充绩效)×薪酬系数+其他+季度清算奖励+年度清算奖励,工资参数=基本工资+基本绩效+补充绩效。工资参数由人力部门根据公司经营业绩和市场情况制定;薪酬系数根据职等而定。比如,一般员工为1,派遣工为0.9~1.2,科长为2.1~2.2,不同类型岗位的薪酬系数也不同,由各分支行在统一规定的基础上自行制定调节。

改革后,计财部门每次考核后,将各个团队的考核费用打包切分给各个团队,由团队负责人分配后再将数据返回计财部门,团队负责人的薪酬也包含在团队费用内。这就出现了一个问题,团队负责人自己决定给自己分配多少薪水。而按照公司的规定,所有团队负责人是不可带客户的,仅负责团队的管理、上下沟通及带领团队员工的工作。而团队的人力费用是根据团队内部员工销售业绩,按照规定清算各项人力和非人力费用。因此,后来在薪酬分配的过程中,问题日益凸显。客户经理销售指标由团队负责人分配,团队的整体指标由分管的副行长分配,而分管副行长的任务来自省行分配。这一年,胡馨元所在的部门还是一个较小的部门,仅有60多人,独立核算。但每次分配任务时,大家都要争抢一番,每次比较强势的团队负责人争取的任务就会轻一点儿,其他的就会重一点儿。而大家得到的指标都是较上年乘以一定的增长率,一般为10%~20%,从无商量的余地。

甚至指标有时随时都在变，每次考核清算时都会改变（有时按月，有时按季，最终按年清算）。而团队负责人分给客户经理的指标都是自己随意分的，一般根据客户经理手中客户的结构、规模和能力，再根据指标分解。胡馨元所在的团队，陈澜是随便分解一个指标以应付上面领导，其实都是全团队共同在完成指标。因每个人的强项不同，就将各类指标分别压在不同人身上。比如，沈涛的客户是国有大型客户，陈澜就会将对公存款的指标压给沈涛；而孙明的客户都是私营类型小客户，银行相对有议价权，陈澜就会将个人存款的任务压给他，同时一些新产品的指标也会压给孙明；而胡馨元手中客户很杂，如果存款不够时，陈澜就会让她营销一些同业客户，应急冲存款指标，确保团队完成任务。如果要完成中间业务收入指标，就让各成员将手中客户排列，按次序收取；如果已经超过任务指标，就暂时不收，留到明年。因为胡馨元所在的团队大家关系非常融洽，因此对于这样的指标分解大家并没有提出异议。她所在的团队每年任务完成情况都非常好，可是日益增长的指标任务还是让大家喘不过气来。

但每次考核绩效分配时，都给陈澜出了个难题：怎么分配才算均衡呢？如果完全按照大家的业绩分配，她自己就会没有考核收入，而她平时尽心尽力，付出很多。同时平时任务是她下达的，就会出现分配异常不均的现象，大家收入差异过大，团队肯定不和谐；过于和谐，大家又会丧失斗志。但是她总是凭借自身在团队中的威信劝告大家这是最优的分配。而且因为她所在的团队是各团队中业绩最好的，大家也都没说什么。最后，她采取了她分得团队全部收入的1/3~1/2，其余的按工作年限和所带客户的大小及对业务的贡献分配。沈涛（已在C银行多年，一直跟着陈澜，在团队中相当于副职的角色）则分得剩下部分的一半，其余的由4个人平均分配，胡馨元也是其中之一。刚开始，大家都没说什么，觉得团队里的同事都很辛苦，多一点儿少一点儿也不会差太多，再说自己拿得也不是很少。但是久而久之，经过私下沟通，胡馨元发现大家都有各自的想法。沈涛觉得自己贡献最多，而新进同事其实是沾了他的光。而胡馨元觉得自己辛辛苦苦干了很多，按照行里的分配原则，应该比现在拿得多。可沈涛却因为资格和地位拿得多，而新进的人确实沾了光，还有孙明每天工作并不忙，经常干自己的私事，拿的也一样多，确实不公平。同时，大家也觉得陈澜虽然是非常好的一位团队负责人，但是她的薪酬高得有些不合理。到年底清算时，大家发现她的薪酬是一些人的三倍多，于是开始议论纷纷。

另外的团队也各有各的问题。譬如，吴珊珊的团队，团队负责人一般都采用平均分配，导致大锅饭问题严重，队伍中原本积极的员工逐渐也热情消退。因为他们觉得自己即使干得再多，最后也是吃"大锅饭"，又何必努力呢？于是加班的人越来越少，原来这里积极向上的工作氛围慢慢被打破了。

2011年，C银行的一级分行领导又发生了改变，杭州再次进行改革。胡馨元所在的部门与下面的两个支行及另一个部门合并。对公业务发展团队由原来的4个变成了11个，分别由4个副行长分管。这时，销售任务的争夺从副行长便开始了。因为分管副行长先要向行长表态，领受任务，再对自己分管的团队分解，全年考核薪酬很大程度上由年初分到的销售指标所决定，所以内部争夺更为严重。此时，行里公司客户经理的销售薪酬也在悄然变革中。C银行的销售指标分解采用的是从总行到一级分行，从一级分行到二级分行，从二级分行到支行层层分解的模式。而总行和一级分行都有十几个业务经营管理部门，每个部门都负责十几个到几十个产品，他们往往分别下指标给支行，而支行是唯一的对外销售部门。一个客户经理可能背负数百种指标，但并不清楚孰轻孰重，他们完全根据考核来选择销售的产品。因此，一级分行（省分行）各部门内部斗争也较为严重。2011年，省行计财部门牵头出台了一套客户经理考核方案,将200多种产品叠加在一起,出台了公司客户经理积分制,即每项产品都赋予一定的权重,客户经理每完成一项指标得到一定分数,每项指标都有最低完成率要求,下需保底,上有封顶,最后年终,根据客户经理的得分分配绩效工资。但当公司客户经理拿到这张积分表后,反对声超乎寻常的激烈。客户经理纷纷表示无法完成任务,索性都不做了,反正最后都要被扣光的。最终积分制没能完全执行。截至年底,全年最终的考核方案都没完善制定。

2012年,C银行浙江省分行的行长再一次被更换,又一次改革上演。这次胡馨元所在的部门又被拆回原部门,变成了杭州市分行的一个管理部门。经历了无数次改革动荡,C银行的销售队伍离职率越来越高。同时,由于前几年C银行的业绩冲得非常之高,后遗症凸显,不良贷款大量涌现。C银行的业务停滞,全年考核指标无法指定,业务下滑,一直出现负增长,指标一改再改,但全年指标预计仍无法完成。胡馨元在改革中,也选择了离开销售队伍,转岗至省行的公司业务部,却被分配到了综合团队,负责给所有二级分行指定公司业务部分管产品的经营计划并进行KPI考核。这时,她发现,省分行制订计划时,就是简单地根据以往年度的数据乘以10%~20%的增长率来下达计划指标。这样做脱离了市场实际,给自身经营带来了重大风险,且缺乏科学依据。

(该案例根据浙江大学MBA2011年学生胡越的作业改编而成)

讨论:1. C银行在最近三年,年年进行组织变革,你觉得有必要吗?为什么?

2. 唯独不变的销售指标分配方法是否需要变革?如果需要,请阐述你的变革方案。

3. 银行正式员工的薪酬还不如派遣员工的薪酬,你如何看待这种薪酬方案?

4. 你如何看待陈澜分配销售考核收入的作法?她分配销售考核收入,得到了组织的授权,但有没有得到组织的辅导,对此,你有什么启发?

第九章
销售队伍的薪酬管理

本章要点：

了解销售队伍薪酬要素构成；
掌握固定薪酬与变动薪酬的优缺点与适用条件；
了解销售薪酬结构组合的类型及特点；
掌握曲棍球棒效应及其消除方法。

课前案例　　销量不随奖金增加而增加

临近中秋节，丁香公司的老板黄锦涛却烦闷得很。财务人员告诉他，2012年1~9月，对比同期，销售额没有增加，而销售薪酬却增加了不少。2011年的年度销售薪酬支出为12万元人民币，而2012年1~9月的销售薪酬支出为17万元人民币。

丁香公司有三个电话销售员，都在公司工作了将近两年，对公司也十分认可。他们平时都很努力地打电话推销公司的网站广告业务，并积极参与广告设计与编排。在2012年，他们的工作积极性确实比2011年要好得多。当问到他们的销售业绩为什么会出现高低起伏不定时，他们总是说，市场就是这样，他们也没办法。他们也希望每月能有稳定的销量，这种波动性大的销售量，让他们很害怕，总是吃了上顿，担心下顿，每月总在忐忑不安中度过很难受。那么，问题出在哪里呢？

电话销售员工的薪酬由底薪、佣金、奖金组成。2011年的销售薪酬条例为：基本底薪，销售员2500元/月；基本佣金，达到每月3万元销售额（2.8万~3万元都算完成任务），给予500元/月；销售奖金，超出3万元的，按照超出部分的10%提成；每月考核一次，下月发放。

由于在2011年下半年，电话销售员说提成太少，整体收入不高，远远低于同行。所以，黄锦涛为了稳住电话销售员，提高他们的销售士气，将三个电话销售员都提拔为中级销售员；并且在2012年，把销售薪酬条例修改为：基本底薪，初级销售员2000元/月，中级销售员3000元/月；基本佣金，达到每月3万元的销售额（2.8万~3万元都算完成任务），给予500元/月；销售奖金，超出3万元的，按照实际销售额的10%给予提成；每月考核一次，下月发放。

讨论：丁香公司的销售奖金支出增加不少，而销售量没有同步增加，为什么？

9.1 销售队伍薪酬的重要性

9.1.1 销售队伍薪酬的激励性

销售员要克服销售工作的"社会压力、企业压力、客户压力、竞争压力、家庭压力"五大压力，没有公司或上级的激励是很难做到的。销售队伍是一支特别需要激励的队伍，是一支特别看重报酬激励的队伍。追求舒适安逸的工作和生活，尽可能回避艰辛的工作和劳动，即趋利避害是人的天性，只有受到特别的刺激，销售员才能克服与生俱来的惰性。销售员常常离家在外独立的工作，其工作场所在其陌生的环境里，在长期奔波中脱离企业、同事和家人，极易产生孤独感；他们工作时间的规律性欠佳，容易疲劳；每天都不可避免地要遭受客户的拒绝，有时经过艰苦努力依然不能得到订单，经常遭受挫折与失败，销售员的自信与斗志很容易被消磨掉。

销售队伍的报酬激励需要有三个条件：首先，销售报酬必须是销售成员所期望的，可以满足其某些需要；其次，销售成员确信，销售报酬取决于他们的销售绩效，而且他们也清楚地知道，销售业绩与销售报酬之间的换算方法；最后，销售成员清楚地知道这些销售绩效取决于他们的努力程度，即在影响绩效达成的因素中，可控因素多，不可控因素少。这种激励机制的设计才会产生高效且持久的激励，如图9-1所示。对于销售员来说，销售区域与销售目标是不可控的因素，而对于销售管理者来说，销售区域是可控因素，销售指标的分配是可控的。销售管理者需要科学地划分与分配销售区域，科学地分配销售指标，设计公平性竞争性的销售薪酬方案，让销售区域、销售指标和销售薪酬变得公平与透明，从而使销售员把销售绩效的精力集中在其努力程度上。

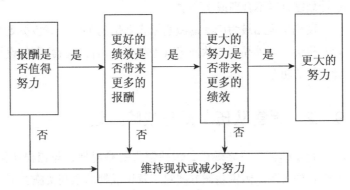

图9-1 销售队伍的激励条件与过程

能满足需求的东西都是报酬，它是运用最为广泛的激励销售队伍的手段。报酬不仅仅是金钱，它有经济性报酬与非经济性报酬两部分，如图9-2所示。对于每个人来说，报酬也可分为外部报酬（由他人提供，如薪金与认同等）和内部报酬（来自完成销售工作本身，如成就感等）。薪酬属于外部报酬，属于经济性报酬。在赫茨伯格（Frederick Herzberg）双因素理论中，薪酬可以是保健因素，也可以是激励因素，如基本工资、社会福利等属于保健因素，而销售佣金（绩效工资）和销售奖金则属于激励因素。在外部报酬中，金钱是一个强有力的激励要素，销售成员更喜欢加薪和现金刺激。薪酬是销售成员挑战销售困难的外部动力与物质补偿。但在设计销售队伍薪酬中，如果一味追求什么样的薪酬结构对销售成员来说是最佳的，这可能是徒劳。关键是需要知道薪酬的一般原则与规律。

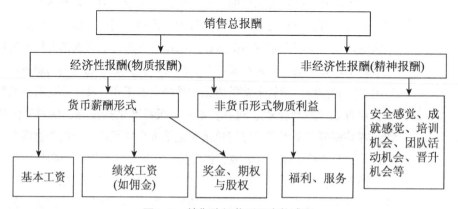

图9-2　销售队伍薪酬要素构成图

销售队伍薪酬的设计与管理是所有薪酬设计与管理中最难的，因为每个销售成员所面临的市场环境是不一样的。每个销售成员都是独一无二的，对他们的激励就要有不同的组合。有的重视直接金钱性报酬，如刚刚毕业的大学生。如果他正处在谋求晋升阶段，非金钱性的外部报酬就看得很重，如表扬、荣誉证书等。任何销售成员都会主动进行报酬评估：报酬是否值得去努力？报酬是否公平？如果销售量一样，拿的奖金是否一样？若有差别，原因何在？如果只有唯一原因，如奖金差别的主要原因是完成计划的比例，那么他就会消极或离职，因为他们会把销售计划的不完成，归因于销售计划制订得不合理或不科学。

薪酬是运用最为广泛的激励销售队伍的手段。销售员更看重薪酬的增加，而不是晋升机会、薪外福利或认同等其他报酬。销售队伍薪酬的设计与管理是销售高层管理者必修的功课。

9.1.2　销售队伍薪酬与战略规划

企业的营销战略规划，包括销售战略规划，与销售队伍的薪酬设计和管理之间有密切的关系。销售薪酬方案对于营销规划的顺利实施会产生直接的影响。比如，有家公司已经上市3个产品且已有多年，销售额稳定增长，在今年要上市一个竞争激烈的产品，那么在销售队伍的薪酬方案中，对于这个产品就需要采取没有约束的佣金设计。如果今年上市的产品是市场上没有的产品，而且市场也处在不成熟时期，那么这个产品的薪酬方案，就要采取有约束的佣金设计。

为了使销售队伍在营销战略规划的成功实施过程中，能够起到有效的推动作用，销售管理层需要将销售队伍薪酬方案与公司的目标协调一致。但令人惊讶的是，公司的销售薪酬方案常常与公司的目标、战略不一致，甚至是背道而驰。比如，公司的战略目标是利润，然而，销售薪酬方案中的佣金通常只与销售额挂钩，而不是与毛利或利润指标挂钩；公司要求销售队伍满足客户需求，提高客户的满意度与忠诚度，但支付的销售报酬的依据却只是完成销售指标；公司的目标是某个战略性产品的上市，其目标是覆盖更多的客户，其销售报酬依据却是这个产品的销售额指标完成情况。没有完成者，采取扣罚形式，销售业绩与销售目标也会背道而驰。

销售队伍薪酬，不仅包括销售薪酬（销售员薪酬），还包括销售管理层薪酬。这两个薪酬方案要有极大的相向关联性，它们产生结构型矛盾时，会影响战略规划的达成。销售员给公司提供的最大价值就是在客户拿不定主意或购买存在风险的时候，帮助客户作出决定。销售薪酬的目的就是为成功帮助客户作出购买决定的销售员给予奖励，销售员是公司唯一把产品转换成现金的雇员，而销售管理者是带领销售员完成这项工作的管理层，没有销售管理层的有效管理，销售员的士气、战斗力等均会受到影响。因此，不仅要重视销售薪酬的设计，也要重视销售管理层的薪酬设计，并努力让两者的薪酬方案有高度的相向关联性。

9.2 销售队伍薪酬的管理团队

从企业的角度来看，薪酬是推动企业战略目标实现的强有力的工具。它对销售队伍的态度和行为有着重要影响，不仅会影响到哪些类型的员工会被吸引到企业并被企业留住，更为重要的是它能使员工的个人利益与企业利益联系在一起。从员工的角度来看，薪酬等报酬会对他们的生活水平带来很大影响，薪酬收入还常常会被看成是地位和成功的标志，以及与企业的关系紧密好坏的标志。因此，要重视销售队伍薪酬的设计与管理，以保证战略目标的实现。在中国，如果公司的销售额在2亿~2.5亿元，则其销售队伍薪酬的预算在2000万~2500万元（预计销售额的10%左右），占直接销售成本的50%左右。如果销售队伍薪酬设计不好或管理不好，这个数字就成了企业的非常重要的成本负担。销售队伍越大，公司对其的开支也就越大，它对公司收入承担的责任也就越大。因此，销售队伍薪酬不仅仅是销售部门或销售机构的事情，它还涉及公司的很多部门：市场或产品管理者想要使某些产品得到特别关注；财务部想要一个对财务负责的薪酬支付方案；人力资源管理部希望销售队伍薪酬不仅仅具有外部竞争性，同时与公司内部的非销售工作相比要具有公平性；信息技术部希望提供及时和正确的管理支持，如准确的销售方案公布等；法务部希望付酬方案得到法律保护和允许；公司的CEO还指望销售薪酬方案能为每个部门的策略提供支持。

为了共同完成销售队伍薪酬设计与实施中的"战略整合、销售指标分配、销售区域分配（客户分配）、有效的设计、薪酬沟通、薪酬路演、薪酬评估、薪酬支付方案和薪酬审计等事宜，在销售薪酬委员会或销售管理团队中，各个成员需要分工合作，履行不同的职责。

（1）CEO（或总经理）：必须把要达到的企业目标清楚地告诉营销部，必须审查最后的薪酬设计方案，以确保销售队伍薪酬方案与企业目标一致。

（2）营销副总：必须对销售队伍薪酬方案负有全责。

（3）销售总监：必须对销售队伍薪酬方案的日常管理负全责。

（4）市场总监：必须提供产品策略信息，确保销售队伍薪酬方案能正确地支持产品的市场推广和促销活动。

（5）财务总监：检视销售队伍薪酬方案在财务上的生命力，确保其支出和收益与企业目标一致。

（6）人力资源总监：通过购买可信的薪酬调查数据来提供外部竞争市场的情况，并通过与其他非销售职位的薪酬方案比较来考察公司内部各部门方案的公平性。

（7）法务经理：要对薪酬方案中的文字描述进行法律把关。

（8）区域销售管理者：必须提供销售队伍薪酬方案的执行报告。

（9）销售代表：在销售管理者通过实地访谈、小组会议与调查面谈时给予诚实的信息。

有效的销售队伍薪酬设计与管理实施，是一个需要公司管理层积极参与的综合性过程，也是需要销售成员在发现事实、分析当前方案和收集外部市场数据及管理设计过程等方面贡献才智的过程。

9.3 销售队伍薪酬的目标

什么是良好的销售队伍薪酬呢？良好的销售队伍薪酬方案能实现10个目标，如图9-3所示。

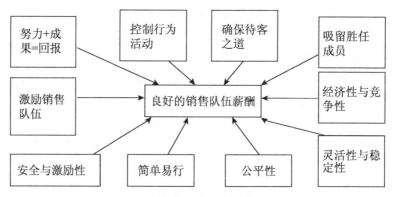

图9-3 良好的销售队伍薪酬的10个目标

从公司的角度来看，必须达到7个目标。

第一，激励销售人员完成销售指标和提高客户服务质量，确保公司战略目标的实现。销售薪酬方案首先必须确保公司战略目标的实现。有激励性的销售薪酬，会提高销售员的满意度、销售士气及销售战斗力。而不满意的销售薪酬（销售收入），会导致他们心理的抵触，产生压力与焦虑，怨言增多，缺勤率增多，努力下降，最后销售业绩下降，客服质量下降，企业经济上的损失更大。销售薪酬给销售队伍提供了一个直接的反馈途径。比如，一个销售经理为了激励销售员，会夸他干得不错；另一个销售经理，却给销售员的家属写一封销售奖金恭喜信，或对销售员说，干得挺棒，这个季度的奖金达到8000元人民币。相比之下，第二种方式的激励性更强烈。

第二，让销售员的努力与努力成果获得回报。确保销售员的努力得到相对应的回报，这是很多公司一直在寻求但很少能达到的境界。在中国，无论是哪个行业，通常都是根据销售业绩而不是所付出的努力来支付销售薪酬的，当然，如果销售业绩与销售努力是相对性的，这样做并没有错。但现实工作中，销售业绩与销售努力往往会出现不匹配现象。销售努力，不一定有很好的销售业绩。造成销售业绩不好，不是销售员不努力，而是市场竞争的不可控造成的，更为糟糕的是，有可能是销售地盘分配不合理，客户资源配置不公平，销售指标分配不合理造成的。至于后者，那是销售管理层的错，如果因此惩罚销售员，那会伤透员工的心。比如，销售员甲被分配到竞争不激烈基础又不错的市场，原有基础的销售额为8万元人民币，给予他的销售指标为10万元人民币，如果他付出努力（销售时间、精力、态度等）为100就可以完成销售指标。而销售乙被分配到新开发的市场，虽然市场竞争不激烈，市场潜力规模与甲的相差无几，但市场基础只有1万元人民币，给予他的销售指标为8万元人民币，他虽然付出的努力也是100，甚至比甲还要多，可是他的销售业绩只做到了6.4万元人民币。在一般情况下，会让销售员甲得到的销售薪酬多于销售员乙。经常遇到企业家提出的这样"难题"。给予某个销售员一定的销售指标，如100万元人民币，这是正常情况下的指标。在实际过程中，突然有家不熟悉的客户单位来了一位新采购员，这位采购员很认可公司，也是公司高层管理者的亲戚，他主动打电话到公司要货，一年订单就有100多万元，这个销售业绩算不算是这位销售员的？销售薪酬要不要给这位销售员？如果算的话，可是销售员没做任何工作，或者付出的努力很少，就这么轻松获得了业绩！从心理上来说这不公平！这就是所谓到销售薪酬管理的最大问题——很难通过成果来衡量努力。销售薪酬方案设计考虑成果还是考虑努力？其权重如何设计？

让销售努力、销售业绩与销售薪酬正相关性，是销售管理层必须完成的任务与职责。首先，我们要销售区域规划与销售指标分解做到公平合理、科学民主。杜绝因管理层的错，造成销售成员的努力与销售薪酬相关性不公平。至于市场因素，无论是客户方还是竞争对手，作为管理层，一是要调配资源进行支持，协助员工。其次，要在销售薪酬设计时，有所考虑。

第三，控制销售代表的活动。销售薪酬不仅要把销售努力与销售业绩进行正关联，要把满足销售员的个人需求与销售业绩进行正关联，还要把销售行为与公司战略正相关，让个人与组织联系在一起。良好的薪酬计划就好比一只看不见的手，在控制与指导销售员进行活动，在今天销售员趋向于成为区域责任人（或团队销售中的骨干）的时候，这只手的作用越来越大。具有团队奖金在内的销售薪酬，可以防止个别销售员的恶性销售行为，让个人利益最大化的同时，损害团队利益。良好的销售薪酬方案，会强化销售的正面行为。

第四，吸引并留住胜任的销售成员。良好的销售薪酬方案有助于建立企业所需要的高质量的销售队伍，有助于公司吸引并留住所需要的销售精英与销售管理人才。销售员作出加入或离开一个组织的决定在很大程度上取决于他们对收入的预期，任何一个应聘者或在任员工，都希望了解公司的全部销售薪酬方案，并与其他公司的销售薪酬方案进行对比，或者衡量为获得相应的收入，他们需要在销售工作中付出多少努力。

第五，确保销售员恰当地对待客户。如果销售薪酬支持方案中的销售指标分解不合理，或者销售地盘（客户资源分配）不公平，销售薪酬又是以销售额业绩为唯一依据，那么销售员可能就不会顾及客户的长期利益，采取一些非法或非伦理的隐蔽做法获得销售业绩，而这些行为最终会导致客户不满意或不忠诚。那么，这种薪酬方案是肯定会导致企业在竞争中败北的。

第六，在行业内兼具经济性与竞争力。所谓销售薪酬的经济性，是指销售薪酬的性价比（销售业绩/销售薪酬）要约高于或等同于竞争对手。否则，公司将不得不提高售价或减少利润。销售薪酬方案能使销售成本随着销售额浮动，当销售情况欠佳时，销售成本也随之下降；当销售情况较好时，高的销售额能弥补增加的销售成本。正确处理好经济性与竞争力之间的平衡，给予高薪酬，有竞争力，但高薪酬没有带来高销售额，那就没有经济性和可持续性。对于销售管理层薪酬，还需要考虑销售管理成本，而不仅仅是销售成本。

第七，薪酬方案在灵活性和稳定性之间取得平衡。由于地区差异、产品差异，薪酬方案设计在灵活性与稳定性之间如何取得平衡，是一个令销售经理越来越头疼的问题。中国幅员辽阔，东中西部发展差异很大，各地消费水平也呈现很大的差异，销售薪酬方案的固定部分，尤其是工资，是采取岗位统一性，还是岗位灵活性（岗位工资要考虑地区差异性）？薪酬方案在途中要不要调整？调整的幅度与频率是多少？灵活性可能会带来歧视性、不公平性，灵活性也可能会带来稳定性。如果市场环境一有变化，就进行销售薪酬调整，会带给销售员不安全感、困惑感，他们无法判定自己的努力会得到怎样的回报，就自然会抑制他们的努力程度。

从销售员的角度来看，良好的销售薪酬方案应该达到3个目标。

第一，薪酬方案中需要在激励性收入与安全性收入之间取得平衡。安全收入即固定收入，其依据是销售代表不必为基本生活支出而担心。作为薪酬方案设计者需要考虑安全收入与激励收入之间的权重。因为前者是保健因素，后者是激励因素。

第二，薪酬方案需要简单易行，销售员一看就懂。如果薪酬设计标准超过3个，大多数销售员就很难搞清楚他们的收入是多少，这样的薪酬设计就没有激励作用，因为难懂也难管理。

第三，薪酬方案必须具有公平性。对于销售员来说，没有什么比不公平的感受更快地打击其士气的。保证公平性的一条途径，就是尽可能根据销售队伍可控因素来制订销售薪酬方案。这里的公平性，包括销售薪酬分配结果的公平性和销售薪酬方案调整程序的公平性。

9.4 销售队伍薪酬的基本元素

9.4.1 两大薪酬元素的优缺点

假设一个专业商店经理得到这样的授权，他有权力给予销售额的8%的资金用于支付销售薪酬，而市场上要雇佣一位销售员，每月要支付3200元人民币。这就意味着这位销售员需要每月销售4万元的商品，才能使得商店保住销售成本预算。为了既保证销售成本不超过公司给予的预算比例，又能激励销售员努力提高销售额，他应该怎样设计销售薪酬方案呢？这3200元是以工资的形式支付，还是用佣金形式支付？假设公司领导授权给销售经理，允许销售经理给每位销售员以1000元的调薪，请问，这位销售经理是采取用工资形式调薪，还是佣金形式调薪？要解决类似的销售薪酬方案设计问题，首先要弄清楚薪酬的基本构成要素。

一般的薪酬由工资、津贴、佣金、奖金、福利补贴、保险（医疗保险、失业保险、养老保险与公积金）、分红等要素组成。由于津贴、福利补贴、保险与分红等要素与公司整体政策有关，这里就不讨论了。我们重点探讨工资、佣金与奖金这三大核心要素，因为它们占有直接销售成本的90%左右，是比重最大的部分，也是销售队伍最为关注的部分。这三大核心薪酬要素又可分为固定薪酬（固定薪水）与变动薪酬（变动薪水）两种性质，基本工资归到固定薪酬（对于销售队伍而言，就是固定收入），销售佣金（销售提成）和销售奖金归到变动薪酬（对销售队伍而言，就是变动收入）。它们既有各自的优点，也有各自的缺点，见表9-1。

表9-1 两大薪酬要素的优缺点

基本要素	优点	缺点
固定薪酬	1.给销售员带来安全感。 2.容易培养销售员的忠诚度，离职率相对较低。 3.销售管理层容易管理销售员的销售活动。 4.客户知道销售员只拿固定薪水，会对销售员友善些。	1.薪水每年调整的依据与幅度，对销售经理的管理要求较高。 2.销售量下降时，固定的薪酬费就成了公司的负担。
变动薪酬	1.给予销售员异乎寻常的刺激，特别是那些不封顶的佣奖金政策。 2.拿佣奖金的销售员工作时间会更长。 3.公司的薪酬支出随着销售量变化而变化。	1.难以监督与指导销售员的销售活动。 2.销售员只关心卖出多少产品，而不在乎客户利益。 3.销售员为了佣奖金，经常会把订单推迟或提前。

固定薪酬是指无论销售成员的销售额是多少，在一定工作时期内都会获得的固定数额的货币报酬，用于满足销售成员稳定性收入的需要。它会给销售人员带来很大程度的安全感，容易培养销售人员的忠诚度，有利于销售管理层指导销售队伍进行各种

销售活动，销售地盘（销售区域或客户资源）分配（调整）也更容易进行。但是在一般情况下，由于它与销售成员的销售额、销售努力程度或其他衡量效率的指标无关，故保健因素成分大，销售效率难以提高。在销售量下降时，固定的薪酬费用会成为公司的负担，而此时调低固定薪水，就会出现卡尼曼损失厌恶效应与薪酬的棘轮效应，造成销售队伍士气急剧下降。因此，固定薪酬具有两大内在的缺陷——保健因素和固定成本。

变动薪酬，是指销售成员获得的货币报酬数额与他的销售业绩好坏直接关联。它分为直接变动薪酬和间接变动薪酬两种，前者的依据是销售数量指标，后者的依据可能包括销售利润或整合销售业绩指标。变动薪酬包括销售佣金、销售奖金与销售红利等。

销售佣金是对销售成员以销售工作量（或销售工作成果数量）为基数的货币回报。销售工作量可以是销售量、销售回款等，每家公司都不一样，没有限制。直接以销售量或销售毛利等单一销售指标为基数的佣金，称为直接佣金（直接变动薪酬或直接变动收入）。通过整合两个以上的销售指标或销售计分为基数的佣金，称为间接佣金。直接佣金可以给予销售人员异乎寻常的刺激，尤其是不封顶的佣金设计，其激励作用非常强。销售效率高但风险也大，销售佣金容易导致销售的曲棍球棒效应，而且销售人员经常只关心卖出多少产品，而不在乎公司或客户的利益。销售佣金无法反映非销售性工作的重要性，会鼓励销售员寻找少量的大客户，而牺牲掉大量的小客户，容易让销售员养成对客户的短视行为。

销售奖金是对销售成员杰出或额外贡献的货币回报，只有当销售员的工作绩效超出了平常的标准（销售指标）或做了许多额外的有价值的事情（如计划外的客户开发、让产品或公司形象增值的事情），企业给予销售员的额外货币回报才能叫奖金。最常见的销售奖金，其依据是100%完成销售指标，销售指标可以是销售量指标，可以是销售费用指标，也可以是销售活动指标等。可以对销售个人发放销售奖金，也可以对销售集体（或团队）发放销售奖金（又叫团队奖金）。比如，如果6人组合的销售团队（1位销售主管+5位销售员）100%完成整个团队的销售指标，每人奖金为3000元，110%完成整个团队的销售指标，每人奖金为4000元。这里的3000元、4000元就称作团队奖金。销售团队奖金在零售企业运用得比较多，在工程类项目销售中也广泛使用。在现实生活中，很多企业把佣金叫作奖金，把感谢金或花红也叫作奖金，结果奖金名目越来越多，奖金也越发越多，激励效果却越来越差。销售奖金的设计如果采取佣金的计算方法，也非常容易出现曲棍球棒效应。

有些公司还有销售红利，销售红利是公司对卓越的业绩成果给予额外的奖励，可以是销售额成绩，也可以是销售活动的成绩。一般在年底发放，经常出现在销售管理层薪酬方案中，如销售经理的年薪制，就是固定薪酬+销售红利，如年薪 = 月薪 × 月份 + 花红等或年薪 = 日薪 × 工作日数 + 年尾奖金等。这里的月薪，就是每月固定的工资。

由于实行销售红利的公司不多，销售红利占销售变动薪酬的比重不多，本书在讨论变动薪酬时，把它忽略。销售佣奖金虽然有很大的激励性，但有很多的天生缺陷，存在决策难（容易导致销售曲棍球棒效应）和管理难（指标分配难，销售地盘调整难，销售行为引导难）的问题。因为佣奖金依据与销售指标、销售地盘（客户资源）

密切相关，所以销售指标的高低与销售地盘的好坏直接影响到佣奖金的多少。销售队伍经常发生销售指标的讨价还价，以及抵制销售领地内的任何变化。本书重点探讨佣奖金的设计与管理。

9.4.2 两大薪酬要素的适用条件

固定薪酬方案最适用于销售管理层期望均衡的市场发展，销售管理层或公司要求有力控制销售行为保证公司持续发展。比如，华为公司的销售队伍，除了销售红利、年终奖外，他们的销售队伍每月得到的只有固定薪酬。一般来说，以下情况，可以单独使用固定薪酬方案：第一，产品处于竞争不激烈市场的初创型企业；第二，产品所在市场属于不成熟时期，需要培育；第三，企业进入全新区域，在全新区域的开拓初期；第四，只进行宣传性销售活动的销售工作；第五，需要长时间预售和售后服务的产品；第六，广泛宣传性与教育性的销售，如药品推销；第七，一般性销售工作，如推销牛奶、面包、饮料、线上销售等；第八，市场驱动型或公司品牌拉动型的产品销售；第九，需要销售成员集体努力的销售工作。

有时候，公司对于处在培训期的销售员也采取固定薪酬方式，如保险公司、金融证券公司在第一年常常采取固定薪酬，然后在一年后对销售员采取直接佣金方案。

变动薪酬方案在以下情况下，可以单独使用：一是公司利用独立的销售经纪商、销售经纪人或兼职销售员；二是公司需要大量的资金回笼解决现金流；三是公司不需要更多的宣传性销售活动；四是公司产品销售更多地依赖销售员个人努力；五是公司无须与客户建立长期的关系，如房地产销售；六是公司有老产品的市场，上市新产品。

以固定底薪为主的薪资制度，通常会吸引到较具有团队精神的销售员，他们会想要往销售主管的阶层前进，稳定性高。而以销售佣金或销售奖金为主的薪酬制度，通常会吸引较具野心且以销售工作为职业的销售员，他们不想往销售管理层迈进，只想在第一线冲锋陷阵，赢得高额的销售佣金与奖金，他们对销售金额的兴趣大于销售技巧，但不愿意对小区域或小客户进行深耕细作。因此，销售薪酬设计一般采取组合薪酬模式，并基于销售战略目标进行动态管理。

9.4.3 固定薪酬的实施要点

固定薪酬，虽然会体现公平性，给销售队伍提供稳定收入，有利于销售队伍安心工作，操作也简单，但依然有很多企业，在这个问题上栽跟斗。固定薪酬，尤其是基本工资在实施过程中要注意以下几个方面。

（1）基本工资要简单，最好是一个数值，而不是一个公式。基本工资属于保健因素，对内要彻底公平公正，否则容易导致不满；对外不一定要有竞争性，但不能让销售员的工资处在社会最低基本工资线附近。

（2）基本工资的调整不简单。调整时要慎重，因为按照中国法律，基本工资与四金有关联，四金的基数就是基本工资，稍有不慎，会增加公司的很多支出。如果长期不调整,那么将与社会脱节,必导致销售成员的不满或失去人心。基本工资要考虑环境的变化,建议采取小步跑马拉松的增长策略,增长幅度与行业工资、社会经济水平同步,而不是根据公司经营业绩来调整。固定薪酬存在棘轮效应,调高容易,调低难。不仅固定薪酬存在棘轮效应,整个销售薪酬都存在棘轮效应。调高销售队伍的销售激励薪酬收入,销售队伍都乐意,如果调低销售激励薪酬收入,销售队伍的士气明显降低。如果公司持续增加销售队伍的收入,销售队伍就对公司增加收入的行为有了惯性,哪一年收入突然停止增加或减少,销售队伍就会意见极大,士气下降。因此,把销售薪酬调高容易,调低难,称作销售薪酬的棘轮效应。它的方向虽然与销售指标的棘轮效应刚好相反(销售指标的棘轮效应是调高难、调低容易),但带来的后果与销售指标的棘轮效应一样,对销售队伍的士气有很大的杀伤力,会导致销售队伍的不满。其中固定薪酬的棘轮效应的杀伤力大于变动薪酬的棘轮效应的杀伤力,因为变动薪酬下降,有可能是销售员自己的努力相对竞争对手而言有所下降而导致的。因此,在销售薪酬的设计中,不要出现销售队伍的年收入大起大落,稳定持续增长就可以。是否调整固定薪酬,建议每年年底要审视一次,行业的最低工资如果调高了,固定薪酬就要调高,行业的最低工资如果调低了,固定薪酬不一定要调低;如果通货膨胀率高了,固定薪酬要调高,如果衡量社会经济发展的GDP为8%,那么固定薪酬的调整幅度也要达到8%。如果坚持几年不调整固定薪酬,就容易出现以下类似的困境:2008年翰溪公司招聘大学生做销售员,行情月工资3000元。到了2013年,这些销售员的月工资为5000元,2013年5月翰溪公司又招聘了更多的大学生做销售员,月工资为4800元,公司所在行业就是这样支付的。如果翰溪公司这5年内对老销售员没有调过月工资的话,那就会导致没有工作经验的新销售员的月工资超过有5年经验的销售员的月工资。如果这时也把老销售员的工资调整到5000元的话,老销售员依然不满意,他们会觉得公司欠他们的。另一方面,他们会认为自己为公司贡献了5年,所得的月工资仅比没有贡献的新销售员多200元,于是他们要么离职,要么怠惰,并且堤内损失堤外补。

(3)基本工资可以采取简单梯式结构。有不少的公司采取梯式工资(又称分段工资),让员工自行选择。把选择权交给员工,可以增强员工的责任,激发他们的战斗力。梯式工资设立的依据有两种:一种是依据上年度的销售额业绩,见表9-2,称为回报性梯式工资;一种是依据本年度承担的年度销售指标,见表9-3,称为寄托性梯式工资。前者对优秀销售成员是鼓励与回报,后者对承担高销售指标的销售成员是勉励与期待。在采用梯式工资时,梯式不能太多,一般3~5个即可。分段也是如此。具体数字的来源,一是要考虑行业的工资行情,二是要考虑所占的销售额的比例。在初创型企业,一般采取固定式工资,或者寄托性分段式工资,他们没有历史数据,无法采取回报性梯式工资。这两种工资类型,也不是完美无缺的。比如,回报性梯式工资,在本年度销售员的销售业绩降低时,来年度的基本工资就会降低,会产生一定程度的薪酬棘轮效应。如果业绩下降是本身努力程度造成的,这种棘轮效应对他的士气影响不大;但如果是市场不可控因素造成的,或是销售地盘划分不合理造成的,那对他的士气会造成打击。寄托性梯式工资,前提是销售管理层对市场了解度高,制定销售指标水平高，否则容易造成销售员为了拿高值月工资，主动承担盲目乐观的高指标。不管是否完成指标，拿了今年的高工资，再走人的现象时有发生。

表9-2 梯式月工资

上年度销售业绩	本年度的月基本工资
低于200万元	3500元
200万～300万元	4000元
300万～400万元	5000元
高于400万元	6000元

表9-3 分段式月工资

	最小值	中值	最大值
月工资	4000元	5000元	6000元
承担的年度销售指标	0～200万元	200万～300万元	300万～400万元

9.4.4 变动薪酬的实施要点

变动薪酬虽然对销售队伍有很大的激励性，但在实际中并非完全如此。为什么呢？主要原因是销售薪酬的决策者对变动薪酬元素，尤其是佣奖要素缺乏深刻的认识，在以下与佣金的三大管理决策时，考虑不周。

第一个决策，以什么作为佣金的依据，即按什么来提成？一般来说，佣金（奖金）依据主要有5种：销售额、销售毛利、销售回款额、产品当量（产品单位）、基本工资等。以毛利为计算佣金的依据，可以使得销售成员集中精力做大有利可图的产品销量。也有些公司虽然根据销售额来计算佣金或奖金，但他们通过对不同产品确定不同的佣金率来关注毛利高的产品。如果公司要求一位销售员负责两个以上的产品，这些产品的单价与毛利都不一样，这时他们往往采取计算点数作为佣奖金依据，也称计算当量法。表9-4就是公司的4个产品的计算点数法佣奖金模型。

表9-4 计算点数为依据的佣奖金模式

		折算方法
点数计算	产品A	每600元折算1个单位
	产品B	每800元折算1个单位
	产品C	每300元折算1个单位
	产品D	每100元折算0.8个单位
		给付条件
佣金		点数达成率：0～80%，每个单位5元佣金
		点数达成率：80%～99%，超过80%的部分，每个单位8元佣金
		给付条件
奖金		点数完成率：100%～105%，超过100%的部分，每个单位10元奖金
		点数完成率：105%～110%，超过105%的部分，每个单位12元奖金
		点数完成率：110%以上，超过110%的部分，每个单位13元奖金

第二个决策，采取梯形佣金，还是采取斜线佣金？如果采取斜线佣金，那佣金率是多少？佣金率是单一制还是多级制（固定一个数字还是变动数字）？如果是多级制

的话，采取递进式还是递减式，还是组合式？

所谓梯形佣金，是指每个销售区段给予一个佣金额，与销售量无关。比如，完成销售指标的80%~90%，给予佣金2000元；完成销售指标的90%~99%，给予佣金3000元。梯形佣金直观图，如图9-4所示。纵坐标为佣金数额，横坐标可以为完成销售指标的比例，也可以为销售额、销售毛利等。梯形佣金有固定佣金额，但它与固定佣金率有所不同，后者所得佣金是佣金率乘以一个基数。

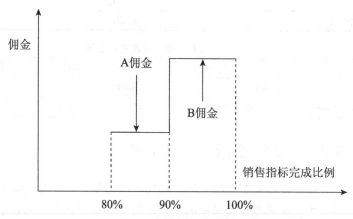

图9-4 梯形佣金图解

所谓佣金率，就是支付每一单位成果的佣金数额。比如，目标佣金与目标销售额的比例，称作销售额的佣金率，一般用百分比来表示。它分为固定佣金率、累进佣金率与累退佣金率三种。固定佣金率是最简单的销售薪酬方程式。比如，佣金率为纯利润的10%；每售出产品5单位就获7元人民币佣金。固定佣金率的直观图，如图9-5所示，其中的佣金模式属于既不封顶又没有计算起点的佣金模式，它没有保底销售额，直接从0元销售额算起，又称直接佣金模式。在这种模式中，销售成员获得的佣金，从理论上来说是无限的。

一般把累进佣金率或累退佣金率称作变动佣金率，用变动佣金率来计算的佣金叫作变动佣金。累进佣金率一般有两个或两个以上的佣金率，而且后面的佣金率大于前面的佣金率，又称递进式佣金率或加速佣金率。累进佣金率意味着，销售越多，获得越多。例如，月销售10万元，佣金率为销售额的3%；10万~15万元，超过部分的佣金率为10%；15万元以上，超过部分佣金率为15%。如果销售员的月销售额为16万元，那么他所获得的佣金为0.95万元［10×3%+（15-10）×10%+（16-15）×15%］。累进佣金率的直观图，如图9-6所示，其中的佣金模式有两个佣金率，销售额100万元以下，佣金率为A，销售额100万元以上，佣金率为B，而且B大于A。在数学图示中，佣金率就是斜率。它也属于既不封顶又不保底的佣金模式，超过设定的点后，佣金率（提成比例）越高，销售越多，佣金越多。这种模式，设计不好，会导致销售曲棍球棒效应。

累退佣金率一般有两个或两个以上的佣金率，而且后面的佣金率小于前面的佣金率，又称递减式佣金率或减速佣金率。虽然销售越多，获得也会越多，但佣金的提成比例随着销售额的增加而下降。例如，月销售10万元，佣金率为销售额的3%；10万~15万元，超过部分的佣金率为10%；15万元以上，超过部分佣金率为8%。如果销售员的月销售额为16万元，那么他所获得的佣金为0.88万元［10×3%+（15-10）×10%+（16-15）×8%］。累退佣金率适合于这种情况：争取第一次订货很难，而后续订货则频繁且自发进行。保险业经常采取累退佣金模式，如第一年保单的佣金为保金的30%，第二年佣金率为20%，第三年佣金率为10%，第四年以后佣金率为3%。累退佣金率的直观图，如图9-7所示，其中的佣金模式有两个佣金率，销售额100万元以下，佣金率为A，销售额100万元以上，佣金率为B，而且B小于A。这种模式，设计不当，同样会导致销售曲棍球棒效应，我们会在本章9.7节具体讨论。

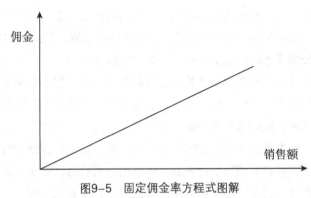

图9-5　固定佣金率方程式图解

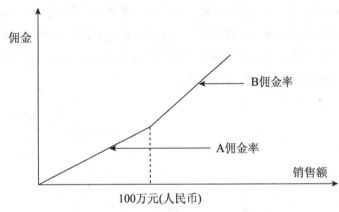

图9-6　累进佣金率方程式图解

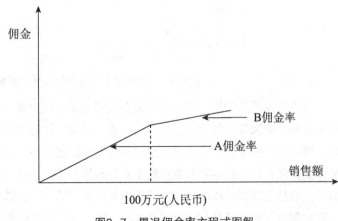

图9-7　累退佣金率方程式图解

如何确定佣金数额或佣金率？每家公司的做法不一样，但需要考虑以下因素：为销售队伍设计的收入水平，尤其是变动收入水平；给定产品的盈利性；产品销售的难度；客户的层次；公司的战略。在公司内部，需要财务提供本公司的销售成本分析数据和人力资源部提供的外部数据。

第三个决策，要不要给佣金设定终始点？如果要设定，那终始点各为多少？

佣金的终始点没有统一规定，各个公司根据自身情况而定，但是需要考虑明后几年的起付点是否变化，如何变化？依据以零为起点的佣金，称为没有保底的佣金，起点为一个数据作为限制的佣金，称为有保底佣金。有终点的佣金，称为封顶佣金。比如，图9-8是有终始点的累进佣金率模式图解。设立保底销售额考虑因素有很多，每家公司考虑的因素不一样，大致包括以下几种。第一，为了避免年复一年地对同样的销售业绩都给予激励性薪酬，他们认为以往销售工作带来的持续销售收入，不应该在来年给予持续性的薪酬给付，已经付过一次就够了。第二，销售成员在获得激励性薪酬之前，应该先挣得底薪（基本工资收入），必须完成最低销售额。要不要给薪酬封顶，一直是企业很纠结的话题，大多数公司认为封顶会打击销售成员的积极性，错失占领市场扩大销售量的机会。但有的公司认为，封顶可以避免销售成员因意外得到事先未预料的大宗订单而获得过多的佣金，而对来年佣金有可能下降而产生棘轮效应。有的公司，其生产能力跟不上过高的销售量。有的公司认为封顶可以鼓励销售成员对市场精耕细作，培育客户，实现稳打稳进的销售方针。也有的公司认为，设立封顶是为了防止销售员为了更高的佣金采取对客户、公司、社会不利的商业行为。比如，封顶可以抑制销售曲棍球棒效应。

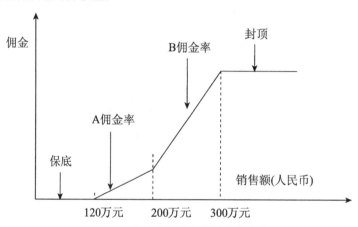

图9-8　有终始点的佣金方程式模式图解

如果涉及团队销售（当两个或更多销售成员共同完成一项销售任务），那还要进行佣金划分的决策，包括奖金划分的决策。比如，销售团队由销售员、售前技术支持员、售后客户服务员三人组成，他们共同完成销售订单。销售管理层除了要为这个订单设立佣奖金外，还要事先制定佣金划分政策。千万不要让销售成员自行决定，那样的话，容易引起纠纷或冲突。划分策略有两种：第一，计算出销售薪酬，各个成员按一定比例来领取，具体例子请见表9-5；第二，计算出销售员的佣金，其他支出部门以销售员的佣金为基数，乘以一定的系数（系数通常被称为分成比例），具体例子请见表9-6。前者有给人分赃或扣除的感觉，销售员会认为，售前技术员或客户服务员拿走了他的佣金。而后者，给人们的是加法感觉，销售员拿走的佣金是100%，其他人以他的佣金为基数而已，其他人依附销售员，销售员的积极性会更高些。

表9-5 销售团队的佣金划分方案

团队岗位	佣金划分
销售员	60%
售前技术支持员	20%
客户服务员	20%

表9-6 销售团队的佣金方案

团队岗位	佣金划分
销售员	佣金的100%
售前技术支持员	销售员佣金的20%
客户服务员	销售员佣金的20%

奖金也同样面临与佣金类似的四大决策：奖金的依据、奖金率、奖金的分级与终点及奖金的划分等；也同样有梯形奖金、奖金递减、递增、封顶及其组合。奖金与佣金的最大区别就是起点不同，奖金的起点是100%完成销售任务。另外，奖金经常有团队奖金，而佣金很少有团队佣金。

9.5 销售队伍薪酬的结构

销售队伍薪酬的结构主要有三大类：纯工资结构、纯佣金结构和组合结构（组合结构又称混合结构）。销售队伍薪酬只采取纯工资结构的销售薪酬，称为纯工资制销售薪酬，或销售薪酬的纯工资模式（或纯工资模型）。三大薪酬要素的不同组合方式，会得出无数个不同的薪酬结构，这些结构可以克服这些要素各自的缺点，保留其各自的优点。这里重点探讨组合结构。常见的四大类组合结构主要有：基本工资+佣金、基本工资+奖金、基本工资+佣金+奖金、佣金+奖金。

第一种组合结构（基本工资+佣金）简称底薪提成结构，这是很多企业常用的结构模型。根据以下6大要素进行组合，又可以细分出很多小类结构模型：保底与否、封顶与否、单一佣金、累进佣金、累退佣金、累进累退组合等。图9-9是最简单的底薪提成结构模型，而图9-10是有保底封顶的多级佣金率的底薪提成结构模型。单一佣金的底薪提成结构，在初创型企业运用得较多。随着公司的发展或者竞争的加剧，公司所采用的底薪提成结构就越来越复杂。

第二种组合结构（基本工资+奖金）简称底薪奖金结构，根据以下6大要素进行组合，又可以细分出很多小类结构模型：封顶与否、梯形奖金与否、单一奖金率、累进奖金率、累退奖金率、累进累退组合等。图9-11是直线的底薪奖金结构模型，图9-12是梯形的底薪奖金结构模型，而图9-13是有封顶的多级奖金的底薪奖金结构模型。选择这种结构作为销售薪酬方案的企业，一般具有较强的销售指标分配能力。

第三种组合结构（基本工资+佣金+奖金）简称底薪佣奖金结构，这是四大组合结构中最为复杂的一种，需要公司有较强的计算机技术或销售数据管理软件。根据以下11个要素进行组合，又可以细分出很多小类结构模型：保底与否、单一佣金、累进佣金、累退佣金、累进累退佣金组合、封顶与否、梯形奖金而否、单一奖金率、累进奖金率、累退奖金率、累进累退奖金组合等。那些销售指标分配能力不是很强的公司，喜欢采用这种结构。图9-14是最为简单的底薪佣奖金结构。

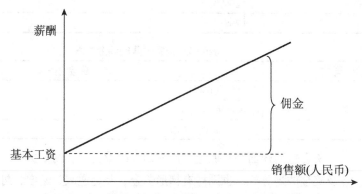

图9-9　结构最简单的底薪提成型销售薪酬模型

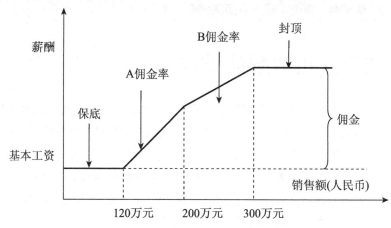

图9-10　工资提成的销售薪酬结构模型

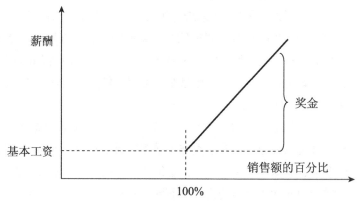

图9-11　直线型的底薪奖金结构

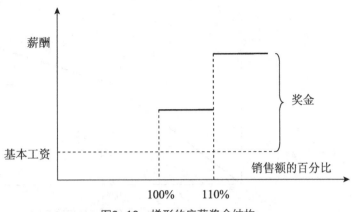

图9-12 梯形的底薪奖金结构

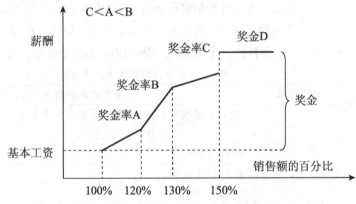

图9-13 梯形封顶的多级奖金的底薪奖金结构

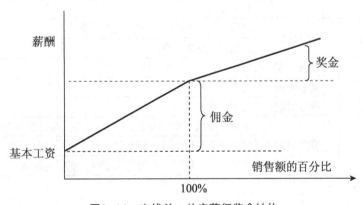

图9-14 直线单一的底薪佣奖金结构

第四种组合结构（佣金+奖金）简称佣奖金结构，相对第三种结构而言，第四种结构相对简单些，但同样需要公司有较强的计算机技术或销售数据管理软件。我们根据以下11个要素进行组合，又可以细分出很多小类结构模型：保底与否、单一佣金、累进佣金、累退佣金、累进累退佣金组合、封顶与否、梯形奖金而否、单一奖金率、累进奖金率、累退奖金率、累进累退奖金组合等。图9-15是直线单一的佣奖金结构图解。

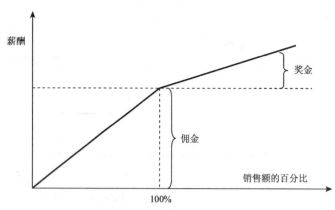

图 9-15　直线单一的佣奖金结构

一些公司，为了鼓励销售员承担较高的销售指标，他们采取一种插载佣金的奖金结构作为销售薪酬方案。这也属于佣奖金结构，但并不是每个销售成员都享受佣金，只有达到一定条件的人才有佣金。表9-7中的佣奖金组合方案，就是一个好例子。

表9-7　××公司销售员薪酬条例

第一部分	基本工资	年度基本工资=5000×12	
第二部分	奖金	奖金以季度基本工资为基数，乘以奖金率来计算	
		完成销售量指标比例	奖金率
		100%~104%	60%
		105%~109%	75%
		110%~114%	85%
		115%~120%	95%
		120%以上	105%
第三部分	插载佣金	销售指标为200万~500万元人民币	
		插载佣金率为1.5%	
第四部分	起始时间	2013年1月1日至2013年12年31日	
	奖金时期	每季度一次	
	佣金时期	每年一次	
	发放时间	下季度发放上季度奖金，奖金除以3，按月份与工资一起发放	
		佣金在下年度发放，佣金除以12，按月份与工资一起发放	
		遇到员工离职时，在员工离职时，剩下的佣奖金一起发放	

9.6　销售队伍薪酬的方案

销售薪酬的结构的确定是设计销售薪酬方案最为重要的环节。不用纯工资制结构和纯佣金制结构，采取组合结构，薪酬方案中又面临一个重大决策：销售提成应该占多大比重？

有不少的企业管理者或销售管理者认为，事先设立底薪与变动收入比例是徒劳的，也是没有用的。因为预期的变动收入与实际变动收入是不一样的，每个销售成员面临的市场在变，他们的销售业绩肯定会与计划的销售指标任务会有差异，因此，薪酬方案实施的结果，底薪与变动收入的实际比例，与计划的比例不同。不必花太多的精力来划分比例，只要给一个大家认可的比例就行了。

实际上，这个决策的重要性很关键，原因在于：这是有关激励性薪酬与保健性薪酬应各占多大份额的问题。合适的"激励—保健"比例会有利于实现公司的当前目标和战略目标，也会协助带出一批战斗力很强的销售队伍。一般来说，足够和有竞争力的底薪是保健因素，而与绩效有关的佣金、奖金及职务提升，被认为是激励因素。只有那些激励因素的满足，才能激发人的积极性。对于销售员来说，如果保健因素缺失，会引发高度的不满意，这样势必产生高的离职率和消极怠工现象，前者引发销售队伍高度不稳定，后者引发销售效率明显下降。假如他们的工资没有达到平均水平，向其他公司转移的趋势自然会高；如果换工作不太容易，那么怠工率则会急剧上升。怠工并不意味着一定要打电话谎称生病，销售员仅仅是少花些时间在工作上便能做到，如在路上的时间多一些，与客户沟通的时间少一些。这种现象一旦变成趋势，销售效率会急剧下降，造成恶性循环。当销售员产生不满情绪时，销售管理者需要重新审视保健因素，改变保健因素，消除不满，维持原有的销售效率。但是不要寄希望于提高销售效率，因为提高销售效率，需要增加激励因素。在销售队伍管理过程中，要满足销售队伍的保健因素，防止不满情绪，但要注意避免保健因素作用的边际递减效应，因为销售员的不满意度随着保健因素的增加会减少，但是增加到某个点后，不满意度随着保健因素的增加不会有太大变化。销售经理要善于把保健因素转化为激励因素，如销售队伍的佣金与奖金与其销售绩效挂钩。

销售薪酬方案是许多激励薪酬计划中的一种，它是通过将部分目标薪酬置于风险之下，来提供真正的收入上涨的机会，为企业销售目标的达成提供动力保障。销售薪酬制度如果规划得好，公司就可以获得人数较少但素质较高的销售人员。是底薪高一些，还是提成高一些？没有标准答案。每家公司的具体比例是不一样的，即使是同一家公司，每年的具体比例也会调整，即使是同一年的同一家公司，不同的产品，具体比例也不一样，不同类型或级别的销售成员，也可能不一样，范例见表9–8。但固定收入（如底薪）比重过多，保健趋向过大，销售成员可能会过于保守；变动收入（如提成）比重过多，激励趋向过大，销售成员可能会过于激进，难以控制与管理其商业行为。那究竟多大的比例好呢？需要具体问题具体分析，可以参照收集行业数据和竞争对手数据，更为重要的是需要根据销售任务的性质和公司的营销目标而定。如果是团队销售，保障部分的份额大一些；如果公司追求销售增长，激励部分的份额大一些。但是起伏不能太大，否则资深销售员会觉得不公平。任何佣金、奖励与奖金等薪酬计划，都旨在帮助销售队伍取得更高的销售业绩，都有助于销售队伍持续地更加努力地从事销售工作。基本工资等保健因素会引发不满且不会产生激励作用，保健因素只是有助于使人们免受消极影响，降低人们的不满水平。而激励因素能够引发积极主动行为而产生激励作用。一般来说，外资在华企业，在组合结构的销售薪酬方案中，激励成分平均占30%～40%，其中销售奖金部分占整个销售薪酬的10%左右。

表9-8　不同职位的底薪提成比例

职务类型	名称	底薪/变动	测量指标
直接销售代表	资产经理	80/20	回头客销售
	区域代表	60/40	所有客户
	大客户代表	75/25	销售与客户保留
	接入电话销售	80/20	上行销售、交叉销售
	打出电话销售	50/50	新客户销售
	行业销售代表	70/30	行业客户销售
间接销售代表	渠道销售代表	75/25	销售与渠道平衡
	原始设备销售代表	70/30	新配置
零售销售员	渠道终端用户	90/10	通过其进行的销售
技术支持员	售前技术支持	90/10	地区销售
	售后技术支持	100/0	地区销售

销售薪酬收入占销售额的比重、销售薪酬结构、固定与变动比例确定了，销售薪酬方案就完成了90%左右，接下来，设计成表格或输入销售薪酬计算系统，对销售薪酬方案进行路演（或预演或测评），路演结果获得销售薪酬委员会认可，销售管理层就必须把销售薪酬方案变成可以公布的销售薪酬条例。销售薪酬条例内容，每家公司会不一样，但模块会差不多，模块范例参考表9-9。表格中的第六项"销售薪酬的政策与定义"，就是用通俗易懂的文字，从销售成员的角度来阐述与说明销售管理者选择的销售薪酬结构。

表9-9　×××销售薪酬方案

1. 基本原则	
2. 有效期	
3. 计算期限	
4. 发放方式	
5. 销售薪酬的组成	
6. 销售薪酬的政策与定义	
7. 销售薪酬的计算表格与范例	
8. 特殊事项说明	

9.7 在薪酬设计中消除曲棍球棒效应

9.7.1 曲棍球棒效应

在供应链管理中有个著名的曲棍球棒效应（Hockey-stick Effect），它是指在某一个固定的周期（月、季或年），前期销量很低，到期末销量会有一个突发性的增长，而且在连续的周期中，这种现象会周而复始，其需求曲线的形状类似于曲棍球棒。

曲棍球棒效应在供应链管理方面带来的严重问题，就是致使订单提前或滞后问题频繁发生，带给渠道网络出现信息与物流的牛鞭效应（它是指需求的波动变化程度沿着供应链上游方向呈现出不断放大的现象），从而给生产和物流运作带来很多负面的影响。因为公司必须按照最大库存量建设或租用仓库，所以曲棍球棒效应增加了生产企业与经销商的库存及库存管理的费用，导致库存成本大幅度增加。例如，某几个月订单处理员、物流作业员和相关设备闲置，而在季度末，大家手头的工作又太多，拼命加班也处理不完，错误率与送货延误率增加。

牛鞭效应，又称需求变异加速放大原理，由美国著名的供应链管理专家李效良（Hau L.Lee）教授提出。其核心思想是：当供应链的各节点企业只根据来自相邻的下级企业的需求信息进行生产或供应决策时，需求信息的不真实性会沿着供应链逆流而上，产生逐级放大的现象，到达源头供应商时，其获得的需求信息和实际消费市场中的客户需求信息发生了很大的偏差，需求变异系数比分销商和零售商的需求变异系数大得多。结果由于这种需求放大效应的影响，上游供应商往往维持比下游供应商更高的库存水平。

9.7.2 销售曲棍球棒效应

对浙江300多位企业老总的调研问卷进行分析，发现造成曲棍球棒现象的原因主要有销售考核（26.3%）、销售薪酬（25%）、促销政策（17.11%）、销售竞赛（5.3%）与财务关账（5.3%），如图9-16所示。这五个因素占有79.01%，且都与销售政策或销售管理政策有关，跟产品的淡旺季无关。把因销售政策或销售管理政策造成的曲棍球棒效应，称为销售曲棍球棒效应。

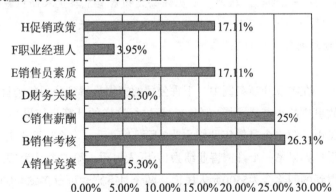

图9-16 销售曲棍球棒效应发生的原因分析

财务关账，属于销售费用管理政策范畴，属于业务运作因素。公司在实施ERP之后，财务按月汇报财务成果，需要每月关账一次，导致销售队伍在关账前赶着处理销售业务。而且财务部会出现期头期末非常繁忙，而期中却空闲，在繁忙之际容易出现差错，结果增加了销售员进行财务的沟通时间，减少了销售员的销售时间。如果企业对销售员的费用发票是按照销售额来进行的，那么销售员为了本月多报销费用，就会提前要客户进货,为了下个月多报销费用发票,就会把客户的订单推迟,从而加剧销售量的曲棍球棒效应。

促销政策,尤其是对渠道商的激励政策,使得渠道商为了获得厂家的激励,经常提前或推迟订单,以获得最大化的激励。

销售考核,尤其是销售员的考核,是导致销售曲棍球棒效应的第一大因素,而销售考核政策是销售管理层制定的,因此,这类销售曲棍球棒效应是人为的,是销售管理层可控的部分,是不应该发生的。比如,按照月考核销售员,销售员总是在月末想方设法达成最终目标;有些考核指标就是按照月份来设置和计算的,如某快速消费品企业的需求满足率是根据当月收到订单当月完成的比率,他们的订单信息本身并无时间要求,只要在当月完成即可,所以到月末总是疲于奔命忙订单。

销售薪酬政策是销售曲棍球棒效应第二大因素,它对公司的危害最大。先来看看阅读材料9-1,一个寓言故事。

阅读材料9-1　　小花猫为了炸鱼捉老鼠

主人养了一只小花猫,但这只小花猫好吃懒做不捉老鼠。主人为此很不高兴,于是想出了一个办法。主人让小花猫每天必须捉到一只老鼠,捉到一只老鼠就可以奖励一条炸鱼。于是小花猫为此而动起了脑筋。

一天傍晚,小花猫捉到了一只老鼠。老鼠的胆子都吓破了,小花猫却极为和蔼可亲,它拍拍老鼠的肩膀说:"别害怕,咱们俩商量一件事。我不吃你,但是每天傍晚你必须出来一次,我用嘴轻轻地叼着你在主人面前走一趟,然后把你放掉,奖励你一条炸鱼尾巴,不知你意下如何?"小老鼠一听乐坏了:"真有这等天上掉馅饼的事!没问题!"

小花猫与老鼠一拍即合。从此,小花猫每天叼着老鼠在主人面前晃一晃。主人见了心里很高兴:"奖励这招果然很有作用!"于是主人信守承诺,每天奖励小花猫一条炸鱼。当然,比主人更高兴的是小花猫与老鼠。

在本章开篇案例中,丁香公司的销售员看到公司的销售薪酬条例,他就会跟寓言故事中的小花猫一样,在2012年进行这样的计算:如果第一个月销售业绩为3万元人民币,第二个月销售业绩也为3万元人民币,那么这两个月只能得到佣金1000元人民币;如果第一个月销售业绩为1万元人民币,第二个月为5万元人民币,那么这两个月得到的佣奖金为5500元人民币,两个月下来,可以多拿4500元人民币的收入。于是,他就找客户协商订单的时间,而订单就被人为地提前或推迟。很多企业家或销售管理高层认为这样做的销售成员素质不好,这也许是我们的研究过程中,销售员素质是引起曲棍球棒效应的第三大因素的根源。实际上,利用薪酬漏洞多拿佣奖金,这不是销售成员的素质问题,而是管理问题,是薪酬设计不科学的问题。从理性人(或经济人)的角度来看,只要他发现采取订单滞后或提前可以多拿奖金,每个人都会这样做。

9.7.3 销售曲棍球棒效应的类型

把以一天、一周、半个月为周期的曲棍球棒效应称为短期曲棍球棒效应，把以月、季度、年为周期的曲棍球棒效应称为长期曲棍球棒效应。很多企业都是以月、季度或年度来进行薪酬设计、考核设计或奖励设计的，因此，我们重点探讨的是长期曲棍球棒效应，目的是提高销售管理层制定政策的技能和科学性。本节以季度为周期的曲棍球棒效应来探讨销售曲棍球棒效应的类型。

如果是按照季度考核销售员，那么曲棍球棒效应有单曲棍球棒与双曲棍球棒，如图9-17和图9-18所示。单曲棍球棒可以出现在每个季度。比如，第一个季度销售很高，之后的三个季度都低于第一季度，而且后三个季度的销售曲线斜率很小。双曲棍球棒有两个亚型：错开型与邻居型，错开型双曲棍球棒可以出现在第一季度与第三季度，也可以出现在第二季度与第四季度，还可以出现在第一季度与第四季度。

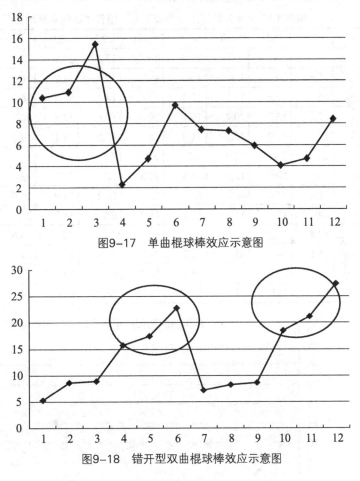

图9-17　单曲棍球棒效应示意图

图9-18　错开型双曲棍球棒效应示意图

9.7.4 销售曲棍球棒效应的群体现象

单个人发生销售曲棍球棒效应对公司影响不大，在初创型企业或微小型企业，作为管理者很快就可以发现。但销售团队或销售队伍，有多个人或多个团队都有意识地造就销售曲棍球棒效应，作为管理者就不容易发现了。在一个销售组织中，销售曲棍球棒效应有两个群体现象：叠加现象和对冲现象。

如果很多销售成员在同一个考核时期，都采取订单提前或都采取订单推迟，在这种情况下产生的销售曲棍球棒效应就会叠加。我们把销售成员因采取同一节奏造成销售曲棍球棒效应的现象称为销售曲棍球棒的叠加现象或叠加效应。如果是这样，销售管理层很容易发现，可惜叠加现象不会常发生，一般只发生在销售团队的组建期、成长期或初创企业或微小型企业。表9-10是某销售团队每位销售员的年度销售数据，从数据中可以看出，12位销售员中就有9位在9月的销售额最高，团队的合计销售额在9月也最高，图9-19是每位销售成员各自的年度销售曲线，各自的销售曲棍球棒效应不一样。图9-20是销售团队的年度销售曲线，销售团队的销售曲线呈现单一曲棍球棒效应，而且因高峰数据叠加而更明显。

表9-10 ××公司杭州办事处×××销售团队的年度销售汇总表

	1月	2月	3月	4月	5月	6月	7月	8月	9月	10月	11月	12月
付××					9.2	15.9	13.6	23.1	24.8	12.9	13.4	17
翁××	7.3	11.8	20	7.3	4.8	9.7	12.5	11.2	16.3	6.1	1.5	1.1
何××	11.9	10	22.4	11	11.3	14.4	14.1	25.4	16.7	15.3	10.6	17.8
林××	15.6	17.5	15.3	20.4	19.1	20.6	19.6	12.6	30.2	14.6	24.1	28.7
杨××	12.4	10	14.7	12.7	11.9	18.1	12.7	17.1	27.3	18.1	10.1	11.5
许××	10.4	2.3	5.9	10.9	4.7	9.7	7.4	7.3	15.4	4.1	4.7	8.4
邵××	5.3	8.6	10.9	15.7	15.4	22.8	7.2	8.2	13.6	13.5	27.2	21.4
刘××	6.4	11.4	21.4	4	8.5	4.7	18.2	18.9	14.6	7.6	6	5.2
叶××	14.4	6.8	15	11.2	12.1	18.3	6.9	11.7	23.9	6.4	13.6	12.6
朱××	7.9	10.4	11.3	12.9	6.3	6.5	8.1	9.2	13.6	5.6	9.1	10.2
干××	24.8	14.1	14	23	16.7	21.7	18.9	18.1	29.4	13.1	15	19.6
蒋××	7.9	9.6	10.1	12.1	18.1	20.2	9.6	19.1	22.1	13.9	12.3	21.1
合计	124.3	112.5	161	141.2	138.1	182.6	148.8	181.9	247.9	131.2	147.6	174.6

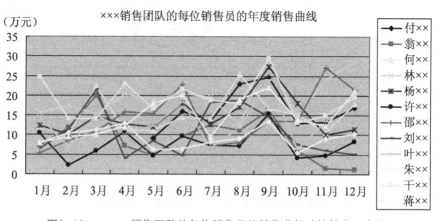

图9-19 ×××销售团队的每位销售员的销售曲棍球棒效应示意图

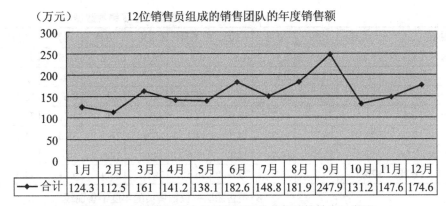

图9-20　存在叠加效应的销售团队的曲棍球棒效应示意图

销售曲棍球棒效应不仅有叠加效应，还有更为可怕的很有隐蔽性的对冲效应。在一般情况下，销售管理者很难发现；只有物流部门会感觉到曲棍球棒效应；财务部只有在计算奖金时才会发现，在销售额增加不多的情况下，支出却增加了很多，利润减少了！仔细分析每个销售员的奖金时，才会发现，销售员的奖金时而为零，时而很高。表9-11是××销售团队每位销售员的年度销售数据，从数据中可以看出，6位销售员中除了有2位在9月的销售额最高之外，其他人的最高值分布在不同的月份，高峰值与低峰值相遇在同一个月，因此他们组成的团队的月销售总额就相差不多，曲线起伏不大，呈现销售曲棍球棒效应的对冲现象，作为销售团队的经理看到总销售曲线比较平稳，就自认为本团队没有曲棍球棒现象。但如果我们来看销售员的个人年度销售数据，并绘成曲线图，就会惊讶地发现，每个销售员都有曲棍球棒效应。图9-21是每位销售成员各自的年度销售曲线，各自的销售曲棍球棒效应完全不一样。图9-22是××销售团队的年度销售曲线，虽然是条曲线，但起伏不大，它因高峰数据与低峰数据的对冲而更平稳，基本上看不出曲棍球棒现象。这种情况一般发生在比较成熟的公司或已有3年左右的销售团队。如果发生了销售曲棍球棒效应的对冲现象，那表明销售团队已病入膏肓。为什么呢？这多半已是销售员在非正式组织内协商的结果或民间协商的结果。举例来说，假设销售员李某发现，通过提前订单或推迟订单，就可以拿到更多的销售薪酬，他个人会很开心。在团队里，有个王某跟他走得比较近，他们经常在一起聊天，成了好朋友。当王某对销售经理不满意或对公司销售薪酬有看法时，李某可能就把玩数据游戏拿更多收入的方法告诉王某。王某在李某的指导下，试了一下，发现是真的，他就和李某走得更近，尊李某为师傅或朋友。有个张某，虽然与李某接触不多，但与王某走得比较近，当张某向王某诉说苦衷时，王某就把张某带到李某那里聊聊，结果他们三人就组成了民间团伙。经过一段时间接触，三人默契并关系成熟，张某也就知道了压货可以拿更多的薪酬，他也就尊李某为师傅或朋友。为了长期这样合作，并不被销售经理发现，他们就协商相互错开压货。随着时间的推移，李某就变成了非正式组织的领导，这个组织有可能会逐渐壮大。当它壮大到全体成员时，他们的销售经理就会因销售业绩不好而被迫离职。

表9-11 ××销售团队每位销售员的年度销售数据　　　　　　　　　　　　　单位：万元

销售员	1月	2月	3月	4月	5月	6月	7月	8月	9月	10月	11月	12月
李××	7.3	6.8	7.6	7.3	4.8	9.7	16.9	16.2	20.3	6.1	1.5	1.1
王××	10.4	10.9	15.4	2.3	4.7	9.7	7.4	7.3	5.9	4.1	4.7	8.4
张××	5.3	8.6	8.9	15.7	17.4	22.8	7.2	8.2	8.6	18.5	21.2	27.4
刘××	6.4	11.4	21.4	18.2	18.9	14.6	4.0	8.5	4.7	7.6	6.0	5.2
徐××	24.8	23.0	26.7	14.0	14.7	14.1	28.9	28.1	38.0	11.1	12.0	11.6
赵××	15.6	12.5	15.3	14.4	12.1	15.6	14.6	12.6	14.6	37.2	35.1	38.7
合计	69.8	73.2	95.3	71.9	72.6	86.5	79.0	80.9	92.1	84.6	80.5	92.4

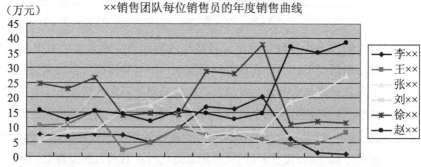

图9-21　××销售团队的每位销售员各自的年度销售曲线

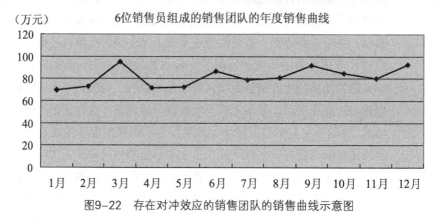

图9-22　存在对冲效应的销售团队的销售曲线示意图

9.7.5　销售曲棍球棒效应的危害

销售曲棍球棒效应对公司有很大的危害，体现在以下几个方面。

第一，企业的累积销售量没有增加或增加不多，但企业支付奖金大大增加。例如，全球知名外资在华的威材公司，在2007年的销售队伍薪酬是这样设计的（销售高层管理者来自中国香港地区，在外资企业工作了17年）。销售员工的薪酬由底薪、佣金、奖金组成。薪酬条例规定：第一，基本原则是不同产品有不同的起奖线；超过起奖线，每盒以固定金额折算成奖金，不封顶；销售完成率低于70%，没有奖金；70%<销售总额<100%时，完成率需要作为奖金系数；销售总额>100%时，以100%计算。

第二，产品起奖点及单盒计算标准是A产品起奖点：销售完成率70%，每盒23元；销售完成率90%，每盒35元。第三，每季度考核一次，下季度逐月发放。在这种佣奖金下，肯定会出现销售曲棍球棒效应，销售员会放弃某个季度奖金，而在另一个季度集中拿奖金。例如，某个员工A的季度销售指标为600盒，他上一年度的第四季度的销售实际是400盒，那么本年度的实际业绩会怎样呢？多半的情况会是这样：第一个月销售额为30盒，第二个月50盒，第三个月70盒，第四个月200盒，第五个月300盒，第六个月500盒，第七个月20盒，第八个月10盒，第九个月20盒……于是就出现了曲棍球棒现象。这样做，对销售员来说，有什么好处呢？

这位销售员三个季度总量为1200盒，如果平均每季度400盒，他的佣奖金为0，如果他采取前述做法，他的第一个季度奖金为0，第三个季度奖金也为0，第二个季度奖金为35000元。本年度三个季度的平均销售数据对比去年第四季度没有增加，而企业就得付35000元奖金。为什么会这样？因为第一季度拿奖金有困难，即使努力做到420盒，也只能提成23元/盒。如果采取第一季度订单滞后或第三季度订单提前，奖金就可以达到35000元。而且不需要努力去增加每季度20盒，如果分配销售量指标中存在棘轮效应，销售员更不会去努力增加20盒/季度。一个销售员只需玩一个数据游戏，就可以多拿35000元，如果100位销售员也玩这个数据游戏，那公司就得多付出350万元人民币，而销售额却没有增加。

第二，人为加剧牛鞭效应，管理成本增加，浪费严重，制造厂商矛盾。订单提前或滞后问题频繁发生，必然会带给渠道网络出现信息与物流的牛鞭效应（微小的市场波动会造成制造商在进行生产计划时遇到巨大的不确定性），从而给生产和物流运作带来很多浪费。例如，会增加生产企业与经销商的库存及库存管理的费用，导致支出大幅度增加。因为公司必须按照最大库存量建设或租用仓库，某几个月订单处理员、物流作业员和相关设备闲置，而在季度末，大家手头的工作又太多，拼命加班也处理不完，错误率与送货延误率增加。经销商或渠道商，包括零售商，会因库存量过大，占有资金过多而提出退货。退货一事，在任何公司都非常麻烦，双方要反复谈判，相关物流仓库人员与财务人员也要做大量的无效工作，因为整个过程没有增值。厂家与渠道商本来要一致对外，做好最终用户的销售工作，团结一致经营终端消费者，结果却变成内耗。

第三，会带来虚假销量（移库销售，俗称压货的销量），并导致下年度制定的销售指标偏高。年底冲量要不得。比如，某白酒企业，今年销售额是5亿元，可是有8000万元是年终压的货（假性销售）；领导要求明年增长30%，就是销量目标是6.5亿元（5×1.3）；可实际上，今年只销了4.2亿元（5-0.8），明年要达到的实际销量是7.3亿元（6.5+0.8）。所以，明年实际要求的销售增长率为74%（7.3/4.2-1）！白酒从4.2亿元的销售额到7.3亿元，在没有兼并其他公司的情况下，公司完成销售指标的难度很大。在通常情况下，在第二年年底的移库销售只增不减，第二年的移库销售预计超过1.8亿元，第三年、第四年，移库销售额越滚越大，最终导致经销商倒戈，销售队伍背离。不论是什么原因，为了抢占经销商库存和资金也好，为了年关冲销量也好，企业都会想方设法给经销商压货，而这种压货的销量，对企业而言只是库存的转移并不是真正的销售，但从销售数据上它会增加当年的销量，会让领导"有信心"给明年下更多的任务。领导认为销售指标增长30%不高，应该有信心完成。而销售成员认为，实际的销售指标增长74%，增速过大，难以完成或根本完不成，于是他们在年初就纷纷离职。

第四，会促使销售队伍养成不负责任的投机文化，提高员工的离职率。销售成员一旦发现，不用努力增加销售额，只用玩玩数字游戏，就可以获得更多的薪酬收入，他们就会懈怠，努力与士气就会处在较低水平。更为可怕的是，他们通过非正式组织形成巨大的同盟，集体与高层玩起猫捉老鼠的数字游戏，钻空子的风气盛行，加速虚假文化的形成，销售队伍的战斗力就更不堪一击了。如果销售管理层在其他销售政策方面，也存在不公平不合理问题，如销售指标的分配存在棘轮效应、销售地盘分配不公、扣罚销售成员等，他们就更会心安理得：领导不仁，员工就不义。销售曲棍球棒效应还会带来销售成员的高离职率和招聘成功的难度。为什么呢？那些因压货或推迟订单而拿到佣奖金的销售成员，一般容易离职，因为迟早有一天，他会发现他消化不了经销商或零售商的库存，他后面的压货难度加大，成本也加大，同时他担心公司惩罚他，于是他就随时主动离职。这就是老员工拿了奖金就走人的现象。新招聘的员工来接管他的市场，发现退货很严重（销售业绩为负数），或者经销商（或零售商）因库存高而不会进新货（新销售业绩少），他们会因无法完成销售指标而在试用期就离开公司，或由此认为公司管理存在大问题而在试用期就离开公司。这就是新员工没法接管市场而走人的现象。销售曲棍球棒效应会导致销售队伍产生"压货、离职、招聘"或"压货、离职、招聘、离职"的恶性循环。

9.7.6 销售曲棍球棒效应的抑制方法

在销售管理领域中，销售曲棍球棒效应的危害极大，销售管理层要引起重视，并想方设法抑制或消除它，这里重点介绍在销售薪酬设计中抑制或消除销售曲棍球棒效应的5种方法。

（1）把销售部（终端部）与商务部或渠道部分开管理。后者的管理最好直接归总经理管理，不归市场营销总监管理。因为商务部或渠道部是最容易出现曲棍球棒效应的地方。让销售部与商务部或渠道部相互牵制，曲棍球棒效应就不会滚大。例如，威材公司的商务业务外包给ZP公司，但是2007年在营业部设立了关键客户服务部，管理渠道商，结果在营业副总的指示下，为了营业业绩，人为压货（人为提前订单），加剧了曲棍球棒效应。在我国的很多本土企业，商务与销售经常捆在一起，很多企业的销售员集销售订单、发货与回款于一身，为曲棍球棒效应的产生提供了动力与条件。

（2）销售费用实行动态管理。因为财务的关账也为销售曲棍球棒效应创造了条件。

（3）利用现代信息技术，引进销售数据管理软件，加强销售员订单与客户库存的管理，自动化绘制销售曲线，警觉销售曲棍球棒现象的产生。

（4）减少销售指标分配中的棘轮效应，组合法制定销售指标。如果销售指标的分配是鞭打快牛的，很容易造成快牛完不成指标，导致他们的收入下降，进而产生薪酬的棘轮效应，他们就会怀念完成指标拿到更多奖金的时光，就更容易对公司不满，就会消极地变成慢牛；同时，为了不让销售收入下降，很多快牛自然会想方设法去找公司的销售管理漏洞。这些销售的快牛，一般都是非常理性的经济人，公司薪酬政策的漏洞会很容易被他们发现。因此，销售指标的棘轮效应会促使销售曲棍球棒效应的产生。

（5）科学合理地制定销售薪酬等激励政策。本节重点探讨如何在销售薪酬设计中抑制或消除销售曲棍球棒效应。其他销售激励政策，如促销、考核和竞赛等，也可以参考这些方法。

第一，没有保底的单一佣金率（或固定佣金率）的薪酬结构，不会人为地产生销售曲棍球棒效应。作为初创企业或微小型企业，可以考虑以它为基础的薪酬方案。这种方案，佣金的依据数据起点为零，如图9-5和图9-9所示。

第二，如果不采取没有保底的单一佣金率的薪酬结构，而采取其他薪酬结构，那么激励薪酬部分要考虑细分化。在一般情况下，很多公司把销售激励薪酬细分为2~5个部分。比如，威材公司在1996年把销售员的佣奖金分为四个部分：每个产品销售奖、个人销售总量奖、产品开发奖和团队奖。

第三，引入销售团队奖。引入销售团队奖的目的是带给销售成员个体以团队成员的压力。在有团队奖金的情况下，销售员追逐曲棍球棒效应获利会有所顾忌，他的压货或推迟订单行为会影响团队的奖金，会遭受团队成员及非正式组织的指责；同时，他自己也会失去团队奖而减少自己的收入。另外，销售团队奖还有助于提高团队协作、注重群体及共享目标成就的精神。一般而言，销售团队奖占激励性销售薪酬的比重为20%左右。

第四，引进封顶。尽管封顶有些副作用，如销售员的积极性因收入封顶而下降，但相对而言，这种副作用没有不封顶的副作用大，因为封顶是消除销售曲棍球棒效应的最有力的方法。两害相遇取其轻。销售员的积极性可以通过其他途径来提升。

第五，引进梯形佣奖金。梯形佣奖金的具体金额、依据数据与起始点需要精确计算。计算的结果应该是：销售成员发现，销售曲棍球棒效应对他增加收入没多大的帮助。

第六，如果采取多级佣奖金率的话，引进佣奖金递减制、引进超额部分为佣奖金依据（除了第一级佣奖金依据是全额外，后面的佣奖金依据都以超额部分为依据）、精确制定第二级开始的佣奖金率（计算原则是让增加的佣奖金与个人多交的个人所得税相差无几）。

第七，薪酬方案中引进关联机制。引进关联机制的销售薪酬方案，我们称为销售薪酬的关联方案，也称连锁方案。它把两个或两个以上的激励性薪酬的依据评估结合起来，这种结合不是一种简单的相加，而是关联性的制约，它意味着单个依据评估的激励性薪酬与另一个依据评估有关联。比如，产品A的销售业绩没有达到50%，那么就不能获得销售产品B的报酬。关联方案有三种模式：设障、乘数和矩阵。设障就是给予一个障碍，它与保底有区别，后者是在获得激励性薪酬之前必须完成最低的业绩。一般来说，它是企业用来支付工资所需的销售业绩，保底好比是门槛，销售员要用业绩跨过这个门槛，才有资格获得激励性薪酬。设障是跨过门槛后，要拿多少的一个障碍，这个障碍是制约销售成员可能的不利于公司或客户的行为，引导销售成员的行为来实施公司的战略目标。表9-12中的产品关联，属于设障。表9-13中的产品关联，属于乘数。在具体操作中，乘数以100%以上为最多，给予销售成员加法或更多的信息，会提高他们的士气。在多个产品的公司，他们还设立产品平衡奖的做法，也属于关联机制。比如，5个产品完成计划，奖励5000元；4个产品完成计划，奖励4000元等。这种关联属于正关联，设障，正负关联都有。负关联会给销售成员以更大的压力，但是表述时需谨慎，不要造成扣罚的氛围。在矩阵关联中，两种依据评估的结合是以一种纵横排列的矩阵为特征，两种依据评估的结果都要好，才能获得更多的激励性薪酬。一般来说，采取九九矩阵（9×9格的排列）较多。当公司要求销售成员解决两个互有竞争甚至互相冲突的目标时，会采取矩阵模式。比如，既要增加销售额，又要增加利润率；既要保住现有客户，又要发展新客户；既要销售核心产品，又要销售新产品；既要销售总量，又要回款；既要销售总量，又要销售毛利等。表9-14就是销售代表的关联佣金矩阵模式。

表9-12　××公司销售员薪酬条例

第一部分	基本工资	年度基本工资=5000×12	
第二部分	奖金	奖金以季度基本工资为基数，乘以奖金率来计算	
		完成销售量指标比例	奖金率
		100%～104%	60%
		105%～109%	75%
		110%～114%	85%
		115%～120%	95%
		120%以上	105%
第三部分	产品关联	A产品完成率在80%以上，才能享受销售总量奖金	
	设障		
第四部分	起始时间	2013年1月1日至2013年12年31日	
	奖金时期	每季度一次	
	佣金时期	每年一次	
	发放时间	下季度发放上季度奖金，奖金除以3，按月份与工资一起发放	
		佣金在下年度发放，佣金除以12，按月份与工资一起发放	
		遇到员工离职时，在员工离职时，剩下的佣奖金一起发放	

表9-13　××公司销售员薪酬条例

第一部分	基本工资	年度基本工资=5000×12	
第二部分	奖金	奖金以季度基本工资为基数，乘以奖金率来计算	
		完成销售量指标比例	奖金率
		100%～104%	60%
		105%～109%	75%
		110%～114%	85%
		115%～120%	95%
		120%以上	105%

	产品关联	A产品完成率80%以上：才能享受销售总量奖
第三部分	乘数	A产品完成率在80%～99%：销售总量奖×100% A产品完成率在100%～110%：销售总量奖×110% A产品完成率在110%以上：销售总量奖×120%
第四部分	起始时间	2013年1月1日至2013年12年31日
	奖金时期	每季度一次
	佣金时期	每年一次
	发放时间	下季度发放上季度奖金，奖金除以3，按月份与工资一起发放 佣金在下年度发放，佣金除以12，按月份与工资一起发放 遇到员工离职时，在员工离职时，剩下的佣奖金一起发放

表9-14 销售代表的关联佣金矩阵模式（单位，100%）

销量	优秀	2.0	3.0	3.9	4.9	5.9	6.7	7.4	8.2	9.0
		1.8	2.8	3.7	4.7	5.7	6.3	7.0	7.7	8.3
		1.6	2.4	3.5	4.5	5.5	6.0	6.7	7.1	7.7
		1.3	1.8	3.3	4.2	5.3	5.7	6.6	6.7	7.0
	目标	1.1	1.2	3.0	4.0	5.0	6.3	6.4	6.5	6.6
		0.8	1.0	2.5	3.3	4.2	4.6	4.8	5.2	5.5
		0.6	0.8	2.0	2.6	3.4	3.7	4.0	4.3	4.7
		0.3	0.6	1.4	1.9	2.5	2.8	3.2	3.5	3.8
	起点	0.0	0.4	0.8	1.2	1.8	2.2	2.6	2.8	3.0
		起点				目标				优秀
		销售平均毛利								

第八，计算激励性薪酬的依据条件跨越薪酬核算期。不只根据核算期内销量计算激励性薪酬，而应累计核算期前后的销售成果，计算激励性薪酬。比如，本季度计算激励性薪酬的完成率＝（上季度与本季度的合计完成率）×50%＋（本季度的实际完成率）×50%。具体来说，第二季度的计奖完成率＝（1—6月合计完成率）×50%＋（4—6月完成率）×50%。

第九，选择好销售薪酬方案的公布与沟通时间。新薪酬方案公布与沟通时间不恰当，会成为销售曲棍球棒效应的诱因。销售薪酬方案的有效期要与企业的财政年度相吻合，一般选择在旧的销售薪酬方案期结束后，再公布新的销售薪酬方案。但很多公司在年底为了留住销售员，会宣布来年的奖励政策很好，在这种情况下，销售员不仅会在年底降低其努力程度，还会把客户的订货推迟到下个年度，从而出现曲棍球棒效应。

9.8 在薪酬设计中消除卡尼曼损失厌恶效应

销售薪酬设计导致的曲棍球棒现象非常严重，必然导致销售量增加的幅度比不上销售薪酬增加的幅度。很多老板发现了销售员通过压货或延迟订单来拿奖金，就会采取扣除部分奖金的方法进行严惩。表面上问题似乎解决了，但是销售士气还是提不上去。为什么呢？因为销售薪酬是基于销售业绩的报酬，而不是基于销售行为的报酬。

销售员的压货或推迟订单,是销售行为而不是销售业绩,尽管这个行为会导致其销售业绩变化。对于销售员的行为违规,应该仍用行为手段来惩罚而非经济手段,如可以采取提醒、警告、劝退等管理行为。

但很多销售管理者认为有奖当然有罚,通过经济惩罚,是为了纠正销售员的不良销售行为或者预防不良行为的发生,而且要达到"奖励要奖得心动,惩罚要罚得心痛"的效果。他们在设计薪酬政策时,往往用大篇幅的文字来描述扣罚政策。这从理论上似乎是可行的,但是用在销售员身上不适合。因为销售效率取决于销售员的心态与技能,销售生产力在其大脑内,销售员的办公室在客户那里,很难控制其销售沟通过程。惩罚很容易诱发销售员采取报复公司的行为,如减少拜访频率、降低拜访效率。惩罚或扣罚对销售成员无效,或会带来更大的损失,其根本原因是销售成员拥有公司的经济资源,管理者用经济手段来惩罚他们,他们就会以牙还牙,用隐蔽的经济手段(堤内损失堤外补)来惩罚公司管理层,如公款私用、公款浪费或销售曲棍球棒效应等。这是销售成员与其他部门的成员最显著的区别。看标题是奖励政策,但看完政策内容后却让销售成员感觉是惩罚政策,那么这种奖励条例是无法提高销售队伍的士气的。把对销售行为的惩罚放在薪酬设计中,这是不明智的做法。对于违反公司的销售行为的惩罚,放在销售队伍行为手册中,与销售薪酬政策分开,而且少用经济惩罚。

奖励要奖得激动的作法,但如果奖励条例存在扣罚政策或者在奖励设计中不防范销售曲棍球棒效应,那么这种激动就不能带来销售量的真正增长。比如,某家银行对客户经理的奖励条例是:完成季度信贷计划指标的90%,按信贷实际提成0%;完成100%,按信贷实际提成1%;完成110%,按信贷实际提成2%。所有客户经理都很激动,按信贷实际提成,而且提成比率高达2%!激动之余,某财商很高的客户经理,发现在第一季度完成100%有困难,于是找了个理由,把本来3月要进行的信贷业务,推迟到4月初。把7月和8月的信贷业务提前到5月和6月份进行。比如,第一季度指标计划为1000万元,第二季度指标计划为1200万元,第三季度为1500万元;于是他就把信贷实际做成:第一季度200万元,第二季度2700万元,第三季度800万元。结果,他就拿到了54万元的奖金,平均每个季度为18万元。如果他每个季度完成指标100%,那么三个季度奖金总额为37万元,平均每个季度奖金为12.3万元。玩了一下数字游戏,就可以多获得17万元的奖金,他乐开了怀!如果上司在其他地方扣罚了其薪酬,他就更加心安理得地通过玩数字游戏拿奖金。

很多企业在薪酬设计中都有惩罚条款,扣罚未达标销售员的奖金。当销售员真正被扣罚后,他们就开始消极怠工,不由自主地降低销售的努力程度,并开始堤内损失堤外补(腐败费用或兼职等),而且没有内疚或羞耻感,结果就是销售效率下降,腐败滋生。

行为经济学家卡尼曼(Daniel Kahneman)教授的理论,可以解释薪酬条例中"扣罚"(或扣除)让销售士气下滑的真正原因。卡尼曼教授在1992年通过心理学研究发现,在可以计算的大多数情况下,人们对所损失的东西的价值估计高出得到相同价值的两倍。也就是说,人们通常需要两倍于损失的收益才能弥补损失带来的痛苦。卡尼曼等心理学家认为,当所得的比预期的多时,人们会很高兴,而当失去的比预期的多时,就会非常愤怒痛苦;关键在于这两种情绪是不对称的,人们在失去某物时愤怒痛苦的程度远远超过得到某物时高兴的程度。如果老板给员工加薪100元,员工会很高兴;不久,员工的薪水又被老板降掉了100元,虽然员工的收入与以前相比没有变化,可这个时候员工只剩下对老板的"仇视"。因为人类伙伴丢掉100元钱所带来的不愉快感受要比捡到100元钱所带来的愉悦感受强烈得多。损失100元钱的情绪体验强度与奖励他200元钱的情绪体验强度相当。也就是说,扣罚100元钱带来的损失需要奖励200元钱带来的喜悦来弥补。扣罚的损失至少需要两倍的奖励来弥补!

扣罚的痛苦会使得销售员记忆犹新,久而久之,就会在心里埋下对该产品和该行为的厌恶。如果厌恶与痛苦扩散到这个销售队伍并长期存在,那就会形成销售队伍的痛苦文化。而痛苦文化带来的必定是销售士气的低落,此时,销售管理层要扭转局面需要花很大的代价,因为人们对财富的减少(损失)比对财富的增加(收益)更为敏感,而且损失的痛苦要远远大于获得的快乐。

销售薪酬"扣罚"做法带来的更可怕的后果是销售队伍的"堤内损失堤外补。"销售员因为扣罚带来厌恶与不愉快,就有部分销售员会在销售费用政策中寻求补偿,而且,这时他们不会有内疚感,因为"老板不仁,我就不义"。

有些销售薪酬条例或奖励条例,虽然没有出现"扣罚"、"扣发"或"扣除"等字眼,但其表达的意思让销售成员一看就知道是"扣罚",也会产生卡尼曼损失厌恶效应。比如,"把奖金的10%留存在公司,年底如果没有完成计划的100%,留存奖金归公司所有"。又如,"产品出口的按销售额的1%计算提成,公司安排跟单的按0.3%计算提成;产品内销的按销售额的0.4%计算提成,公司安排跟单的B产品按0.1%、A产品按0.2%计算提成。提成奖90%计算到个人,10%作为业务部集体提成"的销售薪酬表达,会被销售员理解为扣减,提成奖在销售员的心理账户里属于销售员个人所有,结果,被公司政策从心理账户里拿走了10%给集体。现在把这段话改成"产品出口的按销售额的0.9%计算提成,公司安排跟单的按0.2%计算提成;产品内销的按销售额的0.3%计算提成,公司安排跟单的B产品按0.1%、A产品按0.2%计算提成。业务部集体提成按所有团队成员的个人提成的10%计算"。第二种表达就不会产生损失厌恶情绪,反而会增加高兴情绪。后者表达属于"额外加法",虽然额外加法也许会增加销售成本,但是销售管理者可以通过适当调低提成比例而不增加销售成本。客观来讲,不调低提成比例的"额外加法"所增加的销售成本远远低于"扣减法"所带来的隐性销售成本。销售薪酬方案以何种方式呈现在行为人面前,会在一定程度上影响人们对工作的态度。面对预期收入的损失,人们非常敏感。一旦预期是损失,他们事前就会产生厌恶,并采取进行规避或事前就采取行为将损失减到最少。因此,销售薪酬方案的呈现,要避免销售成员产生卡尼曼损失厌恶效应。

销售薪酬的棘轮效应也可以用卡尼曼损失厌恶效应来解释:尽管工资属于保健因素,但调高销售人员的基本工资,销售人员都会支持,调高容易;如果把销售人员的基本工资调低,销售人员因厌恶损失而都反对,调低很难。因为销售成员工资是指雇主或者用人单位依据法律规定、行业规定或根据与销售成员之间的约定，以货币形式对员工的劳动所支付的报酬。因为工资是销售成员作出有偿劳动而获得的现金收入，所以在销售成员的心理账户里，工资被视为他们个人所有，与销售指标和业绩好坏无关。无论以什么理由减少工资，尤其是扣罚工资，他们都会不高兴，都会难过甚至愤怒。比如，分众传媒在2009年的薪酬条例是"若楼宇销售的季度指标完成率不达标，销售员基本工资至少将下调50%，即销售员完不成指标，销售底薪打对折"。内部销售员由此愤怒而引发"扣薪风波"，分众传媒的口碑由此受到极大的伤害。同样，调高销售队伍的销售激励薪酬收入，销售队伍都乐意；如果调低销售激励薪酬收入，销售队伍的士气明显降低。如果公司持续增加销售队伍的收入，销售队伍就对公司增加收入的行为有了惯性，哪一年收入突然停止增加或减少，销售队伍的意见就会极大，士气下降。人们对损失和获得的敏感程度是不同的，损失的痛苦要远远大于获得的快乐。所以对于降薪的做法，销售管理者要谨慎使用。一般而言，降薪的销售员，其销售业绩肯定是越来越差，而且会带坏整个销售队伍，因为厌恶感觉是会很快传染蔓延的。

9.9 销售队伍的薪酬设计管理

设计得当的销售薪酬能够给企业的销售带来显著的增长，从而帮助销售组织超越他们的目标，但它很快就会变得陈旧而不合时宜，因此，保持销售薪酬方案与销售工作的与时俱进就显得非常重要。大部分的销售员拒绝薪酬制度上的变化，因为人们惧怕不确定的事情。销售管理者要每年审视销售薪酬制度，根据公司内外时势决定是否调整。如果要调整，一般而言，以渐进的方式调整为首选，而不能剧烈改变销售薪酬制度，否则会给销售员的激励带来负面影响。同时，也要做好回答新销售薪酬的提问，销售成员对于新销售薪酬方案的一般提问有：为什么我们要改变销售薪酬方案？原有方案不是运行得很好吗？我的激励报酬会减少吗？为什么新方案比原有方案复杂得多？我注意到最低限从70%上升到80%，为什么会有这样的变动呢？我们的薪酬激励计划与同行相比如何？因此，公司要为每年的销售薪酬制度提前做好周详的安排，在时间上和流程上要有保证，吸纳全员智慧和科学薪酬智慧，让销售薪酬真正可以激励销售成员支持并实现公司战略目标。

在每年花费在销售薪酬设计的时间上，大中型销售组织的销售薪酬设计到实施的整个过程需要花费4~5个月时间；对于拥有10~50名销售员的销售组织，从开始薪酬设计到方案实施，至少需要2个月时间；拥有不足10名销售员的销售组织也要给自己留出至少1个月的时间来进行薪酬设计。

在每年制订销售薪酬方案的流程上，大中型销售组织遵循销售薪酬方案设计的十大步骤；微小型销售组织，可以参照这十大步骤，重点采取6~8个步骤（见图9-23）。在销售薪酬设计过程中，最为重要的因素是关键股东们的介入与参与，公司领导团队（高管团队）的尽心尽责的开会研究，彼此尊重与妥协，在设计销售薪酬问题上，没有唯一的正确答案，真正的正确答案来自领导团队的共同的科学决定，尤其是薪酬委员会的共同的科学决定。

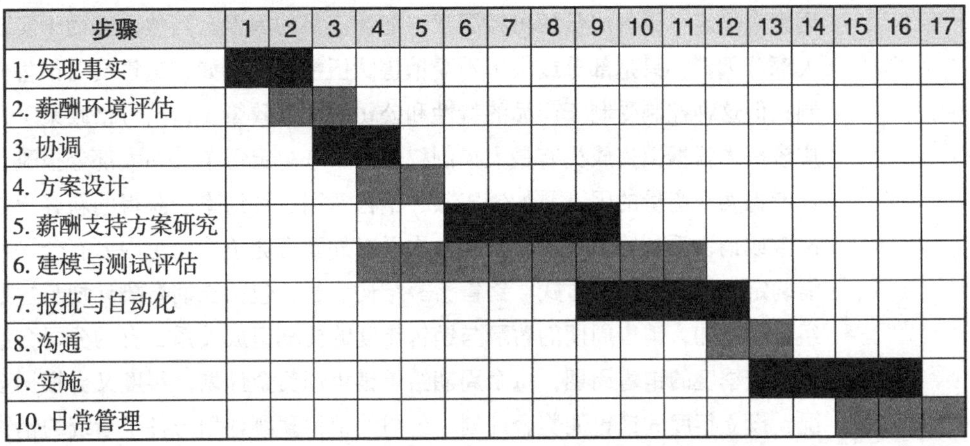

步骤	1	2	3	4	5	6	7	8	9	10	11	12	13	14	15	16	17
1. 发现事实	■	■															
2. 薪酬环境评估		■	■														
3. 协调				■	■												
4. 方案设计				■	■	■	■	■									
5. 薪酬支持方案研究						■	■	■	■	■							
6. 建模与测试评估					■	■	■	■	■	■							
7. 报批与自动化									■	■	■	■	■				
8. 沟通											■	■	■				
9. 实施													■	■	■		
10. 日常管理															■	■	■

图9-23　销售薪酬方案设计十大步骤与工作周计划

第一步，发现事实，建立目标。收集现行方案的信息，并确认公司的经营目标，递交事实报告。销售薪酬的牵头人需要采取以下行动：与高层管理人员（包括关键性股东）进行访谈，收集他们对现行方案和未来销售目标的看法；与总部员工（人力资源管理部的薪酬专员、财务部的薪资专员及信息技术部的相关人员等）进行访谈，收集当前的销售薪酬执行、改进建议及组织结构的书面文件，收集当前销售配额（销售指标）、销售区域（客户分配）的政策及实践；与现场销售经理访谈，收集他们对于当前销售薪酬方案有效性的看法，捕捉任何关于改变方案的建议；与销售成员访谈，掌握他们对现行薪酬方案的看法，评估他们对现行方案的理解程度，收集有效性建议等；通过人力资源经理获得外部薪酬数据，尤其是竞争对手的薪酬信息；通过财务了解各个销售人员和销售经理的利润信息；通过财务或产品经理，获得各个产品的利润信息；整理公司文件的年中变化情况，尤其是销售区域（客户）分配变化、销售指标变动、销售成员的流动及销售队伍的激励政策实施与变化情况等；与公司总部确定未来的战略目标或建立销售机构的未来目标计划。

第二步，全面评估薪酬政策，审视系统的正相关性。进行分析性与比较性评估，递交评估报告。销售薪酬的牵头人需要把以下内容进行分析，并把分析内容写入评估报告。第一，进行竞争市场比较，将薪酬支付的实际水平与劳动力市场的实际进行比较。第二，研究薪酬与绩效之间的关系，准备相关的散点图显示绩效与激励报酬之间的关系。第三，测试销售指标（配额）系统，检验销售指标（配额）系统，以实现销售指标（配额）的均衡，确保方案不存在偏差。第四，检查绩效指标。确定绩效指标是否能支持公司的经营目标的实现。第五，计算投资回报。准备趋势图显示销售成本与投资回报的变动。第六，审查销售薪酬的三大支持方案。审查销售区域（客户分配）、销售指标（配额）分配、销售计分方案是否与销售政策一致。第七，回顾销售工作和销售管理工作，确定销售机构的具体工作目标。比如，销售量增长30%；某类产品的销售额增长50%；每个销售员得到10个新客户等。第八，建议新的销售薪酬计划的目标、战略与策略,并明确影响销售薪酬计划的主要因素。找出并确定销售人员的可控并能客观衡量的因素,建议薪酬收入水平与结构组成。销售薪酬主要根据两种因素来确定:销售成员的可控因素与能够衡量的因素。当然,有助于实现成功销售的大部分因素,只是部分或根本不受销售队伍控制。例如,销售员对销售额有一定的控制,但这种控制受制于产品的特性和公司的销售政策(包括价格政策),但公司依然应该努力根据销售成员有最大控制权的因素来决定每个人的大部分报酬,并尽可能多地考虑客观衡量的因素,如销售额、销售费用、拜访率、获得的新客户数、产品展示次数或销售毛利等。销售薪酬收入水平对外要有竞争性,对内要有公平性,因此,还需确定间接货币报酬方式。销售薪酬结构组成,包括长期薪酬计划与短期薪酬计划的组成。比如,销售周期的薪酬与销售年度的薪酬组成关系,有的公司会给销售成员设立一个季度的销售周期,每个周期给予销售佣奖金计划,年度又会根据全年的销售情况,设立年度的销售佣奖金计划;公司的销售薪酬计划与各子系统的销售激励计划的组成关系,有的公司不仅有公司统一的销售薪酬计划,还允许部分或全部的产品经理设立销售竞赛等销售激励政策,甚至允许不同级别的销售经理设立销售激励政策。这些政策的正相关性,作为销售薪酬的牵头人需要研究与审查,并提出建议。

第三步,组织销售薪酬协调(协作沟通)会议,参会人员包括总经理、营业副总、销售总监、市场总监、财务总监、人力资源总监等销售薪酬委员会成员。销售薪酬牵头人向他们递交两份报告:发现报告与评估报告。协作沟通会议一起作出确认并形成包括以下内容的协调文件:组织销售战略和销售薪酬原则,组织销售战略,需要说明销售队伍在收入、利润、产品与客户策略中的战略角色。销售薪酬原则,包括资格准入、目标现金报酬总额、组合搭配、杠杆调节、绩效指标、业绩周期、适当的支付条件与周期,以及销售薪酬的年中调整原则等。

第四步,组成薪酬设计工作团队,制订销售薪酬方案。销售薪酬设计工作团队包括销售经理、市场、财务和人力资源等专业人员。由他们来审查备选设计方案,并从中选出一个最优方案。他们不仅要设计销售员的薪酬方案,还要设计销售经理的薪酬方案。销售经理的薪酬方案,一般取决于以下两个因素之间的组合和它们之间的重要性:销售地区的总体绩效和他们管理辖区内的个别成员的绩效。如果仅仅根据地区总销售额来确定销售经理的薪酬收入,那么销售经理们通常会把工作重点放在那些销售额或销售指标相对较大的销售区域或销售员身上;如果销售经理的薪酬仅仅取决于实际有资格获得销售薪酬的销售人员数,那么销售经理会把更多的精力与时间放在那些临界状态的销售区域或销售员身上。只有根据地区总体绩效和销售成员薪酬收入来决定销售经理的薪酬时,他们才会把精力或时间合理分配在两个方面:一方面为业绩较差的销售员提供指导和辅助,另一方面进一步提高那些高绩效的销售员的销售业绩。在一般情况下,设计工作团队需要召开4次会议:会议1,审查当前文件;会议2与3,设计薪酬方案;会议4,确认最优方案。

第五步,明确销售薪酬的支持方案。销售管理层要提供销售区域配置(客户分配)、销售指标分配(销售配额管理)和销售计分(绩效)管理的原则,销售薪酬设计工作团队，对于这些原则及以往的实施情况进行评估，并准备一份支持方案对销售薪酬的影响进行报告。

第六步，建模并测试评估。构建新的销售薪酬方案的计算公式，并进行测试评估，以过去或者未来可能的销售数据进行路演。销售薪酬工作团队（包括销售管理者）需要准备一张试算表，列出每位销售员去年的薪酬所得，并且将上述所得与预计调整的各项试算情形作一比较。在新方案的计算公式中，代入过去的数字，计算销售员应该得到多少薪酬。销售薪酬设计工作团队成员一起研究这些测算表与测算数据，避免未来一年可能出现的意外。同时，选择一些高素质的销售员作为代表，进行销售薪酬分析的讨论，不过他们只是提供建议而非参与决策。把测试结果一同写进方案报告。对薪酬方案进行历史数据和预测数据的测试计划，可以帮助销售管理者修正新的销售薪酬方案，保证做到销售薪酬的战略性规划，避免产生销售薪酬的棘轮效应。当然预先测试不可能回答所有的问题，新方案执行后，销售情况可能会与预先测试时有所不同，但销售薪酬方案的制订者和批准者要反复预测执行时的销售情况，并留置补救方案或置换方案。

第七步，报批销售薪酬方案，并进行自动化系统设计。销售薪酬设计工作团队把设计的销售薪酬方案及其相关影响报告，递交销售薪酬委员会讨论；在高层批准的前提下，和销售运营、财务、人力资源和信息技术部的专家们组成一个工作小组，对新的销售薪酬方案进行自动化系统设计，并选定一个更好的销售薪酬自动化系统；在获得批准的前提下，在销售薪酬方案正式启动前，对这套自动化系统进行测试，并完成网站设计。

第八步，沟通新销售薪酬条例。沟通销售薪酬条例，不是公布销售薪酬条例，而是推介销售薪酬条例；不是命令执行销售薪酬条例，而是培训销售薪酬条例。这种推介或培训是沟通，为此，管理层要解决四个问题：沟通对象、沟通时间、沟通场合、沟通方式。

销售薪酬政策的宣传，是销售薪酬政策成功的非常关键的因素，在这个信息传递网络中，销售员的直接主管是最为关键的一环。要获得正式而准确的信息，尤其是信息背后的含义，销售员首先会选择自己的经理。公司要采取先公布销售经理的薪酬政策，并尽力使每位销售经理先熟悉自己的薪酬计划，并对他们自己的薪酬计划有信心。之后，向他们公开销售员的薪酬计划。

销售薪酬沟通对象要逐级，高级销售经理不仅要熟悉理解自己的薪酬条例，而且还要熟悉自己队伍的薪酬条例（直线下属中级销售经理、基层销售经理和销售员），中级销售经理只需要知道自己的薪酬条例和基层销售经理、销售员的薪酬条例即可，无须知道他的上级领导（高级销售经理）的薪酬条例。沟通对象从高到低，沟通内容从多到少。

沟通时间要慎重。销售薪酬的沟通要密集在新年度的第一个月完成，最好是15天内完成。

沟通场合要正式开始。先通过正式会议沟通销售薪酬条例，如大区销售经理会议、全国销售会议、大区销售会议等。必须解释新销售薪酬计划的依据及带给不同层次的销售成员的收益。为了增强推广销售薪酬条例的有效性,把销售经理的销售薪酬沟通列为他的绩效考评内容。非正式场合解释或交流销售薪酬条例,要安排在正式场合之后。

沟通方式要正式。会议沟通与书面沟通是主要方式,在沟通时,销售管理层要有耐心地回答各级销售成员的提问,对他们提出的建议要谦虚听取。改变销售薪酬计划,特别是重大的变动,会给销售队伍带来真正的文化冲击,销售员常常会本然地认为管理层是在试图削减成本来变化薪酬计划,因此,他们将薪酬计划的任何修改,都视为一种减少他们收入的方式。

第九步,实施销售薪酬方案。通过向销售队伍推介销售薪酬,确保每位成员充分了解与他们相关的销售薪酬后,一般就正式实施销售薪酬方案,并在公司内部网站进行公布。遇到特殊情况时,正式实施的销售薪酬方案,会与沟通阶段的销售薪酬方案有所差异,这种差异是吸纳了沟通时销售队伍的反馈建议。这种微调不能过多,也不能过于频繁,是不得已的微调,否则就会丧失权威性。

第十步,管理销售薪酬方案。在实施销售薪酬方案的期限内,各级销售管理者不仅仅要对销售薪酬方案的日常实施进行有效的管理,督促销售成员顺利计算并得到销售薪酬收入,还要有策略地引导销售成员正确地执行销售薪酬方案,让销售薪酬的有用性与激励性最大化。比如,给销售成员家属写封奖金恭喜信、设立内部销售成员奖金排名榜等。收集销售薪酬的实施信息,并随时评估销售薪酬方案,根据评估结果,可以调整自己权限内的销售激励政策。当然,别忘了把销售薪酬评估结果反馈给自己的上级、销售薪酬设计团队及销售薪酬委员会,由他们决定是否微调销售薪酬政策。一般而言,年中不微调销售薪酬政策,除非公司或市场发生巨变,如公司兼并、客户公司破产等。

本章小结

1. 销售队伍的报酬激励有三个前提条件:一是销售报酬必须是销售人员所期望的,可以满足其某些需要;二是销售报酬取决于他们的销售绩效;三是销售人员清楚地知道这些销售绩效取决于他们的努力程度。
2. 销售队伍薪酬基本要素有:基本工资、绩效工资、奖金、特殊奖励、股权、期权、福利、津贴。
3. 变动薪酬方案适用场合:一是公司独立的销售经纪商、销售经纪人或兼职销售员;二是公司需要大量的资金回笼解决现金流;三是公司不需要更多的宣传性销售活动;四是公司产品销售更多地依赖销售员个人努力;五是公司无须与客户建立长期的关系。
4. 常见的四大类销售薪酬组合结构:基本工资+佣金、基本工资+奖金、基本工资+佣金+奖金、佣金+奖金。
5. 曲棍球棒效应是指在某一个固定的周期(月、季或年),前期销量很低,到期末销量会有一个突发性的增长,而且在连续的周期中,这种现象会周而复始。
6. 销售曲棍球棒效应四大危害:企业的累积销售量没有增加或增加不多,但企业支付奖金大大增加；人为加剧牛鞭效应，管理成本增加，浪费严重，制造厂商矛盾；会带来虚假销量，并导致下年度制定的销售指标偏高；会促使销售队伍养成不负责任的投机文化，提高员工的离职率。
7. 销售薪酬设计中抑制或消除销售曲棍球棒效应的5种方法：把销售部（终端部）与商务部或渠道部分开管理；销售费用实行动态管理；利用现代信息技术，加强销售员订单与客户库存的管理；减少销售指标分配中的棘轮效应，组合法制定销售指标；科学合理地制定销售薪酬等激励政策。

本章思考题

1. 销售队伍报酬有哪些要素？
2. 良好的销售队伍薪酬能实现哪些管理目标？
3. 销售佣金与销售奖金有什么区别？
4. 请阐述梯形佣金、固定佣金率、累进佣金率和累退佣金率的优缺点。
5. 销售薪酬设计是很难避免销售曲棍球棒效应、棘轮效应和卡尼曼损失厌恶效应的，销售总监没有必要花过多的精力于此，而应该把更多的时间用在市场上。你同意这种观点吗？为什么？

案例分析

这笔提成该不该给销售员

浙江某民营企业，其对销售人员的提成管理采用毛利润提成比例的管理方式。也就是说，每一个成交的单子，销售人员提成毛利的2%，如果单子没有毛利，销售人员是提不了钱的。2008年5月，销售部员工楼某因事要提出辞职，离职前，还有一笔应收款没有收回。没有收回主要是由产品在使用中的售后服务方面的摩擦导致。楼某在离职前总想努力把钱要回，好在结算工资的时候把自己的提成一起结算清楚。

为此，楼某经过多次努力，终于使对方松了口，但对方要求，要把余款打折扣，只愿意还八折，并要以八折结束全部的债权债务关系。作为业务员，楼某当不了这个家，于是把对方的要求向公司财务部门和公司高层进行了报告。公司的高层和财务均同意了此方案。

事后，当楼某把支票要回的时候，财务突然告诉楼某，因为楼某的折扣的原因，导致了这个合同的决算不但没有毛利，反而有小亏损。因为业务员是按毛利的百分比提成的，所以，楼某不能拿提成。

楼某听了火冒三丈，便拒绝把支票交付财务。财务于是说，楼某在威胁公司，拿了支票不上交，如此等等。后来楼某直接找到高层领导，亲自把支票交给领导，说自己努力多次，离职前把应收款要回，就是想把提成一起结算掉。楼某又说，这个合同在后来确实是售后服务方面的摩擦导致的矛盾，与自己无关；售后服务的失误带给客户生产的损失也是不争的事实；自己经过努力争取对方态度转好，加上对方提出的折扣是财务领导和上级高层领导同意的，那么折扣的损失就不能算在自己的头上，该给的提成应当给。财务认为按制度执行，没毛利就不提，但当时财务也是同意折扣的，为什么当时不说？双方剑拔弩张。

讨论：这笔提成该发给楼某吗？

第十章
销售队伍的流入管理

■ 本章要点：

了解销售队伍招聘管理的内容及招聘流程；
熟练掌握销售员胜任力模型及其应用；
熟悉销售员招聘渠道及其特点；
了解销售队伍的融合过程；
了解俄罗斯套娃现象及其消除方法。

课前案例 招聘占用了销售总监大部分时间

随着业务量的扩大，寿斋公司的创始人黄寿斋需要招聘一位销售总监来帮他管理公司的销售，而他自己则集中管好生产、科研、财务和行政。有个浙江大学MBA的优秀生黄甫渊来应聘，他经验丰富，实战能力强。黄寿斋心想：他能力超过我，价值观也与我比较吻合，聘用能人为公司工作，公司才会成为巨人公司。他再能干也是为我打工，我失去一些权力与影响力没有关系，只要能使我的公司发展壮大。于是，黄甫渊被寿斋公司聘为销售总监，得到了黄寿斋的重用与授权，对于销售及销售队伍管理，拥有说一不二的权力。黄甫渊知恩图报，全心全意地招兵买马，鞠躬尽瘁地带领销售队伍，在不到8年的时间里让寿斋公司进入了行业的前三名。

寿斋公司的销售队伍组织结构为"销售总监—区域销售经理—销售代表"三级制，黄甫渊管理8个区域经理，每个区域经理管理10个销售代表，每个区域经理备了1个销售助理。黄甫渊还建立了市场部，市场部有3个产品经理，管理产品的生命周期与产品的营销战略，支持区域的营销活动。黄甫渊后来又晋升为公司的副总经理，负责公司的所有营销工作，带领92位员工的销售队伍。

由于经济危机与市场竞争的加剧，寿斋公司的销售增长率减缓，与行业平均增长率非常接近；销售员的流失率也逐渐增多，在2009年上升到30%，也就是说，仅销售员2009年就要流失掉24位左右。为了招选24位新销售员，黄甫渊要面试120多位复试候选人。黄甫渊看上去很憔悴、疲劳。这8年来，公司无论是招聘销售员、产品经理，还是招聘区域销售经理，都是黄甫渊亲力亲为。3位产品经理，1位外聘，2位是内部提拔；8个销售区域经理，1个外聘，7个是内部提拔。销售经理负责招聘广告的发布、信件筛选、初试，每招聘1位销售员，复试候选人为5位，黄甫渊负责复试。黄甫渊忙于招聘，忙于训练销售队伍，以致用在5年销售战略规划和新产品规划的时间过少。

为此，黄寿斋建议，黄甫渊下设销售总监1名、产品经理5名，在未来3年里，再设立市场总监1名，8个区域要设立产品主任，隶属市场总监管理，支持区域市场推广活动。黄寿斋还建议销售员的招聘信息发布、应聘信的处理与初试交给人力资源部来处理，减少销售经理用在行政方面的时间。对于这些建议，黄甫渊都接受了。

但没过两个月，销售经理投诉说，人力资源部的招聘专员没有做过销售，来参与销售经理复试的10个候选人中，很多是矮子里拔将军，根本挑不出5个候选人进入第二次复试。通知第二次复试时，有相当一部分人以已经接受了另一家公司的销售工作为由而拒绝。从接到应聘信到初试，原来只要3天，现在要1周左右；从初试到复试，原来只要3天，现在人力资源部要核实（背景调查）要1周。黄甫渊本人也在为销售总监纳闷到底是外招，还是内部提拔？内部提拔的话，提拔谁？8位销售区域经理，有7位是自己亲自带出来的，性格与自己差不多；1位虽然外聘，但最近几年进步很快，说起来不是"亲生的"，也是"亲养着"。外聘的这位区域销售经理叫黄声定，原先是没有销售管理经验的清华MBA毕业的，在性格方面，与大家既有相同之处，也有很大的不同。当时还有一位候选人，是北大MBA毕业的，并且有销售团队管理实战经验，因性格与黄甫渊完全不同而被否决。

正在这个关键点，黄寿斋找到黄甫渊，说寿斋公司要在2010年进行股份制改造，生产厂长、研发总监、行政总监与营销总监均拥有公司的股权，考虑到黄甫渊功劳大，所以黄甫渊的股权仅次于黄寿斋。这出乎黄甫渊的意料，所以他决定给自己放假三天以表庆贺（包括双休日，实际休假1天），这三天关掉手机和计算机，破天荒地和家人在千岛湖度假休息。

休假回来，他立即提拔黄声定为销售总监，找到行政总监并说服他在收到应聘信的第三天就进行初试。初试由区域销售经理与招聘专员共同进行，如果招聘专员没有时间，直接由区域销售经理初试。从初试到复试，时间不超过3天，复试由他与销售总监共同面试；在复试期间，人力资源部同时进行背景调查，录用通知在1天内发出。对此，行政总监完全同意。对于招聘专员来自销售员的做法，行政总监说，现有的招聘专员不可能辞退，新增加招聘专员或现有招聘专员辞职时，会从公司内部的销售员中选拔招聘专员。

寿斋公司很快重新迈上了发展的快车道，黄甫渊再也不忙于招选了，公司业绩再次蒸蒸日上，销售队伍的流失率再次下降到10%。黄甫渊的管理层次增加了，但管理幅度减少了，他可以腾出时间来更好地指导市场部的产品经理，同时也有时间来思考3~5年的营销战略、审视公司的销售队伍的优劣势，以及思考销售队伍的训练与发展。

讨论： 1. 黄甫渊在成为公司的股东之前，为什么会忙于招选销售员？

2. 招选销售员是由人力资源部主导还是销售部主导？为什么？

一旦销售队伍的目标、战略、结构、规模和报酬方式确定之后，公司就应着手销售队伍的招聘、选拔、融合、训练、指导、激励和评价，这一过程被称作管理销售队伍，其中招聘、选拔、融合与训练过程，统称为组建销售队伍。招聘、选拔与融合过程，统称为销售队伍的流入管理。

10.1 销售队伍的招聘管理

与其他部门相比，差的销售员会破坏公司与客户的关系，直接致使公司的销售业绩受损；销售员的离职会让公司失去很多销售机会，并带来很大的销售遗漏。因此，销售队伍工作要获得成功，中心问题是拥有高效率且离职率相对不高的销售队伍，而这一中心问题的基础是招聘到具有高潜力高素质的销售员。

10.1.1 销售队伍招选与战略规划

销售队伍的人员计划（包括需要招聘的数量、质量和招聘的岗位）等都受制于销售战略规划。销售队伍招选的全过程应贯彻公司营销和销售队伍规划，这是公司战略目标实施的保证。

如果公司的营销和销售战略是为现有客户提供大量的优质服务来实现目标，那么销售员的工作主要是维护现有客户而不是开发新客户，在这种情况下，销售机构或销售部新招选的销售人员，是"农夫型"销售员，对其耐心、亲近等素质指标要求比较高。如果公司未来经理的战略规划是内部提拔，从外部高薪雇用老道而富有销售经历的销售员可能不是新招聘销售员的最佳人选。如果公司没有销售培训规划或者培训力量不强（培训不规范、培训不系统），那么公司就不应该招选没有社会阅历的刚毕业的大学生。因此，销售队伍的招选是建立为公司创造收益和实现战略目标的高效销售队伍的起点。

由于各种社会与历史的原因，当今中国，合格的销售员很少，而销售员的需求量又很大。尽管销售是快速脱贫致富的职业，但其社会声望一直很低，即使是市场营销专业的学生，或者在大学学习《市场营销》、《营销入门》或《销售技巧》课程的学生，通过对他们的调查也会发现，大部分学生对销售的看法过于消极。在合格销售员供不应求的情况下，良好的销售队伍招选规划，将可能保证公司招选到能够胜任销售工作的销售员，从而降低销售队伍的离职率，让销售队伍的培训变得更容易，让销售队伍的监督变得更少，让销售队伍的激励变得更容易。

10.1.2 销售队伍招选的责任人

很多销售经理在招选销售员的过程中，扮演着不太熟悉或不太专业的角色，习惯自己是卖方的角色，而不习惯买方（招选是买方）的角色。而很多公司把销售成员的招选交给人力资源经理或招聘经理去执行，销售管理者不参与招选销售员，被动地接受人力资源部招选到的销售员，无意之中延长了销售经理与新进销售员之间的磨合时间。当新销售员很难融合自己的部门，或者试用不合格而被迫离职，或者业绩不好的时候，销售经理就归因于人力资源部没能招选到合适的销售员。两个部门的冲突由此产生，销售经理与人力资源经理之间的扯皮和内耗就无休止地进行下去。这对公司来讲，是有害无益的。

到底谁对销售员的招选负责任？销售部门的人事管理的有效性是高级销售经理和现场销售经理共同努力的结果，销售机构中较低层次的销售经理、地区经理、大区经理负责向销售总监提出有关人员需求方面的信息（人员计划），并负责实施实际新员工的招选工作。当然，销售机构的高层管理者要对销售组织内部较高层次的空缺职位和新职位的人员选拔也负有重要的责任，无论公司大小，无论是初创企业，还是成熟企业，应该由销售组织内部的各层次的销售经理对销售成员的招选负责任，并全程实施招选工作。在特殊情况下，由人力资源部门短暂地兼管，如销售总监离职，或销售经理离职，而公司需要招选销售员。当销售总监或销售经理到岗后，人力资源部门要把销售成员的招选工作交还给他们。

为什么要把销售机构的销售成员的招选工作交给销售机构主导，而不是由公司的人力资源部来主导？不可否认的是，人力资源部门的招聘专员对于人员素质测评、人员素质评价、专业招聘工具的应用方面有专业化的优势，对公司的招选所承担的法律责任有深刻而全面的了解，然而，在候选人与岗位匹配度、候选人的销售能力与销售潜质方面的把握，人力资源部的招聘专员难以与销售机构的销售经理们相提并论，其甄别有效性甚至不如销售经理。当然，如果人力资源部的招聘专员拥有良好的销售经历，有效性会有所提升，但优秀的销售员一般不会选择从事招聘专员或招聘主管，他们多半选择销售经理作为他们的职业方向。

销售组织的管理者更了解客户、销售区域、自己所承担的销售指标计划及完成这些指标所需要的人的特质（他们对这些特质有天生的敏感性），并且，不同的销售经理有不同的带人风格，处于不同阶段的市场，需要的销售人才也是不一样的，人力资源部的招聘专员虽然可以做到了解一般销售的常见特点，但不能深入了解销售部具体的需求，很难就当前市场阶段特点、特定销售职能及区域特点、组织中领导的特点等作出准确判断。因此，人力资源部的招聘专员无法把握销售部门这种个性化招聘的需求。销售员的流动率较大，每年的招聘人数量大，如果由人力资源部主导，那么人力资源部的人员会疲于招聘，而销售部则可根据谁需要谁招聘的方式便于有足够精力应对。

招聘活动是企业人力资源管理活动中最易导致成本浪费的环节，一次错误的招聘带给企业的危害不仅仅是招聘成本的损失，更包含解除不适合员工的遣散成本及浪费时间的机会成本等。因此，在招聘活动中，人力资源部门要站在专业顾问的角度，为销售部门提供专业招聘服务和招聘决策工具,帮助销售部门了解公司的人才理念、掌握一定的人才甄选的方法,帮助销售部门做好招聘的非关键性工作,如建立招聘渠道、发布招聘信息、应聘信的整理与转递、初复试候选人的背景调查、面试的安排、入职手续的办理等(在微小型公司,这些工作由老板助理或销售总监助理去完成)。同样,销售部门也要虚心接受人力资源部门的安排,积极参加人力资源部组织的有关于招聘工具、评价标准及评价方法的培训,提高自身的招聘专业性与招聘技能,认可并重视人力资源部门对于应聘者软性条件的评判,尊重人力资源部门的招聘专员的协助工作。招聘经理专注于发现应聘者有何不妥,找出"错误"的(与公司文化价值观符合度差的)的应聘者,而直线销售经理专注于找出应聘者哪个是最好的候选人,找出正确的那个(他一般注重硬性条件,诸如销售技能、销售习惯、客户知识等)。直线销售经理有招聘的决定权,而人力资源部有招聘的否决权或建议权。

有的企业,销售员的初试由人力资源部的招聘专员来完成,以减少销售经理用在面试的时间,同时,从企业文化角度与资格角度决定复试人选。这种做法初衷是好的,但结果必然是:销售部从被推荐的复试候选人中,再决定取舍。很有可能,有能力或有潜力的人选,或者最适合的人选被人力资源部在初试的时候砍掉了,最后只好矮子里拔将军!

销售经理与销售队伍同等重要。在可比的产品和市场条件下,能力稍逊的销售队伍在能力更强的销售经理的带领下,可以取得超出自身原有水平的销售业绩。但是,如果销售队伍能力太差,无论销售经理多么优秀,都不可能超过能力相当高的竞争对手。销售队伍能力的强弱直接影响到队伍销售指标的实现,销售部要对销售指标的完成负责,因此,销售机构从动机上一定会招聘能力强的销售成员。他们不仅关注招聘的成功率,还关注招聘的存活率,更关注招聘的高质量。销售成员的招选,由销售机构管理者主导沉浮,会占用销售管理者的大量时间,但可以减少销售成员的融合时间,并有利于招聘到高质量高潜力的销售成员。人性之一,就是谁有权力就对谁负责,销售队伍要对销售目标负责,销售目标需要销售机构来实现,因此,销售机构对招选销售成员拥有权力。在销售队伍的招选中,销售机构主导,人力资源部辅助,并体现在销售队伍的招聘流程中。如图10-1所示,为销售队伍招聘流程与职责分工。他们之间高效的分工合作,可以达到新销售成员"快速融合,来之即战"的效果。

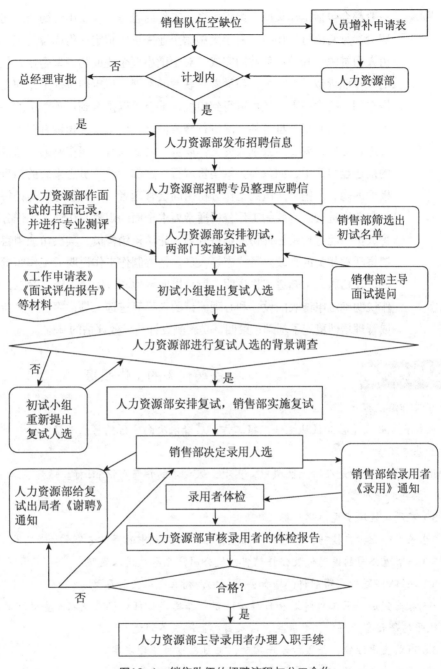

图10-1 销售队伍的招聘流程与分工合作

10.1.3 销售队伍的招选规划

销售队伍的招选规划要做两件事：第一，需要招聘的岗位的工作职责，即招聘什么样的员工，员工类型；第二，需要招聘多少员工，即员工的数量。

销售机构会有不同类型的销售成员，如销售内勤、在线销售员、外勤销售员、客户服务员等。每个销售岗位或每种销售员，都会有相应的工作职责。标准的工作职责一般都会包括工作头衔、组织关系、工作内容等。瑞士山道药业公司的销售代表工作职责参见阅读材料10-1。对于大中型企业来讲，拟定一份岗位的工作职责不难，一般由人力资源部和销售部共同完成。对于微小型企业或初创型企业，他们拟定一份岗位的工作职责似乎有难度，但随着互联网的发展，拟定岗位的工作职责也就不难了，只需在网上搜索一下，就可以得到模板，甚至可以搜索到竞争对手的各个岗位的工作职责，只是需要根据自身的情况进行修改而已。但很多公司没有对本公司的销售员的工作进行分析，要么照搬别人的工作职责，要么只有大概粗略的工作说明，对雇佣资格的描述也很简单，如只要会做销售就行。这都为销售员进来后的销售队伍的管理带来极大的隐患。销售队伍的工作分析由高层管理者、人力资源部与销售成员或外部专家一起负责进行。有效的工作分析通常要求全面的观察与访谈，工作分析员应与部分销售成员一起进行销售拜访或销售管理。先访谈销售员，其次访谈销售经理、客户及与销售活动相关的行政人员或市场人员。精心制作工作说明或工作职责有四大用途：第一，让招聘人员知道工作说明，就可以明智地与应聘者面谈；第二，公司可以根据工作说明确定申请表的设计和心理测试的选择等遴选工具；第三，为新员工的销售培训或管理培训奠定了基础；第四，是薪酬设计与绩效评估的基础。

阅读材料10-1　　医药代表的工作职责

1. 工作汇报程序

医药代表必须直接向区域主任汇报工作，后者依次向地区销售经理报告。

2. 基本职责

医药代表的职责是在所属区域中，实现上级要求的销售/消化目标。

3. 主要工作内容

3.1 在所属区域实现消化目标。

3.2 采用专业推广技巧，着重将产品直接推广给医院中的医学专家们。

3.3 与渠道公司的医药代表合作销售，使公司产品尽快进入医院。

3.4 联络VIP医生、药剂科，增加公司影响，树立公司良好形象。

3.5 按时完成每月工作计划和日拜访计划，并填写日拜访记录表以检查计划的实施情况；每位代表须平均每天有效拜访10名医生，涉及目标医院数不超过2家。

3.6 有效使用经费，并进行合理控制；每月应按时整理发票。

3.7 跟踪并分析产品在重要医院的情况，按时完成销售追踪。

3.8 做好产品上市后的客户跟催。

3.9 在维持现有客户的同时，寻找并开发新的客户。

3.10 收集并分析竞争产品信息，及时反馈给区域主任。

3.11 与地区内其他同事保持良好合作。

3.12 举办推广活动，加强销售力度（医院科室会，病例研究试验，播放有关录像）。

3.13 坚持执行公司政策以及市场销售/推广策略；在工作中带着公司精神，实施公司文化。

公司应尽量准确确定所需的销售成员的数量，并通过招选雇佣他们，而不应雇佣超出所需数量的员工，以期随时间流逝而淘汰其中的一部分，这样做只能说明公司对自己的招选体系缺乏信心，把销售业绩作为额外的招选工具是不道德的。

在员工被雇佣之前，销售管理者应该首先预测销售人力需求，这一政策将迫使不同的销售单元进行系统规划，并有助于改善招选过程中的招聘、面试、录用、培训和融合等步骤的规划。

在预测销售人力需求的时候，销售管理者首先必须审视公司的经营战略、营销战略与销售战略，尤其是销售规模与结构。比如，公司是否计划继续保持现有分销渠道结构？公司是否打算采用在线销售模式？公司是否削减外部销售队伍规模？公司是否调整销售区域管理政策？同时，要通过财务获悉销售队伍及其管理的边际模型，以管理跨度与层次来决定销售人力需求。这里介绍一个常规预计销售员的模型，见表10-1。

表10-1　增补销售员数量的确定

	新区域	新业务	业务区域合并	提拔	退休	解聘	辞职	合计
所需销售员数	3	2	−1	2	1	1	1	9

销售经理所需的销售成员数与类型应该得到公司经营委员会的批准，才可以进入招选程序；并在实施前提交人员申请表，如表10-2所示的《销售机构人员增补申请表》。

表10-2　销售机构人员增补申请表（Personnel Supplement Application）

申请部门 （Application Dept.）		增（补）岗位 （Vacancy position）		增（补）人数 （Number）	
申请日期 （Submission Date）			拟到岗日期 （Date of Arrival）		
增补原因 （Reason for Supplement）					
直接汇报对象 （Supervised by）					
基本要求 （Requirements）					
主要职责 （Responsibility）					
计划内审批记录（Approval Notes）					
申请人 （Applicant）		部门负责人 （Head of Dept.）		人力资源经理 （Head of H.R.）	
计划外审批记录（Approval Notes for Out of Plan）					
销售部总监 （Director of Division）		管理部总监 （Director of Adm.）		总经理 （Director of ECI）	

10.1.4　销售队伍的胜任力模型

对于管理者来说，只拟出销售员的工作职责或工作岗位说明书是不够的，尽管工作职能或工作说明书是销售队伍管理的基础，是招选、指导、评价、培训销售员的依据。因为它侧重点在于内部使用，是对到岗后的销售员的要求，而不是招选标准，所以需要根据它设计出适合公司销售岗位的胜任力模型，再根据胜任力模型，拟出招选销售员的标准与面试提问。

无论是哪种岗位，都需要从"知识、技能、素质和自我管理"四个维度来筛选有潜力的销售员。把这四个维度组成的模型，称为销售员的胜任力模型，如图10-2所示。具体的子指标，会随着公司的不同和销售岗位的不同而有所差异。

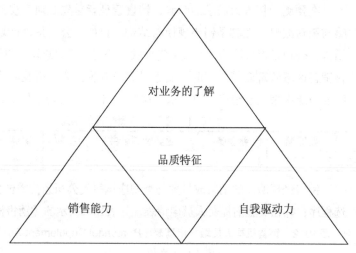

图10-2　销售员的胜任力模型

第一个维度是知识，这里是指对业务的了解，也称知识素质。它包括本公司的知识、产品与技术知识、客户知识与客户管理知识、竞争对手知识、行业知识、商务法律知识、客户心理知识与社会知识等。

第二个维度是技能，这里是指专业化销售能力，也称专业销售能力。它包括商务礼仪与素质、专业的沟通技能、专业拜访技能、专业在线推销技能、专业导购技能、专业商务谈判技能、专业电话销售技能、专业演讲或展示技能、组织会议技能、销售规划技能、换位思考能力等。

第三个维度是自我管理，这里是指自我管理能力，包括自我激励、自我调适、自我时间管理、自我应变能力、自我积极、自我约束、团队合作能力、抗击打能力等。

第四个维度是品质素质，这里是指特殊的品性，主要是指职业素质，包括职业品德（诚信、正直、承诺、伦理）、职业个性（责任、坚定的意志、敬业）、职业动机（成就、权力、亲和）、基本能力（推理、知觉、归纳）等。

也许，其他岗位的胜任力模型中，会有知识、技能与素质等内容，区别就是里面的子指标有差异。对于销售员，把自我管理单独列为一个维度，是由销售工作的特殊性所决定的。销售工作并不在领导的眼皮底下进行，销售员经常在拜访客户的路途上，他们的办公室在客户那里，在工作中经常会遭到拒绝，所以他们的工作不仅要用脑，而且更取决于心情。尽管现代信息技术工具，如GPS全球定位系统定位，可以帮助管理者知道销售员是否去拜访了客户，但无法知道销售员跟客户说了些什么，说得怎么样。

无数的国内外专家都在研究成功销售员必备的特点，把他们的研究成果归纳如下，成功的销售员具有13个特点：精力充沛、高度自信、勤奋自律、积极坚毅、富于竞争、良好外表、讨人喜欢、追求成就、善于沟通、热情乐观、换位感同、吃苦耐劳、勇于担当等。

10.1.5 销售队伍的招选标准

销售队伍的胜任力模型不仅为拟定招聘标准及招聘广告提供了依据，还可以用来规划员工的发展与培训。

招选标准分为公开和内部两种，公开标准一般会反映在招聘广告信息中；招选的内部标准，一般属于公司内部机密文件，由管理者与人力资源管理者掌握，一般体现在招选提问与决策中。

招选的公开标准一般包括：智力（规划与解决问题的能力）、生理特征（外表、整洁、体力）、经验（工作经验、销售经验）、教育（教育年数、学位、专业）、个性特征（积极乐观、主动开拓）、技能（沟通、人际关系、感知、信息技术）、社会环境因素（兴趣、社会活动、社会团体）等7个方面。

例如，瑞士山道制药公司的邓礼光先生认为，他们公司的优秀销售员要具备六大特质：对客户与销售都充满了大爱；展现专业和正面积极的行为；丰富的产品知识与客户知识；和客户建立良好的人际关系；卓越的区域管理和销售技巧；达成公司所交付的业绩任务（100%+）——没有低于！根据这六大特质与医药代表的工作职责，可以拟出招聘医药代表的内部标准。具体内容是：

（1）年龄：最小25岁，最大28岁。

（2）性别：女性已婚并有孩子者优先，男性已婚有孩子者优先，并非主要条件。

（3）教育背景：最好有医药方面的背景，其他相关专业也可考虑。

（4）工作经历：在相关领域有1~2年工作经验。

（5）社会背景：已婚并有孩子者优先（男性或女性）；当地人优先；如果不是当地人，则选择可以在当地居住达2年以上的人员；友好并乐于与人交往的人（容易与各种人打交道）；具有团队合作精神。

（6）技巧：销售/推广技能，具有良好沟通能力，有说服力。

（7）知识：医药市场（医院、医生、药师、代理商等）结构和政策，中国经济环境。

（8）态度：积极、有动力、有长远眼光、乐观、有毅力等。

他拟定的公开标准，在招聘广告中体现，其具体内容为："招聘条件：1.大专以上学历，医药等相关专业；2.男女不限，有敬业精神；3.年龄在35岁以下；4.需本地户口。"招聘广告中招聘条件简洁明了，也符合当地的法律法规与民俗。内部使用的招聘评估表，相对招聘广告的招聘条件来说却复杂得多，当然评估表因具体明确而有操作性，见表10–3。

表10-3 山道医药代表招聘评审表

项目		条件	评分		打分
个人背景	年龄	大于25岁，小于28岁（代表）	10	17	
		大于28岁，小于32岁（主管）			
	自己家庭	已婚/未婚	2		
		有/无孩子者（男性并非主要）			
	父母家庭背景	拥有和睦、健康的家庭背景	3		
	居住地	当地户口者，非当地户口但居住当地达2年以上	2		
一般印象	身体状况	身体健康（不健康者，排除）	3	6	
	仪表	举止大方，衣着整齐得体	2		
	语言	表达准确、条理清晰	1		
		发音清晰，声音悦耳			
教育背景	专业学历	医药等相关专业本科以上学历	6	8	
	外语水平	英语听、说、写流利	2		
工作经历		在好的公司有1~2年工作经验	6	6	
个人素质		开朗乐观、积极进取	5	20	
		诚实可信	5		
		自信，有努力目标和长远眼光	5		
		有冒险精神和创意、有挑战异议的勇气	5		
知识		对医药市场（医院、医生、药师、代理商等）结构和政策的认识、了解	2	7	
		对中国经济环境的认识、了解和看法	2		
		对市场具有敏锐的观察力和善于捕捉信息的能力	3		
销售技巧		具有良好的沟通技巧（是否倾听，澄清）	8	26	
		具有良好的理解能力	6		
		具有良好的学习态度	6		
		具有判断一项活动回报是高还是低的能力	6		
团队合作		与周围同事关系良好	3	10	
		与原单位主管合作关系良好	3		
		友好、大方的性格	2		
		乐于助人，做事独立	2		
总分			100		

销售队伍的招选没有统一的标准，每家企业的标准是不同的。即使是同一家企业，职业经理人遴选合适人选的标准与雇主遴选合适人选的标准也会不一样，他们之间存在天然的鸿沟。

但围绕胜任力模型来设计销售队伍的招选标准，以及将招选标准具体化、明确化、可操作化，是销售组织的最高层及公司的人力资源部的共同思路。那些优秀的企业，其销售队伍的招选标准会与时俱进，根据内外环境的变化进行调整。

10.1.6 销售队伍的招聘来源

在确定了需要招聘销售成员的数量、类型、工作职责、胜任力模型和标准之后，就要了解要到哪里去寻找符合要求的最佳候选人。销售成员的招聘来源可以主要分为公司内部和公司外部两大来源，详情如图10-3所示。

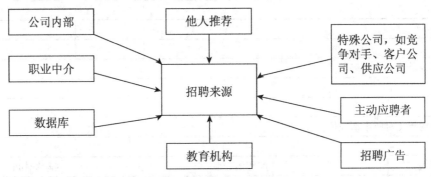

图10-3 销售队伍的招聘来源

在销售队伍招聘的八大来源中，很多公司喜欢从自己的生产车间、研发部门等其他部门的员工中招聘销售成员，这种招聘渠道被称为公司内部招聘，它有几个很大的优势。第一，管理者对他们的综合素质和自我管理较为熟悉，并且可以有效地评估他们的销售潜力。第二，内部招聘的员工，对公司的产品有深刻的了解，对公司的政策有着深刻的体会，他们的价值观与公司企业文化的吻合度更高。第三，一旦招选成功，他们的忠诚度高，离职率较低。第四，内部招聘销售员，融合时间短，进入角色快；内部招聘的成本低，成功率高，质量也高。第五，内部招聘员工，会提高公司员工的士气。内部招聘会让员工感觉到公司为他们的发展提供了广阔的发展平台。车间的员工来应聘销售员，会理解为晋升；技术员工来应聘销售员，会理解为公司为自己提供了一个选择职业的平台，而不是把自己困死在一个岗位上，他们会把从技术到销售理解为工作轮岗，公司在培养他们自己。公司内部招聘流程和外部流程相似，只是招聘信息在内部发布，由内部员工自行决定是否来应聘。有的公司要求，内部员工的应聘需要他的上级主管进行推荐。在一般情况下，内部应聘者不需要写应聘信，只需要填写内部应聘表即可，表10-4是公司内部应聘申请表范例。

表10-4 内部员工求职申请表

申请职位				填表时间			
姓名		现任职部门		直接上级		部门主管	
进入公司后的工作经历（请从当前职位写起）							
部门	职位	开始时间		结束时间	主要工作业绩		
个人竞争优势（针对所申请的职位）							
培训情况							
培训内容		培训时间		培训成绩	培训老师/培训公司		

专业资格证书			
证书名称		级别	领证时间
特长或其他竞争优势			
工作构想（对所申请职位）			
推荐人		推荐语	推荐时间
申请人		申请时间	备注：内部招聘，推荐人原则上为现有岗位的直接主管

特殊公司作为公司招聘销售成员的来源，也是销售队伍招聘的重要来源。这些特殊公司主要是指公司的竞争对手、公司的上下游企业（供应商与客户）、与公司行业相关的公司等。从公司的竞争对手、公司上下游企业招选销售队伍，需要注意的问题是，避免法律纠纷，避免陷入信任危机。

至于这八大招聘来源中哪个好，哪个适合公司，每家公司的答案都不一样。为了更好地指导公司招聘来源的管理，公司应不断地评估招聘项目的效果。为此，很多公司会自行设计招聘评估矩阵表进行评价，它所提供的信息可以帮助管理层确定哪种来源能招到最佳的销售成员；同时帮助高层管理者对人力资源部的招聘专员（或招聘经理）进行业绩评估，优化销售队伍的招聘来源。在很多情况下，很多公司都会根据自身的情况，采取多种来源，而不会只限于某一种来源。

10.2 销售队伍的遴选管理

销售队伍的招聘信息发布完了以后，就进入了遴选阶段，遴选包括应聘信的审查和面试等过程。这是至关重要的过程，它关系到招选的成败。这一过程需要公司做两件大事：第一，开发一套系统来挑选符合公司发展需要的应聘者；第二，开发一套工具来遴选符合公司发展需要的应聘者，遴选工具包括申请表格、个人面试、集体面试、心理测试等。

招选系统和工具，只能协助招选负责人作出正确的判断，而不能取代招选负责人（或面试官）。工具与程序只能淘汰那些明显不合格和挑选出能力非常强的候选者。对于那些处在两个极端之间的大部分应聘者，目前所使用的遴选工具和程序只能预测他们是否适合销售工作。工具与程序是让面试官减少失误，但不能保证面试官不失误，因为每次遴选的决策都是面试官或面试团队作出的，取决于面试官的主观愿望，来自于面试官的深层次判断与直觉、经验等。无论工具与程序有多么复杂和精致，都没有哪一种可以代替面试官的正确判断。在从应聘者中挑选具有成功潜质的销售成员时，面试官的深层次判断依然扮演着极为重要的角色。因此，很多公司投入巨资对面试官进行招选技能的训练，以提高他们的招选能力。

10.2.1 遴选应聘者与战略规划

对于销售成员的遴选，是一个销售机构取得成功的决定性的首要因素。雇主与销售机构的经理，需要根据应聘者的过去行为与业绩来预测他们在未来工作中的表现，他们所遴选（或选拔或甄选）的人是否会取得成功呢？只有时间才能回答这个问题。

遴选高质量的候选人，是实现销售队伍战略规划的关键性环节。在一般情况下，进行人员遴选所支付的成本，等于一名新聘员工的年工资收入加上重新安置成本之和的30%。因此，销售队伍的流失率降低会带来管理成本的降低，意味着遴选、融合、培训和安置成本的降低，这还不包括节约销售经理时间所带来的收益，而且销售队伍的流失率降低，也相应减少了销售区域管理中的非销售时间。

一般来说，每位销售机构的经理都有招选优秀销售成员的原动力，正确的遴选与配置销售成员，有助于他们改善销售组织的销售效率，提高销售业绩，但这不排除他们作为职业经理人（代理人）因自身的职场安全和把关技术不高而导致庸才进入公司。而经理人所能犯的最大错误就是作出了一个糟糕的遴选聘用。人很复杂，在短时间内要识别他们的质量高低，的确非常具有挑战性，即使拥有孙悟空的"火眼金睛"也难免有失误的时候。因此，有面试任务的经理人（面试遴选者）要提高自己遴选应聘者的把关技术。

在遴选人选的时候，必须考虑他与划给他的销售区域是否匹配。如果销售区域与他的匹配不成功，即使遴选出的人选是高素质高潜力的销售员，但因池塘太小，也难以施展其才华，即有大材小用之弊病，除非池塘会迅速扩大。因此遴选的成功，还要考虑配置是否成功（分给他的销售区域或客户是否与他匹配）、融合是否成功。

10.2.2 销售队伍遴选章程

对于初创型企业或者微小型企业，面试官一般是企业雇主或者公司的一把手，往往从阅读应聘信开始就亲力亲为。所有的遴选过程，都取决于他们的决定，对销售队伍的招选、录用与融合、培训与发展负全责。

但对于大中型企业而言，企业雇主或者营销总经理、销售总监等，就很难从看应聘信开始，因此他们需要设立招聘管理制度、遴选规则、录用流程、融合与培训管理制度。遴选章程是关于遴选程序、遴选过程、面试提问、辅助测试等的规范制度。

遴选章程因公司不同而不同，但必须包括以下内容。

（1）谁阅读应聘者的应聘信与简历？谁进行应聘信与简历中关键信息的核实？谁决定从应聘信和简历中遴选出初试候选人？

（2）谁组织面试？谁主导面试？谁当场记录（要不要进行面试录像或录音？）？面试是采取一对一面试（又称单独面试）、多对一面试（又称集体面试，如多个面试官作评委,面试者进行演讲),还是多对多面试(多个面试者进行某项任务的无领导讨论,多个面试官在旁边记录)?

(3)在面试提问中,提问的数量、内容、次序,要不要进行统一规定?允许多少个性化提问?

(4)招选销售成员需要进行几轮面试?初试面试官、复试面试官、再复试面试官分别是谁?初试面试官要不要以旁听者或者记录员身份参与复试?

(5)要不要进行相关测试?测试类型有知识型测试、技能型测试、案例分析报告、心理型测试等。知识测试试卷由谁出?是不是各大销售机构统一测试试卷?谁来负责测试试卷的保密性与更新度?技能型测试采取哪个版本?要不要更新?更新频率如何?测试形式是书面纸质还是计算机化?

(6)从多少应聘信中筛选出初试者,从多少初试者中筛选出复试者?招选哲学之一,就是保证足够多的合格应聘者,以最大化从中遴选出适合人选的机会。由于合格的销售成员非常缺乏,所以公司为每一空缺,都要很紧迫地甄别几个候选人。下面是确定遴选一名销售员所需应聘者人数很有用的原则:阅读20名对销售工作有兴趣者(收集20封应聘信),通过简历筛选,筛出10名应聘者进入初试,初试后遴选出3~4名进入复试,复试者进行测试与面试,遴选出1名为录用人选。这个原则,称为遴选的金字塔模型,或招选的金字塔模型,如图10-4所示。

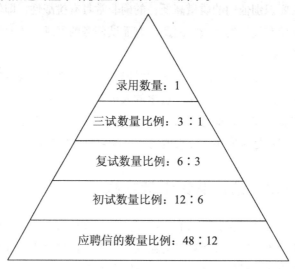

图10-4 销售队伍的招选金字塔模型

对于招选金字塔中的数据,每家公司都不一样,它是根据过去的经验数据,来确定的为招聘到销售岗位上足够数量的合格员工应该付出多大努力的一种经验分析工具。比如,有的公司招聘销售员2名,收集到的应聘简历只有10份,那么很有可能这10名投送简历应聘信的候选人都被通知参加初试,初试筛选的结果是5名合格候选人,而公司只有一轮复试,那么复试就是五选二。对于应聘者,主张是多多益善,但招选会占用很多时间,所以公司需要就录用1名销售员所需的面试次数和面试候选人数量而设立规章制度。通过招选金字塔来确定招选人数的范围,可以在数量上保证有足够合格人选被筛选。

10.2.3 销售队伍遴选的面试流程

筛选好准备参加面试的候选人后,面试的组织者就要通知面试候选人来参加面试的时间与地点,以及他们所需要携带的材料。对于面试候选人所携带的材料,每家公司要求都不一样,一般而言,所带的材料包括身份证、学历证书、户口簿等相关证件证书的原件与复印件,原单位人事部签发的退工单或待业证原件,档案所在地证明原件等。遴选的面试流程如图10-5所示。

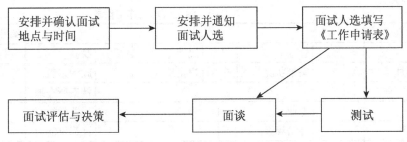

图10-5 销售队伍遴选的面试流程

面试时间的选择要遵循保证充分有序的原则。面试地址,尤其是面试环境,会对面试结果产生直接影响。在公司办公场所的面试,会给人正式严肃的体验;而在酒店或咖啡店的面试,会给人清静放松亲和的体验。如果选择在销售经理的办公室面试,既有压力,又会面临经常被打断(如电话打断等)的可能;如果选择在很大的会议室,两三个人交谈而占据一个非常大的房间,会妨碍自由自然的"亲密"讨论;如果应聘者与面试官之间放一张很大的桌子,特别是上面堆满了文件等,会影响面试效果。

有的公司是先面谈,再进行各类测试;有的公司是先进行各类测试,然后进行面谈。后者的好处是,面试官可以根据测试结果进行有针对性的面谈,即根据测试结果进行面谈发问。有的公司会根据面试的次数安排测试情况,初试不用做测试或只做简单测试,测试放在复试阶段来进行。有的公司无论是初试、复试还是再复试,每次测试的类型或内容都不一样。

工作申请表,又称求职申请表、个人履历表、应聘人员登记表,它是遴选面试者的一个快速而便宜的最常用工具。它一般在两种场合下使用,要么是在公共招聘场合使用,如人才中心主办的招聘大会,要么是面谈前使用。前者作为初步筛选依据,后者作为面试筛选依据。有的公司会使用两张表,一张简略,用于初选,一张较长也更详细,用于初试。较长的工作申请表中所列事实,可以作为面谈探查的基础,可以根据表中所列信息进行针对性发问。有人会有疑问,每个来参加面试的人,都已经向公司递交了个人简历和应聘信,再让他们填写工作申请表不是多此一举吗?不是的,因为它们各有利弊,配合使用可以互为补充,互为验证。工作申请表是用人单位设计的,它的信息是为招选使用的,有针对性。它具有直截了当、实用有效、易于评估、限制了与用人单位关系不大的内容、限制了面试者的主观发挥、笔写等优点,缺点是封闭式限制式。而面试者的个人简历,来自于面试者的个人设计,递交的一般都是打印的版本，难以从笔迹来判断对方的书写功底与潜在信息（字迹与人的习惯、性格等有一定关联）。个人简历具有开放性、自主创新性、允许申请人强调他认为重要的东西、允许申请人点缀字迹等优点，但也具有允许申请人略去某些东西、允许申请人添油加醋、难以评估等缺点。

每家公司制定的《工作申请表》都不一样，但一般包括以下四个部分的信息：个人信息、教育培训经历、工作经历和其他爱好等。标准格式可以参照表10-5中翰溪公司的工作申请表。

表10-5 翰溪公司工作申请表

应聘岗位						编号	
姓名		性别		民族	身高	体重	
出生年月		婚姻状况		户籍地	政治宗教	健康状况	
身份证号码					档案所在地		
学历		专业			毕业学校		
外语语种		外语等级			计算机能力		
通信地址					邮编		
联系电话		紧急联络人				紧急联络人电话	
目前年薪		要求年薪				预计到岗时间	
求职理由	□职位 □收入 □环境 □专业对口 □其他（　　　）						
主要经历（包括教育背景）							
起止时间	学校/工作单位			专业/职务		薪金（元/月）	证明人
培训情况							
起止时间	培训内容				培训机构/培训老师		
家庭情况							
姓名	称谓			出生年月日	工作单位或联络方式		
个性特征及特长爱好							
本人保证所填内容均属实，并愿意接受翰溪公司的调查、核实。如提供的个人资料与事实不符，则一切后果自负。特此声明！ 　　　　　　　　　　　　　　　　　　本人签名　　　　　　日期							

10.2.4 销售队伍的面谈管理

事实上没有哪个销售员是不经过面谈（俗称面试）就被录用的，目前依然没有任何更令人满意的替代方法。尽管有很多工具和测试可以帮助面试官来收集应聘者信息和判断遴选，但这些工具依然不能取代面试官通过面谈来收集信息以作出遴选决定。

面谈主要是用来判断应聘者是否适合销售工作，并发现其他工具不能发现的信息，如行为举止、音质容貌、压力下的情形、待人接物等。面谈还可用来验证简历与工作申请表上的信息，以判断他们品质的一致性等。面谈的性质，尤其是单独面谈，本质是两个人之间面对面的推销，是两个陌生人进行面对面的双向交流过程。尽管目的会有不同，但有一个共同的指向，就是通过面谈让对方了解自己。应聘者向面试官推销自己，目的是加入公司。而公司的面试官，为了招聘到合适的人才加入公司也在向应聘者推销被应聘的岗位和公司，面试能帮助应聘者了解工作的性质、报酬、提供的训练、监督管理的类型，以及将来发展的机会，感受公司的企业文化等。

面谈的本质是推销，面试过程中应聘者展现的说服技巧与他将从事的销售工作所需要的技巧，有很大的相似性，因此，销售员的面谈，更具有预测其销售工作的可靠性，尤其是以行为为基础的面谈。当然，面谈也有它的缺陷。面谈过多地依赖面试官的行为与判断。比如，对面试官而言，在对几个应聘者进行了一连串的面谈后，要保持中立与一致性的态度是相当具有挑战性的，不是每个面试官都能做得到。那么如何解决这些问题，提高面试的有效性呢？一方面，公司需要设立科学有效的招选制度，设定统一规范的面谈提问；另一方面，需要提高面试官的面试技能，给予面试官以职场安全，并给予他们专业的面试技能训练。

为了保证招选的公平性与有效性，很多公司采取标准化面谈（又称结构化面谈），它通过设计面谈所涉及的内容、试题评分标准、评分方法、分数等对应聘者进行系统的结构化的面谈。所谓结构化，包括三个方面的含义。一是面谈过程把握（面谈程序）的结构化。在面谈的起始阶段、核心阶段、收尾阶段，面试官要做些什么、注意些什么、要达到什么目的，公司都有统一规定或相应策划。二是面试试题的结构化。在面谈过程中，主考官要考察面试者哪些方面的素质，围绕这些考察角度主要提哪些问题，在什么时候提出，怎样提，公司有统一规定。三是面谈结果评判的结构化。从哪些角度来评判面试者的面试表现，等级如何区分，甚至如何打分等，公司都有统一规定。标准化面试，做到面试程序标准化、面试时间标准化、面试提问标准化、面试要素标准化和面试评分标准化。比如，有的公司在面谈时间这样规定：初试时间一般为1小时，其中给应聘者提问10分钟。有的公司规定面谈阶段分为六个阶段，如图10-6所示，每个阶段给予相应的时间建议。

在面谈之前，要求面试官用5分钟时间快速阅览应聘者的《工作申请表》，并根据《工作申请表》的信息拟定1~3个个性化的提问。在面谈寒暄阶段，双方热情友好地握手，并相互做自我介绍，面试官需要用简短语言阐述本次面试的大概流程、时间与记录情况等。之后进入正式面谈阶段（提问—倾听—提问），面试官用2~4分钟对本次面谈做个缔结，感谢对方来参加公司的面试，告知面试结果的通知时间与通知方式等。面谈结束后，双方握手告别，面试官或面试助理把对方送到楼梯口，并留意观察聆听应聘者的言行，并马上记录应聘者离开的印象等。如果公司是在面谈之后进行测试，则由面试助理引导他参加测试（测试多半是通过计算机进行，即人机测试），由面试助理留意观察应聘者的测试言行，这些言行也将记入面试评估。

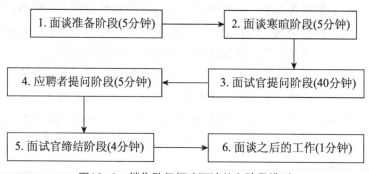

图10-6 销售队伍招选面谈的六阶段模型

对于销售队伍的遴选提问，每家公司都会不一样。初创型企业或微小型企业的提问，一般由雇主自行决定；而大中型企业，会根据工作分析与胜任力模型设计面谈问题并建立题库。

结构化面试测评的要素涉及知识、能力、品质、动机、气质等，尤其是有关职责和技能方面的具体问题，更能够保证筛选的成功率。他们向所有的应聘者提出同一类型的问题，问题的内容及其顺序都是事先确定的。提问的秩序结构通常有几种。一是由简易到复杂的提问，逐渐加深问题的难度，使候选人在心理上逐步适应面试环境，以充分地展示自己。二是由一般到专业内容的提问。结构化面谈中常见的两类有效问题为：第一，以经历为基础的问题，与工作要求有关，且是求职者所经历过的工作或生活中的行为；第二，以情境为基础的问题，在假设的情况下，与工作有关的求职者的行为表现。三是采用系统化的评分程序。从行为学角度设计出一套系统化的具体标尺，每个问题都有确定的评分标准，针对每一个问题的评分标准，建立系统化的评分程序，能够保证评分一致性，提高结构有效性。

面谈提问可以分成很多种类型，面试官需要掌握这些提问技巧，并灵活运用。根据提问的方式分为开放式提问、封闭式提问和想象式提问；根据提问的内容性质分为理论性提问、引导性提问和行为性提问。比如，你认为你能卖出产品的原因是什么？这属于理论性提问。我们的销售指标很高，你能应付这种挑战吗？这属于引导性提问。谈谈过去一年中，你成交的最大一次销售是如何做成的？这属于行为性提问。一般来说，面试官要多提行为性提问，适当提理论性提问；多提开放性提问，尤其是探究性的开放式提问（比如，客户为什么会感动？），适当提想象性提问（比如，假设你被我们录用为宁波市场的销售员，你会给自己第一年设定的销售目标是多少呢？）

根据面谈提问是否事先有统一化规范，分为结构化提问与非结构化提问。所谓结构化提问，就是每个应聘者都要回答的提问，也是公司规定的必须提的问题，每个提问都必须打分。而非结构化提问，一般是临场发挥的提问，根据候选人量体裁衣式的提问，应该采取追问式提问。追问式提问分两种：探究式追问式提问（如为什么，怎么办）；回放式追问，面试官重复应聘者句子中最后的几个词或者句子来提问，以便探究出这么说的原因（比如，应聘者说："我为高安公司工作了两年，但是我不太喜欢那份工作。"面试官追问："你不太喜欢？"应聘者说："是的，销售经理经常监视我，看我是不是打私人电话。"）。一般情况下不打分，但也很关键，往往会起到否定一个候选人的作用，这些提问一般会触及应聘者的求职动机与综合素质。

在面谈过程中，除了提问外，还有角色扮演（又称情景模拟面试），让应聘者做销售员，现场向面试官（面试官扮演客户）推销面试官身边的笔、茶杯、笔记本等，由记录员记录推销过程。这种面试也被称为压力面试。另一种压力面试是，面试官突然表现得很粗鲁、咄咄逼人或者沉默，其目的是想看应聘者如何应对。还有一个技巧，就是面谈双方提问结束后，面试官会说面试提问已结束，大家可以相互聊聊，这属于轻松面试，应聘者被鼓励自由谈话，警惕放松，于是一些个性特征就暴露出来了。

10.2.5 销售队伍的遴选测试

相对来说，面谈的主观性较强，很多公司为了更准确地遴选到合适的人才，往往在面谈前后进行遴选测试。遴选测试有知识型测试、技能测试和心理测试等。知识型测试一般由公司雇主或产品经理拟定，并建立试题库。技能测试有销售技能笔试、案例分析、角色扮演、产品演讲等。心理测试，一般会包括成就测试、智力测试、人格测试（性格测试）、兴趣测试、综合素质测试、态度测试、动机测试、人品测试等。对于微小型企业或初创企业，他们不会引进价格昂贵的销售队伍招选测试软件系统，而一般采取测试试卷（来自同行、培训老师或者免费网站）。

使用测试过程来遴选销售队伍要注意以下事项。

（1）不能把测试结果作为唯一的遴选标准，无论心理测试软件系统多么昂贵，多么专业，心理测试结果都不可能百分之百正确，而且对于那些多次应聘者而言，很多心理测试可以掩饰或做假。因此，测试分数或测试结果只能作为遴选者决策的辅助工具或参考依据。

（2）很多专业的招选测评软件是公司高层引进的，公司必须对有遴选权的面试官培训这个系统，提高他们对测评数据的解读或评价能力。在现实工作中，很多一线面试官，尤其是初试面试官，他们因阅历或者没有培训，经常错误地解读测评分数。比如，他们经常主观或习惯性认为，得分接近可接受区间上限的人肯定比接近下限的人更好。而对于很多心理测试而言，心理学家们认为在可接受分数区间的人都应该视作同等适合该职位，即视作同等对待。

10.2.6 销售队伍的遴选决策

经过了面试官的面谈和各项测评之后,面试官需要进行以下工作:整理面试记录、填写面试评估报告(见表10-6)、重新审视测评报告、委托面试助理或人力资源部的招选专员进行背景调查(背景调查需要征得应聘者同意。背景调查一般是针对应聘者所提供的相关信息进行核查,以确定信息的真实性。进行背景调查费时费力,难度也很大,一般用在复试或者三试阶段)、阅读背景调查报告(见表10-7),最后,遴选决策。这种遴选决策,要么是推荐给复试,要么是推荐录用。无论是哪种,他们都需要填写遴选结果递交给上级,或向上级汇报遴选结果。每家公司采用的推荐录用表会有所不同,比如,表10-8就是山道制药公司的推荐录用表格。对于那些大中型企业,在招选销售经理及其以上级别的销售管理者时,他们还会通过公司内部的人才评价中心进行。在遴选决策时,需要尽力避免以下心理影响因素。

(1)第一印象,又称首因效应。面试官根据开始的几分钟甚至面谈前从资料(如笔试、简历、申请表等)中得到的印象对应聘者作出决策性评价。如果面试官对应聘者的第一印象很好,那么面试官后面的面试行为将有意或无意地证明应聘者确实不错,反之,面试官将努力证明应聘者确实不行。

(2)对比效应。面试官会不自觉地把正在接受的应聘者与前一个已经接受面试的应聘者进行比较,用前一个作为参考来评价下一个。如果第一个应聘者得到极好的评价,而第二个应聘者的评价为一般的话,那么面试官对第二个应聘者的评价就会比本应给予的评价更差。也就是说,第二个应聘者如果变成第一个应聘者,面试官对他的评价就不是一般,可能是好。如果第一个应聘者的表现与评价都一般,而第二个应聘者表现不错,则他得到的评价可能会比他本应得到的评价更高。

(3)晕轮效应。它是一种影响人际知觉的因素,指在人际知觉中所形成的以点概面或以偏概全的主观印象。人们对他人的认知判断首先主要是根据个人的好恶得出的,然后再从这个判断推论出认知对象的其他品质的现象。如果认知对象被标明是"好"的,将一切优点都加在"好人"身上,他就会被"好"的光圈笼罩着,并被赋予一切好的品质;如果认知对象被标明是"坏"的,将一切缺点都加在"坏人"身上,他就会被"坏"的光环笼罩着,他所有的品质都会被认为是坏的。面试官对于那些经过简历或申请表判断为"好"的应聘者,会用宽容的态度对待他们的提问与陈述。这种放大应聘者优点的效应,又称光环效应。而对那些事先预判"不好的"应聘者,则采取超出常规的严格态度来对待他们的提问与陈述。这种放大应聘者缺点的效应,又称触角效应。面试人员可能会因为应聘者某一项的缺点,而误以为其在其他方面也有缺点。光环效应与触角效应都属于晕轮效应。它们将应聘者的一个优点或缺点进行放大,从而影响了整个的评价。

(4)负面效应。负面信息对人的影响超过正面信息对人的影响。在现实生活中没有完美的人,任何人都可能有负面信息,作为面试官要客观面对负面信息。销售队伍的招选难以做到宁缺毋滥。同时，提醒自己避免印象的棘轮效应——对人的印象从好变坏容易，从坏变好难。

表10-6　山道制药公司面试遴选表

招聘岗位			工作城市				
应聘人基本信息	姓名		性别		婚姻		出生年月	
	学历		专业			毕业学校	
面试评估							
项目	得分	评分参照标准（5分制）					
礼仪风度		5分：形象较好，礼貌自信			3分：仪容整洁，自信度一般			
		4分：形象得体，比较自信			2分及以下：仪表一般，不太自信			
性格特征		5分：个性外向，亲和力较好			3分：亲和力尚可			
		4分：性格适中，亲和力较好			2分及以下：亲和力不佳			
表达能力		5分：感染力强，表述清晰			3分：正常表述			
		4分：主动表达，表述清晰			2分及以下：表述不清			
反应能力		5分：理解力强，应对流利			3分：理解力一般，应对尚可			
		4分：理解准确，正确应对			2分及以下：思维迟缓/答非所问			
综合分析		5分：逻辑清晰，善于思考			3分：逻辑正常，分析简单			
		4分：逻辑清晰，分析适当			2分及以下：思路不清			
求职动机		5分：求职定位明确，了解山道			3分：有求职目标，但不了解山道/希望值较高			
		4分：求职定位较明确，略知山道			2分及以下：求职随机/观望心态严重			
实践经验		5分：实践经验较全面			3分：符合该职位的基本要求			
		4分：符合该职位的主要要求			2分及以下：工作经验过于简单			
专业水准		5分：具备良好的专业知识与技能			3分：具备基本的专业知识与技能			
		4分：具备必要的专业知识与技能			2分及以下：专业知识技能较差			
意志品质		5分：意志坚定，勇于克服困难			3分：意志力一般			
		4分：有一定毅力达成目标			2分及以下：意志力较差			
人际关系		5分：朋友广泛，善于交际			3分：适度交友，人际尚可			
		4分：朋友较多，人际良好			2分及以下：个性较孤僻/曾出现人际问题			
总计							
备注							
面试结果	□推荐复试　□人才储备　□不予考虑　　面试评鉴人：　　日期：						

表10-7　候选人背景调查信息反馈表

被调查人基本情况							
姓名		性别		学历		专业	
初试时间				复试时间			
目前状态	□已录用　　□已参加复试						
现/将属部门		现/将任职务			直接汇报上级		
前任/现任工作单位							
接受调查方基本情况							
调查方式							
接待人							

续表

被调查人基本情况	
反馈信息	1. 该员工何时开始在贵公司工作？
	2. 该员工在贵公司担任何种职务，具体负责哪些工作？
	3. 该员工的工作向谁汇报？
	4. 该员工离职的具体日期？
	5. 该员工离职是否办好离职手续？
	6. 该员工的离职原因？
	7. 奖惩记录　□无　□有
	8. 债务关系　□无　□有
	9. 你是否给这位员工写推荐信，如果会写，那你会怎样写？
	10. 其他评价：
调查人	调查时间

表10-8　山道制药公司招聘录用申请

1. 应聘人员详情					
姓名		性别		年龄	
地址					
联系电话			身份证号码		
应聘职务			所属区域		
2. 录用推荐理由					
3. 试用期	为____个月，始于____年____月____日				
试用期间基本工资：					
	补贴：				
推荐人			批准人		
时间			时间		

10.3 销售队伍的录用管理

录用与遴选不同，公司的聘用有时会遭到拒绝。由于竞争的激烈，很多应聘者通常会同时应聘好几家公司，或接受好几家公司的面试，面试是个双方选择的过程，公司选择了应聘者，但应聘者选择另外一家公司。在应聘者真正上岗报到之前，销售队伍的招选过程并没有完全结束。在遴选决定的作出和应聘者真正上岗报到的这段时间，为销售队伍的录用时间。这段时间的管理，称为销售队伍的录用管理。

设计良好且执行良好的销售队伍录用管理，可以帮助我们减少拒绝录用的尴尬现象。录用过程花费的时间会直接影响招选效率，如果聘用决定太慢或者聘用决定通知太慢，应聘者会接受其他公司提供的聘用，因为他们不愿意冒险等待。二面或三面后，销售经理最好在1～2天内，就候选人做一个决定。销售经理决定人选后，立即通知人力资源部，在征求无疑后，要求人力资源部立即办理录用手续。同时，通过电话或手机通知被录用者本人，请对方留意接收录用通知书，或请对方准备办理公司录用所需的材料。如果对方拒绝录用，探究拒绝原因，并大方接受其拒绝。如果对方的拒绝无法挽回，立即通知人力资源部停止录用手续，同时尽快从备选方案中决定人选。

良好的销售队伍录用管理，首先有个聘用前的规划。实际上，遴选的录用决定，在面谈过程中，就可以打预防针。比如，告诉应聘者，本公司在什么时候会把面试结果通知对方。而且还可以在遴选决定时，准备好录用备选方案，即准备好录用梯队人选。可将候选人进行排序（按分数排序；按公司对应聘者的偏爱程度排序；按应聘者对销售工作的兴趣程度排序等），决定谁是第一录用人，谁是第二录用人，谁是第三录用人等。但第一录用人拒绝本公司的录用后，不一定要重新开始新一轮招选，可以录用第二位候选人（如果第二位候选人也符合公司的要求的话）。

当电话发出录用通知时，销售经理们也要注意提高自己的电话技能，并且提前做好以下两个问题的决定：给应聘者多长时间来接受录用决定？如果被录用的应聘者还想就某些条款继续磋商，可以做哪些让步？电话发出录用通知，虽然不具备法律效力，但会影响应聘者接受录用的决定。

专业的电话发出录用通知包括以下几个步骤。第一步，电话介绍自己，并简约描述工作，因为应聘者可能被几个公司的大量信息弄得头昏脑胀，以致忘记了本公司的工作特点，注意，这时候不要过分推销职位，更不要许下不能兑现的承诺。第二步，询问问题，请求对方提问，要当应聘者接受了录用或已经在本公司工作了来回答他们的提问。第三步，进行试验性成交的提问。比如，你有兴趣到我们公司工作吗？或你想得到这份工作吗？如果对方表示有兴趣，可以继续问：如果我们聘用你，你会接受吗？如果答案是肯定的，聘用过程就可以接近尾声了。在多数情况下，应聘者会拖延时间，这时，我们要提问：在周五17:00之前，你能给我一个答复吗？

正式聘用书包括哪些内容？正式聘用书由谁发出？这也是录用管理要回答的问题。正式聘用书中最重要的内容，当然是销售成员的薪资与福利；一般要描述销售工作的主要职责，公司的价值观与企业文化，薪资与福利，上班时间与培训情况等。每家公司的聘用或录用通知书不尽相同，各具自己的风格。

一份有法律效力的录用通知书，应具备以下八项要点：明确的入职日期；岗位名称与岗位职责；劳动合同期限及是否约定试用期、试用期期限；待遇说明，包括月薪，企业是否代扣个人所得税，奖金、提成及年终奖，社会保险、住房公积金及其他福利，是否持有企业股份；工作时间（如企业工时制度，工作时间、午休时间安排）；明确的办公地点及企业是否可根据业务要求安排在其他办公地点或公司下属机构工作；双方的其他约定，如保密、要约解除条件等；最后，录用通知书要有企业盖章，或企业授权人与应聘者双方的签字。录用通知书在签订后，企业与应聘者依然不具有劳动关系，因为还没有签订劳动合同，但此要约根据《中华人民共和国合同法》的规定，对双方都具有约束。如果企业单方面撤销约定，在法律上被称为预期违约，合同可以解除。此时，如果员工证明其因为企业的违约行为遭受损失，那么企业应该对该损失承担赔偿责任。如应聘者此时可能已辞职，不能在新企业上班，存在失业的损失，可要求赔偿1～3个月的工资。当然，如果应聘者违约，企业也可以要求其承担损失，只是企业的损失不太容易衡量。

10.4 销售队伍的融合管理

如果遴选录用的应聘者开始工作，却不能很好地融入组织，那么所有招选努力就会付诸东流。如果把招选比喻为"恋爱"的话，融合就是"结婚的初期"。如何缩短磨合期，顺利度过磨合期，让新员工尽快落地并生根发芽，这就是新员工的融合管理要解决的问题。很多公司对招选投入很大，非常重视招选，而对融合却忽视了，认为只要签订了劳动合同或签署了试用契约，对方就应该主动为公司做事，主动融合到公司，主动被公司同化。事实却不是这样的，尤其在劳动力供不应求的时代，融合或同化需要双方的主动调适，用人单位需要主动帮助新员工融入组织。

10.4.1 销售队伍融合的意义

很多公司认为，公司为新销售员进行岗前培训就是融合，这种观点是不对的。有不少公司认为，融合新销售员是人力资源部的事情，人力资源部应对新销售员的融合负责任，这种观点也有偏颇。还有公司认为自己非常重视销售员的融合，在招聘的时候就开始了融合，公司的理念是对新销售员的教育始于第一分钟的接触，为他们提供公司宣传资料与员工手册；在正式录用后，为他们提供入司入职培训，之后把他们分配到用人部门。不错，这些公司有新销售员的融合，但是缺乏融合管理。

其实，很多企业的招聘是人力资源部去执行的，入司或入职培训是培训部去完成的，其直接主管没有直接参与到这两个过程，其融合效果就会大打折扣。这就涉及一个关键性问题，销售队伍的融合管理由谁来负责？要回答这个问题，首先要回答什么是销售队伍的融合。

销售队伍的融合就是使新招聘的销售成员接受公司价值观与行为模式的过程。这个过程始于应聘者正式到公司工作之前，而一直持续到他们完全为公司文化所同化。在这个过程中，组织包括人力资源部、销售部、直线上司，要向新成员灌输与他们自身岗位角色相符合的价值观、原则、态度和行为方式，不仅仅是企业文化的宣导，也不仅仅是岗位技能的训练，更为重要的是多层次的深度沟通交流并达成共识与接受。这个过程非常困难，尤其是组织的价值观或用人部门的潜规则与个人的价值观存在显著差异时，更为困难，如果不能成功地把新销售成员融入组织中，他们很快就会选择离开。而成功的融合不仅可以帮助应聘者和新销售成员适应新工作，更为重要的是，它还能长期使销售成员对工作更加投入和更加满意。销售队伍的融合管理，就是要把新员工的融合规范化与制度化，并明确公司各部门的融合职责。它有五大好处：第一，改善销售人员的工作业绩和工作满意度；第二，减少工作中的不安情绪及对未来工作的忧虑；第三，减少销售人员的流动率；第四，使销售人员对公司、工作职责及未来预期产生一种积极影响；第五，节约管理人员的时间，并相应减少成本费用。融合管理可以从一开始把销售人员带上一条正确的轨道，从而为他们将来的销售工作奠定一个坚实的基础。

10.4.2 销售队伍融合的过程

销售队伍的融合过程可以分为三步。

第一步，应聘选拔过程中的融合（工作前的融合）。如向应聘者提供准确的工作和公司信息，有助于其对工作面临的挑战，以及为应付挑战所需付出的努力和所要求的技能也有一个合理的预期。很多公司在招选时，为了吸引应聘者加入公司，往往会夸大公司的优势，降低工作的难度，结果给了应聘者一个较高的预期，以致他们作了一个"不明智"的决定，这就是常常听到的"原来我上当了，上了贼船"。

很多公司会在复试的遴选阶段，对公司作更详细的客观介绍，特别是公司的销售运营情况，并回答应聘者的提问，他们会把公司的使命、价值观、概况、员工福利、培训细节和职业发展机会等，如实地提供给应聘者。应聘者在决策前对公司及其文化了解得越多，他们的自我抉择就越有效。应聘者获取信息越充分，他们融入组织就越顺利，对公司的满意度和忠诚度也就越高。有些公司走得更远，在遴选阶段就让应聘者观看本公司销售员的工作录像，或者让应聘者到公司食堂就餐、参观公司的生产车间等。还有些公司为大学生提供暑期实习的机会，使得学生在作就业决定前，对公司有了充分的深度了解与体验，同时，这些公司也可依赖实习来帮助他们评价潜在的雇员能否胜任销售工作，以及能否适应公司的文化。

第二步，新员工的培训期。它从应聘者接受职位开始，到公司人力资源部完成新进销售成员的入司培训或岗前培训。没有经过公司总部培训的新销售成员，就直接派到某一销售地区，他对公司文化的认可会逊于对其所在部门的文化认可；同时，对那些直接与总部职能部门联系的销售员来说，也会带来一定的困扰，如财务部、薪资管理专员、客户服务部和物流部等。很多公司在应聘者报到的第一天，会安排他们参加公司总部组织的培训，并花一定的时间参观与他们有内部业务往来的部门。总部提供的培训会让销售员对公司的前景、政策、文化等有全面的了解，有助于减少用人部门对他们的融合同化难度。但人力资源部提供的培训，会因培训时间的不足而引起信息轰炸，这将致使新销售成员难以分清信息的孰重孰轻，会把新销售成员搞得筋疲力尽。由于销售员的流动率较高，很多公司的岗前培训既不是每个月都有，也不是每个季度都有，不同的公司还会有不同的做法，如有些公司（如有销售大区制的公司）要求大区先对新销售成员进行大区的新员工培训，之后再参加公司定期的新员工培训。

第三步，新销售员试用期的初期。这个时期非常关键，应该由他的直线上级来负责完成。新成员在参加公司总部的培训后便到所在部门报到，他就立即进入了遭遇阶段。所谓遭遇阶段，就是指销售成员开始担任一个新的职位之际，无论他们在接受面试、参观工作场所、培训期间所得到的信息多么真实，当他们在实际开始从事工作的时候，仍然难免要经历震荡和惊讶。而很多销售经理却忽视了这一点，他们经常抱怨他们的销售人员不是团队成员，但却很少去帮助他们回归团队。招聘和选拔过程并不总是保证录用了解组织真谛（价值观、准则与行为模式）的销售员，而总部的培训会被新销售员认为是公司正式的价值观或书面的行为模式。但用人部门的潜在价值观或行为模式才是最为关键的。他们需要熟悉非正式的规范和获得个人关注。现实中，在很多情况下，销售经理急于填补空缺的销售职位，他们会迫不及待地让销售人员马上开始工作。从一开始，这些没有融合同化的销售人员每天都要去拜访客户，而且在夜里还要为明天的工作制订计划，每天工作将近12～14小时，结果不仅没有机会适应新的组织，而且不得不作些心力交瘁的调整。因此，销售经理必须对这些新的销售人员加以引导，使他们尽快融入销售团队当中。这种融合过程虽然非常困难，尤其是销售团队的价值观与新销售员个人现有价值观之间存在显著差异时更是如此。如果销售经理不能成功地融合同化他们，他们很快就会离开，造成招聘与选拔的失败与企业招选成本的浪费。帮助他们了解与掌握组织的销售文化及与他自身角色相符合的行为模式，引导销售人员开展工作，从而促使他们尽快融入销售组织，是销售经理（或销售主管）的重要工作。

10.4.3 直线经理对新销售员的融合管理

新员工往往将自己的直线上级视为获得关于职位及公司信息的一个重要的官方来源，他们与直线上级形成的关系的性质与质量，对他们是否融入销售团队非常关键。直线经理与新员工在新员工的遭遇阶段建立起高质量的关系，有利于新员工被销售团队所融合。下面介绍直线销售团队经理融合新销售员的四大注意事项。

第一，从人性的角度重视第三阶段的融合。融合其实是满足作为人的本质社会动物的需要，对员工进行融合与同化，就是满足其社会与心理需求。在刚加入新公司的前几个月，新聘用的销售人员经常承受着巨大的社会压力和心理压力。他们通常被安排到陌生的城市出差，有的甚至被安排到陌生的城市从事销售并居住在那里。如果常年与家人分居在外，新销售员很容易产生孤独感。这也是很多企业开始聘用当地人进行地区销售的原因。新公司的新环境会给人很大压力，他们往往会表现得急于结识团队中的其他员工，尽快消除不安全感。作为销售经理需要理解与认识到这一点。

第二，重视新销售员来本团队报到上班的第一天。这一天，无论如何，直接上级的销售经理必须拿出半天乃至一天的时间做以下事情：给予欢迎信，告诉新销售人员有关报酬、费用账户、办公室规则与习惯、膳食设施和未来几周活动的日程安排等信息。准备精美的欢迎信（参见阅读材料10-2），并大方地送到新员工手中；与新销售员共同学习工作职责，让他知道作为他的直接上级，你对他的要求与期望。如果销售经理相信一个新销售员能够做好自己的工作，也确实做到了，那么这种信任对于新销售员来说是一种很大的激励，会让销售员全身心地投入到销售工作中，以不辜负销售经理对他的期望，同时强化了他对自己未来的期望。这种马太效应的方法很容易提高新销售员的销售意愿，从而提高新销售员的销售努力。

阅读材料10-2　　　　　　　欢迎信

欢迎您加入翰溪公司，我们的宗旨是为人类健康饮茶服务。在这里，既有个人追求，又有职业志向。在这里，有广阔的天地，大有作为！

翰溪公司销售部是一支永远追求卓越的鹰雁团队，她提倡方法自由，百花齐放；她提倡道德为本，原则坚定；她提倡进缓则退，强者更强！她的核心文化是：成功从自己开始，成功靠大家推进，伙伴相处，尊重诚信！

我们衷心祝愿您在翰溪公司销售部提供的"信任、授权、激励、投资和发展"的平台中，更加充分地释放您卓越的智慧和才华，从而实现自我的快速成长，超越梦想！

让我们现在携手并肩，积极同心，合力奋斗，创造更加辉煌的明天！

翰溪公司销售部经理　胡蝶花
2014年7月1日

直线销售经理在这一天，要保证用充足的时间来回答新销售员的提问。销售经理应当把新销售人员的背景介绍给老销售员，而介绍新销售员时的态度与用词等决定了这位新销售员在团队中的非正式地位。如果销售经理不顾及或不尊重新销售员，其他老销售员可能也会不尊重这位新销售员。例如，这位新销售员刚刚跨出校门，需要大量的培训与经历。如果销售经理在介绍他时说"哦，他会不错的，只不过现在还比较嫩"，那么这位新销售员很可能会被团队其他成员认为是没有能力的，同时他也自认为没有能力。因此，从那时起这位新销售员就很难与团队相处，还会在这一开始就形成的贬低局面中因受到打击而士气低落。如果销售经理说"哦，他虽然刚刚毕业，但极具潜力，只要努力销售，就完全可以胜任"，那么这位新销售员的自我评价与团队其他人对他的评价就完全不同了。这种赞赏式的介绍应该客观而慎重，以免其他团队成员产生嫉妒或受到威胁。当然，销售经理可以在新销售员上班的前一天把他的背景、岗位与兴趣爱好等通过电子邮件发给销售团队成员，或者用微信、QQ等形式发布，并通知原销售员在新销售员报到的这一天举办欢迎活动。比如，2小时左右欢迎新伙伴的茶话会，晚上的聚餐或卡拉OK。如果公司不能在新销售员上班的第一天提供培训，那么直线销售经理要在第一个星期内安排本区域的新员工培训，并保证自己全程参与新员工的培训。

第三，注意协调运用垂直和水平沟通渠道。新工作开始的几天或几周，对所有人来说都很困难，这时新销售员有疑问、不稳定和不安全感，销售团队经理必须做一些额外的工作。例如，销售经理应该和这些新的销售员一起工作一周或更长的时间，这样的话，销售经理可以把一些主要情况介绍给这些销售员。在最初的一周内，销售经理要经常与他们交流，对他们的工作给予支持，并为他们制定相应的标准，充分发挥以身作则的作用。销售经理要不断鼓励新的销售员向他提出问题，同时要求他们不断通过实践去学习，要求他们阅读大量的参考资料，并定期汇报学习成果。多花些时间加强与新销售员的垂直沟通，新销售员会把这种垂直沟通视为公司（或经理）对他们的需要与重视，否则就被他们视为不受重视，而导致他们士气大跌，所谓"蜜月期"就会瞬间结束。明智的销售团队经理会智慧性地尽量延长"蜜月期"，直到新销售员可以独立胜任工作为止。如果新销售员不得不从非官方渠道获取指导信息，新销售员的忠诚度就会降低与分散，同时销售团队经理就会承担新销售员获得错误信息或不需要的信息的风险。如果销售团队经理以工作繁忙为由，减少垂直沟通，那么新销售员就自然会去寻求水平沟通，即从老员工那里寻求信息。如果这位老员工热衷于提供水平沟通渠道的话，那会使新员工的融合管理更加困难，因为这类老员工一般是不满者、办公室政客或不胜任工作者。指导性与政策性的信息应该来自管理层，而且要准确与及时，否则小道消息将会提高融合管理成本！水平沟通应该尽可能在销售团队经理在场的情况下进行，或者委派优秀销售员与新销售员进行沟通。例如，在新销售员工作的前几周，可以适当举办聚餐、卡拉OK、登山、拔河、划船等团队活动，让新旧员工通过社交场合获得沟通，增强他们之间的融合。

第四，销售团队经理需要为每个加入团队的新员工制订指导计划。新销售员被融合或同化，肯定不止需要一两周的时间，也肯定会遇到销售团队经理腾不出长期时间来指导新销售员的情况，此时销售团队经理就要采取授权制的指导计划。在国外，他们一般采取工作指导员的融合体制。工作指导员一般是须具有很高的学识、优秀的行为与优异的业绩及一定职务的人（如高级销售员等），主要是对新销售员提供个人建议和职业指导，帮助新销售员学会团队的工作方式，以及传授更多的销售经验。这里的工作指导员不是新销售员的直接上司，也不是他的师傅，而是师兄或师姐，而且工作指导员无权解雇或晋升新销售员。我国很多企业误会了这一指导方法，给新销售员委派师傅或导师，这很容易在团队内形成派别，从而让新销售员的融合误入歧途。融合机制应该采取伙伴制（或师兄制）而非导师制。可采用在销售组长、高级销售员、优秀销售员或新销售员所接替区域的前任销售员中，选拔一两位师兄或师姐，授权给他们，让他们在直线经理无法指导新销售员时负起传帮带的职责，而且期限一般为1~3个月。在这1~3个月中，新销售员的业绩与转正，对工作指导员（师兄或师姐）的发展及晋升有一定影响，并在年度颁发优秀工作指导员荣誉证书（或优秀师兄师姐奖）。

新的销售员对新的公司都充满了好奇心与热情，他们渴望学习销售技能，并熟悉销售工作领域及尽快在销售团队中找到自己的位置。如果在工作前的几周内，销售团队经理不重视对他们的融合管理，那么他们很快就会心灰意冷和离职。新销售员的融合过程有利于他们以正确积极的态度开始自己的工作，并获得正确积极的团队支持。销售团队经理要重视这一点。科学与人性化地融合新销售员，帮助他们尽快顺利度过磨合期，给整个销售团队带来活力与士气，这是优秀的销售团队经理的首要职责，也是建立优秀销售团队的关键所在。

10.5 抑制销售队伍中的俄罗斯套娃现象

10.5.1 销售队伍的俄罗斯套娃现象

在管理学上有个著名的"帕金森定律"，它是由英国历史学家、政治学家西里尔·诺斯古德·帕金森（Cyril Northcote Parkinson）于1958年出版的《帕金森定律》一书中提出的。他认为，在行政管理中，行政机构会像金字塔一样不断增多，行政人员会不断膨胀，每个人都很忙，但组织效率越来越低下。一个不称职的官员，通常有三条出路：一是辞职，二是请能干的人帮自己，三是请两个水平比自己更差的人来当助手。第一条路不能走，因为那会失去权力；第二条路也行不通，因为能干的人会威胁到自己的地位；通常他会选择走第三条路，这样既减轻了自己的工作负担，又不必担心那些水平比自己更差的人会夺走权力。那么走第三条路的结果会如何呢？如此恶性循环，两个水平更差的助手，同样会请比自己水平更差的人来当助手，以此类推，最后便会导致一个机构臃肿、人浮于事、相互扯皮、效率低下的体制形成。

帕金森定律的产生满足四个条件：第一，是一个组织；第二，管理者没有绝对的权力，如职业经理、被任命的官员等；第三，管理者不称职；第四，组织需要不断地吸收新人来补充和发展。销售队伍组织具备这四个条件，尤其是第二、第四个条件特别突出。按照美国著名的管理学家劳伦斯·彼得（Laurence J. Peter）的观点，在一个等级制度中，每个职工趋向于上升到他所不能胜任的地位。每一个职工由于在原有职位上工作成绩表现好（胜任），就将被提升到更高一级职位；其后，如果继续胜任则将进一步被提升，直至到达他所不能胜任的职位。因此，每一个职位最终都将被一个不能胜任其工作的职工所占据。层级组织的工作任务多半是由尚未达到不胜任阶层的员工完成的。也就是说，按照彼得原理，第三个条件在销售组织中也是最常见的，不称职的管理者比比皆是。

其产生的根源是权力危机与利益危机，也就是职场或官场的安全危机。人作为社会性和动物性的复合体，因利而为，是很正常的行为。假设他的既有利益受到威胁，那么本能会告诉他，一定不能丧失这种既得利益，这也正是帕金森定律起作用的内因。一个既得权力的拥有者，假如存在着权力危机，那么他既不会轻易让渡自己的权力，也不会轻易给自己树立一个对手。在以不害人为标准的良心监督下，会选择两个不如自己的人作为助手，这种行为是自然而然的，无可谴责，但对组织而言，却会产生冗员的危害。

第三条路的结果，可用我们东方文化的谚语来概括：武大郎开店，一个比一个矮。它说明了一个现象，即管理者会不自觉地把比自己差一点点的员工招选为自己的下属。这其实也可用西方文化的"俄罗斯套娃现象"来概括，但后者更为深刻。

俄罗斯套娃是俄罗斯的传统工艺品，它的特点是大娃套着小娃，小娃里面还有更小的娃。一般是三层，也有五层的。各个娃娃一模一样，只是一个比一个小。把俄罗斯套娃现象引入企业管理的，是美国马瑟公司总裁奥格尔维先生，在一次董事会上，他在每位与会者的桌上都放了一个玩具娃娃（这些玩具是他从俄罗斯带回去的）。"大家都打开看看吧，那就是你们自己！"奥格尔维说。董事们很吃惊，疑惑地打开了眼前的玩具包装，展现在眼前的是一个更小的同类型玩具。接下来还是如此。当他们打开最后一层时，发现了玩具娃娃身上有一张纸条，那是奥格尔维留给他们的：你要是永远都只任用比自己水平差的人，那么我们的公司就会沦为侏儒；你要是敢于启用比自己水平高的人，我们就会成长为巨人公司！

俄罗斯套娃现象揭示了职场或官场中，管理者不仅仅是招聘比自己差的下属，而且还会是习性相近（风格相类似）的下属。假如最外层的套娃是有权选才的人，他只能容纳那些能力不如自己而且习性跟自己相近的人。那么下级一个比一个能力低，最终结果，整个组织永远发展壮大不了。这就是队伍同质（同气质、同脾气或同风格）低能的关键所在。在销售队伍管理中，这种现象出现的概率很大，因为销售队伍的流动率是所有职业中最高的，每年的招聘数量在很多企业都是最多的，很多企业每个月都在招聘销售员，因此俄罗斯套娃现象在销售部门很普遍。

10.5.2 俄罗斯套娃现象的危害

俄罗斯套娃现象带给企业的危害极大，招进来的销售员经常是一代不如一代，结果销售队伍的效率越来越差，其开拓市场与提升销量的能力也越来越差，乃至出现苛希纳定律：7个人做1个人的工作，工作成本就要多10倍。而且实际销售管理人员比最佳人数多2~3倍，工作时间就要多2~3倍，工作成本就要多4~6倍，从而带来工作能力下降，而且销售队伍冗员，销售管理机构臃肿，销售管理效率急剧下降，造成销售管理成本偏高，销售收入下降，销售队伍的边际递减效应非常明显，最后企业走向死亡。其中负有全责的销售管理者成为企业最忙的人，最后这位销售管理者因无法授权（没有合适的授权对象）而疲于奔命，要么这位销售管理者过劳死，要么销售队伍崩盘解体。有一个企业的销售队伍，在2002年只由20位员工组成，年销售额为3200多万元，2007年这支队伍由50多人组成，年销售额仅为3600多万元，经调查发现，其招选中的俄罗斯套娃现象非常严重。

10.5.3 俄罗斯套娃现象的抑制方法

那些创业成功的企业家，以及造就优秀乃至卓越长青企业的企业家，都善用能力互补的人和能力比自己强的人。他们主张最棒的经理总会提拔最优秀的主管，把自己想达成的目标交代给属下，然后退到一旁，让属下自己办事。作为优秀的企业老板敢用比自己强的能人，是因为他们有安全感，并且对企业拥有所有权。但是作为职业经理人，尤其是那些遇到职场天花板或职场不安全的管理者，他愿意善用比自己强的人吗？在笔者所作1200份问卷调查中，95%的职业经理人认为在职场不安全时，他们不会用比自己强的下属。

比如说有一位私营企业主（他公司的土地、产权全部属于企业主所有。随着企业规模的不断扩大，这个公司已经有些名气了），现在越来越感到在管理上力不从心了。显然，此时需要有人来协助他。于是企业主向各种媒体发了征聘广告，应征而来的人络绎不绝。其中有这样的人才：在一所著名的大学读完了MBA课程，而且有长达十年的管理经验，业绩良好，显然是十分得力的人选。这位私营企业主会不会聘任他呢？这个老板可能会飞快地想：公司的土地是我的，所有产权都是我的，这就意味着这个人来我这里是"无产阶级"，他纯粹是为我打工，干得好我可以继续留他，给他很高的待遇，干得不好我可以辞退他。无论他如何出色和卖力地工作，他不能坐我的位置，老板永远是我。一番盘算以后，这位高智商、高素质、高能力的人才就被留下来了，老板对他可以说是言听计从，完全不受帕金森定律的影响，因此，就没有出现俄罗斯套娃现象。这是一个拥有绝对权力人的做法。接着，这个企业继续发展，终于产生了企业经营的突破，业务范围扩大了，新的问题层出不穷，高才生由于所学已经过时，又没有找时间好好"充电"，离退休只有5年了，现在感到力不从心，需要助手协助他。于是他向各种媒体发出征聘广告，各种人才络绎不绝涌来。其中有两个人选老板比较看重：一个是某名牌大学的公共管理专业刚刚毕业的研究生，写了很多的文章，理论功底极为深厚，实践经验却非常匮乏；另一个颇有实干家的手腕和魄力，拥有先进的管理观念和操作经验。老板拿不定主意，叫他选择，这时候他就盘算开了，最后的结果是，选择了那个刚出校门的研究生。这个故事或例子就很好地说明了，企业所有人（俗称老板）与职业经理人在用人方面的区别，区别的根源在于所有权与职场安全。

有很多公司认为，既然用人单位或用人的直线上级会不自觉地招选个性类似能力较差的人，那让人力资源部或公司高层来负责招选不就解决问题了吗？比如，由人力资源部决定销售员的初试或复试人选，由销售总监决定录用人选，销售总监招进了优秀销售员，交给销售主管去管辖，结果过了一段时间，这位有潜力的销售员辞职了，辞职原因不明。其实在于其上司都怕自己的地位受到下属的威胁，于是百般隐性刁难这位销售员。所以即使招进优秀人才，也难以"落地"，也会受到"排挤"。这就是职场中的格雷欣法则，它的大意是，一般人才驱逐优秀人才（俗称，劣币驱逐良币）。因为在黑羊群中出现了一只白羊，这只白羊是"另类"的，一定会被驱逐出去。如果没有被排挤出去，也会经过"螃蟹效应"，最后"优秀"的人就被同化为庸才。

螃蟹效应描述的是，用敞口藤篮来装螃蟹，一只螃蟹很容易爬出来，多装几只后，就没有一只能爬出来了，这其实是相互扯后腿的结果。当把螃蟹放到不高的水池里时，单只螃蟹可能凭着自己的本事爬出来，但是如果有好几只螃蟹，它们就会叠罗汉，总有一只在上边，一只在下边，这时底下的那只就不乐意了，拼命想爬出来，并且开始拉上面螃蟹的腿，结果谁也爬不高。这也是螃蟹效应。如果销售队伍成员如蟹，经常互相牵制，互相拉后腿，看不得别人比自己厉害，很多时候互相打压、互相排斥，久而久之，销售队伍就成为一个没有战斗力的螃蟹群。相互牵制的螃蟹群永远也爬不出竹篓或水池，出现螃蟹效应的销售组织就难逃"长不大"、"做不强"乃至"一朝崩盘"的命运。这就是很多企业想进行销售组织变革，最后因没有合适的人才而无法变革的原因。企业想发展，却没有合适的销售队伍管理人才，只好要么矮子里拔将军，要么空降外部管理者，要么放缓发展速度。

销售员经过人力资源部的初选、地区经理的二试、大区经理的三试、三选后的候选人安排跟随拜访、四试由销售总监主持，然后决定招聘人选。即使采用这种方法也无法完全抑制俄罗斯套娃现象，因为销售总监是从被推荐的2～3个候选人中，再决定取舍，很有可能是矮子里拔将军。很有可能合适的人选被部门经理或人力资源招聘专员在招聘的时候就砍掉了。这种招选流程对于规模在200～300人，年流动率在10%～20%的销售队伍可能有效。但如果销售队伍规模在500人以上，或年流动率为20%以上，这种招选流程就很难奏效了，在后者的情形中，销售总监就变成销售员的招聘总监。因为销售总监的精力有限，他还有更重要的事情去做，所以企业不能单纯依靠销售总监或者"干部要有敢用能人的广阔胸襟"这一运气与假设来实现，公司应该主动设置招选与任选机制，这种机制会给公司吸纳并配置高视野、高素质的人才。

有的公司认为，销售队伍有完成销售目标的压力，并和薪水挂钩，各级销售管理者有招选能力强的金钱动力，所以这个问题虽然存在，但不严重。因为销售经理不把能力强的销售员招选进来，他就完不成销售指标，他的收入就会下降，他就有可能被辞退。也有的公司认为，只要他们硬性规定，销售经理只有培训了两个可以接班的继任者才可以晋升，那么销售经理为了职业的发展，也会招选能力强并培养强者。是的，从理论上说，这两种观点非常有道理。但关键的是，这位用人的销售经理也会在心理计算一笔账：选哪个人更合算？带出了徒弟，饿死了师傅的古训，一直会在他们的心里发挥作用。那么，到底有没有更好的方法来抑制俄罗斯套娃现象呢？这里介绍四种方法。

第一，给予有招选权的管理者安全的职场环境，如直线下属不能直接取代上级。

因为职场不安全，必然是王伦守寨，防鸠占巢，否则就会遭受《水浒传》中王伦的惨局。大多数人都会用比自己差的人，以为这样自己就安全了。所以，在组织中，人类一般宁愿选择比自己差一些的人，这样可以方便他自己管理，因为他们害怕下属能力比自己强，害怕下属功高震主，从而威胁到自己的饭碗。这就是帕金森定律所揭示的人们在组织中生存所选择的第三条出路。因此，他们在选择应聘者的时候，往往以自己为标准进行衡量，结果人越招越差，越差越招。在提拔副手的时候，人们也喜欢找一个能力比自己差的人做副手，而副手又会找一个能力比他差的人作部下，这样下去，能力越来越差，于是主管就总是说自己的部下能力不行，其实这都是他自己造成的。优秀的人多半会用比自己略差的人，条件差的人则雇用比自己更差的人。有的销售经理，是个好伯乐，善于识别千里马，也善于培养千里马，但由于职场的不安全，他们依然会陷入"戴维现象"，转而处处限制和妨碍千里马奔驰。企业或销售组织的政治斗争，是销售经理们职场不安全的最大隐患，因此企业或销售机构要杜绝任何形式的政治斗争。有人说，直线下属不能直接取代直接上级，那下属的发展不会碰到天花板吗？不会的，有两种途径可以解决这个问题。一是在下属队伍中能人很多，那么这位直线上司的管理能力肯定很强，可以晋升这位直线上司，那么下属自然就有了晋升的机会。二是公司开发新市场或者设立新组织，即设立新的门户，提拔他的能干下属到销售管理岗位，级别可以适当有差异，稍微低一等最好。当然，这时企业应该给予这位为公司输出优秀人才的直接上司补偿或回报，以资鼓励或感谢。比如，由公司设立特别贡献奖，这个奖不仅是荣耀，而且要丰富；他可以享受他培养出来的下属在新平台的业绩的佣金奖金提成。销售机构要打造大家一起把平台做大，之后才会有更高的管理职务与更多的管理岗位的文化氛围，打造输出人才不吃亏的文化氛围。

第二，不断给予有招选权的管理者参加"雏鹰计划"的管理培训，不断地增强其管理能力，解决其管理不称职的问题。要对不同管理层次的管理者给予不同的培训，让不同管理岗位有管理能力的层级，形成一定的管理梯度。销售管理者的培训侧重点在管理技能，销售员的培训侧重点在销售技能，让他们差异化发展，这样井水不犯河水，管理者就会有职场安全感。当然，特殊例子除外，比如经过无数次培训，基层销售经理的管理能力就是提不上去，那就要采取轮岗或辞退的方法。

第三，对于销售机构的最高管理者，企业主可以给予股权或期权激励，变职业经理人为所有者身份（股东），这样职业经理人就有了职场安全与经济动力，就会去招选比他们强的中层销售经理。对于中基层的销售经理，也是采取这样的做法，以鼓励他们招选到比他们强的下属。

第四，用测试数据排序遴选法录用新销售员。测试应聘者的销售技能或评估其销售潜力，然后把测试或评估数据，放在用人部门的团队中进行排序，排序在中位及中位以上者，录用。在新销售员培训期间，也可以由销售人才评估委员会进行评估，评估排序在中位及中位以上者可以录用。这种方法要满足两个条件：第一，公司已经在实施第一种和第二种方法；第二，公司的销售成员流动率不高或公司可以招选到高素质高能力的销售人才。

10.6 组建销售队伍的TOPK原则

采取TOPK原则来组建销售队伍，可以消除俄罗斯套娃现象中的性格同质化问题。具体操作是：通过性格测试获得相对客观的数据，并在价值观类似与销售潜力优秀的前提下，选择性格差异的应聘者作为录用对象。

在招选销售员的活动中，要遵循三个原则：价值观类似、销售潜力优秀（或销售技能好）、性格差异匹配。对于前两个原则，很多公司都很认同，也都一一遵循，只是做得不够好。对于第三个原则，相当多的公司不仅忽视了，而且持相反观点。他们认为，销售员性格相同，容易沟通，办事效率高；性格不相同，沟通难度大，冲突较多，磨合成本高。他们的观点听起来有些道理，但其必然会产生俄罗斯套娃现象。我国很多公司的雇主或管理者，普遍认为销售员必须具备外向性格，那些内向性格的人不适合做销售。但他们忽视了一个关键性现实，在客户中也存在拥有内向性格的人，如那些大中型企业的采购主任多半是内向性格。如果销售员与客户的性格不匹配，那么是很难产生心理共鸣的。

让不同性格的销售成员在同一支销售队伍中相互共存、相互欣赏、相互启发，那么，当他们解决问题时，就不仅仅有孔雀型的思路，还会有老虎型、猫头鹰型与考拉型的思路。这种销售队伍的创新就会源源不断，并且极富有生机与活力。作为管理者，只需要经常召集他们分享各自的成功销售故事或方法就可以了。他们之间的分享与交流，属于水平沟通，在成功销售故事或方法的分享问题上，比管理者提供的销售方法更容易被接受。但这样做会给销售管理者带来挑战，因为管理者也有自己的风格。如果招选老虎型的员工为销售主管，那么他的管理工作的风格就是老虎型，其他三种性格的员工很难在他手下真正地快乐工作，稍不留心，其他三种性格的员工就会纷纷出局，尤其是孔雀型员工和猫头鹰型员工。而且这种情况下的决策都很容易走极端，对整个销售队伍而言，管理决策就好比赌博，靠运气而生存。因此，销售队伍组建的TOPK异质原则的难题或前提是，作为管理者，必须具备适应性领导力，把不同性格的人团结在一起。我们会在第十三章重点探讨管理者如何提升自己的适应性领导力。

不同的产品，不同的销售岗位，对销售员性格的要求会有所差异。比如，银行的柜台营业员的个性与信贷业务的客户经理的性格就有所差异，前者多半以猫头鹰型性格为主，考拉型性格为辅，而后者多半以猫头鹰型性格为主，老虎型性格为辅。

不同的行业，对销售员性格的要求也会有所差异。比如，医药产品属于技术型产品，生产工艺复杂，科技含量很高，用在患者身上，安全性要求也很高，但产品本身不复杂，单价不高，数量大，又有点儿"快速消费品"的味道。医药产品的销售对象是医院的医生、药剂师和医药公司的采购与经理，需要长期有序拜访医生，收集药品在病人身上的使用情况（有效性与安全性）。因此，医药产品的销售员，以翰溪黄氏TOPK十字圆盘中所描述的猫头鹰型和考拉型性格的销售员居多。更值得欣慰的是，销售员拜访的医生也是以猫头鹰型性格与考拉型性格居多，因为医生需要具有严谨有耐心、讲科学又讲艺术的特性。这样一来，销售员的性格与推广的产品、拜访的客户性格都实现了匹配。

　　与内科医生相比，外科医生具有老虎型与孔雀型性格的要多些。所以，对于某家公司的药品，如果不仅内科医生可以使用，外科医生也可以使用，那么这家公司的医药代表如果是内向性格的话（猫头鹰型性格或考拉型性格），他就必须把自己调适为外向性格（老虎型性格或孔雀型性格）。经常会发现内科药品做得好的医药代表，在做外科市场时往往做得不够好。另外，每家公司都会有新药品上市，带有外向性格的医药代表，他卖新药品卖得快卖得好，而卖老产品却相对差一些。外向性格的医药代表喜欢拜访孔雀型医生，那些孔雀型性格的医生接受新产品的速度很快。因此，以内科药为主的公司，在遴选医药代表组成销售团队时，当然是以内向性格的医药代表为主，尤其是以猫头鹰型性格的医药代表为主，考拉型性格的医药代表为辅。但是，如果公司处于初创期，或者公司的药品以外科为主，或者公司上市的药品很多（或很集中）时，依然要招选为数不少的外向型医药代表，以老虎型性格医药代表为主，孔雀型性格医药代表为辅。

　　如何实施组建销售队伍的性格异质原则？初创型企业或微小型企业，可以根据自身产品的特性、客户性格的特性（以大多数客户的性格为准）来组建销售团队，从一种性格开始。随着公司的发展与业务扩展，需要把其他性格的销售员引进公司，引进两种性格、三种性格，还是四种性格，要因时因情况而定。那些大中型企业的销售队伍成员个性风格组合，一般来说，符合翰溪黄氏TOPK十字圆盘模型，不会出现TOPK缺失或TOPK失调现象，只是TOPK比例不同而已。

　　销售是流动式的极具挑战性的工作，销售队伍管理也是企业管理中难度最大而最具挑战性的管理，要做到卓越管理之道，光靠制度或明星领导不行，需要用TOPK智慧来组建销售队伍，尤其是销售管理团队，并且做到相互尊重与包容差异，那么就能缔造出卓越而长青的销售队伍。

本章小结

1. 销售员的胜任力模型是指从知识、技能、素质和自我管理四个维度去识别潜力销售员的一种工具。
2. 销售人员的招聘来源：公司内部；他人推荐；特殊公司，如竞争对手、客户公司、供应公司；主动应聘者；招聘广告；教育机构；数据库；职业中介。
3. 遴选测试分为知识型测试、技能测试和心理测试等。技能测试有技能笔试、案例分析、角色扮演、产品演讲等。心理测试包括成就测试、智力测试、人格测试（性格测试）、兴趣测试、综合素质测试、态度测试、动机测试、人品测试等。
4. 销售队伍的融合就是使新招聘的销售成员接受公司价值观与行为模式的过程。
5. 融合管理有五大好处：第一，改善销售人员的工作业绩和工作满意度；第二，减少工作中的不安情绪及对未来工作的忧虑；第三，减少销售人员的流动率；第四，使销售人员对公司、工作职责及未来预期产生一种积极影响；第五，节约管理人员的时间，并相应减少成本费用。

6. 销售队伍的融合过程可以分为三步：第一步，应聘选拔过程中的融合（工作前的融合）；第二步，新员工的培训期；第三步，新销售员试用期的初期。
7. 销售队伍融合的四个关键点：第一，从人性的角度重视第三阶段的融合；第二，重视新销售员来本团队报到上班的第一天；第三，注意协调运用垂直和水平沟通渠道；第四，销售团队经理需要对每个加入团队的新员工制订指导计划。
8. 俄罗斯套娃现象是指职场或官场中，管理者不仅仅是招聘比自己差的下属，而且还会是习性相近（性格相类似）的下属。
9. 俄罗斯套娃现象抑制的方法：给予有招选权的管理者安全的职场环境；不断给予有招选权的管理者参加"雏鹰计划"的管理培训，不断地增强其管理能力解决其管理不称职的问题；对于销售机构的最高管理者，企业主可以给予股权或期权激励；用测试数据排序遴选法录用新销售员。

本章思考题

1. 谁是招聘销售员的主要责任人？为什么？
2. 销售员的胜任力模型中，为什么要有自我管理维度？
3. 作为销售总监，你如何建立销售队伍的融合机制？
4. 招选销售员时，进行能力测试与TOPK测试，为什么可以抑制俄罗斯套娃现象？
5. 销售员的招选，对公司来说，是否是一项非常紧急而重要的工作？为什么？

案例分析

审视销售队伍的结构与组成

汉溪公司经过12年的快速发展，最近出现增长疲软现象。刚开始，公司认为是由于美国金融危机，导致世界经济危机的缘故。在2011年花巨资购买的"2010年行业发展状况与趋势"报告中，汉溪公司的市场份额、增长率、流动率、销售队伍的人均产出、客户的满意度等指标，均处在行业的平均水平以下。为此，汉溪公司的总裁张丰忧虑重重，并委托众成咨询有限公司进行咨询诊断。众成公司向张丰总裁提供了以下信息（见表10-9、表10-10和表10-11）。

表10-9 2010年汉溪公司销售队伍信息（大区经理）

大区	行为风格	岗位司龄	来源	性别	近3年完成销售指标	大区所占公司份额	学历	毕业学校	岗前职务
东北大区	I型主导	8	内部提拔	男	1年完成，2年未完成	11%	本科、MBA总裁班	省属重点大学	区域经理
华北大区	S型主导	8	内部提拔	男	2年完成，1年未完成	14%	本科、MBA总裁班	省属重点大学	区域经理
西北大区	C型主导	2	外部招聘	女	2年都未完成	4%	本科	省属一般大学	区域主任
西南大区	C型主导	2	内部提拔	男	2年都未完成	6%	大专	省属专科学校	区域经理
华南大区	I型主导	7	内部提拔	女	3年都未完成	11%	大专	省属专科学校	区域经理
中南大区	C型主导	3	外部招聘	男	3年都未完成	9%	本科	省属重点大学	区域主任

续表

大区	行为风格	岗位司龄	来源	性别	近3年完成销售指标	大区所占公司份额	学历	毕业学校	岗前职务
华东一区	S型主导	1	内部提拔	男	1年完成，2年未完成	23%	本科、MBA学历	全国重点大学	产品经理
华东二区	D型主导	5	内部提拔	男	3年都完成	22%	本科、MBA总裁班	全国顶尖重点大学	区域经理
合计				6男2女	1年完成，2年未完成	100%			大区经理

表10-10 2010年汉溪公司销售队伍信息（区域经理）

大区	人数	行为风格	平均岗位司龄	平均岗位工龄	性别	学历	毕业学校	内部提拔	内部提拔率
东北大区	12	7I3S2C	2.8	3.6	7男5女	3本科8大专1中专	无省属重点大学	6	50%
华北大区	13	2I8S3C	3.2	3.2	10男3女	4本科6大专3中专	无省属重点大学	10	77%
西北大区	6	2S4C	1.2	2.6	1男5女	4本科2大专	无省属重点大学	3	50%
西南大区	7	3S4C	0.8	2.3	6男1女	6本科1大专	无省属重点大学	3	43%
华南大区	14	7I5S2C	1.8	3.1	2男12女	3本科3大专8中专	无省级重点大学	2	14%
中南大区	10	2S8C	1.5	2.8	7男3女	6本科1大专3中专	无省属重点大学	5	50%
华东一区	16	2D6S8C	3.2	3.3	9男7女	10本科6大专	无全国重点大学	14	88%
华东二区	12	4D2I3S3C	3.9	4.0	6男6女	10本科2大专	有3个全国顶尖重点大学	11	92%
合计	90							54	60%

表10-11 2010年汉溪公司销售队伍信息（销售代表）

大区	人数	人均产出	队伍人均产出（包括管理层）	D员工比例	I员工比例	S员工比例	C员工比例	流失率	本科比例	研究生比例
东北大区	70	137	114	6%	61%	26%	7%	40%	71%	3%
华北大区	80	153	128	5%	13%	72%	10%	25%	63%	0%
西北大区	30	116	92	3%	10%	30%	57%	37%	40%	0%
西南大区	35	150	119	9%	6%	28%	57%	34%	51%	0%
华南大区	75	128	105	1%	64%	24%	11%	47%	67%	4%
中南大区	56	140	116	7%	7%	32%	54%	30%	36%	0%
华东一区	102	197	167	18%	12%	29%	41%	25%	55%	0%
华东二区	98	196	172	36%	18%	22%	22%	18%	92%	0%
合计	546	160	134	13%	26%	33%	28%	30%	63%	1%

张丰看了表格信息，从沙发上站起来，凝视着泛着涟漪的西湖及逶迤连绵的武林群山，心里久久不能平静。

备注：（1）全国销售总监，行为风格为C主导，担任该岗位已有5年，从华东一区的大区经理提拔上来的。（2）表格中DISC是美国马斯顿博士发现的人类行为风格理论，主要用于团队的招募、团队协调和员工管理，与翰溪黄氏TOPK模型相对应的关系是：D对应T，即老虎；I对应P，即孔雀；S对应K，即考拉；C对应O，即猫头鹰。例如，表格中的"7I3S2C"是指12位区域销售经理中，有7位的行为风格为孔雀型、3位为考拉型，2位为猫头鹰型。

讨论： 1. 假设你是张丰，你能从表格中看出汉溪公司在组建销售队伍过程中存在哪些问题吗？

2. 假设你是众成公司负责汉溪公司咨询业务的项目经理，你会对张丰递交哪些咨询建议？

第十一章
销售队伍的发展管理

■ 本章要点：

了解销售队伍培训体系、内容与过程；
掌握入职培训的关键点；
熟悉销售人员晋升管理遵循的原则；
了解销售人员流出管理的类型和程序。

课前案例　　　　　强将手下出弱兵

小张刚刚从一名销售精英（Top Sales）提拔为销售经理，兴奋之余，领导指示他尽快招人，组建一支新销售团队。不久，跃跃欲试的小张手下就有了10名新销售员。

小张手下有了人，业务压力也来了，每个新人都背了很高的销售指标。一个月后，问题出现了，团队还没有一个大得像样的订单，所以排名到了全国最后。新人的表现也比较懒散，可能是大家觉得小张年轻，也没人在乎他的话。小张很着急，新当经理的那股兴奋劲儿，早被来自上下的压力冲淡了。如何有效地管理这些人并尽快取得业绩成了他的心病。销售员难管，小张费尽思量，最后认为首要问题是如何"服众"，即要在新的团队里树立自己的威信。树立威信需要权力，小张的领导并没有给他什么权力，像人员的工资多少、去留问题等都还是领导说了算，美其名曰，扶上马，送一程。那么，小张应该怎么办呢？

小张在遇到困难的时候，总愿从自身找原因，而不是怨天尤人，这是他做销售多年养成的好习惯。他确信，一个领导只靠手中的权力来强迫大家做事是不能"服众"的，只有自己做个好榜样，把业务做起来，才可能获得大家的信服。以前做销售员的成功经历让小张充满自信，他认为做好业务，有效控制销售的进展正是自己的强项！小张最不怕的就是和竞争对手直接交锋、夺取订单了。况且，他估计新销售员的问题就在于销售经验不足，自己如果疏于控制，自然就没有订单。有了这个想法，小张心里暂时有了着落。他开始和新销售员一起跑客户，亲自跟踪一些重要的订单。果然，事实和小张想象的一样，新销售员确实经验太少，要不是小张及时跟进，把许多细节都考虑清楚，及时作出反应，很多订单就会溜走。功夫不负有心人，一个月下来，团队的订单明显增多。月底，虽然离公司设置的团队目标还差得远，但是业绩总算有了起色，而且，小张还觉得自己的威信正在慢慢建立起来！那是从销售员敬佩的目光里读到的。小张受到了激励，更看到了希望，接下来的一个月，他朝着自己当初认定的方向越干越勇。在小张的带领下，销售员们毫无保留地把手里的机会拿出来和小张分享。小张把这看作是大家对他的信任，并乐此不疲，进一步增加协助销售员拜访客户的时间。每当在小张的帮助下，销售员取得了订单，小张还会给予热情的鼓励。终于，团队有史以来第一次完成了任务，排名也晋级全国前三，小张和他的团队高兴极了。成功，让小张和他的团队更有信心，即使新季度公司提高了销售目标，小张也坚信大家可以完成。小张一如既往，奋斗在拜访第一线，帮销售员把本来要丢的单子抢回来。更多的订单让他重新找回了自信，更觉得充实。在接下来的日子里，小张变得越来越忙，几乎每个下属都要求他出面搞定自己的销售机会，直到小张忙得不可开交。越来越多小张来不及参与的机会，被销售员莫名其妙地丢掉了。事后，小张问及原因，销售员们也说不清楚。待小张亲自分析后，才发现问题都是出在很简单的环节上，要是自己出马，都是不该输的。

小张渐渐有些气愤，怎么这些下属这么笨？难道没我就不行？这样到了月底，业绩和公司的目标又差得很远。小张耐不住了，火冒三丈地严厉训斥了几个无能的销售员。没想到不久就有3个人辞职离开了，但是离开的并非那几个无能之辈，剩下的人不仅能力差，而且士气低落。到季度底，小张的团队只剩下了5个人，业绩排名又回到了全国最后！新的季度又开始了，招人进展缓慢。小张当下只有5个人，但接到的任务却还是10个人的，眼看任务完成无望，小张也身心俱疲。小张陷入了深深的困惑，开始怀疑自己的能力，甚至有想回去做销售员的冲动。

讨论：1. 小张作为销售高手，为什么没有带出能征善战的销售团队？
2. 假设你是小张的上司，你会如何领导小张？

销售队伍的流动管理是指从社会资本的角度出发，对销售机构的人力资源注入、内部流动和流出进行计划、组织、协调和控制的过程。销售队伍流动管理的目的是确保销售机构人力资源的可获得性，满足销售机构现在和未来的人力需要和销售成员的职业生涯需要。它包括流入、发展与流出管理。销售队伍的发展管理是指对销售队伍的培训、开发、晋升、轮岗等管理环节进行的管理。

招选录用能人是建立能征善战的销售队伍的关键，然而，它只是建立一支成功的销售队伍的第一步；融合与发展能人是关键性的第二步，而其关键途径就是培训。

无论是公司组织的入职培训，还是直线经理组织的入职培训和持续培训，均是融合员工与发展员工的关键活动。入职培训是将应聘者培养为高效销售成员的重要环节，如果招选他们进入公司后，没有辅以适当的培训，花费在招选环节的经费就会付诸东流。销售成员被遴选到销售队伍，其使命是为销售队伍创造效益，而并非来透支他们的技能与知识，他们需要新的知识与技能为销售队伍创造效益。公司面临的市场环境剧烈变化，如果没有足够的持续培训，即使是经验丰富的销售成员也很难提高，并维持其效率。特别优秀的销售成员经过高成效培训得到技能开发，并在公司有晋升发展的空间；业务成绩居中下的销售成员，需要进行训练，以更好地胜任公司第二年提供的工作岗位；那些综合考核差的销售成员经过高成效培训而依然无法获得好成绩或好行为的，将会被公司解雇或辞退。

11.1 销售队伍的培训管理

对于销售队伍的培训，在小微企业中，有两种错误的观点是致命的。第一种观点是，在创业时，公司很小，资金紧缺，没有培训计划，不愿意为他人做嫁妆。只聘用那些已经在其他公司取得成功的销售员，然后放手让他们干。让大公司来培训销售员，然后挖他们最好的销售员。第二种观点是，实践的磨炼是培训销售员最好的学校，只需要把他们赶到市场上去。那些有天赋的人能自己学会如何销售，而没有天赋的人，根本不会留他们在公司里。孔子在《论语·尧曰》中说："不教而杀谓之虐。"荀子在《荀子·富国》说："故不教而诛，则刑繁而邪不胜。"孙子在《孙子兵法》中说："不教而战，谓之杀。"笔者认为，对于销售员不训练而拜访客户，谓之杀（或谓之弃）。不把销售员训练得有素，就派他们进市场拜访客户，这等于让销售员在市场或客户面前受伤或自杀，这种"摸着石头过河"的做法，最终受损失的是公司。不经过销售技巧的训练，把销售技巧转化成销售技能，而直接到客户那里进行销售拜访，后果是非常可怕的。因为这种非专业性拜访，很可能会让客户反感与不满。而不满的客户会通过网络或亲自讲述传播他遇到的不专业拜访或不专业销售，从而为公司带来了很多负面影响。一个不满意的客户可以传播的人数是15个，而在互联网发达的今天，其传播的人数将远远大于这个数字，而且他所发的不满意的帖子会永远存在互联网中，影响的时间也将持久。在网络论坛中经常看到这样的帖子"可恨的XX银行，以后千万不要办它的卡！"仅仅一个月，点击率就达到562次。

那些成长性优秀的小微企业，主张训练销售员的专业技能与专业行为，他们认为让销售员"踩着石头过河"才会实现销售员与公司的双赢。坚持"先匹配后雇佣，再广泛培训、向长期留任者提供发展机会"的战略，坚持自己给新销售员进行培训授课，坚持每周训练销售员。随着公司的发展，从销售员中选拔从事其他岗位，如人力资源管理岗位。他们为新销售员在就职一年内提供30天左右的培训，在他们进入公司满一年后，平均每年为他们提供20天左右的培训。销售成员的成长，不仅体现在年龄的增长、知识的增长、薪酬的增长，更为重要的是他们胜任岗位的能力在增长，于是公司成长了，他们也晋升了，双赢的良好循环就产生了，微小型企业也成长为优秀的大中型企业。

销售队伍的培训按培训对象，可以分为销售培训与销售管理培训。销售培训是雇主为销售员提供学习与销售相关的态度、理念、规则和技能的机会，旨在通过提高销售员的胜任力增加销售绩效。销售管理培训是雇主为销售管理者提供学习与销售、销售管理相关的态度、理念、规则和技能的机会，旨在通过提高销售管理者的胜任力降低销售管理成本和增加销售管理绩效。

销售队伍的培训按员工发展历程，可以分为四个层次。第一，入职强化训练。就是针对新来的销售人员进行的入职强化训练，内容有新销售员的团队合作训练、公司的理念和文化的宣讲、公司产品知识及初级销售技巧训练。第二，销售过程中的培训（CSP体系：COACH ON SELLING PROCESS）。它是以销售过程为导向的培训，又称随岗辅导。随岗培训是从业务员的岗位技能要求和客户的购买过程出发的，观察销售关键技能在实地销售中的运用，拜访后立即辅导销售员，也称现场培训。第三，专业销售技能（专业管理技能）的提升训练。这个训练采用集训与轮训的方式进行，是周期性的，是考虑销售成员成长与发展需要所提供的训练。第四，专题训练。就是根据公司目标战略的发展和随岗培训发现的共性专题所进行的专项培训。

11.1.1 销售队伍的入职培训管理

培训是指公司为了方便销售成员学习与工作有关的能力而采取的有计划的活动，这些能力包括对成功地完成销售工作至关重要的知识、技能或行为。培训是组织开发现有人力资源和提高员工胜任力以适应组织发展要求的基本途径。培训的目的是让销售成员掌握培训计划所强调的那些知识、技能和行为，理解与接受公司的价值观和企业文化，并且将自己融入公司，将知识、技能和行为应用到他们的销售工作去。培训属于教育范畴，只是其侧重点是专业性与实践性技能的训练，侧重于改变学员的行为，训练学员把事情做对的技能。与学历教育相比，培训的挑战是学员的学历与年龄等参差不齐。新销售员的入职培训，又称岗前培训、职前培训，主要是公司对每一个初入公司的新销售员宣讲公司历史与价值观、基本工作流程、行为规范、组织结构、人员结构和同事关系等的内容，帮助新销售员更好地融入公司；同时宣讲公司的产品、技术与客户，训练初级的销售技能，帮助新销售员熟悉与掌握公司的销售业务，提升与运用销售技能，最终胜任销售岗位并尽快进入销售角色。

为什么要进行入职培训？入职培训的价值在于：第一，减少新员工的压力和焦虑；第二，加快新员工的心理融合，降低新员工流动率；第三，培养新员工的归属感，减少新员工的启动成本；第四，缩短新员工达到熟练精通程度的时间；第五，帮助新员工学习组织的价值观、文化及期望；第六，协助新员工获得适当的角色行为；第七，帮助新员工适应工作群体和规范；第八，鼓励新员工形成积极的态度。通过入职培训期间的观察、考试等评估手段，把招选过程中未能发现的不合格销售成员淘汰出局，而对于那些经过培训评估为合格的新销售员，根据评估结果反馈给他们将来的直线上司，建议销售机构管理者或直线上司根据评估结果来配置他们的销售区域。

培训管理分为培训的日常管理与培训的战略管理。前者是指在培训计划开始之前、之中及结束之后所开展的各种协调活动。除了培训的交通住宿、培训的经费预算与报销管理、培训的现场管理外，培训的日常管理还必须解答以下八大问题。

第一，由谁来组织入职培训？销售队伍的入职培训的组织者与实施者，在大中型企业，一般是人力资源管理部。一般而言，大中型企业会在人力资源管理部或销售机构设立全国销售培训经理，培训经理从事培训的日常管理和战略管理，而从事培训的日常管理的人，称为培训专员或培训现场经理，他们一般来自公司的销售员。而小微企业，通常是雇主来承担培训经理的角色，负责入职培训的实施。

第二，入职培训需要多长时间？入职培训的时间相对较长。尽管培训相对学历教育来讲，时间会少很多，但入职培训在企业培训中，时间相对较长。在美国，工业品行业的新销售员，平均培训期限一般为28周；服务行业的新销售员，平均培训期限为12周；消费品行业为4周。培训时间因推销任务的复杂程度和招选的销售员类型会有差异，产品技术含量越高，培训时间就会越长。企业文化、知识培训放在前面进行，技能培训放在后面进行，技能培训的时间要保证充足，需要增加操练时间。

第三，入职培训有哪些内容？根据销售员的胜任力模型，入职培训的内容一般分为三大部分，即公司文化、岗位知识与岗位技能。公司文化与制度包括公司文化、公司制度、职业素养、优秀资深员工经验分享等；岗位知识包括产业知识、产品知识（产品技术知识、产品生产知识、产品商务知识等）、客户知识、竞争知识、财务知识、法律知识、职业发展等；岗位技能包括销售技能、商务礼仪、时间管理技能、销售区域管理技能、自我管理技能等。例如，华为公司把它分为大队文化培训、一营培训和二营培训。大队文化的培训时间为2周，一营培训时间为2~3个月，二营培训时间为1个月左右。大队文化培训内容包括公司历史与使命、公司文化、公司规章制度等；一营培训内容包括通信原理、产品知识、客户知识、竞争知识等知识；二营培训内容包括销售技巧、客户接待技巧技能。很多公司只注重自己公司产品的知识培训，而不注重客户知识的培训。这种培训致使销售员只知道自己公司的产品，而对客户的产品或行业陌生，销售员会因无法理解客户而失去很多销售机会。例如，浦发银行有个新业务员，是来自农村的应届大学生，在学校接受了这样的销售哲学教育：银行卖的不是信贷，而是卖的信贷带给企业发展的希望，帮助企业客户增值，帮助企业客户成功。他经常拜访宁波一家大型的民营企业，这家大型民营企业在当地有长期的固定信贷银行。在旁人看来，这位新大学生拜访这家企业几乎是徒劳，是犯傻。但是半年后，这家民营企业与浦发银行发生了部分存款业务。为什么呢？很简单，这位新大学生给这家民营企业进行了存款组合设计，测算发现采取新的存款组合，可以为这家民营企业增加5%的利润。

第四，由谁来进行入职培训授课？大中型企业的入职培训授课者主要有外部讲师和内部讲师。外部讲师可以是大学教授、咨询机构或培训机构的专职讲师。销售技能的外部讲师的选择，非常具有挑战性，很多公司喜欢邀请具有本行业销售经历的讲师，这个做法的误区在于具有本行业的销售经历的讲师，不见得是该行业的优秀销售员，不见得是销售理论与成功实践的完美结合的讲师，也不见得是讲授技能优秀的讲师。内部讲师一般是公司高管，包括职能部门的领导，很多优秀的公司坚持经理要亲自培训。他们对内部讲师的要求是："不学而教，谓之害"，打造学习型组织，并致力于提高内部讲师的培训技能。因为内部讲师最大的问题是缺乏时间、培训技能不强和视野较窄。尤其是直线经理做内部讲师，这三大缺点更为明显，但直线经理作为讲师，也有其优点，即培训内容具有经验性、针对性和操作性，因为新销售员普遍认为直线经理是成功的销售员。直线经理作讲师，也为直线经理与新销售员提供了双方熟悉了解的绝佳机会,对新销售员融入销售团队有极大的促进作用。很多优秀的公司主张,销售经理就是内部培训师,无须设立专职培训师,他们致力于销售经理的培训技能提升,认为销售经理的职责就是改善员工的表现,提高他们的素质,发展他们的技能,并赋予他们知识与信心。但由于职场的上下级关系,外部讲师的培训有时会被认为比公司内部讲师更可信,更具有专业性,因为新销售员会认为外部讲师传授的销售技能更具公正性和无私性。外部讲师拥有更专业的授课技能,让新销售员更容易接受培训内容。其实,最佳的做法就是内外部讲师相结合。小微企业,以自己授课为主;对于专业性销售技能,因为小微企业无力开发课程,睿智的雇主就会适量引进优秀的外部讲师。通过引进优秀的外部讲师,留下专业性课程讲义,之后,就以讲义为母版,自己亲自培训后续的新销售员。对于地区销售经理、区域销售经理、或者大区销售经理而言,如果公司本部的入职培训时间与自己部门的新销售员上岗时间相差太远,一般而言,销售经理要安排短期的入职培训。这时,销售经理很难得到授权去邀请外部讲师,一般是自行解决培训师。

第五,入职培训有哪些方法?入职培训的方法主要包括课堂讲授、案例研讨、角色扮演、在线学习、观看电影(或录像、视频)、拓展训练等。

第六,在哪里进行入职培训?入职培训以集中培训为主,分散培训为辅。集中培训的地点一般是公司本部、邻近公司本部/生产工厂或风景名胜地。很多大中型公司都有永久性的企业管理学院、企业大学或销售培训中心。集中培训的优点是具有统一性、专业性、标准性等特点,授课的内部讲师也不用出差,节省了管理者的时间;同时,受训者离开家庭来接受培训,可以避免家庭生活分散他们的注意力。分散培训一般要求入职新员工在接收并签发录用通知书后,在集中培训前进行网络在线学习。有的公司要求入职新销售员先到销售部门报到,并进行部门举办的培训,之后才到公司本部进行公司统一的入职培训(又称入司培训)。相对入司培训而言,部门的入职培训就成为分散培训。分散培训的责任人是直线经理或部门经理,那些培训技能不强或培训欲望不强的直线经理或部门经理,会影响入职培训的专业性与有效性。很多优秀的公司是采取集中培训与分散培训相结合的做法。培训的场地要进行精心配置,确保教室有充足的照明和通风等,确保培训设备与电源开关等的万无一失。

第七,如何转化入职培训成果?入职培训成果的转化,分为现场转化和在岗转化。培训的现场转化主要取决于转化机会与氛围,培训管理者可以采取在入职培训期间,提供运用所学知识与技能的机会。比如,安排学员的主题演讲(如我们为什么要到这里参加培训)、知识竞赛、主题辩论、知识测试(培训前、培训后各考一次)、情景模拟训练等。明确培训纪律(入职培训手册)、现场观察考核、入职员工的态度引导、建立培训档案与记录、布置培训前或培训后的作业等都是提高培训现场转化氛围的较好做法。现场转化的关键是培训组织者要确保学员做好接受培训的准备,即学员的受训准备度是培训效果好坏的关键所在,如果受训学员对学习培训内容有强烈的愿望,那么就表明他的学习动机很好,而学习动机和他们在培训中所能够实现的知识获取、行为改变和技能增长等是正相关的。培训经理及他们的直线上司,要尽力确保员工的学习动机尽可能地高，为此，培训经理与直线上司，可以在以下几个方面进行努力：确保入职员工有充分的自信，提高他们的自我效能感；使入职员工了解培训的收益；使员工意识到自己的培训需要、职业发展兴趣与个人目标。入职培训的有效引导是入职培训成果转化的前提，也是提高入职培训效果的关键环节。

除非有持续的辅导与强化，大多数销售员培训后，并不会改变他们的行为。如果没有在岗转化管理，销售员在培训后就只能记起13%左右的培训信息。很多公司的在岗培训没有得到重视，主要原因是没有意识到培训成果在岗转化的难度，他们认为被培训的销售员会自然而然地消化、吸收和运用培训所教的技能；另外，直线经理也不习惯或者没有时间，或者他们不知道如何转化培训成果，并且，他们在技能训练领域的努力几乎没有得到认同或奖励。而有些优秀的公司在入职培训后，紧接着就举办强化入职培训的复习课程，很多是通过网络在线的方式进行的。在岗转化需要其直线经理人督导完成，人力资源部或销售机构的高管可以从制度层面进行引导。有的公司要求直线经理人填写并定期递交销售技能的在岗转化表，见表11-1。在岗转化的另一个常用方法是采取"回任法"——在培训结束后的半年到一年内，进行培训课程的总结回顾。比如，要求学员提交"培训小结报告"；培训经理实地考察学员学以致用的情况，用递交考察表的形式归纳；要求学员填写"培训后的行为转变调查表"；要求学员用PPT演讲形式，在其所在的销售团队进行"培训内容与收获"分享。这种回顾式的分享传授就是第二次学习与消化，有利于培训效果的转化。

表11-1　山道中国– PSS（专业销售技巧）在岗转化表

1. 背景			
地区/城市		时期	
共同拜访客户数量		客户类型	
共同拜访医院数量		医院类型	
讨论的产品			
拜访的专科			
2. 技巧/知识/策略运用			
项目	评价		得分
*开场白	较好	一般	较差
提出议程			
提出议程对客户的利益			
询问是否接受			
合计得分			
*寻问			
用开放式和有限式询问探究客户的			
情形和环境			
需要			
*说服			
表示了解需要			
介绍相关的特征和利益			
询问是否接受			

*达成协议			
重提先前已接受的几项利益			
提议你和客户的下一步骤			
询问是否接受			
合计得分			
*克服客户的不关心			
表示了解客户的观点			
请求允许你询问			
利用询问促使客户察觉需要			
*客户的顾虑			
首先询问以了解顾虑			
*消除怀疑			
表示了解该顾虑			
给于相关的证据			
询问是否接受			
*消除误解			
确定顾虑背后的需要			
说服该需要			
*消除客户的顾虑			
表示了解该顾虑			
把焦点转移到总体利益上			
重提先前已接受的利益以淡化缺点			
询问是否接受			
合计得分			
总计得分			
评分标准：较好，7～10分；一般，4～6分；较差，0～3分			
3. 跟踪/行动计划			
跟踪行动	预期结果	执行人	执行时间
销售经理/销售主任		MR	

第八，如何评估入职培训效果？企业培训与高等教育不同，学员在企业培训中，是为了获得就业，是为了胜任企业提供的就业岗位。这就导致培训效果的评估的复杂性。培训管理者需要不断地反问自己：公司为入职培训投入了大量的资金、时间与精力，得到的回报是什么？作为培训管理者，为公司创造了多少价值？笔者整理2008—2012年的企业培训评估时，发现400家中国企业的内训课程中，99.9%的企业在内训评估时，评估内容是评估授课老师、内训课程与培训组织，几乎没有评估学员自己的学习态度与行为。这种评估培训效果的做法属于本末倒置，很难促进学员进行培训成果转化。入职培训效果的评估，要采取四级评估法：态度层（对培训的投入度）、学习层（在培训中学到什么）、行为层（拟准备在工作中所运用的技

能）、结果层（运用培训所学的技能，产生了什么益处）。前面三个层级的评估，可以在培训结束现场进行，见表11-2；第四个层级的评估，可以在评估效果转化的"回任法"中完成。

表11-2 翰溪公司内部培训效果评估表

课程名称				课程时间	
课程地点				授课老师	
学员所在单位与部门				学员姓名	
学员的上课情况	迟到次数	中途出场次数	手机次数	旷课次数	课堂加分
评价项目			从1分到5分依次从差到好		
一、对自己参与培训的评价		1分	2分	3分	4分	5分
1. 学习态度与精神面貌						
2. 参与讨论与提问等互动环节						
3. 获得解决工作中问题的灵感数						
二、对培训课程的评价						
4. 培训课程是否是您所需要的？						
5. 培训课程对您当前工作的帮助有效性如何？						
6. 您是否愿意把本课程推荐给他人？						
三、对授课老师的评价						
7. 授课精神状态及课堂互动情况如何？						
8. 授课老师的专业程度和知识丰富程度如何？						
四、对培训机构的服务品质的评价						
9. 培训现场环境是否有利于促进您学习？						
10. 培训组织是否规范有序？						
五、本次课程，您主要学到哪些可以帮助到您工作的知识？						
六、本次课程，您主要学到哪些可以提高您的工作绩效的技能？						

11.1.2 销售队伍的在职培训管理

销售队伍的在职培训，又称在岗培训、适应性培训，包括转岗培训与升职培训。根据培训地点分为集中培训与分散培训，分散培训主要是指随岗培训、销售辅导。

销售培训是公司获得竞争优势的关键活动，在一项"确保销售员成功的单一重要因素"调查中，10%的销售经理选择了"恰当的销售培训"，仅次于13%的销售经理将"良好/积极的态度"列为单一重要因素。然而，销售员对销售态度的看法也受培训内容、数量与质量的影响。比如，很多公司都有销售心态学与成功学的培训。在这项调查中，销售经理同时认为，在销售员失败的因素中，除了努力不够外，其他导致失败的主要因素（如产品知识、利益陈述技巧等）都可以通过培训加以纠正，那些心态类与素质类的培训，可以提高销售员的努力程度，如果销售员通过培训增强了自信，掌握了积极心态的管理技能，他们就可能付出更大的努力。销售培训与销售队伍的目标战略有着天然的双向关系，销售战略决定销售培训，销售培训影响销售战略的实施和销售目标的实现。销售培训的许多方面都受公司战略、公司营销战略与公司战略规划的影响，如果销售培训计划与公司营销目标战略协调一致，就可以促进公司营销战略规划的胜利实施。销售队伍需要掌握更多的产品知识、行业知识、客户知识等，更加了解客户。销售队伍需要熟练掌握更多的访问工具，不仅仅是面访，还有电话拜访、在线访问（QQ访问、微信访问等）等。为此，许多公司还采取团队销售策略来适应客户不断提高的期望和采购方式，而团队销售策略要求销售员与公司其他部门更加密切地合作，要求销售员或销售经理具有较高的组织技能与团队精神。这种新战略，就要求为销售员提供团队合作、人际交往技巧等方面的培训。如果公司今年有新产品上市，不仅仅要提供新产品知识、新产品的市场知识等培训，还需要重温市场开发技能、谈判技能的培训。如果公司今年要求增加电话访问次数来保证销售战略的实施，培训经理就要安排电话销售技巧的培训。销售培训以销售战略为指导，以岗位胜任力模型为基础。

在职培训相对入职培训来说，更具有挑战性，因为培训对象在年龄、学历、特长、阅历、工龄、业绩、价值观、兴趣、习俗、精力和时间等方面更具差异性。入职培训的员工，对于培训来说，一般拥有较好的态度，他们会积极热情而又谦虚地接受培训内容；而在职培训的员工，相对来说培训态度会差一些，他们往往会误认为培训是福利，是公司的事情，只对公司重要，对他们来说却是浪费时间。没有意识到销售培训对他们自身的重要性。因此，要使在职培训的效果最大化，就必须事先引导他们对培训的态度——培训可以协助他们提高销售技能，胜任未来的销售岗位，销售培训是增加他们收入的有效途径。

在没有销售培训规划的企业，选择什么时候来给销售队伍进行培训呢？是选择销售目标达成好的年份，还是销售目标达不成的年份？选择销售目标达成好的年份，更容易提高在职培训效果，因为这时销售队伍都处在心情愉悦之中，很容易接受传授的知识与技巧，并乐意把它们转化为技能。而销售目标达不成的年份，销售队伍士气都比较低落，排斥情绪比较严重，甚至有的员工会把销售目标的达不成归因在销售经理的管理无能；平时没有培训，这时给予他们培训，他们还会认为，好的时候不想到投资他们，业绩不好的时候才想到投资他们，索性更加不努力，那就可以得到更多的培训。

很多优秀的公司主张员工要终身学习，打造学习型组织，为此组织要提供终身培训，他们认为"对员工的培训始于他加入公司这一天，并贯穿他的职业生涯始终，无论他在何种岗位，或处于何种职务"。他们根据销售员与销售经理的胜任力模型设计销售培训与销售管理培训的课程体系，这些课程体系之间具有连贯性与递进性，与员工的职业发展紧密正相关。在员工入职培训时，就把这些培训课程与时间传达给他们，所以这种培训管理称为培训的战略管理。如果公司根据销售员的成长历程来规划培训课程，让销售员知道销售培训是个永无止境的过程，是公司对于销售员的持续投资，让销售员的技能持续提升，提高销售员的销售职业竞争力，那么销售员很容易走出职场的高原期，老销售员就不容易掉入"疲态期"，也不会产生"失败"的体验，而且可以减少销售员的离职率，提高他们的忠诚度。因为，如果他们离开了公司，后续的培训机会就等于放弃了。销售培训规划（又称职业培训计划）是努力提高销售员销售技能的心脏与灵魂，如果没有销售培训规划，对老员工的培训是个很棘手的活动，因为老销售员往往认为自己很有销售经验，不需要培训，销售技能是在实践中磨炼出来的，老师的授课是纸上谈兵，培训会浪费他们做销售的时间，他们甚至认为培训是对他们的侮辱。比如，山道公司制订了销售员成长的四年销售培训规划，只要销售员在公司待上4年，可以享受销售培训规划中的所有课程，见表11-3。为了训练他人，销售经理就必须首先接受教育和培训。因此，那些优秀的公司不仅重视销售员的培训，还注重销售经理们的培训，他们对销售经理也制订了销售管理培训规划，见表11-4。在山道公司，一位内部晋升的地区销售经理，在其岗位内，需要经过四年的销售管理培训。从外部招选的销售管理者，还需要进行"专业性销售技巧、顾问式销售技巧与适应性销售技巧"的培训，目的是让他们掌握公司统一的销售技巧以便辅导销售员。他们根据课程找外部讲师，而不是根据外部讲师来定课程名称，也不是因外部课程名称的吸引度来决定培训课程。当然他们也会根据市场变化情况与公司战略变化情况，来选择专题性课程，作为机动课程。

表11-3　山道公司的销售培训规划

	第一年	第二年	第三年	第四年
必修课程	销售原理与商务礼仪	客户关系管理	谈判技巧	销售心理学原理
	专业销售技巧	销售区域管理	产品演讲技巧	市场营销（只限优秀销售员）
		顾问式销售技巧	适应性销售技巧	团队销售成功学
	成功销售员的素质	销售心态学（1）	销售心态学（2）	
机动性课程	邀请技巧			
专题性课程	宴请技巧	送礼技巧	客户关怀技巧	会议营销技巧
必修课时	10	10	10	10

表11-4　山道公司的销售管理培训规划

	第一年	第二年	第三年	第四年
必修课程	新任销售主管的管理技能	情境领导力	适应性领导力	销售战略规划
	会议组织管理	团队建设技能	销售培训技能	销售绩效管理
		目标管理技能	冲突管理技能	销售组织变革管理（只限优秀销售经理）
	成功销售经理的素质	销售预测技能		营销管理
机动性课程				
专题性课程	员工融合管理技能	招聘面试技巧	高效激励技巧	绩效面谈技巧
必修课时	10	12	12	15

在现有的员工队伍中选择谁去参加培训？西方公司一般会优先培训绩效中等的销售员（一般占整个销售队伍的60%），这样做可以使公司获得最好的投资收益。绩效最好的销售员通常不会在现有水平上有明显提高（一般为20%），长期处在绩效水平最低的20%，也许并不适合这个工作，培训并不能解决问题。在中国，也许因为文化的差异这样安排培训，会出现问题。因为中国的雇员更强调的是公平性，而不是差异性。为了获得更多更好的培训，优秀的员工会放缓销售努力；那些业绩中等的销售员，会想获得更多的培训，保持销售努力不变；而那些差的销售员，他们找到了不改变销售努力的理由——因为公司不重视他们，没有提供培训的机会给他们，所以他们的业绩达不到公司的要求。从表11-3、11-4中可以看出，山道的销售培训规划与销售管理培训规划，基本上所有员工都可以参加，只有极少数课程限于优秀员工参加。既投资所有员工，也投资优秀员工，这种培训规划与安排，既有保健效果，也有激励效果。

销售队伍的培训，首先要进行知识和态度的培育与教育，这就是"练兵先练心"的训练原则，之后就要进行销售技能或管理技能的训练，而在训练技能时，要注意"教之兵法，练胆为先"的原则，通过大量的挫折性的内部角色演练提升他们的心理适应能力。对于销售技能，中国人把技能与技巧混淆在一起，认为有销售经历的人都会有销售技能。销售技巧是靠悟性和经验而来的，有行业性与随意性，而销售技能则不是，专业的销售技能需要靠训练而来，而非经历和悟性，也不能仅靠培训授课。培训授课只是属于知识层面和技巧层面，好比士兵知道如何开枪属于其知晓层次，但开枪能力属于操作层次，只有大量的训练才会提高其开枪能力。销售员的培训中虽然会安排讨论与演练，但理解、掌握或会用，这只是技巧，技巧没有变成习惯，依然变不成技能。因此，销售员的培训需要安排当场和平时的大量训练，而不仅仅是授课。

例如，有些公司坚持每周要用一个半天的时间进行集中训练，即销售技能或销售情景的模拟演练，销售经理扮演客户，每位销售员向销售经理推销产品，评估的不仅仅是产品的熟悉度，更为重要的是销售技能的运用。因为销售员需要的是训练而不仅仅是培训。销售是一门可以复制的结构性的技术活儿，销售技能训练就需要标准的操作程序。销售员必须经过"销售知识学习、销售技能演练（或操练）、销售情景模拟演练（操练）"三关以后才可以进入市场拜访客户，而且还需要销售经理周期性地现场辅导（随岗训练）。很多企业邀请外部的培训师给新销售员培训，之后就把新销售员放到市场上去，这种没有经过训练的培训是一种大浪费！没有在训练中成长的新销售员，会因销售技能的笨拙而得罪并牺牲很多客户，会增加客户的不认同感乃至反感，结果欲速而不达，销售难度反而增大。销售员要经过内部的大量训练，方可拜访客户，而且要鼓励销售员经常找小客户、关联度不大的客户或忠诚公司的客户进行"练兵"，在"内部训练"或"练兵"过程中获得感觉时，才去拜访有潜力的客户。

销售情景模拟演练，是销售队伍内部训练销售技巧的最有效的方式，又称角色扮演训练。角色扮演训练成功的要素之一，即是减少演练时的压力，销售经理可以透过下列方式做到：适当的准备；得到经验（让角色哲学成为一项被接受的培训方式）；控制反馈，这样角色扮演便成为一种正面的学习经验；尽量避免在众人面前"表演"。在众人面前做角色扮演，通常扮演的人会产生恐惧的心理，所以保持越少的观察者越好。总之，角色扮演尽可能在团队内部举行，不要在公司范围内举行。

有效的角色扮演训练，需要销售经理选择合适的形式，可以有十分正式的形式，经过精心设计的情境；也有轻松的方式，专为某项特定的目的做角色扮演。设计过的角色扮演需要销售经理准备以下内容。第一，客户资料。应该运用在这类的角色扮演里，应该结合客户的个性风格和处方习惯，应该用文字写下来或表格印刷的方式。第二，销售员的目标。在角色扮演中，一定要清楚地描述销售员的目标、所要练习的技巧和强调的产品知识，应该用文字写下来或表格印刷的方式。第三，观察者的角色。如果在角色扮演中有观察者，必须要清楚地规范他的功能，如批评哪些技巧，倾听产品何种信息，如何在事后作出评论，应该用文字写下或表格印刷的方式。经过设计的角色扮演，应该尽可能地接近实际的状况，最好能涵盖整个销售对谈。

没有经过设计的角色扮演主要有三种情形。第一，着重某个主题的角色扮演。要尽可能地接近实际的状况，基本上处理销售对谈的某个主题，如最初接触、拒绝的处理、缔结等。第二，循环的角色扮演。这种形式的角色扮演是以很快的速度经过一群（客户），来密集式地练习某些特定的技巧。第三，磨臼式角色扮演。它是一种密集式的角色扮演，练习处理某些特定的技巧或一整组的技巧，同循环式的角色扮演类似，但这类的角色扮演是在时间压力或紧张状况下执行的，非常刺激。在着重部分主题的角色扮演、循环的角色扮演中，有关客户的资料，可以通过口头说明。在这三类的角色扮演中可以不需要观察者，到时在扮演客户和代表的同仁之间做个简单的检讨和讨论即可。任何由培训者所传达的批示应该让所有的学员都了解，每一个人都需要了解要做什么、期望达到何种标准后，才开始进行角色扮演。

有效的角色扮演训练，需要销售经理决定时间分配。时间的分配是一项重要的考量，除非我们安排了严谨的时间表，否则，时间安排上要尽可能的有弹性，让销售人员按自己的时间来完成角色扮演的练习，除非有特殊理由，否则不要催促，如果有时间限制，应事先通知参与的人。角色扮演的时间应该要包括观察者反馈时间。另外，当学员们看来很疲惫时，是不适合做角色扮演的。

很多公司将角色扮演拍摄录像，认为这是一项很有价值的事，虽然很多人会说害怕面前有个镜头，不过常常在开始演练后，他们就忘了摄像机；录音带是另一种选择。很多销售经理会展示角色扮演，目的是有效地向销售人员展示如何解决客户所提出的问题或如何运用技巧和知识。

11.2 销售队伍的晋升管理

11.2.1 新销售员的转正管理

经过一个月或三个月的试用期，在直线领导的训练和辅导下，每个新销售员的业绩考核结果是不一样的，有的达到公司的要求，顺利转正，有的没有达到公司的要求,被迫延迟试用期或直接辞退。因此,在试用期满后,新销售员的直线经理需要作出是否转正的决策,并填写雇佣情况表,见表11-5。

表11-5 山道中国市场销售部人员转正申请表

1.人员详情					
姓名			进入公司时间		
职务			所属区域		
2.成绩评价(推荐人填写)					
3.推荐					
	排除不适合的				
	确定/延长试用期(3个月/6个月)				
	试用期间 税前基本工资				
	补贴(税前)				
	建议转正 税前基本工资				
	补贴(税前)				
4.附件	员工的自我鉴定报告				
	客户资料卡				
	员工评估表(推荐人填写)				
	销售日志表				
推荐人			批准人		
时间			时间		

很多销售经理会利用试用期满和试用期的销售员进行绩效评估谈话,并且说服自己的上级同意自己的转正决策。得到上级与公司的正式批准后,并签署"销售员转正确认通知书"(参看阅读材料11-1),通过邮寄或亲自递交的方式送至转正的销售员,召集所有部属员工为转正员工进行庆祝活动,增强团队凝聚力与战斗力。新员工的招选录用工作至此,才算真正的结束。

阅读材料11-1　　医药代表转正确定通知书

尊敬的____:

您好!

自___年__月__日至___年__月__日,由于您自己的努力,在产品知识、沟通技巧、团队合作和区域管理等方面有明显的进步。经过销售主任的推荐,得到公司相关领导的逐级批准,您自___年__月__日起,成为诚善公司的正式员工,并开始享有正式职工应有的一切福利(公积金、养老保险、带薪休假、24小时雇主责任险及医疗保险等)。

我代表诚善公司杭州大区的所有伙伴，向您致以诚挚的祝贺并热烈欢迎您的正式加盟！

希望您把转正之日当作您在诚善公司事业成功的起步之时，运用您独具的才智，积极地融合到诚善公司杭州大区这个数一数二、追求卓越、持续创新的团队中来，为创造新的辉煌而不懈奋斗！

诚善公司杭州大区给每位员工一个广阔的天地，我们坚信通过您不断自我激励和大家相互的激活，您肯定会在这里大有作为。我们现在的努力和将来的成功将更加成就杭州大区辉煌的品牌！

让我们继续扬起同心合作的风帆，共同驶向成功的彼岸！

杭州大区销售经理：
2014年8月18日
诚善公司杭州办事处

11.2.2 销售队伍的人力资源开发

要想持续"赢得市场竞争"，就必须持续"赢得人才"。好素质的高潜力的人才，需要管理者去识别、去培训与训练，确保他们既可以胜任现有岗位，又可以胜任未来的岗位。因此，很多公司教育销售管理者如何去与销售成员建立导师关系，并将高技能的销售成员的保留率作为他们的绩效评估时的关键指标。员工开发是指管理者进行的有助于员工为未来做好准备的所有管理活动，其中包括培训、项目实施与能力评估等。销售培训规划与销售管理培训规划也属于员工开发活动。在职培训一般是指帮助员工完成当前的工作；而员工开发是帮助员工胜任公司其他岗位的工作需要，并且通过提高他们的能力来使他们能够担任起某种目前可能尚不存在的工作。由于世界变化迅速，员工必须不断地开发新的技能方可适应社会，为此，销售管理者必须为员工提供以下两方面的机会：第一，帮助员工明确他们自己的兴趣及在技能上的优势与劣势；第二，提供员工的潜力开发计划与活动。员工的开发活动，可以增强员工与公司的心理契约，提高员工的心理成功感，从而提高他们的忠诚度。

很多公司把对管理人员的开发费用纳入公司预算，每年都有管理人才开发项目计划。比如，给他们的营销总监或销售总监提供高级经理人的工商管理硕士培训计划（EMBA）；给他们的中级销售经理提供工商管理硕士培训计划（MBA）等正规教育。此外，还会成立员工潜力评价中心，搜集并追踪优秀人才，并为他们提供锻炼与训练的机会。比如，短期的工作体验（项目组长、区域学习、参与招聘面试等），工作轮岗（销售区域调换）等。工作体验、向上流动、水平流动与向下流动等都被很多公司视为员工开发的有效手段来使用。遗憾的是，许多员工都很难将水平流动（工作调动）和向下流动（降职或级别不动但实权减少）同员工开发活动联系在一起。他们将这两种流动看成是一种惩罚。因此，优秀的公司很少实施水平或向下流动的活动，即使实施，也是非常谨慎的。

一般而言，员工的开发规划要和职业管理系统进行紧密关联，公司要向员工宣讲本公司的职业发展图，让员工知道他们发展晋升的方向、条件与时间。比如，山道公司经常要求员工填写职业发展表，促使员工去思考自己的职业未来，并为自己进行筹划；以此督促管理者和他的部属谈论他们的职业与优缺点，评估部属的当前状况，制订职业培训计划。无数优秀的公司的要求管理层与其部属每年探讨一次职业发展与培训计划，见表11-6。山道公司要求员工的直线上级经常用员工发展潜力评估表来观察并评估员工的潜力，见表11-7。

表11-6　山道公司的人员职业发展表

人员姓名		部门		地区/城市	
1.个人资料					
婚姻状况		出生年月日		教育背景	配偶的介绍
子女情况		最后学历			
2.就业史					
进入山道公司的情况				在山道公司的主要业绩	曾受雇于何家公司	时间
时间	职务	直线上级	部门			
					在曾服务的公司的业绩	
3.培训及发展					
曾参加过的培训（公司内/外）	时间	培训或课程计划	事业发展志向	事业发展的时间	事业发展的地点
填写人		填写时间			

表11-7　员工发展潜力评估表

被评估人		评估时间段		
评估人		评估时间		
评估内容	观察的行为/特征	反应		
		S（Strong，强）	A（Average，一般）	P（Poor，差）
1	学得快			
2	承担额外工作（例如，搜集竞争者的推广资料）			
3	不满足于常规			
4	不能容忍低于一般水平的表现			
5	文字工作表现出整洁和注意细节			
6	经常询问"为什么"类型的问题			
7	用自己的建议处理问题			

8	挑战（机智地）上司或公司政策			
9	要求帮助，不怕别人知道他需要帮助			
10	被同事很快接受			
11	团队合作者			
12	乐于助人			
13	担任团队的发言人			
14	适时挑战集体的意见			
15	在会议中积极参与			
16	说明受到挫折并提出解决方法			
……	……			

很多公司为了激励与留住高素质高潜力的员工，会推行"机会敲门"计划，即继任计划或晋升计划，不仅仅是他们的销售技能与销售素质的发展计划，更为重要的是他们的技能与职务的发展计划。比如，IBM公司的"长板凳计划"，要求现有管理者必须确定自己的岗位在未来1~2年内由谁来接任，在3~5年内又由谁来接任。IBM公司能够保证每个重要的管理岗位都有2个以上的替补人员。IBM公司的"长板凳计划"是一个完整的管理系统，由相关的机制和文化保证。机制上，IBM公司主管以上员工的绩效考核中有一项就是培养接班人；文化上，IBM公司给管理者的一个角色定位是发掘和培养自己的接班人，同时，自己也是被挖掘和培养的对象。

继任计划或接班人计划是指企业确认并跟踪高潜质员工的过程，指企业通过确定和持续追踪关键岗位的高潜能人才（具有胜任关键管理位置潜力的内部人才），并对这些高潜能人才进行开发和培养，为公司的持续发展提供人力资本方面的有效保障。继任计划系统有助于企业吸引并留住高素质高潜力的员工，并为他们的职业发展提供投资与实现的机会。典型的开发计划有正规教育、高层管理者的指导与辅导、通过工作安排来实现的职位轮换、通过项目安排提供锻炼平台等。比如，山道公司对于管理岗位的接班计划中，要求管理层参照管理功能项目（见表11-8，安排管理项目来锻炼员工，并根据《人员发展的管理功能项目》给继任候选人设立指定项目衡量记录表，见表11-9。

员工的高素质高潜力不是自然地发展提高的，它需要管理者与员工有意识地共同努力，而且还需要为此花费时间和采取具体行动。管理者只能强迫自己发展提高，而不能强迫员工去发展提高，对于员工的发展提高只能起到提醒、督导和提供机会的辅助，因为发展提高的愿望必须源于自己。员工开发是公司搭建平台和提供机会，在这个平台上跳舞的是员工本身，员工首先要愿意上台。员工开发的成效取决于管理者与员工双方的努力；而职业发展规划的重点不在组织，不在管理者，而在员工本身，员工必须学会职业发展的自我管理。员工本身要学会主动把自己的职业发展规划与公司提供的员工开发规划相结合。

组织中的每位管理者都应当对其组织中的人员开发负责任，人员开发是他们的本职工作，先有人员开发规划，后有继任/晋升规划。先要对所有员工负责任，之后根据业绩与行为，进行动态性的继任/晋升规划。管理者选择或培植他们自己的接班人的做法，是本末倒置，对组织的杀伤力非常巨大。人员开发是提升员工胜任未来的能力，而继任/晋升规划，是为了赛出（而不是相出）未来的管理者，它要融合在人员开发之中，而不是单独分开进行。对于员工开发计划，直线管理者可以自己做主，但继任/晋升规划需要各个方面的管理者共同负责，也就是说，员工的继任/晋升规划，不是直线管理者所能操盘的，更多地取决于公司高层的人事决策。因此，在人员开发或员工晋升培养过程中，直线管理者不能给予任何形式的暗示，否则会因晋升的可能得不到批准而带来极大的麻烦与人际冲突。

表11-8　人员发展的管理功能项目

管理功能	行动	观察到的技巧和贡献
培训代表	制定 完成/跟催	人际关系，授权
		组织，控制能力
		计划能力
		判断能力
	指导	人际关系
		计划性
		控制
项目管理	制定 完成	人际关系，控制，计划
		组织，分析，授权
销售分析	趋势 分析和制表	分析能力
		计划能力
		控制能力
		判断能力
		人际关系
面试和招聘代表	策划招聘广告到进行面试	组织
		控制
		计划
		分析
		判断
		决定
		人际关系
销售会议（季度）	筹备举行到完成	计划
		组织
		授权
		控制
		判断
		决定
		主动
		表现稳定
		人际关系

续表

管理功能	行动	观察到的技巧和贡献
解决问题	识别问题到解决	主动
		组织
		判断
		控制
		表现稳定

表11-9 指定项目衡量记录

被评估人		评估人		
指定的特殊项目	开始时间	完成时间	观察到的技巧和贡献	备注

11.2.3 销售队伍的晋升管理

公司的销售队伍发展过速，往往会遇到晋升断层，尤其是销售队伍的人力资源开发做得不好的公司，晋升断层现象非常严重；他们往往从矮子里挑选晋升者，而这些晋升者事先没有经过任何管理培训与训练，这为今后的销售队伍提升埋下了隐患。这些不合格者，将产生更为严重的俄罗斯套娃现象。岗位的"能上不能下"是人类的普遍现象，非常符合人性的棘轮效应：人类把职务晋升当作奖励，把职务降低当成处罚，职位上升容易，下降难。因此，销售队伍的晋升管理，需要从战略的角度来管理，战略上要重视，战术上要谨慎！

俗话说：人往高处走水往低处流。但在销售职业领域中，这句话不一定成立。优秀的销售员不见得愿意晋升为销售经理。不想当销售经理的销售员，也许不是好销售员，但当不了好销售员的销售员，别想当销售经理。销售是自由度相对特别多的职业，有的销售员的销售业绩非常优秀，每年都可以出色地完成销售指标和各项销售活动，但他喜欢"单打独斗"，有"独行侠"的倾向，这种销售员肯定被视为好的销售员，但他就是不愿意被晋升为销售经理。

很多企业认为，晋升是好事，是销售队伍管理过程中最容易做的开心事，还需费心思去管理？晋升也会令管理者头疼，因为销售队伍的晋升具有挑战性，会带来几家欢喜几家愁。晋升成功者，高兴；没有晋升者，不满意甚至离职。当有管理岗位空缺时，是内部选拔（内部晋升）还是外部招选？有时，这会成为销售管理者的两难选择。两个途径都各有自的优缺点，当两者无法决策时，可以采取公平竞争的方式，让内部晋升者与外部应聘者处在同一个竞争环境。

销售队伍的晋升是指销售成员由于工作业绩出色和企业工作的需要，沿着职业晋升通道，由较低职位等级上升到较高的职位等级。晋升管理是指公司有晋升岗位需求后，从员工开发或晋升规划中遴选晋升候选人，通过公司晋升程序获得晋升任命，并合格转正的过程中，一切与晋升事务相关的管理。一般来说，晋升会带来更多的内部管理工作，包括晋升者的考察与推荐，以及补缺性员工的招选等工作。合理的晋升管理可以对销售队伍起到良好的激励作用，有利于销售队伍的稳定，避免人才外流。另外，合理晋升制度的制定和执行，可以激励销售成员为达到明确可靠的晋升目标而不断进取，致力于提高自身能力和素质，改进工作绩效，从而促进企业效益的提高。由此可见，晋升管理工作进行得好坏直接关系到队伍的积极性和士气。

有效的销售队伍的晋升管理应遵循以下三项原则。一是晋升程序公正。晋升规则清晰明确，晋升过程正规、平等和透明。作出晋升决定的程序是具有一致性、信息准确性和道德性的。二是晋升人际公正。晋升程序执行过程中，没有偏见，平等公正对待每位候选者，每位潜在的候选者的晋升机会均等，晋升执行者要秉公决策。三是晋升标准公正。明确晋升标准，并始终具有连贯性。销售队伍的晋升要以销售经理的胜任力模型为基础，综合评价员工管理潜能（已通过项目验证）、绩效、适应性（变革性）及素质等因素的考察，实行"匹配与功绩晋升制"。

中国很多企业会把资历作为晋升标准之一。比如，晋升区域销售经理的候选者，必须在公司的工龄在3年以上，必须是高级销售员。还有的公司会把学历也当作晋升标准之一，这种晋升标准有它的道理，但在销售队伍部门不适用。没有任何研究与实践表明，本科学历的销售经理，其管理潜力和管理能力一定胜过专科学历的销售经理。很多公司的晋升标准不符合SMART原则。比如，优秀的销售业绩，在SMART原则下就被转换为"晋升之前，年度的销售业绩年年100%完成销售指标，获得公司嘉奖至少一次"。有的公司虽然公布了符合SMART原则的晋升标准，但是它们之间的关联度不强。比如，表11-10的威材公司晋升区域销售主任的条件，良好的教育背景作为晋升的质量标准，其量化标准却变成了工龄最少3年。这种晋升标准很难有公信力。没有公信力的晋升标准，对于销售队伍的士气杀伤力极大。

表11-10 威材公司晋升区域销售主任条件

项目	质量	数量
1	良好的教育背景	在公司的工龄最少3年
2	优秀的销售成绩/经历	1.5~2年成功的做组长经历
3	良好的产品知识	最近连续5个月完成小组计划
4	良好的与同事合作能力和经验	最少管理5~6个MR
5	赢得同事的尊重	管理区域产出目前达到60万~75万元/月，并有潜力达到100万元/月以上
*数量条件为：候选人至少要达到条件，但是不一定候选人达到了这些条件，就一定会得到公司的自然晋升。		

很多公司对于晋升实行层层面试或员工晋升发展评价中心的面试。在面试时，他们会进行提问、笔试、案例分析、演讲、管理潜力测试、领导力测试等。在获得管理层的共识后，直线主管递交"晋升推荐表"。表11-11为山道公司的晋升推荐表。在候选人的晋升批准后，需要签发新职任命书，并提供"新任岗位的岗位技能培训"。比如，销售员晋升为区域销售经理后，提供2~4天的"新任销售团队经理的管理技能"训练，把他扶上马送三程。很多公司，对管理岗位的晋升也设立1~3个月的试用期，试用合格才转正；试用不合格，一般会转岗或回到原来岗位。在这种情况下，这位试用不合格的员工，一般会选择自动离职，回到原来岗位的机会非常少，因为在他晋升后，他原来管理的销售地盘已经归属其他销售员管理，而且公司经常已经招聘了新的销售员来顶替他原有销售工作。

表11-11 Employee Development – Candidate's Referral Form 人员发展—候选人推荐表

Name of Referred Candidate 候选人姓名				
Period 时期		Position Recommended 推荐职务		
Background 背景	Training Received & Results 接受的培训及结果	Achievements 成绩	Assignments Rotated/Results 任务招待执行/结果	General Remarks (character, strengths, etc) 一般说明（性格、优点等）
1. Educational 教育		1. Sales 销售		
2. Working 工作		2. Product 产品		
3. Social 社会		3. Others 其他		
Recommended by 推荐人		Application Accepted/Not Accepted 申请被接受/不接受		

销售队伍的晋升，如果是原有的管理岗位空缺需补缺而晋升的，是最容易实施的，只要保证晋升的三公原则得到贯彻即可。如果是销售组织变革，如销售区域的裂

变或重组，这种晋升就更有挑战性，需要用智慧去平衡各方利益相关者的心理利益和物质利益。因为销售区域（销售地盘或客户资源）是销售队伍的基础，牵一发而动全身，它跟销售指标、销售薪酬有天然的密切联系。

销售队伍的晋升多半是采取阶梯晋升制，但由于市场竞争的激烈或者销售组织变革的需要，必要的"破格提拔"也是应该的，但"破格提拔"的也要坚持晋升的三公原则。

11.3 销售队伍的流出管理

销售队伍的流出包括退休、辞职和解雇等，对这些活动的管理就是销售队伍的流出管理。退休、辞职也属于销售队伍流动管理的范畴。而轮岗或轮职属于内部流动，对于原岗位而言，轮岗是流出，对于新岗位而言是流入。在通常情况下，轮岗是为了锻炼与培养员工，属于销售队伍发展管理的范畴。

11.3.1 销售队伍的流出类型

那些优秀的企业认为，投资保留率、客户保留率最终取决于了员工保留率，他们更关注员工保留率，努力提高胜任员工的保留率。但由于市场竞争的激烈、社会变化的迅速与人类的身体特征，员工的流出不可避免，因为当今的公司，几乎没有人能在某处一待就是一辈子，很少有员工在一个地方一直干到退休，尤其是销售岗位。成功的企业不仅会提高胜任员工的保留率还有能力并愿意解雇那些个人行为对企业销售效率产生不利影响的员工。他们认为适当的流出率也是好的，因为流水不腐、户枢不蠹。善待流出员工，并把流出员工当作另一个"优质资产"来管理，可以获得人力资源方面的竞争优势。

销售队伍流出管理，就是对销售队伍成员，无论是以何种形式离开公司的，销售管理者对销售成员的整个流出过程（包括流出后的联络与关怀）进行的管理。它包括员工非自愿流出管理、员工自愿流出管理和员工自然流出管理三种。本书的员工离职，一般是指前面两种形式的流出。优秀的企业，努力降低员工的自愿流动率，尤其是高绩效的任职者的流动率；同时，也努力减少员工的非自愿流出，给予员工改善与提高的机会。

第一种，销售成员的非自愿流出及其管理。非自愿流出就是由于各种原因，由企业一方先提出让员工离开，而并非员工自己主动提出流出企业。这些员工往往是愿意留在公司的，因此办理离职手续有相当的难度。非自愿流出包括解聘、人员精简和提前退休。销售队伍的非自愿流出，一般以解聘（或辞退）为主，其他两种情形在销售机构中存在，但比较少。优秀的企业会为非自愿流出的员工提供员工援助计划和重新谋职咨询服务。

（1）解聘及其管理。解聘是企业与员工解除聘约。由于是非自愿的流出，所以解聘政策的实施有可能会带来一些危险。首先，解聘员工可能会引起被解聘员工的控告和起诉。其次，由于被解聘员工受到各方面的极大压力，可能会对企业的管理人员或与此相关人员进行人身伤害。因此，企业在采取解聘措施时应格外慎重，并要遵循一些原则来尽量避免不良后果的出现。首先要遵守公平原则；其次要建立规范的解聘制度；最后一旦员工被解聘，企业应尽可能地提供一些再就业的咨询等，以此来减轻因解聘员工带来的不良后果。

（2）人员精简及其管理。"人员精简"是一个包括人事裁减、招聘冻结、组织重组和兼并的术语，是企业为降低成本而采取的一系列行为。通常，人员精简主要是裁减企业的劳动力规模。

（3）提前退休及其管理。提前退休是指员工在没有达到国家或企业规定的年龄或服务期限时就退休的行为。提前退休常常是由企业提出来的，以提高企业的运营效率。这是当今许多企业在面临市场激烈竞争时，使自身重现活力而采取的用于管理员工流出的一种很流行的方法。

第二种，销售成员的自愿流出及其管理。自愿流出是指由员工自己提出的辞职（或离职），这些员工常常是销售组织或企业愿意保留的那些人。自愿流出的员工，在办理离职手续时一般比较顺利，但对于企业来说，销售成员的自愿流出是一种很大的损失。因此，它又被称为销售队伍的流失。员工流失分为三种情况。第一种流失是员工与企业彻底脱离工资关系或者员工与企业脱离任何法律承认的契约关系的过程，如辞职、自动离职；而且这类员工在离职的时候，离职表上的离职原因一栏，可能只有简单的"个人原因"、"家庭原因"等借口，却不会说明他们心理的不满。第二种流失是指员工虽然未与企业解除契约关系，但客观上已经构成离开企业的事实的行为过程，如主动型在职失业，也可以用精神离职来形容。精神离职特征为：工作不在状态，对本职工作不够深入，团队内部不愿意协作，个人能力在工作中发挥不到30%，行动较为迟缓，工作期间无所事事，基本上在无工作状态下结束一天的工作。但是也有积极的一面：上下班非常准时，几乎没有迟到、事假和病假，对于团队领导指派任务通常会迅速去做，但效率不高。另外，他们对公司先前所有的抱怨不再抱怨，公司的不正常的在他们眼里也是正常的；上班期间工作更"认真"了，但效率却比之前有明显下降；对公司所有的制度、要求、方针无动于衷，漠不关心，以事不关己的态度对待公司的变化；之前无论大事小事都主动的，现在开始变得平静中庸了，再没有任何建议，一切照章办事；开始变成"和事佬"，什么事情都以"和"为贵，不愿追究真正原因，动不动就主动承担"责任"。这种精神流失，是指员工本来想辞职，但是由于暂时没有其他就业机会，不得不待在销售岗位，身在曹营心在汉，做一天和尚撞一天钟，属于心理上已经退出公司。"精神离职"的高发群体主要是老销售员（通常为三年或三年以上的员工）、能力较差没有追求的员工。

还有一种，就是身体上退出。比如，迟到、缺勤、请病事假，把该休的假全部休完，销售工作有气无力，他们经常采取隐蔽的消极的工作方式，如本来每天要拜访10个客户，实际只拜访5个左右；本来每次拜访客户要沟通10分钟，现在只打个照面，沟通3~5分钟；本来要用十分的劲儿说服客户，现在只用一分的劲儿来说服客户等。

销售队伍的员工流失具有三大特点。第一，群体性。一般说来，员工流失往往发生在以下这些人员群体：新兴行业需求量大的，思维活跃的，专业不对口的，对企业不满的，业务管理精英，对未来职业生涯不明晰的，认为受到不公平待遇和人际关系不好的。第二，时段性。销售队伍的流失时间是有规律的，一般说来，薪水结算及奖金分配后，春节过后，学历层次提高后，职称提高或者个人流动资本进一步提高后，最容易发生员工流失。第三，趋利性。即员工流失总是趋向于个人利益和个人目标。这些员工可分为追求物质型、追求环境型和追求稳定型。

销售队伍的流失会带给企业巨大损失。第一，员工流失使企业成本增加；第二，员工流失使人心不稳，挫伤其他员工的工作积极性；第三，掌握关键技术、销售渠道或客户资源的核心员工的流失将给企业带来无法估量和难以挽回的损失。

影响销售队伍流失的因素可以分为三种：第一，外部宏观因素，主要有世界各国和地区之间的经济社会发展水平、收入等；第二，企业因素，主要包括工资水平、职位的工作内容、企业管理模式和企业对员工流失的态度；第三，个人因素，与工作相关的个人因素主要包括职位满足程度、职业生涯抱负和预期、对企业的忠诚度、对寻找其他职位的预期和压力等。

第三种，销售队伍的自然流出及其管理。员工自然流出的形式主要有正常退休、伤残、死亡等。企业的自然流出管理一般包括两个方面：一方面，为退休者提供与退休有关的信息；另一方面，为伤残员工提供心理或物质支持，对死亡员工的家属给予关怀与援助计划。另外，企业允许退休的员工进行兼职工作也成为一种趋势，以此作为正式退休的一种变通方法。销售员经常出差，经常因销售工作熬夜乃至喝酒，因此难免会出现交通事故、意外伤亡或心脏猝死的现象，尽管公司给销售队伍都办理了交通事故保险和24小时责任险，但成功的优秀公司，会启动特别的销售队伍的自然流出管理，给予相关者更多的人性关怀。

11.3.2 销售队伍的流出管理的价值

很多企业，在员工的企业服务全周期管理上是"虎头蛇尾"的，即员工的入职管理非常出色，离职办理却很草率，非常重视员工的招选，却忽视员工的离职。这或许源于这样的认识：员工离职以后就与公司没有关系了，何必花时间和精力去维护呢？很多公司的销售管理者认为，销售队伍的流出管理是公司人力资源管理部门的事情，销售部门有更重要的事情要做；他们对销售队伍的流出管理就更不重视，只管离职销售员把客户转交出来即可。无数的销售管理者源于这样的认识：他都要走了，他丢下的烂摊子需要我去收拾，他没有完成的指标需要我来承担，还增加了我的招选的工作量，我哪里还有精力去进行员工的离职管理？是的，销售队伍的流出率（或销售队伍的离职率）往往是企业员工流出率最高的，对企业的影响也是最大的。对于胜任岗位的销售员工，花点儿时间进行离职管理还可以理解，而对于那些不胜任岗位的销售员工、被公司开除的员工,还有必要花费时间与精力去进行离职管理吗?

无论哪种形式的员工离职,高明的管理者都需要花时间进行离职管理。员工的离职既是好事,也是坏事。如果是坏事,那么管理者要善于化坏事为好事,把总损失降到最少。应鼓励的离职,如业绩不好而淘汰、因行为违法而辞退(这些离职,一般是非自愿的,经常发生在那些愿意待在公司的员工身上)和退休等,虽然会在短期内构成一部分离职重置成本,但给管理者一个优化销售组织的机会,可以促进销售组织优化成员的年龄结构、知识结构、个性结构和技能结构,从而推动销售组织的营业(利润)增长。

销售员离职带来的弊端有:销售员有相对独立的销售区域或客户资源,如果他离开而没有尽快安排人员来接管的话,就会出现闲置的销售区域,从而导致销售遗漏(销售员空缺或新的销售员达到平均水平所需要的时间内发生的销售量损失)。因此,销售员离职带来的人才流失(尤其是销售员的自愿离职)对于企业的销售具有直接的负面影响。企业为了填补销售员离职造成的岗位空缺,不得不重新发布招募广告,筛选候选人,录用安置新销售员,安排对新销售员上岗前的培训,安排人员接替离职销售员腾出的销售地盘,这些费用都构成离职重置成本。离职重置成本往往还包括销售员离职前三心二意工作造成的销售效率下降与销量下降,离职发生到新销售员上岗前岗位空缺的销量下降,为培训新销售员及与新销售员和其他员工因工作磨合而损失的销量,销售员离职造成的组织知识结构不完整对销售效率的影响,以及销售员离职在销售队伍中造成的人心动荡的效率损失,等等。员工的离职,对公司与员工来说,都是有损失的,销售管理者不应只看到员工离职带给企业的损失,诸如商业机密泄露风险、增加竞争对手力量等利空,也需要看到离职带给员工的损失——员工需寻找发展平台的机会成本、生活成本、时间成本、团队环境融合成本,甚至跳槽风险损失,职业空白期损失,对个人因职业不稳而产生的心理、家庭不稳定因素等利空。两者利空均看到的销售管理者,在进行员工的离职管理时,就会具有平和的心态。

也许,离职员工也是一种财富,如果管理者用人性化的方式做好离职管理,给离职员工留下良好的口碑,将员工当成好朋友看待,做到好聚好散,这样便能使离职员工重新感受到企业的优越性,他们将可能成为公司最主要的"客户"。离职员工的管理,包括他们的延续管理,这是一种高明的人才战略。离职员工会在很多方面给公司带来利益。他们不仅可能会购买老东家的商品或者服务,而且还可能为老东家做出以下贡献。第一,重返旧主和举荐贤才。雇用一位离职员工所花费的成本,往往只是招纳一名新人所需费用的一半;离职员工一旦得到重新启用,他们为公司效力的时间会比新人更长,而在工作的前3个月,离职员工的工作效率常常也会比新人高出40%。也许更重要的是,公司对离职员工的情况比较熟悉,把他们重新纳入麾下大大降低了用人不当造成巨大损失的风险。同时,离职员工在推荐人才方面也发挥着越来越重要的作用。第二,离职员工充当使节、说客和市场推广人。在对公司外部舆论的影响力方面,离职员工和在职员工的作用不相上下,尤其是在前者离开公司时间还不长的情况下。因此,与离职员工保持良好关系有助于公司提高声誉,强化品牌,扩大影响。

第三，销售管理高层的离职员工可能成为公司的投资者。销售高层（或关键胜任岗位的人才）离开公司时，手上往往持有该公司退休金计划份额或公司股票。因此，同离职员工建立起友好关系可以让他们继续长期拥有这些股份甚至购买更多股份，而成为公司的投资者。

在不远的将来，雇主们很快就会为争相吸引离职员工的关注、换得他们的一片忠心而使出浑身解数。要对离职员工进行管理，建立旧雇员关系管理系统与旧雇员数据库，把旧雇员当作毕业生，让离职员工留下美丽的"尾流"以带给公司客观的"钱流"。我们知道，坐在航行轮船的船尾甲板上，可以看到轮船前行时形成的尾流，根据尾流就能判断出轮船的运行情况：如果尾流是直线型的，说明轮船正在稳定前行；如果尾流左右摇摆，可能就会令人怀疑轮船是否出了什么问题。对人而言，道理也是一样的，当员工在公司服务的时候，他也会留下一条"尾流"，当员工离职的时候，这个"尾流"也会停留一段时间。让离职员工留下完美的"尾流"，就需要进行员工的离职管理。

良好的员工离职管理，不仅可以规避离职员工对企业的负面影响力，还可以让离职员工成为回头客或公司口碑的传播者。一个人的社会关系可以延伸到250个人，就是说一个人的有效影响力范围可以达到250个人。试想一下，如果企业视一个离职员工为仇人，那么该员工还会对这个企业心存感激之心吗？假设离职员工在很多公开场合，包括他的大量文章、访谈、培训，都会找机会极力赞扬他曾经服务过的企业，这在无形中让人们对这些企业大有好感，增添了企业的魅力，这种品牌的印象分就大大提高了；现代在线网络传播渠道甚广，如微信、QQ、微博等，口碑传播的影响力更是大了。如果离职员工都可以这样，对企业来讲不就是免费广告宣传员吗？员工感恩图报，企业品牌得利，双赢。为什么会这样？因为企业在员工离职时给予了充分理解，给予了支持，给予了应有的尊重。如果企业在对待员工离职时都做到这样，对在职员工就可想而知了，这对于吸引优秀人才、重要合作伙伴、重要商机，甚至企业文化的宣传，其影响力都是很大的，比企业自己做的其他任何形式的广告都要有效。像这种因离职员工给企业带来客户合作的事，不就在无形中增加了企业的销售力量？关键这是免费的销售员，免费的品牌宣传员，甚至是最为忠诚的客户，他又会转介绍多少客户？良好的员工流动管理，能让离职员工处处为公司传播正面形象。

11.3.3 销售队伍的流出管理程序

很多公司对于员工的流出都有一套完整的流程规范，他们特别注重员工流出的流程管理。一般较为规范公司都有合法合理的员工流出程序，包括提前通告员工流出时间、填写流出申请审批表单（见表11-12）、员工流出面谈、核准流出申请、业务交接、办公用品及公司财产的移交、督促移交、人员退保、员工流出生效、资料存档到流出原因的整合，流出员工的后续管理。开明的员工流出程序是尽量减少人员流失的损失和规避相关人事纠纷及法律风险的一种方法。销售管理者要人性化地完成员工流出的程序。

现代的大中型企业，有的是程序性的例行公事，缺少的就是温情脉脉的人性关怀，这也是许多才华横溢的人宁愿舍弃大公司优厚待遇离开的原因。员工流出，无论是自愿还是非自愿，在这最后一环，如果能做到人性处理，对公司及销售管理者来说，都会带来意想不到的后果。最起码，在职的销售成员会看到自己的人性化结局。销售管理者要知道大度和大气的管理风格会带来公司的大财。另外，对于核心人员实行脱秘期和竞业禁止管理的制度要符合国家法律与道德伦理。

表11-12 员工流出申请与审批单

姓名		任职部门		职位	
加入公司日期		拟流出日期		工作城市	
流出原因					
主动			被动		
			试用不合格		
			严重违反公司制度开除		
			合同到期不续签		
			其他		
如选择"其他"，请在此说明					
流出申请人			申请时间		
员工流出审批					
财物已交接完毕，批准流出日期（截薪日期）： 年 月 日					
直接主管确认			确认时间		
*后附员工流出交接清单					
部门经理（地区经理）意见		销售总监意见		人力资源部意见	
市场营销总监批示		行政管理总监批示		总经理批示	
备注					
员工联络信息	电话			手机	
	户口所在地				
	通信地址			邮编	
本人保证所提供的联络信息准确无误，并明白流出时工作交接不清处，流出后有义务承担此责任。					
员工签名			日期		

对于自愿离职的员工，当管理者收到员工离职通知或离职信，要第一时间响应，放下手头的工作，主动与对方进行沟通，恳请对方再次思考是否非离职不可，并约定双方面聊的时间与地点。要诚恳地进行离职面谈，离职面谈包含挽留、获取他对公司的建议和离职期间的工作转交事宜等。管理者必须为离职员工设立友好的氛围，让其感觉公司对他的重视和温情，使其愿意倾诉内心的感受，这个工作关键是要用心去对待自己的同事，关心他的需要，而不能把离职面谈单纯作为一个工作来完成，或只作为一个程序走一下。整个程序中也许就这个工作最具有人情味，千万不要说"我们今天进行一下离职面谈"，要让员工觉得是在一个特殊时期与一个知心的朋友聊一聊、听一听他的意见的感觉，这才是最好的。所以选择在咖啡馆和会议室的面谈效果会是

两样的，管理者要愿意费心费钱地去做离职面谈。优秀的管理者经常会自掏腰包请离职员工吃一碗面，或是喝一杯茶，与他们聊一聊，有时会很善意地指出他们的一些问题，并给他们作一些职业发展的建议。在办理员工的离职手续时，管理者应及时结算工资，协助他办理相关手续，并及时给付相应补偿；不要与员工太过于计较，做到好合好散。行业不大不小，低头不见抬头见，销售圈子就这么大，如果过于计较，会导致离职员工的不满，他会把对公司的不满传到他曾经负责过的客户那里。在同一家公司工作是同事关系，不在同一家公司工作是朋友关系。把离职员工当作自己的朋友看待，保持离职员工的适度联系，并适度关怀他们。通过完善离职员工关系管理，可以提升企业形象，完善外部人才推荐体系及回聘制度。

在离职管理的流程上，传统的做法是以离职面谈为核心，按照标准离职流程实施离职前后的相关操作。离职面谈在离职管理的整个环节中显得尤为重要，它不是走过场，其核心不是了解员工离职的原因，而是将员工的心永远留在公司。离职面谈要多听少说，柔性沟通，管理者要向刘备学习离职面谈，力争做到"徐庶走马荐诸葛"的结局，送走一个员工，却让离职员工为自己推荐一个更为优秀的继任者。

一般而言，离职员工会有1个月或1~2周的离职转交工作时间，在这段时间内，不能认为转交工作是公事公办，想当然地认为离职员工理应配合，更不能威胁离职员工必须配合转交；要带着尊重的态度与协商的口气，友好地与离职员工协商转交工作事宜，让离职员工带领接任者（我们建议，直线上司最好做接任者，承担起临时销售员的工作与责任）拜访内外部客户，使工作关系得以延续。对于那些自愿离职的员工，举行适度的员工离职仪式具有重大意义，但仪式不能过于隆重和欢快。仪式要慎重，要体现尊重、感谢、惋惜、祝福等氛围。在有需要的情况下，给予离职员工中肯的推荐信或评价信。

11.3.4　销售队伍的解雇管理

非自愿流出，尤其是解雇员工（又称辞退员工），最容易导致被解雇员工的报复行为。因解雇行为违背了员工的意愿，所以成为销售管理者最为棘手的问题，无论管理者已经解聘过多少人，干这种事时总是有不自在的感觉。因此，销售员的解雇能力是销售经理必备的人力资源管理能力。任何解雇决策都要考虑平衡两方面的需要：一方面是组织的客户与投资者的安全需要，另一方面是离职员工的过去或未来的需要。销售经理必须像对待客户与投资者那样，对待离职的员工，无论他们是以何种形式流出的。销售经理在解雇销售员时，要围绕一个中心：鼓励被解雇的员工主动提出辞职，保全他们的面子，与其解雇他们，不如给他们自动离职的机会。解雇员工是在被逼到绝路上时才采取的方法，在准备实施解雇员工之前，要请求自己上司的支持及人力资源管理部和法务部的帮助，同时在解雇实施过程中要坚持七个原则：维护他人的自尊、不要引起争吵、容许他人发泄、整理好所有文件存档（事实依据）、善于倾听、平和语气和为被解雇的销售员找到下家考虑。

解雇员工的程序与员工流出程序（离职程序）有所不同，它一般包括绩效评估、设立目标、收集材料、提醒与协助（公平警告和反应时间）、辞退决定、辞职申请、辞职面谈、辞职手续办理、工作转交、财务等资产转交、人员退保、辞职仪式、辞退档案整理、辞退的后续管理等。对于那些不胜任岗位的销售员或者绩效评估在末位的销售员，要给予他们纠错或改正的时间，协助他们再努力一把，做到"先礼后兵"或"仁义至尽"。指出员工的缺点并帮助他们达标，是销售管理者应尽的责任与义务，但也要告诉员工，他们必须对自己的行为表现负主要责任，给不给机会的责任、给不给辅导与训练的责任在管理者，但努力程度、用心程度等行为的责任完全在员工身上，他们可以作出自己的选择：要么努力改进，要么选择离开。何去何从由员工自己决定，在这个问题上，管理者很难替代他们做主。

根据公平原则，除了极端情况（如销售员因违法而逮捕），当销售成员出现过失或不能满足销售工作要求时，一般不应马上就采取辞退措施，而应根据其犯错的次数及严重程度，采取逐渐加大处罚力度的惩戒政策，即建立透明公开的逐级惩戒制度。有效的惩戒制度应由两个要素构成，即有关文件和逐级惩戒措施。有关文件包括书面的职务规范和职务说明书、考核制度、人事档案等，它们为惩戒措施决策提供标准和依据；逐级惩戒措施是指针对犯错的次数及严重程度而相应可以采取的处罚措施，它们事先都要有详细阐述并明文记载，使企业每个销售成员都知道。惩戒措施应当以逐渐加大力度的方式来执行。例如，当第一次犯错时，可以采取口头提醒，展示证据；第二次犯错时，书面提醒，文件存档；第三次犯错时，非正式警告，展示证据；第四次犯错，则可以采取书面正式警告（或书面通报批评），文件存档；第五次再犯错，第二次书面正式警告，并发出可能被临时停职的信息，文件存档；第六次犯错，则可以实施临时停职的做法，文件存档；到了最后，即第七次犯错，当该员工留下来只能给企业带来更大的不利影响时，就有必要采取解雇的做法，文件存档。需要注意的一点是，在逐级惩戒过程中，企业应对员工每一次惩戒的时间、原因、措施等信息进行记录，以免发生不必要的纠纷。当双方对解雇有争议时，尽力公开协商，有必要邀请同事审查、人力资源管理部参与，没有办法时，申请仲裁。七步法的逐级惩戒制度，会让很多解雇变成主动辞职，很多员工会在第五次犯错之前，就纷纷主动提出离职，大家都保全了面子，都没有双输，好聚好散。在整个过程中，要保全他们的面子与尊严，以减少他们对公司或管理者本人的敌意，如果招致他们的愤恨和不满，管理者的世界就会布满荆棘，危险重重。

如果逐级惩戒制度实施到解雇员工时，管理者要采取三步来实施解雇。第一步，面对面地告知他（她）被解雇了，简单明确地表示已经作出了这个痛苦的决定，一定要让他（她）知道，这个决定是经过周密考虑的，并且其他管理者都已审核并同意了这个决定。第二步，向被解雇的员工准确解释解雇原因，并以事实与文档为依据。第三步，宣布正式解雇的有效日期及解雇过程中应注意的一些细节。与被解雇的员工谈话是件令人尴尬的事情，管理者要努力避免员工的好斗和谩骂出现，注意和他们沟通感情，坚持事实，立场坚定，保持正题。当对方想要哭，不要劝阻，递过几张纸巾。

给对方宣泄的机会，但不能心软改变解雇决定。在销售员的解雇管理过程中，最为头疼的是如何安排人来接替他们的销售区域或客户资源。因为管理者的销售指标不会因为人员流失而降低的。比如，原来由5位销售员承担每月300万元人民币的销售指标，现在有1位销售员辞职或解雇了，而招选和训练新销售员需要半个月乃至2个月时间，这段时间就是销售遗漏时间。销售遗漏时间越长，或销售遗漏区域越多，整个销售团队的压力就越大。4位销售员来完成5位销售员的指标，难度陡增。而且，其他每位销售员都有自己的销售地盘和销售指标，他们本来的销售工作就不轻松，如果安排他们其中的1位销售员来接管这位辞职或解雇销售员的地盘，一般来说，他们是极不情愿的。而且，这里还牵涉的问题是，他们接管后的销售实际量是否有奖金。如果没有，他们一般不会积极来接管销售地盘；如果有，他们也不一定会积极来接管。为什么？因为被解雇的销售员，他（她）的客户关系要么不好，要么开发的客户数量很少，也就是被解雇的销售员的市场是一个烂摊子，实际销量肯定远远低于销售指标。因此，无论销售经理多忙，被解雇的销售员的原有地盘最好由销售经理直接去接管。

销售经理凭自己出色销售技能，如果很快就可以改善客户关系，提高销售量，做到被解雇的销售员走了，其销售地盘可以完成销售指标，不会拖销售团队的后腿，那么其他销售员会从内心中完全支持销售经理的解雇决定，尤其是那些有团队奖金的销售团队。同时，销售经理通过接管被解雇销售员的销售地盘，拜访客户，发现自身在销售团队管理方面的漏洞与不足，有利于销售经理通过反思而提高自身的销售管理技能，从而增强销售团队的凝聚力与战斗力！

本章小结

1. 销售队伍的培训分为四个层次：入职强化训练；销售过程中的培训（CSP体系）；专业销售技能（专业管理技能）的提升训练；专题训练。
2. 入职培训的价值在于：减少新员工的压力和焦虑；加快新员工的心理融合，降低新员工流动率；培养新员工的归属感，减少新员工的启动成本；缩短新员工达到熟练精通程度的时间；帮助新员工学习组织的价值观、文化及期望；协助新员工获得适当的角色行为；帮助新员工适应工作群体和规范；鼓励新员工形成积极的态度。
3. 员工开发是指管理者进行的有助于员工为未来做好准备的所有管理活动，其中包括培训、项目实施与能力评估等。
4. 销售队伍的晋升管理应遵循三项原则。一是晋升程序公正。晋升规则清晰明确，晋升过程正规、平等和透明。作出晋升决定的程序是具有一致性、信息准确性和道德性的。二是晋升人际公正。晋升程序执行过程中，没有偏见，平等公正对待每位候选者，每位潜在的候选者的晋升机会均等，晋升执行者要秉公决策。三是晋升标准公正。明确晋升标准，并始终具有连贯性。
5. 销售队伍的流出管理是指对销售人员退休、辞职和解雇等行为的管理活动。
6. 精神离职是指员工虽然未与企业解除契约关系，但客观上已经构成离开企业的事实的行为过程。精神离职特征为：工作不在状态，对本职工作不够深入，团队内部不愿意协作，个人能力在工作中发挥不到30%，行动较为迟缓，工作期间无所事事。

7. 销售队伍的员工流失具有三大特点，即群体性、时段性、趋利性。
8. 离职员工可能的价值包括购买老东家的商品或者服务、重返旧主和举荐贤才、离职员工帮助公司推广业务、销售管理高层的离职员工可能成为公司的投资者。
9. 逐级惩戒的七步法：当第一次犯错时，可以采取口头提醒，展示证据；第二次犯错时，书面提醒，文件存档；第三次犯错时，非正式警告，展示证据；第四次犯错，则可以采取书面正式警告（或书面通报批评），文件存档；第五次再犯错，第二次书面正式警告，并发出可能被临时停职的信息，文件存档；第六次犯错，则可以实施临时停职的做法，文件存档；到了最后，即第七次犯错，当该员工留下来只能给企业带来更大的不利影响时，就有必要采取解雇的做法，文件存档。

本章思考题

1. 很多微小型企业，对于新销售员采取观看视频与浏览PPT的方式，作为入职培训的主要方法，你认为效果如何？为什么？
2. 作为销售总监，你会设计怎样的培训效果转化机制？
3. 作为销售总监，你会设计怎样的销售队伍培训规划？
4. 销售队伍的开发管理是由公司的人力资源部来负责的吗？为什么？
5. 作为销售总监，你会设计怎样的销售队伍解雇管理制度？

案例分析

你会批准新任销售总监的宏伟计划吗？

"我遇上个难题。"刘华一边叹息一边跌坐在总经理张时征的办公室中的躺椅上。张时征很快就猜出了是怎么回事。这位年仅37岁、精力充沛的销售经理上任4个月之后，竟然还没有使销售人员振作起来。想起当初董事会对刘华寄予的厚望，总经理两小时午餐后的余兴就逐渐消失了。在前任销售经理退休以后，似乎是公司销售人员素质提升的好机会。公司希望他们适应现代化工作条件，成为一支富于革新和开拓精神的销售队伍。而唯一的难题就是要让销售线上的二号人物58岁的和蔼可亲的黄达根靠边站。只要看看这3年不景气的销售数字，就连黄达根的朋友们也承认，公司需要任命一个新人来当销售经理，但不是黄达根。

刘华诉说了他是怎样争取赢得公司20个推销员的支持的。他曾与他们单独交谈，但他们只是绷着脸保持沉默。他几次召集会议，讨论公司在销售新产品方面存在的问题，可这些推销员只不过发一通牢骚，说一大堆俏皮话，而根本提不出有助于解决这些问题的合理建议。当刘华指出，这些新产品在省外代理商手中销路很好时，他们则强调说省内市场与省外市场如何不同。他详细解释了那个由他推行的销售协访制度的必要性。"但他们根本就不想知道，"刘华告诉总经理，"有些人甚至故意阻挠这个制度的实行。看完这些报告你就会明白。"说着，他把一叠报表递给张时征总经理。

张总浏览了这些由区域推销员填写的销售表格，注意到其中没有一张表格是按规定的方法填写的。对于有些关于客户接受新产品的能力问题，一些推销员甚至填上了近似谩骂的话。有一个推销员在表格上写道："是填表格，还是搞推销？扔掉这些毫无用处的东西吧！"

接着，刘华开始说明如何实施他的宏伟计划。他要解雇6个推销员，因为他们都曾嘲弄过他的拜访汇报制度，并且还用别的方式阻挠他的努力。他还建议让黄达根也走，或者用他的话说，"让黄达根正式退休"。他要招聘一些有进取心的年轻人来换班，使销售人员的平均年龄从现在的50岁降低到40岁左右。

"阿华，你认为这种做法是不是有些激进？"张总打断他的话，"你不能一下子就解雇1/3的推销员。你为什么不招聘两个新培训的推销员，来逐步加强销售力量呢？我会批准这两个额外的推销员。不管怎么说，这两个人的工资，也要比按你的意见而使我们所要支出的解雇费少得多。"

"按我的计划，的确会使公司支出一笔比解雇费多得多的费用。"刘华经理坚持道，"为了吸引我需要的那种人，推销员的提成奖金应该增加50%。事实上，问题就是销售人员工资太低造成的。过去招聘和培训的所有有本事的推销员，为了多挣工资都离开了我们的公司，而这些年来建立起来的销售人员小组，都是些本事不大、难以另有高谋的人。"

刘华随后提交了一份详细的报告，计算出解雇的7个人、招聘和培训补充人员和增加一半提成奖金等费用，这将使他的销售部门在1年之内增加40%的开支。他预计在这1年期间内，销售额只能增加5%。但他补充道："如果第二年销售额不能增加30%的话，我就辞职。"

那天晚上，张时征总经理偶然碰到了黄达根。闲聊了一会儿彼此的家庭情况后，张时征总经理问道："销售人员小组的情况怎么样？""不太好。"黄达根蹙着眉头回答，"这些新的日常文书工作使我们的进度慢下来了。"他犹豫了一下，然后继续说："在我们两人之间，年轻的刘华已经使所有的人都和他作对。一些推销员用辞职来威胁。如果他们走了，也会带走一大批客户。你不得不承认，我们的产品正处于逐步衰退的状况。之所以还能够提高产品的市场占有率，无非是靠我们的推销人员这些年来建立的私人联系。"

第二天，张时征总经理叫财务经理仔细核算一下刘华的计划。核算结果表明，刘华的成本估计是相当准确的。任命刘华为销售经理，主要是根据他创造的达成销售目标的记录。但是，刘华对新产品如此信赖是否正确呢？黄达根曾经透露，推销员们没有大力推销新产品，是因为它们可以作为价格较高的老产品的代用品。

再说，刘华的计划意味着在本年度公司将有少量的亏损，而不是预算的利润。但如果刘华是正确的话，那就意味着在以后几年内将获得更高的利润。在张时征看来，如果在第二年销售状况还不能好转，他这个总经理也就当不成了。

讨论：1. 如果你是张时征总经理，你会批准刘华的宏伟计划吗？

2. 如果你是张时征总经理，你会中途换将吗？为什么？

3. 如果你是张时征总经理，接下来你会怎样做？

第四篇
销售队伍的运作辅导管理

第十二章 销售队伍的激励管理
第十三章 销售队伍的领导与督导

本篇重点探讨销售队伍的运作辅导管理,打造斗志高昂的销售队伍,提升销售队伍的生产力或绩效。在销售队伍的生产力提升方面,激励会比能力更为值得关注,因为能力的提升速度不如激励的速度。

第十二章
销售队伍的激励管理

本章要点：

了解销售人员激励本质与激励机理；
熟悉激励的基本理论；
了解销售队伍士气的作用及影响队伍士气的因素；
了解销售队伍激励中一些特殊问题。

课前案例   销售激励导致总监下课

在南国某个海滩旁的五星级宾馆里，一位外企白领在激情高昂地做2009年销售总结报告，下面座无虚席，掌声连连，好不热闹。"兄弟姐妹，2009年，你们做得好不好？"一片掌声："好！""你们做得开不开心？"又一片掌声："开心！""你们努力了没有？"又一片掌声："努力了！""你们尽力了没有？"又一片掌声："尽力了！""尽力了，为什么没有完成销售指标？"突然间，鸦雀无声，静得连针掉在地上也听得见。这时，有个沉重的声音穿破墙壁而来。"你们是优秀的，不幸的是，遇到了严寒冬天，这个该死的经济危机阻碍了你们前进的步伐。冬天过后是什么？"突然雷鸣般的掌声呼啸而来："春天！""你们有没有信心期盼着春天？""有！"又一片雷鸣般的掌声……

好不热闹。这家公司给销售员设立了300万元俱乐部、200万元俱乐部和100万元俱乐部，只要是年销售额达到条件的，无论是否完成销售指标，都可以获得俱乐部的荣誉称号与证书。同时，也根据"销售总量、销售完成率、销售同期增长率、各产品完成率、各产品占总销售量的比例、生产力、以往进入俱乐部的情况"等，将销售代表进行业绩排名，取排名前10%的销售代表进行奖励（2009年以前都是15%的比例，这次因经济危机没有完成销售指标，奖励名额下降5%），每个获奖的销售代表，所得的奖励，折算出现金，最高的没有超过800元人民币。这家公司总共有400多位销售代表。

这种年终总结会议，一般要持续5天，1天的总结与颁奖、1天的公司新政策、1天的产品知识、2天的旅游。每个晚上都有集体活动，这些集体活动一般是以销售大区为单元参与的游戏比赛，最后一天晚上有抽奖活动。在2009年，抽奖活动成了压轴戏，以往只是一种点缀，意思一下。而这次不同，每个人都盼望着抽奖环节，抽出的特等奖是原装iPhone3，价值6000元人民币；一等奖是价值4000多元的旅游票；二等奖是价值3000多元的计算机；三等奖是价值3000元左右的空调；四等奖是价值2000元的冰箱；五等奖是价值1000元的购物券。名额分别是2、4、8、12、20、32，抽奖率为20%左右。抽奖活动把年度会议推向了高潮，凭借酒性，凭借中奖，大家都很兴奋、很疯狂，相互吹嘘、相互诋毁，吵闹声响彻万里云霄，气氛非常高涨！看到大家的压力在抽奖环节瞬间释放，销售总监满意又狡黠地笑了，2010年业绩会不错的。只可惜，他已经看不到这种场面了，因为在2010年6月，他因销售业绩不好而被公司解雇了。

讨论： 1. 作为销售总监，把销售指标的没有完成归因于外部因素的做法对吗？
2. 为什么疯狂的抽奖带来的压力释放没能提升销售士气？

12.1 销售队伍的激励管理

12.1.1 激励原理

经常在销售组织中可以看到这样的现象：两个销售员的能力相同，市场环境也差不多，公司的销售政策与激励政策等相同，却二人的销售业绩却大不一样，有时甚至是销售能力差的销售员反而比销售能力强的销售员干得更出色，取得的销售业绩更好。究其原因，是因为后者的激情（欲求与态度）没有被调动起来，即公司的销售激励政策对他无效。

为什么激励没有效果或者效果不明显呢？要回答这个问题，首先要理解什么是激励？激励就是激发、强化和引导人为实现其目标而付诸行动，并为实现其目标作出坚持不懈的努力的过程。销售队伍管理者的任务就是去识别、理解和引导销售成员的需要与动机，销售经理的角色就是做激励的促进者，因为人的欲望与愿望或者需要与动机是激励的基础。对于管理者而言，激励就是影响他人去做值得的事情或帮助实现预期目标的企图。当两者的目标一致或相互匹配时，激励才会真正起作用，最终实现双赢。

销售经理要懂得如何激励人，销售员也是如此。销售员要激励用户和客户作出理想的购买决策，销售经理要激励销售队伍实现优异的销售业绩。某些销售员相信消费者仅仅被低价格所激励，而一些销售经理也认为销售员仅仅受到金钱（销售薪酬）的鼓舞。还有一种观点认为，尽管客户看好低价商品，销售成员重视薪酬，但金钱仅仅是众多影响人的激励力量中的一种因素，激励的真谛要在人们的内心世界中去寻找。因此，销售员或销售经理需要掌握激励原理与激励理论，找到双方的共鸣点，以便设计有效的激励方案和营造双赢的激励环境。

销售经理最为关注的是如何引导或控制销售队伍的行为，以使其产生销售组织所希望的行为:"怎样使人愿意做某事"。为此,首先要回答一个问题:人为什么愿意做某事?或者人为什么会有这样或那样的行为?或者人究竟为什么要做某事?即要知道人的行为产生的原因。而探究人的行为产生的原因,首先要了解"人是什么",即要研究人的基本性质。人性、动机与激励存在必然联系,如图12-1所示。

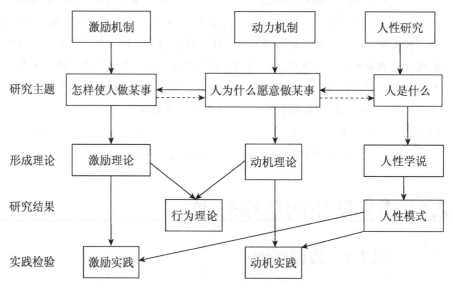

图12-1 人性、动机与激励之间的关系

每个人,不管他们是否意识到,心中都有一个关于人性的模式,并根据其对人性的认识来采取相应的行为。对于人性的研究,东西方自古至今都作了大量的研究,主要回答四大人性假设问题:人是理性的还是感情的?人是行为主义的还是人本主义的?人是追求个人利益还是追求自我实现?人是恶的还是善的?中西古今的观点非常类似,说明人类在认识自己的过程中逐渐取得了共识,也说明了这些研究与理论具有典型意义(见表12-1)。

表12-1 关于人性的假设理论

西方理论	经济人(X理论)	社会人	自动人(Y理论)	复杂人(超Y理论)
中国理论	性恶论	性善论	尽性论	流水论
	目好色,耳好声,口好味,心好利,骨体肤理好愉逸	恻隐之心,羞恶之心,辞让之心,是非之心	人之天赋,皆可尽展而自立也。	人性无善与不善,决诸东则东流,决诸西则西流
	以荀子为代表	以孟子为代表	以庄子、梁启超为代表	以告子为代表

既要给销售成员以经济(理性)激励,也要给予精神(感情)激励;既要改变工作环境打造积极的销售队伍文化,也要进行培训规划打造学习型组织;既要扬善,也要抑恶;至于其比例组成,就要因时因地进行调整。人类学专家普遍认为人有三大属性。一是自然属性。表现为追求快乐,远离痛苦。二是心理属性。表现为渴望被尊重、被接受。三是心灵属性。表现为渴望永恒、长久影响。因此,管理者要从物质、心理和心灵三个层次出发,灵活务实地设计激励机制。人类心理学家普遍认为,人之

所以会采取某种特定的行为，是由其动机所决定的。人类的行为有因果链：原因—行为—结果。行为的原因就是人有动机，而动机就是鼓励并引导一个人为实现某一目标而行动的力量，动机=需要+刺激+知觉。动机的主要来源有两个，即内在需要（人自身有没有满足的需要）和外在需要（作用于人的身心的外在刺激引起的需要）。当然，外在需要通过内在需要而起作用。人的动机分两种，即内部动机和外部动机。

需要是人对某种目标的渴求（欲望），当这种渴求或欲望达到一定的强度（由意向变成意愿），就会引起动机。动机的形成如图12-2所示。为了消除必须消除的紧张或不舒服，在内外条件许可下，人就会采取行动。因此，行为学家认为，需要引起动机，动机导致行为。动机在人类活动中具有唤起、维持和强化人的行为的功能。

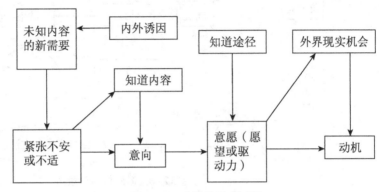

图12-2　动机的形成过程

动机理论主要说明了人为什么会采取某种行为，而作为管理者，更关心的是怎样才能使员工采取某种行为。根据需要与动机形成理论，管理者通过外在刺激或引导知觉，在一定程度上影响人的动机，从而使其产生组织所希望的行为。建立在人的动机上的激励机制（见图12-3）是管理者必须要掌握的技能。管理者要通过创造员工的需要或者了解员工的需要结构、让其意识到自己的需要而产生意向、让他们容易找到实现意向的途径而产生意愿，创造环境使得他们的意愿更加强烈，并创造他们实现意愿的现实机会（提供平台），从而激发他们的动机，让他们采取组织希望的行为，或者设置既可以满足员工需要又符合组织要求的目标，通过目标导向使员工出现有利于组织的优势动机，并按组织所需要的方式自觉行动，从而实现组织的目标。这就是管理者激励员工的机理，也是管理者设计销售队伍激励机制的有效范式路径。

激励机制，就是激励赖以运转的一切方法、手段、环节等制度安排的总称。有效的激励机制要处理好刺激变量、机体变量和反应变量之间的关系。机体变量是指个体所具有的、影响个体反应的心理特征（性格、动机、内驱力强度等）、技术水平与工作能力、自我角色意识的认识程度。反应变量是指刺激和机体变量在行为上引起的变化。需要与动机属于机体变量，外界目标、环境或政策属于刺激变量，行为属于反应变量。有效的激励机制就是组织内部存在一个"努力工作产生绩效，绩效得到有效回报，有效回报产生努力工作……"的正反馈机制。也就是说，根据每个人的努力程度带来的绩效大小，采用物质或精神等激励手段进行刺激，使得员工在生理、心理和心灵上得到满足，同时，也实现了组织目标。

晋升加金钱的激励，虽然很关键，但已经满足不了销售成员多样化的动机与需要了。而古人曾说："矢不激不远，人不励不奋"。为此，管理者要掌握更多的激励理论与方法。

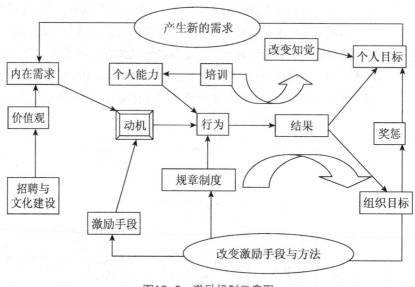

图12-3　激励机制示意图

12.1.2　销售队伍激励的独特性

销售激励就是销售队伍管理者激发和鼓励销售成员对自身内在需要的意识，推动和鼓励销售成员为了满足这些需要而采取积极行动，支持和帮助销售成员达成目标而满足其需要的管理过程。

销售是一项极具挑战性的工作，是走动式的知识型工作，是劳心劳力的工作，具有极大的多变性与主观性。销售员在工作中相对要遇到更多的挫折，因此容易感到沮丧，并丧失信心。销售工作可以满足人们崇尚自由的个性，很多工作都是单独进行的，所以很容易受到与生俱来的惰性影响，销售员的士气也容易变化无常。他们的工作时间长短不一，他们经常远离家室，面临咄咄逼人的竞争对手，常常会遭受到客户的冷言冷语与无情的拒绝，也常常缺乏足够赢得客户所必需的权力与资源，有时他们会莫名其妙地失去因自己付出努力而获得的大量订单，如面临市场不可抗拒的因素的时候。因此，销售员比组织中其他任何成员更需要激励以确保自己能努力工作并保持努力程度与努力有效性。

虽然激励不是获得成功的销售业绩的唯一条件，但良好的激励能使销售员保持高昂的斗志和良好的精神状态。对于给定的销售队伍，激励问题在于发现合适的激励组合，设计合适的激励制度。但销售队伍的激励设计非常困难，销售工作的独特性（办公室在客户那里且经常面临客户拒绝）、销售代表的个性（销售代表之间的差异性及市场的差异性都很大）、公司的目标的多重性（管理目标之间可能存在冲突性）、市场环境的不断变化（市场环境属于企业不可控因素）等带来了销售队伍的激励难题。

12.1.3 销售队伍激励的维度与战略性

激发和鼓励销售成员的工作动机，使其潜在的工作动机尽可能充分发挥和维持，从而更好地实现销售组织目标的过程，就是激励销售队伍。它是许多力量的刺激性作用于个人及其环境的结果。激励在销售队伍管理中的作用主要表现在：一是实现战略目标；二是激发创造性；三是发挥潜能，提高效率；四是吸引优秀销售人才，壮大力量。销售激励的维度一般有四个，即激励的强度、激励的持久度、激励的行为选择、激励的方向性（又称激励的战略性或销售产出）。激励的强度是指激励销售人员在某一给定任务上的努力程度。激励的持久度是指激励销售人员持续努力的时间。激励的行为选择是指在激励政策下销售人员所选择的工作行为。例如，某推销员可以决定集中精力于某一特殊的客户（行为选择），他可以提高拜访客户的次数与质量（强度）直到他得到第一份订单（持久度）。由于销售工作包含大量复杂和多变的任务，因此将销售代表的努力引导到公司战略规划的方向上是非常重要的（见图12-4）。

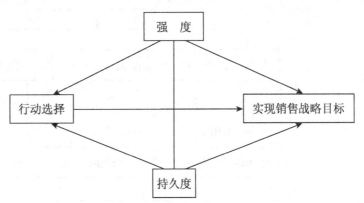

图12-4　基于销售战略目标的激励过程模型

激励机制设计上的战略导向是指将企业的激励体系构建与企业发展战略有机地结合起来，使企业的激励体系成为实现企业发展战略的重要杠杆。销售队伍的激励设计要与企业战略匹配，与企业目标协调一致。因为公司和它所服务的市场在变化，公司的经营战略也要不断变化。公司的实力来源于一个适应市场的战略，有效实施战略的能力，以及所有员工对公司战略的个人责任。当激励体系和战略统一到一起，并能够得到有效的管理时，它就能够增强员工的这种责任感，从而使组织能够成功地实施它的战略。一个良好的并具有导向性的激励制度会与企业发展战略相适应，并支持企业战略的实现。

设计有效的激励机制是组织发展动力的核心问题，其关键点（也是难点）是组织的目标（包括战略目标）与销售成员的个人需要的兼容，激励手段所引发的个人行为与组织目标要有正关联性。因此，作为销售队伍的管理者，要掌握各种激励理论与成功的管理实践。

12.1.4 激励理论及其管理实践

12.1.4.1 激励的基本理论回顾

心理学家与行为学家认为需要、动机、行为、目标、反馈是一个完整的激励过程不可或缺的五个基本要素,由此提出了很多激励理论与方法。激励理论大致归纳为四大类,即内容型激励理论、过程型激励理论、调整型激励理论和综合型激励理论。

内容型激励理论着重对动机因素的引发,包括马斯洛(Abraham H. Naslow)的需要层次理论、赫茨伯格的双因素理论、阿尔德弗(Clayton Alderfer)的ERG理论和麦克利兰(David C. Mcclelland)的成就激励理论等。过程型激励理论着重对行为目标的选择,包括期望理论、公平理论、目标设置理论等。调整型激励理论着重对结果行为的转化,包括强化理论、归因理论与挫折理论等。综合型激励理论主要以莱曼·波特(Lyman Porter)和爱德华·劳勒(Edward E. Lawler)的激励模式为代表。它们之间的关系如图12-5所示。

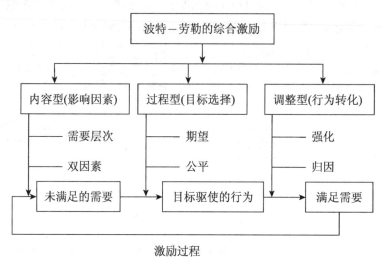

图12-5 四大类激励理论与激励过程的关系

每个激励理论都会有各自的局限性,管理者需要组合使用这些激励理论。销售队伍管理者如果不能清楚地理解为什么某个方案在某个时期优于其他方案的道理,那么有关激励方案的讨论与制订就会变得非常滑稽与无效。任何一种激励理论都阐述了个人心理的不同侧面,销售队伍管理者要把它们组合运用到销售激励设计中,并保证激励必须是公平的,而且能被销售队伍的每个销售人员所接受。

12.1.4.2 马斯洛的需要层次理论

马斯洛需要理论是将需要分为生理需要、安全需要、归属和爱的需要(或社交需要、感情需要)、尊重的需要和自我实现的需要(或成长需要)等。尊重的需要是希望别人尊重自己的人格和劳动,希望对自己的工作与才干给予公正的评价;自我实现的需要是希望成就其独特的自我希望的成就的欲望,如工作的胜任感与成就感。销售队伍是一支更需要自我激励的队伍,招选到自我实现需要强烈的销售成员是销售队伍管理的追求。马斯洛认为，这五大需要都是人生来就有的（马斯洛需要层次与人性假设学说的关系如图12-6所示）；人最迫切的需要是激励行为的主导动机，某一时期内最迫切的需要的强烈程度取决于它的相对重要性；人的需要是分等分层的，呈阶梯式逐渐上升，但这种次序不是完全固定的，有变化也有例外；当某种需要得到满足后，它也就失去了对行为的唤起作用。正如他所说，人的基本需要是一种有相对优秀的层系结构，五大需要的相对强度会随着心理的发展而有所差异。

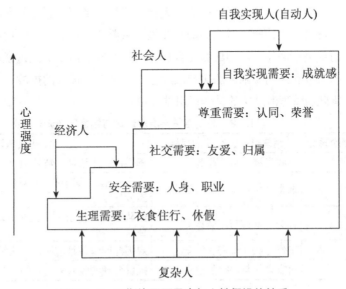

图12-6 马斯洛需要层次与人性假设的关系

有效的激励源于销售队伍管理者对每个销售人员的五个需要进行正确判断。销售队伍管理者不仅要设计满足生理、安全、社交需要方面的激励政策，更要设计满足尊重需要与自我实现需要的激励政策，并让这五大需要的激励政策相兼容而不相悖，销售队伍管理者要学会打相互正关联的激励组合拳。

一般来说，对大多数人的共同需要，管理者可以采用共同的激励方法（如结构性激励政策，或刚性激励政策），而对于不同的需要，则要采取不同的激励方法（如非结构性激励政策，或激励艺术）。当销售员的生理需要未满足时，他们追求的目标是薪酬、福利和健康的工作环境，管理者的激励策略就要考虑"薪酬、福利、工作时间、出差交通与住宿、租房买房等补助"等。当销售员的安全需要未满足时，他们追求的目标是职业保障和意外事故的防止，管理者就要考虑"劳动合同的遵守、劳保制度的制定、社会保险（养老保险、医疗保险、失业保险、工伤保险和生育保险等的缴纳）等"激励策略的完善。当销售员的社交需要未满足时，他们追求的目标就是"工作氛围好、团队融洽、组织认同"，管理者就要在"团队活动、互助制度、利润分享"等方面进行提升激励水平。当销售员的尊重需要未满足时，管理者就要在"培训发展、晋升进修、表彰、参与"等方面进行提升激励水平。当销售员是自我实现需要很强的员工时，销售队伍管理者就要提供"决策参与、项目授权、变革参与"鼓励自我激励的工作环境。这时的销售员，其自我激励能力很强，他们追求成长与自我价值的实现。在一支销售队伍中,每个销售员的五种需要层次都不一样,因此,销售队伍管理者要坚持物质激励与精神激励相结合及内外激励相结合的多种激励手段。

如果销售员最需要的是放心工作并建立自信,为了维护销售员的自尊和解决销售效率问题,销售队伍管理者就可以采取在销售会议上,在同事面前罗列与表扬那些销售业绩相对好的销售员,并请他们分享其成功的经验,这样可以有效激励整个销售队伍。马斯洛需要层次理论告诉我们,适用于某个销售员的激励可能对其他销售人员无效,因为每个人有不同的需求组合。例如,销售人员在其职业生涯的早期也许处在积累财富阶段,所以对金钱的需要最为重要(生理需要),而已经建立起事业与地位的销售员更关注自己的成长(自尊和自我实现的需要)。这就对销售队伍管理者制定激励政策和采用激励方法(或激励艺术)带来了极大的挑战,马斯洛需要层次理论在销售队伍管理激励中的具体运用见表12-2。

表12-2 马斯洛需要层次理论与销售队伍管理行为

马斯洛需要层次理论	销售员需要实现的目标	销售队伍管理行为
自我实现需要	自我发展,自我超越	提供进一步培训,特殊项目,更多责任与权威、授权
尊重需要	取得社会地位、团队认可	改变头衔,感谢信,恭喜信,公开颁奖状,优秀员工经验分享等
社交需要	社交、友谊与团队接受	团队销售,传帮带,社交活动及安排,内部通信,销售会议
安全需要	工作与收入稳定,安全感	规则标准清楚且透明,告之绩效不佳的后果,经常沟通
生理需要	对衣食住与医疗的追求	提供合理的收入和良好的福利计划

12.1.4.3 阿尔德弗的ERG理论

阿尔德弗的ERG理论把人的需要归纳为生存(Existenece)需要、关系(Relatedness)需要和成长(Growth)需要,因三个需要的英文单词的第一个字母分别是E、R、G,因此又称ERG理论。它与马斯洛需要层次理论的关系如图12-7所示。

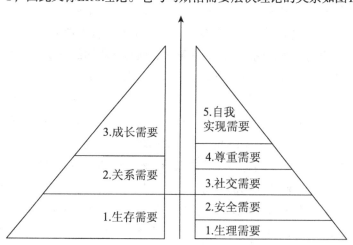

图12-7 ERG理论与马斯洛需要层次理论的关联

马斯洛所论述的是带有普遍意义的一般规律,侧重点在于共性。而阿尔德弗侧重于带有特殊性的个体差异,因此它修正了马斯洛理论的某些缺陷,比马斯洛理论更具实际意义。举例来说，阿尔德弗认为，在同一个层次上，需要得到的满足越少，则满足这种需要的渴望就越大。比如，满足生存需要的工资越低，销售员越渴望得到更多的工资。这一现象称为"愿望加强定律"。阿尔德弗认为，较低层次的需要得到越多的满足，则该需要的重要性越差，得到高层次需要的渴望就越大，这一现象称为"愿望满足前进定律"，与马斯洛的"满足激活定律"类似。

阿尔德弗认为，当较高层次的需要遭受挫折，得不到满足时，人们就会退而求其次，对较低层次的需要的渴求就越大。例如，销售员渴望晋升满足其成长需要，但其所在公司没有晋升机会或者领导不提拔，那么他对团队活动和薪酬的要求就更高。这一现象称为"受挫回归定律"。马斯洛理论是基于"满足—前进"的逻辑，而ERG理论不仅是"满足前进定律"，还包括"受挫倒退定律"。

阿尔德弗认为，三种需要并不是天生就有的，有的是通过后天培养产生的。他认为，人在同一刻会拥有多个需要，因人的个性与教育程度不一样，其表现程度可以相同，也可以不同。同时，他不认为激发高层次需要，一定要先满足低层次需要。有的销售员，他的关系需要虽然没有得到满足，但他对成长需要更强烈，或者他对生存需要的要求更强烈，而不像马斯洛认为的那样，一定会继续努力追求关系需要。因此，作为销售队伍管理者，在运用激励时，要特别注意做到：普遍中有特殊，特殊要体现在普遍中。

12.1.4.4 麦克利兰的成就激励理论

麦克利兰侧重研究高层次需要，对那些已经富裕的销售成员或高原期的销售成员的激励具有指导作用。他把人的高层次需要归纳为三大类，即合群需要、权力需要与成就需要，并以成就需要为主导。合群需要是指建立友好和亲密的人际关系的欲望，也称归属需要、友谊需要或亲和需要。注重合群需要的管理者，容易因为讲究交情和义气而违背或不重视管理原则，从而导致销售组织的效率下降。权力需要是指影响和控制他人的欲望。具有高权力需要的人，会努力寻求晋升，这种人既擅长运用个人权力，也擅长运用职位权力。成就需要是指追求卓越以实现目标的欲望。具有高成就需要的人，通常有四个特点：第一，事业心强，比较实际，敢冒一定程度的风险；第二，有较高的实际工作绩效，要求及时得到工作的信息反馈；第三，一旦选定目标，就会全力以赴投入工作，直至成功地完成任务；第四，把个人成就看得比金钱更重要，从成就中得到的激励超过物质激励的作用，把报酬看成是成就的一种承认。

麦克兰利认为，随着管理职位的提升，合群需要会下降，而成就需要上升最快。随着管理年龄的增加，成就需要也增加。对于权力需要高的销售员，管理者给予"承担责任、富有竞争和地位取向"的销售工作；对于合群需要高的销售员，管理者给予"合作、沟通理解和富有人情"的销售工作，对于成就需要高的销售员，管理者给予"独立负责、挑战性合适、及时反馈"的销售工作。销售队伍的大多数成员具有"成就需要"，他们有较强的成就感，作为销售队伍管理者，要训练提升和保持他们的成就感，给他们创造独立解决问题的工作环境，为他们设立适度的有挑战性的目标，并不断地给予他们的销售绩效以反馈与鼓掌。

麦克利兰与马斯洛理论的差异点主要集中于以下三个方面。第一，人的许多需要都不是先天的，而是可以通过后天培养的。马斯洛强调人类有许多需要与生俱来，满足后的需要不再构成激励来源。而麦克利兰认为需要会激励行为，行为也会刺激需要。当某种行为得到报偿时，就会强化这种行为，而这种强化会增进需要，最终形成某种需要倾向。麦克利兰的观点能够更好地解释社会中存在的满足度越大需求越旺盛的现象。比如，当人们由饥饿到温饱后，按照马斯洛的理论，食物就不再具有激励作用；而按照麦克利兰的理论，人们很有可能更为讲究食物，对食物更感兴趣。当某个人有了广泛的社交圈子时，按照马斯洛的说法，社交需要就会减弱；但按麦克利兰的说法，这个人可能会更热衷于扩大社交圈子。第二，社会性需要受很多因素的影响，很难从单个人的角度归纳出共同的心理需要。而马斯洛把注意力集中在个人方面，更多地考虑从个性出发的需要。麦克利兰则注意到组织与群体问题，更多地考虑群体互动对个体需要的影响。马斯洛由个人出发，强调需要的层次性；而麦克利兰由群体出发，强调需要的并列性。所以，马斯洛的个人本位决定了他更侧重于心理学，而麦克利兰的群体本位决定了他更侧重于管理学。比如，社交需要、尊重需要、自我实现需要的区分，主要说明个人的行为动机；而成就需要、合群需要和权力需要的分类，更能说明组织中的人的行为动机。第三，自我实现这个层次的需要缺乏明确的标准来确定。因为经济、文化等各方面的因素是不断发生变化的，时代不同，社会不同，文化背景不同，人的需要当然就不同，自我实现的表现方式可能差别很大。马斯洛的理论仅仅考虑到人自身的需要，过分强调个人的自我意识、内省和内在价值，而忽视经济、文化等各方面的因素影响，使这一需要更多的是一种心理感受，很难测量。而麦克利兰在一定意义上使用了行为主义的研究方法，使三种需要都能形成客观的可测量的标准体系。

12.1.4.5 赫茨伯格的双因素理论

与马斯洛只针对人类的需要与动机的不同，赫茨伯格针对满足人类需要与动机的诱因进行了研究，提出双因素理论。所谓双因素，就是指"激励因素"和"保健因素"。赫茨伯格认为，有些因素，如职务、工资、上司、同事之类，属于保健因素（那些能带来类似只能防病而不能医治疾病作用的因素）；而如工作富有成就、工作成绩得到承认、工作本身重要等，属于激励因素（那些能带来积极态度、满意和激励作用的因素），如图12-8所示。保健因素与激励因素的比较，见表12-3。

赫茨伯格修正了传统的"满意—不满意"的观点，认为满意的对立面是没有满意，不满意的对立面是没有不满意，满意、没有满意、不满意和没有不满意是有本质的差异的。激励因素会产生满意和没有满意，保健因素会产生不满意和没有不满意。举例来说，给予赞赏、责任和发展的机会，属于激励因素，员工会感到满意；不表扬、不授权，缺失激励因素，员工会感到没有满意感，但不会感到不满意。工作有底薪也有安全感，工作环境很好，属于保健因素，员工感到没有不满意感，但若光让干活却无报酬，缺失保健因素，员工会感到不满意（见图12-9）。

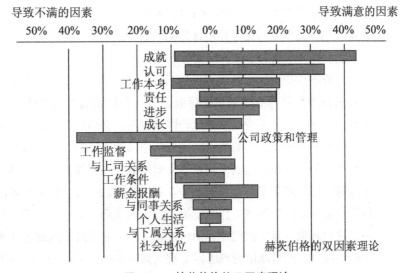

图12-8 赫茨伯格的双因素理论

表12-3 保健因素与激励因素的比较

项目	保健因素	激励因素
起源	动物生存的趋向	人类形成的趋向
特征	1. 性质上属于生理方面的短暂的满足； 2. 不满意、没有不满意； 3. 重视任务	1. 性质上属于心理方面的长期的满足； 2. 满意、没有满意； 3. 重视目标
满意和不满意的源泉	1. 工作条件：对个人来说，主要是外部的； 2. 工作环境； 3. 非个人标准	1. 工作性质：对个人来说，主要是内部的； 2. 工作本身； 3. 个人标准
显示出来的需要	经济的、物质的、安全的、社交的、身份地位的	成就、成长、责任与赏识

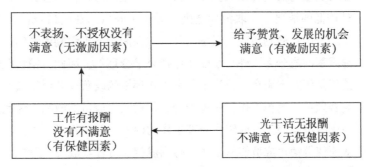

图12-9 不同工作状态下的员工的满意状况

保健因素会引发不满且不会产生激励作用，保健因素只是有助于使人们免受消极影响，降低人们的不满水平。而激励因素能够引发积极主动行为而产生激励作用。很多销售队伍管理者认为，对销售队伍来说，金钱是最为关键的激励因素，这是导致销售队伍管理问题的根源。实际上，薪金既可以是保健因素，也可以是激励因素。一般来说，足够和有竞争力的底薪是保健因素，而与绩效有关的佣金、奖金及职务提升，被认为是激励因素。只有那些激励因素的满足,才能激发人的积极性。底薪的停发、迟发、扣发或少发,会导致销售员的不满,底薪的下降,会因棘轮效应而引起销售员的不满,因为底薪属于保健因素。

也有不少销售队伍管理者认为,公司政策和管理是提高激励的关键,却没有注意到公司政策与管理更多的属于保健因素,是导致员工不满意的最大因素,如图12-8所示。对于销售员来说,如果保健因素缺失,会引发高度的不满意,这样势必产生高的流失率和消极怠工。前者引发销售队伍高度不稳定,后者引发销售效率明显下降。假如他们的工资没有达到平均水平,向其他公司转移的趋势自然会高;如果换工作不太容易,那么怠工率则会急剧上升。怠工并不意味着一定要打电话谎称生病,销售人员仅仅是少花些时间在工作上便能做到。如在路上的时间多些,与客户沟通的时间少些。这种现象一旦变成趋势,销售效率就会急剧下降,造成恶性循环。故销售员产生不满情绪时,销售队伍管理者需要重新审视保健因素,改变保健因素,消除不满,维持原有的销售效率。但是不要寄希望于提高销售效率,因为提高销售效率需要增加激励因素。只有那些激励因素得到满足,才能激发起销售成员的积极性。保健因素的满足只能防止销售成员产生不满情绪,而难以起到激励作用。激励的确要以满足需要为前提,但并不是满足需要就一定能产生激励作用,因为保健因素满足的需要没有激励作用,但缺了它却会不满意。

在销售队伍管理过程中,要提高和保持销售队伍的积极性,首先要满足销售队伍的保健因素,防止不满情绪,然后针对激励因素,努力创造条件,使得他们在激励因素方面得到满足。但是,要注意避免保健因素作用的边际递减效应,因为销售员的没有不满意随着保健因素的增加会增加,但是增加到某个点后,没有不满意随着保健因素的增加反而会降低。销售经理要善于把保健因素转化为激励因素,如销售队伍的佣金与奖金与其销售绩效挂钩。其中,奖金的激励作用会大于佣金的激励,但在底薪相对较低的情况下,取消佣金则会导致不满意。在图12-8的赫茨伯格双因素模型中,激励分内在激励与外在激励两种,内在激励属于激励因素的成分多,外在激励属于保健因素的成分多(外在激励要保持公平合理)。因此,销售队伍的管理者,若想减少销售队伍的不满意,要注重外在工作环境的改善。若想持久而高效地激励销售队伍,就必须重视销售工作和销售管理工作对销售成员的激励。为此,要做到以下三点。第一,改进销售工作或销售管理工作的内容,对工作任务再设计,使工作内容丰富化,从而使得销售成员能从工作中感到成就、责任与成长。第二,对管理者来说,应简政放权,实施目标管理与辅导管理,减少过程控制,扩大销售成员的自主权,并给予他们富有挑战性的工作,提高他们的胜任力。第三,对销售成员的工作成就及时给予肯定、表扬,使得他们感受到自己被组织重视与信任。

把马斯洛的需要层次理论、阿尔德弗的ERG理论、麦克利兰的成就激励理论和赫茨伯格的双因素理论归纳为内容型激励理论,它们之间的关系如图12-10所示。作为销售队伍管理者,需要提升激励内容的有效性。

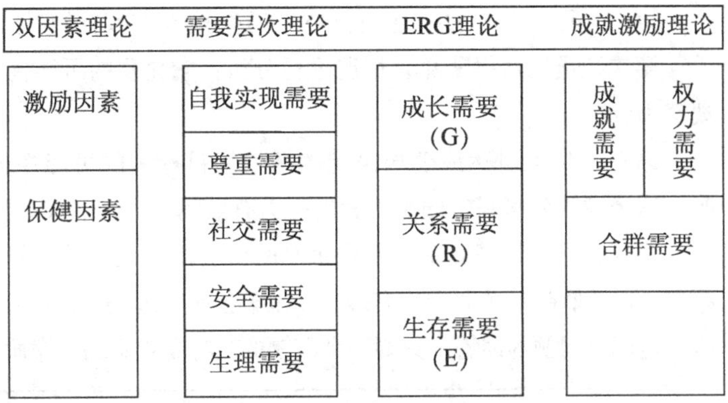

双因素理论	需要层次理论	ERG理论	成就激励理论	
激励因素	自我实现需要	成长需要(G)	成就需要	权力需要
	尊重需要			
保健因素	社交需要	关系需要(R)	合群需要	
	安全需要			
	生理需要	生存需要(E)		

图12-10 四大内容型激励理论的关系对照

12.1.4.6 弗鲁姆的期望理论

弗鲁姆（Victor H. Vroom）的期望理论（又称预期理论）认为，人是理性的人，对于生活与事业的发展，他们有既定的信仰和基本预测；一个人决定采取何种行为与这种行为能够带来什么、结果对他来说是否重要有关；人是根据他对某种行为结果实现的可能性和相应报酬的重要性的估计来决定其是否采取某种行为的，或者说，人只有在预期其行为有助于达到某种有意义的目标的情况下，才会被激励起来，产生内在的激发力量，从而产生真正的行为。激励取决于行为主体对目标的理解和重视程度，而激励力量的大小取决于目标价值与期望概率的乘积，可用公式来表示：

$$工作动机 = 激励力量(M) = 目标价值(V) \times 期望概率(E)$$

或

$$激励 = 效价 \times 期望$$

式中，目标价值（简称效价）又称吸引力，是指行为主体对目标价值的估计或对目标重要性的判断值，目标越重要也就是价值越高。目标价值与激励力量是正比关系。但必须注意，在期望理论中，目标价值并不是目标本身的客观价值，而是行为主体对目标重要性的评价。期望概率（简称期望或预期）是指行为主体对自己实际能力与目标之间的差距的估计，是指目标实现可能性大小的心理评价。不过，这种概率也不是客观的概率，而是主体对自己实现某一目标的可能性的主观估计，或者说是一种主观概率，也称"期望值"。

美国行为学家劳勒对弗鲁姆的期望理论作了拓展，他认为，在个人努力与个人目标（效价）之间存在两个联系，即努力与绩效的联系、绩效与报酬的联系。这两个联系也会影响激励力量。他把工作绩效和所得报酬之间相关联系的主观估计称作关联性，因此，期望激励公式扩展为：

$$激励力量 = 效价 \times 关联性 \times 期望$$

如果把行为主体对努力导致绩效的期望值称为期望值1，把行为主体对绩效导致报酬的期望值称为期望值2，那么，期望激励公式又可表示为：

$$激励力量 = 效价 \times 期望值1 \times 期望值2。$$

期望–效价激励模型如图12-11所示。它包括四个步骤。

第一，员工对报酬的价值进行分析：这份报酬是我要的吗？回答：我为什么要努力？

第二，员工对报酬兑现情况进行分析：它兑现的可能性有多大？回答：我为什么要努力？

第三，员工对达成公司设定的绩效（目标）的可能性分析：我能实现这个绩效吗？这个绩效公平吗？回答：我的努力有效吗？

第四，员工对绩效达成获得报酬的可能性与数量进行分析：我的绩效与我得到的报酬正向关联吗？关联程度有多大？报酬公平合理吗？回答：我的努力得到了真正回报吗？这四个问题的回答，只要一个问题的回答是否定的，激励力量就不会达到最大化。

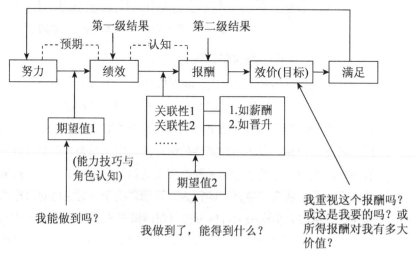

图12-11　期望理论的激励过程模式

接下来运用翰溪公司的一个销售激励例子来阐述期望理论的激励过程。翰溪公司总共有60位销售成员（10位销售主管+50位销售员），为了实现既定的销售目标，公司决定制定特别激励政策——销售竞赛。竞赛规则有如下几种。第一种，任何销售员只要在本年度完成销售指标的150%，就可以赢得一个供两人免费去美国与加拿大旅游两周的机会（实际上，每位销售员要完成年度的销售指标非常吃力，平均每周工作60小时）。第二种，第一位在本年度完成销售指标的130%的销售员，就可以赢得一个供两人免费去美国与加拿大旅游两周的机会。第三种，在本年度完成销售指标的130%的前15位销售员，就可以赢得一个供两人免费去美国与加拿大旅游两周的机会。第四种，在本年度将其销售额对比销售指标提高30%的前15位销售员，就可以赢得一个供两人免费去美国与加拿大旅游两周的机会。获奖销售员归属的销售经理也同时获得一起免费去美国与加拿大旅游两周的机会。第五种，在本年度完成销售指标的130%以上的任何销售员，就可以赢得一个供两人免费去美国与加拿大旅游两周的机会。获奖销售员归属的销售经理也同时获得一起免费去美国与加拿大旅游两周的机会。第六种，在本年度完成销售指标的120%的任何销售员，就可以赢得一个供两人免费去新马泰（新加坡、马来西亚与泰国）旅游两周的机会。获奖销售员归属的销售经理也同时获得一起免费同游两周的机会。销售额提高40%以上的任何销售员，就可以赢得一个供两人免费去美国与加拿大旅游两周的机会。获奖销售员归属的销售经理也同时获得一起免费同游两周的机会。销售经理可以享受两次旅游机会，只要他管理的销售员达标的话。根据期望激励理论，哪个销售竞赛规则最有利于激励销售队伍提升销售生产力呢？

在这个竞赛规则中，业绩提高50%和30%的销量是业绩目标，两人免费去美国与加拿大旅游两周是报酬，增加工作时间或提高工作质量是努力。业绩超目标50%的难度，大于超30%的难度，也会有不少销售成员，认为提高30%的销量难度也很大。尽管第一种竞赛规则，没有人员的限制，但大部分销售成员会认为目标是天方夜谭，这种方案对他们没有激励性或者说没有吸引力。第二种方案，虽然目标难度有较大的下降，但是名额只有1位，竞赛不是销售员自己与自己竞争，而是和他人竞争，属于封闭式竞赛，胜出者非常有限，胜出的可能性就变得更小。努力的绩效得到报酬的可能性太小。第三种方案，胜出概率为25%。第四种，胜出把握性增加，因为销售经理会投入更多的精力来辅导销售员，销售员达成销量提升30%的可能性增加。第五种，属于开放式竞赛，胜出概率几乎是100%，只要自己与自己竞争，并获得了直线经理的大力辅导即可。第六种，属于开放式的递升式竞赛，提供了两个奖项供销售员自行选择，奖励条件遵循了从低到高，满足了不同销售员的需求，而让报酬更有吸引力。在这六种销售竞赛规则中，第六种销售竞赛规则因绩效实现的可能性大（努力导致业绩的期望值1高）、业绩导致报酬的期望值2也高，报酬的价值（效价）也高，故其激励力量最大。当然，第六种竞赛规则单独来看，其激励力量还受到"销售指标（销售绩效目标）的公平性、销售经理的管理公平性"等因素影响。

对于销售队伍的激励需要满足三个条件：首先，销售报酬必须是销售人员所期望的，可以满足其某些需要；其次，销售人员确信，销售报酬取决于他们的销售绩效，而且他们清楚地知道，销售业绩与销售报酬之间的换算方法；最后，销售人员清楚地知道这些销售绩效取决于他们的努力程度。因此，在公司的销售激励政策出来后，销售成员一般会问：希望我做什么？我做得到吗？我做到了有什么回报？这个回报是我要的吗？根据期望理论，销售队伍管理者要与销售成员一起沟通并回答这四个问题。

期望激励理论对销售队伍管理者的启示有五点。第一，销售队伍管理者要正确认识效价（目标价值）。目标在激励中实际起作用的价值不是管理者心目中的价值，也不是激励目标的客观价值，而是行为主体主观认知的价值。因此，不要只从管理者的角度认定或根据客观指标及某种社会上的一般看法与标准来确定目标价值，而要从激励对象的角度来考虑目标价值，努力提升各种报酬在销售成员心中的价值，从而提高效价。第二，销售队伍管理者要重视绩效目标的难度设计。不仅设置目标能起到激励作用，设置好目标的难度也能起到激励作用，尤其对于那些成就感很强的销售成员而言，难度太低的目标会被他们理解为侮辱。第三，给销售成员创造良好的工作环境，提升他们的工作能力，增强他们对达到目标的信心。第四，在设计报酬政策时，努力使报酬与绩效呈现正相关性。第五，销售队伍管理者要注意目标价值与期望概率这两个激励因素的配合使用。目标价值与期望概率的巧妙配合可以出现乘积效应，使激励效果大大地扩大。

对努力付出、业绩目标、收益回报及它们之间的关系的预期与认知，不同的销售员会有不同的观点。因此，销售队伍管理者需要在预期与认知两个方面影响销售人员，让他们预期自己的努力可以实现业绩，让他们认知到达到了业绩，就可以获得收益，而且收益是有价值的。另外，销售队伍管理者需要与销售员就业绩评估标准进行面对面的沟通，以达成共识。销售队伍管理者可以运用以下技巧提高激励力量：第一，把管理者对员工的预期告诉他们，塑造员工的预期，使其预期与组织战略目标相一致，并对预期坚定不移；第二，提高工作的价值与意义；第三，制定可行的销售目标；第四，帮助销售员找到可行的工作方法；第五，及时给予他们工作反馈信息，当他们取得成功时，及时给予他们奖励。期望理论与销售行为的关系如图12-12所示。

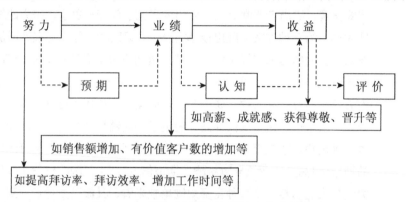

图12-12　期望理论模型与销售行为的关系

12.1.4.7　洛克的目标设置理论

埃德温·洛克（Eduin Locke）的目标设置理论（或目标设定理论）认为，目标是人类行为的最终目的，是人们预先规定的符合自己需要的"诱因"，既定的有意义的目标本身就具有激励作用，目标能把人的需要转变为动机，使人们的行为朝着一定的方向努力，并将自己的行为结果与既定的目标相对照，及时进行调整和修正，从而实现目标而满足自己的需要。这种使需要转化为动机，再由动机支配行动以达成目标的过程就是目标激励。目标激励的效果受目标本身的性质和周围变量的影响。

埃德温·洛克与休斯等同事在经过大量的实验室研究和现场调查后发现，外来的刺激（如奖励、工作反馈、监督的压力）都是通过目标来影响动机的。休斯还认为，成长、成就与责任感都要通过目标的达成而满足个人的需要。目标能引导活动指向与目标有关的行为，使人们根据难度的大小来调整努力的程度，并影响行为的持久性。因此，他们认为，重视目标和争取完成目标是激发动机的重要过程。从激励效果来看，有目标比没有目标好，有具体的目标比空洞的目标好，有能被执行者接受而又有较高难度的目标比随手可得的目标好。

洛克认为判断目标是否合适，有三个标准：一是目标的具体性（或明确度），即目标能够精确观察和测量的程度；二是目标难度，即目标实现的难易程度；三是目标的可接受性，即目标被员工认可的程度。根据目标设置理论，销售目标的难度、销售目标的具体性、销售员对目标的接受度、销售员对目标的承诺度等四个维度共同决定了销售员向着目标的努力程度，而销售员向着目标的努力、组织对实现目标的支持、销售员个人能力与特点则共同影响销售员的绩效，组织根据绩效给予销售员相应的内在和外在奖励，最终决定销售员的满意度。

目标管理的精神就在于实现组织目标与个人目标的完美结合，使得管理目标成为下属自己的目标。目标管理计划要包括四个要素，即明确目标、参与决策、规定期限和反馈绩效。公司目标、事业部目标、部门目标、团队目标和个人目标之间要进行转化，目标转化过程要采取"从上而下"和"自下而上"相兼容的方式。目标转化的使命就是"要我做到某一目标"变成"我要做到某一目标"。如果顺利完成了目标转化，目标对被管理者的激励力量最大，有了认可的目标，被管理者就有自我控制的追求，而且追求的力量非常强大。目标转化的关键原则是请下属参与目标的制定。亲身参与目标的制定，会使他们意识到自己主人翁的地位，产生主人翁的感觉，从情感上认同目标决策过程，从而自觉地把管理者目标化成他们自己的目标。目标制定过程是管理者与下属相互尊重、相互说服和相互教育的过程。最终得到的不仅仅是一块科学的目标内容对下属的感召，更为重要的是下属为实现目标而自觉的努力。"上下同欲"的目标，才会调动执行者的积极性、主动性和创造性。当然，请下属参与目标的制定，可能会有浪费时间和议而不决等问题的产生，这些问题可以通过管理技巧来解决，如限制主题、协调纷争、信息共享等。

目标激励理论解决了期望激励理论中的绩效目标的设定，并把目标置于努力之前，绩效目标与绩效成果是不同的概念，有不同的作用，因而它是对期望激励理论的扩展与有利的补充。目标激励理论有七个要点：第一，目标要有一定难度，但又要在能力所及的范围之内；第二，目标要具体明确；第三，必须全力以赴，努力达成目标（如果将你的目标告诉一两个亲近的朋友，那么就会有助于你坚守诺言）；第四，短期或中期目标要比长期目标可能更有效；第五，要有定期反馈，或者说，需要了解自己向着预定目标前进了多少；第六，应当对目标达成给予奖励，用它作为将来设定更高目标的基础；第七，在实现目标的过程中，对任何失败的原因都要抱现实的态度。人们有将失败归因于外部因素（如运气不好），而不是内部因素（如没有努力工作）的倾向。只有诚实对待自己，将来成功的机会才能显著提高。整合所有目标激励理论，得到以下目标激励模型（或高效激励循环模型），如图12-13所示。

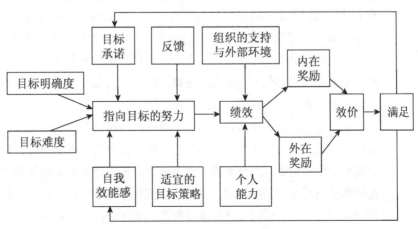

图12-13　高效激励模型

根据高效激励模型，销售管理者必须做到六件事。第一，明确目标。第二，目标难度要适宜，大目标要细分。第三，赢得员工对目标的承诺。由于人类社会的承诺一致原理，人们会兑现自己明确的承诺，尤其是他们写下的书面承诺。增加目标的可接受度，是赢得目标承诺的有效方法之一。第四，增强员工对目标的自我效能感。自我效能感即信心，对目标是否有信心，将决定员工为目标付出的努力程度，信心越强，努力程度越高。第五，协助员工制定或找到实现目标的有效途径或方法。第六，合理运用反馈机制。有效的销售管理者应当以一种能够诱发积极的行动反应的方式来向员工提供明确的绩效反馈。具体应注重以下几点。首先，反馈应当是经常性的，使员工在正式的评价过程结束之前就几乎能够知道自己的绩效评价结果。其次，鼓励下属员工积极参与绩效反馈过程，运用"解决问题法"，即销售管理者和员工在一种相互尊重和相互鼓励的氛围中讨论如何解决员工绩效中所存在的问题。绩效反馈要提供准确的反馈，其中既包括查找不良绩效，同时也包括对有效业绩的认可，赞扬员工的有效业绩会有助于强化员工的相应行为。再次，将绩效反馈集中在行为上或结果上而不是人的身上，进行负面反馈时要避免对员工作为一个人而存在的价值提出疑问，要做到这一点就必须把绩效反馈的重点放在员工的行为或者结果上。最后，制订具体的绩效改善方案，然后确定检查改善进度的日期。

　　目标激励理论对销售指标的设定有很大的指导作用。销售经理难以监督每个销售员的每天实际的工作情况，销售员的工作更多依赖他们自身的力量，而目标就像灯塔，会导引销售员的行为，聚集他们的力量。对于销售员来说，目标就是方向、里程碑、推进剂与责任，目标会催人奋进。目标设定是销售员最强大的自我激励力量，包括目标设定在内的目标管理是销售队伍管理者的主要职责，销售队伍管理者要协助销售员设立每次拜访客户的目标、每次的出差目标、每天的销售拜访的目标、每月的销售目标等。更为关键的是，销售队伍管理者要把销售员的目标与组织目标进行关联与兼容，要善于引导销售员把他的目标与他个人的梦想（或愿景）进行有效关联。而且，要随时关注销售员的目标进展情况，当他们达到或超过预定的目标时，要给他们鼓掌庆祝；当他们与预定的目标有偏差时，和他们一起寻找解决偏差的方法。当他们还没有达到预期目标，千万别威胁他们，说什么"这种产品的销售情况，截至今天还没有达到我们预期的目标，如果你们未来一个月内不能卖出我们所要求的数量，那我们就只好把它转交给另外一支分销团队"。这种没有激励水平的话不要讲，而要这样讲："这种产品的销售情况，截至今天还没有达到我们预期的目标，但是，我相信你们是我们公司能够使该产品打开销路的团队。问题在于我们需要销售更大的数量来证明这一点。现在，让我听听你们的好主意。"

　　销售指标，对于销售队伍而言，是刚性的销售目标，是上级给下级的销售任务，而销售成员个体心中也会有销售目标。如何让销售指标与销售目标融合，并让销售成员在内心对销售指标进行承诺，这是销售队伍管理者必备的管理技能。因为销售目标是销售队伍行为的最终目的，是销售队伍预先规定与符合各自需要的诱因，也是激励销售队伍有形的、可以衡量的成功标准。销售目标会导致努力，努力创造销售绩效，绩效增强销售队伍的自尊心和责任心，从而产生更高的目标，这样的循环往复，带动销售队伍不断前进。但其前提是必须让销售指标具备公平性与挑战性，否则会给销售员的士气带来毁灭性挫伤。

12.1.4.8 亚当斯的公平理论

有了预期，有了目标，人们的行为是否会真正实施呢？接下来，人们就关心预期、目标、结果及其过程与程序是否公平。美国学者亚当斯（John S. Adams）的公平理论（又称社会比较理论）是研究人的动机与知觉关系的一种激励理论。该理论认为，员工的激励程度来源于对自己和参照对象的报酬和投入的比例的主观比较感觉。人们对于公平感的内在结构研究，由单因素理论到双因素理论，再到三因素理论，最后到四因素理论。其中，双因素理论认为公平感存在分配公平和程序公平两个维度，三因素理论认为公平由分配公平、程序公平和互动公平组成，分配公平主要影响具体的以个人为参照的效果变量；程序公平主要影响与组织有关的效果变量；互动公平主要影响与上司有关的效果变量。四因素理论把公平的维度拓展成分配公平、程序公平、人际公平和信息公平，人际公平与信息公平是分配公平与程序公平的保证。

公平理论认为，在组织中，员工对自己是否受到公平合理的对待十分敏感。每个人都有追求公平的倾向，他们不仅追求过程的公平、机会的公平与程序的公平，还追求结果的公平，以及现在结果与过去结果相比的公平。对于结果（或成果、报酬）是否公平，他总是喜欢从自己得到的报酬与自己所做的贡献和参照物进行比较而得出。如果有客观标准（如制度，在销售机构，制度主要指销售区域、销售指标、销售薪酬、销售激励与销售费用等政策与程序及它们的运作，包括成文与不成文的规则），人们就会以客观标准来比较。如果没有客观标准，人们就会与类似的情况相比较，如与他人（同事、同行、亲友和邻居等）、与自己的过去相比较等。

公平理论还认为，人们的工作积极性，不仅取决于他们所得到的报酬的绝对值，而且取决于他们所得到报酬的相对值。为了了解这个相对报酬，人们就会进行比较，如果比较的结果是自己的收支比与他人的收支比不相等，自己现在的收支与过去的收支不相等，那么人们就会产生心理的不平衡，从而产生追求公平的动机。

公平理论的模式可以用方程式来表示：

$Q_p/I_p = Q_o/I_o$（反映公平的横向性）或 $Q_p/I_p = Q_h/I_h$（公平的纵向性或公平的历史性）式中，Q_p 代表一个人对他所获报酬的感觉，I_p 代表一个人对他所做投入的感觉，Q_o 代表这个人对某比较对象所获报酬的感觉，I_o 代表这个人对比较对象所做投入的感觉，Q_h 代表这个人对自己过去所获报酬的主观感觉，I_h 代表这个人对自己过去投入的主观感觉。公式等式成立，员工感到公平，行为延续。如果 $Q_p/I_p < Q_o/I_o$ 或 $Q_p/I_p < Q_h/I_h$，员工感到不公平，产生吃亏感，行为改变，如减少工作投入等；如果 $Q_p/I_p > Q_o/I_o$ 或 $Q_p/I_p > Q_h/I_h$，员工感到不公平，横向不公会产生负疚感（或占了便宜），要么增加工作投入，要么归因运气好，要么调整认知。纵向不公平会产生公司过去欠了他的感觉，行为改变，抱怨或者减少工作投入等。很多销售管理者想当然地认为，$Q_p/I_p > Q_h/I_h$，员工应该会感到满意，其实不一定，尤其是销售成员，他们经常以销售量与报酬进行对比，如果今年是100万元人民币销售额，拿到收入是10万元人民币，而去年是100万元人民币销售额，拿到的收入是8万元人民币，他反而会认为，公司去年欠了他2万元人民币。结果就是，他的行为变得消极或者他会离职。

公平理论认为，当职工感到不公平时，他可能千方百计进行自我安慰，如通过自我解释，主观上造成一种公平的假象，以减少心理失衡或选择另一种比较基准进行比较，以便获得主观上的公平感；还可能采取行动，改变对方或自己的收支比率，如要求把别人的报酬降下来、增加别人的劳动投入或要求给自己增加报酬、减少劳动投入等；还可能采取发牢骚、讲怪话、消极怠工、制造矛盾或弃职他就等行为。当员工感到不公平时，销售管理者可以预计他们会采取以下六种选择中的一种：改变自己的投入；改变自己的产出；歪曲对自我的认知；歪曲对他人的认知；选择其他参照对象；离开该领域。

公平理论的重要启示有四点。首先，影响激励效果的不仅有报酬的绝对值，还有报酬相对值。其次，激励政策应力求公平，使等式在客观上成立，尽管有主观判断的误差，也不致造成严重的不公平感。再次，在管理过程中，给予更多的信息，引导员工的正确归因，使其树立正确的公平观。因为人们在作了公平性分析后，常常会作归因推断，感受公平时，多归因为内因（能力与努力），感受不公平时，多归因为外因（领导不好、运气不好等）。最后，塑造公平的组织文化以增强销售成员的认同感。无论是横向公平性，还是纵向公平性，人们的公平感，最终受到"认同感"的影响。作为组织中的个人是否感到公平，最终取决于员工对自己在这个组织中所处的位置是否认同。组织中的个人如果对组织有认同感，即便报酬低一点儿，投入多一点儿也都无所谓了，更不会产生不公平感。也就是说，本来不公平的现实，也因为这种认同使人们并没有感到不公平。相反，如果组织中的个人对组织不认同，那么无论报酬有多高，员工也会感到不公平。而且这个时候，他会转向更多地关注纵向公平性。增加组织认同感，会提高员工的不公平感知阈值（又称吃亏阈值），降低负疚阈值。只有在不公平程度超过不公平阈值时，人们才会感受到不公平。吃亏阈值一般低于负疚阈值，即吃一点儿亏比占便宜的感知更容易被人们所感知。

很多公司的薪酬制定者，往往忽视销售成员对纵向公平性的关注。为了公司的快速发展，由于市场竞争的激烈，随着公司的人员的增加，每个销售单位所支付给销售成员的奖金是增加还是减少？按道理说，是减少的，但为了激励销售队伍或稳定销售队伍，他们制定的销售薪酬、每个销售单位所支付给销售员的奖金是增加的。

对于销售人员来说，在以下领域极容易产生不公平的心理感受：金钱上的回报（销售薪酬领域）、工作负担（销售领地与销售指标）、晋升发展、得到认可的程度、监管行为、目标与任务（销售指标）等。销售队伍管理者需要在这些领域不断地消除不公平因素，否则销售队伍的积极性会受到极大的打击。对于销售队伍而言，他们还特别关注销售资源分配的公平性，资源分配的公平性会影响其结果的公平性，如销售费用、销售领地和销售指标等。销售队伍对金钱的公平特别敏感，如果存在不公平，无论公司付出多高的报酬，报酬的激励都会失去意义。但销售薪酬是以销售领地为基础、以销售指标为计算薪酬的标准尺度，销售费用是销售作战的武器弹药，因此他们对销售领地、销售指标与销售费用的公平性特别敏感。亚当斯的公平理论及其方程式是建立在贡献定律的基础上的，贡献定律是一种谁贡献大谁就该多得的分配定律。它在"完成任务无须太多的相互合作"的岗位起作用，如销售岗位。对于那些团队销售或客服岗位，贡献分配定律带来的激励效果会大大打折扣。作为销售管理者，还需要考虑"需要分配定律"与"平均分配定律"。不能把贡献分配定律作为分配报酬的唯一途径。对于销售队伍，在遵循贡献分配定律的前提下，适当进行兼顾需要分配定律和平均分配定律。需要分配定律，又称社会责任定律，是指谁最困难和最需要，就分配给谁的分配定律。它最符合人道主义原则，富有人情味。平均分配定律，是指不管贡献大小和需要程度等其他任何条件，进行平均分配的报酬的分配定律。在很难判断贡献大小与需要或完成任务需要高度合作等情况下，平均分配定律效果最好，会最大限度地实现组织内部的和谐，减少矛盾，也容易操作。一般来说，聪明能干的人，会拥护贡献分配定律，认为多劳多得是天经地义的真理；家境贫困或老弱病残的人，会认为需要分配定律是最合理、最人道的真理；而能力低、手脚笨或初入职场的人，会拥护平均分配定律，认为人人平等、人人大同是真理。中国历史悠久，均等思想根深蒂固，如孔子的"不患寡而患不均"、老子的"损有余补不足"，管子的"贫富有度"、商鞅的"机会均等"等思想对中国人影响巨大。无论何种组织、何种社会，无论何时，三种分配定律都要兼顾，只是它们之间的份额不同而已。比如，初创企业或微小型企业、绩效考核方法，在销售领地无法划分，在销售指标无法分解的情况下，就不能只采用贡献分配定律。在给销售队伍设立团队奖金的时候，分配团队的奖金，就不能采取贡献分配定律，而应该采取平均分配定律。当特殊情况出现时，如某个年老的销售员遇到家庭变故，除了企业给予援助或募捐外，在团队奖金分配的时候，就可以在某个时段采取按需分配定律。

12.1.4.9 韦纳的归因理论

人们发现了未满足的需要，通过"期望—目标—公平"选择了某项行为，之后会不会继续这个行为，使其朝着组织所希望的方向进行呢？这就是调整型激励理论"归因—强化—挫折"所要探讨的话题。

人们为了使自己的行为看起来合理，总是喜欢为发生过的行为寻找合理的理由，这一现象称为归因。所谓归因，是指人们对他人或自己的所作所为进行分析，解释和推测其原因的过程。归因合理对自己或他人有激励作用，归因不合理对自己或他人没有激励作用甚至有副作用。归因理论是指说明和分析人们活动因果关系的理论，人们用它来解释、控制和预测相关的环境，以及随这种环境而出现的行为，因而也称为"认知理论"，即通过改变人们的自我感觉、自我认识来改变和调整人的行为的理论。它建立在社会认知理论与人际关系理论的基础上。韦纳（Bernard Weiner）把人们的行为获得成功或遭到失败主要归因于四个方面因素，即努力、能力、任务难度、机遇。韦纳的归因论又称成败归因论或成就归因论。努力与能力属于内部因素或内在因素，任务难度与机遇属于外部因素或外在因素。个人将成功归因于能力和努力等内部因素时，他就会感到骄傲、满意、信心十足，而将成功归因于任务容易和运气好等外部原因时，产生的满意感则较少。相反，如果一个人将失败归因于缺乏能力或努力，则会产生羞愧和内疚，而将失败归因于任务太难或运气不好时，产生的羞愧则较少。归因于努力比归因于能力，无论对成功或失败均会产生更强烈的情绪体验。努力而成功，体会到愉快；不努力而失败，体验到羞愧；努力而失败也应受到鼓励。

根据归因者与行为者的关系，归因可以分为自我归因和他人归因。自我归因是指个体对自己的行为进行原因的分析，他人归因是指他人对某个体行为的原因进行分析。在前一种归因中，归因者和行为者是同一个人，而在后一种归因中，归因者和行为者不是同一个人。人们既可能对自己的行为进行原因分析，也可能对别人的行为进行原因分析。旁人的归因与自己的归因会有很大的不同，自我归因多半会归在内在因素，旁人归因（他人的归因）多半在外部因素。例如，一个好的市场如果让销售人员去维护，若市场变得更好，大部分人们都会归因于基础好，少部分人会归因于销售人员维护客户的能力强。如果在销售员的维护下市场变得差，大部分人们都会归因于该销售员的客户维护能力差，少部分人会归因于形势变了（环境变了）。不同的归因会导致销售员采取不同的做法，从而影响其以后的销售绩效。所以销售管理者要善于引导销售人员的归因，从而提高销售绩效。

米契尔（Terence R. Mitchell）的领导归因理论认为，领导者对下级的判断会受到领导者对其下级行为归因的影响。即领导者对下级行为表现及所处环境进行观察，作出归因的分析与判断，再根据归因结果，作出相应的管理行为反应。但领导者对下级行为的归因可能有偏见，这将影响领导者对待下级的方式。同样，领导者对下级行为归因的公正和准确也将影响下级对领导者遵从、合作和执行领导者指示的意愿。领导者典型的归因偏见是把组织中的成功归因于自己，把失败归因于外部条件；把工作的失败归因于下级本身，把工作的成功归因于领导者；把下属的成功归因于自己、公司与外部条件，把下属的失败归因于下属本人。因此，克服领导者的归因偏见是有效领导的重要条件之一。领导归因理论的主要贡献在于提醒领导者要对下级的行为作出准确"诊断"，并"对症下药"，才能达到有效管理的目的。领导者要克服领导归因偏见，并善用归因引导员工，提升对员工的激励作用。

销售经理要巧用归因策略，帮助员工形成有效的成就动机。例如，当某个平时销售成绩总在前几名的销售员，在某段时间接连几个月的销售成绩下滑，可以观察到该销售员情绪十分紧张、失望、烦躁、不知所措，作为销售管理者就应帮助该销售员分析其失败的原因，使其认识到几次失败的原因，并不是他自己的能力不够，即不是稳定性因素所致，而主要是他自己努力程度不够，即是不稳定因素所致，让他深信只要更加努力，放松紧张情绪，并注意改进销售方法，那么销售业绩很快就能恢复上去。不言而喻，这样的归因将有助于销售员恢复自信、放松情绪、增强自我期望，从而产生强烈的成就动机。对销售业绩一向优秀的销售员，销售经理应帮助他们把成绩不仅归因于良好的稳定性因素，而且也应看到良好的内部控制点（努力程度）在其中的重要作用，使他们认识到只有两者有机结合，才能保证成功。这种归因引导的做法特别适合疲态期的"好"销售员。引导销售员把没有达到目标的原因归于努力不够，销售员就会更努力地工作：拜访更多客户，更高质量地拜访客户。如果把失败的原因归于其所做的销售陈述技巧（销售方法），他将调整陈述技巧（或陈述策略）。如果把失败原因归于他们的能力，则有的销售员会寻求建议或帮助，以提升能力，有的销售员则可能会丧失信心并减少努力甚至放弃；如果把失败的原因归于任务的难度，有的销售员依然会更努力或更聪明地工作，而有的销售员会认为任务无法完成，或者目标太高、目标不合理，他们就会退缩并缺乏动力。作为销售管理者，要慎重对待能力与任务的归因。

归因作为销售员的防御机制，在销售业绩不好的时候，往往归因于外部原因，如分配的销售区域不景气、分配的销售指标太高等，从而没有羞愧感。如果销售队伍管理者把销售员的成功归因于外因，如市场运气，那么销售员就会开始依赖运气而不努力工作！这种归因会直接影响销售员下一次获得业绩的能力。如果销售员失败了，如没有达到销售目标，作为销售经理要引导销售员把原因归于销售努力不够，或销售方法有待进一步改进，这样他有可能会更努力地工作，更积极地调整销售方法，拜访更多的潜在客户等。因此，引导销售成员作出正确归因，是销售队伍管理者必备的领导技能之一。

对于行为的归因，德西（Edward Deci）提出了过度理由效应，又称行为归因论。人们都有给事情或行为找理由的习惯，个体可以通过外部归因和内部归因两条途径为自己的行为寻求合理性。外部归因是指来自个体以外的环境，如外在的奖励或压力而使个体产生从事某项活动的欲望；内部归因是指个体自身心理上解释个体行为的因素，因为喜欢某项活动而产生想从事某项活动的欲望。在为自己的行为寻找原因时，个体倾向于先寻找外部理由，因为外部理由往往是显而易见的。如果外部理由足够充分，个体就认为自己的行为是由外部理由引起的，而不再寻找内部理由，即不再改变自己的态度，因为改变态度将消耗大量的心理能量。相反，当外部理由不够充分时，个体只能寻求内部理由。由于个体需要为行为找到合理的理由，所以此时个体经历着认知失调，为了减小认知失调带来的不适感，个体便通过改变对行为的态度和认知，使之与行为保持一致，达到使行为合理化的目的。具体机制如图12-14所示。

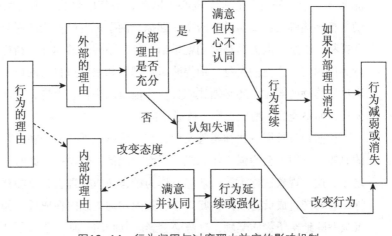

图12-14　行为归因与过度理由效应的影响机制

德西的过度理由效应理论认为，内部动机构成行为的内在理由，形成行为的内在激励，外部动机构成行为的外部理由，形成行为的外在激励。人们都力图使自己和别人的行为看起来合理，因而总是为行为寻找原因。一旦找到足够的原因，人们就很少再继续找下去。而且，人们在寻找原因时，总是先找那些显而易见的外在原因。当外部原因足以对行为作出解释时，人们一般就不再去寻找内部的原因了。如果只用外在理由来解释行为，那么一旦外在理由不再存在，这种行为也将趋于终止。

在销售队伍管理领域，有些应该做的、必须做的事情与行为，不应该设置外部奖励，如销售成员应该承担递交"出差报告、工作计划、销售日志"等的义务责任。但很多销售队伍管理者为了鼓励销售成员完成这三大报表，给予了每月的物质奖励，并花费了很多时间去评比，激励甚微。这就是销售队伍管理者在人为地制造过度理由效应，让销售成员把递交三大报表的行为归纳为外部的物质奖励，而不是其内在提升锻炼和分析反省的内部驱动，导致了报表目标的转移，大家只关注奖励而非报表本身。对于销售队伍管理者而言，如果希望员工保持某种行为，就不要给它过于充分的外部理由。处于销售队伍管理岗位的人都会发现，物质奖励的刺激会在某种程度上促使别人保持高涨的热情，对于处于低潮中的人尤其如此。但是持久的物质奖励很容易让员工产生"为钱而工作"的心态，因为"物无尽善，过则为灾"。过度理由效应，提醒销售队伍管理者，不能只运用外在的物质激励，更需要运用精神激励。比如，当销售员获得优异成绩时，给予他荣誉证书（市场经济时代，职业需要荣誉证书），而不仅仅给予他金钱奖励。荣誉证书会引导员工将其努力获得优秀成绩的行为进行内在化归因：我这样做是为了自身职业发展的需要，当然也促使了企业的发展。我不仅仅为了钱而努力，更为重要的是我在为自己的荣誉与职场价值努力。因此，销售队伍管理者要使一个人持续不断地努力，应该激发其内在的动力，而不能只靠外在奖励。因为外在的物质奖励有个最大的弊病：既容易产生棘轮效应，又容易产生卡尼曼损失厌恶效应。如果在很长一段时间里保持不变，物质奖励又会成为员工努力工作的过度理由，一旦失去外在物质奖励或者物质奖励无法满足其需要时，结果反而不如从前。而精神奖励，如表扬、鼓励和信任，则不会产生棘轮效应与卡尼曼损失厌恶效应，它们往往能激发一个人的自尊心和上进心。因此，最佳的奖励原则就是精神奖励重于物质奖励。精神奖励与物质奖励，两手一起抓，两手都要硬，当两者只能选其一时，应该先选择精神奖励。因为精神奖励就是给予员工精神上的沐泽，精神奖励容易引导员工把行为原因内化为他们自身。销售队伍管理者如果希望自己的员工努力工作，在给予恰当物质奖励的同时，还必须让职员认为他自己勤奋、上进，喜欢这份工作，喜欢这家公司，而不能简单地把工作与待遇挂钩。

德西经过长期观察和实验发现，在某些情况下，人们在外在报酬和内在报酬兼得的时候，不但不会增强工作动机，反而会减低工作动机。此时，动机强度会变成两者之差。这一现象被称为德西效应。作为销售队伍管理者，要注意到销售成员的归因差异，有的销售成员喜欢内在归因，看重内在动机或内在成长，如果这时销售队伍管理者只一味地给予物质奖励，这势必会影响其归因，从而陷入了"德西效应"。因为有些人看中的是"内在的成功"而不是"外在附加奖励",当这种人从事有内在兴趣或愉快的工作、活动而取得成绩时,会体验到由衷的满足感和成功感。此时,销售队伍管理者给予精神上的表扬与鼓励即可,如果给予持久的物质奖励,那就是侮辱他或引导他产生过度理由效应。

销售员或者市场经理也可以把归因理论用在客户身上。提供给消费者一个可信的非买不可的理由,大大促进了销售业绩。在维萨卡和万事达卡为用户提供"花旗购物卡"的服务活动中,他们告诉消费者"使用花旗购物卡可以让您享受到20万种名牌商品的最低价"。结果出人意料的是消费者对此的回应寥寥。经过自省后,他们发现了自己的错误就是他们为消费者解释了利益,但是却没有为消费者提供令人信服的理由。于是他们在后续的宣传中这样说道:"使用花旗购物卡购物可以让您享受20万种名牌商品的最低价,因为我们的计算机一刻不停地监控着全国各地5万家零售商的价格,以保证您能够享受到市场上的最低价位。"广告一经刊出,注册人数大增,几乎爆棚。

销售员或市场经理在使用归因理论时,应该避免陷入过度理由效应。比如,在销售淡季,很多公司都会推出针对经销商或零售商的激励政策,不懂过度理由效应的销售员或客户经理,经常对经销商或零售商只说这样的话:"我们公司有政策,这个季度购销某产品X万元人民币,我就给你价值××的奖品"或"我就邀请你出国旅游"或"给你多少返点",等等。给予经销商或零售商做好本季度销量的理由,归在外部奖励或外部动机,而没有引导他们做好销售的内部动机或内在原因,如淡季做好销售表明他们能力强,表明他们在为社会创造价值,表明他们的公司在成长等。因此,经常会出现这样的现象,一旦促销政策没有了,经销商或零售商销售该公司的产品行为就减弱或消失了。

12.1.4.10 斯金纳的强化理论

斯金纳(Burrhus Skinner)的强化理论(又称行为矫正理论或行为修正理论)认为,人的行为是其所获刺激的函数。如果这种刺激对他有利,这种行为就会重复出现;若对他无利,这种行为就会减弱直至消逝。因此,销售队伍管理者要通过把对行为后果的强化物(激励政策与规章制度等)告知员工,让员工根据反馈信息调整自己的行为以适应组织目标。也就是销售队伍管理者要用令人愉快的刺激来引导员工的正当行为,用令人厌恶的刺激来纠正员工的不当行为,即销售队伍管理者要通过不断地改变员工所处的环境的刺激因素来达到维持或改变他们的某种行为。

目标激励理论认为个体会通过目标来引导其行为,而强化理论认为,人的行为会受到外部控制因素(强化物)的引导,销售队伍管理者可以采取诸如积极强化、消极强化、惩罚和忽视等方法来调整员工的行为。强化激励理论包括三个部分"前因、行为和结果",也称"因—行—果"三要素。这里的前因或因,是指外在的因,即组织提供的工作软环境。它们之间的关系,具体请见图12-15行为强化模型。斯金纳的强化理论和弗鲁姆的期望理论都强调行为同其后果之间关系的重要性,但弗鲁姆的期望理论较多地涉及主观判断等内部心理过程,而强化理论只讨论刺激和行为的关系。

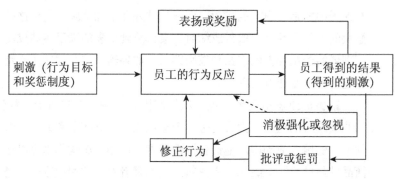

图12-15 行为强化激励模型

强化的具体方式有四种。

（1）积极强化。就是表扬或奖励那些符合组织目标的行为，以便使这些行为得以进一步的加强、重复出现。当积极的行为发生后，给予物质或精神的刺激物来肯定这种行为，即通过增加表扬和奖励来鼓励积极行为的重复。比如，销售队伍管理者称赞员工工作做得好。

（2）消极强化。当某种不符合组织要求的行为有了改变时，减少或消除给予人们不希望的刺激（惩罚或批评等），从而使其改变后的行为再现和增加（以促使积极行为的发生）。当员工的消极行为在发生变化时，减少或停止惩罚，以加速消极行为的消退或结束，并增加积极行为发生的概率。消极强化有两个要点：第一，已经有惩罚刺激的存在；第二，当积极行为发生时，才可去除惩罚刺激，以使员工明确其行为与结果的关联。

（3）惩罚。当员工出现一些不符合组织目标的行为（又称消极行为）时，进行批评或处分，可以约束这些行为少发生或不再发生。惩罚是力图使所不希望的行为逐渐削弱，甚至完全消失，即当消极行为发生后，就给予消极行为者惩罚刺激，从而减少消极行为。尽管惩罚对于消除不良行为的速度快于忽视手段，但它的效果经常只是暂时性的，并且有较大的副作用。惩罚会引起人们的怨恨与敌意（导致被惩罚者采取攻击行为、冷漠压抑、退化无创造性、高离职高缺勤和两面派行为等），而且随着时间的推移，惩罚的效果会减弱。对于销售成员，要少用金钱的惩罚，因为金钱的惩罚会让销售队伍产生卡尼曼损失厌恶效应，而导致他们采取堤内损失堤外补的办法来达到心理平衡，并推动曲棍球棒效应的产生。

（4）忽视。就是对已出现的不符合要求的行为进行"冷处理"或者给予"不理睬"，达到"无为而治"的效果，也称自然消退，其本质就是不予强化。忽视有两种：第一，对某种行为既不奖励也不惩罚，如销售队伍管理者对员工打小报告的事情不理不睬，这位员工自然就会减少打小报告；第二，撤销对原来可以接受的行为的强化（又称停止奖励），使得这种行为发生频率减少，直至消失。

根据强化的性质和目的可把强化分为正强化和负强化。在管理上，正强化就是奖励那些组织上需要的行为，从而加强这种行为；负强化就是惩罚那些与组织不兼容的行为，从而削弱这种行为。正强化的方法包括奖金、对成绩的认可、表扬、改善工作条件和人际关系、提升、安排担任挑战性的工作、给予学习和成长的机会等。负强化的方法包括批评、警告、记过、降级、开除等方法，不给予奖励或少给奖励也是一种负强化。负强化包括消极强化、惩罚和忽视三种方式，对于惩罚，不能不教而诛，不能以罚代管，也不能掺杂个人恩怨。当行为的结果会带来愉快和满足，或者能消除不快和厌恶时，人们往往乐于接受，不会产生情绪上的不良反应，如恐惧、焦虑等，这恰恰是正强化的效用。正强化属于正激励，它使合意行为的发生概率增大；负强化属于负激励，它使不合意行为的发生概率降低。

　　管理的基本目的是促进人们做正事，而不仅仅是防范人们做错事。如果负强化优先，就失去了管理的存在价值。所以，正强化是必须采用的手段，而负强化是不得不用的手段。就强化效果而言，惩罚性强化和消退性强化的效果是不同的，消退性强化往往能收到较好的效果而副作用不明显，惩罚性强化的短期作用显著而副作用强烈。这种副作用来自于剥夺性和强制性，是无法克服的。因此，在管理上，要坚持正强化为主、负强化为辅的原则。正强化的方法要不断创新，因为同一种正强化方式，如果多次使用，其激励作用就会减弱，产生激励的边际递减效应。正强化的数量大小，即正强化的力度要达到最小的临界值。如果销售员的薪酬收入为10000元人民币，再设立10~100元的现金奖励就很难有激励作用，不如不设立，既增加了管理者的工作量，又给他们提供了相互比较和易产生不公平的机会。如果有设立奖励的必要，那就采取非现金的方式，如礼品，尤其是个性化礼品的方式。

　　根据强化的时机与程序，可以把强化分为连续强化和间歇强化。连续强化是指每次发生的行为都要受到强化。间歇强化是指目标行为出现若干次后才给予一次强化。连续强化和间歇强化的效用，从行为的消退角度来看不尽相同。斯金纳的实验表明，间歇强化停止后产生的反应消退，远远低于数量相同的连续强化停止后产生的反应消退。例如，如果只是偶然对儿童的良好行为给予强化，在停止强化后，这种良好行为保持的时间，要比每一次良好行为都给予强化保持的时间长得多。斯金纳认为，当手头的强化物很有限时，这一差别具有实际意义。对于管理者来说，弄清间歇强化与连续强化在反应消退上的差别，进而弄清不同的间歇强化在反应消退中的精确数据，对于设计激励方案有着重要作用。

　　间歇强化又分为固定间歇（间时）、固定比率（固定可变）、可变间歇（间时）和可变比率四种。

　　固定间歇强化是指每隔固定的一段时间就给予强化，即固定强化是定时的，如月工资和年度奖金。这种强化因间隔的固定性，有一定规律可循。因此，在强化物出现后，由于行为者知道短期内不能再得到强化，所以在每次强化之后的区间反应概率较低。当行为者觉得再次强化快要到来时，反应概率又会增加。

　　固定比率强化是指强化次数与目标行为发生的次数保持固定的比例关系，即强化按一定比例进行，如佣金和计件工资。斯金纳强调，采用这种程式的关键在于"比率不是太高"。因为他的研究表明，某一特定的行为人和某一特定的强化指标之间，比率是有限的。超过这一比率，行为就不能保持，而且会出现快速消退。这种情况被斯金纳称为"行为缺失"。之所以会发生行为缺失，是因为行为人的能力和精力是有限的。如果固定比率过高，超出了行为人之所能，那么就会产生两种情况：一是行为人在初始时就无法达到规定的比率；二是在初始时虽然达到了比率，但后来无法持续达到。一旦出现这种情况，肯定发生行为消退。在现实中，某些本来行之有效的业务提成或类似制度，由于后来不断"加码"而导致失效，就属于这种情况。

可变比率强化是指强化次数与目标行为发生的次数之间没有固定的比例关系，强化比例的随机性和灵活性很大，如奖金和承认等。

可变间歇强化是指强化的时间不固定，强化不定期，强化时间的灵活性高，如培训和晋升等。由于这种强化程式没有一定的时间规律，随机性较大，行为者往往难以琢磨后续强化物出现的时间。因此，在它的作用下，能使行为者保持一个相对稳定的行为水平。

我们建议，负强化（包括消极强化、惩罚、忽视）要采取及时连续强化，因为人们有惰性、侥幸心理和行为惯性等特点，只有及时连续强化，人们的积极行为才会变成新习惯。而正强化要采取间歇强化，强化频率不能过多，要采取少量多次的做法。采取渐进性和持续性的策略，比如，针对同样的行为，一次给某人500元人民币进行强化，可能不如每次给他50元人民币而分为10次的强化效果好。正强化频率过高会导致人们认为正强化是理所当然的，会增加人们对正强化的期望值。

强化激励的效果与强化激励的时机、频率、程度与方向性有关。对于强化效果的四个因素，管理者做到因人因事因时而采取不同的策略。在强化的频率与程度方面，销售队伍管理者要坚持正强化的"少量多次"策略和负强化的"量大次少"策略。强化时机直接影响激励效果，犹如烧菜，在不同时机加入佐料，菜的味道就很不一样。超前正强化激励可能会使下属感到无足轻重；迟到的强化激励可能会让下属觉得画蛇添足，失去了强化激励应有的意义。强化激励如同发酵剂，何时该用、何时不该用，都要根据具体情况进行具体分析。根据时间上快慢的差异，强化激励时机可分为及时强化激励与延时强化激励；根据时间间隔是否规律，强化激励时机可分为规则强化激励与不规则强化激励；根据工作的周期，强化激励时机又可分为期前强化激励、期中强化激励和期末强化激励。强化激励时机既然存在多种形式，就不能机械地强调一种而忽视其他，而应该根据多种客观条件进行灵活的选择，更多的时候还要加以综合的运用。激励的频率过高或过低，同样会消弱激励效果。一般来说，复杂的、难度大的高新尖产品的销售，激励频率宜低，快速消费品或简单产品的销售，激励频率宜高。

激励频率要与激励强度（激励程度）相结合，一般而言，两者呈反向相关关系。激励程度是指激励量的大小，即奖赏或惩罚标准的高低。超量激励和欠量激励，不但起不到激励的真正作用，有时甚至还会起反作用。比如，过分优厚的奖赏，会使人感到得来全不费功夫，丧失了发挥潜力的积极性；过分苛刻的惩罚，可能会导致人的破罐子破摔心理，挫伤下属改善工作的信心；过于吝啬的奖赏，会使人感到得不偿失，多干不如少干；过于轻微的惩罚，可能导致人的无所谓心理，不但不改掉毛病，反而会变本加厉。在使用正强化（如奖励、加薪等）时，要掌握员工的期望值，不要让奖励程度（实际结果）远远偏离员工的主观期望值，否则，正强化将会失去激励效果，甚至产生副作用，详情见表12-4。

表12-4 强化程度与激励效果的关系

激励值/主观期望值	员工感受（知觉）	激励值/主观期望值	员工感受（知觉）
$X=1$	正常（标准效率）		
$1<X\leq1.2$	老板慷慨	$0.5\leq X<1$	失望
$1.2<X\leq1.3$	感动	$0\leq X<0.5$	大失所望
$1.3<X\leq1.4$	喜出望外，太多了	$X=0$	绝望
$1.4<X\leq1.5$	喜出望外，老板傻蛋	$X<0$	绝望，愤怒
$X>1.5$	乐极生悲，对老板产生怀疑		

根据强化的内在因素和外在因素，可以分为替代强化和自我强化。美国心理学家班杜拉（Albert Bandura）认为，替代强化是指人们不直接参与某一活动，也不需亲自体验直接的强化，而是通过观察别人的行为受到奖励或惩罚，使自己在以后类似情况下也作出这种行为或抑制这种行为。它为榜样作用、从众、模仿行为提供了理论基础。班杜拉认为，要控制人的行为，就可以通过树立榜样、同伴示范（如老销售员给新销售员示范）等使人们受到替代强化，激起相应的行为动机，产生预期的行为。人们常说的"杀一儆百""杀鸡儆猴"、"榜样力量""见贤思齐"等都是讲替代强化。管理者要让员工受到替代强化的积极影响，就必须做到考核客观、奖惩准确公正，否则替代强化将无效。而自我强化是指个人依据强化原理安排自己的活动或生活，每达到一个目标即给予自己一点儿物质的或精神的报酬，直到最终目标完成。自我强化是较高水平的激励方式，不可能要求人人都达到这种水平，但通过教育、指导，也可以帮助销售成员逐步具备这种能力。在进行教育、指导时，主要应帮助销售成员确定长远目标和近期目标，让他们自己确定评价标准，使之自我检查、自我评价。只要某人不受外部因素影响能够独立地安排自己的活动并不断取得进步，就说明他具备了自我强化能力。

销售队伍管理者总是幻想通过有效的激励制度来调动员工的工作积极性。这种激励制度，无非分为两种——惩罚和奖励。毫无疑问，奖励正在成为主流，我们拥有各种形式的奖励。通过表扬或奖励可以强化员工的正确行为，起到正面引导的作用，通过惩罚可以弱化员工的不正确行为，起到劝阻或警示的作用。对行为的奖惩，其本质上是奉行斯金纳箱子中的规则：你按照管理者的意图行事，就可以得到更多的奖励；否则你会得到惩罚。这种激励理论（强化激励理论）的局限性在于，它只讨论外部因素或环境刺激对行为的影响，忽略人的内在因素和主观能动性对环境的反作用，具有机械论的色彩。奖励制度有效，但不是全能。过度使用奖罚会有副作用，奖励只能告诉员工应该做什么，并没有告诉员工这么做的意义（为什么这样做），惩罚只能告诉员工不应该做什么，并没有告诉他们为什么不应该这样做。当人们在物质需要得到满足时，奖励的副作用就会被放大。销售奖励政策，一般是只问结果不问原因，如果用它来解决问题，它只是治标不治本的方法，解决问题的有效性有限。不合理的奖励制度，会扼杀兴趣、阻止创新，甚至会破坏团队的人际关系。

销售队伍管理者为什么总是会不断收到加薪的要求呢？其中一个原因可能是，提出要求者并没有得到合适的对待,而更可能的是第二个原因,即员工已经把得到奖励看作工作的唯一特征,"当工作失去更为重要的特征,人们往往会关注工资的多少:如果剥夺某人能使其真正投入、感觉有意义的工作,失去对自己所做之事的选择能力,没有社会支持,也没有机会学习或展示自己的才能,那么此人很可能把注意力放在他挣的钱上。他甚至认为工作并不仅意味着钱,这样的想法十分幼稚"。奖励就像是一剂副作用极大的药,可惜销售队伍管理者都把它视为解决工作动力不足的唯一药方。

要积极帮助员工增强自我效能感,克服习得无助感,增强其自信心,不断追求更高的成就动机和行为。自我效能感的产生依赖于"无条件的积极关注"或强化,它启发销售经理应多给销售员以关心、鼓励、支持、帮助等正面强化,而少给予批评、指责等负面强化,以维护和增强销售员的自我效能感,尤其是对于原本就十分内向、自卑的销售员就更应注意。然而,人毕竟不是可被环境随意摆布的客体,在提高自我效能感、克服无助感方面,仅靠行为疗法的"无条件积极关注"或强化和让无助感销售员单纯体验"成功的快乐"是远远不够的,而必须从认知,尤其从归因的角度入手解决;销售经理应尽量避免同时给销售员带来的负面影响,尤其是对比较落后、自卑、内向的销售员,要注意保护他们的自尊心。在运用"积极关注"或强化时应灵活机动,同时销售经理要考虑如何教给销售员知识、技能,更要考虑如何通过教练促使销售员学习和掌握销售策略,提高销售能力,发展良好的个性品质(尤其是坚持性,踏实、勤奋、抗挫折能力等),提高销售员的综合素质。我们在帮助销售员克服无助感时,应首先让这些销售员明白他们的失败主要由于努力不够而不是他们低能,帮他们树立自信心;同时,在循序渐进有步骤的训练和积极强化中,使他们的能力真正得以提高,则他们的无助感也就自然消除了。

12.1.4.11 多拉德的挫折理论

美国心理学家多拉德(John Dollard)的挫折激励理论认为,员工在经过努力却依然无法实现预定目标时,会在情绪状态和内心体验等方面产生挫折感,这种挫折感会影响他们下一步的行为,作为管理者应针对员工挫折,有效地采取相应措施,引导员工行为,走出挫折阴影,积极努力地对待工作。这一理论着重的是挫折感而非挫折本身。挫折是客观存在的,而挫折感是主观的,是行为主体对挫折的心理感受或知觉。挫折无所不在,而有的人因挫折有挫折感,有的人因挫折却没有挫折感,人们不是根据挫折采取行动,而是根据挫折感采取行动。挫折激励模型如图12-16所示。

销售队伍管理者要对员工进行挫折激励,引导员工的挫折心理,管理员工的挫折知觉,协助员工变消极防卫为积极进取,变被动应付为主动奋争。当某个人努力满足自己的需要而工作却遭受到挫折时,他可能会采取两种态度:第一种是积极适应的态度;第二种是消极防卫的态度。遇到挫折后冷静地分析原因,适当地改变、转换需要,调整行为,这是一种积极态度;遇到挫折后承认现实条件的限制,承认自己能力的不足,从而降低以致去掉原来的需要,这也是一种积极态度;遇到挫折,不灰心不丧气,决心以更坚强的意志、更果敢的行为追求原来的目标,满足原来的需要,同样是一种积极的态度。销售队伍管理者对下属挫折后的积极态度要给予支持,给予引导。

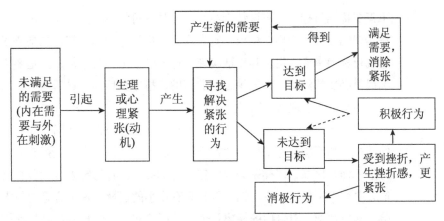

图12-16 挫折激励模型

　　挫折激励理论要求销售队伍管理者正确理解挫折感与失败的关系。一是挫折感与失败的区别。失败是一种客观事实，挫折感则是一种主观感受。失败可能导致挫折体验，挫折感是对失败的体验。二是并非所有的失败都能导致挫折。首先是主体必须认为目标很重要，如果主体认为目标无所谓，那么失败就不一定能导致挫折感。其次是主体必须认为目标能达成，如果主体认为根本没有成功的希望，只是试一试而已，那失败也不会导致太强的挫折感。最后是主体必须已经付出了相当的努力。如果本来就没有付出多大的努力，那么即使失败，主体的挫折感也不会太强烈。有困难，付出不一定有收获，就会产生失败，就会有挫折感；如果没有困难，有付出就一定有收获，没有失败，当然也不会有挫折感。

　　挫折是普遍存在的，引起挫折的原因既有内部的，也有外部的，既有主观的，也有客观的。主观原因主要是个人因素，如身体素质不佳、个人能力有限、认识事物有偏差、性格缺陷、个人动机冲突等；客观原因主要是社会因素，如企业组织管理方式引起的冲突、人际关系不协调、工作条件不良、工作安排不当等。公司在实施奖惩时，在那些受惩罚者中，有不少员工会产生挫折感。

　　人们体验到挫折后在心理与行为上会出现一些相应的反应。这些反应有些是积极的，如越挫越勇、在挫折中奋起等；有些反应则可能是消极的，如失望、放弃等。其中心理方面的消极反应主要是出现一些消极情绪，如愤怒、焦虑、沮丧、无所谓等。受到挫折后，人们一般会采取两种行为：一是建设性心理自卫，如积极进取、增强努力、寻求新的方法、挑战自我、团队合作等；二是破坏性心理自卫，如推诿、逃避、忧虑、冷漠与攻击等。

　　挫折的普遍存在与挫折感的主观性，要求销售队伍管理者要重视员工的挫折管理。首先，积极疏导。在预料到有严重的挫折行为发生时，奖惩的揭晓不宜过急，待疏导工作布置妥当后再宣布。当员工发生挫折行为后，要设身处地地为对方着想，以同情和关心的态度去理解他们的行为，从真诚关心入手，耐心进行疏导。其次，加强员工的挫折教育。挫折教育是善意地告诉人们，学会正确认识挫折，学会分析挫折原因，增强对挫折的心理承受能力，合理运用心理防御机制，加强自我调节技能。再次，帮助员工避免挫折。管理者应该善意地帮助人们避免无谓的挫折，好的管理者不仅要提出目标，还应该特别注意：一是尽可能不要给下属提出跨度太大甚至根本无法实现的目标，如确需提出，则应将目标进行适当的分解；二是要尽可能为部下顺利达成目标而考虑、提供和创造实现目标的必要的客观条件；三是要为部下顺利达成目标提供必要的经验、方法等方面的帮助、指导和培训。最后为员工的心理宣泄提供机会，为员工的心理治疗提供专业支持。

对于同一个人来说，对不同的挫折，其容忍力也不相同，如有的人能容忍生活上的挫折，却不能容忍工作中的挫折，有的人则恰恰相反。挫折感有差异性，挫折容忍力不一样。比如，同样是完成销售指标的95%，有的销售员就会有巨大的挫折感，好像天要塌下来似的；有的销售员却只有小小的遗憾。挫折容忍力与人的生理、社会经验、抱负水准、对目标的期望及个性特征等有关。销售机构是受挫折最多的部门，销售经理要提高销售员内在的挫折阈值，引导他们化挫折为动力，屡败屡战直到成功；同时大力提倡快乐销售，与销售员一起去实现销售目标，与他们一起去面对失败，与销售员共患难，大力提倡"成功是你的，失败是我们的"销售团队氛围，容忍失败，减少销售员个人的挫折体验及其强度。销售经理最后要善于提高销售员面对挫折的技巧，提高销售员的抗挫折能力或抗击打能力。

12.1.4.12 波特-劳勒综合激励模型

美国行为学家爱德华·劳勒和莱曼·波特于1968年在《管理态度和成绩》一书中提出了著名的波特-劳勒激励模式。他们以期望激励理论为基础，结合公平激励理论、强化激励理论、内容激励理论等内容，较好地说明了整个激励过程。综合激励模型如图12-17所示。

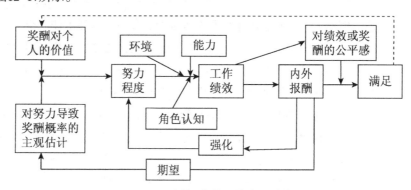

图12-17　波特-劳勒的综合激励模型

波特-劳勒的综合激励模型告诉我们，不要以为设置了激励目标、采取了激励手段，就一定能获得所需的行动和努力，并使员工满意。要形成"努力—绩效—奖励—满足"并从"满足"回馈"努力"这样的良性循环，取决于奖励内容、奖惩制度、组织分工、目标导向行动的设置、管理水平、考核的公正性、领导作风及个人心理期望等多种综合性因素。

在波特-劳勒的激励模型中，销售成员首先问的问题是：如果我努力，那么我的销售绩效会有多大的提升？也就是说，我的成功可能性有多大？接着，就会问自己：我会因为自己的成功而获得报酬吗？第三个问题是：我为这些报酬而付出的努力值得吗？或这些报酬是我要的吗？第四个问题是：我得到的报酬公平吗？如果这四个问题的回答是肯定的，销售成员就受到激励，他们的行为也就符合组织的要求。

本书探讨的十大激励理论，各有千秋，各有适用场合，如图12-18所示。在销售队伍激励的管理实践中，要结合动机激励模型综合使用。销售队伍的管理就是激励管理，因为销售队伍管理者的任务之一就是去识别、理解和引导销售成员的动机，设立报酬制度强化他们的行为，管理他们的知觉（目标、期望、归因、挫折感），并努力创造员工积极奋斗的公平的工作环境。

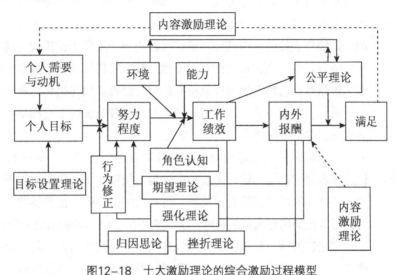

图12-18 十大激励理论的综合激励过程模型

12.1.5 选择有效的销售激励组合

有效的激励会产生高昂的销售士气，而高昂的销售士气是企业取得销售胜利的最关键因素，因为高昂的销售士气有助于销售员勇于面对困难，克服客户的拒绝，以组织目标为己任，采取积极主动的措施赢得销售。影响销售队伍的士气因素有很多，有些因素是软性的，如缺乏信任、培训质量不高、辅导不到位等；有些因素是刚性的并且相互之间关联度很大，如销售区域不安全、销售区域不公平、销售指标不合理、销售薪酬不科学等。销售薪酬属于报酬范畴；销售指标既属于绩效范畴，也属于目标范畴，是销售工作的方向，是绩效评估和销售报酬的基础；而销售区域是销售指标的基础，没有销售区域，销售指标就成了无源之水，无本之木。销售报酬分为内在报酬和外部报酬，在外部报酬中，金钱是一个强有力的激励要素，销售员更喜欢加薪和现金刺激（销售薪酬）。因此，销售区域、销售指标和销售薪酬是销售队伍激励的直接正关联的三个最关键要素，把它们组成的激励模式称为结构性激励模型。把其他有关联但关联度不明显的激励因素，称为非结构性激励因素。把销售报酬中的各种形式，薪酬、旅游、奖品、对工作成果的赞赏等称为激励工具。当销售薪酬与其他激励工具相结合时，对销售队伍的激励性更大更持久。比如，颁发奖金时，给予他们一份荣誉证书，让他们走红色地毯，并伴放美妙的音乐。对于销售队伍的激励，要以薪酬为基础,进行各种激励工具的组合,抓住重点,满足差异性需求,做到激励从心开始。不仅仅要发挥激励艺术,而且要设计刚性激励模型。把激励比喻为房子的话,销售队伍管理者不仅要找到不同的砖瓦(激励大厦的形式),还要找到房子的框架(激励大厦的脊梁或框架)。

12.1.5.1 结构性激励方法

销售薪酬是销售成员的工作外在动力,它受到销售计分、销售量指标计划、销售区域划分政策(客户分配政策)的影响。有效的销售薪酬设计,是一个系统工程,必须有系统全局观,必须确保它们和谐运作。销售区域相当于规定了销售成员的责任范围,是销售成员的工作基础。销售指标相当于规定了销售成员的绩效承诺,是销售成员的绩效评估(销售薪酬计算)依据。没有销售区域,销售指标就成了空中楼阁,没有销售指标,销售薪酬设计就没有依据。销售区域与销售指标相当于销售薪酬的支持性子系统,它们与销售薪酬组成销售业绩管理系统的支柱性框架,支撑起激励大厦,其他方面的销售激励都属于添砖加瓦。

一般情况是先确定销售区域,其次确定销售指标,最后确定销售薪酬。销售队伍的成员把"销售区域、销售指标计划与销售薪酬"视为他们不可控的领域,并且认为,不可控的部分都没有激励性,可控的部分再努力也是徒劳。如果这三个领域的激励性可以得到销售成员的认可,那么销售队伍管理者的激励工作就完了90%左右。

"销售指标、销售薪酬、销售区域"组成的金三角,就好比弓弦,它们之间关联度越大,弓弦的质量就越好,弓弦就绷得紧而不断。销售指标与销售区域好比弓把,它们之间关联度越大,弓把的抗震性与强度就越高,销售薪酬与销售努力的关联度越高,这把箭就越锋利,销售队伍的努力就好比即将射出去的利箭。如果他们都是基于销售战略目标的,并且都是有激励性的,那么销售队伍受到的激励就会持久且强度大,企业的销售战略目标就容易实现。笔者提出了基于销售战略目标的销售队伍激励的结构激励模型,如图12-19所示。

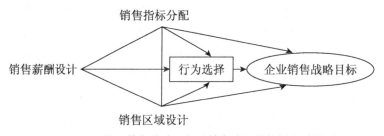

图12-19 基于销售战略目标的销售队伍结构性激励模型

(1)销售区域要有激励性。销售队伍管理者要用亚当斯的公平激励理论来指导销售区域的设计、分配与调整。力争使销售区域公平合理,并努力消除销售区域的边际递减效应。销售区域是销售成员进行一切销售活动的基础,是他们的责任领地。如果没有销售区域,就不可能计划、指挥和评价销售员的业绩;如果没有区域结构,绝大多数公司的整体市场都显得太大,从而不能实现高效率的管理。销售区域的划分与调整要有激励作用。销售员在自己的销售辖区,会努力地开拓市场,精耕细作市场,与客户建立长期的伙伴关系，不必担心会出现"自己栽树，他人乘凉"的局面。客户也不希望每次与不同的销售代表打交道，不喜欢企业经常调换销售人员。拥有稳定公平的销售区域，销售员就被赋予对所管理销售区域的全体客户负责的重任，其责任感就会被唤醒，销售员就感觉到在为自己工作，而不仅仅为企业工作。一般而言，销售成员在指定的销售地盘内，都会主动去取得更好的销售业绩，因为他们会把自己负责的销售区域当作自己的事业根据地去经营。合理公平的销售区域设计有利于提高销售队伍的积极性与销售效率。如果销售区域范围缩小，销售成员就会怀疑销售管理层要限制他们的收入，由此会受到负激励，结果销售士气急剧降低。如果销售区域频繁调整，也会降低销售成员的销售努力程度，因为很有可能他的销售努力是在为他人做嫁衣。如果新的销售员或实习销售员被分配到较小的销售区域，在他们的销售技巧与销售业绩提高以后，把他们派往（或提升）到更大或更具盈利性的销售区域，销售人员就会受到激励。这种竞争性地分配销售区域的做法，如果一年开展一次，那么就会对销售队伍产生很大的良性激励作用。销售成员会把大的销售区域或产出大的销售区域当作自己销售能力与地位的象征，如果给予变动区域频繁或缩小其销售区域，都将被视为对其侵犯或不信任。

（2）销售指标要有激励作用。销售队伍管理者要用弗鲁姆的期望理论、亚当斯的公平理论、洛克的目标设置理论和多拉德的挫折理论来指导销售指标的制定与分配及其调整，力争使销售指标科学合理，消除销售指标的棘轮效应，并做到与销售区域正关联。销售指标对销售员的士气影响最大，因为这与绩效考核密切相关。销售指标是指分配给销售成员在特定期间内的绩效目标，是销售员需要努力实现的销售任务。它对销售成员的工作有导向作用，因为销售成员的销售指标，往往与他们获得佣金和奖金有关。最令销售管理者头疼的是销售指标的分配过程中，最容易产生销售指标的棘轮效应。一旦棘轮效应被销售员所感知，整个队伍的销售士气就会急剧下降，销售成员就开始消极怠工。为销售队伍中的每个销售成员设立适当的销售指标是迈向建立销售梦之队的良好开端，专业的销售成员通常喜欢销售指标是因为它们是种挑战。那些优秀的销售成员通常采取"计划—目标—梦想"三步法来进行销售指标管理，他们会在公司给予他的销售指标的基础上，设立更高的销售目标，如公司给予他的每月销售量指标为12万元/月，他会给自己设立13万元/月的销售目标，乃至15万元/月的销售梦想；同时他会把12万元/月的指标进行分解，分解到每周每个目标客户。这些做法其实都是目标再设立的过程，而目标的设定是人类最强大的自我激励力量。

（3）销售薪酬要有激励作用。销售队伍管理者要用弗鲁姆的期望理论、亚当斯的公平理论、洛克的目标激励理论和内容激励理论来指导销售指标的制定、分配和调整以及销售薪酬的设计。销售薪酬设计中要防止销售曲棍球棒效应、棘轮效应和卡尼曼损失厌恶效应，并做到与销售指标相关联。任何销售员都会主动进行报酬评估：报酬是否值得去努力？报酬是否公平？如销售量一样时，拿到的奖金是否一样？若有差别，原因何在？如果只有唯一的原因，如奖金差别的主要原因是完成计划的比例，那么他就会消极怠工或离职。因为他们会把销售计划的不完成，归因于销售计划制订得不合理或不科学。

12.1.5.2 非结构性激励方法

除了销售区域、销售指标和销售薪酬对销售成员有激励外,还有其他激励措施,诸如销售主管与销售员的面对面沟通、销售主管的实地辅导、销售会议、销售竞赛、晋升体系、培训体系、职业规划、精神需求的满足、公司激励体系的公平性、及时的兑现、销售主管的素质等,这些激励措施对销售成员的影响如何?戴维·乔布(David Jobber)在《推销与销售管理》一书中,探讨了特许营销协会组织的一份调查数据,这份调查要求销售经理将八个有效激励销售员创造更好销售业绩的因素(销售薪酬除外)进行排列,结果如图12-20所示。在这项研究中,销售经理与销售员的个人会面,被认为是最有效的激励措施;其次就是销售经理的定期辅导。

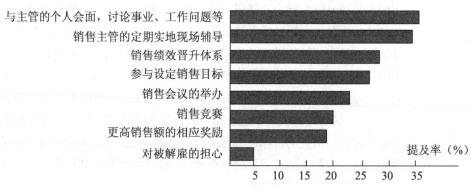

图12-20 销售管理的非结构性激励因素的使用频率

美国管理学家威廉·科恩在《领导者艺术》一书中,约翰·奈斯比特在《公司再创造》都探讨了雇员工作动力的问题,在"雇员认为什么对他们的工作很重要?"的问卷调查研究中(调查问卷参见表格12-5),他们的研究结果表现出令人惊讶的一致性(研究结果如表12-6所示)。根据研究结果,他们建议激励下属的最佳行动先从四大因素着手:尊重、有趣、认可与给予提高技能的机会。受此启发,笔者黄德华用10年的时间,对15个行业(国企、外企和民企)的613位销售员进行了类似的问卷调查——"你认为什么措施会激励着你更好地工作?"(调查结果如表12-7所示)。笔者黄德华针对销售员所在公司的销售管理者(112位销售经理),也做了类似的问卷调查——"你认为什么措施能激励你的员工更努力的工作?请按重要性排序"。结果发现,对于激励工作的措施及其重要性,管理者和被管理者存在很大的认知差异性,见表12-7。把尊重、提高技能和工作的有趣性放在第一位的销售员占44.2%,也就是将近一半的销售员认为对激励他们进行销售工作的最重要因素是尊重、提高技能和工作的趣味性。而把高薪、好的福利待遇和提高技能放在第一位的激励措施的销售经理占56.7%,也就是过半数的销售经理认为,高薪、提高技能和好的工作福利是最能激励销售员工作的因素。这就是销售管理者激励错位的根源,错位的认知,带来错位的激励,导致激励的失效。因此,提高激励效果的最有效办法,从改变销售经理的激励认知开始,销售经理要从销售员的需要着手,从销售员的内心出发,而不是想当然。按照经济学家的观点,高薪等物质激励虽然会起到立竿见影的作用,但也会产生边际效用递减效应和棘轮效应,参照表12-6和表12-7的数据。

表12-5　你认为什么对你的工作很重要（请按重要性依次用1，2，3，4…排序）

和尊重自己的人一起工作	
工作安全感	
有趣的工作	
好的福利待遇	
对出色工作的认可	
高薪	
提高技能的机会	
和能倾听我的创意的人工作	
不光是执行命令，而要有独立思考的能力	
看重我的最终工作成果	
和有效率的领导人工作	
有挑战性的工作	

表12-6　把影响工作重要性的因素排在第一位的雇员数排序表

和尊重自己的人一起工作	1
有趣的工作	2
对出色工作的认可	3
提高技能的机会	4
和能倾听我的创意的人工作	5
不光是执行命令，而要有独立思考的能力	6
看重我的最终工作成果	7
和有效率的领导人工作	8
有挑战性的工作	9
高薪	10
工作安全感	11
好的福利待遇	12

表12-7　销售管理者与销售员的激励因素认知差异

重要性排在第一位的措施	销售成员数排序	销售经理数排序
和尊重自己的人一起工作	1	4
提高技能的机会	2	2
有趣的工作	3	9
高薪	4	1
有挑战性的工作	5	8
对出色工作的认可	6	6
和有效率的领导人工作	7	5
职业（或事业）发展的机会	8	7
好的福利待遇	9	3
不光是执行命令，而要有独立思考的能力	10	13
工作安全感	11	12
和能倾听我的创意的人工作	12	11
看重我的最终工作成果	13	10

高效的销售经理会选择激励理论方法组合、激励维度组合与激励工具组合等提高销售士气,并结合激励理论指导。他们不仅采取经济性报酬,还会采取非经济性报酬。比如,认同与荣誉,如奖状、奖品与证书等;来自管理层的表扬信;工作的丰富化、更多的授权、晋升等。他们还会让其他管理手段具有激励性,如销售会议、销售培训等。销售会议的目的一般是来传达公司的长期目标和战略目标,并阐述销售员对于实现目标的重要性,增强销售员对公司的认同与自尊感及自豪感。销售会议中邀请销售出色的销售代表分享其成功经验,并当场颁奖,会激励到他本人与整个销售队伍。销售会议后的就餐在中国很能增强团队凝聚力!每两个星期至少召开一次团队进展会议,可以使每个成员清楚整个团体计划和期限,而且也可借此保持沟通管道的畅通。其他形式的会议,如机密的一对一会议、焦点小组会议、改进会议、集思广益会议和汇报会议,都是为解决或讨论特定问题而召开的,仅在必要时召开。高效的销售经理会让激励无所不在,从而创造高昂的销售士气。

12.1.6 销售队伍激励的挑战

销售员进入一家公司,如果他没有得到职业的发展,那么他的销售业绩或销售业绩增长速度就会表现为一定的周期,类似于职业的四个阶段——开拓期、成长期、维持期和衰退期(见图12-21)。销售员在这四个阶段的需要或动机会有差异。销售队伍激励的挑战在于,销售队伍是由不同职业生命周期的销售成员组成的,不同时期的销售员需要不同的激励政策,激励个性化与激励制度要做到有机结合。

进入公司的第一年内,称为开拓阶段。这一时期的销售成员具有很高的成就导向,特别重视进步与培训的机会。他们的特点是热情很高,特别追求销售技能的提升,并渴望得到上司的认可和关注。其销售业绩或销售业绩的增长速度处在上升阶段。在这一阶段,销售员的自信,尤其对自己努力是否会取得期望绩效持怀疑,因此销售经理必须提供反馈信息和鼓励;同时,这一时期的销售员经常会产生挫折感,销售经理要善于用挫折激励理论和归因激励理论引导他们,让他们保持高昂的热情。

进入公司的第1年至第2年,销售员就进入成长期或发展期,又称发展阶段。这一时期的销售员会变得忠于职守,为成功而努力奋斗,他们对成功的理解是获得升职、更多的收入、更多的工作认同与更高的工作满意度。其销售业绩或销售增长速度处在黄金阶段,是公司的业绩或业绩增长骨干。在这一时期,销售经理必须加强他们销售技能的专业训练,并引导他们做好职业生涯规划。对于这一时期的销售员,销售经理要善用期望激励、目标激励和强化激励理论来激励他们。

进入公司的第3年至第4年,销售员就进入维持期,又称平台期、疲态期、高原期和职业维持阶段。这一时期的销售员会出现两种趋势:极少数销售员开始了新的第二条生命曲线(业绩曲线),大多数销售员沿着原有第一条曲线,销售业绩开始下滑。这是销售经理最头疼的时期,也是考验销售经理是否高明的时期。一个流动率在20%左右的销售队伍中,有18%左右的销售员处在这个阶段。缺乏发展与缺乏晋升是进入高原期的主要原因，早期表现是不再付出足够的努力、不再坚持到底、满足于过去并拒绝变化。他们对努力工作以获得更大的外在奖励不感兴趣，他们追求拜访客户的成功率，而不追求拜访客户的频率与数量，他们不是想如何让工作变得高效一些，只是想维持现有的收益。作为销售经理，需要尽早发现症状，并与销售代表讨论目前状况，沟通非常重要，要激发其奋斗意志，鼓励其创新方法。销售经理要想方设法让销售工作丰富化（如分派新任务、转换新客户、给予特殊项目等），花更多的时间和他们一起工作与谈心，帮助他们树立新的目标，给予他们更高级的销售技能训练，以及销售团队成功学的训练。对于高原期的销售员，销售经理善于利用期望激励、公平激励、归因激励和挫折激励理论来激励他们。除了根据销售员进入公司的时间来警示自己，销售员可能进入职业高原区，还需要结合以下高原区特有的九大信息：没有足够地探访客户；开始跟不上企业要求；工作时间开始减少；反对销售管理制度；生活在对过去的好时光的回忆中；文案工作迟缓或质量逐渐不合格；缺勤率开始上升；开始操纵佣金与销售指标计划；客户的投诉数量开始上升。激励高原区的销售员所花费的成本，是招聘新销售员的成本的1/5或1/6。尽管激励他们的难度似乎很大，但管理成本依然是较低的，他们只是需要更多的关心与尊重。对于他们的激励，要在马斯洛需要层次理论、双因素理论、ERG理论和成就激励理论方面多下苦功夫。

　　进入公司第5年至第6年的销售员，如果依然没有得到职业的晋升，他们就进入了衰退期，又称疏离期。这一阶段的销售员已经在精神上做好了退休或离职的准备。尽管他们有足够的销售知识与销售能力去完成销售工作，但是他们已经对销售或公司组织失去了兴趣，对增加薪资的欲望不大，从心理上已经退缩了。他们会把兴趣向工作之外转移，如热衷于某种嗜好。除非销售经理可以重新激发其兴趣，否则所有的激励都是徒劳的。在销售员的衰退期，销售经理依然不能泄气，如果处在衰退期的销售员，其价值观和公司价值观吻合度很高，那么销售经理不要放弃他们，要想方设法去激励他们，让他们实现老树发新枝，重展辉煌，再立战功。对于他们的激励，要在马斯洛需要层次理论和双因素理论方面多下苦功夫。

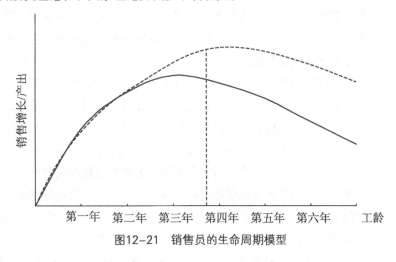

图12-21　销售员的生命周期模型

12.2 销售队伍的士气管理

企业要有名气,队伍要有士气,个人要有志气。销售队伍士气低落就意味着公司的产品换成现金的效率下降。销售队伍最需要士气管理,因为他们的斗志与锐气很容易被消磨。有效的激励会产生高昂的销售士气,但仅仅依靠有效的激励来维持高昂的销售士气,是远远不够的。每位销售经理要重视销售队伍的士气及其管理。

12.2.1 士气的本质与重要性

士气通常是指个人对环境的积极心理和情感态度。环境的主要因素包括家庭、同事、老板、客户、邻居和社区(乡村)等。当态度积极时,士气就高昂;反之,士气就低落。高昂的士气常常伴随着满足感、进取心和为组织或团体目标而努力的意愿;相反,低落的士气则表现为不满、离职倾向和对组织的漠不关心,精神离职现象非常严重。

士气在中国词典里,由"士"与"气"组成。士,拥有知识、道德和勇力的人。子曰:"行己有耻,使于四方,不辱君命,可谓士矣。"孔子认为,士的最基本条件和责任有二:一是要"行己有耻",即要以道德上的羞耻心来规范自己的行为,二是要"使于四方,不辱君命",即在才能上要能完成国君所交给的任务。前者是对士的道德品质方面的要求,后者则是对士的实际办事才能方面的要求。气是指人的精神状态或人的精神景象(或面貌)。比如,正气浩然、志气恢宏、一鼓作气势如虎等。士气,是指人的意志与气势,或者驱使自己投入生活或工作的心理力量,如军人的战斗意志、群众的斗争精神、读书人的气势等。士气由态度、情感、意志等要素构成,态度因素是士气的基础,如销售成员对销售性质的理解决定着销售士气的有无和高低。情感是士气形成的直接动因,如销售的情感因素是对公司的爱和对客户的爱,这是销售士气产生的强大的动力。意志是士气结构的最高层次。没有坚强的意志,即使能产生一定的士气,也不会持久。构成士气的三个要素密切联系,互相影响,彼此制约,形成一个综合体。士气的高低,不仅取决于每个销售成员心理要素水平的高低,还取决于各要素的组合状态。

士气的作用在于激发人们的体力、精力与能力等潜在的生理能量与心理能量。美国心理学家迈尔的疲劳动机理论认为人体的总能量是一个常量,每个人每天都在根据自己的需要和动机水平对这个总能量进行分配,把它们用于工作、学习、生活、娱乐等方面。不同的人在同一时期或者同一个人在不同时期,由于各人或某一个人所具有的动机强度的差异,个体所包含与储存的潜在能量在相关行为上进行分配的比例是不同的。个体的某种动机强度高时,其在相应行为上能量分配就多一些;个体的某种动机强度低时,其在相应行为上的能量分配就少一些。销售成员的懒散与无组织性是士气涣散的外在表现,实质是销售成员分配能量过低。

合军聚众,务在激气,有气则实,无气则虚。军队士气是军人和军人集体的行为意向、胜利信念、战斗情绪和战斗意志的综合体现。而销售队伍与军队有很多相似之处，他们的共同点都是"更多地依靠态度去争夺领地"，两者都是更多依赖士气来取胜的组织。《曹刿论战》中"夫战，勇气也"，说的就是军队士气对战争的重要性。《孙子兵法·军争》中"故三军可夺气，将军可夺心。是故朝气锐，昼气惰，暮气归。故善用兵者，避其锐气，击其惰归，此治气者也。以治待乱，以静待哗，此治心者也。以近待远，以佚待劳，以饱待饥，此治力者也。无邀正正之旗，无击堂堂之陈，此治变者也"，说的就是如何管理士气取得战争的重要性。军事家刘伯承认为，说到打胜仗，有两个因素，一个是士气，一个是打法。当军队士气不振的时候，无论兵器技术有多好，官兵的战斗技能有多高，任何战术上的规律都不能够使其获得胜利。士兵个人的体力和士气对战斗的胜利犹如武器和训练一样重要。在中国历史上，有很多凭借士气以少胜多的战例，如鲁庄公一鼓作气击溃强齐。同样，历史上也有很多因士气涣散而兵败如山倒的战例，如西楚霸王四面楚歌垓下别姬，淝水之战前秦草木皆兵。

士气源于军队，但不限于军队。任何一个由人组成的团队或组织，都会在内部成员间形成团队士气。对于非竞争性组织而言，士气关乎成员的团结和凝聚力；对于竞争性组织而言，士气不仅关乎成员的团结和凝聚力，更直接构成组织的外部竞争力和生存能力。团队士气是指团队成员对团队的认同与满意，并愿意为团队目标而奋斗的精神状态。也有人把团队士气理解为团队进取的气氛。它代表一种个人成败与团队兴衰休戚相关的心理，是团队的工作精神和成员对团队的态度表现。团队士气很高昂的人，会对团队或组织感到满足，乐意成为该团队的一员，并协助达成团队目标。因此，"团队士气"不仅代表个人需求满足的状态，而且包括以下含意：确认此满足得之于团队，因而愿意为实现团队目标而努力。

销售队伍士气是由销售成员的信念、荣誉、情感、意志和行为等凝结并升华的一种销售力量，它是直接影响并支配销售成员的行为，夺取更多销售份额的一种精神状态，是销售队伍的一种气质。它是销售队伍的灵魂，它是销售成功的最重要的因素。销售队伍没有高涨的士气，则不论战略、战术、计划及一切其他工作如何完善，也不能取得任何胜利。

笔者认为士气与销售效率的关系可能出现四种情况，即高士气，高销售效率；高士气，低销售效率；低士气，高销售效率；低士气，低销售效率。

（1）士气高，销售效率也高。这是由于销售员在组织里既获得了满足感，又体会到组织目标与个人的需要相一致，正式组织与非正式组织的利益相协调，使销售员无所顾忌地去实现组织目标。

（2）士气高，销售效率低。这是由于员工在群体里虽然获得了满足感，但组织目标却不能与个人的需要相联系，于是出现了所谓的"和和气气地怠工"的现象，而缺乏紧张工作的气氛。如果出现高士气的群体与组织目标相抵触，则可能构成销售成功的障碍。这种"高昂的士气"被视为虚假的不积极的和气士气，销售经理要加以去除。

（3）士气低，销售效率高。这是由于销售经理过分强调物质条件和金钱刺激，使销售员暂时获得了某些物质需要而达到较高销售效率,然而由于忽略了员工的心理需求,销售效率高的情况也只能是暂时的。销售经理决不能因此就认为士气低落没关系,只要用"权"与"钱"就可以永远赢得好绩效。

(4)士气低,销售效率也低。这是由于销售员在群体内得不到满足感,而且组织目标与个人的需求也不能发生联系,销售员对销售没有兴趣,于是出现了"当一天和尚撞一天钟"的现象。由此可见,高昂的士气虽不一定提高组织的绩效,但要想持久地提高组织绩效,提高士气是不可缺少的重要条件。带来高绩效的高昂士气,必须具有三个基础:共同的目标、可实现的目标、与个人目标的一致性。士气高昂而销售绩效低落,那是团队目标与个人目标不一致,士气低落而销售业绩高,那是暂时的物质激励,难以持久,因为团队目标与个人的心理目标不一致。

12.2.2　销售队伍士气的作用

销售队伍的士气,对个人与组织都有极大的影响。高昂的团队士气,能够鼓舞士气低落的销售员个体的态度。同样,态度积极或者士气高昂的销售员个体也能影响团队的士气,尤其是销售管理者个体的士气,对他所在团队的集体士气影响极大。个人态度与团队士气的关系是相互影响的。这就是销售管理者必须重视个人与团队士气的原因。

如果个人或团队士气低落,公司或销售机构将在很多方面蒙受损失。对工作和公司持消极态度的销售员会产生对抗管理的倾向。出于客观或主观的原因,这些人可能会与公司为敌,会报复管理层的建议,甚至会故意影响其他销售员的态度,从而给公司带来过高的离职率、销售费用的上升、相互抱怨、不务正业和不良的销售业绩等。那些暂时没有找到下家的士气低落的销售员并不会马上离职,他们会利用公司管理的混乱或无能,待在公司,花尽可能少的时间干尽可能少的工作。在私下里,会从别的地方寻找攒钱的机会,或者利用公司资源做与公司无关的业务,身在曹营心在汉,进行大量的"堤内损失堤外补"的工作。那些士气低落的销售员,拜访客户时失去热情,没有了信心,用心度大大降低,消极的情绪与态度反映在整个销售拜访过程,而没有哪个客户喜欢见到士气低落的销售员,因此他们不断地失去客户的订单,销售业绩一落千丈。那些对销售队伍管理层持消极态度的销售员,会很少控制自己的费用,他们还公开表示要从公司那里得到所能得到的一切。士气低落不仅降低了销量,而且增加了费用,这给企业利润带来了双重压力。士气低落的销售员常常会因一些小事而大肆抱怨,不仅抱怨公司、管理层、同事,还会抱怨客户,甚至抱怨自己。在士气高昂的组织里,往往某些不被注意的事情,在士气低落的组织中就可能成为不满的根源。

广泛认可的衡量公司士气的一个指标就是员工离职率。多数对工作持消极态度的人会变得不满,以致另谋高就。笔者观察发现,仅为要获得高薪酬而离职的销售员相对不多,而为团队士气低落而离职的相对较多,士气高昂的销售队伍离职率很低。

销售队伍士气如果很高昂、很旺盛,将为公司带来更多的积极成果,如更高的组织忠诚度、主人翁行为和优秀的销售绩效。当士气和与之相伴的工作满意度很高时，销售成员对组织更忠诚，对工作更投入，对公司有更强的认同感。他们对组织的使命宗旨、价值观和目标深信不疑，并愿意为组织的利益付出更多的努力。他们会表现出更具主动性的主人翁行为，虽然这也许并不是其正式工作所要求的。例如，销售员更愿意帮助别的销售员完成销售任务或解决问题，并通过友善和尊重他人的权利来避免人际冲突。他们会更尽职尽责，工作更长时间，超额完成销售任务及面对困难毫无怨言。他们通过个人满足和集体责任感，玩命地拼搏工作，就像为自己一样地为团队而努力工作，从而实现超常规的销售绩效。

经营好销售队伍的士气，就成了销售经理们的最基本的工作，也是战略性的工作。士气就是销售力，高昂的士气就是高效的销售力。

12.2.3 决定销售队伍士气的因素

高昂的销售士气，有助于销售人员勇于面对困难，克服客户的拒绝，以组织目标为己任，采取积极主动的措施赢得销售。影响销售队伍士气的因素有很多，如销售控制过严、销售指标不合理、销售绩效评估不科学、受到不公平对待、对企业缺乏信任、销售报酬不合理、销售区域不安全等，其中销售区域、销售指标计划与销售薪酬的影响最大，因为它们最终会导致销售成员的不满意而降低士气。我们把决定销售队伍士气的因素，归纳为四个要素，如图12-22所示。

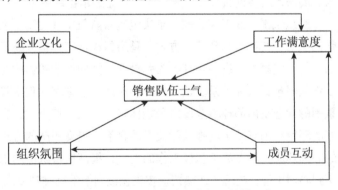

图12-22 影响销售队伍士气的关键因素

销售队伍士气是以销售成员的工作满意度和忠诚度为基础的。企业文化会提升工作满意度和工作的忠诚度。组织氛围（或工作氛围）是销售成员对工作环境的感知与认识。这种感知与认识受到销售成员的个性影响，它对工作满意度有影响，也会影响成员互动与工作的忠诚度。成员互动就是指销售队伍成员之间的社会互动，它会影响工作满意度，也会增强成员之间的认同感，从而提高团队士气。

企业文化，尤其是销售部门的文化（简称"销售文化"），对销售队伍的士气影响最大。它是销售队伍的灵魂，没有文化的销售队伍是愚蠢的队伍，愚蠢的销售队伍不可能赢得销售竞争，不可能为客户创造价值。文化对士气的影响，主要体现在凝聚与激励两个方面，文化被该组织员工共同认可之后，它就会成为一种黏合剂，从各个方面把其成员团结起来，从而产生一种巨大的向心力和凝聚力，成员之间就会产生积极的互动；"人心齐，泰山移"，凝聚在一起的员工有共同的目标和愿景，推动组织不断前进和发展。而人心散了，队伍就不好带了。文化具有使组织成员从内心产生一种高昂情绪和奋发进取精神的效应，能够最大限度地激发员工的积极性和战斗精神。

销售文化作为企业文化的子文化，必然受到企业文化的影响。销售文化就是一个销售机构中所有成员所共有的或者企业所赋予他们的一系列使命、价值观、思维、信仰、态度、道德准则、行为规范、风俗习惯等行为规范。这些规范指导销售成员的态度和行为。销售员通过观察他们的主管和同事来学习这些规范。例如，如果销售经理没有努力工作，那么销售员可能不会努力工作。如果企业文化对公司的业绩起到积极的作用，那么它对士气的影响也很显著。反之亦然。销售队伍需要用销售使命宗旨、价值观、信仰与目标等组成的文化团结来自五湖四海的成长环境与经历完全不同的销售成员。健康的、积极向上的销售文化会带来持久旺盛的销售士气。如果把销售当作"度远近、调余缺、增幸福、减通胀、减浪费、促繁荣"的伟大职业，把销售视为人类创造价值的活动，那么这种销售文化就是积极向上的，必然会带来高昂的销售士气。中国抗战期间的八路军把战争视为"为自己（翻身）打仗，为工农（翻身）打仗"，战争就变成了圣战，于是，八路军就创造了战无不胜攻无不克的奇迹。如果销售队伍把销售视为"为自己（创造价值）推销、为客户（创造价值）推销"，推销就变成了传播好东西的圣战，就成了伟大的事业，于是，我们的销售队伍的士气就会持久、高昂，就会创造战无不胜、攻无不克的销售奇迹。

组织氛围（或工作氛围）是决定销售队伍士气的第二大因素。氛围是指组织或工作团队对待其成员和环境的方式，是指组织或工作被人感觉到的景象与情调，即周围的气氛。气氛可以进一步理解为弥漫在空间中的能够影响行为过程的心理因素总和。工作氛围包括人际关系、领导方式、作用和心理相融程度等，是组织的软环境。工作氛围的营造是内部环境建设中最能体现关心人、尊重人、影响人的一项管理工作。良好的环境氛围有助于增强人际关系的融洽，提高团队的心理相融程度，从而产生巨大的心理效应，激发员工积极工作的士气，提高销售队伍的销售效率；反之，会使员工感到心理压抑，缺乏工作热情、丧失积极向上的精神和要求，不能实现组织的目标。

工作氛围分三种，即环境氛围、人文氛围和管理氛围。环境氛围是指由办公空间的设计、装饰等营造出来的感受，即人与环境之间关系的感受。人文氛围是指团队成员言行举止所带来的感受，即人与人之间关系的感受。管理氛围是指管理制度或手段带来的感受，即人与制度之间关系的感受。良好的工作氛围形成共享价值观的基础，如果没有良好的工作氛围，那么团队成员之间就没有充分的信任与沟通，就无法敞开心扉进行经验交流和学习，就会有所顾忌和保留，不利于共享价值观的形成。而且，工作氛围也是一个团队高效运作的保障，没有好的工作氛围，也就无法形成高效的团队。每个人对工作氛围都有自己的感知和认识，这些认识和感知会影响到他们的士气。优秀的企业都非常注意"三气"（环境气氛、人文气氛与管理气氛）的塑造。工作氛围还可以分为企业氛围与销售组织氛围，销售组织氛围又包括销售队伍氛围和销售团队氛围。它们可能一致，也可能不一致，但它们对士气的影响都很重要。但对销售队伍的士气来说，销售组织氛围可能更重要。

工作满意度是影响销售队伍士气的第三个因素，也是最为重要的因素。销售工作满意度与销售士气呈正相关性，销售工作满意度高，销售士气就高昂；销售工作满意度低，销售士气就低落。影响销售队伍工作满意度的维度可以归纳为十大维度，具体如图12-23所示。

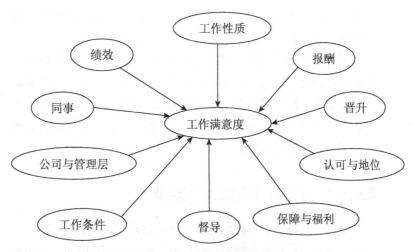

图12-23 影响工作满意度的十大维度（十大因素）

成员之间的社会互动是影响销售队伍士气的第四个关键因素。作为一个组织或团队，销售队伍的士气并不一定等于个人士气的总和，组织或团队士气是销售成员对公司及其目标的一种共同态度，而这种共同态度在很大程度上来源于销售队伍成员之间的社会互动，通过一个人的热情和活力，可以对团队产生非常积极的影响，现有销售成员的普遍态度将极大地影响新进销售成员的态度。"一个坏苹果，搞烂一整箱"，形象地说明了不良个体对团队具有极大的杀伤力。个人的工作满意度和工作士气固然重要，但对于销售队伍管理者而言，要擅于将个人的感受和认识转化为团队士气，更为重要的是要创造员工进行良性社会互动的环境与机会。新员工的融合管理，就是帮助新员工与老员工形成良好的社会互动。社会互动是指组织中人与人、团队与团队之间通过传播而发生的相互依赖的社会交往活动。对于个人最重要的是人与人之间的关系，也就是人际关系。团队成员之间的感情或心理契合，在提高团队士气方面，比起组织的使命、图形、规则和指令的逻辑性要重要得多。内聚力是群体工作效率得以发挥的前提，而良好的人际关系是群体内聚力的基础。一个组织的人际关系的好坏，直接影响员工的工作积极性和办事效率。如果团队的人际关系良好，成员之间感情融洽，那么团队士气就能提高，内聚力就能增强，成员就能焕发出工作积极性和工作热情，工作效率就会提高；反之，如果一个团队人际关系紧张，则会削弱团队士气和团队内聚力，降低工作效率。

很多销售经理可能知道团队士气低落或者个别销售员士气低落，却不知道士气低落的具体原因。也许知道他们的工作满意度低，但不知道是什么导致了工作满意度低。销售经理可以通过提供抱怨的机会，如在公司的社交场合以非正式的方式直接询问对方。在晚宴、球赛、爬山与旅游等活动中，人们一般会毫不保留地谈论困扰他们的事情。在得到他们的抱怨倾诉时，销售经理要认真对待，尽管他们的抱怨及其理由对销售经理而言可能是可笑的，但如果这些抱怨及其理由对员工来说是严肃的，那么听不懂抱怨的销售经理，就很难再听到他们的抱怨了，这些经理也就很难提升员工的销售士气了。销售经理也可以通过"满意度"调查法来判断员工士气高低的原因，当然独立机构的调查也许会更可靠些，但依然有些员工不愿意表露真实的想法。书面调查结果仅可以作为判断士气高低原因的参考数据。也有些经理认为可以利用员工的离职面谈来了解士气低落的内幕，但事实上如果操作不好的话，这种方法的可靠性更差。有些公司不是利用员工离职的当天进行离职面谈，而是采取员工离职几个月后进行，他们的依据是时间会消磨掉离职时的不愉快与不真实。比如，销售经理不是直接问离职员工为什么要离职，而是问离职员工对自己是否有什么建议。在员工意见调查时，同样要注意提问的设计。

12.2.4　特殊的销售士气问题

实际上，每位销售经理都会不时地面对一些非常棘手的、特殊的士气难题，包括员工对销售区域划分、销售指标分配、晋升不满、解约、老龄员工和头衔等问题引起的士气下降。

对销售区域划分会引起销售士气变化。销售区域是管理者手中的武器，但对于销售员而言，销售区域是他的命根子，是他工作的地盘与领地。如果扩大销售员的地盘，会引起他士气的高涨，但如果缩小他的地盘，必然会引起他士气的下降。一般而言，随着销售队伍的扩大，销售员手中的销售地盘会越来越小，管理者会通过区域裂变、增加销售员，对区域进行精耕细作。管理者进行区域裂变似乎是天真地义的事情，但对于销售员来说，如果不进行补偿，却是伤天害理之事。如果管理者的区域裂变过于频繁，或者区域调整过于频繁，销售员就没有心思去拜访客户，去营造市场，因为他们的工作都将成为别人的嫁衣。

无数的公司会给予销售员以销售指标，如果销售指标与销售区域潜力关联度不大，或者销售指标分配存在不公平的棘轮效应，那么销售员的士气必然下降。如果年度（季度或月份）分配销售指标，会带来年度（季度或月份）的销售士气变化。销售员之所以关注销售指标的科学性和公平性，根源在于销售薪酬与销售指标有很强的关联。高指标虽然意味着他支配的资源多，但风险也大，销售指标完成度可能会很低，如果销售薪酬与销售指标完成度关联，那么他的销售薪酬就会很少。如果一支销售队伍只有10%～30%的销售员完成销售指标，那么这支销售队伍的士气肯定低落！收入减少，能力受挫，一片哀声。如果分配销售指标的原则为保证80%的销售员能够完成，那么大多数人都可以完成销售指标成为"销售英雄"。这使得销售队伍看到，只要努力，人人都可成功，那么销售队伍士气就会年年旺盛。

对晋升不满也是销售队伍士气下降的特殊问题。销售队伍管理者常常面临几个条件相当的候选人，而只有一个管理层空缺的两难境地。有些公司就从组织外部空降人才来填补管理层空缺，结果几个条件相当也有意愿填补管理层空缺的候选人，就会认为自己应该晋升却没有晋升，因而变得非常失望。这个问题不仅不容易解决，而且常常无法解决。当无法获得晋升时，一些优秀的销售员将会离职，并散布公司不重视人才、晋升机制有问题等报复性语言。如果几个销售员条件相当，销售经理应当向那些没有晋升的人解释为什么提拔了别人而没有提拔他，并把责任揽向双方，并向他们保证，如果他能继续保持好士气好业绩，并对其短项进行补救的话，他们在将来会得到晋升。这样做，也许会降缓士气下降的速度。

如果销售队伍普遍认为公司提拔了一个错误人选，士气就会更糟糕。提升一个其他人认为不合格的人选，对团队士气的杀伤力极大，而且当这位不应该提升的销售员试图去管理过去的同事时，不仅仅会产生团队士气低落的问题，还会产生其他问题，如全员离职、全员抵制等。

解除合约不当也是引起销售士气下降的特殊问题。很多销售经理人为，解雇员工是人力资源部门的事情，就把解雇过程交给人力资源部门去完成。但不可否认的是，被解雇的员工曾经在这位销售经理管辖的团队工作，曾经是销售团队的成员，如果销售经理对解雇不屑担责，其他成员就很容易同情被解雇的员工，认为不公平，而不管同情是否有足够的理由，因为大家曾经相处过，有感情。解雇是个敏感问题，一般来说，恰当的规定是，在解雇之前，销售经理应该向销售员提醒、警告等，并提供改进绩效的机会。在这期间要遵循六个步骤并留有书面记录：描述问题，获得销售员对问题的一致认同，倾听销售员对问题的评论，考虑可以谅解的环境因素，设计改进方案，获得销售员对改进方案的一致认同。销售经理应该提供该销售员绩效不佳的书面记录，以及自己曾经协助他提升销售绩效的书面记录。

对待老龄销售员不当也是销售士气棘手的问题。很多销售经理喜欢管理新销售员，对老龄销售员不给予重视，认为老龄销售员是"老油条"、是"刺儿"、是"包袱"，巴不得（或恨不得）老龄销售员全部尽快主动离职。殊不知，"家中一老，如有一宝"。很多事实证明，在多数销售组织中应保留老龄销售员的位置，尤其是那些心态积极的老龄销售员。尽管他们的活动范围不及从前，他们的销售效率或盈利能力也不是最佳，但他们曾经把青春热血献给公司，是公司发展壮大的见证者和耕耘者！多数老龄销售员并不期望保持高的收入，通常只要不强迫他们退休，他们也可以接受缩小销售区域。优秀的销售经理通常会尊重他们，并给予他们一些传帮带的项目，发挥他们的知识与技能，而非他们的体力。人们很容易同情与尊重老龄销售代表，因为大家都有老去的一天，新的销售员会根据销售经理对待老龄销售员的态度来判断公司未来对待他们的态度。如果对待老龄销售员的方式方法不符合人性，那么他们的士气就会下降。

头衔的滥用或者不用将会影响销售士气。在公司内部，管理层如何称呼销售公司产品的人？在医药行业，很多医药销售经理直呼其管辖的医药销售代表为"代表或医药代表"，而在当今的中国，"医药代表"成了行贿的代名词，成了人人喊打的"过街老鼠",在很多医院都贴了"医药代表不准入内"的条幅。同时,这种直呼下属为医药代表的销售经理,往往认为自己不是医药代表,而是销售经理。在社会看来,医药代表是份职业,销售经理也是医药代表。因此,这种直呼就会降低销售士气。许多有潜力的销售员需要更能反映其工作实质的头衔,在特别重视头衔与面子的中国,客户会根据销售员的头衔来判断销售员的实力或公司的实力。他们往往认为头衔高的销售员有决定的权力,他们不喜欢和没有决定权力的销售员打交道,因此很多公司就给所有的销售员挂个"区域销售经理或客户经理"的头衔,无论这位销售员是刚进公司的没有销售经历的销售员,还是具有销售经历的销售员。很多公司认为,给销售员的名片上印个"销售经理或客户经理"头衔,会提高他们的士气,但如果名至实不至,也会带来更为严重的销售士气下降。比如,如果拜访客户的"销售经理"(实际是刚刚进入销售职业的销售员)表现很差劲时,客户就会认为公司很差劲(他们这家公司的经理都这么没水平,这家公司也好不到哪里去),于是拒绝与公司做生意,总是拒绝这位"销售经理"的拜访,给予这位"销售经理"百般刁难,这位"销售经理"因严重受挫而士气大跌。因此,销售组织要慎重利用头衔提高销售士气,尽可能使销售头衔准确地反映工作实质和与销售员实力相应的地位。销售员的一些常用头衔有销售工程师、销售顾问、销售代表、客户代表、业务代表、销售助理等。

12.2.5 建立良好的销售士气

销售经理能够清晰地认识与理解销售士气的实质和作用,避免不利于销售满意度的事情发生,处理好六大引起士气下降的特殊问题,提高管理层的管理能力(尤其是对销售区域、销售指标与销售薪酬的管理能力)与领导力(我们将在第十三章详细探讨),就可以建立良好的销售士气。灵活运用十大激励理论制定激励措施,也是建立良好销售士气的有效方法。这一节探讨建立销售士气的其他有效方法:整合利益、建立良好的沟通系统、培育强有力的组织文化和积极的组织氛围。

第一,无论采用何种激励方法和手段,它的有效性是以整合双方利益为基础的。在工作环境中建立良好的士气,就必须向组织成员表明,他们能够通过为组织工作而实现各自的人生目标。因此,销售经理的工作就是把销售员个体的目标和组织目标(或公司目标)及其认知进行整合,并让两者具有很强的关联性。

第二,建立良好的沟通系统。良好的沟通对销售队伍管理的很多工作都是至关重要的。没有沟通渠道或沟通渠道不畅,管理层就无法了解销售成员的想法,双方就会存在知觉差异或者知觉差异就会被放大。管理制度应该确保在正式组织结构中向上和向下沟通的顺畅,并积极引导非正式的沟通。管理者要提高自身的人际沟通技能,理顺组织沟通,提高组织沟通效率。

第三,培育强有力的组织文化和积极的组织氛围。文化对销售队伍的士气影响是持久的,精神的力量往往具有意识的能动性。销售经理如果经常向销售员展示,他们对公司或组织的憧憬、忠诚和自豪感,并付诸行动,销售员也会产生同样的价值观,而那些不会产生同样价值观的销售员会悄然而去。销售经理要采取各种团队或组织活动来建立企业精神或团队精神，如项目组或团队之间的竞赛或地区间的竞赛、销售会议、销售通信、销售故事会、颁奖宴会、组织参加社区活动、摄影或爬山活动、元宵猜谜活动、体育运动等，这些团队活动将引致员工的组织认同感、自豪感和忠诚。对于基层销售经理而言，改善组织氛围的最好方法就是全力支持自己的下属，建立对销售员的承诺，和他们建立伙伴关系，不仅切实关心他们的薪资与福利，更为重要的是提升他们的销售能力，提升他们积极心态的管理能力，最终使员工感受到自身潜能得到了发展，对公司、对社会的价值提升了，他们的士气也就会变得旺盛不息！

本章小结

1. 激励就是激发、强化和引导人为实现其目标而付诸行动，并为实现其目标作出坚持不懈的努力的过程。
2. 销售激励的维度一般有四个，即激励的强度、激励的持久度、激励的行为选择、激励的方向性（又称激励的战略性或销售产出）。激励的强度是指激励销售人员在给某一给定任务上的努力程度。激励的持久度是指激励销售人员持续努力的时间。激励的行为选择是指在激励政策下销售人员所选择的工作行为。
3. 激励理论大致归纳为四大类：内容型激励理论、过程型激励理论、调整型激励理论和综合型激励理论。内容型激励理论包括需要层次理论、双因素理论、ERG理论、成就激励理论；过程型激励理论包括期望理论、公平理论、目标设置理论；调整型激励理论包括强化理论、归因理论、挫折理论。
4. 销售队伍士气是由销售成员的信念、荣誉、情感、意志和行为等凝结并升华的一种销售力量，它是直接影响并支配销售成员的行为，夺取更多销售份额的一种精神状态，是销售队伍的一种气质。
5. 影响销售队伍士气的四大因素为企业文化、组织氛围、工作满意度、组织成员互动。
6. 影响工作满意度十大因素为绩效、报酬、晋升、认可与地位、保障与福利、工作性质、工作条件、公司与管理层、督导、同事。

本章思考题

1. 销售管理者为什么要从物质、心理和心灵三个层次设计激励机制？
2. 销售队伍的激励有哪些独特性？
3. 为什么持久度是销售激励的一个重要维度？
4. 在结构性激励模型的设计中，需要运用到哪些激励理论？
5. 作为销售总监，如何通过销售文化建设来提高销售队伍士气？

案例分析

老销售主管的激励

黄世德经理在真善公司工作了7年。他一直在浙江省工作，从普通的销售员，到销售主管再到省区销售经理，2012年1月份被提升为华东地区销售经理。他取代了一位工作10年的大区销售经理。在这之前的三年里，上海、江苏和山东的销售业绩呈逐渐下降，所以真善公司决定换掉该地区经理，重组华东区。

上任后，黄世德花了大量时间分析该地区销售额下降的原因，并得出结论：如果要提高该地区的总体业绩，必须解决一些绩效问题。其中一个问题与陶坤龙经理有关，他已经为公司服务了10年，现为山东省区的销售经理。尽管陶坤龙经理今年的销售比去年略有下降，但他最近4年的销售一直很稳定。他多年来一直是公司的优秀销售代表之一，也是优秀的销售经理之一。以前他的团队每年都能获得新客户，并同现有客户发展更多的业务。然而，现在看起来，山东省区在依靠陶坤龙经理与最大和最老的客户的关系来维持销售。他带领的销售团队共有6位销售代表，三位是刚刚进入公司的，两位是半年前进入公司的，一位进入公司一年零两个月。销售团队年轻有活力，但稳定性差，陶坤龙任省区经理也有3年了，下面没有销售主管，他简直是超级销售员。黄世德经理估计，出于长期的友谊，这些客户仍会将一部分业务交给陶坤龙，但一些新业务已明显地属于其他卖主。

黄世德经理已同陶坤龙经理谈过这个问题，但是陶坤龙说，他的销售额并不是这个地区最低的，他对得起公司。他是一个干劲儿十足的小伙子，对自己的收入相当满意，每天都在努力地工作。他意识到自己的销售团队稳定性差，但他也无能为力，他认为销售员的辞职是公司政策造成的，薪水没有竞争性，市场投入不如竞争对手，公司对销售员的培训没有针对性，也没有实效。人力资源部招聘的销售员，都是在其他公司干过五六年的"老油条式"，招聘的销售代表不好，他也没有办法。虽然他有招聘的最终决定权，但招聘专员推荐给他的人选，在他看来都是庸才，可又不能不要，否则销售区域空置在那里，竞争对手就会乘虚而入。他也是没有办法，扮起了超级销售员的角色，不这样做，山东省区的销售会更惨。

黄世德确信，他已经没有办法激励陶坤龙比现在做得更好了。同时，他强烈地感觉到，如果把陶坤龙的销售区域分配给新销售主管去做，销售额会比陶坤龙经理愿意得到甚至能够得到的销售额大得多。当然，分配给新销售主管也是有风险的。

黄世德也知道，陶坤龙是他的大学校友，实际上，陶坤龙就是最初把黄世德推荐给国内销售经理，并介绍给他做这份销售工作的人。

讨论：面临这种情况，如果你是黄世德，你会怎么办？

第十三章
销售队伍的领导与督导

本章要点：

了解领导的本质与领导者的影响力；
了解销售管理者的关键领导素质、领导能力及领导活动；
掌握销售管理者的辅导内容和辅导方法、技巧。

课前案例　　　领导力在于知人而变

去年下半年，某500强跨国企业亚太总部准备对使用的IT平台进行整体升级。处于东南亚半岛的越南分公司被选作首个试点。这个项目中的客户方的核心角色有业务区项目总监吴某、业务区项目经理马某、越南分公司IT主管Long、越南分公司总经理Thanh、越南分公司财务总监Ruan。作为系统集成商，青成公司派出的团队是以项目总监郑永亮为首的包括财务、分销、制造、技术各小组的团队。整个项目历时8个多月，中间虽然发生了各种问题，在客户关系、业务与团队方面，仍有很多需要反思的地方，但最后整个项目顺利完成并且成功交付。

因为这是一个样板业务项目，因此，青成公司作为系统集成商，在组建团队时由总监亲自操刀。最后以郑永亮为主要管理者，以各方面的专家为小组组长，并围绕他们进行整个团队的构建。因为整个团队人员的筛选是从整个公司中进行的推荐后集中由专家筛选，因此不光没有武大郎开店的问题，反而凸显了另外一个问题，就是组长级别的人员都比郑永亮资深。郑永亮虽然年轻，但心胸豁达、管理经验也很丰富，对下面这些老人都很尊重与重用，所以刚一开始的时候项目还是有条不紊地进行着。但没过多久，就出现一系列的问题。比如，组长老余总是以家里有事情为由推脱去越南出差；组长老蔡的签证有问题，而不能去越南出差；任务分派时，总是会遇到各种阻力；组长老张跳出来，与郑永亮发生了直接冲突，并嚷着要离开这个项目；郑永亮跟客户关系一直不温不火，跟团队成员也是即若即离。但奇怪的是，从客户那边的反映来看，老余和老张都得到了非常多的认可，而且客户业务区总监吴某还打算给老张颁奖。这些问题让郑永亮忙得焦头烂额，所以他情绪一直不好，高压之下，在一次客户会议中全面爆发，引起客户的强烈不满。当时，郑永亮找到青成公司的老板郑东方，郑东方给他开的方是，对内权责分明、群体决策、对外聚焦重点、投其所好。现在从TOPK的角度对如上问题进行分析。

亚太区业务总监吴某生在中国长在美国，在美国生活了十来年回到中国，在整个行为举止中有美国式的开放、活跃，但有着与其身材不匹配的控制力，应该是一个带孔雀属性的老虎型。而组长老张虽然老是像少一根筋似的，但为人率直、脾气火暴、执行力强，是一个典型的老虎型。这样，加上二者对外看起来积极主动的态度，老张和总监吴某就产生了惺惺相惜的感觉，因此二者的关系很好。而郑永亮更像是一只猫头鹰，本性是只老虎，经过近几年反复磨炼，老虎被伪装得几乎看不出来了，但一旦在放松或者焦虑而不受控制的时候，老虎的本性就暴露出来了。而如前所述，组长老张也是一只脾气火暴的老虎，因此，郑永亮在一般情况下能够和老张友好相处，但在额外任务分配和利益冲突的时候，就容易引起两虎相斗，而老张也很简单粗暴地提出离开项目。虎虎相惜还是虎虎相斗？从这里可以看到，郑永亮、吴某、老张，三只老虎同处一室，当大家为了共同的利益奋战时，容易形成良好的惺惺相惜的感觉，然而一旦有利益冲突，就会虎虎相斗，迅猛而惨烈。

老余和老蔡都是考拉型，他们做起事情来不温不火，与人相处也是如此。老余更加内向，话很少，讲什么都行，讲什么都没意见，但是其态度有问题，能推就推，能拖就拖，能不干则不干，能少干则少干。不过这只是针对团队内部分派，对于客户安排的事情，老余从来没有拒绝过，也没有太多的意见，因此，客户还是很喜欢老余的。老余是被动做事情的，思考和决策都是由客户来完成的，然后吩咐老余完成。因此，老余没有起到引导客户的作用，没有整体的设计与思考，只能跟着客户的鼻子转。老蔡也是考拉型，但活泼一些，感觉很合群，大家都比较喜欢他。他在事情上也能够独挡一面，以专业的角度给客户提供咨询。

对于郑永亮本身，猫头鹰的角色让他能够很好地进行项目的计划、总体方案的把握；老虎的角色帮助他进行工作的执行与团队违纪的惩罚。但考拉与孔雀的属性的弱点，让他在融入团队内部、和大家一起进行业余活动、建立非正式的关系方面，显得能力不足。但因为团队内部已经有两个考拉型，因此能够将老虎与猫头鹰聚拢到一起，顺利地完成工作。

（该案例根据浙江大学MBA2012年学生郑冬的作业改编而成）

讨论： 1. 以郑永亮为首的项目团队的成员个性符合TOPK原则，在这样的团队里，郑永亮如何提高自身的领导力化解案例中的五个问题？

2. 当对方负责人的性格与自身业务员性格一致时，业务一般容易达成，但有可能会损害公司的利益，这个时候，销售经理该如何控制风险？

13.1 销售队伍的领导

13.1.1 领导的本质

在中国文化里，"领"的本义是头部通过（脖子）发布施令，后引申为带领、指挥、理解与要点等，"导"的本义是给不知方向的人引路，后引申为领路、引导、传带与导向等。"领"与"导",合在一起的本义就是发布施令引导他人,因此,从本义来看,领导是一种活动,是管理活动的一部分。但在中国文化中一般把领导视为发布施令引导他人的人,即领导者、领导人、管理者、上司、经理等。这里探讨的是它的本义,领导是带领并引导他人朝一定方向前进;领导者,是走在前面引导大家前进的人,即引路人、领袖与导师。

在西方文化里,管理包括领导,领导是管理的一个职能。他们认为管理工作包括计划工作(又称规划工作)、组织工作(又称人力资源管理工作)、领导工作(又称激励辅导工作)和控制工作(又称绩效管理工作)。在管理的四大职能中,基层管理者花在领导职能的时间为51%左右,中层管理者花在领导职能的时间为36%左右,高层管理者花在领导职能的时间为22%左右。领导职能对每个层次的管理者来说都很关键,因为事在人为,没有人或者人不愿跟随,那么所有的目标、战略、结构、组织、控制等都会成为空中楼阁。人的问题解决了,事情就解决了一大半。领导力是管理者是否胜任的最为关键的能力。

笔者认为,领导的本质就是影响他人行为以完成特定任务的过程。领导是使组织更有效的管理要素。领导是指管理者通过激励下属、指导别人活动、选择最有效的沟通渠道,解决成员之间的冲突来带领下属及其队伍实现组织目标的管理活动。领导是一种人的活动,是通过把人和人、人与事之间的关系理顺来推动队伍实现组织目标。管理者必须发挥领导职能,通过引导他人去实现一定的目标,从而实现组织战略目标。

13.1.2 管理者的五种影响力

任何人都有影响他人(个人或团体)心理与行为的能力,即影响力。所谓影响力,指的是一个人(A君)借以影响另一个人(B君)的能力,即个体影响他人及其行为的能力。权力是指某个主体凭借自己所拥有的资源来影响他人行为的一种社会力量。管理者的权力来源于组织结构和工作环境,是社会或组织赋予他的职位与地位等社会力量,这种权力具有法律、法令等特性,被称为管理权力。而影响力却不一定来自于管理权力,它还可以来自个人魅力或个人资源。因此,影响力可以分为权力性影响力和非权力性影响力。根据来源,影响力又可以分为法定影响力(简称合法权力)、强制影响力、奖赏影响力、专家影响力和感召影响力。这五种影响力构成权力的五种基础。

(1)法定权。法定权是指组织中各职位所固有的合法的、正式的权力。这种权力来自一个人在组织中所处的管理职位,代表一个人在正式层级中占据某一职位所相应得到的一种权力。它包括任命、罢免等制度性、非人格性的权力,具有明确的垂直隶属关系。这种权力可以支配下属的职位与责任。管理者具有提出行动的权力,员工具有执行的义务。例如,如果一个人被选拔为地区销售经理,那么绝大多数销售员就应该认为,他们有责任在工作方面服从这位销售经理的指导,因为这种权力是合法的。

（2）强制权。它是指管理者惩罚或提出惩罚建议或否决的权力。这是建立在惧怕之上的权力，对不服从要求或命令的人进行惩罚。管理者在行使解雇员工、提出降职、行使批评和取消加薪的权力时，就是在行使强制权。它是一种负面强化手段，其作用是禁止某些行为的发生。它的运用容易导致反感和抵制，使得双方的人际关系趋于紧张。例如，如果销售员没有完成预期的销售业绩，那么他的销售经理就可以行使强制权力，对他提出批评、指责，以及在他的档案里附上一份非常不利的评语，或者取消他的加薪、他的职位晋升机会，或者分配给他"较差"的销售区域、"较高"的销售指标等。

（3）奖赏权。奖赏权与强制权相对应。管理者有权对他人的工作加以回报。下属服从上司的命令，是因为他认识到这种服从会带来正面的、有利的结果，即奖励与赏识。所以，一个能给他人施以他们认为有价值的奖赏的人，就对这些人拥有一种权力，即奖赏权。

（4）专家权，又称专长权。专家权是管理者在具体工作方面所具有的专业知识、专业技能和管理技能所带来的一种影响力。凡是具有某种别人无法与之抗衡的特殊技能或专门知识的人，就享有专家权。如果领导者是一位真正的专家，他就给予销售员以明确的正确方向，并为他排除障碍以达成正确的目标，那么销售员就有可能因为他所具有的渊博知识而接受他。专家权的构成基础是知识结构、专业技能与管理技能。

（5）感召权，又称表率权。这是与个人的品质、态度、经历、背景等相关的影响力，是建立在一个人对另一个人的认可和信任的基础上的。在一个组织中，总有某些人的行为、思想可以作为其他人的表率，由于他们具有某种超人的禀赋，或者好的品质、作风、价值观，因此受到别人的敬佩和赞誉，愿意模仿和服从他。感召权来自于管理者的素质（或个性特质），它的构成基础在于品质、态度、习惯。

销售经理可以运用这5种权力来影响跟随者的行为和绩效，当他运用法定权与奖赏权时，跟随者最可能作出的反应是服从，接受销售经理的指挥。但如果跟随者认为奖赏不公平，或者销售经理难以令人信服，他们很可能采取销售经理所期望的行为，但面从而心不从。强制权一般都会遭受跟随者的抵制。没有人愿意在接受惩罚的条件下为他人工作，所以强制权不可滥用。专家权与感召权会对跟随者的心理与行为产生积极影响，有助于唤醒跟随者的奉献意识，有助于赢得跟随者的信任，尤其是发自内心的信任。专家权容易导致员工的尊重，感召权容易导致员工的喜欢，员工尊重和喜欢一个人，他就会相信这个人，从而把代表权（代表他们利益的权力）授给这个人，这个人就成了他们的领导者。因此，专家权和感召权是构成领导力的两个基石。

领导力是非权力的影响力，是领导者的个人知识、个体素质、思维方式、行为方式、实践经验及领导方法的总和。领导力是引领人们前进的能力，是推销希望的能力，获得跟随者的能力。领导力是运用专家力量与感召力量影响他人跟随的能力。如果没有人跟随，管理者就不是在领导。销售队伍是一支具有自主权相对较大的组织，作为销售队伍管理者要少用法定权和强制权，多用奖赏权、专家权和感召权。领导没有威信，寸步难行。古话说："有威则可畏，有信则乐从，凡欲服人者，必兼威信。"领导的威信，既来自领导者地位（管理权力）、助手的威信（领导者任用的干部）和被领导者的期望值等外部因素，也来自于领导者素质、领导者水平和领导者情感等内部因素，感召力与专家力属于领导者威信的内部因素。

13.1.3 领导模型与领导力

根据甘华鸣的高效领导模型，笔者提出了如图13-1所示的卓越领导模型，简称6651领导模型。定标是领导的首要任务，作为卓越的领导，不仅仅要通过自己的领导魅力（领导素质与领导技能），给跟随者描绘目标与愿景，更为重要的是通过领导活动来不断地宣讲目标与愿景，传达给跟随者，并获得他们的信任，激发他们为目标与愿景奋斗的意志，为之不懈地努力，从而实现组织目标与成员各自的目标。

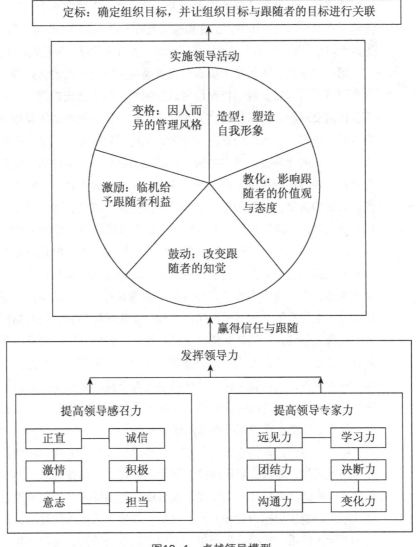

图13-1 卓越领导模型

13.1.4 领导力的素质基础

　　西方认为成功领导者应该具备的个人素质有两类：一是智力因素，如观察力、注意力、想象力、思维能力等；二是非智力因素，如事业心、道德感、意志品质。这里把智力因素归纳为能力特质，非智力因素称为心理素质。领导者的影响力就来自于才能因素（智力因素）和品格因素（心理因素）。素质是人性的感召力，领导的有效性取决于管理者的个人素质，管理者必须拥有正性的素质，如乐观、信心、正直、诚实、果断、担责、谦虚等素质，方可成为有效的领导者，这些品质被笔者称为领导素质。那些负性素质或负性特征，如消极、嫉妒、猜疑、自满等素质，笔者称为非领导素质。各种优秀管理者的领导素质图像，尽管受到宗教与信仰、文化与习俗等影响，但东西方都认为素质是领导力的基础或关键基石，要提高领导的感召力，就必须提高领导素质。

　　笔者认为，销售队伍管理者至为关键的领导素质有六个，即正直、诚信、积极、激情、意志与担当。其中，正直和诚信也属于领导伦理的范畴，积极、激情、意志与担当属于领导态度的范畴。这六个领导素质，又称为领导的根性或领导基因的关键元素。

　　第一，正直。销售是一份需要正直品质的职业，在销售过程中，变化因素很多，有些因素不是销售员或销售经理可以控制的，难免会出现问题，而出现了问题，客户不仅仅需要理由，更需要解决方案。这时候，销售员或销售经理能否正视而不回避，能否坦诚事实，能否秉公解决，即能否坚持正直的品质，是获得客户信任的关键。作为销售队伍的管理层，其本身的正直品质就起到一个关键的榜样作用。具有正直领导力的销售经理在带领员工奋斗的过程中，既会直言不讳，又能正视事实，客观正确地评估员工的贡献，营造公正、公平、公开的组织氛围，建立公正、公平的制度。如果自己有失误，会敢于向员工承认错误，展开自我批评，并谦虚接受员工的批评。

　　销售管理者有了正直素质，国家的法律法规、企业的规章制度、组织的规则条例就不会倾斜。组织就会有公正气直的氛围，销售队伍成员就会激情快乐地集中精力去努力工作，全心全意为客户服务。销售管理者有了正直的素质，就会在战略规划、目标确定、销售队伍结构、销售队伍规模、销售区域划分、销售指标分解、销售薪酬设计、销售变革设计、销售队伍的招选与培训、销售队伍的晋升与辞退、销售队伍的绩效管理等方面，直面现实，秉公办理，做到以组织规范为准绳，以组织利益和大多数人的利益为重，从而赢得销售队伍的信赖与支持，带领销售队伍赢得社会的尊重与客户的认可。正直对待所有的客户与供应商及外部利益相关者，正直对待所有的内部员工，是商业道德伦理与领导道德伦理的本源。

　　第二，诚信。诚信在销售领域及其管理领域尤为关键。销售队伍管理者，不仅对外要讲究诚信，对内也要讲诚信，不欺骗公司，不欺骗员工，不欺骗部门同僚，不轻易许诺，许诺就要兑现。销售经理在分配销售指标时，如果采取过量分配的话，如他自己承担的销售指标为1200万元人民币，而他分给他所管辖的销售员的指标加起来是1300万元人民币，这样分配销售指标的方法就是欺骗，这种销售经理就没有诚信；如果他在工作中经常要求员工信任他，并努力打造信任文化，那他就更不诚信。这种不诚实没有信用的销售经理，最终会被销售队伍和客户鄙弃。具有诚信领导力的销售经理，他陈述现实而非陈述臆测，他具有陈述现实的信誉。因为人们不喜欢臆测，喜欢现实。具有诚信领导力的销售经理不欺骗销售员，销售员不欺骗客户，不对客户说虚假信息。他们言而有信，信守承诺，取信于民，守信于民。答应的事情，要做到；做不到的事情，不要答应，更不能欺骗性地答应，事后找各种理由来解释。比如，销售经理对销售员说，这个月好好干，完成了指标，我给你加300元工资。于是这个销售员喜出望外，非常激动，也很有斗志，对销售经理的许诺深信不疑，经过自己的拼命努力，终于超额完成了销售指标。第二个月，他就开始盼望销售经理兑现承诺，给他加薪300元。然而，迟迟不见销售经理说起加薪的事情，到了发工资的时候，也没有见到300元的加薪，这时他鼓起勇气找到销售经理，销售经理却对他说："我努力帮你争取过加薪300元，向老板争取了多次，老板说，公司没有完成指标，所以不同意给你加薪。"此时，销售员就会愤怒，顿感上当受骗，认为这位销售经理没有诚信。从此，这位销售员就很难信任销售经理，销售经理的领导力也就大大受损。

但如果这位销售经理具有正直的素质，他就应该直面自己失信的事实，真心向这位销售员道歉，并接受批评，而不是解释原因，把过失归在自己管理经验不足，换取销售员的宽容与谅解。而且，他会采取行动进行弥补，如自掏腰包宴请这位销售员并再次道歉，或者向上司申请颁发完成销售指标的月度奖的权力，给这位销售员颁发奖品和荣誉证书。因为人无信不立，国无信则衰，企业无信必败，销售队伍无信必死也。如果这位销售经理私下对某位销售员说："这个月，好好干，超额完成了销售指标，我奖励你300元。"事后，这位销售经理兑现了承诺，但只能说他很诚信，但不正直。只有当他公开透明地对他管辖的所有销售员说："大家好好干，谁超额完成了销售指标，我就奖励谁300元。"在这种情况下，才能说这位销售经理正直。如果后来他也兑现了他的承诺，这位销售经理就拥有了两个品质——正直与诚信。如果后来他无法或没有兑现，他就没有诚信。如果在这种情况下，他又把责任推给他的上级，那么他也就失去了正直。如果在这种情况下，他把过错归于自己，并寻求部属的理解，或者寻求替代方案，那么他就被认为是正直的。

人们总愿意尊重和跟随正直诚信的人，因为他们内心有正直诚信的根性，领导者的正直诚信也体现了他们的正直诚信。正直诚信会带来可信度和公信力，销售经理没有可信度或公信力，就没有领导力。当判断一个领导者是否可信时，销售队伍首先会听其言，而后观其行。因此，领导力意味着销售经理诚实守信，使员工像销售经理那样做事，而不仅照销售经理说的去做。

第三，积极。销售经理必须自身具备积极领导力，才能带出积极的销售队伍。销售工作是最容易消极的工作，销售员最容易陷入消极心态，因为销售工作是一种经常遇到客户拒绝的职业。拒绝就意味没有机会，拒绝就意味着挫折，如果没有积极思维，没有积极心态，那么销售员就在拒绝中消退甚至死亡。销售员需要拥有积极的力量，养成积极的习惯，需要积极的文化，才能主动在客户拒绝中找到有利的因素，化拒绝为机会，从而寻找到正确的方法来化解客户的拒绝。积极主动的销售员，不管上司在不在，都会主动地寻找超额完成销售任务的正确方法，当他们遇到难题找上司咨询时，是带着问题的答案的，只是对问题的解决方法缺乏信心而已。他们总是积极阳光、面带微笑地拜访客户，和客户交谈的事情总是积极阳光的一面，很少会埋怨公司、批评社会。他们走在哪里，哪里就有阳光与雨露。没有客户会喜欢消极颓废的销售员来拜访他们，因为消极心态具有传染性。

具有积极领导力的销售经理，面对竞争激烈的市场环境，他们往往看到的是机会而非问题。在面对看似难以逾越的巨大障碍时，他们总能发掘队伍的积极品质，激发队伍的积极心理活动，调动队伍的积极性，带出一支士气高昂、奋发向上的销售队伍，帮助公司安然渡过难关，取得积极意义的业绩。因为他们关注组织中的积极因素，着眼于优势而非弱点，鼓励善行并激发销售成员的正能量。他们每天向着太阳，营造积极氛围，采取道义的做法，建立积极关系，进行积极沟通，构建积极意义。

第四，激情。具有激情的销售经理，不仅会激发自己内心对工作与人的热情与真情，还善于激发整个队伍对销售与客户的热情与真情，他们自身的激情就像电流一样传导给他们的队伍。他们能够激动人心地向销售成员沟通销售梦想，鼓动大家相信销售梦想或销售目标是可以实现的。他们不仅对梦想与目标充满了自信，而且非常注重激发员工的自信，激活员工的热情与激情。他们是销售队伍激情的火种和火源，更是销售队伍的激情传播者。他们具有很强的激情透射力，能把激情传导到销售队伍的最底层，传递到公司的客户那里。具有激情领导力的销售经理，会不断地激发员工的超常情感，并使员工的高昂状态得以延续和保持。他们拥有卓越的激情管理习惯与技能。他们努力创造销售成员激情飞扬的工作环境。他们采取走动式管理，从群众中来，到群众中去，到销售队伍中，不断地认可销售成员，真诚赞美好的行为，举办庆胜活动，参加富有创意的颁奖活动，鼓励员工创新，尊重员工的好奇心，真诚地和员工一起度过激情燃烧的岁月等，从而激活并扩大销售队伍的积极性。整个销售队伍和客户都会被他们的激情所感染所激活。激情对他们来说，不是瞬间的情绪状态，而是一种习惯，一种能力，一个责任，一种文化！

第五，意志。销售队伍是一支特别需要意志力的队伍，因为商场如战场，销售队伍要在困难重重的不确定的市场环境实现目标，销售员要在客户拒绝环境中销售公司的产品，要不断地解决销售过程中出现的各种问题。销售经理对于公司的远景目标和销售指标等的意志力强弱，决定了他是否是优秀的领导。如果具有意志领导力的销售经理对于远景目标、销售指标等管理事项，具有坚强的意志，面对市场的复杂变化及其带来的巨大困难，始终都能保持定力，为了获得更好的业绩，他们坚定信心、毫不动摇、勇往直前、排除万难、以身作则地展现必胜的意志，那么他们很容易稳定军心，在此基础上，激发整个队伍的必胜意志，提高队伍的凝聚力与战斗意志，从而获得高昂的士气，最终带领销售队伍实现组织目标。

第六，担当。销售队伍承担了公司产品的销售任务，承担了公司产品变成现金的重任，公司的所有成员都等待销售员把产品换回现金，从现金中分得薪资来养家糊口，因此销售队伍是支特别需要担当精神的队伍。如果销售经理的担当精神缺失，推诿管理责任，逃避管理风险，销售队伍就难以完成产品变成现金的重任。如果客户在使用产品的过程中出现了问题，销售员也照样采取推诿或逃避的做法，那么客户今后就不会再次购买公司的产品，而且还会宣传他们遭受的不公正待遇。因此，销售经理遇到问题时要敢于承担自己的管理责任，反思自己的方法并进行调整，那么销售队伍的担当精神或担当文化就会得到弘扬。

具有担当领导力的销售经理，在一切进展顺利的时候，会把功劳归于自身因素以外，归在员工们的努力奋斗；在事情进展不顺利的时候，他们会反求诸己，朝镜子里看，而不是朝窗外看，承担责任，反思自己，调整策略，而不是埋怨运气和员工。"天塌下来有我顶着"的领导者，是具有担当素质的领导者，人们愿意追随他。他们不仅自己敢于担当，也敢于为下属担当。当手下犯错时，他不会推卸责任，不会粉饰太平，不会在一片慌乱的时候临阵脱逃，也不会遇到问题就害怕丢乌纱帽。有效的销售队伍管理者，当他对自己的决策和管理结果负责任时，他就是优秀的领导者。

凡事坚守原则，忠于责守，公正地直面问题；说到就做到，并有优质的信誉；直面问题时，总是能找到解决问题的有利因素；精力充沛，满怀激情地去解决问题；在解决问题过程中，排除万难，勇往直前；成功了，为他人撑起一把遮阳伞，并把成功原因归于大家，失败了，勇于接受他人的指责与批评。这样的管理者，会因具有卓越的领导素质而获得他人的信任。

13.1.5 领导力的技能基础

管理者必须拥有一些关键性技能，如引起他人信任、激励他人、教导（辅导或指导）他人、沟通和推销思想（或目标或文化）、倾听并化解冲突、批评与自我批评（如承认错误的能力）、组建团队、组织变革、适应变通等技能，方可实施领导活动，称为真正的领导。这些技能称为领导技能，它是构成领导力的能力基础。提高领导的专家力，就必须提高领导技能（或领导才能）。笔者认为，在带领组织过程中，赢得组织成员"尊重、信任与跟随"的关键领导能力有六个，即远见力、沟通力、团结力、决断力、学习力和变化力。

第一，远见力。这就是发现并描绘远见的能力。有远见力的销售经理，具有敏锐的双眼（慧眼）与直觉，能够透过迷乱的现实看到未来世界的模样，能预测未来最有可能朝哪个方向发展，他们能预测未来5~10年的市场环境和销售指标等，并以此倒推当前应该的做法，把应该的做法与现行的做法进行比较，由此进行调整，最终就形成清晰的目标战略和战术部署。有远见力的销售经理是销售战略家、预测家和创新家。他们对事情具有创造性的洞察力，能够提出正确的问题，看到正确的未来趋势；对人性具有敏感性与激情，能够尊重和鼓动积极的人性力量，从而用远见力为组织开创未来。有远见力的销售经理，总是舍弃安逸，居安思危，远离洞穴，绝不是办公桌的懒骨头，也不是温水里的青蛙。他们非常敏锐地洞察环境的变化，判断未来趋势，欢迎任何创新的点子,并果敢地采取行动,管理冲突,推进改革。

第二,沟通力。这是领导必备的至为关键的能力。制定目标、战略、组织、预测、薪酬、招选、培训、激励、监督、辅导、评估和控制销售队伍都离不开沟通。销售经理需要不断地在上级主管和销售队伍之间来回传递信息,而这些信息必须是正确、清晰、简洁和及时的,一个有效的领导,必须有良好的口才和书面沟通能力。具有沟通力的销售经理是那些可以清楚告诉人们如何做得更好,并且能够描绘出远景激发人们努力的人。这些沟通不仅仅是传递,更为重要的是说服或感染,在下属的心中播下胜利的种子。沟通的目的,不能仅仅停留在传达、知晓、理解的层面,更为重要的是达到激活、激发、鼓舞和认同的层面。具有沟通力的销售经理,不仅自己具有远见力,更为重要的是能传播并激发下属的远见力,他们为下属构筑一个充满竞争而又刺激的未来,鼓励下属积极地想象未来,勾画未来美好的画面,点燃他们心中的导航之火(潜能之火),因为梦想、希望或愿望是创造未来的动力。他们通过卓有成效的沟通,让所有成员相信,组织未来的发展方向是正确的,是可以实现的,是有价值的。因为下属从心里认同组织的既定目标,自然就会全力以赴地去奋斗。具有沟通力的销售经理善于运用适应性沟通,了解下属的期望,帮助下属建立自信,激发他们求胜的欲望,营造成功必胜的氛围。通过适应性沟通,他们激发下属的自豪感和成就感,并将自豪感和成就感传输给销售组织里的每一个成员。他们会善于运用适应性演讲技巧,如讲到高兴的内容时,会喜笑颜开;讲到愤怒的地方时,会面色厉然;讲到愁闷的内容时,就会皱额锁眉等。他们会善于用积极活泼的语言和动作来传达对远见的热情,让热情感染他的下属,引燃下属灵感的火花,激发下属奔向远见,并心血澎湃。

具有沟通力的销售经理,经常到下属熟悉的地方,坐下来和他们面对面地聊聊,或进行演讲。俗话说,不入虎穴焉得虎子?要想知道下属想什么,就得到他们当中去,选择他们熟悉或喜欢的地方,这样他们就会把心掏给领导者。他们在自己熟悉或喜欢的地方会觉得安全、舒适,感觉是在家里,在家里说家话,家话是真话。沟通力有两个关联部分,一个是外在的沟通技巧,另一个是沟通的动机和心情。要提高沟通力,销售经理就必须内外兼修。具有沟通力的销售经理,总是欢迎员工提问,并平等地回答员工的提问,而不仅仅是用技巧来回答员工的提问。沟通问题的关键,并不在于沟通的内容,而在于沟通过程中被接纳和倾听的体验。沟通,需要把注意力从自身转向他人。

第三,团结力(又称凝聚力)。具有团结力的销售经理,总能找出共同点,确定共同价值观的标准,并用共同价值观和共同愿景来团结来自五湖四海的人们。因为共同价值观会给人们提供借以合作的一种共同语言,成为内部的指南针。具有团结力的销售经理擅长整合与协调跟随者个人与组织的价值观,架起金色的沟通桥梁,从他人的利益出发,引导他们走向一致,让他们成为相互关联者(包括相互负责任)。具有团结力的销售经理积极运用自己卓越的沟通力,化解各种分歧与冲突,打造通力合作的组织文化。尽管冲突会破坏组织的和谐稳定,造成矛盾与误解,但具有卓越团结力的销售经理,视冲突为组织活力的源泉,视冲突为团结的机会,因为冲突可以为变革提供激励因素。具有团结力的销售经理直面冲突，闻争则喜，积极思维，抓住冲突的关键，使之朝好的方面转化。在冲突过程中，具有团结力的销售经理，总能一眼就看出冲突双方的共识部分，并就此提炼出来。因此，具有卓越团结力的销售经理，能判断和理解冲突产生的原因，控制自己对待冲突的情绪与态度，选择适当的行为方式来处理冲突，尤其是沟通方式（如采取发泄与认同两个策略等），并在化解冲突中保持正直和积极的品质。具有团结力的销售经理，不仅仅团结那些支持自己的人，以及那些犹豫不决的中间人，还善于团结反对自己的人，无论其反对是否正确。虚怀若谷的销售经理，总是用梦想团结一切可以团结的人。

第四，决断力。这是人们坚决地作出最后的定论的能力。决断力强的销售经理，在决策过程中会集思广益，但决策时会坚决果断。决断力强的销售经理，具有一种综合分析与联想能力，能把一些不相关的信息组合成一个新的信息，并据此提出解决问题的方法；能够在别人无法涉足的领域拓展出成功之路。下属为什么会将决定自身行动的权力交给领导者？是因为他们深信，领导者能够作出比他们自己更为正确的决策！很多失败的销售管理者为自己决策犹豫辩护："我掌握的事实不够，很难作出决策。"事实上，在销售管理实践中，管理者永远无法掌握所有的事实。在管理生涯中，管理者几乎在任何时候都没有掌握所有有助于他们作决策的事实，但他们必须作出决策。没有作出决策也是一个决策，这个决策等于是听天由命，是一个不负责任的决策。偶尔一次，下属至多会因上司没有作出负责任的决策而感到不舒服。如果销售管理者把决策的犹豫或拖延养成一种习惯的话，那么销售员就不会再跟着管理者工作了。具有决断力的销售经理，不仅有对风险的判断力，更具有挑战风险的意志与担当。这种意志与担当会像电流一样传导给下属，从而整个队伍具有坚强的意志和果敢的担当。

第五，学习力。这是把知识资源转化为知识资本的能力。比竞争对手学习得更快的能力，才能帮助组织赢得竞争优势，比跟随者学习得更快的能力，才能持久地获得跟随者。学习力具有主动性、能动性和创造性等特点。具有学习力的销售经理，善于把知识内化、转化和创化。他们首先以身作则努力提高自己的个人学习能力。其次，努力提高部属的学习能力。他们让组织变成一所"学校"，建立积极分享的学习机制，努力提高团队的学习力，打造出学习型组织。为了打造学习型组织，他们把员工的学习放在管理的中心，让工作变成"被支付报酬的学习"，他们总是激发员工的智慧，并把这些智慧转化为组织智慧。为了打造学习型组织，销售经理要鼓励试验与冒险，允许下属犯错，但不允许犯罪（违反国家法律法规或公司价值观等）。面对员工的错误，他们永远不会惩罚或伤害对方，而是帮助对方，鼓励对方从错误中学习，从而获得进步与发展。为了打造学习型组织，他们建立传播知识的机制，定期开展一些活动，保证已获得的知识能够传播到组织相应的每个角落。他们可以通过公司内部互联网，进行知识与经验的互动分享与交流。他们信仰，一个主意的好坏与它的出处无关，好的主意可以来自任何地方。

第六，变化力。变化力包括适变能力、应变能力和制变能力。适变能力是指管理者在环境变化的情况下，及时调整自己的行为，以适宜的管理方式和风格开展领导活动的能力，即适应与契合环境或管理对象而调整自己的能力。适变的原则是以刚吸刚，以刚克柔，以柔吸柔，以柔克刚，即类似与补足原则。应变能力是指管理者面临意外之变，灵活机智地处理问题的能力。制变能力是指管理者能够识别大环境的趋势，把握发展潮流，妥善地控制局势来创造机会解决问题的能力。

领导力要与员工所处的情境、员工的性格和组织环境共舞。根据员工所处的情境进行领导力变化的能力，称为情境领导力；根据员工的性格进行领导力变化的能力，称为适应性领导力；根据企业或组织所处的外部环境进行领导力变化的能力，称为环境领导力。情境领导力与适应性领导力是以适变能力为基础的，而环境领导力是以制变能力为基础的。环境领导力，也就是我们东方传统文化所说的，大势的驾驭能力，天时与地利的把控能力，君子要与时俱进、与时偕行。具有环境领导力的销售经理不会一味地推进自己的建议或观点得以施行，而是会等待机会窗口的出现。像冲浪者一样，他们既要随时做好准备，又要感知波浪的运动规律，这样才能利用好自身无法控制的力量，实现成功。拥有环境领导力的销售经理会巧妙地明确问题，制定共同目标或路线图，并积极关注变化万千的销售环境（市场环境和客户心理）。作为销售队伍管理者，需要提高环境智慧，即要有对环境的洞察力，敏锐地洞察事物发展规律，前瞻性地看到未来变化趋势，通过提高环境领导力，带领销售队伍走向辉煌的未来。具有环境领导力的销售管理者，善于学习管理混沌不明的情境，包括混沌不明的环境。他们把混沌视为现实，而非幻想，认为世界是永恒的波浪，永不止息。因此，他们的学习与发展也永不止息。他们不做追浪者，而做冲浪者、弄潮儿和引潮儿。他们更像钱塘江的掘造者，没有他们的掘造，哪来天下壮观的钱江潮？

13.1.6 实施领导活动

领导从群众中来，到群众中去，但他始终都有领导气质。领导要通过造型，为自己塑造名符其实的值得信赖的形象；通过教化，把共同的愿景与价值观广而告之，像推销员推销产品一样，推销他的思想、价值观和远景目标等；通过鼓动，把共同的斗志引向同一个管道（同一个方向）；通过激励，给予为共同利益作出贡献者以回报；通过变格，为下属"通电"，提高其技能，化解其心结，从而获得下属的信任与跟随；最终实现"上下同欲而聚公"，即上下齐心共同实现组织目标。这就是领导者发挥领导职能的五个关键活动。

销售经理实施的第一项领导活动是造型，塑造领导者的自我形象。销售经理要注重仪表，人要衣装，佛要金装，走向成功的穿着，本身就是一种力量，一种气势。更为重要的是要通过精心的设计，把自己最具特色的领导素质、领导能力及管理能力，有计划地展现给销售队伍，并一以贯之。比如，正直的领导素质，团结的领导能力。有设计的塑造自我形象，不是刻意追求完美高大，也不是虚伪，更不是欺骗，而是要以下属组成的队伍为基点。销售队伍在他们的内心中都喜欢追求正性品质，作为他们的经理，就必须以身作则，展现自己拥有的这些正性品质。喜欢担当的下属，希望领导敢于担责；喜欢诚信的下属，希望领导兑现承诺；喜欢正直的下属，希望领导公正透明；喜欢社交的下属，希望领导富有激情。如果自己的部属有这四种品质特性的成员，销售经理就必须展现这四种领导素质，让每个下属在自己身上找到他们喜欢的品质。在塑造自我形象时，要善于表达有针对性的情感，尤其要把情感与事实联系起来。销售经理总是擅长对事实的陈述，如"你答应过今天把销售预算交给我"。而那些具有领导力的销售经理，面对那些敢于担当的下属，则说："我今天很恼火，因为你没有遵守承诺把销售预算交给我。"销售经理要积极地向下属表达会引起下属共鸣的感觉，用对事实的感觉来强化自己对事实的陈述。因为要让下属心理接受领导，领导就必须成为他们的一部分。当然，在把情感与事实联系起来的时候，要注意使用生动的面部表情，不一定就要表露在言辞中，还可以表露在语音语调中。临危受命的销售经理，更需要通过自身力挽狂澜的行为，在下属面前塑造优秀的领导者形象，这样，下属就会心情澎湃，热血涌流。在危急时刻，下属迫切需要果敢担责的领导者。临危受命的销售经理，要立即主动填补这一空缺，否则会失去有利形势。销售经理要做的就是让别人和形势适应自己，而不是自己去适应他们，把握形势，操之在我，驾驭环境，并在关键时刻，身先士卒。销售经理要愿意做他要求下属去做的一切事情，在危机时刻，挺身入局，亲自做要求下属所做的事情。销售经理要经常在关键时刻露一手，跟我来，看我的，一起干。

销售经理实施的第二项领导活动是教化。通过教化，可以积极影响下属的价值观和态度。教化，即宣教化育之意，关键的是说服，而不是灌输。要说服下属，就必须先懂得下属。教化的使命，并不只是帮助员工获得解决具体问题的技巧，帮助他们开拓思路，解决隐藏问题并抓住潜在的机遇，还要把组织待人处事的原则（经营原则、管理原则等）教给大家，更为重要的是，教化是提供组织与员工个体的心灵碰撞、交流及相互认同的过程，提高价值观与态度的吻合度。销售经理是销售队伍的传道士，是销售队伍的积极心理辅导师，是播种机和宣传员！

共同的价值观是组织的基石，销售经理要明确共同价值观，并养成用共同价值观说话的习惯，积极与下属共享公司或组织的价值观。也许有些公司的价值观似乎看起来很矛盾，比如团结紧张，但销售经理必须成功驾驭这些矛盾，看到它们之间内在的联系，并引导下属也可以成功驾驭这些看似矛盾的价值观。只有当领导者或组织所公开声称的价值观与领导者的个人价值观一致时，销售队伍才不会错乱，领导才最有效。特别是在危机时刻，销售经理的做法如果不能与组织的共同价值观保持一致，那么那些与价值观相抵触的行动或方法，会导致队伍的离心离德。当组织成员相信他们的各自的价值观和组织的价值观有很大的吻合度或一致性时，他们就会对组织更加忠诚，因为他们会感觉到自己是组织的一部分。这时候，销售队伍的沟通质量、参与决策的积极性、主人翁精神和创造性就会大大增加。招选价值观类似的下属是有效管理的关键，但通过教化下属，让下属感觉到自己的价值观与组织的价值观有共同的地方（有共享价值观），这是有效领导的关键。在教化员工的价值观时，不是要求员工统一思想、统一价值观，而是求同存异，找到共享价值观，让共同的价值观成为组织的一颗北斗星，同时尊重各自的差异性价值观，化解那些不同价值观之间的冲突。努力做到销售成员的各自价值观、组织价值观、销售经理自己的价值观协调一致。为此，销售经理要自觉地做到五件事：第一，清楚地向整个销售队伍讲述共同的价值观，并开展各种形式的与价值观相关联的活动；第二，销售经理要不断地反省价值观，保证它们与预定的目标及行动相一致；第三，销售经理要以自己的行动体现共同价值观；第四，销售经理要鼓励他人将共同价值观运用到自己的决策和行动中去；第五，销售经理要敢于面对并处理下属对价值观的无知或抵制。

销售经理实施的第三项领导活动是鼓动。销售经理要通过鼓动来触动员工的心灵，从而积极改变下属的认知。每个人的认知都是不同的，即使面对同一个客观现实。作为领导者，就必须通过鼓动，把大家的认知引导到同一个方向或管道，这些带有情感力量的认知集中在一起，就好比激光，力量无敌。作为领导者，需要通过鼓动，通过教化，利用远景作为火种，去点燃下属每个人心中的"希望之灯（这盏灯，在下属那里可能有油和灯芯，就是没有火苗），整个队伍和队伍中的每个人都将前途光明。用下属的语言来阐述与他们利益相关的光辉远景，是鼓动下属的最有效的领导活动。

销售队伍在前进的征途中，会逐渐感到疲累、挫折、看破一切，经常容易放弃。成功的销售经理要懂得鼓舞人心，让销售队伍愿意继续坚持向前迈进，并且精诚团结、精力旺盛。他们坚信，人们的内心深处蕴含着巨大的情感力量，这种力量必须以积极的建设性的方式迸发出来。这种力量会温暖人们的心，激活人们的想象力，激发人们的共鸣，如果把这种情感力量导向共同的目标，那么就有可能排除万难，获得巨大的成就。成功的销售经理能够用下属的语言说出他们的感觉与期待，从而获得他们的充分理解，获得他们在感情上的认同。比如，成功的销售经理在下属面前激情满怀地说："这就是我所听到的你们的愿望，这就是你们的需要与梦想，你们的一切都能在我们共同的目标中获得实现。"从某种意义上来说，领导者好像在下属面前举着一面镜子，将下属心中最渴望的事，照给下属自己看，当下属看到镜子中的图像时，他们会认出来并立刻受到吸引。

优秀的销售经理不认为自己的领导权威来自于下属的距离或神秘感，而是来自自身的领导素质，他们与下属打成一片，与下属同甘共苦，把真相告诉下属，欣赏并尊重下属，关注下属的需要，并营造可信赖的组织氛围。向下属靠拢，尽可能多地出现在下属面前，记住他们的姓名，就可以实现以下结果：帮助那些需要帮助的人；从那些可以提供帮助的人当中得到帮助；发现真正的问题所在；发掘未曾知道的机会；表扬和肯定那些应该得到表扬的人；纠正或约束那些需要纠正或约束的人；使管理者的话得到迅速传播；把管理者的远见传播给整个组织；保证每个人都准确理解管理者的目标。

销售经理实施的第四项领导活动是激励，临机给予下属利益。实施第四项活动，既要运用管理者权力（如奖赏权），当然也要运用专家权和感知权。没有下属，领导者就是孤家寡人，就是光棍司令，也就不是领导者了。人们追随领导者，总有各种各样的理由，这些理由最终可以归纳为利益——物质的利益和精神的利益。作为领导者,首先必须深刻了解其下属的痛苦与挫折、欢乐与奋斗、目标与抱负等。通过仔细倾听和敏锐体察下属的需要,领导者就能认识到下属的需要,并找到提供满足其需要的手段。只有当下属信任领导者的能力,并相信领导者会考虑他们的最大利益时,下属才会听从领导者的忠告与建议。因此,领导者必须有能力判断下属心中的期望,即下属行动的具体动机是什么。直视下属的动机,并给予下属利益,下属的潜能或士气就会被领导者激发,因为人们总是被个人利益所驱使。

销售经理实施的第五项领导活动是变格,因人因时改变自己的领导风格,坚定地推进事情朝正确的方向进展。领导风格按照二分法,可以分为任务导向型和关系导向型两种。任务导向型的销售经理,首先关注的是任务的达成,他们常常单向地命令下属做什么,何时何地以及怎样去做,倾向依靠职位权力(管理权力)去管理下属。关系导向型的销售经理,首先关注的是员工的感受,他们常常采取双向沟通的方式,从下属那里寻求信息,提供反馈并允许他们参与决策,倾向依靠感召权和专家权去管理下属。善于实施变格活动的销售经理知道,面对任务型的下属,采取任务导向型的领导风格会多一些,面对关系型下属,他们采取关系导向型的领导风格会多一些。对于任务型的事情,如计划、解决问题、传达信息、委派、解释任务、监控等,就采取任务导向型领导风格;对于关系型事务,如支持、训练、培养、团队建设、引导等,就采取关系导向型领导风格。二分法把领导者按照其领导风格分为任务导向型领导和关系导向型领导,即工作导向型领导和员工导向型领导两种。

两维四分法是非常普遍而实用的模型,在中国传统文化中,依照阴阳为一个维度,刚柔为第二个维度,把领导风格分为阳刚、阳柔、阴刚和阴柔四种,如图13-2所示。销售经理要学会在这四种领导风格中进行变化。

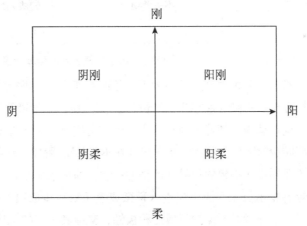

图13-2 中国传统文化的领导风格(四分法)

13.1.7 情境领导

具有变格力的领导,根据什么来调整自己的领导风格呢?美国行为学家保罗·赫塞(Paul Hersey)和肯尼思·布兰查德(Kenneth Blanchard)教授主张根据情境来调整领导风格。他们认为领导和管理公司或团队时，管理者或领导者不能用一成不变的方法，而要随着情况和环境的改变及员工的不同而改变领导和管理的方式，这被称为情境领导，被视为领导的黄金法则。这一理论也称为领导生命周期理论、领导寿命循环理论、应变领导模式理论。

情境领导受到美国学者克里斯·阿吉里斯（Chris Argyris）教授的"不成熟—成熟"理论（该理论认为，领导方式是否得当对人的成熟进程有很大影响）的影响，阿吉里斯认为成功的领导者要根据下属的成熟度来选择合适的领导方式，下属的成熟度是领导者变格领导风格的依据。那么如何诊断下属的成熟度呢？他认为，成熟度就是人们对自己的行为承担责任和意愿的大小。成熟度有两个维度，即任务成熟度（简称能力）和心理成熟度（简称意愿）。任务成熟度是相对一个人的知识与技能而言的，若一个人具有无须别人的指点就能完成其工作的知识、能力和经验，那么他的任务成熟度就是高的；反之就低。心理成熟度则与做事的愿望与动机有关，如果一个人能自觉地去做，而无须外部的激励，就认为他有较高的心理成熟度；反之则低。于是员工就被分为四种类型，或者员工的成长就分为四个阶段，如图13-3所示。

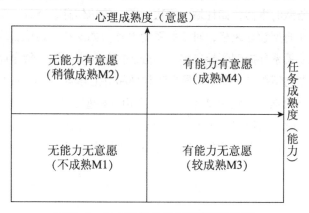

图13-3 员工的任务与心理成熟度模型

领导者要根据员工的四种不同的成熟度情境，进行领导模式的选择。赫塞与布兰查德在霍尔平和维纳的四分领导模型基础上提出了情境领导模型，具体如图13-4所示。

他们认为，随着下属从不成熟走向成熟，领导者不仅要减少对活动的控制，而且要减少对下属的帮助。当下属处在不成熟阶段M1，或者面对不成熟的下属，领导者要给予明确而细致的指导和严格的控制，即采取命令式领导风格，用"告知"方式来引导并指示员工。当下属进入稍微成熟（或初步成熟）阶段M2，或面对稍成熟的下属时，领导者既要保护下属的积极性，交给其一定的工作任务，又要及时加以具体的指点或训练，以帮助他们较好地完成任务，即采取说服式领导风格，用"推销"方式来解释工作并训练下属。当下属进入比较成熟（或较成熟）阶段M3，或面对有能力但疲态期的下属时，领导者要做思想工作，解决其动机，关怀他，和他一道探讨解决方案，和他一起行动，以协助他们较好地完成任务，即采取参与式领导风格，用"参与"方式来激励员工并帮助员工解决问题。当下属进入成熟期阶段M4，领导者就要给下属下达明确的目标和工作要求，由下属自我控制和自我完成，即采取授权式领导风格，用"授权"方式将工作交付给下属，领导者只需作监控、考察和激励的工作。

在实际工作中，由于销售经理对员工的心理成熟度把握不准，他们往往采取下属进入公司或组织的时间来变格他们的领导风格。比如，对试用期的下属，多半采取命令式风格；转正后半年的下属，他们多半采取说服式风格；进入公司或组织1年左右的下属，他们多半采取参与式风格；进入公司或组织2年左右的下属，他们多半采取授权式风格。对于疲态期的下属，他们往往采取参与式风格。

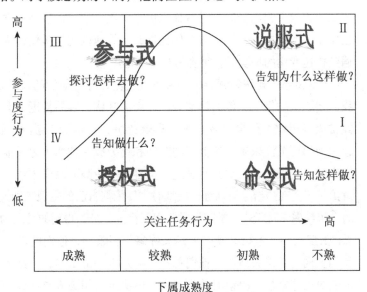

图13-4 领导的黄金法则：情境领导模型

13.1.8 适应性领导

笔者认为，适应性领导力，就是适应他人的行为风格而让他人自愿跟随自己的能力。它主要是运用人类潜意识的依从原理中的"喜欢与熟识"原理。它与情境领导力不同，情境领导力是员工处在不同的生命周期，使用不同的领导方式；它与环境领导力不同，环境领导力是指领导处在不同的环境条件下，使用不同的领导策略。适应性领导力是指对不同行为风格的员工使用不同的领导方式。它是基于员工的行为风格来变格领导行为风格。所谓行为风格，就是人们习惯了的行为方式，即性格。

在西方，适应性领导力被称为待人如人愿的权变领导力，或者施其所欲的领导力，被誉为领导的白金法则。作为管理者，每个人都有自己的行为风格，有自己擅长的，也有自己不擅长的。管理者要了解自己的行为风格，知道下属的行为风格，采取施其所欲的因人而异的变格策略来领导下属，让下属产生共振共鸣和熟悉喜欢的体验，这样做，才会百战百胜。

根据翰溪黄氏TOPK十字圆模型，笔者认为，四种行为风格的领导特质如下。

T型领导（老虎型领导），又称指挥型领导，他们的口号是"我们现在就去做，用我们的方式去做"；他们做事当机立断，大部分根据事实进行决策，敢于冒风险，在做决策前，会寻找几个替代方案，更多地关注现在，忽视未来与过去；对事情非常敏感，而对人不敏感，属于工作导向型，注重结果而忽视过程，工作节奏非常快，很容易与下属起摩擦。

O型领导（猫头鹰型领导），又称分析型领导，他们非常崇尚事实、原则和逻辑，他们的口号是"我们的证据在这里，所以我们要去做"；他们做事情深思熟虑，有条不紊，意志坚定，很有纪律性，很系统地分析现实，把过去作为预测未来事态的依据；追求周密与精确，没有证据极难说服他们；对事情非常敏感，而对人不敏感，也属于工作导向型，但注重工作证据，决策速度比较缓慢，为人很严肃，难以通融；遇到快速变化的环境时，很容易与下属起摩擦。

P型领导（孔雀型领导），又称社交型领导，他们的口号是"这是我们的梦想，我们要积极去做"；他们热情奔放，精力旺盛，容易接近，有语言天赋，擅于演讲，经常天马行空，做事比较直观，喜欢竞争，对事情不敏感，而对人很敏感并很感兴趣；他们更关注未来，把他们的时间和精力放在如何去完成他们的梦想，而不关注现实中的一些细节；行动虽然迅速，但容易不冷静而改变主意。喜欢描绘蓝图，而不愿意给员工实在的指导与训练；决策时主要依据自己的主观和别人的观点，与员工谈工作时，思维属于跳跃式，员工经常难以跟得上，员工得到的是激励，而得不到具体指导。

K型领导（考拉型领导），又称参与型领导，他们的口号是"这是团队的力量，我们要同舟共济去做"；他们总喜欢与别人一道工作，营造人与人相互尊重的气氛；他们决策非常慢，决策时总是寻求与做决定的相关人员达成一致意见，他们总是试图避免风险；办事情不紧不慢，对事情不敏感，而对人的感情很敏感，属于关系导向型，很会从小处打动人，为人随和与真诚；非常擅于倾听，属于听而不决的，也很少对员工发怒，员工很喜欢找他们倾述，但他们优柔寡断。

适应性领导力，以中华传统文化中的"欲开情者，象而比之"智慧为指导原则，具体如图13-5所示。

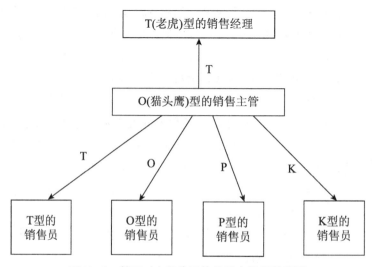

图13-5 基于对方行为风格的适应性领导模型

对老虎型下属，领导运用老虎风格，应该直接下达命令，给予明确且较高的目标，并给予范围内的权力；同时采取补足原则，适时帮助其协调人际关系。对老虎型上司，下属也要运用老虎风格，应该开门见山地汇报，先讲结果，注意效率。

对猫头鹰型下属，领导运用猫头鹰风格，以商量的方式下达任务，并在下达前倾听他的汇报，欣赏其思路，鼓励其行动，并分配需要分析和计划的工作给他做；适时帮助他协调人际关系。对猫头鹰型上司，下属也要运用猫头鹰风格，应该解释工作思路，列举事例、数据说服之。做好执行工作；并认真汇报过程。

对于孔雀型下属，领导要运用孔雀风格，以描述前景的方式下达目标，经常阐述梦想的好处，适时赞扬与认可，并给予其表达的机会，吩咐其做"有趣与新颖"的事情；同时采取补足原则，定期追踪其任务完成的过程。对孔雀型上司，下属也要运用孔雀风格，应该多为上司喝彩，多让上司讲话，多鼓掌，行动时富有激情，调节团队快乐气氛；采取补足原则，注意到数据的运用。

对考拉型下属，领导运用考拉风格，应该时刻关注对方感受，和下属建立个人友谊，沟通时，选择考拉熟悉的场合与环境，先聊些已经发生的熟悉的人和事，并鼓励他多说；使用建设性意见，给予明确的目标，并保持目标的一致性；同时采取补足原则，定期关心其任务的进程，并适时参与进去协助他。对考拉型上司，下属也要运用考拉风格，应该把领导当人看，多体谅领导作为人的感受，沟通时，声音平缓，并耐心地倾听上司讲。

举两个例子来具体探讨如何进行适应性领导。第一个例子，面对面地给下属鼓劲儿加油，具有适应性领导力的领导会这样做。遇到老虎型下属，他就会采取单刀直入的鼓劲风格，他会说："这就是问题的症结所在""这就是事情的来龙去脉""这就是我们成功的关键""让我们步入正轨，果敢着手解决这个问题""这是一个超越自我和挑战自我的机会，而你敢于开拓，这就是我把他交给你的原因所在。"对于孔雀型的下属，他就采取这种鼓劲策略：向他们表明，迎接挑战当然不容易，也正是因为这样，所以迎接挑战会使人脱颖而出。孔雀型的领导会说："这是一个极好的机会，而不是退缩不前的时候，这儿的每一双眼睛都会看重我们，让我们好好地表现一下，我们准能行。"对于考拉型下属，他就采取这种鼓劲策略：心平气和地向他们表明，面对目前的形势，需要集体团结的力量，人多力量大，齐心协力才会更安全，坚持就是胜利。考拉型的领导会说："这是一个验证我们团结的时刻，这是需要每个人都出力的时刻，包括我在内，来，我们一起干。"对于猫头鹰型下属，他就采取这种鼓劲策略：有理有据、合乎逻辑，阐述原因等。猫头鹰型领导会说："我们掌握的两份报告和三套数据，表明这个事实很严峻，而你足智多谋，所以我们最好深入理解问题的实质，然后合乎逻辑地找出解决的办法来。"

第二个例子，领导向下属提出目标或要求，具有适应性领导力的领导的做法会因人而异。对于老虎型下属，他的策略是：强调预期的结果，把心思调整到解决方案，向他们递交进展报告，把精力拉到正题。比如，"我们的目标就是110%完成销售指标。要说谁能做这事，那就是我们。我们应该来一次大推动，让我们现在就开始做。"对于孔雀型下属,他的策略是:目标与声誉关联,直截了当地把要求讲清楚,并要求他们重复一遍,以免存在误会。比如,"这个目标,高层一直很关注,而且它关系到我们部门的声誉,所以我希望你充满豪情地高度重视这个目标,一会儿我会给你一个清单,重要事项都已写在上头。你有什么不清楚的地方吗?"对于考拉型下属,他的策略是:换位,对事不对人,稳健地提出要求。比如,"我是多么想成为一名顾客,想跟他们一同承担这些问题,我想你一定能够理解这一点。我们每个人都想使顾客满意,使我们这个大家庭平和而温馨。所以,我们一起来清除这些障碍。"遇到猫头鹰型下属,他的策略是:显得更内行些,要讲清问题症结所在,要提出修正计划,给出完成期限;在接下来的一两周,还可以再碰碰头,看看如何落实方案,或者是否有必要作出局部修改。比如,"我研究过,这件事情,我们不可能一步到位,但是我们可以先制订一个切实可行的计划,然后我们就可以见机行事了。"

要做到适应性领导,就必须变化自己的领导行为风格,而变化自己的行为风格不是一件容易的事情。领导者首先要意识到人与人的不同,如行为风格的不同,并要珍惜这种不同。之后,他要选择哪种行为风格流派(如TOPK行为风格流派)来认识自己和他人的行为风格,认清自己的行为风格是领导的主要任务。最后,他要"象而比之"地去运用这种模型(如TOPK模型),这样反复实践,才能提升适应性领导力。

13.2 销售队伍的督导

13.2.1 销售队伍的监督

销售监督是指销售管理者对销售员的日常活动进行实际的监督,分为直接监督和间接监督两种。常见的直接监督有四种方式,即在线沟通(如电话沟通、邮件沟通、微信沟通、微博沟通等)、销售会议、定期约谈和现场共同拜访等。间接监督一般是指非见面的非互动的监督方式。比如,销售经理每天早晨打开计算机,进入公司的销售队伍管理系统,检查销售员的工作计划,阅读他们的销售拜访报告、费用报告及销售分析报告,进行费用账户审计、审批签字销售员的报销发票或对销售业绩的表彰等。

一般来说,一名销售经理可能需要管理3~15名销售员,因此销售队伍的监督是一个费时费精力的工作,会占据销售经理的较多工作时间,那如何解决这个问题呢?有些公司雇佣大量的市场人员,以现场督导员的身份来监督销售队伍的活动,这种做法不可取。销售队伍的监督职责应作为区域销售主管或地区销售经理的诸多职责之一。大多数销售组织在间接监督领域,不断地改进公司的间接监督管理系统,非常重视间接监督管理硬件的投入。无论间接监督管理系统如何改进,直接监督管理不可缺少。因为直接监督属于销售行为的事前控制和事中控制,而间接监督多半属于销售行为的事后控制。有些公司对销售经理的要求是,按照3:7的原则来划分直接监督和间接监督的时间,以保证直接监督的时间。

13.2.2 监督销售队伍的理由

没有人喜欢被监督，也没有人喜欢去做监督的事情，因为监督别人是令人讨厌的事情，是不受欢迎的事情。但监督作为控制职能的一个重要部分，是销售组织在动态的环境中，为保证既定销售目标的实现而采取的检查和纠偏的活动或过程，承担了确保实现销售组织目标的使命。监督是控制的一种形式，而控制是计划、组织和领导有效进行的必要保证。因为销售组织的外部环境存在很大的不确定性，销售活动具有复杂性和竞争性，销售队伍管理失误具有不可避免性。

监督销售队伍的目的在于确保销售队伍成员知道做什么，知道如何去做，具备足够的销售能力，具备正面的销售态度。监督是一个培训和辅导过程，监督销售队伍可以强化销售政策和销售队伍的规章制度。监督常常作为一种强化工具，可以保证公司销售政策和规章制度的贯彻执行。在这个意义上，销售经理与工厂领班的工作一样，主要是确保销售队伍的正常工作，那些无须销售技能的销售工作，以及重复性的非销售职责的内勤销售工作，就更需要严加监督，以使销售工作系统正常运行。

适度监督销售队伍，可以提高销售士气。尽管每个人都希望自由自在地工作和生活，但销售工作具有竞争性和结果性，每位销售成员都希望赢得竞争，超额完成销售指标。他们在销售工作中往往会有孤独感和无助感，这时候，他们就急需销售经理来到他们的区域，给予他们帮助、训练、指导与关怀。当销售员得知销售管理层对他们做什么一无所知时，他们的销售业绩就会下降。因为销售队伍的监督增加了私人接触的时间，提供了私人接触的空间。

13.2.3 监督销售队伍的力度

监督销售队伍过度或者不足，都会影响销售队伍的士气，从而影响销售绩效。决定销售队伍的监督力度，要考虑以下五个因素。

（1）销售成员的情况。有能力和独立性强的销售员，不喜欢监督过多的销售经理。得不到重视和监督的销售员，可能因受到冷落或私人接触时间少，觉得不受公司重视而茫然。那些资深销售员，不希望销售经理监督过多；而那些新进的销售员，因销售技能低于平均水平，他们需要销售经理监督多一些，以便尽快融入公司，尽快适应公司，提高销售业绩。

（2）一次销售对实现销售组织整体目标的重要性。如果一名销售员的销售绩效对整个公司的销售至关重要，或者决定生死，那么销售管理层要确保该销售员的工作正常进行。例如，由4位销售员组成的销售项目团队正在向一些大公司出售高技术产品，需要招标，那么销售经理不仅要通过间接监督方式每天密切地监督他们的活动和项目进程，而且要在项目的每个环节与每位销售员密切合作，关键时刻，还要和他们在一起工作。

（3）销售队伍的地理分布。如果销售员疏散在全国各地，间接监督的力度就大于直接监督，直接监督的难度就大于那些集中在几个城市的销售队伍。

（4）销售队伍的规模。当销售队伍相对较小时，销售经理更多地采取直接监督，监督力度不大，但效果明显。销售队伍的规模越大，他们就觉得越力不从心。直接监督时间和次数减少，直接监督效率要增加，间接监督力度加大，所以，很多公司一方面努力提升销售经理的监督技能，另一方面用现代化技术改进销售队伍管理系统，提高间接监督效率。

（5）销售薪酬计划和其他控制机制也会影响监督的力度。一般来说，如果销售员的收入主要来自于固定薪资，则销售管理层需要给予他们更多的监督。一个设计合理和强有力的销售激励系统或者销售绩效评估系统，会减少销售队伍的监督力度。

13.2.4 销售队伍监督手段的现代化

现代科技的发达，为销售队伍的间接监控提供了很大的方便。很多公司要求销售员的手机装有GPS系统，工作期间必须开机，公司的销售管理层随时都可以掌握销售员的现场行程。相关行业也开发了很多销售队伍管理软件，如东软的E-Sales3.0系统。这些软件都是基于GPS技术与CRM理论的，在一定程度上，能够促进企业销售部门管理的规范化、流程化，加强销售队伍的销售过程管理，同时可以为企业销售部门的相关决策提供信息支持，对于发展新客户、挽留老客户都是一个很好的销售助手。将销售报告、销售手册、销售通信、销售会议、费用报告、销售表格、拜访记录、客户资料等都被软件化处理进入计算机系统，并由计算机系统向管理者提供诸如代表的每周拜访次数、拜访效率和投入产出等智能分析。销售队伍的运行管理系统实现了在线自动化，从而大大地提高了销售机会管理和销售队伍的监督控制管理水平。

当然，企业也通过在线自动化销售队伍管理系统，将所有产品信息、客户信用额、定单执行、促销信息、销售技巧和培训等及时传递给销售员，为销售队伍提供了既方便又有意义的帮助。比如，东软的C139系统有面对销售人员和销售主管的两大功能系统，面向销售人员功能系统的有：第一，潜在客户（销售人员对自己的潜在客户资料的基本信息进行管理）；第二，有效客户（销售人员对自己的客户信息进行管理，包括客户基本信息和客户联系人信息等）；第三，机会管理（销售人员对自己跟踪的销售机会的基本信息管理，包括联系人、合作伙伴、竞争对手、任务、便条、历史阶段等信息）；第四，案例查看（查询企业以前的案例，其中可能包括消费者反馈、存在问题及询问信息的详细描述，用于吸取经验教训）；第五，费用申请（销售人员向公司申请的费用，每一个费用对应一个机会，费用需要经过销售人员的上级销售主管的批准）；第六，报价管理（对销售人员完成的销售进行报价，一个报价可能由好多个公司的产品组成，构成明细，报价明细显示这个报价的具体内容）；第七，配额查看（包括销售人员的销售指标、合同回款、合同回款明细）。面向销售主管功能系统的有：第一，潜在客户统计（按照不同方式统计潜在客户信息）；第二，客户统计（按照不同方式统计客户信息）；第三，机会管理统计（按照不同方式统计销售机会信息）；第四，费用审核（对销售人员申请的销售费用进行审批）；第五，费用统计（按照不同方式统计销售费用）；第六，配额管理（对销售人员配额进行查询和分配）。

在线销售自动化为销售经理和销售员进行管理沟通提供了基础，成为销售经理管控销售队伍行为的有力武器。

13.2.5　销售队伍监督的特殊问题

在监督销售队伍过程中，销售经理经常会遇到棘手的特殊问题：销售绩效低下，销售成员的酗酒、滥用销售费用及其他不道德行为等。这里主要探讨面对销售绩效低下，销售经理该怎么办？

笔者认为，销售员达不到销售绩效标准时，销售经理面临的挑战不是解雇他们，而是帮助他们改善销售行为，提高销售效率。因为这些绩效低下的销售员，已经接受了公司提供的大量培训，帮助他们改正错误的成本比替换他们的成本要低得多。销售经理一旦发现销售绩效有问题，就应该尽快提供建设性的反馈，对错误的行为及时给予反馈，销售员就可能改正错误，从而提高绩效。这不是批评，而是帮助！

销售经理在提供有效的建设性反馈时可以参照以下步骤：第一，直接客观地描述问题；第二，获得销售员对该问题的一致认同；第三，倾听销售员对该问题的评论；第四，考虑可以谅解的环境因素；第五，设计下一步的改进方案；第六，获得销售员对改进方案的认同与承诺。

如果在监督过程中的及时反馈，并没有带来销售员的绩效改善，那么销售经理就可以采用正式的销售绩效评估方法来重新考虑该问题。销售经理要清楚地向销售员表明，低下的销售业绩是不允许的，并就改进方案达成共识与承诺，绩效评估过程和监督反馈过程一样，都需要详细记录在备忘录中。如果问题继续存在，建议召开一次讨论会，回顾一下双方为提高销售业绩所作的努力。此时，销售员应被限时提高销售业绩。如果有必要，销售经理在合法手续下，可以解雇销售员等。

13.2.6　销售队伍的指导

优秀的销售员不是从天上掉下来的，而是通过训练和指导、辅导等途径成长出来的。销售经理个人很优秀，但他带领的销售成员都是平凡的，而他要带领这群平凡的人创造非凡的销售业绩。销售经理不再是销售英雄，而是销售英雄的造就者！

销售经理的使命与职责，就是在自己管辖的区域内针对一群真正的和具潜力的客户，运用一切的销售资源，透过销售员的努力和作为，以提高投资报酬率，即带领团队成员提高生产力，并完成上级组织下达的工作目标。而销售主管的资源就是团队成员、客户资源及公司给予的管理资源（如业务经费、奖励基金等），其中，最具生产力的就是团队成员。因此，销售经理最重要的一项职责就是一定要做到"销售成员的发展"。"发展"是通过"培训、辅导、教导、指导或指示"来实现的。

指导，顾名思义，就是指示引导、指点教导之意。销售指导就是在适当的时间，销售经理主动对销售成员，提出其不足之处并需改进或提高的方法，协助他们在成果业绩上有所进展。销售组织要想稳健发展壮大，都需要销售经理进行有效的销售指导。很多销售经理不愿意进行销售指导，是因为他们对销售指导有以下常见的误解：第一，销售指导就是销售反馈，我经常给予销售员以反馈；第二，销售指导需要花费我很长时间，我管理3~15个销售员，没有这么多时间，我还有很多其他事情要应对；第三，别人会觉得我管得太细，说我不授权，不信任销售员；第四，我的销售员非常高效，不需要指导；第五，我的业绩这么好，不需要对销售员进行指导；第六，有些销售员根本无法指导，还不如直接辞退。

销售指导的目的一般是强化专业推销技能，是强调和加强正式培训内容在实际工作中的运用情况，是指出销售员需要改进的地方，是进一步推广已经实施的良好的推销技能和方法策略，最终提高和改进销售绩效，实现销售组织目标。因此，销售指导是销售培训的一种延续。没有销售指导，销售培训就难以落地（或接地气），销售培训就无法内化为销售员的行为习惯，其效果就会大打折扣。

销售指导对于销售组织、销售员和销售经理均有好处。对于销售组织有五大好处：让销售组织拥有销售技能和高效的销售员（能征善战的销售队伍），可以培育对销售组织既了解又能自主担责的销售员，可以让销售组织拥有更多有能力并可指导其他人的销售员，可以提高整个销售队伍的绩效，可以创建不断学习和共同进步的销售组织文化。对于被指导的销售员有五大好处：可以提高销售绩效和增加销售收入，可以提高自身对销售工作的满意度和主观能动性，对于销售改变和改进更具有适应性和弹性，可以通过被指导与销售经理建立彼此尊重的关系，可以通过被指导获得的尊重而增强自己的自信。销售指导对于销售经理而言，也有六大好处：可以达成或超越团队的销售绩效目标，可以更深入地了解自身和团队成员，可以提升自己的指导或教导能力，可以提升销售成员的能力而让销售组织获得成长，可以通过卓有成效的指导成为受人尊敬的领导，可以从帮助他人的成功和成长中获得乐趣和成就感。

一般而言，指导是主管说得多，教导是主管问得多。两者的目的都是提高和改进绩效、解决工作过程中产生的问题、培养与提高员工的工作能力与工作意愿。在时间安排上，它们也有所差异，教导是四六开（主管占用40%时间，销售员占用60%时间），而指导是六四开（主管占用60%时间，销售员占用40%时间）。无论是销售指导还是销售教导，它们都是基于销售工作方面的。指导侧重点在于指示，如直接告诉销售员，要求他们做什么，什么时候完成，在什么地方做，怎么做。指导一般适用于新的销售员，或者接受新区域、新产品销售的老销售员。教导侧重点在于怎么做，训练销售成员做销售工作的技能。

有效的专业销售指导一般有六个步骤，称为六步法指导模式。

第一步，布置舞台。清楚明确地定义问题，澄清观察到的事实与问题，识别它们对组织和销售员的冲击与影响，确定有关问题的范围，态度保持真诚，并以未来为导向，希望进步而不是追究失败。

第二步，系统地阐述已经定义的问题。促进销售员自我发现问题，在阐述过程中，保持全神贯注，让销售员参与讨论，并收集信息。

第三步，取得一致。确认问题及其根源，并获得销售员的认可，对销售员保持尊敬。

第四步，产生可能的解决方法。和销售员一起讨论出尽可能多的解决问题的方法，对每一种替代方法进行颠来倒去的加以权衡，最后让销售员选择适合他的解决方法。

第五步，设立目标和制订行动计划。建立跟踪策略并取得一致，包括标志项和时间规定，并就培训、支持及资源进行双方确认。

第六步，监督。销售经理要对行动计划追踪到底，并及时提供积极正面的反馈。

13.2.7 销售队伍的辅导

辅导，顾名思义，有辅助与指导、帮助与指导、辅佐与引导或辅佐与教导等含义。销售指导的目的是让销售员的能力更强，帮助销售员提高销售工作效率，而销售辅导的目的是让销售员的态度更好，帮助销售员提高销售工作效能。销售辅导与销售指导相比，它会更关注销售员的心理，更多地在非工作层面为销售员排忧解难，其心理层次的支持比较多，如心态的调整等。

销售经理可以在以下五个方面，给予销售成员进行辅导。第一，销售绩效辅导。当销售员缺乏工作动力或产生抵触情绪的时候；当销售员有足够的天赋，但没有明确目标的时候；当销售员很努力工作，但经常疲惫不堪的时候，销售经理就要对他们进行辅导。第二，职业辅导。那些具有天赋但找不到方向的销售员，需要销售经理给予他们职业规划方面的辅导，那些即将退休的销售员，也需要销售经理给予他们在退休之后的第二职业规划方面的辅导。第三，对于销售员在工作方面的调整进行辅导。例如，销售区域的调整，销售岗位的调整等带来的情绪与认知。第四，对于销售员在社会意识方面发生的调整进行辅导。销售员来自五湖四海，他们的社会意识会有较大的差异，生活风俗也会有较大的差异，销售经理要求同存异，宣传共同价值观，珍惜差异价值观，并在这方面提供示范与辅导。第五，对于销售成员在个人方面的调整进行辅导。销售管理者必须明确应该在多大程度上参与销售成员的个人问题，应该以何种方式帮助他们摆脱这些有可能影响工作绩效的个人问题。所有遇到个人问题的销售员，都会表现出缺乏自信、不安、焦虑或是愤怒的情绪。如果销售管理者不能在态度上或情绪上给他们带来安慰或解脱的辅导，那任何的指导都会失去意义。在这种情形下，销售管理者绝对不能用是非道德观点或刺激性语言来对待他们。这些销售员需要的是安慰和理解，而不是同情和保证。他们需要能够找到可以帮助他们渡过难关的人。因此，销售管理者需要在双方之间建立起一种良好的氛围，使得他们能够进行坦诚的交流。在这种情形下，销售管理者的作用，就是帮助或协助销售员获得解决问题的思路，而不是训练他们的解决问题的技能。当然，销售管理者绝对不应该把自己放在心理医生的位置上来辅导他们。

销售员有三类个人问题。第一类问题的解决完全是销售管理者的责任，并在销售管理者的个人范围内。比如，一个头脑敏锐和富于进取的年轻销售员，常常会感到组织无法为他们提供充分的发展空间，因而产生各种各样的问题。解决这类问题是销售管理者理所当然的使命。对于那些优秀的销售员，当他们在没有得到晋升或者发展不顺利的时候所出现的问题，同样是销售管理者有责任去解决的。这类问题的解决，需要销售管理者进行卓有成效的辅导。

第二类问题是销售管理者在自身能力内无法解决的问题。比如，销售员的酗酒、精神抑郁、家庭问题等。在这种情形下，销售管理者绝对不能疏远他们，可以适度关怀他们，建议他们寻求公司内外专业人士的帮助。

第三类问题是销售管理者无法确定销售员的具体情况处于什么程度的问题。在他们能够自己摆脱困境之前，销售管理者最好不要轻易发表自己的观点。如果此时盲目地对员工进行辅导，不仅无助于问题的解决，而且有可能给双方造成伤害。对于有问题的员工进行辅导，仅仅倾听是不够的，给员工一个发泄的机会并不是真正的辅导。

专业的销售辅导程序有五个，即建立信任关系、倾听下属的想法和感受、诊断问题与原因、提出咨询与建议、实施协助行动。遵循专业辅导原则的销售经理应该：帮助销售员解决问题，并使其在自我认识上成长；把辅导作为支持员工成长的机会；强调销售员的工作表现；允许销售员发挥自我能动性，并掌控大部分过程；帮助销售员从销售经理的角度去学习，而不是全盘接受；给销售员机会去改变，是因为他或她想改变并看到改变的益处；倾听销售员的需求，而不是销售经理的结论；接受销售员挑选适于他或她的观点。

在进行销售辅导时，销售经理不应该：扮演"上帝或神灵"，评判销售员的态度和行为；把辅导作为约束销售员的工具；关注销售员的内心世界；坚持经验或结论的引导；把自己的想法强加给销售员；销售员需要改变，是因为销售经理"这么说的"；运用快速解决方法或"头痛医头"的方法；期望销售员按自己的想法，并像自己一样去解决问题；假设自己理解销售员所说的和他们所需要的。

13.2.8 销售队伍的两人拜访

销售队伍的两人拜访是指销售经理和销售员两个人去拜访客户，这是最常见的联合销售拜访，它提供了销售经理观察销售员与客户面对面交流互动的机会。通过两人拜访，销售经理还可以掌握销售员对各项知识的运用情况。业绩告诉销售经理的是结果，而两人拜访则可以让销售经理了解为什么某位销售员会有某种业绩。销售经理还可以在销售访问结束后，马上对销售工作中出现的问题进行讨论，并提出改进的措施，巩固良好的销售措施，提高销售员的销售技巧。同时，为审视自己的销售队伍管理、销售管理及公司营销管理提供了很好的诊断机会。销售经理根据两人拜访得到一线的真实资料，来修正自己的管理政策，并为今后的管理决策找到真实依据。

两人拜访，还会让销售员感受到自己很重要，受到销售经理的重视，从而对公司产生更高的归属感。销售经理不仅要安排时间和业绩不好的销售员进行两人拜访，还要和业绩好的销售员进行两人拜访，这样做有两个好处：一是好的销售员也有不好的习惯，销售经理借此进行指导或辅导；二是发现好的销售员的成功秘方，及时给予认可和表扬，并迅速运用到其他销售员身上。一般而言，业绩一般或业绩较差的销售员，对销售经理参与的两人拜访会有紧张情绪，销售经理要想方设法让他们轻松下来，让销售员感觉到，销售经理了解他们在销售工作中所面临的压力与困难，销售经理是来指导他们的销售工作的，是来帮助他们成为更具职业性的专业销售员的，是来帮助他们提高销售技能的，是来发现他们做得好的地方的，是来帮助他们解决工作中的实际问题的，而不是来挑他们的毛病的。

两人拜访有三种类型，即共同拜访、示范拜访和指导性拜访。

（1）共同拜访。这种拜访的方式是销售经理和销售员一起拜访客户，一起做生意，销售经理的目标可能是协助销售员完成一项十分重要的交易或答复客户曾提出的问题。销售经理所具备的较纯熟高深的销售技巧、产品知识和职务职衔上的声望，对这类的拜访会以很大的帮助。因为销售经理和销售员在此时注意力都集中在客户身上，所以对传达指导的目的帮助并不是那么强烈，但是，还是可以为销售经理提供一个观察销售员行动/行为的机会。

（2）示范拜访。这类的拜访形式是销售经理和客户做生意，销售员在一旁观看学习。这种方式为新进销售员初期的训练提供了非常有用的示范作用，让他们渐渐熟悉拜访客户时的操作情形和方向。当要示范新的技巧或建议改变某些做法时，这种示范拜访对有经验的销售员也是十分有用的，通常，和有经验的销售员一起拜访客户时，销售经理应该只对需要注意的地方提供新的技巧或建议，应该不会让这些"老"销售员觉得没有面子才对。在这种形式的随访中，销售经理可以先做示范，经过几个客户的拜访之后，可以让销售员照着试一试。其实，做法有很多，就看销售经理如何去运用了。在这种拜访中，无疑地为销售经理提供了一个宝贵的机会来指导销售员，在这个阶段，销售经理的督导风格对销售员会造成深远的影响，所以此时，销售经理应该寻求运用一种民主方式或指导方式的风格来带领部属。

示范拜访是教导销售员最有效的方法。它的有效性取决于销售经理扎实优秀的销售技巧和积极的心理素质。如果销售经理的技巧不够卓越或需要改善知识的领域，那么销售经理必须立刻进行自我改善，或者让销售员和这些方面表现卓越的同事一起随访。当销售经理决定亲自向销售员做角色示范时，要按照以下八个步骤来进行：第一步，和销售员一起回顾先前的拜访记录；第二步，就拜访目标达成共识；第三步，讨论销售经理的个人角色（销售经理将会如何做，如何运用销售员准备的销售辅助物，销售经理如何进入，如何介绍，两人将坐在那里，等等）；第四步，准备最初接触；第五步，拜访；第六步，拜访之后立刻要销售员对整个拜访提出批评和点评，让销售员说出销售经理的示范拜访时如何完成销售目标，并认真回答销售员对这个示范拜访所提的任何问题；第七步，决定需要跟催的行动，设定下次拜访目标；第八步，选择下一个拜访,如果遇到类似的情形,让销售员来试一试。只有在销售员能立刻应用所学到的知识和技巧时,销售拜访的示范拜访才发挥效用。

(3)指导式拜访。销售经理在此形式的拜访中,除非于对谈碰到真正的关键重要的论点,否则尽可能不要介入销售员的行动,只需在一旁观察即可。指导式拜访具有七个好处:其一,它是唯一了解销售员销售能力的方式;其二,它是完整观察销售员实际操作情形的唯一可行方式;其三,它是一种花费不大而且可以迅速发现和发展销售员的长处,以及减少他们的弱点的方式;其四,在不影响其他销售员情况下,对需要"特别注意"的销售员,它是一种最好的"关照"方式;其五,它可以帮助并"拯救"那些做法不对的销售员;其六,让一位新进的销售员能有一个好的开始;其七,如果发现当初录用这位销售员的决定是错误的话,它提供了一个重新考虑的机会。

有效的指导式拜访需要进行规划。指导式拜访的目的是改善销售员目前的表现。为了要使指导式拜访工作获致最大成效,事前的规划是很重要的。首先,可以从回顾客户拜访记录开始,包括业务报表、拜访日报表、评估业务发展计划与结果表、销售成绩及其他相关事物。其次,找出部属的长处、弱点及销售经理本人认为这位代表的自我的发展方向。最后,指导拜访的安排。在市场的时间应包括四个过程,即拜访前的简述(目标等)、拜访客户时的应对、拜访后的分析、最后的讨论。

拜访前的简述,又称指导拜访前的热身,主要包括以下内容:与销售员一起回顾客户拜访记录;指导客户的筛选,勾绘出这天的工作目标;让销售员告诉销售经理有关客户的背景,以及这次拜访的目标为何;让销售员说明其拜访计划要点,看看他/她的计划是否完善,如果计划合理的话,就接受,如果需要改善,则一起和销售员重新拟订(这也是另一个指导的机会);决定销售经理在随访期间的各种角色(同意当个"救火队员",尤其是和新销售员一起工作时)。

指导式拜访时的应对好坏,也会影响指导式拜访的效果。在进入销售指导式拜访时,建议销售经理按照下列步骤执行。第一步,让销售员先进入办公室,然后找到最适当的位置坐下来,开始交谈和讨论。销售经理要节制开始的寒暄时间,也不要与客户讨论销售拜访目标,因为这是销售员的工作。销售员可以视情况决定是否介绍销售经理,如果要介绍的话,销售员可以这样说:×××经理,我给你介绍一下,这位是我的经理×××,我们今天一起工作。"第二步,如果客户直接问销售经理问题的话,销售经理要尽可能地简短回答,然后让销售员能够主控这个机会回答客户的问题。比如,销售经理可以这样说:"×××对这个问题似乎更有想法,来,×××谈谈你的想法。或者这样说:"我相信×××能更好地回答这个问题,×××经理,因为他更了解你的具体情况。第三步,如果客户要销售经理参与讨论,销售经理可以利用这个机会来帮助销售员建立名声与地位,但销售经理必须把介入控制在最低限度内。

在指导式拜访中,销售经理何时介入?我们建议一般在以下三种情况下,销售经理可以介入:一是当此次拜访是非常重要的时候,也就是说,如果不成功,便丧失了一笔重要的交易;二是当销售员不慎提供了不正确的资讯给客户时;三是就销售经理本人过去的经验得知某些销售员在被"解救"后,愿意接受指导时。

当销售员与客户进入销售对谈时，销售经理要观察全部、全心倾听、全盘监督。指导式拜访的好处就在于，它为销售经理提供了一个宝贵的机会，销售经理可以客观准确地观察销售员是如何与客户进行面对面的交流的；销售经理在真实的环境中，了解销售员运用产品知识和各种推销技能的情况，从而更好地帮助自己规划销售队伍管理工作。

两人拜访后的分析，是销售拜访指导的关键。首先，销售经理对销售员的产品介绍与整个拜访务必作出客观的评估。其次，在拜访结束的瞬间，迅速整理出将要和销售员讨论的内容，选择一两个主题即可，并找出销售员做得"最好"和"最差"的地方。再次，要采取修正一点点的策略（一次只提出一个缺失，以期确实改进）。最后，进行两人拜访后的分析面谈：一是面谈要友善、简短；二是要扮演教练的角色，而非只会挑出缺失；三是让销售员自己先进行分析评论这次的拜访情形；四是遵照KISS（Keep It Simple & Stupid）的原则，只需注意一两个主要的问题上；五是当要评估好的地方/行为时，注意运用"你"的技巧，当要批评缺失或建议事项时，注意运用"我们"的技巧；六是，确定销售员了解销售经理对此次拜访所做的分析，并且信服地接受销售经理的建议。这种分析面谈可以是正式的，也可以是随感而发式的。没有必要在每次拜访之后都进行正式面谈，否则在有限的时间内，无法体验到销售员真实的一天拜访情况，甚至会打乱销售员的拜访安排。所谓随感而发的面谈，就是简单地回顾一下刚才拜访中所发生的一两个关键性问题，主要是避免下次拜访出现类似的情形；也可以简单地恭维几句。拜访后的分析面谈一般是在路途中或等候客户期间完成的。

整个两人拜访的最后讨论与总结。在完成全部的两人拜访之后，销售经理应该和销售员平心静气地坐下来，面对面地就当天的全部拜访情况作个讨论和总结。销售经理要有耐心和策略，认真负责任地完成两人拜访的最后讨论。销售经理可以运用先前所讨论过所有的指导技巧。一是让销售员进行自我评估。可以定性评估，让他通过回顾两人拜访情形，找出自己做得好的地方和需要改善的地方，也可以用表13-1进行自我定量评估。二是肯定销售员做得好的地方。三是审视预定的目标是否达成，将拜访达成的进展归功于销售员的努力。四是修改现有目标或制定新目标。五是针对新目标，找出需要改进的地方。六是拟出新的行动方案，对所要采取的行动得到销售员的同意。七是设定下次两人拜访的时间。八是双方填写两人拜访评估表见表13-1，填写的两人拜访评估表，复印一份给销售员以作备份。九是以提问方式进行指导缔结。询问销售员"你从我们的讨论中学到了什么？"然后，针对重要议题再做一次总结。

在结束两人拜访，离开销售员之前，销售经理要让销售员认同，两人拜访是销售经理的职责，感谢销售员提供了履行职责的机会，两人拜访是销售经理提供指导和帮助的一部分；同时，要确实让销售员感受到这次两人拜访带来的收获（技能得到提升，态度得到提升，从而提升了业绩，赚到更多钱），让销售员对下一次两人拜访产生一种期待。

许多销售经理觉得他们必须经常和销售员一起工作，因此也经常交替安排一天和一个销售员一起随访，拜访客户，有的则安排较少的时间（如一个上午或一个下午）

与部属一起，工作半天的时间，然后再换另一个销售员。为了要正确适当地评定部属的技巧、知识、长处和弱点，笔者黄德华建议销售经理尽可能花费至少连续的两个工作日陪着部属在市场拜访客户。因为当销售经理做这样的时间安排时，可以观察到部属如何和不同类型个性风格的客户交流，并且在变化的竞争环境中，能有：（1）有较多的时间指导部属（让市场上的时间产生价值）。（2）在不同的场合做观察（共同拜访、示范拜访、指导拜访等）。（3）观察部属的习惯和态度机会（客户资料的整理，拜访前的准备，组织的技巧或其他的工作习惯）。同时，一次安排两天或两天以上的时间进行两人拜访，可以更客观地看到这位销售员的真实市场情况和工作情况，因为在销售经理在场的情况下，几乎没有哪个销售员愿意去拜访那些难缠的客户。时间较长，就可以避免销售员事先的有意安排。时间越长，销售指导的好效果越明显。

表13-1 山道（中国）制药有限公司联合销售拜访评估表

一、背景					
地区/城市		时期			
联合拜访客户数量		共同拜访次数			
联合拜访医院数量		示范拜访次数			
讨论的产品		指导拜访次数			
拜访的专科	神经内科	心内科		消化科	内分泌科
外科	骨科	眼科		五官科	其他
二、技巧/知识/策略运用					
项目		评价	得分		
*知识			较好	一般	较差
·知识					
·医院					
·产品					
·竞争产品					
·政府保健政策					
合计得分					
*技巧			较好	一般	较差
·沟通（MR与客户1对1的交流）					
·运用产品带给客户利益的技巧进行销售					
·处理客户提出的疑问					
·克服客户不同态度的能力					
·面对群体客户的表现					
合计得分					
*策略运用			较好	一般	较差
·组织/运用推广资料					
·实施推广策略					
·时间的管理					
·公司价值观在工作中的实施					

合计得分				
总计得分				
评分标准：较好，7~10分；一般，4~6分；较差，0~3分				
三、跟踪/行动计划				
跟踪行动		预期结果	执行人	执行时间
区域销售经理			销售代表	

13.2.9　销售队伍的训导

训导，有教训开导、训练教导、训诫教导和训诫开导之意。"训"的本义是不断地命令和呵斥，本书取"训诫开导"和"训诫教导"之意，对于态度类进行训诫开导，对于技能类进行训诫教导。相对指导、教导和辅导而言，训导更为严厉，以纪律为准绳。训导一般运用在"散布不良行为和玩忽职守"两种情形。当业绩不达标，经过指导、教导和辅导之后，业绩依然不能达标且是因销售员个人问题所致时，销售经理也要采取训导方式，对他们采取软硬兼施的管理措施。

作为销售经理，为什么要费心尽力地严厉训诫开导销售员呢？主要有两个原因：第一，当某些销售员的销售业绩不能达标或者他们的错误言行在组织内扩散时，经过指导、教导和辅导依然没有改观，对那些合格和优秀的销售员来讲，他们的行为就会显得很不公平。不良的表现持续和错误的观点传播，会直接而消极地影响组织的效率与风气。第二，如果别的销售员看到销售经理对玩忽职守的销售员只进行指导、教导和辅导或者轻罚淡惩，他们也就找到了不坚持工作标准的借口。这样的话，不仅会使销售经理的管理很被动，而且整个销售团队的工作标准和精神风气会因此而降低。这两个原因会导致销售队伍的纪律散漫和士气低落。

销售经理在进行训导时，要遵循以下原则：告之训典、对事不对人、公正合理、递进训诫、业绩问题与玩忽职守问题区别对待（训诫双轨制或纪律双轨制）等。业绩问题的训导，一般在进行指导、教导和辅导之后进行，进行训导时遵循以下步骤：口头建议、口头警告、书面建议、否定性评估、换岗、降职。而玩忽职守或散布谣言的训导，无须进行指导、教导和辅导，直接进入训导。当然，销售经理有责任务必在销售员进入公司的第一周，就让他们知道什么是玩忽职守或谣言（先告之训典），这类训导有口头警告、书面警告、严厉斥责。

无论采取哪种训诫措施，实施训诫时，在做到提前告之训典的前提下，要遵循以下六大步骤。第一步，准确清晰地描述不能接受的行为。第二步，表达该行为对销售团队或销售组织的影响（或危害）。第三步，强调需要改进的地方。第四步，制订改进行动计划。第五步，概括员工不改进，他个人将承担的后果。第六步，实施改进行动计划。经过销售经理有效的专业训导后，违纪或不达标的销售员依然继续他们的行为，那么销售经理就要采取员工流出管理措施。

本章要点

1. 领导的本质就是影响他人行为以完成特定任务的过程。
2. 权力是指某个主体凭借自己所拥有的资源来影响他人行为的一种社会力量。
3. 管理者的五种影响力为法定影响力（简称合法权力）、强制影响力、奖赏影响力、专家影响力和感召影响力。
4. 领导力是非权力的影响力，是领导者的个人知识、个体素质、思维方式、行为方式、实践经验及领导方法的总和。
5. 销售队伍管理者六个关键的领导素质是正直、诚信、积极、激情、意志与担当。
6. 销售管理者的六个关键领导能力是远见力、沟通力、团结力、决断力、学习力和变化力。
7. 销售管理者五项重要领导活动：一是造型，为自己塑造名符其实的值得信赖的形象；二是教化，把共同的愿景与价值观广而告之；三是鼓动，把共同的斗志引向同一个管道（同一个方向）；四是激励，给予为共同利益作出贡献者以回报；五是变格，为下属"通电"，提高其技能，化解其心结，从而获得下属的信任与跟随。
8. 常见的销售队伍直接监督方式包括在线沟通（如电话沟通、邮件沟通、微信沟通、微博沟通等）、销售会议、定期约谈和现场共同拜访等。
9. 有效的专业销售指导一般有六个步骤（六步法指导模式）：第一步，布置舞台；第二步，系统地阐述已经定义的问题；第三步，取得一致；第四步，产生可能的解决方法；第五步，设立目标和制订行动计划；第六步，监督。

本章思考题

1. 管理者有五种权力，作为一线销售经理，主要运用哪种权力？为什么？
2. 如果你的下属性格属于阳刚，办事果敢，执行力很强，根据适应性领导理论，你会采取怎样的领导风格？为什么？
3. 专业的销售指导需要遵循哪些原则？它与专业的销售教导有什么不同？
4. 销售经理为什么要进行两人拜访？两人拜访主要有哪些形式？对于新产品的推销，你会采取哪种形式？为什么？
5. 销售经理在哪些情况下要对销售员进行专业的销售训导？专业的销售训导需要遵循哪些原则？

案例分析

管理正确而领导力不够，怎么办？

张业启于2009年初晋升为成德公司南京市的销售经理。他是成德公司南京的高级销售代表，三年来，销售业绩都是公司的TOP10之列，对商业和医院的情况都非常了解，因此，他对该年度620万元的销售指标并没有太多担忧。

张业启开始起早贪黑，一心扑在工作上，销售代表不懂该怎么做的事情，只要他有时间，就自己承担下来。他还详细地把各单位客户的情况告诉销售代表，将自己3年来在南京的各种关系都毫无保留地介绍给销售代表。销售代表一下子得到了这么多客户关系，都非常尊重他，团队气氛变得十分融洽、和谐，当年南京市的销售业绩就取得了640万元的丰硕成果。

2010年年初，成德公司杭州办的销售经理因业绩不佳辞职了，公司决定让张业启到杭州管理整个队伍，并希望他能完成800万元的销售指标，张业启欣然接受任命。

张业启用一个月的时间跑遍了杭州所有的医院，然后针对医院的问题列出清单，希望自己能一一解决。然而，他清楚地认识到，自己对这一市场的熟悉靠1个月时间是远远不够的，他必须依靠自己的销售代表来完成这次任务。但是，在他试图宣布队伍的管理制度和今后半年内要开展的市场活动时，却未能得到销售代表的配合。销售代表们认为，张业启来杭州才几个月，在杭州的资历不如他们，对杭州市场的熟悉程度更不如他们，这些活动不会有太大效果，根本就是在浪费时间与推广经费。

遇到这些阻力后，张业启认为自己对杭州市场的了解确实有限，像在南京那样做肯定不行，必须依靠管理来推动业绩。但自己毕竟只做了1年多的地区经理，经验有限，怎么办？

张业启向在某外资制药公司做主管的同学请教，该同学建议他要强化团队管理，地区经理是通过团队完成销售指标，而不是做超级销售员，他要带领一群平凡的人创造非凡的业绩。

于是，张业启买回2本有关团队管理方面的书籍，利用周末的2天时间，关起门来认真研读。他根据6名销售代表的工作时间比较长的特点和团队有些老化的状况，决定采用教练的方式提升销售代表的自我思考和独立工作能力。于是，他将教练技巧研习了数天后，便付诸实践了。他要求销售代表每周一上午来到办公室，进行销售的角色扮演，他扮演刁难的客户，销售代表向他推销产品，其他5个销售代表在旁边观察，并给予点评。但是，销售代表却将张业启对待他们的行为归结为逃避职责和心虚的表现。"销售员要把时间放在市场上，而不是放在办公室里""在办公室里搞些无聊的重复的枯燥的演戏，是官僚主义""我们的销售是在市场上拼杀而来的，不是在办公室瞎聊出来的""我们星期一要拜访客户，有些客户就是星期一上午做门诊，可以找到他们，不让我们去拜访该客户，我们就永远失去他们"他们的意见很大，牢骚也很大，公开抵制，并纷纷向张业启的上司——大区经理提意见，要求张业启取消每周半天的销售训练。

大区经理找到张业启，要求他取消每周半天的销售训练，张业启说："我训练他们是对他们好，提高他们的技能，可以帮助他们获得更多的订单，他们也可以获得更多的奖金，磨刀不误砍柴工。"他还对大区经理说："孔子说'不教而杀谓之虐'，孙子说'不教而战谓之杀'。销售队伍管理书籍说，销售培训是对销售员的最大激励。与其让销售员在市场上失败，不如让他们在销售训练中失败。提高销售技能是提升销售量的最大保证。"大区经理一看，张业启这么固执，也就没有命令张业启取消销售训练。

除了每周星期一半天的销售训练，张业启还要销售员拿出半天时间召开销售沟通会议。销售沟通会议是公司多年来养成的习惯，销售代表没有提出反对意见。但在每次销售沟通会议上，当销售代表问张业启怎么做时，张业启总是说："你说呢？"这就更加惹恼了6位销售代表："所有的问题都让销售代表自己提出解决意见，还要经理干什么？"

2010年上半年，杭州办事处的销售业绩只完成了300万元，张业启深感挫折和茫然。

讨论：1. 假如你是张业启，你到杭州任职的第一个月会做哪些事情？

2. 张业启的销售训练显然没有得到上下级的支持。如果你是销售经理，你会怎么做？

3. 假如你是张业启的上司，你会怎么做？

第五篇 销售队伍的绩效评估管理

第十四章　销售量分析
第十五章　营销成本与盈利性分析
第十六章　销售员的绩效评估

Sales Force Management
销售队伍管理

第十四章
销售量分析

■ 本章要点：

了解销售队伍绩效评估的作用；
了解销售审计的内容与关键点；
掌握销售量分析方法并解读销售量数据变化背后的含义。

课前案例　　　最佳销售经理的评估内容

某个在华的外资企业，年年都要举办年度销售总结会议，一般放在春暖花开的季节，通常是4月的上旬。他们针对大区销售经理、区域销售经理及区域销售主任都要颁奖，分别为最佳大区销售经理奖、最佳区域经理奖和最佳区域主任奖。张正德在2010年晋升为大区销售经理之前，获得过最佳区域主任奖、最佳区域经理奖。他所带领的团队，销售各项指标都不错，如销售量、销售指标的完成度、销售同期增长率及销售生产力等。他非常珍惜他所获得的荣誉。2010年，他同样因销售业绩的各项指标，在2010年最佳销售经理评比中（见表14-1），获得了最佳大区销售经理奖，因此，在他看来，销售部的各种奖项必须以销售业绩为基础。

表14-1　2010年最佳销售经理评比标准

销售实际	销售指标完成度	销售发展潜力	销售生产力	产品综合发展	个产品完成率	人员流动率	进入百万
占全国百分比	（销售实际/销售计划）	（同期销售增长比）	（推广费用/销售实际）				俱乐部人数
<3%（1分）	90%~95%（1分）	<100%（1分）	≥12%（1分）	1个产品贡献率为0（0分）	1个产品完成计划（1分）	>50%（0分）	进入一百万俱乐部
3%~5%（含3%，3分）	95%~100%（含95%，2分）	100%~105%（含100%，2分）	11%~12%（含11%，2分）	1个产品销量>70%（1分）	2个产品完成计划（2分）	41%~50%（1分）	以1位MR1分计；
5%~7%（含5%，4分）	100%~105%（含100%，4分）	105%~110%（含105%，3分）	10%~11%（含10%，3分）	2个产品销量>80%（3分）	3个产品完成计划（3分）	31%~40%（2分）	进入二百万俱乐部

续表

销售实际	销售指标完成度	销售发展潜力	销售生产力	产品综合发展	个产品完成率	人员流动率	进入百万
7%~9%（含7%，5分）	105%~110%（含105%，6分）	110%~115%（含110%，4分）	9%~10%（含9%，4分）	2个产品销量>70%（5分）	4个产品完成计划（4分）	21%~30%（3分）	以1位MR2分计；
9%~10%（含9%，6分）	110%~115%（含110%，8分）	115%~120%（含115%，5分）	8%~9%（含8%，5分）	2个产品销量>60%（7分）	5个产品完成计划（5分）	11%~20%（4分）	进入三百万俱乐部
10%~11%（含10%，7分）	115%~120%（含115%，10分）	120%~125%（含120%，6分）	<8%（6分）	3个产品销量>70%（8分）	6个产品完成计划（7分）	1%~10%（6分）	以1位MR3分计；
11%~12%（含11%，8分）	≥120%（12分）	125%~130%（含125%，8分）		2个产品销量<70%（10分）		0%（8分）	
≥12%（10分）		≥130%（10分）					

由于市场环境和公司内部环境的变化，2011年，公司的总经理、行政副总经理及销售总监全部换成新人，只有公司营销副总经理依旧是原来的领导。到了评比年度最佳经理奖与最佳主任奖的时刻，销售总监为了体现其民主风格，把评估表格发给相应管理岗位的人，进行评比。比如，最佳大区经理的评比，评比表格发给营销总监、销售总监、市场总监、人力资源总监、财务总监、各个产品经理和政策事务部，然后针对候选人进行评估打分。张正德作为大区经理，收到针对最佳区域销售经理和最佳销售主任的评估表（见表14-2和表14-3）。看到评估表格，张正德感到非常纳闷，最佳销售经理的评比，不再看销售业绩了；也非常茫然，除了对自己管辖的区域销售经理和区域销售主任熟悉外，其他大区的区域销售经理和区域销售主任，只知道名字，但其产品知识、管理技能等一概不知。这怎么打分呀？

表14-2　2011年度最佳区域经理评估

评选项目	郑xx	李xx	厉xx	张xx	赵xx	陶xx	冯xx
产品知识							
演讲技巧							
与同事的沟通							
对竞争产品信息的敏感度及反应度							
实施产品策略过程中，对部下的指导有效性							
合作性							
总计得分							
备注：每项得分最高10分，最低1分				评选人			

表14-3　2011年度最佳区域主任评估

评选项目	苏xx	李xx	陈xx	邹xx	谢xx	郭xx	熊xx
产品知识							
演讲技巧							
与同事的沟通							
对竞争产品信息的敏感度及反应度							

续表

评选项目	苏xx	李xx	陈xx	邹xx	谢xx	郭xx	熊xx
实施产品策略过程中,对部下的指导有效性							
合作性							
总计得分							
备注:每项得分最高10分,最低1分				评选人			

一般来说,区域销售经理比区域销售主任高一级,但他们评估的内容是一样的。区域销售经理不知道他们的评估内容,但他作为最佳区域销售主任的评估成员,知道最佳区域销售主任的评估内容,他们也像张正德一样,知道公司评估自己是否是最佳经理的内容,只是参与评估的成员不同而已。张正德拿到评估表的当天,其下属区域经理李XX找到他,请教如何完成评估表。张正德只好向销售总监征求,销售总监说,带着客观公正的态度,凭印象填写。评估不取决于具体数据,而取决于平均数据,公司根据平均数据进行排名,评估最佳经理奖和最佳主任奖,这是民主的做法,给大家权力,大家要珍惜。张正德哭笑不得。

讨论: 1. 请问新的最佳经理/主任评估内容与评估过程是否有激励性?为什么?
2. 2010年的最佳销售经理评比与2011年评比相比较,最大的区别在哪里?如果你是销售总监,会采取怎样的评比方案?

14.1 销售队伍绩效评估的战略性

销售队伍绩效评估,是指运用数理统计、运筹学原理和特定指标体系,对照统一的标准,按照一定的程序,通过定量定性对比分析,对一定经营期间的销售队伍业绩作出客观、公正和准确的综合评判,并为接下来的管理决策提供依据。销售队伍绩效评估不仅有考核性(又称管理目的)、开发性,还具有战略性。销售队伍绩效评估应当将销售队伍的工作活动和销售队伍机构的目标(组织目标)管理起来,保证绩效衡量和反馈系统及绩效结果的运用必须有利于实现组织目标。因此,为了绩效评估系统的战略性,绩效评估系统本身要有一定的灵活性和一致性。

销售队伍管理过程的第一阶段是规划,接下来是销售运作中实施规划,最后以销售的业绩评估结束,如图14-1所示。规划、实施和评估组成销售队伍管理过程环,这三种管理活动相互联系、相互依存、周而复始地运行。制订规划、付诸实践、绩效评估,而下一个循环周期的新计划是在前一评估结果的基础上制订的。

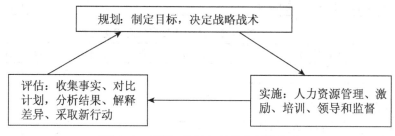

图14-1 规划、实施与评估之间的关系

规划与评估之间有战略性关系。规划为评估设立了方向性，评估为规划的实现提供了可能。规划提出应该做什么，怎么做，评估则告诉我们事实上已经做了什么，离目标是否有差异。两者缺一不可。比如，一个销售机构制订了很好的销售队伍战略规划，但是，由于没有科学有效的绩效评估，管理层就不能判断：计划是否有效；计划在多大程度上是成功的；计划成功或失败的原因是什么；下一步采取哪些有针对性的行动来提高效率。因此，缺乏充分的绩效评估，会消弱战略规划的价值。没有绩效评估，就好比决定了要去哪里，但是却永远不知道什么时候可以到达，是否已经到达，离目的地有多远，这些差距是什么原因造成的。没有有效的评估，就连调整方法的机会也没有！

绩效评估的目的主要是实现公司目前的目标，并为将来的目标奠定基础。参照目标进行对比，可以衡量实际的表现，找出缺陷并采取适当的措施提高绩效，或找出成功因素，并采取适当措施使绩效更有未来的战略性。

同样，没有事前的战略规划，绩效评估就变得毫无用处，甚至可能会造成危险的误导。没有规划作为指导准则，销售成员可能会认为只要推销高价格的产品即可，然而，销售管理层可能需要销售成员，不仅要推销高价产品、新产品，还需要扩大老产品的市场份额。如果销售管理层没有给销售成员制定目标与规划，那么用什么作为评估销售成员绩效的基础呢？没有"绩效期望值"（或销售期望标准、绩效标准），销售管理层如何判断销售队伍的工作能力高低或工作业绩的好坏？因此，评估是规划的延续，也是规划的开端。实际绩效是按照预设的标准进行衡量的，未来的目标要考虑绩效实际，销售队伍的绩效评估具有战略性，如图14-2所示。

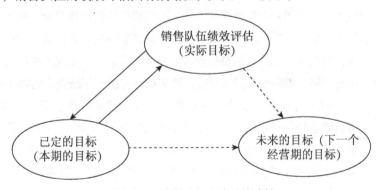

图14-2 销售队伍评估的战略性

14.2 绩效评估与销售控制

销售绩效评估是一项单独管理活动，它在销售绩效管理中处在中心地位，在销售队伍管理中也是处在重要地位。如图14-3所示，通过销售队伍的评估，验证战术、训练、激励和薪酬的有效性，通过销售队伍的评估，调整战术决策（市场运作策略、任期内销售政策决策等）、训练、激励和薪酬方案，保证销售目标的达成。

销售绩效评估不是冷冰冰的数据统计分析,而是有情有味的管理咨询服务活动,它为销售管理者与被管理者提供了反思过去与规划未来的时段。它不仅仅具有控制的职能,更具有开发的职能,它的使命是通过评估进行调整管理策略,以保证销售目标的实现。因此,销售队伍的评估是销售队伍管理者的一个很关键的管理职责。

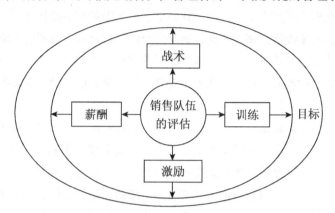

图14-3 销售队伍绩效评估的地位与使命

14.3 绩效评估与销售审计

在那些大中型企业,他们往往会设立审计部门,对经营活动进行审计。审计是对一些活动的总结和评估。针对营销部门的审计,称之为营销审计。销售审计或者销售管理审计,是指对销售机构的审计,对销售机构的销售目标、销售战略、销售策略、销售组织、销售程序和销售成员方面进行诊断和评估。其目的是检查、评价销售战略和销售机构的整体有效性。销售经理可以通过销售审计,发现人员推销中的问题所在,通过对销售战略、策略的总结与评估,销售机构才能与不断变化的内外销售环境保持同步。

对于销售效率审计,主要有以下九大关键指标:第一,每个销售员的平均每天进行销售访问的次数;第二,平均每次访问所需要的时间;第三,销售员每次访问的平均收入;第四,销售员每次访问的平均成本;第五,销售员每次访问的招待费用;第六,每10次销售访问的订单百分比;第七,每一期新的客户数量;第八,每一期丧失(流失)的客户数量;第九,销售队伍成本占总销售额成本的百分比。除了计算数据,销售审计在以下九个方面展开总结和报告:第一,本组织的销售队伍的目标是什么?第二,销售队伍规模是否足以完成公司的经营目标?第三,销售队伍是否是按照适当的一定组织原则(地区、市场、产品)进行组织的?第四,是否有足够多(或者太多)的销售经理指导现场销售员?第五,销售报酬水平和构成是否提供了足够的激励?第六,销售队伍是否显示出高昂的销售士气和斗志?第七,销售队伍的销售技能与销售工具是否支撑销售目标的达成?第八,销售指标的制定和销售业绩评价指标及程序是否合适?第九,与竞争者的销售队伍相比,公司的销售队伍有何特点?

从事营销审计的部门,在企业中,被冠以营销效能部。他们的职责是向管理层提供营销效能诊断数据和改进措施的部门。从事销售审计的部门，同样，被称为销售效能部。传统的销售审计是事后的总结，由于计算机的普及和管理软件及通信的现代化，销售审计与销售绩效评估一样，既具有预测未来的性质，成为决策的辅助手段，又具有总结过去的事项。

销售绩效评估是对销售业绩进行评价估量，而销售审计就是对所有销售资料作出证据搜集及分析，以评估销售的财务状况，然后就销售资料及一般公认准则之间的相关程度作出结论及报告。销售审计具有全面性、系统性、独立性和定期性四大特点，请看阅读材料14-1。而销售绩效评估不具备这四大特点，只具有动态性、随机性等特点。销售绩效评估只是销售审计的一部分，如销售效率审计和销售职能审计。

销售绩效评估是销售经理的管理职责，而销售审计则是独立于销售经理之外的部门（如销售审计部）的职能。无论是销售审计，还是销售评估，它们必须符合国家的法律法规，用以预测或确认雇员适当性的工作业绩或其他标准必须完整描述。在评定技术中，给评定者的评定表格和工具必须作为有效证据的一部分。以下评估会被视为歧视性评估：基于主观的、错误定义的标准；评估工具没有恰当有效化；评估工具没有与业绩水平相关；评估工具中的项目不基于工作中的因素；评估工具没有以标准的方式进行管理；评估看起来受性别或地域影响。

阅读材料14-1　威材（中国）2003办事处（大区经理）审计要点

一、总体现状
1. 大区经理的日常工作内容。
2. 内部不成文的规定或做法。
3. 大区经理怎样理解经营风险，自身经营中存在哪些风险，采取了哪些防范措施？
二、日常管理
1. 代表管理（提高积极性、总体驾驭、有效控制风险）。
1.1 大区经理如何选择代表，如何培养代表和下属经理？
1.2 大区本身如何对新、老代表进行培训？培训有哪些内容？有无制度保证？
1.3 如何让代表了解公司销售政策及奖金政策，办事处有无其他激励或促销措施？
1.4 如何掌握代表每日去向？如何防止代表兼职？
1.5 代表辞职在大区履行什么手续（工作、资产等的交接）？
1.6 销售指标是如何分解的？如何考核？有哪些指标？如何了解本区域销售动态？
2. 其他人员管理。
2.1 职责分工（事务性工作状况）、考核（费用、销售及其他）。
2.2 决策命令的发布体系，谁向谁发布指令，有无秘书负责指令的情况。
3. 印章使用状况及重要信息资料的管理。
4. 客户管理。
4.1 医院分布：分品种各已进入多少家？
4.2 如何对客户进行分级？如何区别对待不同级别的客户？

4.3 每个代表负责拜访多少医院,多少医生?

4.4 大区经理如何与客户沟通,频率如何,是否有记录?接受客户反馈的渠道有哪些?

4.5 如何防止代表辞职时的客户流失或如何防止客户只认代表、不认公司品牌?

5. 资产管理。

5.1 大区自行采购的促销品、礼品如何发放?在数量上如何控制?

5.2 市场部采购的促销品,推广资料、礼品发放渠道?在数量上如何控制?

5.3 有无固定资产与存货收、发、存记录?有无资产盘点?丢失或损坏的原因是什么,以及如何处理?有无过期不需用的,如何处理?已过使用期的计算机如何处理?有无已报废并移交到上海总部的计算机?代表离职资产交接核实,谁负责接受与保管?账外资产的取得方式,有无纳入台账?资产处置的方式及处置收入的处理如何进行?

6. 费用控制。

6.1 预算编制的方式细化到何种程度?如何按活动计划编制预算?

6.2 大区经理本人年可支配的机动费用总额有多少?一般都有哪些用途?

6.3 费用如何分解到代表头上,费用发生前有无申请或审批程序?

6.4 大区经理可控制下属哪些费用,有什么样的权限,如何控制这些费用?

6.5 由于目前抵冲发票较多,大区经理在审核签字时是如何知道费用的真实去向的?如何保证报销金额与实际支出金额一致?冲账发票是否是给医生的回扣?

6.6 大区经理如何决定下属的工资?

7. 其他。

7.1 需管理本部支持或协助解决的问题。

7.2 对公司制度或政策的建议或想法。

(审计目的:了解各办事处日常管理的基本情况,重点关注资产的安全性及费用控制的有效性。)

14.4 销售队伍的绩效评估过程

完整的销售队伍绩效评估具有七个过程,如图14-4所示。

(1)建立销售目标。销售目标可以是销售量、销售收入、利润贡献、市场份额、销售费用、客户服务等指标,依据公司的具体情况而定。微小型企业一般选择销售量指标。

(2)确定评估政策。评估政策即评估规则,包括评估方法、评估频率、评估人等。没有人喜欢被评估,但也没有人喜欢去评估他人。但为了销售目标的实现,又不得不评估,好的评估是实现销售目标的加油站,坏的评估是销售队伍流动性的加速器。评估政策要透明公正,并事先要员工知道、理解及认同这些评估政策。

(3)建立与宣讲绩效评估标准。绩效评估标准的设立是最难的,有定性与定量,可以基于产出指标、投入指标及行为指标等。更为重要的是衡量指标的权重与组合等水平的高低,决定了绩效评估效能的高低。销售绩效评估标准的建立,一般需要企业主或销售机构的负责人来把关,可以听取人力资源管理部门的意见,但不能交给他们去建立。每家公司的绩效评估标准是不一样的。比如，表14-4和表14-5是一家在华的制药企业对销售代表和销售经理的评估表。

（4）收集事实与数据。销售经理要通过实际结果和预计目标的比较发现问题，并确定差异。作为销售经理，如果不知道销售员或本部门发生了什么事情，那就无法找出事情的原因。销售经理所进行的实地销售努力的评估，只要选择关键指标进行评估即可，无须进行全面的销售审计。实地销售绩效评估的关键指标，一般是销售行为、销售量、相关销售费用和销售成员的个人绩效，并围绕这四大指标进行事实的收集。很多公司都建立了销售数据系统，包括按销售区域分类的数据、按销售员分类的数据、按产品分类的数据、按客户分类的数据及按订单规模分类的数据等。

（5）挖掘与分析原因。销售经理要确定营销计划中产生差异的具体因素。真正的问题是要弄清楚为什么实际与计划不一致。是销售指标制定错了，是问题隐藏在销售规划与运作方面，还是问题隐藏在营销组合方面？

（6）评估面谈。销售经理可以让销售代表自己评估自己，并填写销售代表评估表，也可以自己先填写销售经理评估表，再把评估结果通过面谈反馈给销售代表。根据评估表格进行当面沟通。

（7）采取行动。销售经理要和被评估者一起，制订下一期间的规划，改进缺陷和发挥优势。

从严格意义上来讲，销售目标的建立、评估政策的确定、绩效标准的设立与宣讲和采取新的行动等四个过程，属于绩效管理的范畴，销售目标的建立，也属于销售区域管理和销售指标管理的范畴。而收集事实与数据、挖掘与分析原因、评估面谈等三个过程属于绩效评估范畴。

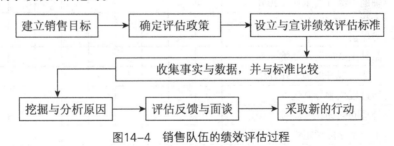

图14-4　销售队伍的绩效评估过程

表14-4　元亨（中国）销售代表月度评估表

时间	项　目	1月	2月	3月	4月	5月	6月	7月	8月	9月	10月	11月	12月
领导能力（60分）	日常报表的完成度（10分）												
	工作计划性（10分）												
	区域管理能力（10分）												
	激励自己与他人的工作热情（10分）												
	管理上级（10分）												
	营造乐观开朗的工作环境（10分）												

续表

时间	项目	1月	2月	3月	4月	5月	6月	7月	8月	9月	10月	11月	12月
态度（50分）	处理问题的积极思维（20分）												
	工作情绪的稳定性（10分）												
	工作中的同心合作（20分）												
文字工作（90分）	报告的准确性（10分）												
	报告的准时性（10分）												
	分析利用报告数据（10分）												
	会议分享（参与）能力（30分）												
	客户记录卡的进展（30分）												
销售成绩（80分）	销售产出（销售量）（20分）												
	产品综合贡献情况（20分）												
	完成销售指标（30分）												
	销售经费控制（10分）												
企业宗旨（20分）	对企业宗旨的理解（10分）												
	工作中推广企业宗旨（10分）												
	总分（300分）												
被评估人								评估人					

表14-5 元亨（中国）销售经理评估表

时间	项目	1月	2月	3月	4月	5月	6月	7月	8月	9月	10月	11月	12月
领导能力（70分）	领导MR工作（20分）												
	辅助上级开展工作（20分）												
	有能力MR的识别、培养、发展与保留												
	激励团队的工作热情												
	营造乐观开朗的工作环境												
	通过授权领导队伍												
态度（70分）	处理问题的积极思维（30分）												
	工作情绪的稳定性（10分）												
	工作中的同心合作（30分）												
	商务/客户/产品/财务知识的进展（10分）												
管理（80分）	明晰自己的职责和报告体系（10分）												
	制订短-中期计划的能力（包括资源）												
	时间管理/事件管理/项目管理能力的提升												
	双向沟通与积极回应												
销售成绩（60分）	区域每个MR个人产出（10分）												
	区域每个MR个人生产力（10分）												
	区域完成计划程度（20分）												

续表

时间		1月	2月	3月	4月	5月	6月	7月	8月	9月	10月	11月	12月
	项目												
公司宗旨（20分）	区域经费控制能力（10分）												
	区域产品综合贡献（10分）												
	对公司宗旨的理解（10分）												
	工作中推广企业宗旨（10分）												
	总分（300分）												
被评估人									评估人				

14.5 销售数据的冰山现象

在使用总体性或较为笼统的销售数字对市场营销与销售活动进行评价的时候，常常会出现一些严峻的问题。比如，总体上令人满意的销售额和销售利润可能会掩盖个别领域出现的问题，就像冰山一样，能看到的露出水面的部分只是整体的10%左右。这个现象称为销售数据的冰山现象。销售数据冰山原理是指，以平均、求和或汇总性的数据代表全部销售和利润的真实情况及可能存在的全部问题。对于公司的审计部门或非销售部门，他们通过这些总体性数字，能够归纳的原因仅仅可以解释全部销售绩效的很少一部分。销售数据的冰山原理，经常会让很多销售经理或其他管理者无法了解公司误用的营销努力和销售努力。

比如，信义公司在2011年的销售总额为2.001亿元，在2012年的销售总额为2.4012亿元，年度增长率为20%。销售管理者或企业主看到经营报表中的这种数据当然非常满意，信义公司的经营状况是非常有效的。如果销售管理层或企业主只停留在这个数据上，那就会陷入以偏概全的陷阱。只有那些在销售一线或销售管理一线的少数销售经理，以及懂得销售队伍管理的人，才能透过销售数字看到其背后的含义与原因。也就是说，只有那些成功的销售经理，能够看到销售冰山下面的部分。因为总销售数据经常会掩藏严重的销售或销售队伍管理问题。这些睿智的销售经理会详细地收集销售数据和销售信息。比如，他们把总体销售额细分到产品单位数：2011年，产品销售的数量为19950台；2012年，产品销售的数量为19690台。当看到这个数据时，销售经理就发现产品的销售数量已经下降了。销售总量的增加，来自产品价格的上升，而不是销售数量的增加，这就是冰山原理在发挥作用。为了寻找问题的根本原因，销售经理就必须把总体销售数字分解到更小单位的销售额，如销售区域、产品类型、产品价格、销售员、客户或销售时段等。同时，还需要收集同行的销售数据。

信义公司所在的行业，2011年行业销售额为203亿元，2012年行业销售额为263.9亿元。那些成功的销售经理看到这个数据后，进一步计算，会发现行业的年增长率为30%，也就是说，信义公司的年增长率低于行业的年增长率，信义公司在2012年的发展速度远远低于行业的增长速度，这说明信义公司的市场份额在缩小。

那是什么地方导致了公司的增长速度低于行业的增长速度呢？可以对信义公司各

个销售大区的数据进行分析。从表14-6中可以看到,华西和华南地区的增长速度低于公司的增长速度。华东地区2012年的销售指标完成率只有87%,是唯一没有完成指标的大区,但它的年增长率为122%,高于公司的年增长率。这就说明,信义公司在制定销售指标时存在问题,华东地区没有完成销售指标很可能是鞭打快牛所致。作为销售管理高层,应该努力提升销售指标制定技能。

针对华东地区销售业绩不佳的原因,华东地区的销售经理需要进行深入分析,看到冰山的下面部分,在分析中应该回答以下问题:销售指标是否过高?销售员的产品知识是否待提升?销售员的销售技能是否待训练?是否存在销售队伍管理不佳?是否存在分销或广告的问题?是否可以把问题具体到某一个销售员、产品、产品价格和销售区域?

当销售经理进行数据分解法进行分析时,他们就可以确定出现问题的具体领域,并采取相应的补救措施。假设问题的原因出在华东地区的三个销售员身上,如果是由于他们对六个大客户的服务不周而导致大客户流失,而新客户没有及时填补的话,那么华东地区的销售经理应该把工作的重点放在如何使这三位销售员更有效地工作,而不是通过销售竞赛增加整个华东地区的销售额。如果能收集到行业按照五大地区细分的增长速度,那就更能找到原因。

此外,对于那些已经完成销售指标的地区,也不能认为他们不存在任何问题。在前面已经提到,某一特定产品销售状况不佳会被其他产品的销售额所掩盖,某一销售员的销售状况不佳会被其他销售员的销售额所掩盖。在这种情况下,销售经理一定要对销售数字进行进一步分析,直到可以确定以下问题为止:哪些地区或产品存在销售业绩不佳的现象?在造成这些问题的原因中,哪些是管理者本身可以控制的?现在的销售数据分析,都可以通过销售数据分析软件系统为销售经理提供全面的支持和帮助。

表14-6 信义公司2012年的销售额 (单位:亿元)

地区	2011年实际	2012年销售指标	2012年销售实际	完成率	差距	同期增长率
华北地区	0.3892	0.4091	0.5012	123%	0.0921	129%
华西地区	0.3013	0.3211	0.3233	101%	0.0022	107%
华中地区	0.3602	0.4008	0.4438	111%	0.043	123%
华南地区	0.4502	0.5013	0.5233	104%	0.022	116%
华东地区	0.5001	0.7016	0.6096	87%	-0.092	122%
合计	2.001	2.3339	2.4012	103%	0.0673	120%

对于销售费用的效率分析也是如此,而且销售费用与销售额的关联性分析更为费时费力,难度也很大。比如,销售队伍的培训费用,应该花多少钱才合理?或者,应该花多少钱才会保证销售指标的达成?或者,多少培训费用会带来多少增量销售额?更为糟糕的是,高层销售队伍管理者或者企业主,也没有标准来确定很多销售费用(如培训费、差旅费、销售竞赛奖金等)的效果是否令人满意。因此,销售费用的总体数据也会掩盖很多销售队伍管理问题。

14.6 销售队伍的销售量分析

14.6.1 销售量分析

销售量分析,是详细研究公司损益表中净销售部分所总结的公司记录。它是按照产品系列、销售地区、主要客户和客户类型来详细研究销售量的。它是对公司实际销量与预期销量目标的比较研究,是对公司的全部销售数据进行详细的研究和分析,具体包括同化、分类、比较及得出结论。尽管销售量分析的程度在每家公司之间会有所不同,但是所有的公司都会以客户的销售发票或现金收据的方式收集销售量数据,这些发票或收据也是会计核算的主要凭证。

销售量的数字可以是金额、发货量、销售订单的数量等。每家公司采取的销售量的数字是不一样的。销售量分析的数据信息需要不断地积累,只要有销售数据信息,就有销售数据系统建立的可能。销售量分析要求销售队伍管理者建立销售数据系统:按销售地区、销售人员、产品、客户或订单等建立销售数据模型。这些详细的销售量分析告诉销售管理者发生了什么,可以纠正销售队伍管理者经常出现的销售努力错位,让他们了解销售努力的分布、决策标准、哪些费用是应该花的,这些花费应该有什么结果等。

销售量分析在计算机时代变得非常简单,计算机能够快速而经济地处理销售分析中的大量数据,智能手机和GPS的运用,使得销售数据的输入和销售数据的审查变得非常简单快速。有了现代的工具和软件,销售经理能够更快地从错误中成长,而不是等到现在变成了历史再从中吸取教训。

销售量分析运用得最普遍的是收集销售事实和分析销售状况的方法。它的作用主要在于明确销售机构的优势和弱点。它能向管理层展示公司过去、目前的销售状况及销售预测。它说明了哪些客户可以为公司带来最多的销售收入,哪些地区是公司销售收入的主要来源。它可以帮助销售员随时了解市场潜力(或市场容量)和竞争公司的变化情况和趋势。更为重要的是,销售量分析是对市场营销成本分析或经营成本分析的基础。因此,销售量分析主要有九大用途:第一,建立销售预测系统;第二,建立销售绩效考核标准;第三,评价公司的市场地位;第四,生产计划和存货控制;第五,调整销售区域的结构;第六,规划销售机构的销售活动;第七,考核销售成员的绩效;第八,评价广告及其他销售促销活动的效果;第九,评估和调整分销渠道等。

如果把销售量分析扩展到销货成本分析,其结果就是按照产品或地区分析销售毛利。详细的销售量分析是销售规划、运作和评估的基础,作为销售队伍管理层必须读懂它们之间的关联关系。

14.6.2 总销售量分析

销售量分析必须有的四个基本数据,即总销售量、地区销售量、产品销售量、客户类别的销售量,这四个数据被称为销售量的分析基础。其他销售量分析需要建立在这四个数据的基础上，如每次销售访问的销量等。

销售量分析的合理出发点是总销售量，它是所有客户、所有地区和所有产品的销售量总和。它是说明公司市场经营成果的首要指标，展现了一家公司的整体营运状况。年度的总销售量分析，最简单也很容易进行。但连续的总销售量分析，却不是每家公司或管理层会去研究分析的，尤其是3年以上的总销售量数据分析，对于销售队伍管理层而言，销售量的变化趋势比某一年的销售量更为重要。连续3年以上的总销售量分析，主要可以帮助管理层看到销售量趋势，并以此预测未来趋势。在衡量总销售量的时候，销售队伍管理层一般要注意三种趋势：第一，公司几年的销售趋势如何？公司的总销售量是否随着时间的变化而出现增长或减少的趋势？这些增长是产品销售数量的增长还是产品价格的提高所致？第二，行业的总销售量的变化趋势如何？如果公司的销售量在行业需求下降（行业总销售量减少）的情况下出现增长，要进一步分析本公司增长的具体原因。第三，公司在整个行业的市场份额的变化趋势如何？公司在行业的市场份额是否增加？竞争对手是否正在侵蚀本公司的市场份额？行业的市场容量（市场潜力）是否在变化？

年度或连续的总销量的研究，可能是最容易的一种数据分析，只需要以下两个数据即可：过去几年公司的年度销售数据；公司覆盖地区的行业年度销售数据。第二个数据相对难一些，需要从市场调研公司或数据公司购买。一般来说，这种购买数据的费用也不低的，对于微小型企业来说，他们一般不会去购买这种数据，而会采取类比（如用GDP数据类比）的方式，或者参加行业会议的途径获得这种数据。

表14-7是善德公司的总销售量数据，看到这些数据，对善德公司有什么评价呢？作为企业主或者销售机构的最高管理层，从这些数据中读到了什么？根据这些数据，可以做哪些分析？这些分析如果接近客观或真实，那么今后的销售决策就可能更为有效。从这张表中，一定要看出善德公司的市场份额在下降，意味着善德公司的市场地位在下降。尽管公司的总销售量年年在增长，2012年对比2003年增长了84%，但市场份额下降了28%。接着要找原因，每家公司的原因不一样，作为企业主或者销售经理不外乎要想到：4P中可能出现的问题，产品自身的问题（如式样、颜色、结构），产品价格、广告本身、广告媒体、销售队伍、分销渠道等问题。销售经理的眼睛不仅要往内看，还需要往外看，看竞争对手情况。公司运作与以前一样有效，但竞争对手进步了或竞争对手多了，等等。当然，作为销售机构的负责人或者销售总监，更关键的是要分析销售队伍管理方面的问题，如各个地区、各个销售团队、销售队伍的人均产出、销售队伍的客户产出、销售队伍的每次访问产出、销售队伍的区域、销售队伍的薪酬、销售队伍的指标、销售队伍的激励、销售队伍的训练、销售队伍的组织结构等，并从这些问题中找到急需改善的地方。可惜，现实中，很多销售总监很少从这些问题中找原因并拟出改进方案，他们一般会去找产品、渠道、广告等原因。更为可怕的是，很多公司没有行业数据，只有本公司的年度总销售量数据。如果只看善德公司的总销售量数据，并用线性回归和移动平均分析，作为企业主或销售机构的最高管理者会沾沾自喜，认为自己做得挺棒的。再看公司分析的数据图（见图14-5），总销

售量年年节节高，公司稳定增长，而且他们会根据线性分析或移动平均分析法来预测2013年的销售数据，并以此作为2013年的销售指标，而对行业数据要么忽视（当作没有看见），要么认为行业数据不准（没有参考意义）。

如果2013年善德公司从外面空降一位销售总监，他看到表14-7的数据，该做哪些分析呢？他也许会看到善德公司所在的行业，每5年有一次回调，行业可能受宏观经济的影响。善德公司在2005年有过大的失误，之后就一直没有调整过来，这些失误导致的问题由来已久，可能是顽疾。预计的销售变革，将不仅仅是销售政策的变革，可能是更为深层次的销售队伍管理变革。而且变革时，遇到的阻力可能会是：第一，为什么要改革？（我们做得很好，2012年行业在萎缩，而我们在增长）。第二，为什么要改革？（我们一直在增长）。更为深层次的是这家公司的企业主性格可能就是稳健型的，对这样的销售数据忍受了10年之久。善德公司的企业主，可能就是销售变革的最大阻力。也许善德公司的企业主不关注市场份额，只关注每年的盈利。

表14-7 善德公司的市场份额分析

年份	公司销售额（亿元）	行业销售额（亿元）	公司所占的市场份额
2003	15.1	150	10.1%
2004	18.2	180	10.1%
2005	19.4	217	8.9%
2006	19.8	230	8.6%
2007	19.9	221	9.0%
2008	22.6	300	7.5%
2009	22.9	328	7.0%
2010	24.5	366	6.7%
2011	26.3	395	6.7%
2012	27.8	383	7.3%

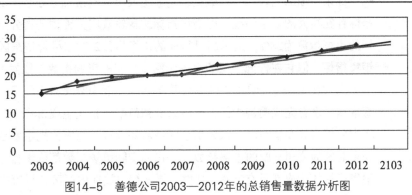

图14-5 善德公司2003—2012年的总销售量数据分析图

14.6.3 地区销售量分析

公司通常能够经济而容易地分析销售总量数据，这种分析一般适合提交给股东或证券市场，也可用来提振士气。由于几乎不能为管理层提供公司营销进展状况的详尽资料，只能笼统地描述宏观的而没有揭示各独立部分的状况，所以这种分析对于管理层的价值有限。因此，企业主或市场营销管理层就要用分解法来研究数据，其中，最常用的是地区销售量分析法。管理层要辨别哪些地区的潜力强？哪些地区的潜力弱？哪些地区的销售效能高？哪些地区的销售效能需要提升？在弄清某个地区差的原因之前，管理层就必须找出销售量差的地区。

一般来说，合理又经济的分析地区销售量的方法包括四个步骤。第一步，选择一个市场指数。市场指数包括行业的市场指数（又分市场潜力指数和市场实际指数）、公司的市场指数（包括公司分配的市场指数和公司实际的市场指数）。市场指数就是某个地区的销售量占有它所在市场的销售量的百分比。管理层要在市场潜力指数、市场实际指数、公司分配的市场指数、上年度公司实际指数中，选择一个市场指数。

第二步，确定公司在考查期间以人民币或单位产品量计算的总销售量指标或目标。

第三步，区域指数乘以全国总销售量，就得到该地区的目标（指标）销售总量。

第四步，实际地区销售总量与其目标（指标）销售总量相比较，计算产生的偏差有多大或目标的达成率是多少。

依然以善德公司为例，善德公司在中国的销售区域分为五大地区，2012年的销售指标与销售实际的总销售量数据见表14-8所示。由于善德公司在2012年以103%的完成率完成了销售指标，对比2011年增长了6%，而行业对比2011年下降了3%，很多企业主或市场营销总监会认为善德公司的销售机构做得很棒，而没有深究为什么可以完成销售指标。也许是2011年的销售曲棍球棒效应所致，也许是销售指标定得过低所致。现实中，很多企业主或者市场营销总监会表扬或者奖励华北区、中西区和华南区，因为他们都是100%超额完成销售指标。更有甚者，只按照销售指标的完成比例来奖励他们。基数大的，很小的百分比也可能是较大的销售量，这种奖励有效的前提是公平合理制定销售指标。

如果仔细深究表14-8的数据，企业主或市场营销总监务必发现善德公司制定销售指标存在很大的棘手问题，即销售指标的棘轮效应。善德公司分配给华东区的销售指标的市场指数为28%，远远超过行业的市场指数25%，尽管华东区在2012年没有完成销售指标，但它在善德公司的市场份额（公司的市场指数）依然为27%，超过行业的市场指数25%。这说明华东区做得并不差，其市场份额会比公司总的市场份额大。尽管华东区没有完成销售指标，也应该受到鼓励。企业主或市场营销总监根本没有必要将主要精力放在华东区，认为华东区最需要改进，而应该把主要精力放在东北区，因为东北区的公司分配的市场指数、公司的实际市场指数都低于行业的市场指数，而且销售指标的达成度只有95%。其次，要把精力放在中西区，尽管中西区在2012年的销售指标的达成度为109%，为公司五大区之首，但要趁着他们的士气高昂，尽快扩大市场份额，因为他们完成销售指标，一是公司分配给他们的市场指数只有16%，低于行业的市场指数18%，二是2012年它占公司的市场份额也只有17%，仍然低于行业的市场指数。对于华南区，企业主或市场营销总监应该给予极大的肯定，因为他们2012年的实际市场指数比行业的市场指数、公司分配的市场指数都要高。可以把它当作榜样，找到他们成功的原因和方法，并把这些成功的方法推广到其他地区。华南区和华东区在2012的业绩都远优于行业的平均水平，但两个地区依然有区别。比如，如果没有市场的原因，只从销售指标的达成度来看，华南区的销售队伍心态从上到下会比华东区的好些。或者华南区的销售队伍管理可能会有比华东区更优秀的地方，两个区面对销售指标的棘轮效应，结果是有所不同的。那是不是华南区一定比华东区优秀呢？从销售量分析来看，还得看销售队伍的人均产出。

企业主或市场营销总监，从图14-5到表14-7，再到表14-8，就会逐渐从自豪到危机，再到管理细节的危机，从而找到冰山没有露出的部分。市场份额在下降，主要原因是东北区、中西区和华北区。从销售队伍管理的角度来看，要扭转局面、提高市场份额，销售指标的分配制度需要在今后作出改革，放弃以前的"鞭打快牛"的销售指标分配策略。

微小型企业或者初创型企业，可以把总销售量分解到销售员。对于那些大中型企业，他们把总销售量分解到大区销售总监、区域销售经理，并会要求区域销售经理把区域总销售量分解到销售员，并进行销售量分析。

表14-8　善德公司2012年五大区的销售量分析

地区	行业的实际市场指数	公司分配的市场指数	公司实际的市场指数	销售指标（亿元）	实际销售（亿元）	完成率	金额偏差（亿元）
东北	16%	14%	13%	3.794	3.614	95%	-0.180
华北	21%	20%	20%	5.420	5.560	103%	0.140
华东	25%	28%	27%	7.588	7.506	99%	-0.082
中西	18%	16%	17%	4.336	4.726	109%	0.390
华南	20%	22%	23%	5.962	6.394	107%	0.432
全国	100%	100%	100%	27.100	27.800	103%	0.700

14.6.4　销售队伍人均销售量分析

如果企业主或市场营销总监，或者销售机构的高层管理者，不仅仅看到表14-8的数据，而且在表14-8中引入销售队伍人数，那么就可以更深入地探究销售量数据，从而会更有针对性地找到需要改进的地方。原以为华南区是善德公司做得最好的地区，整个销售队伍的士气也很高昂，但看了表14-9中的数据后，发现原来并不如此。从表14-9中可以看出华南区的销售队伍的人均产出和销售员的人均产出都不是最高的，两个指标都低于公司的平均水平。华南之所以做得好，是因为公司投入的人力资源很高。而且华南区存在隐患，管理跨度过窄或管理层次过多，平均5.5个销售员就对应1个销售管理者，比公司的平均6.4个销售员就对应1个销售管理者还要低。同时，中西区虽然从完成销售指标来看是最好的，销售队伍的人均产出和销售员的人均产出也是最高的，但其也存在跨度过窄或管理层次过多的现象，平均4.6个销售员就对应1个销售管理者。在未来的岁月里，必然存在管理的边际递减效应等，中西区需要扩招销售员。

东北区在2012年年初由公司批准了73位销售员的名额和8位管理层，但是在2012年年底，销售员只有70位，而管理层为12位。管理幅度从计划的1∶9变成了1∶5.8，这说明东北区的管理层开始变得臃肿，低于公司的平均的1∶6.4，这或许是东北区的大区销售经理有意为之，或是东北区招聘不到销售员（这说明善德公司在东北区的影响力不佳）；增加了销售管理层，增加了管理支出，销售指标依然没有完成，而且低于行业的市场指数，这说明东北区存在很多销售队伍管理问题，值得企业主、市场营销总监或销售总监关注。东北区是善德公司的短板，也是善德公司最薄弱的环节。结合表14-8和表14-9来看，华东区是做得最好的地区，企业主、市场营销总监或销售总监，需要以华东区为样板，确定各个大区的管理跨度、人均产出等指标；并从华东区提拔区域销售经理到中层销售管理者，为其他大区输入血液。同时，要研究华东区的成功之处，把其成功方法在公司内部宣讲和传播。销售队伍的人均销售量分析，如果能得到行业及各个大区行业的人均销售量数据，那就更加可以客观地看到销售数据的冰山没有露出水面的部分。当然，如果能得到竞争对手或榜样公司的人均销售量数据，也是一个比较好的办法。

表14-9 善德公司2012年五大区的销售量分析

地区	公司分配的销售员数	公司分配的销售成员数	公司实际的销售员数	公司实际的销售成员数	销售指标（万元）	实际销售（万元）	完成率	销售队伍实际人均产出	销售员实际人均产出
东北	73	81	70	82	37940	36140	95%	441	516
华北	90	100	90	100	54200	55600	103%	556	618
华东	120	136	120	135	75880	75060	99%	556	626
中西	60	73	60	73	43360	47260	109%	647	788
华南	110	130	110	130	59620	63940	107%	492	581
全国	453	520	450	520	271000	278000	103%	535	618

14.6.5 产品销售量分析

从销售区域进行销售量分析，会发现各个地区的销售状况，以及在销售队伍管理领域要改进的地方。同样，从产品的角度进行销售量分析，会发现各个产品的销售状况，以及在产品管理领域要改进的地方。

对于那些大中型企业，尤其重视产品管理的公司，他们往往有产品经理或者品牌经理，所以完全有能力进行产品销售量分析，而对于那些微小型企业，由于产品并不多，也不复杂，所以他们也可以亲自操刀来进行产品销售量分析。最为简单的就是每个产品的销售量指标和销售量实际数据的汇总，可以进行各个产品的月度销售量趋势分析，也可进行季度、年度的销售量趋势分析。

如果能获得每种产品系列的行业数字，就可以为公司提供一个标尺来衡量各个不同产品的销售业绩，同时可以更客观地评估品牌经理的工作业绩。比如，有位品牌经理没有完成计划，但是他在公司的市场指数是26%，在公司内部最高；他管辖的产品的行业指数是23%；但他在绩效评估中不及格（因为没有完成产品的销售指标而导致绩效评估不及格）。他认为这样的评估不公平，结果他被猎头公司挖走了。表14-10中，善德公司的产品B在2012年的公司销售实际的增长指数为–10%，而同期全行业产品B的销售实际增长指数也为–10%，那么管理层对产品B的销售下降就不必过分忧虑。表14-10的缺陷是，没有各个产品在行业的市场份额，很难评估各个产品的行业地位；也没有各个产品的价格和销售单位数数据，很难评估各个产品的增长或下降是由价格原因所致，还是销售单位数原因所致。

各位企业主、市场营销总监、产品总监或者销售总监，在看到表14-10的数据后，将如何评估各个产品系列的销售业绩？并会在下一步，采取什么行动？

善德公司的产品预测和销售指标的制定存在问题。对于产品B的实际销售量增长指数，虽然善德公司和行业的实际增长指数一样，但这个产品依然没有完成销售指标，这表明，要么该产品的销售预测存在问题，要么销售指标制定偏高。销售指标制定偏高，也出现在产品A、C上，产品A、C的实际增长指数高于行业的增长指数，但依然没有完成销售指标。而产品D、E的实际增长指数低于行业的增长指数，但它们都完了销售指标。因此，善德公司应该加强各个产品经理的销售预测和销售指标等销售战略规划方面的训练。

表14–10 善德公司2012年五大产品的销售量分析

地区	行业的实际增长指数	公司实际的增长指数	销售指标（亿元）	实际销售（亿元）	完成率	金额偏差（亿元）
A	10%	15%	5.723	5.284	92%	–0.439
B	–10%	–10%	4.673	4.575	98%	–0.098
C	25%	26%	9.237	9.109	99%	–0.128
D	20%	19%	5.231	5.870	112%	0.639
E	0%	–5%	2.236	2.962	132%	0.726
全国			27.100	27.800	103%	0.700

更进一步的产品研究，是要考察每一地区中每一产品系列的销售状况，通过这种分析，管理层能够确定各种产品在不同地区市场的强弱形势。掌握了这些情况，管理层就能进一步找到出现偏差的原因，并作出相应的管理改进。表14-11是2012年善德公司产品A在五大地区的销售量数据分析表。根据表14-11中的数据，各位企业主、市场营销总监、销售总监，如何评估产品A在五个地区的销售业绩？作为产品经理，将在今后会采取什么行动？如果只看完成率，无疑中西地区做得很出色，完成率达到109%，而公司的产品A完成率只有92%。拉后腿的两个大区是东北区和华南区，尤其是华南区，其金额偏差也最大。如果看增长指数，华东区、华南区都高于行业的增长指数。如果再看市场指数，华南区的公司市场指数（21%）远远高于行业的市场指数（16%），因此，华南区在2012年没有完成销售指标，很有可能就是A产品经理、企业主、市场营销总监或者销售总监分配给华南区的销售指标过高所致。华北区的大区销售总监可能会认为，本地区行业衰退了8%，而善德公司华北区在他管理下，不仅没有衰退，还增长了9%，应该受到表扬或奖励。但如果看市场指数就会发现，华北区的善德公司市场指数低于行业的市场指数。中西区的大区经理也许会很自豪，因为在2012年，他管理的大区是善德公司唯一超额完成销售指标的大区，而且完成率是109%，远远超过公司的92%。但善德公司的中西区没有跟上行业的发展速度，2012年中西区行业的增长指数为15%，而善德公司的中西区只有14%，而且，善德公司中

西区的市场指数只有19%，而中西区的行业市场指数为20%。因此，很有可能在2012年分配给中西区的销售指标偏低了。当然，如果结合各个地区做产品A的销售队伍人均销售量进行分析，那么更能找到微观的原因。东北区，在产品A方面和销售总量一样，做得非常不好。

表14-11 善德公司2012年A产品五大区的销售量分析

地区	行业的实际市场指数	公司实际的市场指数	行业实际增长指数	公司实际增长指数	销售指标（亿元）	实际销售（亿元）	完成率	金额偏差（亿元）
东北	18%	15%	15%	14%	0.8971	0.79260	88%	-0.10450
华北	21%	19%	-8%	9%	1.0386	1.00396	97%	-0.03464
华东	25%	26%	18%	22%	1.4672	1.37384	94%	-0.09336
中西	20%	19%	15%	14%	0.9235	1.00396	109%	0.08046
华南	16%	21%	10%	16%	1.3966	1.10964	79%	-0.28696
全国	100%	100%	10%	15%	5.7230	5.28400	92%	-0.43900

14.6.6 客户类别的销售量分析

对于那些实行客户细分市场战略的公司来说，他们还会采取客户类别的销售量分析。一般有三种客户类别的划分。第一种是按照行业来划分客户。比如，一家石油公司可能将客户分为：加油站、海运、空运、陆上交通、工业和政府机构。第二种是按照分销渠道来划分客户。比如，一家运动用品制造商可能将客户分为：批发商、百货公司、超市。第三种是按照市场潜力或实际销售量来划分客户（把客户分成A、B、C、D）。他们一般把市场潜力大的客户称为目标客户，要求销售员务必去拜访客户，经营好客户关系。那些市场潜力小的客户，一般不安排销售员去拜访和维护客情关系，因此，这些客户被称为非目标客户，产生的销售量称为自然销售量。很多公司会采取三种方法的组合法来进行销售量分析，并且具体到每个地区和每个产品系列，即把客户销售量分析和地区销售量分析、产品销售量分析相结合。比如，很多医药企业，他们先把销售量分为目标市场销售量和自然销售量，之后就用渠道销售量分析——目标医院销售量分析和目标药店销售量分析，之后就进行A、B、C、D级医院销售量分析。更有甚者，他们还会把销售量分析分解到门诊销售量分析和住院销售量分析。

计算机和其他电子设备的应用，给销售量分析提供了很大的方便性、有效性。很多大中型公司会设立销售数据专员，专门处理数据的输入和处理，并把相应的分布表格数据与结论提供给相应的销售管理层，为他们进行评估与决策提供协助。有了计算机，销售队伍的管理效率的提升就有了硬件保障，因为销售管理层可以更快地利用数据分析结果进行销售队伍管理。

本章小结

1. 销售队伍绩效评估，是指运用数理统计、运筹学原理和特定指标体系，对照统一的标准，按照一定的程序，通过定量定性对比分析，对一定经营期间的经营效益和销售队伍业绩作出客观、公正和准确的综合评判的过程。
2. 销售队伍绩效评估的过程包括建立销售目标、确定评估政策、建立与宣讲绩效评估标准、收集事实与数据、挖掘与分析原因、评估面谈、采取行动。
3. 销售量分析主要用途：建立销售预测系统；建立销售绩效考核标准；评价公司的市场地位；生产计划和存货控制；调整销售区域的结构；规划销售机构的销售活动；考核销售成员的绩效；评价广告及其他销售促销活动的效果；评估和调整分销渠道等。
4. 销售量分析的基本数据包括总销售量、地区销售量、产品销售量、客户类别的销售量。销售量分析包括总销量分析、地区销售量分析、产品销售量分析、客户类别销售量分析。
5. 市场指数就是某个地区的销售量占有它所在市场的销售量的百分比。
6. 地区销售量的分析方法包括四个步骤：第一步，选择一个市场指数；第二步，确定公司在考查期间以人民币或单位产品量计算的总销售量指标或目标；第三步，区域指数乘以全国总销售量，就得到该地区的目标（指标）销售总量；第四步，实际地区销售总量与其目标（指标）销售总量相比较，计算产生的偏差有多大或目标的达成率是多少。

本章思考题

1. 有人认为，销售绩效评估就是为奖惩、留用、晋升与辞退等提供依据，你同意他们的观点吗？为什么？
2. 什么是销售审计？它与营销审计、销售绩效评估有什么区别？
3. 你是珞珈公司的销售总监，管理中国7个大区的销售，每个大区都有1位大区销售经理，分别为A、B、C、D、E、F、G。2013年，公司的全国销售指标完成率为98%，各个大区的完成率情况分别是：A区95%、B区97%、C区99%、D区103%、E区110%、F区120%、G区89%。你会把F区的大区销售经理的绩效评为优秀吗？为什么？
4. 你是双井公司的总经理，管辖的中国市场有5个产品、7个销售大区；每个产品都有1位产品经理，每个产品都在7个大区有销售指标。2013年，A产品经理的销售指标的完成率为112%，对比2012年16%的增长，而行业的增长率为20%。你将如何对A产品经理进行绩效评估？
5. 你是翰溪公司的A产品总经理，管辖的中国市场分为7个销售大区。2013年，东南区销售指标的完成率为93%，占公司份额的20%，对比2012年增长了20%；行业的东南区增长率为16%，市场指数为15%。你将如何对东南区的销售总监进行绩效评估？

案例分析

龙材软件公司的销售量分析

在上海外滩的某个五星级宾馆的会议室里，龙材软件公司的销售总监牛某正在召开销售部大区经理会议，到会人员包括销售部的行政管理人员，营销总监由于出国参加集团全球的市场营销会议，这次会议就缺席了。

牛某在宣讲公司的市场销售数据时，放出了公司2010年的销售数据分析表（见表14-12和表14-13）。他说："华南大区是增长率高、完成率也高的大区！华南大区业绩做得非常棒，请大家报以最热烈的掌声。华东一区的完成率高，增长率也不低。华东一区克服了仿制产品的冲击及原大区经理辞职带来的影响，张先生上任华东一区不到一年，就取得这么好的成绩，相当不简单，大家给他最热烈的掌声，请他上台领奖。增长率高、完成率低的大区是西南大区，增长率还可以、完成率低的大区是西北大区，增长率低和完成率低的大区是东北大区、华北大区和华东二区。"这时，没有掌声，只有"哦哦哦"的声音。牛某继续说："在不平凡的2010年，我们不仅重视指标的完成度，重视同期增长率，还重视人均产出的增长率。在7个大区中，华南区的人均产出增长率最高，让我们报以最热烈的掌声。给他这次，大家的掌声稀稀拉拉。两位资深的大区经理（华北大区与华东二区），一位脸色沉重（"堂堂的销售总监，竟然如此'弱智'地进行销售数据分析"），一位脸色轻松与不屑（"如此评奖，小儿科也"）。这次会议后的一个季度里，牛某就被龙材软件公司辞退了。

表14-12 龙材软件公司2010年总体销售数据分析

地区	2010年实际销售（万元）	2010年销售指标（万元）	2009年销售实际（万元）	指标达成度（%）	同期增长率（%）
东北区	8160	9800	7964	83	2
华北区	7259	8700	6818	83	6
西北区	2002	2440	1664	82	20
西南区	1924	2320	1480	83	30
华南区	5390	5600	4132	96	30
华东一区	15456	16600	12796	93	21
华东二区	11340	13700	10233	83	11
合计	51531	59160	45087	87	14

表14-13 龙材软件公司2010年人均销售数据分析

地区	区域主管	销售代表人数	2010年人均销售额（万元）	2009年人均产出（万元）	人均产出增长率（%）
东北区	11	68	120	122	-1.64
华北区	9	61	119	123	-3.25
西北区	3	26	77	76	1.32
西南区	3	26	74	63	17.46
华南区	9	55	98	79	24.05
华东一区	12	96	161	172	-6.40
华东二区	9	70	162	162	0.00
合计	56	402	128	127	0.79

讨论：1. 你从表格数据中发现了哪些问题？

2. 你会如何处理这些问题？

3. 如果你是营销总监，你会辞退案例中的主人翁牛某吗？为什么？

第十五章
营销成本与盈利性分析

本章要点：

了解营销成本构成及分类；
掌握常见营销成本分析方法；
熟悉盈利能力分析方法及其特点。

课前案例　　　　　　　　**可口可乐销量下滑怪天气**

　　因为全球销量增速下滑对收入构成冲击，可口可乐公司2013年第二财政季度利润下降4%。美国《商业周刊》2013年7月16日报道称，软饮料巨头可口可乐公司把销量下降归咎于恶劣的天气。不过，消费者对碳酸饮料需求下降或许更值得关注。

　　可口可乐公司把收益的下降归结于糟糕的天气及欧洲震荡的经济状况，其声称，天气因素严重影响了其在中国、欧洲及美国的销售；印度的雨季影响了可口可乐在当地的销售；同样，美国销量下降也是受雨天的影响。可口可乐公司总裁穆泰康在2013年7月16日的电话会议上称，恶劣的天气只是特殊情况，不应该把它当作一种趋势或者系统性议题。

　　但报道认为，天气情况并不是真的像可口可乐公司讲得那样糟糕。根据美国气象资料，就全球陆地平均气温而言，2013年5月是有记录以来第三个最热的5月；4月份全球平均气温在48°F（约合9℃），是有记录以来第17个最热的4月。尽管多雨，美国3—6月的平均气温也达到全球平均水平。

　　报道表示，公平地说，参考平均温度并不准确。可口可乐的销售可能对某些特别的天气模式更敏感。如果可口可乐公司确实想把利润及销量的下降归罪于天气，或许其更应该重新审视其已经流产的计划——根据温度调整自动售货机的价格。

　　再或者，可口可乐公司也许应该花更多的时间关注消费者对软饮料整体需求下降的现状。根据《饮料文摘》（Beverage Digest）数据，2012年，美国苏打饮料的销量下降了1.2%，2011年下降1%，2010年下降0.5%。然而，可口可乐第一季度苏打饮料的销售下降得更多，与2012年相比，下降了4%。

与此同时，非碳酸饮料的销量却在上升。果汁、水的销量上升了6%。随着健康意识的增强，消费者对苏打饮料的认识发生了改变。受旗下一些茶类和水品牌强劲表现的推动，可口可乐公司北美市场销量第二季度上升5%，仅橙汁销量就上升了4%，其中美汁源销量增加3%。

（该案例来自环球网·财经，http://finance.huanqiu.com/industry/2013-07/4140750.html）

讨论：1. 把销售利润下降归咎于天气所致，会提升销售士气吗？为什么？
2. 你赞同把销售利润下降归咎于碳酸饮料的需求下降吗？为什么？

真正决定一个市场营销方案或者销售队伍管理方案是否可以被接受的要素，就是它对公司盈利水平的最终影响；也就是评价市场营销方案或销售队伍管理方案的好坏，很多公司是以能否盈利或盈利多少来衡量的。为此，需要分析营销成本和销售成本。对于销售队伍管理而言，就要分析销售成本，以判断上述销售控制单元的盈利能力。

15.1 营销成本分析的性质及范围

营销成本分析是对影响销售额的成本进行的分析，不包括销货成本。销货成本是指企业为制造已销售的产品所直接投入的原材料、劳动力及分摊的制造费用。营销成本是指与营销活动有关的各项费用支出。营销费用是指企业在销售产品过程中发生的各项费用及专设营销机构的各项经费。营销成本直接影响企业的利润，因此，企业不仅要控制销售额和市场占有率，同时要控制营销成本。营销成本主要包括五种费用。第一，直接推销费用。包括直接销售人员的薪金、奖金、差旅费、训练费、交际费及其他相关费用。第二，推广费用，又称促销费用。包括广告媒体的成本、产品说明书的印刷费用、赠奖及展览会的费用、推广部门的薪金等。直接推销费用和推广费用合称销售成本。在中国，销售成本还包括货物回款的成本。第三，仓储费用。包括租金、维护费、折旧、保险、包装费、存货成本等。第四，运输费用。主要是托运费用，如果是自有运输工具运输则要计算折旧、维护费、燃料费、牌照税、保险费、司机薪金等。仓储费用和运输费用合称物流费用。第五，其他市场营销费用。例如，营销管理人员薪金、产品经理的薪金、产品经理的差旅行政费用、销售队伍的行政费用、销售管理层的薪金、销售管理层的差旅行政费用等。营销成本中，有些与销售额有直接关系，称为直接成本；有些与销售额并无直接关系，称为间接成本，但直接成本与间接成本有时很难划分。营销成本按照订单的获得和执行，可以分为订单获得成本和订单执行成本。订单获得成本包括直接推销、销售促销、广告、市场调研、销售差旅行政等费用。订单执行成本包括物理分销成本（又称物流成本，包括发运、运输、仓储和材料处理等）、信贷与收款和行政管理等费用。在营销成本分析中，经常使用的成本类别有直接成本与间接成本、固定成本与可变成本、可控成本与不可控成本、实际成本与预算成本等。

营销成本分析是对企业营销成本的具体研究,它的最主要目标是确定市场营销活动对利润的贡献情况,并从公司的整体目标角度出发,对公司市场营销结构中的每个环节与阶段进行有效评估。它有两个重要的用途:第一,确定众多市场营销战略中的最优选择;第二,发现存在问题的领域,如不盈利的地区、不盈利的产品或者公司营销低效(或无效)的环节等。它是销售量分析的延伸,但它超越了销售量分析而成为确定不同经营机构的盈利水平分析或确定营销运作各个方面盈利性的分析。因此,它成为全面销售业绩分析的一个重要组成部分,尤其是对销售管理层的销售业绩评估的不可缺少的部分。营销成本分析或者销售成本分析,可以帮助销售管理层更为客观地评估销售员的销售业绩。

营销成本分析与公司一般会计系统在目的和范围上都有所不同。会计系统是对具有财务特征的公司活动保持完整的历史记录,它为管理层提供一切与财务有关的事件,如商品销售、原料购买、设备折旧、薪资支付等,会计系统包括了销货成本。营销成本分析则更多的是为企业未来运作的规划和控制而服务的一种管理工具,它不属于公司的会计系统,在性质上具有分析性和统计性。营销成本分析不关心日常的会计运作,但会计系统为营销成本分析提供了几乎所有必需的数据。

营销成本分析和生产成本核算有助于各自领域的成本控制,但两者有着显著的区别,请见表15–1。

表15–1 营销成本分析与生产成本核算的比较

比较因素	营销成本分析	生产成本核算
成本计算基础	营销单位:地区、产品、客户	订单规模和产品数量
成本发生来源	实地销售人员	机器和可直接监管的工人
成本–销量关系	销量是成本的函数 $V=f(C)$	成本是产量的函数 $C=f(V)$

从成本计算基础来看,营销成本分析更复杂,而生产成本核算相对简单。从成本的发生来源来看,营销成本分析的数据不太准确,而生产成本的数据更为准确。从成本–销量关系的函数公式来看,销售成本函数较难衡量,而产量成本函数相对容易衡量。举例来说,如果问生产经理,若增加两条生产线,产量是多少?生产经理会给出近乎准确的答案。如果问销售经理,若增加两个销售员,销售量是多少?比如,杭州地区现有8个销售员,杭州地区的销售经理想再增加两个新销售员,那么这两个新销售员会带来多少销售量及销售利润?事实上,销售经理无法像生产经理那样可以给出近乎准确的答案。

15.2 营销成本分析的种类

营销成本分析的种类一般有三种,即在分类账户和收入费用报表中的营销成本分析、按职能(又称活动)分类的营销成本分析和分配到地区、产品或其他营销单元的营销成本分析。它们的区别请见表15–2。

表15-2 三类营销成本分析方法的优缺点比较

种类	优点	缺点
分类账户费用分析	最简单,最省钱	只能提供一般信息
营销活动费用分析	可以直接看到哪项活动引发费用的变化	间接费用的分摊比较麻烦
细分市场成本分析	可以更有效地帮助管理层发现难点或业绩优秀地区	有些活动费用和间接费用很难分摊

（1）分类账户费用分析。这种分析是以公司会计分类账户中记录的支出目标成本研究为基础的，在微小型企业和初创型企业中经常采用。其过程是将分类账户中各个成本项目（销售队伍薪金、分支办公室租金、办公用品、销售队伍差旅、销售队伍推广费用等）进行简单的汇总，然后详细分析这些数字，比较当期总数与过去同期的相应数字，从中发现发展趋势。管理层可以比较实际费用与预算费用目标的情况。如果能收集到行业协会发布的相关成本信息，公司还可以与行业的平均水平做比较。表15-3是利贞公司在2011年、2012年的分类账户费用分析表（有时也称营运报表或损益表）。表中包含了从公司分类账中摘取的营运费用数据。表中数据表明，行业在2012年的销售队伍薪酬成本占销售额的18%，而利贞公司的销售队伍薪酬成本占销售额的12%，对比2011年的15%还下降了3%。这就提示利贞公司的管理层，利贞公司的销售队伍薪酬支出在减少，薪酬成本没能达到行业水平，这是不是利贞公司销售业绩不佳或者销售队伍流动率高的原因。这个问题的回答就需要结合销售量分析、销售队伍人均销售量分析、销售队伍流动分析等更详尽的分析，才能准确描述观察到的公司成本变动趋势及偏离行业水平的原因。分类账户费用分析只能提供一般性信息，因而其价值有限，最大的用途也许是用于对外报告。

表15-3 利贞公司2012年收入费用报表分析　　　　　　单位：百万元

项目	本公司（2012年）	本公司（2011年）	行业（2012年）
销售净额	270	210	
销货成本	189	139	
销售毛利（=销售净额–销货成本）	81	71	
营业费用			
销售队伍薪酬	32.4	30.8	
销售队伍差旅	3.27	2.27	
办公费	1.78	1.58	
媒体费用	8.7	10	
广告费用	2.18	3.18	
房产租金	1.2	1.2	
水电费用	1.68	1.39	
保险费用	0.84	0.78	
行政人员薪酬	9.3	9	
其他费用	1.2	1	
营业总费用	62.55	61.2	
净利润（=销售毛利–营业总费用）	18.45	9.8	
销售队伍薪酬占销售额百分比	12%	15%	18%

（2）营销活动费用分析。这种分析是根据营销活动进行分类的费用分析，比如

将仓储和货运费用组成一类。进行营销活动费用分类分析有两个步骤。第一步，选择恰当的营销活动分类。每个公司都应该将与营销计划有关的主要活动列表，每家公司所进行的营销活动会有所不同，特别是跨行业的公司。一般来说，可以分为五个部分：人员推销费用（销售队伍的薪酬、差旅及推广费用等）、广告和促销费用、仓储及货运费用、订单处理费用（处理销售及采购订单、签发支票、收付货款等成本）、行动费用（销售机构办公室的所有成本、销售管理层的薪酬和差旅，以及公司行政费用中分配给销售机构的费用等）。第二步，将每个分类账户费用分配到相应的营销活动项目中。会计中的许多分类账户费用都涉及了几个不同的营销活动类型，因此，管理层要将分类账户的费用分配到恰当的活动中去。例如，在表15-4中，办公费用分摊到发生费用的不同活动组。当然，在会计分类账户中，它们是按照不同部门收集汇总办公费用的。比如，人员推销是销售部，广告是市场策划部，仓储货运是销售物流部，订单处理是销售客服部、行政管理部。总之，办公费要么是按营销活动分摊，要么是按营销活动所在部门的会计账户的办公费用的分类收集。

某些活动费用核算的是直接费用，分配比较容易，只需将发生的费用全数分配到某一类活动中，如广告人员的薪资就全部分配到广告活动。但间接费用的分摊就有些难度，关键是选择分配的基础。当然，作为房子租金，可以按照每一活动所在部门占用的面积数作为分摊依据。这种分析可以确定每个活动费用的确切数据，有利于管理层评价营销活动本身的效能。研究各年的活动费用分析表，不仅可以看出哪一类分类费用的增减，而且还可以知道哪项活动引发了此变化。同时，这一分析为按地区、产品或其他营销单元分析营销成本奠定了极好的基础。那些中型的企业，喜欢采用这种费用分析。

表15-4 利贞公司2012年活动费用报表分析 单位：百万元

分类费用	营销活动成本分类					合计
	人员推销	广告	仓储货运	订单处理	行政管理	
销售员薪酬	32.4					32.4
销售员差旅	3.27					3.27
办公费	0.40	0.22	0.30	0.58	0.28	1.78
媒体费用		8.70				8.70
广告人员薪资		2.18				2.18
房子租金	0.10	0.15	0.70	0.10	0.15	1.20
水电费用	0.20	0.20	1.02	0.10	0.16	1.68
保险费用	0.10	0.04	0.50	0.10	0.10	0.84
行政人员薪酬	1.40	0.60	1.68	1.26	4.36	9.30
其他费用	0.10	0.20	0.60	0.20	0.10	1.20
合计	37.97	12.29	4.80	2.34	5.15	62.55

（3）细分市场成本分析。按细分市场进行营销成本分析是大中型企业最普遍采用的成本分析方法。它的做法是将市场按照地区、产品或客户群或订单规模进行划分。能更有效地帮助管理层发现难点或业绩优秀的地区或产品等。如果将销售量分析和营销成本分析结合起来评估，就可以为每种产品或细分市场提供损益表，根据营销成本分析表和销售量分析表，更为客观地分析各个细分市场的市场营销计划的有效

性。表15-5是在表15-4的基础上,按照销售地区划分的营销活动费用分析表。广告费用、仓储货运和订单处理,可以根据各个地区发生的实际费用来收集。或者广告费用以广告页数为基础进行分摊,仓储货运以订单数为基础分摊,订单处理费以全年打印的发票行数为基础进行分摊。人员推销活动费用是各个地区的直接费用,全部归在发生的地区。但行政管理费用,内有公司的行政管理费用和各个地区的行政管理费用,公司的行政管理费用属于间接成本,按五个地区平均分摊。

表15-5 利贞公司2012年按销售地区划分的收入费用报表分析　　单位:百万元

项目	本公司	东北	华北	华东	中西	华南
销售净额	270	41	51	70	50	58
销货成本	189	30	38	46	35	40
销售毛利	81	11	13	24	15	18
营业费用						
人员推销	37.97	5.6	5.5	13.1	6.76	7.01
广告费用	12.29	1.6	2.62	3.8	1.52	2.75
仓储货运	4.8	1.02	0.95	0.7	1.3	0.83
订单处理	2.34	0.44	0.43	0.52	0.51	0.44
行政管理	5.15	1.02	1.12	0.96	0.98	1.07
营业总费用	62.55	9.68	10.62	19.08	11.07	12.1
净利润	18.45	1.32	2.38	4.92	3.93	5.9
销售净利润率	7%	3%	5%	7%	8%	10%

从表15-5中可以发现,利贞公司的五个销售大区在2012年都有净利润,但东北地区和华北地区的净利润低于公司平均值。中西区的净利润率虽然高于华东区,但净利润额比华东区少99万元人民币。东北区和华北区的行政管理费用有所偏高。五个大区的订单处理费用相差不大,但它们的销售总额相差较大,这表明东北区和华北区的每个订单的订单额比较小,即东北区、华北区小订单多,要么是小型客户偏多,要么是客户每次订单额小。东北区的广告费用的效能可能低于中西区的广告效能,华北区的广告效能可能低于华南区的广告效能,是投放的广告媒体不对,还是其他原因,需要销售管理层进一步深入研究。

如果,计算五个大区的人员推销费用效率,用人员推销费用除以销售额,销售管理层就会发现:华东区的人员推销效率是最低的,人员推销费用销售比高达18.7%,高于全国的人员推销费用销售比例(14.7%)。华东区的销售毛利和销售额虽然最多,但很有可能销售成员的薪资支出也是最多的,或者销售队伍人数最多,这就要结合销售量来进行进一步分析。

15.3 营销成本分析中的难点问题

营销成本分析中有两大难点问题依然没有解决。

第一,成本的分摊。营销成本分析过程中,会遇到如何在地区、产品或其他营销单位中分摊营销成本。营销成本可以分为直接营销成本（直接营销费用）和间接营销成本（间接营销费用）。直接营销成本是只与销售运营中一个营销单元有关的成本。因此，不论这个特定的营销单元是一个地区、一种产品还是一个客户群，都可以全数摊入其中。如果公司放弃某个地区或某种产品，所有与该营销单位相关的直接费用就没有了。间接营销成本通常指那些无法按产品、地区或其他市场单位归集的营销费用总和。它由一个以上的市场来分摊，它分为部分间接成本与完全间接成本两种。所谓部分间接成本，是指会随着地区、产品或其他营销单位的变化而变化的费用，如运输费、订单填制费等。如果收缩地区或消减产品品种，它们会在一定程度上有所下降；如果增加新地区或者新产品，它们又会有所增加。所谓完全间接成本，是指无论地区和产品的数量变化与否而始终保持不变的费用，如销售经理的成本（薪资等）、首席销售经理的成本（薪金、办公费）、总部的行政管理与销售管理费用等。

直接成本与间接成本的分类也不是一成不变的。假设公司里每个销售员负责一个销售区域的所有产品的销售，如果按照地区进行营销成本分析的话，那么销售队伍的薪酬被列为直接成本。不过，如果按照产品进行营销成本分析的话，销售队伍的薪酬就被列为间接成本，因为薪酬无法按产品分类支付。营销成本分摊问题主要体现在两个层面：第一，会计分类账户费用在各个营销活动中的分摊；第二，营销活动费用在地区、产品或其他营销部门之间的分摊。分摊的好坏或者公平性，会影响营销成本分析结果，从而影响绩效评估，最终影响销售队伍的士气和销售努力程度。

间接成本划分的依据是什么呢？这是分摊间接成本的关键所在。有些间接成本可以找到合理公平且大家可以接受的依据。比如，票据成本的分摊，票据成本通常是按照"发票行数"分摊。例如，22%的发票行数是由于给A区客户开具发票而产生的，那么22%的票据成本分给A区。按产品或客户群进行营销成本分析时，分摊票据成本同样可以采用"票据行数"为分配基础。

销售队伍薪金如何分摊？这是最为常见的问题，包括三种情况：按照地区分析成本，薪金将按照销售员的工作地区进行分配；按照产品分析成本，薪金以销售员花在各种产品上的工作小时数来分摊；按照客户分析成本，薪金以销售员对不同客户的拜访次数来分摊。不同营销成本分析类型，就采用不同的分配依据或分配基础。

完全间接成本，分摊的难度很大，尤其是首席销售经理所发生的成本。比如，利贞公司的首席销售经理黄清诚总监，他在各个地区之间的差旅（交通、住宿、饮食等）费、会议费和培训费，可以直接划入发生的地区，但他的薪金和办公费等费用如何分摊呢？如果他在华东区待了3个月，在华南区待了2个月，在中西区待了2个月，在东北区待了2个月，在华北区待了3个月，那么采取按所待的月数为分配基础，看似很公平合理。但他在华南区出差时，花了很多时间电话讨论发生在华北区的一些突发性问题，这种以出差天数为分配基础的分摊法就对华南区不公平了。再进一步说，黄清诚总监在总部处理与各个地区无关的事情所发生的费用又如何处理呢？黄清诚总监所在的公司在华东区，那他在总部的时间，算不算待在华东区呢？因此，有多公司不分摊首席销售经理的成本，或者不分摊销售总部的完全间接成本，把它们单列计入营销成本分析。当然，有的公司分摊完全间接成本，采用的方法可以归纳为三种，见表15-6。

表15-6 间接成本的三大分摊方法

	方法	评价
1	将成本平均分摊到各个地区或各个产品	容易操作,但是不准确,易造成不公平
2	按照各个地区或产品实现的销售额的比例分摊	容易操作,但是不准确,不能判断部门的盈利性,甚至会误导。因为这种方法暗含着能者多承担
3	按照直接成本的比例分摊间接成本	容易操作,但是不准确,甚至误导。其假设前提是直接成本与间接成本有密切关系

第二,确定盈利能力的方法。确定盈利能力有两种方法:贡献毛益法与完全成本法。哪个方法最合理呢?一直存在争论,争论的焦点在于哪种方法能更好地为管理控制目标服务。先来看看因两种评估方法导致的一个实例。有位销售经理年底绩效评估,销售总监以这位销售经理亏损300万元为由,绩效考评为C,而这位销售经理则坚持说自己是盈利200万元。结果两人不欢而散。因为前者的计算方法是完全成本法,而后者的计算方法是贡献毛益法。前者坚持完全成本分析方法评估,后者坚持贡献毛益法分析评估。

贡献毛益法就是将销售毛利减去所有直接成本的方法,又称管理费用贡献法、边际收益法或边际贡献法(贡献毛益=销售额-销货成本-直接成本)。完全成本法就是将销售毛利减去所有成本的方法。最终的数据就是净利润(净利润=销售额-销货成本-直接成本-间接成本)。表15-7就是利贞公司按照贡献毛益法进行的营销成本市场细分分析。可以看到,按照贡献毛益法,东北区的贡献毛益率与华北地区一样,而在完全成本法为基础的营销成本分析中(假设采取平摊间接成本的话),东北区的净利润是最低的,按照净利润率排名,东北区的绩效是最差的(3.1%),而按照贡献毛益率排名,东北区的绩效也是最差的,但与华北区并列。也就是说,东北区的贡献毛益并不是最少的。华南区的贡献毛益率不是最高的,它在完全成本法中,其净利润率为7.8%,不是最高(低于华东区的8.9%)的,但高于中西区(7.5%),尽管中西区的贡献毛益率为16%(五大区中,贡献毛益率最高)。当然,假设间接成本分摊采取直接成本比例法进行分摊,那情形会是不同的。作为销售队伍管理者,必须清楚地知道自己选择的分摊方法及其优缺点,也要理解其下属选择利于他自己的分摊方法的心情与做法。

表15-7 利贞公司2012年按销售地区划分的收入费用报表分析 单位:百万元

项目	本公司	东北	华北	华东	中西	华南
销售净额	270	41	51	70	50	58
销货成本	189	30	38	46	35	40
销售毛利	81	11	13	24	15	18
直接营业费用						
人员推销	29.13	4.63	4.61	10.1	4.76	5.03
广告费用	8.37	0.45	1.07	3.02	1.12	2.71
仓储货运	2.86	0.31	0.35	0.32	0.85	1.03
订单处理	1.26	0.14	0.13	0.12	0.33	0.54
总直接费用	41.62	5.53	6.16	13.56	7.06	9.31
贡献毛益	39.38	5.47	6.84	10.44	7.94	8.69

续表

项目	本公司	东北	华北	华东	中西	华南
贡献毛益率	15%	13%	13%	15%	16%	15%
间接营业费用						
人员推销	8.84					
广告费用	3.92					
仓储货运	1.94					
订单处理	1.08					
行政管理	5.15					
总间接费用	20.93					
营业总费用	62.55					
净利润	18.45					
销售净利润率	7%					

因此，贡献毛益法和完全成本法对于销售经理或产品经理来说，就意味着他们的绩效评估结果不一样。两种方法都不是完美的，都各有自己的优缺点。完全成本法的拥护者认为，营销成本研究的目的是确定被研究单元的净盈利，不把间接营业成本分摊下去，就可能存在某些地区自身的营销成本支出不多，而总部给予它的支出较多，而较多的总部支出产生的效益却不能反映出来，这是不公平的。不分摊，就无法知道公司在某个地区是真的盈利还是亏损。而贡献毛益法的拥护者认为，在营销部门之间不可能按比例准确分摊间接成本，行政管理费用与单独的地区或产品没有直接关联，这样的分摊就不合理。按照完全成本法，某个地区或某个产品虽然亏损，但是取消这个地区或产品，那么它承担的分摊的间接成本就将由剩下的地区或产品承担，那时又会出现某个地区或产品也同样亏损。那公司究竟是否要保留第二个亏损地区或产品呢？完全成本法的亏损地区，在贡献毛益法中有毛益，也是值得继续保留和经营的。导致他们亏损的是相对他们来说不可控制的成本，对于可控的成本，他们经营得好，就需要表扬和激励。

事实上，两种方法都不可相互替代，都有各自的一席之地。贡献毛益法适用于短期营销决策，当成本责任可以直接分派给特定的市场部门时，管理层就有了对控制和评价销售队伍的有效工具。以贡献毛益法为基础的综合贡献毛益率法用于计算盈亏平衡，从而作为生产何种产品、增长何种产品和产品定价的决策依据。完全成本法适用于长期营销决策，如适用于分析多种营销单元的长期盈利性，适用于未来营销规划中以历史成本系统化报告作为分析基础的情形。在用它们评估销售经理之前，要事先和他们进行充分的沟通，并获得他们的理解和认可。

15.4 盈利性分析成果的运用

综合运用销售量分析和营销成本分析，管理者就可以知道盈利分析成果。这些盈利分析成果，不仅仅是让管理层完成对下一级管理者的绩效评估，更为重要的是提高管理决策的有效性。管理者可以把盈利分析成果用于"地区性决策、产品决策和订单规模决策"等销售队伍管理决策,以提高决策的有效性。

在地区性决策方面,盈利性成果的可能提示主要包括以下几种。第一,地区界限是否需要调整?有的销售地区太小,潜在销售量不足以抵偿该地区的费用;有的销售地区太大,使得销售员花费过多的时间与费用用于出差。第二,改变非盈利性地区的推销方法或分销渠道。第三,非盈利地区可能竞争太激烈。也许需要通过增加广告和促销力度才能转为盈利。第四,非盈利地区可能与销售员的活动有关,需要更有效地管理这支销售队伍。比如,他们有可能销售了太多的低利润产品。在产品决策方面,如果盈利性分析成果告诉管理者,产品盈利有重大差别,那么管理者就应找出差别的原因所在。利润偏差可能来源于一些严格限制的因素,如特定的订单规模或包装要求,这个因素就使得销售管理层很难有机会提高利润。如果低利润产品过多,那么企业可以停产一些需求较少的低利润产品来精简产品线,或给予这些低利润的产品更少的销售指标、更少的佣金提成,以让销售队伍把精力集中在那些高利润、高佣金提成的产品销售上。有时重新设计或重新包装产品,也许会增加产品盈利。同一产品采用多种包装会比单一包装增加平均订单规模,这就可以减少填单、运输和包装的单位成本。当然改变产品的广告量和其他促销手段也会改变产品的盈利状况。不能总是停产所有低销售量的产品,也不能放弃那些看起来利润率低的产品,需要考虑保持产品线的完整性及消费者的需求。因为消费者需要这些低利润或低产量的产品,谁能提供这种特殊服务,他们就把相关所有产品的订单给谁。这时也许要求对方订单规模大些、规模次数少些就可以解决问题。

小规模订单问题常常困扰许多公司。不论是10元的订单还是1亿元的订单,许多成本(如直接成本或票据成本等)通常是一样的。因此,订单规模的盈利分析可以帮助管理层进行订单规模的决策。按照客户群成本分析,会发现盈利与非盈利客户,但是管理者不要武断地认为应该放弃非盈利性客户,也不应接受低于盈亏平衡点的订单,而是要分析这些客户为什么不能盈利,平均订单规模为什么很小,之后采取改进方法。管理者要深入研究其原因。比如,非盈利客户,其全年的总采购量很大,但是他们从不同的供货商小批量购入。也许这类客户全年采购量很大,但是购买频繁,以致于平均订单规模小。也许这类客户处在成长期,从长远来看,他们的订单会加大而变成大客户。提高订单规模和减少小订单营销成本有很多方法。比如,培训从不同供应商购货的客户,强调从少数供应商购买的好处;对于总量大、小批量的客户,强调以每月购买一次代替每周购买一次的好处;教育销售员,鼓励大批量少订单的销售行为;要求销售队伍多用电话或网络的推销方式(如微信推销、微博推销、QQ推销)代替上门拜访非盈利或小批量客户,或减少拜访次数;设立最低订单规模或最低收费来限制小订单。

15.5 管理资产回报率的评估工具

销售总监一般重视销售员的绩效评估,忽视销售经理的绩效评估,并且侧重绩效结果的评估,忽视利用评估进行管理辅导,忽视把周期绩效评估作为实现销售目标的加油站。一般来说，绩效评估不合格者，会被劝退或者扣罚，结果绩效评估成了销售队伍流动的加速器。在销售经理的绩效评估中缺乏客观的科学评估标准的建立，他们经常把绩效评估指标交给人力资源部去制定，结果很多评估标准不切实际，要么很单一，只有销售量，要么很复杂，操作很困难，考核内容缺乏关联度或者重叠，考核标准难以量化等，导致销售管理队伍与销售员队伍的士气低落。

在评估销售管理队伍时，不仅可以进行详细的销售量分析和营销成本分析，还可以进行投资回报率分析，并根据投资回报率进行绩效评估和激励。比如，在表15-8中，有两个销售区域的销售业绩分析，你会奖励哪个区域呢？看销售增长率，销售区域1做得不错；看利润贡献或销售利润率，销售区域2做得挺棒；看应收账款也是销售区域2表现优秀；看库存成本，两个区域等同；看资产周转率和管理资产收益，应该奖励销售区域2的销售经理及其销售团队。

表15-8　作为销售总监，你会奖励哪个区域

评估指标	区域1	区域2
A. 销售额（万元）	1750	1750
B. 限售增长率	4.50%	3.00%
C. 商品成本（万元）	1250	1050
D. 销售毛利（万元）	500	700
E. 销售成本（万元）	160	150
F. 利润贡献（万元）	340	550
G. 应收账款（万元）	750	500
H. 库存（万元）	850	850
I. 资产投入（G+H）	1600	1350
J. 销售利润率（F/A）	19%	31%
K. 资产周转率（A/I）	1.09	1.3
L. 管理资产收益（ROAM）	21%	40%

在表15-8中，为什么区域1与区域2的销售额一样，但是其利润不一样？也许区域1出售的利润少的产品比较多。销售额一样，库存一样，但是区域1的应收账款比较多，这意味着什么？也许是销售员夸大了信贷限额，或者对客户的财务信誉缺乏评估，或者两个销售区域的回款管理有差距，又或者销售区域1的回款技能需要训练。如果管理层只看表格中A、B两项数据，那表明管理层是销售导向型的。如果管理层看表格中A~K的数据，并以ROAM进行评估销售经理，那表明管理层是利润导向型的。

ROAM（return on assets managed），即管理资产回报率。它在评估地区销售经理、分公司销售经理、事业部销售总监、各类营销总监及其他销售机构的管理人员时特别有用。如果一个销售经理管理的资产主要是该地区的应收账款和存货的话，ROAM就可用以下公式来表示：

$$ROAM = \frac{贡献毛益}{地区销售额} \times \frac{地区销售额}{地区管理的资产}$$

第一个分式是销售贡献毛益率；第二个分式是资产周转率。ROAM是否有效，取决于第二个分式的分母是否为该管理人员所控制，如果地区销售经理不能或者很难控

制该地区所使用的资产,那么就不能以这些资产的回报率来评估销售经理的绩效,只能用贡献毛益率来评估。该方法同样不能用于评估销售员,因为销售员不能控制第二个分式的分母。一般而言,地区管理资产由应收账款和存货组成。管理资产回报率是帮助地区销售经理实现盈利责任的一个分析工具。

ROAM源于ROI,如果第一个公式的分子改成地区净利润(完全成本法分析),第二个公式的分母改成地区投资资产,这就是地区ROI投资回报率的计算公式:

$$ROI = \frac{地区净利润}{地区销售额} \times \frac{地区销售额}{地区投入资产}$$

把地区换成公司,如地区净利润换成公司净利润,那就是公司的ROI。ROI是以完全成本评估为基础,评估销售总监和地区销售经理的投资回报率。

本章小结

1. 营销成本主要包括直接推销费用、推广费用、仓储费用、运输费用、其他市场营销费用。
2. 营销成本分析方法一般有三种,即在分类账户和收入费用报表中的营销成本分析、按职能(又称活动)分类的营销成本分析和分配到地区、产品或其他营销单元的营销成本分析。
3. 间接成本分摊方法:将成本平均分摊到各个地区或各个产品、按照各个地区或产品实现的销售额的比例分摊、按照直接成本的比例分摊间接成本。
4. 贡献毛益法就是将销售毛利减去所有直接成本的方法,又称管理费用贡献法、边际收益法或边际贡献法(贡献毛益=销售额-销货成本-直接成本)。完全成本法就是将销售毛利减去所有成本的方法。最终的数据就是净利润(净利润=销售额-销货成本-直接成本-间接成本)。

本章思考题

1. 请比较营销成本分析与生产成本核算的异同。
2. 请比较贡献毛益法与完全成本法的异同,在这两个方法中,你比较赞同哪种方法?为什么?
3. 作为销售总监,你如何进行间接成本的分摊?
4. 作为销售经理,你将如何运用盈利性成果进行地区性决策?
5. 作为销售总监,你将如何运用ROAM评价大区销售经理的绩效?

案例分析

楚越化工公司盈利性分析及其对策

楚越化工公司主要生产和销售化学产品,他们的产品使用对象是建材商店和工业企业。楚越化工公司有几千位客户。他们的销售员需要经常定期拜访这些零售商、工业企业采购人员及化学工程师。他们生产销售的产品有5个，未来会有2～3个新化学品上市。楚越化工公司在全国建立了7个办事处，把全国的销售区域分为7个，共有59位销售代表、7个区域销售经理、7个区域销售助理及5个产品经理。5个产品经理对7个区域的销售展开销售支持工作，如召开区域的产品研讨会等。销售代表是按地理区域来划分其销售地盘的，每个销售代表的客户中既有建材零售商，也有工业企业。

楚越化工公司要求每个销售代表负责拜访的客户至少要达到60个，客户按照现有销售额和潜在销售额来进行分类，分成现有客户和潜在客户。一般要求现有客户要达到60%左右。楚越化工公司按照销售额把客户分为ABC三级，A级客户为每月销售额0.8万元以上的客户，要求每月拜访3次；B级客户为每月销售额0.3万～0.8万元的客户，要求每月拜访2次；C级客户为每月销售额0.3万元以下的客户，要求每月拜访1次。这种客户的划类方法与拜访次数指南，是楚越化工公司的市场销售总监黄山谷和区域销售经理经过多次充分讨论的结晶。黄山谷总监一直很关注如何有效地发展客户，如何用销售漏斗原理来指导销售代表分配其推广经费及拜访次数。因为黄山谷认为，拜访经费、拜访次数和拜访质量都是提升销售的基础。炼就内功，对销售队伍和客户进行精耕细作是提高销售队伍效率的管理保证，也是楚越化工公司自创立20年来的见证，更是楚越化工公司走向未来的保证。不过，并不是所有的区域销售经理都百分之百地执行了这种做法。

楚越化工公司是8:30上班，华南区的王翰溪经理总是第一个走进楚越化工公司广州办事处的办公室。他一般是8:10走进办公室，习惯用这宁静的20分钟处理公司的棘手问题，包括收发和回复公司各个部门（包括上级）和华南大区各个销售代表所发送的各级邮件。2013年1月的某个星期五的上午8:15，王翰溪经理刚刚走进办公室，电话铃就响了。"喂，翰溪，我是黄山谷。看到了我给你的邮件了吗？邮件中有4份表格数据。"黄山谷总监一大早就打来了电话。

"总监，我刚刚收到，还没来得及仔细研读。"王翰溪顿感压力山大。

"好吧，认真看一下，仔细研读，并思考如何在新的一年打个翻身仗。因为你们那个区域的销售额和利润在2012年都没有实现我们原定的计划。看完材料后，拟出2013年的改进措施，在今天下午下班之前打电话给我，翰溪。"黄山谷挂上了电话。王翰溪感到问题的严重性和巨大的压力，忐忑不安地打开计算机，急迫地接收并打开了黄山谷的邮件，看到4张表格数据（见表15-9到表15-12），要是平常，他肯定不会像今天这样耐着性子来看数据，因为他并不喜欢看到数据。

表15-9　楚越化工公司2012年市场销售盈利数据分析（1）

地区	销售代表人数	销售指标（万元）	销售实际（万元）	毛利指标（万元）	毛利实际（万元）	销售指标完成度	毛利完成度
东北区	8	1020	1019	410	401	100%	98%
华北区	9	1180	1190	470	460	101%	98%
西北区	6	680	690	270	280	101%	104%
西南区	6	730	750	290	290	103%	100%
华南区	8	900	830	360	310	92%	86%
华东区	12	1400	1380	560	560	99%	100%
华中区	10	1350	1410	540	580	104%	107%
合计	59	7260	7269	2900	2881	100%	99%

表15-10 楚越化工公司2012年市场销售盈利数据分析（2）

地区	销售代表推广费用占销售额的比重	销售代表直接成本占销售额的比重	产品经理的支持费用占销售额的比重	销售队伍全部直接费用占销售额的比重	毛利实际（万元）	贡献毛益法净利润（万元）	完全成本法净利润（万元）
东北区	8.23%	17.20%	1.43%	26.23%	401	134	41
华北区	7.94%	17.57%	1.43%	28.72%	460	118	25
西北区	7.86%	16.82%	1.62%	24.73%	280	109	16
西南区	7.91%	17.12%	1.65%	25.61%	290	98	5
华南区	10.24%	19.82%	1.46%	27.56%	310	81	−12
华东区	7.94%	17.32%	1.43%	28.19%	560	171	78
华中区	7.14%	15.62%	1.43%	25.95%	580	214	121
合计	8.21%	17.53%	1.50%	26.71%	2881	939	288

表15-11 楚越化工公司2012年市场销售盈利数据分析（3）

地区	销售额（按会记分类计算的销售额）			合计	毛利（按会记分类计算的毛利）			合计
	A级客户	B级客户	C级客户		A级客户	B级客户	C级客户	
华南区	260	390	250	900	91	153	66	310
华中区	320	760	270	1350	147	349	84	580

表15-12 楚越化工公司2012年市场销售盈利数据分析（4）

地区	潜在客户数			现有客户数			客户的拜访次数		
	A	B	C	A	B	C	A	B	C
华南区	20	80	100	26	90	170	1656	4080	3240
华中区	60	130	110	26	134	200	3096	6336	3720

看到4张表格中的数据，王翰溪出了一身冷汗，怎么会这样？他想起了在读MBA期间，《销售队伍管理》的老师谈到误用销售努力的课，销售经理对销售数据分析与盈利性分析要精通。那时，他觉得这位老师落伍了，现代社会没有公司会允许误用销售努力的情况发生，销售数据与盈利性分析是财务人员的工作。现在，他多希望当时自己能多注意听老师讲这方面的内容，因为他觉得现在的问题可能就是这种误用销售努力。那华南区为什么会出现误用销售努力呢？华南区误用销售努力主要体现在哪里呢？

在下班之前，王翰溪主动给黄山谷打电话，向他表示歉意，并表示自己愿意承担责任。当黄山谷询问"今年会采取哪些措施进行改善"时，王翰溪说："总监，我们会努力的，保证不拖公司后腿。"黄山谷严肃地说："翰溪，我感觉你们销售代表的工作安排很不合理，你应该仔细看一下你们拜访客户的方式是否合理，是不是把过多的时间都用在了那些利润不高的产品上，是不是把过多的时间都用在潜在的客户和C级客户身上。你需要认真考虑这些问题。翰溪，我希望你能够认真地了解每一件事，减少销售努力的误用。我们下周见面再仔细谈，期望你拿出具体改进措施与方案。一定要注意毛利指标，销售额与毛利都要硬。"黄山谷挂断电话后，王翰溪一脸郁闷，看来这个周末不能再那么轻松而过了。

讨论：1. 你从这4张表格数据中发现华南区在哪些方面出了问题？

2. 假设你是王翰溪，为了改善华南区的业绩，你会采取哪些措施？

第十六章
销售员的绩效评估

■ **本章要点：**

了解销售员的绩效评估的目的；
掌握销售员的绩效评估方法；
熟悉常用销售员的绩效评估指标。

课前案例 销售员对绩效评估不满

张长亮经理在每年12月底，会按照公司要求给每个销售员一封信，总结其全年的工作业绩并指出来年的努力方向。

他知道自己给董怡贞的信肯定会遭到质问，无论基于她的绩效数字还是张长亮经理的亲自调查，都没法给她褒奖。他正在考虑换人，但是又受到公司政策的限制。

打开张长亮经理的来信1分钟左右，董怡贞就愤怒地拿起了电话："欲加之罪，何患无辞？如果你想开除我，就开除吧。但是，不要指望我会接受你这封信的内容来侮辱我的智慧！"

"你最好到我办公室来一下，坐下来好好再看看你不同意的地方。我们对你的工作和销售与其他同事绩效的比较有很好的记录和统计。"张长亮平静地说。

"不要说那些数字，我知道数字难看，也很不高兴。我说的是你们比较不可比的东西。你们将我和其他销售代表作比较不公平。作为一个新手，我处理的是一个最糟糕的地区。公司为什么要开辟这个市场？我的前任曾经告诉过我他离职的原因。我正在和同样的情况做斗争，这里缺乏市场潜力且竞争激烈。"董怡贞激动地说。

张长亮经理也注意到这个地区确实有非常强劲的竞争对手。他问道："你想要我作些什么呢？"

"我需要的是理解我的处境，考虑我的实际情况。你对我的评估可以葬送我在这里的前途。你说我很差，说我不能安排好工作或者无法进入市场，还说我不是销售这块料，但事实不是这样的！"董怡贞越说越激动。

讨论： 1. 对于董怡贞的质问，张长亮经理应该如何回答或者下一步应该如何做？
2. 你认为改变评估程序中的哪些内容可以改善这一情况？

在企业里会看到这种现象：绩效评估流于形式，公司高层很重视，但员工与主管都不认真对待。也经常会听到这样的埋怨：定性评价很主观，无客观标准；评估过于复杂，过于频繁，需要投入大量的时间，占据了大量的销售时间，与其把时间用在评估上，不如把时间用在培训员工上；做了评估也看不出效果；强制性排序很难，大家都是兄弟，轮流坐庄以应对，这样谁也不会得罪；绩效评估只是为了加薪发奖与晋升；销量是做出来的，不是评估出来的。这是对绩效评估的片面理解，或者绩效评估技能低下所致。绩效评估并非浪费时间，而是创造一流绩效的保证。

16.1 绩效评估的重要性

评估销售员的绩效的主要目的，不是当销售员犯了错误或错过重要事情时去惩罚他们，而是审核过去的销售成果，建立未来的销售目标，确立销售员的发展机会，明确指出销售员待改进的地方，表扬销售员做得好的地方，从而带领销售员更好地继续工作，协助和支持销售员实现销售目标，获得好的销售绩效。

销售员虽然不喜欢被评估，但他们很重视评估，很关注绩效评估的科学性和公平性。因为绩效评估带来的评价和开发与他们的切身利益密切相关，绩效评估的结果会影响销售员的薪资、福利、待遇、发展与升迁等。销售管理者绝对要提高自己的绩效评估水平和辅导技能。评估是为了发展，公司的发展，还包括自身的发展，更为重要的是员工的个人发展。一般而言，如果销售员事先了解了评估他们的标准，他们就会努力按照这些标准去提高他们的绩效。如果销售员事先明白评估他们具有评价性和开发性双重目的，他们就不会对评估反感或排斥。评价性目标包括薪酬与奖励、人员配置、晋升和处罚等，它是对过去的销售绩效的评价，根据过去绩效给予奖励或惩罚，以便更好地提高绩效；经常使用评价表格来完成这个评估，给了销售员一个解释过去绩效，并对评价结果作出反应的机会。而开发性目标包括反馈与辅导、培训与职业发展、新目标的制定等，它是以未来销售绩效为参照，通过提供帮助（辅导与培训、职业规划）等促使销售员成长，给了销售员一个展望未来和规划未来的机会。

有效的个人绩效评估能帮助销售员和销售经理专注于计划好的销售目标和销售工作，可以帮助销售员与销售经理发现各自的优缺点，可以帮助他们更为清楚地认识自己，以便他们发挥优点和改善缺点，从而提升他们自身销售工作的有效性。有效的个人绩效评估可以提供管理者与被管理者双方增进了解和促进信任的机会，可以提高销售队伍的士气，能成为销售队伍管理任务的好帮手。升职与提薪都能以客观的绩效数据为基础，而不是基于偏袒、主观观察或者个人意见。升职与提薪不是事后算账，而是事前给予公正的机会，是事前共同努力。绩效评估发现的不足，有的可以在培训规划中得到纠正，有的可以现场辅导得以纠正，有的可以在下一个销售战略规划中得以纠正（如薪酬的改进等）。当绩效评估发现了好的销售技术与方法时，销售管理者对拥有好的销售技术的销售员进行认可和表扬，同时把这些好的销售技术与方法在销售队伍中推广开来，让整个销售队伍拥有好技术，从而提高整个销售队伍的销售能力。

销售绩效评估要完成三个目标：第一，绩效评估必须具有战略性，实现公司战略与目标；第二，绩效评估必须具有发展性，提高销售队伍的水平；第三，绩效评估必须具有分配性，绩效评估的结果作为奖励、晋升或薪资调整的依据。作为管理者，不能把绩效评估当作只完成第三个目标，要关注第一个目标和第二个目标的达成。绩效评估的前提是确保公司战略与目标的实现，基础是通过提高销售队伍的水平才能实现公司的战略与目标。第三个目标是对个人的庆功论赏，在公司或组织没能达成目标或实现战略的情况下，庆功论赏就会变得很尴尬。

16.2 销售员的绩效评估者

销售员的绩效评估者应该是他的直接上司，因为只有他才最直接地与销售员共同工作。不少的公司，会由销售员的直接上司主导整个绩效评估过程，包括提出加薪、培训和晋升的建议。绩效评估结果和建议需要报送给绩效评估者的直线上司（如大区销售经理），由后者作出最后的审批。这种由直接上司进行绩效评估好处很多，但也有很多难题需要解决。

当销售员的直接上司是位新任的销售经理时，新任销售经理对销售员不是很熟悉，也没有和他们共同工作的经历，而且销售员的销售工作本身的独立性就很大，那么，在销售目标的具体数字与销售员的个人努力不存在线性关系的情况下，只看销售数字就难以客观地评估销售员。这种影响绩效评估准确性的情况，在那些销售经理晋升速度过快的公司更加明显。尽管新任销售经理可以从前任销售经理那里了解到一些销售员的具体情况，但这毕竟是二手信息，对于那些没有接触或者接触不多的销售员来说，对他们作出公正的评价不是一件容易的事情。应对这种情况，有两点建议：第一，新任销售经理向自己的上级（如大区经理）寻求帮助，由上级对销售员进行绩效评估，自己参与整个过程；第二，让销售员自己进行绩效评估，并向新任销售经理陈述，陈述内容包括他们的优缺点、可能的销售机会和未来的行动方案。新任销售经理认真倾听，不要轻易发表自己的看法，但要鼓励销售员公开阐述他们的观点，这样新任销售经理很快就能获得销售员的具体情况，从而为下一轮的辅导与绩效评估奠定了很好的基础。

让销售员的直接上司进行销售绩效评估，存在"宽容性误差"与"严格性误差"现象。比如，销售员张松和销售员刘明在同一个大区，但属于两个不同的销售区域，张松所在销售区域为A区域，刘明所在销售区域为B区域，A销售区域的销售经理认为，只要完成90%的销售指标就算优秀，而B销售区域的销售经理认为，完成全部销售指标才算优秀。在那些定性评估项目上，这种情况更为普遍。倾向于给所有销售员作出有利的评价称为"宽容性评价"，这种评价倾向带来的误差，就叫作宽容性误差。而"严格性误差"则恰恰相反。为了解决这两种评价误差，为数不少的公司把销售员的绩效评估交给公司人力资源部来进行。让人力资源经理进行绩效评估，弊大于利。尽管人力资源经理进行绩效评估具有一定的专业性和标准的统一性，但由于不熟悉销售业务，也和销售员不熟悉，所以评估仅停留在冰冷枯燥的数据分析上，而数据背后的含义很难进行评估，也很难给予销售员有针对性的辅导与建议。人力资源主导的绩效评估，往往会成为绩效考核，这种考核如果采取排序法，并采取末位淘汰制，就很容易导致"螃蟹效应"的出现，演变成绩效主义，并形成"秋后算账"的文化，从而扼杀销售队伍的创新思维。

销售员的绩效评估是销售经理的管理职能，评估误差不可能杜绝，但需要把它控制在合理的范围内。那么如何控制呢？有三个途径。第一，由公司统一定量标准和定性标准。对于定性标准的解释与把控，反复进行统一培训。第二，经常给予销售管理层进行绩效评估理念与技能的培训，提高他们的绩效评估管理水平。坚持绩效评估的理念在于通过绩效评估发展员工和事业，而不是事后考核，不是根据绩效考核进行颁奖和晋升。绩效评估会影响晋升，但不是主要因素，晋升还涉及管理潜能的评估。第三，关键性的绩效评估采取集体评估法。比如，年度绩效评估，区域销售经理和大区销售经理会同时对销售员进行评价，这种评价可以共同进行，也可以分开进行（区域销售经理先进行，大区销售经理后进行）。那些大中型企业，在有必要的情况下，区域销售经理和大区销售经理会邀请相关的产品经理参与销售员的绩效评估。

有的大中型企业采取管理集体评估法。比如，各个大区会成立由大区销售经理为首的绩效评估委员会，他们每年对销售员进行一次正式的绩效评估，召开绩效开发总结会议（或年度绩效述职会议），销售员、销售经理及经理以上的上级管理员都出席。有的公司还会从总部派出一名高级经理出席，如总部的人力资源经理。在会议上，先让销售员本人陈述他的绩效情况，然后，经理们会把销售员的个人绩效表现与他所在的销售团队（销售区域）、销售大区及公司的销售员的绩效进行相互比较，即让陈述销售绩效的销售员知道他在所在区域、大区和公司的绩效位置情况。之后进相互提问，再由各级销售经理各自提出他们对销售员的评价。最后，由绩效评估委员会给出书面的绩效评估报告。这种大区管理集体的绩效评估方法，因公开透明受到销售员的认可。大区管理集体评估的有效性，需要大区经理保证整个评估过程符合规定及评估过程的公正性。

16.3 销售绩效评估的频率

什么时候对销售员进行绩效评估呢？或者对销售员的绩效评估频率是多少才合适呢？评估可以随时进行，无处不在，无时不在。绩效信息反馈可以随时进行，以帮助员工尽快纠正他们的绩效行为。但是正式的绩效评估，却不能时时进行、处处进行。

绩效评估过于频繁不好，绩效评估次数不足也不好。个人的绩效评估，包括衡量、监测、考核、反馈、辅导等。就像走钢丝一样，销售经理要步步小心。如果过度评估，会导致繁文缛节和官样文章，占据销售员的大量时间从而减少了他们的销售时间和训练时间，对他们的能力和士气等都会产生负面影响。绩效评估频率过多也属于过度评估，会占据大量的工作时间。

绩效评估应该在绩效周期结束时进行。绩效周期就是员工完成绩效所需的最短时间。有的产品从客户下订单到产品投入使用，需要1个月，那么这些公司就把绩效周期定为1个月；有的产品从客户下订单到产品投入使用需要半年或者1年，尤其是复杂工业品，那么这些公司就把绩效周期定为半年或1年。每家公司都会有自己的绩效周期，这与具体的产品目标和推广活动性质有关。

绩效评估周期就是指多长时间对员工进行一次绩效评估。通常绩效评估周期与佣奖金的计算周期保持一致比较好。行业不一样，绩效评估周期不一样。比如，快速消费品的绩效评估会比工业产品的绩效评估周期短一些。又如，医药产品既有快速消费品的特点，又有工业品或高新尖产品的特点。它们的绩效周期有四种，即年度绩效评估、半年度绩效评估、季度绩效评估和月度绩效评估。年度绩效评估在公司层面进行，绩效评估最规范。半年度与季度绩效评估一般由大区经理主导，绩效评估具有地方特色。月度绩效评估一般由区域经理或地区经理主导，绩效评估更具区域特色。月度绩效评估更注重的是销售工作的改善，目的是提升下个月的绩效，从而确保完成季度绩效。季度绩效评估是确保半年度销售目标的达成，半年度的绩效评估是为了确保年度销售目标的达成。

绩效评估周期和绩效周期也有不一致的情况。有的公司会根据客户的回款周期设立绩效评估周期。比如，行业内客户一般的回款周期为90天，他们就设立季度为绩效评估周期。在那些绩效周期较长的公司，尤其是绩效周期以年为单位的公司，他们经常按照季度或半年度设立绩效评估周期，目的是辅导销售员把销售跟进工作做得更好，确保销售目标最终顺利达成。这种情况下的绩效评估内容是基于销售行为或者销售进度而设置的。

另外，绩效评估的频率会因岗位的不同而有所不同，高级管理层的评估周期会长一些，一般为半年度或年度，而中低级管理层和销售员的评估周期会短一些，一般是月度或季度。

16.4 销售绩效评估的指标与标准

设计和选择绩效评估方案的通常做法是，先列出了绩效评估的指标，并从中选择适合公司的绩效评估指标，再进行绩效指标的评估标准的设立，包括各个指标的打分标准及各个指标之间的权重数值等。指标的选择，不能过多过杂，指标之间要有正关联；标准不能过低或过高，否则就会毫无意义，甚至有害。绩效衡量的指标与标准需要具备五个特性，即战略一致性、效度、信度、接受度和明确度。然后选定绩效评估方法，并把设立的绩效评估指标与标准设计成相应的评估表格，最终形成绩效评估方案。接着要进行绩效评估方案的宣讲，让销售队伍知道公司是如何评估他们绩效的。这种正式的绩效评估指标与标准的沟通，目的是保证销售队伍对要评估的项目与标准没有误解。当然，优秀的公司在宣讲过程中，会注意吸纳销售队伍对绩效评估方案的建议，从而保证绩效评估方案获得大多数销售成员的认可。

绩效评估中最为头疼的是绩效指标与标准的设定。什么样的绩效指标与标准是恰当的呢？绩效评估的指标与标准及绩效评估的方法将决定销售员的销售行为。有什么样的绩效指标与标准，就会有什么样的行为，而行为产生的绩效是不是公司或组织所需要的，那就很难说了。如果绩效指标与标准和组织真正需要的绩效没有正性关联，或者关联度较低，那么这种情况下的绩效就会背道而驰。

绩效评估指标与标准（又称绩效评估基础），是公司或组织希望销售员所能达到的绩效水平及具体衡量的基准。对于很多公司而言，建立一个公正的评价工具相对容易，设立绩效指标与标准也相对容易，但是建立能导致好的绩效水平的绩效指标与标准却不是一件容易的事情。正确的绩效指标与标准具有可衡量性、可行性、相关性（关联度）、公正性和稳定性。绩效指标与标准，不仅仅包括绩效结果，还要包括绩效相关的活动，绩效标准不仅仅定量，还要定性。由于销售工作的内容多样性、工作场所的多样性，所以要找到公正的标准不是一件容易的事。比如，对于城市销售员与乡村销售员来说，就算他们所负责的销售区域或客户资源在市场潜力方面是一样的，但工作条件不可能做到一样，而且市场竞争状况也不可能一样。有些区域的销售形势改善，也只能在销售员工作一年或更久以后才能显现。那些团队销售型的销售员，要做到给每个销售员的成果打分，难度也是很大的。

评估指标与标准的选择，要牢记绩效评估的三个关键性目的：第一，承认和奖励绩效优秀者；第二，要清楚地了解销售员的绩效并找到提高绩效的地方，帮助他们提高绩效水准；第三，实现公司或组织的绩效目标。按照投入与产出的角度来分类，绩效评估指标分为投入指标和产出指标。投入指标具有诊断性，它们能帮助管理者解释绩效达标情况背后的原因，很多企业将投入指标和产出指标结合使用来评估销售队伍。从绩效评估内容来看，绩效评估指标可以分为三大类，即人格特质类评估、行为类评估和结果类评估。人格特质类与行为类评估指标属于员工的投入型指标。公司的规范、标准及岗位工作职责构成了投入型指标的基石。从绩效评估者的主观性来看，绩效评估指标可以分为主观指标和客观指标。一般来说，主观指标属于定性指标，客观指标属于定量指标。

产出型的绩效评估指标有销售量、销售指标完成率、销售增长率、销售占销售潜力的百分比、销售占团队销售的百分比、订单数量、平均订单的金额、客户的购买比例、新客户数量、丢失的客户数量等。

投入型的定量的绩效评估指标有访问的次数、工作时间、销售时间、销售费用、非销售活动的次数（如拜访经销商的次数）等。

比率型指标一般是指结合投入与产出标准计算出来的比率型指标。比如，每次访问的订单、每次访问的销售额、平均订单的销售量、每次访问的成本、每段时间的拜访次数（如平均日拜访量）、每类客户的访问次数、每天接受的订单数量、订单取消率、ABCD类客户的拜访比例、薪资占销售量的比例等。

投入型的定性的绩效评估指标有销售员的个人努力（销售技巧，主要包括销售开场白的质量、销售提问的质量、销售陈述的质量、承受拒绝的能力、化解客户质疑的能力、达成销售的能力等）、销售员的知识（主要包括产品知识、公司的行业知识、公司的政策、客户的行业知识、竞争对手的产品和战略等）、客户关系（销售员受欢迎的程度、客户是否同意进行销售访问、客户是否投诉等）、销售员的自我管理（主要包括访问前的准备、访问路线图的设计与执行、客户记录的更新、销售报告的递交等）、销售员的个人特质（主要包括销售心态、主动性、责任感、仪表举止、创造性、合作性、学习性等）等五大类。一般而言，投入型的定性绩效评估指标属于基于行为的绩效评估指标。

以上各类绩效评估指标，可以归纳为十大类——销售成绩、销售品质、销售活动、销售技巧、销售知识、组织能力、费用控制、客户关系、公司关系和个人特质等。对于绩效评估指标，每家公司具体选择是不一样的，没有完美的选择与组合，只有合适的选择与组合。比如，按产品类别划分销售量，并以每种产品的销售量作为绩效指标，大中型企业会选择这个绩效指标，而微小型企业则多半不选择。又如，在每次访问的销售量、销售潜力的比例、市场份额、销售团队的比例、每段时间内的访问次数、每类客户的访问次数、报告的递交等指标方面，大中型企业会选择它们，而微小型企业或初创型企业则不会选择。大中型企业希望绩效指标尽可能多，而微小型或初创型企业希望绩效指标尽可能少。服务性行业相对制造行业更多地会采取订单取消率、丢掉的业务数、老客户的丢失数量、新订单的客户数量等绩效评估指标。

16.5 销售绩效评估的方法

选择并确定了绩效评估指标，那么应该采取何种评估形式呢？或者说，要采取什么样的评估方法呢？这也是没有标准答案的难题，每家公司采取的评估方法都不一样。这里探讨几种常见的评估方法。

第一，书面描述法，又称书面叙述法。书面描述法可以分为自我书面描述法、主管书面描述法和全视角描述法（包括360度描述法）。就是写一份记叙性材料，描述一个员工的所长、所短、过去的绩效和未来的规划。全视角描述法，就是上级、同事、下属、自己和客户对被评估者进行（书面）描述性评价，最后整理归纳成完整的书面描述性材料。一般来讲，主管书面描述性评价和全视角书面性评价应该包括三个方面的内容：肯定员工成绩；指出员工不足；企业对员工的期望。书面评价可以由上级撰写，也可由企业人力资源部门统一撰写。主管书面描述法和全视角书面描述法又称作评语法，包括被评估者的优缺点、成绩、潜力、改进建议和培养方式等。每位员工都有不同的特点，而标准化的评估考评方式则忽略了这个因素，将员工等齐划一，不利于员工个人成长。书面描述性评价则弥补了这个缺陷。它的缺点是描述性评估的好坏与撰写人的写作技能有一定的关系。

第二，关键事件法。评估者将注意力集中于那些区分有效的和无效的销售绩效的关键性行为或关键性事件。评估者记下的是一些能说明员工所做的是特别有效或特别无效的事件，只描述关键行为或关键事件，而不是笼统地评价其个性特质。它是关键事件的素材积累，而不是评语的积累。为某一个人记下一长串的关键行为或关键性事件，就可以提供丰富的具体例子，向员工指明他或她有哪些期望的或不期望的行为或事件。

第三，行为定位评分法，又称行为锚定等级评价法。它综合了关键事件法和评分表法的关键要素：评估者按照某一序数值尺度对各项指标进行打分，并有一些典型的行为描述性说明词与量表上的一定刻度（评分标准）相对应和联系（所谓的锚定），供操作中为被评估者实际表现评分时作参考依据。这些锚定的说明词一般不会超过10条，有了量表上的这些典型行为的锚定点，评估者给分数时便有了分寸感，不仅可以使评估者能较为深刻而信服地了解自身的现状，还可帮助他们找到改进的具体目标。

第四，评分表法。它是给予评估指标进行打分并汇总出总分的评估方法，是最常见、最简单的绩效评估方法。把绩效评估的指标当作评估的维度，每个评估指标给予打分，分数作为第二个维度，评估时间也可以作为第三个维度，于是就形成评估表格。比如表14-4是元亨（中国）销售代表月度评估表。打分方法可以采取5分制、10分制、100分制、等级制（优秀、良好、中等、合格、不合格）等。这种方法中最常见的有图表法、图尺度评估法、图示法、KPI关键绩效法、平衡计分卡法等。其中，图尺度评价法，又称为图解式考评法，是最简单和运用最普遍的工作绩效评价技术之一。它列举出一些组织所期望的绩效构成要素（质量、数量、或个人特征等），还列举出跨越范围很宽的工作绩效登记（从"不令人满意"到"非常优异"）。在进行工作绩效评价时，首先针对每一位下属员工从每一项评价要素中找出最能符合其绩效状况的分数。然后将每一位员工所得到的所有分值进行汇总，即得到其最终的工作绩效评价结果。关键绩效指标法（KPI），把对绩效的评估简化为对几个关键指标的考核，将关键指标当作评估标准，把员工的绩效与关键指标作出比较地评估方法，在一定程度上可以说是目标管理法与帕累托定律的有效结合。关键性指标分为发展性指标、改善性指标与监控性指标三大类。平衡计分卡是从财务、客户、内部运营、学习与成长四个角度，将组织的战略落实为可操作的关键性衡量指标和目标值的一种新型绩效管理体系。

第五，多人比较法。就是将一个销售员的销售业绩与一个或多个他人的销售业绩做比较。这是一种相对的而不是绝对的评估方法。多人比较法有很多种方法，如分组排序法、个体排序法、配对比较法、标杆对比法、强制比例法等。其中，配对比较法使得排序变得更为准确，这种方法需要根据每一种绩效评价要素（如工作数量、质量）来将每一位销售员与其他销售员进行配对比较。第一步，画一张表，横轴为被评价销售员，纵轴为被比较对象（全部罗列），对于每一种评价要素上可能出现的所有销售员配对情况全部罗列出来；第二步，根据某一个绩效要素将配对中更好一些的销售员标注出来（用"+"和"-"表示）；第三步，将每一位销售员得到的"+"

号总数加起来；第四步，按照"+"号多少进行排序。强制比例法，又称作强制分布法，是按预先规定的比例将被评价者分配到各个绩效类别上的方法。这种方法根据统计学正态分布原理进行，其特点是两边的最高分、最低分者很少，处于中间者居多。比如，通用电气绩效最高占20%，一般占70%，较低占10%。笔者黄德华认为多人比较评估方法容易造成销售队伍的内部竞争，评估时会导致员工分分必争，耗时且伤和气，需谨慎使用。很多公司会采取简单个体排序法，如按照销售总量大小排序，按照销售指标达成率的大小排序，按照对比去年同期增长率的大小排序等，评比出第一名、第二名……。当然，也有的会把几个指标按照一定的权重组合计分，再根据加权计算后的总分进行排序，见表16-1。表16-1中的翰溪公司的销售员季度评估是目标管理法与多人排序法相结合的绩效评估法。绩效指标有销售目标达成率、订单数量完成率和访问数量目标完成率。权重分别为50%、30%和20%。加权计算后的总分排序是：第一名，销售员C；第二名，销售员A；第三名，销售员D。简单个体排序法经常被区域销售经理等基层销售管理者使用，他们依据排序设立月度或季度奖项，以激励销售员提高销售士气，激发销售员竞争的活力。

表16-1 翰溪公司的销售员季度绩效评估表

	评估因素	销售员A	销售员B	销售员C
销售额	权重	50%	50%	50%
	销售目标（万元）	50	40	60
	实际销售目标（万元）	45	32	57
	销售目标达成率	90%	80%	95%
	销售量绩效分数（权重×达成率×100）	45	40	47.5
平均订单订货额	权重	30%	30%	30%
	目标（元/单）	1125	730	600
	完成数（元/单）	900	657	540
	完成率	80%	90%	90%
	订单绩效分数（权重×完成率×100）	24	27	27
每周平均访问次数	权重	20%	20%	20%
	目标（次/季度）	300	240	360
	完成数（次/季度）	240	204	288
	访问完成率	80%	85%	80%
	访问绩效分数（权重×完成率×100）	16	17	16
总绩效分数		85	84	90.5

第六，历史纵向比较法。它是将销售员近几年的销售数据列成表格，将现在的销售业绩与过去的销售业绩进行比较，得出销售员相对过去是进一步了，倒退了，还是原地踏步？这种比较法主要是引导销售员关注自己的成长，而不是关注其他销售员。它有利于引导销售员从自身的角度客观地评估自己的成长状况，有利于引导他们挑战自己的潜能。其表格中的销售评估指标因公司不同而有所差异。由于计算机技术的发展，这种表格的数据处理变得非常简单，因此很受销售经理的欢迎。表16-2就是元亨（中国）公司的销售员近三年的销售业绩表，董齐昌做得怎么样？他的上级要不要承

担管理责任？他的上级如何进行绩效评估面谈？董齐昌今后要在哪些方面进行改善？这些问题都需要结合元亨公司销售薪酬条例等的实际情况来进行回答。只看表格数据，我们可以得出以下结论。

（1）元亨公司的指标设定中，给予产品B的份额在逐年加大。产品A的指标增长幅度分别为9%和8%，而产品B的指标增长幅度分别为22%和33%。这种指标的设定，会引导董齐昌把更多精力或费用等用于推广产品B。

（2）董齐昌在2011年没能完成产品A的销售指标，没有引起元亨公司管理层的注意，或者注意到了没能采取更有效的措施，这就导致了2012年，董齐昌在该产品的投入时间和精力更少，因此2012年产品A的完成率就更少，只有83%。产品A的销售实际在这三年是徘徊不定的。但该产品的毛利不错，2012年的销售额实际低于2010年，但销售毛利却高于2010年。该产品的毛利率要高于产品B的毛利率。

（3）董齐昌访问客户的年度次数在减少，要引起元亨公司管理层的重视。是董齐昌个人的原因，还是公司的原因？比如，董齐昌的销售访问没有遵守有效的销售区域拜访路线图，董齐昌花在单个客户身上的时间增加了，公司的销售会议时间增加了，公司要求销售员填写的表格多了等，这都需要销售经理与董齐昌一起分析探究。

（4）较为理想的状况是平均每个客户的销售费用要递减，平均每个客户的销售产出要增加。而董齐昌花在每个客户身上的费用在增加，2010、2011、2012年，平均每个客户的销售费用分别为1070、1240和1250元。而平均每个客户的销售产出分别为20400、23500和22800元，在2012年，平均每个客户的成本增加了，而销售产出却减少了。这要引起元亨公司管理层对此问题的重视。销售经理要仔细进一步和董齐昌分析平均每个客户的销售费用增长的原因在哪里。是由于新客户开发所致，还是由于竞争导致维护老客户成本在增加？从客户数来看，董齐昌的客户数在增加，这是好事情。要引起管理层警觉的是，流去的老客户数也在逐年增加，销售经理要和董齐昌分析老客户流失的原因；同时，进一步分析，客户平均产出下降的原因，是老客户的平均产出下降，还是新客户的平均产出不高？

表16-2 元亨（中国）公司销售员近三年销售业绩表　　　　　　　　单位：千元

地区：嘉兴地区销售代表：董齐昌				
序号	项目	2010	2011	2012
1	产品A销售指标	1210	1320	1432
2	产品B销售指标	980	1200	1600
3	全年销售指标	2190	2520	3032
4	产品A实际销售额	1213	1280	1186
5	产品B实际销售额	1230	1686	1866
6	全年实际销售额	2443	2966	3052
7	产品A完成指标情况	100%	97%	83%
8	产品B完成指标情况	126%	141%	117%
9	全年完成指标情况	112%	118%	101%
10	同期增长率	22%	21%	3%

续表

地区：嘉兴地区销售代表：董齐昌				
序号	项目	2010	2011	2012
11	产品A毛利	243	268	266
12	产品B毛利	100	120	140
13	总毛利	343	388	406
14	销售费用	128	156	168
15	销售费用占销售额的比例	5.2%	5.3%	5.5%
16	访问次数	1800	1600	1500
17	每次访问成本	0.07	0.10	0.11
18	客户数	120	126	134
19	新客户数	12	17	23
20	流失客户数	10	11	15
21	每个客户平均销售额	20.4	23.5	22.8
22	每个客户平均毛利	2.86	3.08	3.03

第七，目标管理法。目标管理法是通过将组织的整体目标逐级分解直至个人目标，最后根据被考核人完成工作目标的情况来进行考核的一种绩效考核方式。在开始工作之前，考核人和被考核人应该对需要完成的工作内容、时间期限、考核的标准达成意见一致。在时间期限结束时，考核人根据被考核人的工作状况及原先制定的考核标准来进行考核。这种评价方法主要包括六个实施步骤。第一步，制定组织目标。制定下一年工作计划，确定公司相应的目标。第二步，制定部门目标。各部门负责人在了解到公司目标（如将利润提高20%）后，还要与其上级共同制定本部门的工作目标。第三步，讨论部门目标。就本部门的目标与下属展开讨论（部门全会），并要求下属初步制定自己个人的工作目标。第四步，对预期成果的界定（确定个人目标）。部门负责人与他们的下属人员共同制定短期的个人绩效目标。第五步，工作绩效评估。部门负责人对每一位销售员的实际工作绩效与他们事前商定的销售员个人工作目标进行比较。第六，提供反馈。部门负责人与下属员工一起讨论和评价员工在目标实现方面所取得的成就。目标管理评估法，一般要和其他方法组合使用，如历史纵向比较法、关键绩效指标法、平衡计分法等。

16.6 销售绩效评估的信息收集

除了收集绩效评估方案中规定的数字信息，销售队伍管理层还要收集一切与销售相关的信息，包括各级销售经理的管理信息。没有后面的信息，就难以解释销售数据，更难以找到数字背后的原因。最重要的信息来源是销售报告，其他来源还有销售员的自评报告、个人观察所得、会议记录、培训记录、客户的信件、客服的记录、客户调查、客户资料卡、财务报告、物流数据报告（订单报告）及同其他销售员的交流等。

销售报告分为两大类，即销售活动的计划和销售活动结果的记录。前者是销售员的工作计划，如月计划、周计划等，这类报告一般是提前一个月或一周递交给他的上级，计划上详细写明准备做的销售访问和要走的路线。它能促使销售员计划并安排好他们的工作时间，告知管理层他们的行踪，为管理层衡量他们的计划与成就提供依据，管理层可以由此判断销售员"计划他们的工作和执行他们的计划"的能力。由于现代科技的发展，现在的销售访问报告可以实现即时监控、即时收集、即时评估。访问次数的数据可以做到更为客观，实际访问路线图也可以做到更为客观。

销售活动报告，包括销售日报表、两人拜访报告、出差报告、费用分析报告、客户开发进展报告、新产品开发进展报告、项目报告、补救行动计划等。这些表格的设计，在每家公司都不一样，都可根据需要编入销售数据软件系统。表16-3是双井中国公司销售员的月度销售报告，表16-4是双井中国公司销售经理的月度销售管理报告，表16-5是双井中国公司销售员的日销售报告。

很多大中型企业各个大区的营销总监或销售总监，专门配有数据管理助理，负责各类数据的输入与处理，包括各类报告的统计与整理。这位数据管理助理，有时由销售总监的秘书兼任，有时由销售效能专员兼任。也有不少的公司运用绩效管理软件系统帮助评估者进行决策，这种软件系统包括整个绩效评估方案（包括评估标准、评估方法及评估信息在内），可以帮助管理者有针对性地解决绩效问题。管理者可以凭借电子化的绩效管理技术，随时得到一份总结性的绩效报告，包括销售员在绩效中存在的优点和不足，实际绩效与既定绩效标准之间的差异信息等。绩效管理软件系统不仅具有绩效诊断性功能，还具有建议性功能。比如，向管理者提供可以考虑采用的解决绩效问题的帮扶，以及进行绩效反馈的策略等。

表16-3　双井-中国销售员每月销售报告

姓名		时期	
1. 市场情况			
2. 开发情况			
3. 增长情况			
4. 所需援助			
5. 自我评定			

表16-4 双井-中国区域销售经理每月销售管理报告

姓名		时期	
1. 市场情况			
2. 产品评论			
3. 团队成员的进展			
4. 自身工作的进展			
5. 代理			
6. 援助			

表16-5 双井-中国销售员的日销售报告

销售员姓名				时间			年 月 日	
客户单位	计划拜访人	实际拜访人	职务	拜访目的	经费使用	拜访结果	是否了解更多信息	
问题				行动			执行人/时间	

16.7 销售绩效评估的面谈流程

销售绩效的评估结果不是放在抽屉里，而是要反馈给被评估者，才有可能有意义。绩效反馈有很多种形式，如通过电子邮件、电话等。正式的绩效反馈要通过面对面的形式进行。但在绩效评估结果不理想的情况下，面对面的形式会让管理者和员工双方都感到焦虑和不舒服。当管理者本身的绩效不好时，很难保证以公正真诚的积极态度给予员工绩效反馈，同样，当面向下属发出负面的绩效反馈信息也是令人痛苦的事情。针对业绩不好的员工，即使不进行当面的绩效反馈，他们的绩效也是不会有所改善的；进行当面的绩效反馈，如果操作失误或技能不够，情况可能会变得更糟糕。有效的销售经理，应当能以一种诱发积极的行动反应的方式来向销售员提供明确具体的绩效反馈。要做到这点，我们认为绩效评估的面谈反馈需要遵循以下六个步骤，如图16-1所示。

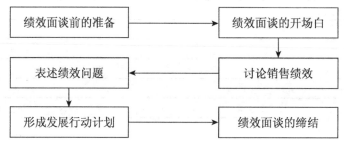

图16-1 绩效面谈的六大步骤

第一步，充分进行绩效面谈前的准备工作。为了使绩效评估不致太过令人惊讶，销售经理和销售员都必须有充分的事先准备。销售员的准备工作就是自我评估，而销售经理的准备工作主要集中在两个方面：一是相关材料和分析的准备；二是时间、地点的准备和安排。获得销售数据与绩效信息，输入绩效评估方案，就获得了销售队伍的初步绩效评估结果。如果把定性和定量评估结果作为两个维度，就可以把被评估者分为四大类，分别用A、B、C、D类员工来表示，如图16-2所示。如果把评估的工作实际表现与工作未来潜力作为两个维度，可以把被评估者分为四大类，也分别用A、B、C、D类员工来表示，如图16-3所示。以图16-3的十字分析为例，A被称为优秀员工，评估者在绩效面谈时要表扬他，鼓励其继续奋斗取得更好的成绩，并挖掘出其成功的方法，对其今后的工作给予更多的授权。B称为耕牛型员工，评估者在绩效面谈时要表扬他，并给予他更多技能上的教导，把A成功的方式方法传授给他，让他在技能上获得更多的进步。C类员工，我们一般称为问题儿童，评估者要肯定其潜力或工作能力，同时给予更多行为或心态方面的辅导，让其把精力用来挑战其潜力，把潜力变成现实的好业绩，向他们强调销售员是以业绩为王的，是以业绩论英雄的，潜力变不了实力，那是徒劳的。问题型员工，一般都是销售习惯、销售行为或销售心态有待改进的员工，他们今后改进的地方多半在这三个方面。至于D类员工，被誉为"朽木"，朽木逢春发新枝的可能性是存在的，那"春"从哪里来呢？只能来自评估者本身。如果评估者擅长教导，那先把他们发展为C类员工；如果评估者擅长辅导，那就先把他们发展为B类员工；如果评估者擅长"教导与辅导"，那就可以直接化朽木为神奇，直接把他们发展为A类员工。如果C、D类员工的绩效是由外部环境造成的，评估者就要和他们一起移除障碍，并拟订新绩效的行动计划；如果C、D类员工的绩效不好，是他们违反公司规定造成的，就要按照公司的惩罚条例进行处理，这就是适应性的绩效评估策略。

一般而言，A、B类销售员会期待着绩效评估与绩效评估面谈的到来，他们希望销售经理当面或正式回答他们的基本问题——我干得如何？因为他们需要放心（他们正在做正确的事情），需要认可（他们正在做贡献的事情），需要承认（他们所做的事情对团队或公司的价值），因为他们需要确认应该继续的行为。因为他们认为绩效评估与绩效面谈是开发胜任未来工作和职能的关键机会。绩效评估是生成行政管理决策的依据信息，加薪、晋升、调动、培训、职业规划等会根据绩效评估结果而行动。而C、D类销售员似乎不愿意参与绩效评估，对绩效评估面谈有恐惧感，因为他们害怕被降级或停职等。但那些与公司价值观一致的C、D类销售员，内心还是期待销售经理当面和他们进行绩效面谈的，希望得到销售经理在心理、技能或资源上的支持与帮助，帮助他们走出困境。因此，在绩效评估和绩效评估面谈上，销售经理就要扮演双重角色，既是裁判，又是顾问或教练。这种双重角色，一般会让销售经理感觉不舒服，但这是销售经理的基本职责。无论是A、B类销售员，还是C、D类销售员，销售经理都要通过绩效评估面谈，带给他们绩效发展的建设性反馈，共同修改并接受新的绩效目标，共同接受新的开发发展计划，并为他们提供资源支持。因此，销售经理要有勇气进行公正的绩效评估与绩效评估面谈。当销售经理自身的绩效不理想时，如果能健康而积极地进行下属的绩效评估，那是难能可贵的。这样的销售经理肯定能带领销售团队找到方法并最终走出困境！

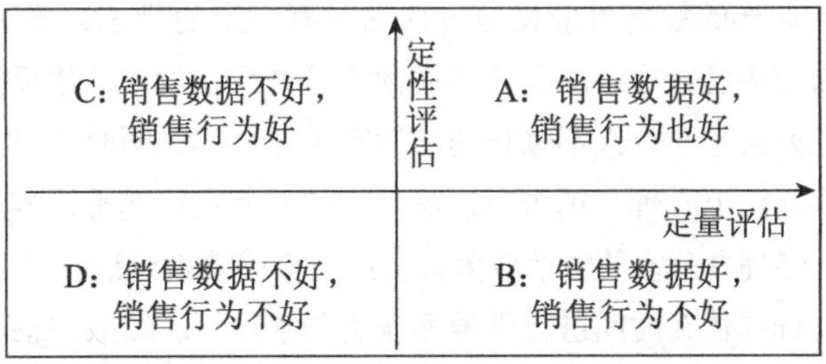

图16-2 销售队伍的绩效评估矩阵分析模型

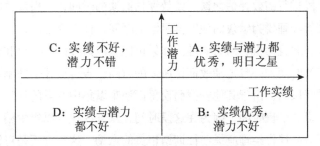

图16-3 销售队伍的绩效评估十字分析模型

当有了初步的绩效评估结果，并准备采取适应性绩效评估策略时，销售经理就要准备着手进行绩效评估面谈。绩效评估面谈，又称绩效评估讨论、绩效评估当面反馈，它就是与被评估者面对面地讨论绩效评估结果，并共同拟订出下一步行动方案。绩效面谈就是把绩效结果反馈给被评估者，这个绩效反馈是有意义的反馈，绝不是走过场。反馈的目的是提供指导（辅导、教导、授权、指令等），是为了发展业绩，而不是追求责任，不是归错。如果把评估者与被评估者的人际关系作为一个维度，把工作要求作为一个维度，可以得出绩效评估目的的十字模型，如图16-4所示。作为绩效评估者，要把第一象限"双赢互利"作为绩效面谈的最终使命，既要与被评估者建立友好的关系，又要建立高的工作标准。不要为了讨好被评估者，降低工作要求。很多不合格的绩效评估者，认为面对面地进行绩效面谈会伤双方的和气，会打击被评估者的士气，尤其当被评估者的绩效不好时，因为人们不喜欢被别人指出不足，尤其是业绩不好的时候。因此，在绩效面谈时，他们就扮演好好先生，这实际上是损己利人的做法，最终必然是损己又损人。如果评估者拥有较强的绩效面谈技巧，并且坚信把绩效面谈作为帮助销售员改进工作获得发展（或改进工作获得更高薪酬）的方式，我们坚信，绩效面谈的结果必然是双赢互利。销售经理要学会在防止员工的弱点损害企业利益的同时，最大限度地发挥其优点。当然，这取决于销售经理的正确的绩效评估观和绩效评估管理水准。

选择合适的绩效面谈地址与时间。为了为绩效面谈讨论提供一种好的环境，绩效面谈的场地选择非常重要。销售经理应当选择一个中立的地点来与员工进行绩效讨论。如果销售经理或销售员受到打断或分散注意力的话，绩效沟通将很少甚至不能发生。因此，选择面谈场所，应尽量选择不受干扰的场所，最好是封闭的，场地不能太大（显得空荡而冷清），也不能太小（压抑而侵犯私人心理领地），一般选择空间大小合适的会议室为优先方案。一般不要在开放的办公区进行关于绩效评估的反馈交谈，这样的场所可能使双方谈话时有一定的顾虑，不利于交流和沟通。笔者黄德华认为销售经理本人的办公室通常不是进行建设性绩效反馈的最佳场所，这是因为员工会把办公室与令人不愉快的谈话联系在一起，同时，对员工来说，办公室会增强其紧张感与防卫心理。销售经理对自己的办公室很熟悉，容易放松自己，显得太随意；同时，经理办公室的电话较多，会经常打扰绩效讨论。

选择什么时间进行绩效面谈也非常重要。绩效评估不能搞突然袭击！当双方情绪不佳的时候，当销售经理还没有掌握第一手资料或了解真相的时候，就不要安排那个时段进行绩效评估面谈。绩效评估面谈的时间，一般应选择双方都相对空闲的时候。销售经理要为绩效面谈安排足够的时间，让被评估的销售员相信这是唯一最优先的事项，并且懂得它的重要性。如果可能，应该提前3~5天和被评估的销售员约定绩效面谈的时间，并且把绩效面谈所需的时间也告诉被评估的销售员。这样就可以避免在该时间段内，由于其他安排而使得面谈难以集中双方的注意力。其次，尽量不要安排在上班、下班时间，因为在这段时间，双方往往难以集中精力进入状态。在确定面谈时间时，销售经理应提前征询销售员的意见，这一方面是对销售员的尊重，另一方面也便于销售员安排好手头的工作。最后，销售经理需要把选择的绩效面谈地址和具体时间，明确无误地告诉被评估的销售员。

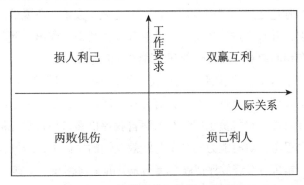

图16-4 绩效评估目的的十字模型

第二步，绩效面谈的开场白。在走进绩效面谈的会议室之前，销售经理要快速在大脑里放映被评估者的性格类型，以调适自己的沟通风格，做到适应性沟通；并且思考好四个问题：被评估者想听什么？我（管理者）想说什么？在沟通时会遇到哪些问题？自己应如何面对？之后，关掉自己的手机或把手机设置为"会议模式"或"静音模式"状态。销售经理要带着真诚与信任走进绩效面谈的会议室。在开场白中，销售经理要传达出积极的信息，双方是伙伴关系的信息，并给出面谈的目的和讨论的重点内容。

例如，销售经理黄银乾说："您好，黄有泉先生。"黄有泉说："您好，黄经理。"黄银乾经理说："很高兴，今天我们能一起面对面地谈谈您的销售业绩与目标。"黄有泉说："是的，我正期待这一刻。"黄银乾经理说："我们将有两个小时的时间讨论你过去三个月的绩效，并共同协商今后三个月的新规划。"黄有泉说："好的，谢谢您。"

第三步，讨论销售绩效。以"讲述-倾听"模式完成这个阶段，即通过先让销售员进行自我阐述，销售经理耐心倾听的方法来展开绩效讨论。当然，销售员必须在接到绩效讨论之前，已经完成绩效的书面自我评估，这种自我评估会让销售员认真思考自己在本次评估所涵盖的时期内的绩效情况，包括意识到自己的不足。销售员在进行自我评价阐述时，作为销售经理要全神贯注地倾听，适时认可与表扬其做得对的地方与行为，并积极参与讨论，收集信息。在寒暄与开场白之后，销售经理通常的做法是，要求被评估者先说说自己的绩效。比如，黄银乾经理说："请你先谈谈你在刚刚过去的三个月的工作表现。"或者，"你对自己在刚刚过去的三个月的绩效有哪些看法？"之后，销售经理就必须发挥其倾听技巧和提问技巧等，鼓励销售员充分表达其观点。在讨论这个环节，销售经理要遵循的原则是：要谈具体的，要避一般的，不要泛泛而谈。不仅要找出缺陷，更为重要的是诊断出原因。这个环节可能会产生一些分歧，按照归因原理，人们对自己的评价往往会高于他人所作出的评价，因此在倾听时，销售经理要对此保持理解与尊重。当然，在销售员阐述自己的绩效评估时，大多数会意识到自己绩效的好坏，即使是图16-2和图16-3中的C类和D类销售员也是如此。

在这个阶段，销售经理不要将他（或她）的绩效和其他人做比较，不要说太多的话，多让他（或她）说话，听听他（或她）的想法，并且仔细搜寻其中的重要含义。在销售员陈述之后，销售经理要再次重复他（或她）所说的话，以便确认销售经理的了解无误，并且在进行的每个段落整理双方共识，作出一些共性结论。因此，销售经理要富有耐心地对每个目标展开真诚的讨论沟通。

销售员的自我评估或自我评价，不仅可以促使他（或她）发现问题，还可以使得绩效面谈的重点放在双方有分歧的问题上，从而使得绩效反馈过程变得更加有效率和针对性，销售员也因进行书面自我评价和口头自我评价，而对自己过去的绩效进行认真思考，更有能力充分参与绩效反馈的讨论中，若销售经理认真聆听并讨论分歧所在，销售员对绩效评估就会感到充分的参与感和主动感。

当销售员是C类和D类员工时，销售经理应该如何通过绩效面谈评估实现双赢互利呢？我们认为，在整个绩效面谈时，要通过六个步骤来实现，如图16-5所示。

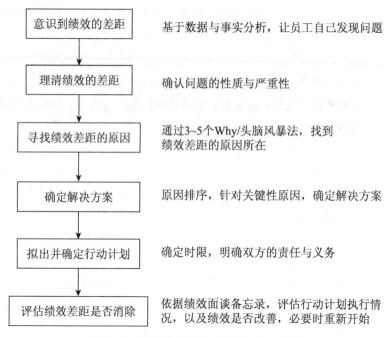

图16-5　绩效差距分析与提升的六大步骤

第四步，表述销售绩效问题。人们通常认为绩效反馈过程的焦点应当集中在寻找销售员绩效存在的问题上，这是不对的。绩效反馈的目的是提供准确的绩效反馈，当然包括不良绩效的问题所在，但同时也包括对有效绩效的认可。赞扬员工的有效绩效或有效行为会有助于强化销售员的相应行为。销售经理并不总是通过绩效面谈寻找销售员绩效的不足，也会赞扬和肯定销售员的有效绩效，这样就会增强绩效反馈的可信度。销售经理在这一阶段的使命是在绩效问题上与销售员取得一致意见。为此，销售经理要采取尊重和负责任的态度，确定绩效问题（或绩效未来问题）和根源，把绩效问题引导至行为或后果上而不是引导至销售员的身上。

当被评估的销售员是A类和B类员工时，肯定要先认可或赞扬他们的好绩效，接着用倒推法或假设法来表示绩效问题。销售经理在表述销售绩效问题时，是通过未来新目标为参照，倒推现在可能存在的问题，并就这些问题展开讨论，尤其是对B类员工，通过对倒推的问题分析，提高他们的工作潜力，改善他们的销售行为，提高B类销售员的定性评估。比如，黄银乾经理对黄有泉说："接下来的三个月，你会遇到哪些挑战呢？"或"要在下一轮绩效评估时，依然保持好的绩效，你需要我为你做些什么呢？"

如果是C类和D类员工就按照绩效差距分析与提升的六大步骤进行绩效评估。在厘清差距问题的存在时，并不是告诉他们有问题，而是让他们同意有问题存在，因为很多员工知道自己做错事（包括B类员工），但他们并不一定认为那是问题。销售经理要引导他们认同这是个可以改进的地方。引导策略有两个。一是，让员工了解自己的错误或不当行为对组织或他人的影响。因为95%的员工，一旦了解表现不佳的后果，就会同意有问题存在。二是让员工了解到如果他不改变行为，会给他自己招来不利的影响。因为剩下的5%的员工，一旦了解后果对他自己有不利影响，他们也会同意有问题存在。

第五步，形成发展行动计划。这是绩效面谈的重点，它的目的是解决问题。双方在绩效差距上取得共识，就接着讨论差距的原因，并就这些原因进行排序，然后根据达成共识的排序在前几位的原因，集思广益地产生可能的解决方法，并一起制订解决方案，形成具体发展行动计划。

对于A类和B类员工而言，发展行动计划实际是员工开发行动计划，为他们的未来进行知识和技能的开发，既要让他们认识到需要采取哪些行动才能维持他们的好绩效，也要让他们认识到要为未来设立新目标并事先为之投资。A类员工侧重于新项目的授权锻炼，B类员工侧重于新项目的能力教练，要为B类员工提供训练。对于C类和D类员工而言，发展行动计划实际是绩效补救行动计划，C类员工侧重于通过调整行为或动机来实施补救行动，鼓励C类员工化潜力为真正的业绩，为他们提供咨询与辅导，帮助他们解决人际关系问题；D类员工则需要在调整动机、态度、行为和教练能力方面来实施补救行动。

一般而言，当被评估者同意有问题存在时，销售经理就要和他们共同讨论达成可能的解决方案。销售经理要给予销售员自由，以便他们决定自己达到目标的路，这样做就授予了销售员承担工作的责任、吸取经验教训的权力。销售经理要先让销售员提供解决方案，如果他们没有解决方案，可以适当地休息3~5分钟。之后，请他们提出解决方案，如果此时他们依然提不出，销售经理就得自己提出。当然提出解决方案时，销售经理要善于用提问法，让自己的想法从他人的口中说出来。解决方案应该包括销售员所需要的支持与资源，销售经理要确认支持与资源的现实性，并对能做到的支持与资源给予承诺。无论何种形式拟定的解决方案，都必须与未来的绩效目标有关联，关联度越大越好，销售经理有责任为此把关，并在达成共识的发展行动表上签署双方的名字。表16-6和表16-7是骅梅园艺公司的销售队伍发展行动计划表。

表16-6 骅梅园艺公司销售员的发展行动计划表

时期				地区/城市			
产品/客户	占计划的百分比	增长率	偏差原因	发展行动	行动日期	执行人	检查日期
被评估人		被评估时间		评估人		评估时间	

表16-7 骅梅园艺公司地区经理/区域经理对地区/区域的发展行动计划表

时期				地区/城市			
城市/MRs	占计划的百分比	增长率	偏差原因	发展行动	行动日期	执行人	检查日期
被评估人		被评估时间		评估人		评估时间	

第六步，绩效面谈的缔结。在绩效面谈结束之时，销售经理要以振奋的语调和清晰的语词将绩效面谈时讨论的优点、缺点、目标和行动方案一一总结，并真诚地询问销售员是否还有需要在这个时候讨论的问题。最后双方共同签署绩效评估表，以宣示双方对此的共识及追求目标的承诺。如果销售员不同意绩效评估的结论而拒绝签名，销售经理也必须接受。但销售经理需要再次提醒销售员在绩效面谈时，双方同意的目标和行动方案，可以在双方同意的目标与行动方案上签字，或者在绩效面谈备忘录上签字，绩效面谈备忘录也应该记录双方不同意的观点（没有达成共识的观点）、发展计划的内容要点等。无论哪一种情形，销售经理都要将绩效面谈的绩效评估表、发展行动计划表和绩效面谈备忘录放入销售员的资料档案，并给予销售员副本。在今天这样的一个法制社会，公司以文件形式保存这些绩效评估的结果具有越来越重要的作用。许多公司在这方面常常由于缺乏适当的文件资料，而陷入法律诉讼当中。

绩效面谈缔结后，销售经理必须检视自己在这次绩效面谈中的收获和需要改进的地方。同时，积极履行在绩效面谈中承诺要做的事情。如果没有后续的行动，销售员就会觉得销售经理并没有把他们的话当作一回事，那些绩效评估也就失去了影响力。实际上，销售经理的后续跟踪动作是下一次绩效评估的第一步。销售经理要对发展行动计划进行监督，跟踪到底，并及时提供积极正面的反馈。有的销售经理喜欢在绩效面谈结束后给销售员写一封邮件，并抄送自己的上级，之后打印出来和其他绩效面谈资料一同放入销售员的人事档案。

绩效评估的结果是否公布呢？进行绩效评估（包括绩效衡量与监测）的秘诀在于使用正面反馈的力量。如果销售队伍的绩效评估都不及格，或者及格数很少了，那么建议不公开绩效评估结果。但只要有50%以上的销售员绩效评估及格，就要进行绩效评估结果的公布。销售员相互竞争的天性最能激发他们去提高绩效。当结果没有公开时，销售员就不知道自己与他人相比成绩如何，即使销售经理不断鼓励他们，他们也没有积极性去提高绩效。当看到自己每月或每周的绩效在销售团队或销售队伍中的排名后，他们就会突然收到激发，想成为最出色的销售员，于是他们就提高自己的销售努力，由此绩效也就得到了提高。当然，销售经理不能鼓励破坏性的竞争，而是要创造鼓励力求优秀的竞争环境。公布绩效评估结果，或者每周进行销售量的排名与销售进度排名，可以让销售员意识到他们每月（或每周、每天）取得的进步，因此，绩效评估结果及其排名数据要张贴在显眼的地方。这种排名虽然会令排名落后的销售员尴尬，但会使排名靠前的销售员更加努力工作，以保持现有的名次，转眼间，整个团队成员都有可能成为优秀的销售员，整体团队的绩效就得到了提升。

16.8 销售绩效评估的面谈技巧

要获得积极有效的绩效面谈效果，除了要做到前面探讨的原则、程序和方法以外，还要注意以下十个技巧的运用。在运用技巧的时候，千万别显示出销售经理很"杰出"，也千万别有绩效面谈是让评估者觉得受到了自己给予他的恩惠的想法，否则技巧就会适得其反。

（1）倾听技巧。要用心倾听，了解对方的观点与问题所在。哪怕时间有限，哪怕后面的问句可能无法问完，也要倾听完。特别是在下属自述自评的绩效原因时，千万要用心用时间去倾听。

（2）发问技巧。发问能体现一个主管的沟通技巧的高低。很多主管并不注重发问。发问方法有三种，即开放式问句、封闭式问句、启发式问句（想象式问句，如"假如您是我，您会怎样处理这件事情？"），在封闭式问句中要善用选择性问句。

（3）拥有同理心。销售经理在沟通时只有遵循他人第一的原则，才可能化解紧张与危机。要以体恤的态度了解员工的想法与感受。尊重对方的人格，认同对方的态度，理解对方的观念，从而做到双向沟通，建立彼此的信赖。

（4）问题解决导向。在绩效面谈时一般会出现三种类型，即说教型（"说与教"导向）、说听型（"说与听"导向）、解决型（问题解决导向）。一般要以第三种类型与下属面谈，因为第三种类型能起到更大的激励效果。前两种要用在个别员工、个别事例中。

（5）养成预评的习惯。目标管理是回答我们到哪里去，目标管理要随时进行，即高频率进行。绩效管理是回答如何达到既定的该达到的目标，绩效管理需要每周进行或者每月进行，即绩效管理需要中频率进行。绩效评估（或绩效考评）是回答做得怎么样，绩效考评可能是半年度进行，有的岗位是年度进行，有的岗位（如销售）是月度进行，即绩效考评是低频率进行的。例如，市场部是半年度进行一次，那么作为主管就要在季度预评一次，这样的绩效考评才会被员工认为是改进与辅导。

（6）针对绩效，而非私人问题或者性格。要遵循对事不对人的原则，不要涉及个人的人格与隐私，给予对方以正面和建设性的反馈。

（7）集中未来，而非既往。过去与未来遵循二八原则、三七原则或者四六原则。不要纠缠过去，而要规划未来，努力建立下一阶段的绩效目标，以未来/机会为导向进行绩效沟通。

（8）优缺点并重。没有明显缺点的人就没有明显的优点。优点与缺点的数量要因人而异，遵循因人而异的变格原则。是优点要说出来，要认可并给予表扬；是缺点要真诚地告诉员工，并且告诉他如何做会更好。扬善于公堂，归错于私下。

（9）不要害怕承认错误。若下属认为绩效评估有错，有两个处理方法。第一，如果销售经理本人当场也觉得的确有错，要马上乐意更改。第二，如果销售经理本人当场觉得好像有错，可以对下属说："您的意见很重要，我会认真考虑的，明天给予答复可以吗？"

（10）善用下属的自我评估。从双方相同的地方开始，然后探讨沟通差异的部分，技巧是先请下属阐述他的理由。

16.9 绩效评估与人际比较

在绩效评估时经常会发现，被评估者自觉或不自觉地将自己和其他销售员进行比较，或者直接询问自己的上级"我和××相比，我做得怎么样？"或者"××的绩效评估结果如何？"在那些选择多人排序法的绩效评估方法的公司，这种现象更为明显。这种"同类互比"现象是人类的天性之一，不论是个人还是团体，也不论是对自己还是对别人，都会进行同类对比，即通过与其他同类人的比较，来确定自己的现状和社会位置。这也称作人际相互比较行为，如图16-6所示。销售经理作为评估者，一定要以尊重的态度来看待这些"爱互比"的销售员，并根据人际相互比较行为正确地引导这些爱互比的销售员。比如，销售员黄燕华总是喜欢和销售员黄德胜进行比较。黄银乾销售经理就要这样引导黄燕华：当黄燕华的销售业绩比黄德胜的要差时，或比黄德胜要弱时，黄银乾引导黄燕华进行正确的自我提示，和她一起找出导致差距的原因，引导黄燕华向黄德胜学习，并协助她树立信心，这样的结果有两个（见图16-6）：要么黄燕华学人之长，补己之短，虚心好学，获得进步；要么黄燕华承认落后，不甘落后，奋发图强，转弱为胜。作为销售经理黄银乾要注意的是，黄燕华可能承认自己落后,也会甘于落后,破罐子破摔,因此要协助她建立自信。当黄燕华主动和黄德胜进行业绩的比较时,如果黄银乾忽视或者回避这个比较,黄燕华一旦进行错误的自我提示,就会导致灰心丧气或诱发出强烈的嫉妒心理,结果引起别人的反感,造成自身孤立,影响内部的团结。

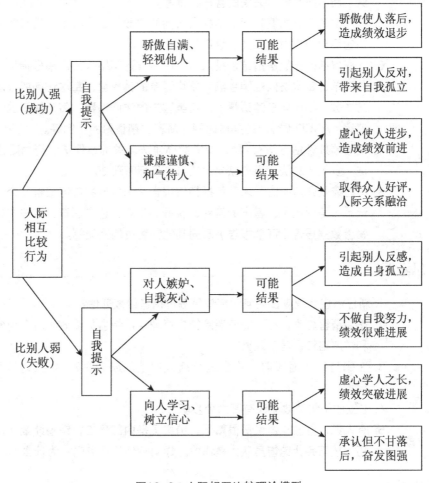

图16-6 人际相互比较理论模型

本章小结

1. 评估销售员绩效的目的是审核过去的销售成果,建立未来的销售目标,确立销售员的发展机会,明确指出销售员待改进的地方,表扬销售员做得好的地方,协助和支持销售员实现销售目标,获得好的销售绩效。
2. 销售绩效评估要完成三个主要目标:第一,绩效评估必须具有战略性,实现公司战略与目标;第二,绩效评估必须具有发展性,提高销售队伍的水平;第三,绩效评估必须具有分配性,绩效评估的结果作为奖励、晋升或薪资调整的依据。
3. 克服销售绩效评估误差有三个途径:第一,由公司统一定量标准和定性标准并对定性标准的解释与把控,反复进行统一培训;第二,经常给予销售管理层进行绩效评估理念与技能的培训，提高他们的绩效评估管理水平；第三，关键性的绩效评估采取集体评估法。
4. 产出型的绩效评估指标有销售量、销售指标完成率、销售增长率、销售占销售潜力的百分比、销售占团队销售的百分比、订单数量、平均订单的金额、客户的购买比例、新客户数量、丢失的客户数量等。
5. 投入型的定量的绩效评估指标有访问的次数、工作时间、销售时间、销售费用、非销售活动的次数（如拜访经销商的次数）等。
6. 比率型指标一般是指结合投入与产出标准计算出来的比率型指标。比如，每次访问的订单、每次访问的销售额、平均订单的销售量、每次访问的成本、每段时间的拜访次数（如平均日拜访量）、每类客户的访问次数、每天接受的订单数量、订单取消率、ABCD类客户的拜访比例、薪资占销售量的比例等。
7. 销售绩效评估方法有7种，即书面描述法、关键事件法、行为定位评分法、评分表法、多人比较法、历史纵向比较法、目标管理法。
8. 销售绩效评估的信息来源包括销售报告、销售员的自评报告、个人观察所得、会议记录、培训记录、客户的信件、客服的记录、客户调查、客户资料卡、财务报告、物流数据报告（订单报告）及同其他销售员的交流等。

本章思考题

1. 新任销售经理应该如何对销售员进行销售绩效评估？
2. 作为销售总监，应该如何消除销售经理评估销售员绩效时所出现的"宽容性误差"和"严格性误差"现象？
3. 在销售绩效面谈前，你会进行绩效评估的研究吗？你会选择哪种绩效评估分析模型？
4. 专业的销售绩效面谈有哪六个步骤？
5. 有人说，自己与销售员很熟悉，销售员是内部员工，销售绩效面谈时，无须面谈技巧，技巧会让销售员认为是作戏。你同意他的观点吗？为什么？

案例分析

当绩效评估变成绩效奖金的分配依据会出现什么问题

2012年4月，德辉公司华东区的杭州办事处销售主任张贤良非常沮丧。6年来，他首次没有完成季度销售指标，展望未来，也很难完成指标。销售队伍的人心正在散乱，只是为了那一点点为数不多的绩效奖金。张贤良也非常纳闷，公司大了，官僚就多了，官僚了，组织离衰败更近了。自从公司成立人力资源管理部以来，由其主导的绩效评估考核越来越占用销售团队的工作时间，销售团队用在销售的时间、训练的时间和学习的时间大大减少了。人力资源部美其名曰，为了提升公司的形象，提高美誉度；为了统一公司的标准，提高公平性；为了公司未来的发展，提高忠诚度。人力资源管理部在公司建立了一个号称德辉公司前所未有的史上最规范的销售队伍的KPI考核体系，见表16-8。

表16-8 辉德公司销售员的KPI考核表（2012）

目标设定栏		绩效评估细则	绩效评估分数	
指标分类	关键业绩指标（KPI）	每项评分标准	自评	复评
业务层面（30分）	指标完成率	完成率>105%为A级（10分）		
		105%≥完成率>100%为B级（8分）		
		100%≥完成率>90%为C级（6分）		
		90%≥完成率>80%为D级（4分）		
		完成率<80%为E级（2分）		
	业绩增长率	业绩增长率>30%为A级（10分）		
		30%≥业绩增长率>20%为B级（8分）		
		20%≥业绩增长率>10%为C级（6分）		
		10%≥业绩增长率>0为D级（4分）		
		业绩增长率<0为E级（2分）		
	推广活动数	完成数>100%为A级（10分）		
		100%≥完成数>90%为B级（8分）		
		90%≥完成数>80%为C级（6分）		
		80%≥完成数>70%为D级（4分）		
		完成数<70%为E级（2分）		
财务层面（10分）	投入产出分析	投入产出率位于全国排名前20%分位为A级（10分）		
		投入产出率位于全国排名21%~40%分位为B级（8分）		
		投入产出率位于全国排名前41%~60%分位为C级（6分）		
		投入产出率位于全国排名前61%~80%分位为D级（4分）		
		投入产出率位于全国排名后20%分位为E级（2分）		
客户层面（40分）	拜访数量	平均每月240~300个拜访为A级（10分）		
		平均每月200~240个拜访为B级（8分）		
		平均每月160~200个拜访为C级（6分）		
		平均每月120~160个拜访为D级（4分）		
		平均每月小于120个拜访为E级（2分）		
	拜访频率	拜访高潜力医生（全部目标医生中相对潜力较高的前50%的医生）的百分率>90%为A级（10分）		
		90%≥百分率>80%为B级（8分）		
		80%≥百分率>70%为C级（6分）		
		70%≥百分率>60%为D级（4分）		
		60%≥百分率>50%为E级（2分）		
	业务计划制订	业务计划的专家，能指导他人并帮助主管制订计划为A级（10分）		
		独立收集信息，分析，制订策略并贯彻，达成目标为B级（8分）		
		根据主管指点，制订计划并贯彻，达成目标为C级（6分）		
		在主管指点下，尚不能制订有效的业务计划为D级（4分）		
		无计划为E级（2分）		

续表

目标设定栏		绩效评估细则	绩效评估分数	
指标分类	关键业绩指标（KPI）	每项评分标准	自评	复评
客户层面（40分）	报告的及时准确性	总是提前提交报告并准确无误为A级（10分）		
		按时提交报告并准确无误为B级（8分）		
		按时提交报告但有少量错误为C级（6分）		
		延期提交报告并有少量错误为D级（4分）		
		经常延期提交报告并有多处错误为E级（2分）		
发展层面（20分）	产品知识	区域中产品知识的专家，并能指导他人为A级（10分）		
		熟练掌握并在拜访中充分展现，成功达成拜访目标为B级（8分）		
		掌握产品知识并在拜访中大部分展现为C级（6分）		
		了解产品知识并在拜访中部分展现为D级（4分）		
		不了解或无展现产品知识为E级（2分）		
	销售技巧	区域中销售技巧的专家，并能指导他人为A级（10分）		
		熟练掌握并在拜访中充分展现，成功达成拜访目标为B级（8分）		
		掌握销售技巧并在拜访中大部分展现为C级（6分）		
		了解销售技巧并在拜访中部分展现为D级（4分）		
		不了解或无展现销售技巧为E级（2分）		
合 计	合计分数			
员工签名		主管签名	人事委员会审核签名	
勤务态度评估（由人力资源管理部填写）				
记载事项			评价等级	

这个绩效考核体系，要求各级主任每个季度正式给每个销售员一次面对面的绩效评估考核，包括绩效设定、绩效沟通、绩效考核和绩效应用四个流程。德辉公司把销售员的绩效评估考核作为绩效奖金、晋升和提薪的必备依据。任何员工对绩效考核结果存在异议，均有权在考核结束后的10个工作日内向人力资源管理部或者公司其他申诉渠道提出申诉。人力资源管理部应该召集相关管理层人员进行重新评审并将结果向部门或员工反馈。为了绩效的应用，实质是为了绩效奖金与晋升提薪，大家在绩效考评分数上讨价还价，每分必争。绩效设定与绩效沟通时间过少，绩效考核与绩效应用时间过长。绩效面谈记录（见表16-9）规定员工签字与直线主管签字。

表16-9 绩效面谈记录表 （2012）

参加人员：		部门：		面谈地点：	
面谈日期：		开始时间：		结束时间：	
1. 员工在该段时期内的工作回顾及客观评价（工作目标的完成情况、态度表现、能力发展等内容）					

2. 员工需要调整的工作目标、KPI/KRA、评估标准或能力发展计划

3. 为更好地完成本职工作和团队目标，员工在下一阶段需要改善的方面及主管的期望和建议

4. 员工在工作中遇到的困难和希望得到的帮助、支持或指导

5. 其他未涉及内容

员工签字（我同意面谈内容）		主管签字（我同意面谈内容）	

过去的绩效评估，为求快、求稳、求和谐，流于形式。如今的绩效评估要么成了秋后算账的手段，要么成了讨价还价的场所。

张贤良非常怀念往日的绩效评估。那时的绩效评估纯粹是为了解决问题，帮助员工发展，大家不会为了分数而计较，大家的焦点是如何做得更好，共同探讨补救行动方案；那时的绩效评估没有时间限制，评估无时不在；那时的绩效评估，没有人力资源经理的参与，一般是在销售主管与销售员之间进行的，销售主管的直线上级是否参与，没有硬性规定。一般是新任销售主管对销售员进行绩效评估时，销售主管的上级会直接参与，如果销售主管的直接上级主导绩效评估与面谈，其目的就是训练新销售主管的绩效评估技能；如果销售主管的直接上级旁听销售主管对销售员的绩效评估与面谈，其目的是辅导新任销售主管的绩效评估技能。如果销售主管有了一年多的工作经历，而且销售团队的业绩健康发展的话，销售主管的直接上级就很少参与销售主管与销售员之间的绩效评估。因为那时的绩效评估不与晋升与提薪挂钩，也不当作绩效奖金的依据，那时根本没有绩效奖金之说。

德辉公司对销售队伍有一套佣奖金条例，全部是和销售数据（如销售指标完成度、各个产品指标的完成度、销售增长率、销售费用比例等）挂钩的。辉德公司允许销售主管设立销售竞赛奖或者销售月度奖，张贤良主任一般设立销售指标完成奖、销售同期增长奖、产品完成指标奖、产品同期增长奖、销售总量TOP3奖、新产品开发奖、客户资料质量奖；如果杭州办事处完成销售指标，每位销售员就获得合力促进奖；不定期地会设立销售演练奖、销售辅导奖等特殊贡献奖。这些奖项的设立，没有一个与绩效评估挂钩的。因为张贤良认为，绩效评估是为了改善销售员的行为，如拜访路线的设计与遵守、拜访客户的数量、拜访的效率、产品演讲技巧、销售经费的使用、市场活动的策划、拜访时间的管理、拜访技巧的改进、产品知识的提升、拜访心态的调整、拜访日报表的填写与分析、销售数据的分析与对策，等等。当销售员的业绩好的时候，评估的气氛是以赞扬为主，同时做到未雨绸缪，实现强者更强。当销售员的业绩不好的时候，评估的气氛是以探讨方案为主，如何尽快调整自己跟上团队发展的步伐。张贤良除了用两人拜访表进行评估销售员的拜访技巧与产品知识外，还经常使用公司的绩效评估表（见表16-10）。

表16-10 辉德公司销售员KPI's考评标准（2011）

	主要业绩指标	标准	得分	行动 描述	时间
1	销售成绩	对比计划			
2	产品平衡	85%总量由几种产品组成			
3	产品完成率	完成计划的产品数			
4	利润贡献率	赢利还是亏损？ ● 低于10% ● 低于20% ● 低于30% ● 高于30%			
5	拜访天数	对比每月工作天数			
6	拜访率	每天每位代表10次拜访			
7	每次拜访的产品分配情况	每次拜访包含3个产品			
8	产品知识和销售技巧	● 产品知识——至少80分及格（考试） ● 销售技巧——必须达到基本满意度（两人拜访）			
9	目标客户的覆盖	目标客户的覆盖率			
10	目标客户的分类	客户信息的定期调整			
11	公司政策的执行与遵守	严格遵守公司政策			
12	职业行为	● 适合的工作装 ● 每日提交记录的拜访卡 ● 在公司里对人的影响力（积极/消极） ● 会议的参加次数和参与度 ● 得到同事们的尊重			

评分标准：A代表优秀、B代表好、C代表一般、D代表不满意（给予书面通知加以完善）、E代表差（给予书面警告）

张贤良在德辉公司已有6年工龄，做了2年的销售员，因销售业绩出色及预测规划潜力强，被提拔为杭州办事处主任。刚开始，张贤良管理3位销售员，办事处的销售额为530多万元人民币，如今，他管理12位销售员，杭州办事处的销售额为2600多万元人民币。张贤良认为，公司已有高佣奖金政策来激励销售员的销售活动，各级主管也有奖励政策来奖励销售员的销售活动，再来个绩效奖金，而且这个奖金相对佣奖金政策所得的奖金来说，就是小巫见大巫，简直是画蛇添足。销售员不需要更多的东西来刺激他们去卖东西，但他们需要辅导以便让他们将工作做得更全面。2011年之前的绩效评估，侧重于调整销售员的行为，包括那些非销售性行为，这些行为能够帮助销售员胜任公司未来的要求。

讨论：1. 请分析德辉公司两次KPI的差异及绩效管理差异。

2. 如何避免让销售员的KPI考核变成秋后算账？

3. 针对销售员的KPI，你会如何来设计？

附录
综合案例

【销售区域案例】销售区域的边际递减效应及其对策

威材公司（以下简称"威材"）是一家合资企业，1991年开始销售产品，这一年，沈阳籍的销售代表到全国主要城市跑市场。1993年，有两位销售代表因销售业绩脱颖而出，而被任命为销售主任。由于两人都不愿意离开沈阳，就把东北三省划为两个销售区域，命名为沈阳一区和沈阳二区。沈阳一区还包括山东和河南，沈阳二区还包括山西和陕西。

1993年，威材在北京、天津、石家庄、成都、武汉、重庆、长沙、广州、上海等9个城市招聘了16名当地籍的销售代表，这些销售代表直接归负责销售的副总经理管理。武汉和成都在1993年年初都仅有1位销售代表，1993年7月武汉和成都都增加了1位销售代表。1993年，威材销售额前八的城市是沈阳、济南、西安、北京、广州、上海、成都和武汉。武汉的销售额在1993年占威材公司销售份额的10%。

1994年，威材新成立了4个销售区域，即北京地区、成都地区、广州地区和上海地区。北京地区管理北京市、天津市、唐山市、河北省，成都地区管理四川省、重庆市、湖北省、贵州省、云南省。1994年武汉有1位销售代表离职，武汉归成都地区的地区经理直接管理后，武汉的销售份额在1994年降为7%。广州地区管理广东省、广西省、海南省、湖南省、江西省、福建省，上海地区管理上海市、江苏省、安徽省、浙江省。

1995年，邓广龙先生任威材的市场销售总裁，对全国6个销售地区的划分不变，采取在销售地区精耕细作的策略。他把销售代表增加到36人，从12个城市增加到16个城市。他决定开拓浙江市场，先是派遣上海的销售代表出差到嘉兴和杭州跑业务，1—5月份的业务成绩令邓广龙先生非常满意，他和上海地区的地区经理蔡果盛先生决定，在杭州招兵买马。7月份，他们招聘到黄德华先生和陶艺先生。

蔡果盛先生把市场潜力为A的杭州客户，按照路线的远近进行销售区域划分，黄德华先生住在杭州的城西古荡，西边的客户归黄德华管理，陶艺住在杭州市中心大学路，市中和城东的医院多半归陶艺管理。杭州城西的潜力A客户非常少，只有浙江医院。在黄德华的要求下,黄德华分到了市中心的两家潜力A客户(市一医院和省中医院)。市中心的另两家潜力超级A客户(浙一医院和浙二医院),市中心已经开发成功的两家潜力B客户——市三医院和市红会医院,城北的潜力A(省人民医院)和潜力B客户(市二医院)也分配给陶艺先生管理。

9月份,黄德华多次向蔡果盛先生提出,要将杭州市所有的潜在客户(潜力C级以上客户)都进行划分,潜力D级客户就按照杭州市的行政区域划分。结果,蔡果盛给黄德华一个外号——地盘王,没完成指标,却知道要地盘。在一次公司会议上,黄德华遇到邓广龙先生,又提出要把杭州所有客户进行明确划分,这样,开发新客户就有针对性。得到邓广龙的认可,蔡果盛先生同意把杭州市场进行划分。在划分过程中,黄德华根据路线远近原则,要求分配所有在杭州的客户,得到了蔡果盛先生的认可。结果,黄德华要到了未开发的潜力B级客户(市中医院)和潜力C级客户(建工医院和邮电医院)。陶艺先生放弃的客户,如1994年新开张的邵逸夫医院(1994—1998年,该医院的门诊量非常少,门诊量还不如上城区人民医院),黄德华毫不犹豫地接收过来,并把其作为A级客户对待。在杭州市的行政区域中,黄德华分到了西湖区、拱墅区,陶艺分到了上城区、江干区。在黄德华的要求下,下城区按照客户性质分成两块,黄德华和陶艺各领一块。为了减少在路上的奔波时间,从而提高销售时间(增加访问客户次数和访问时间),黄德华把管理的客户位置绘制成销售地图,如图1所示(客户按照潜力分为ABC,其中A⁻在蔡果盛先生和陶艺先生看来是C级客户),并设计拜访路线图,如图2所示。一般情况下,尽可能按照拜访路线图拜访客户,他认为这样做,虽然有些呆板,但可以节省最宝贵的资源——时间。一般来说,客户也都希望有规律性的访问。

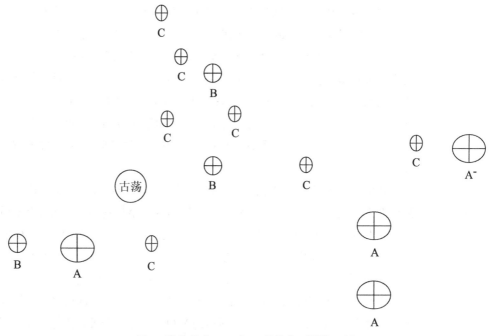

图1　黄德华在1995年10月份分到销售区域

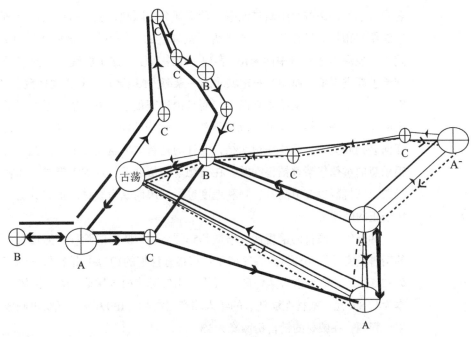

图2 黄德华拜访客户路线图（1995—1996年）

威材1995年的销售量实际为2293万元，完成了销售指标计划的109%！销售代表的年人均产出实际为63.7万元，整个销售队伍的年人均产出实际为53.3万元，整个销售队伍的年人均成本为36.7万元。1995年武汉共有两位销售员（两位都是一年不到的销售员），资深的销售员在1995年离职，武汉的销售份额在1995年降为5%。

1996年年初，由于湖州、嘉兴、温州有客户要到杭州进货，黄德华和陶艺两人一起，向蔡果盛先生提出要划分浙江省的销售区域。于是，蔡果盛先生采取轮流选择城市法来划分销售地盘：先由黄德华选地盘，并阐述理由，再由陶艺选地盘，并阐述理由；第二轮由陶艺先选，再由黄德华选；依此类推。第一轮，黄德华选择了宁波（宁波市场当时由邓广龙和蔡果盛共同决策，暂时不开发），陶艺选择了温州；第二轮，陶艺选择了湖州，黄德华选择了嘉兴；第三轮，黄德华选择了绍兴，蔡果盛先生不想给，黄德华以节省出差费用为由，最终说服了蔡果盛先生，陶艺选择了金华。蔡果盛先生认为地盘太大，精力有限，为了集中，他决定1996年—1997年暂时不开发剩下的台州、丽水和衢州；这三个地区不归任何人，若有销售额，两人平分。两人对这种划分销售区域的做法没有异议，毕竟都满足了双方的选择权。一年运作下来，宁波的销售额超过了温州，湖州与嘉兴的销售额接近，绍兴的销售额是金华的2倍，宁波的销售额是绍兴的2倍多。邓广龙先生和蔡果盛先生都非常惊讶，他们要黄德华向上海地区的所有销售员分享宁波市场开发的成功经验，并向黄德华提出这个问题：宁波市场为什么会超过绍兴？但黄德华也谈不出个所以然来。

1996年6月份，威材在杭州招聘了第3个销售代表赵磊女士，赵磊女士住在杭州拱墅区。蔡果盛先生要求黄德华把销售额最大的医院交给新进公司的同事。这样做，既可以留住新同事，有利于公司的发展，也有利于提升新同事对黄德华师兄的敬仰。

客户关系好的医院交给新进同事，转交就会很顺利，从而可以腾出时间，更好地开发宁波绍兴市场。黄德华傻乎乎地听了蔡果盛的"好话"，把城西的A级客户（浙江医院）、发展迅速的城中两家B级客户（市中医院、建工医院）和西湖区、拱墅区全部交给了新进同事。而陶艺只把城北的一家潜力A级客户（省人民医院）和一家潜力B级客户（市二医院）交给了新同事，而且销售额很小。黄德华大呼上当了，因为第三季度的奖金大跌，给出去的医院销售额占黄德华的销售额的45%左右，蔡果盛没有给予任何表扬和奖赏。黄德华很纠结，意外的是新同事赵磊女士对黄德华的依赖比较强，很乐意向黄德华请教销售问题。在黄德华的帮助下，她的销售能力和客户关系都进步很快，销售额也节节高升，顺利地度过了试用期成为威材的正式员工，并给予了黄德华公正的好评价。

1996年，威材的销售代表增加到56位，销售队伍的管理者为10人。这一年，威材的销售量实际为4059万元，完成了销售指标计划的101%！销售代表的年人均产出实际为72.5万元，整个销售队伍的年人均产出实际为61.5万元，整个销售队伍的年人均成本为47.8万元。威材在浙江省的年人均产出实际为130万元。武汉市归成都地区的区域主任管理，在威材的销售份额降为3%。

黄德华因1996年的销售业绩出色，被评为威材的全球TOP10，并在1997年1月被提拔为销售主任。陶艺没有被提拔为销售主任，故而销售士气非常低落。雄心勃勃的赵磊心情也不好。黄德华很快就决定：在宁波市（宁波在1996年的年销售额为60万元，最高一个月销售额为12.5万元，1—5月销售额为0）、温州市（温州市在1996年的年销售额为22万元，最高一个月销售额为5万元）各招聘1位销售代表，杭州保留3个销售代表的编制。杭州市的销售区域按照1996年的划分不变，销售代表可完整地换销售地盘，结果无人换销售地盘。陶艺拿出温州区域后，黄德华主动把绍兴区域（年销售额为26万元）交给他，陶艺的其他地盘均没有调整，在这次区域调整后，陶艺的士气有所提升（失去年销售额为22万元的温州，得到年销售额为26万元的绍兴）。赵磊女士的地盘没增也没减，士气一般。 在1997年4月，赵磊女士离开威材，黄德华完全接受其管辖的销售地盘，并对销售指标负责任，直到招聘到新销售代表为止。销售代表的流失没有给销售团队中的其他销售代表带来任何影响，既没有要求资深业务员暂时接管离职销售代表的销售地盘，也没有要求其他业务员承担新的销售指标。销售团队中销售代表的离职只对销售主管有影响，对其他成员没有造成直接影响。当然，销售代表的离职可能会影响销售团队的业绩，从而影响其团队奖金，如果销售团队完不成销售指标，就拿不到团队奖金，因此，原有销售代表的士气也会受到影响。故而，黄德华在完整地接管离职销售代表的地盘后，努力提升销售额，确保销售指标的达成。幸运的是，销售高手黄德华接管的两个地盘，都超额完成了销售指标，原有销售员的销售士气不仅没跌，反而得到了提升。更为意外的是，黄德华通过接管业务员的地盘，也发现了自己在销售团队管理上的很多不足。

1997年10月份，在向邓广龙和蔡果盛先生递交的《威材杭办1998年规划》中，黄德华建议把嘉兴和湖州合并为浙北区域（1996年的年销售额为50万元），招聘一位新员工。这份规划和建议在12月得到批准,黄德华就主动找到陶艺进行沟通,因为资深销售员陶艺面临拿出经营了两年的湖州市场,他深明大义,顾全大局,主动配合黄德华的决策。黄德华也懂得补偿机制,在1998年1月推荐陶艺为高级销售代表,并得到蔡果盛和邓广龙的批准。对于拿出嘉兴市场的郭思女士,没有实质利益给予补偿,但给予了公开表扬(当然,陶艺也得到了公开表扬)。因为郭思女士进入公司不到1年,经营嘉兴市场的时间也不长,不可能给予高级销售代表的推荐,口头任命陶艺和郭思同时为浙北区域(嘉湖区域)夏国画女士的师兄和师姐(黄德华没有采取师傅制,因为他认为自己才是夏国画的师傅)。

1997年,邓广龙把销售代表增加到66位,销售队伍的管理者为20人,包括地区经理助理在内。这一年,威材销售额创新高,达到6292万元,再次以101%的达成率完成了销售指标。销售代表的年人均产出实际为95.3万元,整个销售队伍的年度人均产出实际为73.2万元,整个销售队伍的年人均成本为58.8万元。威材在浙江省的年人均产出实际为124万元,在浙江省的销售指标达成率为125%。武汉市又回归成都地区的地区经理管理,在公司的销售份额提升到4%。

1998年1月,成都地区经理辞职,邓广龙先生从北京提拔了城市主任林先生到成都任地区经理。1998年3月,因北京的地区经理离职,邓广龙先生把全国6个一级销售地区调整为5个一级销售地区。把沈阳一区的销售经理调任为北京地区的销售经理,原沈阳一区和沈阳二区合并为沈阳地区,只是原沈阳二区管辖的山西和陕西归北京地区管理。原广东地区的福建和江西归上海地区管辖。这次区域调整,对于地区销售经理来说是一种激励,他们手中的销售地盘更大了。但是,那些中基层销售管理者却觉得这样下去,晋升的前途渺茫,是公司的政策而非自己的能力让他们遇到了职场天花板,让他们处在职场高原稳定点。尽管邓广龙提拔了一些优秀的销售主任为高级销售主任(这种方法作为一种补偿,用以激励中基层销售管理者);但一级销售地区的缩小,带给销售主任的是负面理解。他们认为自己没有出头之日,永远归地区经理管,其积极性和管理士气受到很大的打击。这些销售主任把新招进来的销售代表经过短暂的培训后(也没有经过角色训练),就直接投放到市场上去拜访客户,而且分配给他们的地盘是销售额相对较低的小辖区。而是出现了老员工吃饱,新员工饿死的现象,结局就是,工作不满6个月的新销售代表离职率高达20%,而6个月之后的销售代表离职率却为8%左右。1998年,威材的销售量指标为9600万元,销售代表人数为82人,销售管理队伍人数为23人。威材实际销售额为9051万元,销售量指标达成率只有94%。销售代表的年人均产出实际为110.4万元,销售队伍的年人均产出实际为86.2万元,整个销售队伍的年人均成本为63.4万元。威材杭州办事处的年人均产出为141万元,威材杭州办事处的销售指标达成率为114%。在成都地区的地区经理林先生的带领下,武汉市在威材的销售份额为3.5%。

1999年1月,成都地区的销售经理林先生辞职,上海地区的销售经理蔡果盛先生兼任成都地区经理,在武汉的高级销售代表中,提升了一位为武汉城市销售主任,管理4位销售员,其中一位资深的高级销售代表因为没有得到提升而离职(据黄氏TOPK

十字圆盘分析，提升的销售主任是孔雀型，离职的资深高级销售员是老虎型）。

1999年1月，黄德华把杭州市分为两个组，以销售主任的名义任命了两位销售组长，陶艺是其中的1位。1999年7月，黄德华在杭州市进行创新，招聘1位销售员专做一个名叫SLX产品的销售。这个产品的发展从导入期进入了衰退期，黄德华想把这个产品重新引入导入期，并想大力发展这个产品。原有销售代表对这个B级产品都没有兴趣，于是纷纷拿出这个产品的销售地盘，支持黄德华的这项改革。这位销售代表对外的头衔是SLX专员，直接接受黄德华管理，不受销售组长的任何影响，按照黄氏TOPK十字圆盘分析，这位专员性格属于理性的老虎型）。

1999年7月，上海地区的销售经理被提拔为全国销售经理，5个一级销售经理变成了4个一级销售经理。北京大区增加了新疆和内蒙古（囊括华北地区与西北地区），沈阳大区增加了湖北市场（囊括东北地区，以及山东、河南、湖北，武汉划给沈阳大区管理，客户都困惑不解，何况武汉的销售代表们），广州大区增加了云南、贵州、重庆、四川（囊括了广东、广西、海南、湖南和整个西南地区），上海大区没有增加省级市场（囊括了上海、江苏、安徽、浙江、江西和福建）。威材这次一级销售区域的调整，表面上激励了原四大地区的销售经理，对于新出任上海地区的销售经理本身就是提拔，他的士气已经很高，不给他增加销售地盘也不会影响其士气。但是，对于那些高级销售主任或发展欲望很强的销售主任，却是一个很大的士气打击。他们觉得邓广龙只关心地区销售经理的利益，而不关心销售主任的发展前景。那些在1998年认为自己处在高原稳定点的中基层管理者更加绝望了，于是中基层管理者出现了高原稳定现象，尽管有薪资调整作为补偿，但有想法的销售经理还是选择了离开。

在邓广龙先生召开的威材五年规划会议上，黄德华按照GDP和市场潜力均衡的原则，把浙江省划分为三大销售区域，详情请见表1。

表1　浙江省三大经济区域1999年的GDP汇总

区域	地级市	市县	人口（万）	人均GDP（元）	区域	地级市	市县	人口（万）	人均GDP（元）	区域	地级市	市县	人口（万）	人均GDP（元）
浙江一区	杭州市	杭州市区	175		浙江二区	宁波市	宁波市区	122		浙江三区	温州市	温州市区	114	
		萧山市	114	17017			鄞县	72	18564			瑞安市	118	118200
		富阳市	62	14785			余姚市	83	16247			乐清市	114	116244
		余杭市	79	15413			慈溪市	101	14201			平阳县	81	76100
		临安市	51	14556			象山市	53	13013			苍南县	119	57855
		建德市	51	12183			奉化市	49	10316			永嘉县	88	66244
		桐庐县	39	12322			宁海县	58	9920			其他（3）	88	34099

续表

区域	地级市	市县	人口（万）	人均GDP（元）	区域	地级市	市县	人口（万）	人均GDP（元）	区域	地级市	市县	人口（万）	人均GDP（元）
浙江一区		淳安县	45	6590	浙江二区	舟山市	合计	538	19405	浙江三区	台州市	合计	722	101866
		合计	616	19961			舟山市	98	10293			台州市区	142	
	嘉兴市	嘉兴市区	79			绍兴市	绍兴市区	131				温岭市	113	141144
		海宁市	64	15766			上虞市	78	18223			临海市	109	64833
		平湖市	48	13335			诸暨市	106	13713			天台县	55	48744
		桐乡市	65	14825			嵊州市	74	11634			仙居县	45	51966
		嘉善市	38	15730			新昌县	43	13919			三门县	40	49500
		海盐县	36	13670			合计	432	16364			玉环县	39	178011
		合计	330	14297		金华市	金华市区	90	9406			合计	543	111788
	湖州市	湖州市区	105				义乌市	66	15986		丽水市	丽水市区	35	
		德清市	43	13301			东阳市	79	11478			龙泉市	27	53900
		长兴市	62	13034			永康市	53	12343			青田县	49	32399
		安吉县	45	11924			其他	156	8141			其他（6）	136	50000
		合计	255	13439			合计	444	11271			合计	247	49511
						衢州市	衢州市	241	6127					
合计			1201	17020	合计			1753	14261	合计			1512	96877
GDP总量（亿元）			2121					2500					14655	

注：①浙江省省政府规划全省为三大中心城市，重点发展杭州、宁波和温州；
②浙江省1999年人均GDP为13491元；
③1999年浙江省医疗总费用95亿元，其中药品费用按40%计算，为38亿元，人均药费842元，药费占GDP的6.2%；
④1999年威材在浙江省的市场占有率为0.32%。

  1999年，威材的销售指标为1.1亿元，销售代表人数为98位，销售队伍的管理人员为25人（包括地区经理助理和地区产品主任各4人），销售额实际为1.06亿元，销售指标的达成率为97%，销售代表的人均产出实际为108.2万元，销售队伍的年人均产出实际为86.2万元，整个销售队伍的年人均成本为73.4万元。威材杭州办事处的年人均产出为134.3万元,威材杭州办事处的指标达成率为107%。在蔡果盛兼任成都地区的地区经理期间,武汉市提拔了万宝霞主任,两位资深销售员离职。蔡果盛先生提拔为全国经理后,武汉市归沈阳大区经理管辖。自此,武汉在威材的销售份额没有得到提升,反降为3%。

2000年,威材单独成立新产品A的推广队伍,直接归属大区经理管辖,在全国范围内选拔优秀销售代表来推广ART产品。高级销售代表陶艺因为选择了这个产品,其销售地盘扩大到整个浙江省,直接归上海大区地区经理史先生管辖,他腾出的销售地盘由黄德华处理。黄德华趁机把杭州市的销售区域进行了调整,绍兴区域脱离杭州,单独在绍兴招聘销售代表。不包括SLX产品的销售专员,杭州市共有6位销售代表。黄德华要求其中5位销售代表把杭州市的销售地盘分成6份,要求这6个销售地盘的现有销售规模差不多,未来的市场潜力规模也差不多,并把杭州的周边县市(如萧山、余杭、临安、富阳、桐庐、建德、淳安)都考虑进去。经过半天的讨论,这5位员工把销售地盘的划分方案递交给黄德华,黄德华根据自己的智慧对该方案进行了微调。在之后的会议上,由那位没有参加划分销售地盘的销售代表第一个挑选自己想要的销售地盘,并阐述理由。而5位参加销售地盘划分的销售代表,通过"石头、剪刀、布"的游戏决定挑选的先后顺序,胜出者先挑,并阐述理由。在这次会议上,黄德华宣布中心城市的地盘划分,在公司没有重大政策的情况下,销售地盘基本不变,但销售地盘上的主人每两三年可能要轮换一次。在第三年时,可能会采取招标方式进行地盘划分。后来,黄德华发现这种做法有以下好处:既让销售代表参与了地盘的划分,使他们有了主人翁的感觉,而且划分的地盘在潜力上基本均等,有利于看出谁的销售技能强、销售心态好,更利于第二年的销售指标的分解。地盘招标轮换的暗示,既可以鼓励销售人员之间互相竞争,努力把业务量做大做久,也可避免销售人员与客户之间的关系因时间过久而太强大,造成销售人员一跳槽,客户就流失的现象。

2000年1—6月,威材开发ART产品的速度非常缓慢,只完成了销售额指标的34%。陶艺先生在浙江的销售业绩更惨,只完成了计划的9%!在5月底只有一家医院进药。上海大区的销售经理在6月底把ART产品的推广放权给浙江省的黄德华去管理,也就是高级销售代表陶艺又回归到黄德华管理。陶艺的士气受到了很大的打击。归大区经理管辖,相当于级别提升,回归到区域经理管辖,相当于级别下降,这既有棘轮效应,又有卡尼曼损失厌恶效应。黄德华发现,此时的陶艺很难管理,黄德华也不知道该从何下手进行管理。短暂的纠结后,黄德华果敢地在7月1日实行除杭州市属于专员式推广,其他地方一律全员式推广。也就是说,杭州市ART的推广由陶艺负责,其他地方(湖州、嘉兴、宁波、温州、绍兴、金华、台州和南昌等)由当地的销售员负责,在ART的学术推广上,其他地方也听从陶艺指导。陶艺专员的权力大于黄啸茜专员的权力。这一年,威材杭州办事处的ART达成率为54%!(其中7—12月的指标达成率为90%!)在2000年,威材ART产品的达成率只有42%,开发客户数不到客户开发指标的30%。

威材2000年度的销售指标为1.38亿元,销售代表人数为110位,销售队伍的管理人员为27人（包括地区经理助理和地区产品主任各4人）。2000年，威材的销售实际为1.3844亿元，销售指标达成率为100%。销售代表的年人均产出实际为125.8万元，销售队伍的年人均产出为101.1万元，整个销售队伍的年人均成本为93.4万元。威材杭州办事处的年人均产出为149万元，威材杭州办事处的指标达成率为104%。武汉在威材的销售份额为3%。

由于威材杭州办事处在ART产品推广的出色表现，威材在2001年取消了优秀销售代表组成的专员推广模式，改成由各个一线销售主管负责的全员推广模式。很多推广ART产品的销售专员，在2001年上半年纷纷离开公司，很多大区的销售代表销售地盘处在动荡之中。因为陶艺成为了ART专员，所以从2000年7月起，只负责ART产品在杭州市的推广，当陶艺离开威材时（黄德华在2001年推荐陶艺为杭州办事处的产品主任，没有得到上级批准），ART产品在杭州市的销售指标很快就按照原有6个销售地盘进行分解，区域和人员的变动很少。

威材2001年度的销售指标为1.8亿元，销售代表人数为112位，销售队伍的管理人员为28人（包括地区经理助理和地区产品主任各4人）。威材的销售实际为1.7627亿元，销售指标的达成率为98%。威材销售代表的人均产出实际为157.4万元，整个销售队伍的年人均产出为125.9万元，整个销售队伍的年人均成本为80.6万元。威材杭州办事处的年人均产出为210万元，威材杭州办事处的指标达成率为120%。武汉在威材的销售份额依然为3%（剔除产品C，武汉2001年的销售额占威材的2%）。

邓广龙先生在2002年决定把一个老产品C交给代理商永华公司去推广，同时，把威材的中国市场划分为5个大区：北京大区（囊括华北地区和西北地区）、沈阳大区（囊括东北地区，以及河南、山东）、上海大区（上海、江苏、安徽、福建）、广州大区（囊括华南地区和西南地区）、杭州大区（新成立的大区，包括浙江、江西、湖南、湖北）。武汉再次被调整，这次调整为杭州大区管辖。在2002年，4个大区扩大变成5个大区，销售队伍士气大涨，尤其是中基层销售管理者，因为大区增加的政策打破了他们的职场天花板，可以让他们离开职场高原稳定点。士气大涨的，不仅仅是浙江、江西与湖南、湖北，还包括山东与河南，因为他们也看到了第六个大区的期望，还有很多区域销售经理和主任，心中升起了公司裂变第七个大区的希望。销售地区的增加，促进了销售士气的提升，销售地区的变化，主要是提升了中基层销售管理队伍的士气，因为销售大区变多，说明晋升与提拔的机会多，如4个大区裂变成5个大区，设立新的大区，会增加销售与市场管理层，如区域销售经理和区域产品经理等。威材的这次销售大区裂变增多，向整个队伍传达了积极的信号，只要努力去奋斗和耕耘，就有晋升的空间。黄德华非常重视武汉区域，叮嘱产品主任黄啸茜在精力和资源上往武汉约有倾斜，把武汉作为杭州大区未来重要的战略突破点。

威材2002年度的销售指标首次突破2亿元，销售代表人数为156位，销售队伍的管理人员为32人（包括地区经理助理和地区产品主任各5人）。但威材的销售实际为2.1061亿元，销售指标的达成率为100%，威材销售队伍士气高昂！威材销售代表的人均产出实际为135万元，整个销售队伍的年人均产出为112万元，整个销售队伍的年人均成本为71.3万元。威材杭州办事处的年人均产出为203万元,威材杭州办事处的指标达成率为123%。武汉在威材的销售份额为3%,但首次有销售主任以来,第一次完成销售指标,士气有很大提升,武汉销售主任管理3位销售代表,在2002年年底提前招到两位新销售员,计划在2003年实现武汉区域管理跨度为1:5)。

威材2003年度的销售指标为2.8亿元,销售代表人数为201位(包括这一年增加的40位),销售队伍的管理人员为40人(销售管理者为25人)。黄德华通过内外公开招聘的方式,招聘第二位产品主任,最后,嘉湖区域夏国画女士胜出,在4月1日正式上任杭州大区产品主任,嘉兴和湖州各招一位销售代表。

2003年4月份,威材集团总部要求,威材中国挑战销售计划的110%,同时,给予威材中国增加40位销售代表,这种不增加销售指标而增加销售力量的做法,一般人都很难抗拒,包括邓广龙先生。邓广龙接受集团总部的要求,于是蔡果盛先生召开大区经理会议,分配40位销售代表的指标。有些大区经理担心,增加销售代表名额过快,下一年会承担更多的销售指标,并认为这是公司为下一年下达销售指标埋下的伏笔。同时,5位大区经理认为年中增加销售代表,就意味年中调整销售区域,销售代表的销售指标也要重新分解,这将给销售代表的销售收入带来不利的影响。这种安排看起来弊大于利,大家纷纷力劝邓广龙先生和蔡果盛先生,把增加的销售代表名额退回总部。邓广龙先生坚决要执行集团总部的决议,大家只好硬着头皮提出销售代表的增加名额,第一稿的数据只有19位名额,远远没有达到40位名额,会议陷入僵局。第二天继续开会,黄德华当晚仔细研究了杭州大区4个省的市场和销售队伍情况,并和4位销售主任进行了电话沟通,大家都很兴奋,这意味着今年奖金可以多拿。黄德华和那些销售组长进了沟通,他们也很高兴,这意味着他们的晋升可以加快。不过,他们报上来的名额,保守名额9位,乐观名额12位。在第二天的会议上,黄德华申报了9位名额,其他大区经理报出的数字有所增加,但增加不多。第二次的名额汇总起来也只有31位。会议又进入了僵局,邓广龙先生果敢地发话了:"杭州大区是新区,有很多空白市场,申请了9位名额是非常积极进取的,杭州大区还可以增加名额,再增加4位也没问题的。其他大区,每个大区再增加1位,这样,40位的名额就分担了。"大老板都这样发话了,5位大区经理都不说话了,黄德华本来想说两句,一看邓广龙先生严肃的样子,就没有说了;再说,离下属的乐观估计12位,也只多了一位,所以他就这样表态同意了。黄德华一表态,其他大区经理也就表态同意了,这才把40位新增名额分解下去了。

于是会议进入到"完成指标的承诺"阶段,每个大区经理都在讲困难,尤其是招人的困难,5位大区经理承诺的销售指标达成率一般为101%~105%。蔡果盛先生要求黄德华承诺117%完成指标,但黄德华认为做不到。蔡果盛先生说,杭州大区要的销售代表人数最多,承诺的销售指标完成率也要高些。当时黄德华的心里很难过,本来想帮他们打破会议僵局,大家上下协作把工作做好,没想到遭蔡果盛这一将,后悔也来不及了。黄德华本想进行反驳,退出名额,但邓广龙先生发话:"杭州大区是新区,黄德华挺乐观的,113%完成指标的承诺如何?"看到邓广龙的圆场,承诺指标下降4%,黄德华只有立即表态——可以试一试，反正承诺做不到也损失不大，奖金才是关键。

黄德华回到杭州大区后，召开了销售管理会议。对于不增加销售指标而增加销售代表的做法，销售主任和组长都大力支持。因为他们认为这种做法增加了他们完成销售指标的保险系数，而且销售代表的人均指标也下降了。有的销售主任表示担忧：增加销售代表后，要重新分配销售区域，这将增加销售主任的工作量且影响销售代表的积极性，可能得不偿失。黄德华也深深知道，增加更多的销售代表，并且重新分配销售区域，这样就会减少每个销售代表所负责的客户数量。这种做法会影响原销售代表的销售量和销售收入，从而挫伤其积极性和销售士气。黄德华也不主张重新分配销售区域的做法，通过讨论，威材杭州大区销售管理层达成以下共识：第一，增加销售代表，但尽最大努力不重新分配销售区域；第二，尽可能把新销售代表放在相对独立销售区域（现有销售额为40万元左右，但市场潜力在200万元左右），如浙江丽水、湖南衡阳、湖北宜昌等；第三，浙江一区的杭州市、浙江二区宁波市、浙江三区的温州市、江西的南昌市、湖南的长沙市、湖北的武汉市，进行分组推广试点，把7个产品按照相关性分为两个组进行推广，每个城市选择一位愿意分组的优秀销售代表，让新进销售代表的销售地盘和他一样，只是推广产品减半，原有销售代表有优先选择权，并把原有销售代表列为晋升考核对象；第四，加大销售技能的内部训练，加快新销售代表成长。

13位销售代表的最终分配方案确定：浙江一区和浙江二区各增加1位销售代表；浙江三区因有不少市场是自然销售，增加3位销售代表；南昌区域增加1位销售代表，湖南区域由两位销售代表增加到5位销售代表（为2004年提拔销售主任奠定了管理跨度的基础，1:5），湖北区域由5位销售代表增加到9位销售代表（为2004年或2005年提拔销售经理奠定了管理跨度）。这种分配13名销售代表的做法，受到威材杭州大区的所有成员的支持！那些有潜力晋升的销售代表士气更是高涨！他们看到了更快的发展步伐。这种分配方案对于湖南、湖北都是一种挑战，有机会也有压力，大家达成共识，尽最大努力协助武汉、长沙借此东风崛起。尤其是两位产品主任，承诺多多到武汉和长沙出差。在7月份，熊治纲和张固良先生均被黄德华推荐提拔为南昌区域和浙江三区的销售主任，唯一遗憾的是，武汉的销售主任在9月份因工作量和压力过大提出辞职，黄德华就自己兼管武汉。在2003年11月份，浙江三区的销售主任张固良提出辞职，黄德华亲自兼管浙江三区。

2003年，威材的销售实际为2.91亿元，销售指标的达成率为104%。威材销售代表的人均产出实际为145万元，整个销售队伍的年人均产出为121万元，整个销售队伍的年人均成本为76.7万元。威材杭州办事处的年人均产出为154万元，威材杭州办事处的销售指标达成率为115%，超过了4月份黄德华的113%的承诺。武汉在威材的销售份额为4.6%，武汉区域销售指标达成率为117%，连续二次完成销售指标，销售团队的士气大涨。

邓广龙先生认为，一般而言，销售总量是销售代表人数和客户数量的函数。销售总量会随着销售代表人数的增加而增加，也会随着客户数量的增加而增加。不过，他认为，每增加新的销售代表，就意味着要重新调整销售区域，而经常性调整销售区域，势必会影响销售代表的士气和积极性。因此，增加销售代表不总是会增加销售总量，需谨慎处理好各个相关的问题。他还认为，消费者对产品的使用接受要经过漫长的过程：从不知晓到知晓，到理解，到接受，到尝试，到使用，到产生偏好，最后到帮助公司宣传。每一个过程的升级都需要时间与精力。产生偏好的客户的增加不是一蹴而就的。在一定时期内，使用与产生偏好的客户数量是不变的，或者变化甚微。在这种情况下，增加销售代表必然会瓜分已经在使用或产生偏好的客户，从而会引起销售量下降的可能（实质上，这种情况称为销售队伍的边际递减效应）。因此，在2001年之前，邓广龙先生在增加销售代表的问题上非常谨慎，1999—2001年，三年增加的销售代表人数只有30人。2001年只增加了2位销售代表。2002年由于增加新的大区，增加的销售代表人数为44人，销售额突破了2亿元。2003年，迫于威材集团总部的压力，威材增加了45位销售代表，包括中途增加的40位销售代表的资源，全国的销售额接近3亿元，而且人均年产出由2002年的135万元上升为145万元，完成计划的104%。威材集团总部尝到了快速增加销售代表的甜头，从此，威材总部每年都要求增加销售代表在40人以上，邓广龙先生被迫放弃其以往对于销售区域和新增销售代表的谨慎做法。

　　威材2004年度的销售指标为3.96亿元，销售代表人数为242位（对比2003年增加了41位），销售队伍的管理人员为48人（销售管理者为30人）。2004年，威材在湖南省设立办事处，黄德华提升高级销售代表张茜女士为湖南区域的销售主任。在2004年1月，业绩优秀的南昌销售主任熊治纲申请到武汉办公，成为武汉销售主任，兼管南昌市场，在南昌设立销售组长。这一方案得到黄德华的认可，黄德华的推荐也得到公司的认可（按照黄氏TOPK十字圆盘分析，熊治纲的性格属于有魄力的考拉型）。2004年3月，蔡果盛先生和史仲冬先生等7位销售管理者离职做仿制产品，邓广龙先生兼任全国销售总监。受蔡果盛先生影响，浙江一区的区域销售经理厉小豹先生在6月份辞职，在浙江省做威材的仿制产品。7月份，黄德华趁机把威材杭州大区调整为5个销售区域——杭州一区、杭州二区、浙江二区、鄂赣区域和湖南区域。其中浙江二区下属三个区域——宁波区域、温州区域和绍兴区域，由李大勇先生管理。这一年，威材的销售实际为3.9053亿元，销售指标的达成率为99%。威材销售代表的人均产出实际为161万元，整个销售队伍的年人均产出为135万元，整个销售队伍的年人均成本为83.6万元。威材杭州办事处销售代表的年人均产出为174万元，威材杭州办事处的指标达成率为100%。威材武汉地区的销售份额为5%，完成销售指标的95%，对比2003年的实际增长51%，对比2003年，士气有所下降。

　　2005年，李云龙先生把全国销售区域重新裂变为7个大区，即北京大区（华北地区）、沈阳大区（东北地区以及山东、河南）、上海大区（上海、江苏、安徽、福建）、杭州大区（浙江、江西、湖南、湖北）、广州大区（广东、海南）、西北大区（陕西、山西、甘肃、宁夏、内蒙古、青海、新疆）、西南大区（四川、重庆、贵州、广西、云南）。5个大区再次裂变成7个大区，整个销售队伍士气几乎没有什么提高。西北大区和西南大区的销售士气有所提高，但东部地区的士气明显下降，尤其是广东和山东、河南的销售队伍。山东的销售一直挺不错的，销售额在省市中名列第六，一直想独立成为大区。其中河南的高级销售主任想到西北大区任大区经理，公司却从外部招聘了西北大区经理。李大勇先生从浙江二区到西南大区任大区经理，刚开始，士气很旺，但从第二季度开始，士气下降，因为收入大大降低了。至于西南和西北大区的产品主任、销售主任，公司内部除了绍兴区域的胡涵博平级调任外，其他地区几乎没有人愿意过去任职，故而这次裂变新区带来的新管理岗位，多半只能从公司外招聘，从当地内部提升的，也只是矮子里拔将军。黄德华在这一年，把威材杭州大区调整为8个销售区域：杭州一区、杭州二区、杭州三区、宁波区域、温州区域、金华区域、湖南区域、鄂赣区域。鄂赣区域管理南昌区域和湖北区域。

威材2005年度的销售指标为5.46亿元，销售代表人数为350位，销售队伍的管理人员为54人（销售管理者36人）。这一年，增加销售代表112人，大区经理最头疼的问题就是给这么多销售代表落实销售地盘。威材从2005年起，销售变动收入以销售佣金为主，很多销售代表都不愿意拿出自己的销售地盘，管理层只好采取硬压的方式，结果销售代表的怨气在私下里汹涌澎湃，情绪低落迅速蔓延。老员工吃半饱，新员工饿死现象更为严重。

威材西南大区的李大勇经理在2005年3月份召开地区销售会议。在会议上，他宣布5名优秀的销售代表将调往新区去开辟市场，并解释说，公司目前面临着销售额下降和严重的现金流问题，把优秀销售代表从他们所负责的销售额高区调往目前销售额低的地区，是因为经验丰富的销售代表能够在销售额低的地区集中精力打开销路，增加销售额；同时，经验不足的销售员则可以在已开发的区域尽快上量，集中心思提高销量。这样做有利于大区完成公司的销售指标任务。这5位优秀销售代表立即表示反对："我花了好几年的时间，才在我负责的区域打开局面，为什么要把这个区域交给一个新手，然后到一个新的地区去重新开始？"。

李大勇指出，把优秀的销售员安排在那些销售基础好的区域是浪费人才。"你们只是到一些老客户那里去拿定货单，就万事大吉了。"李大勇严肃道。"优秀的销售员在高销售区失去效益了吗？我们也在拼命地增加销量。"一位资深的优秀销售代表站起反驳说，"去年我负责的区域销售额大幅度增长，都来自于我自己对现有的客户做了大量的说服工作，才扩大了他们的处方量和进货量。"精明的李大勇反诘，这件事恰好证明了他的观点，即优秀的销售代表只会在已经打好基础的销售区内打转，逐渐失去了进取精神，没能发现新的客户。"不过，这是很自然的事。"他补充说，"当年我被提升为销售经理后，当看到我的接班人在我的老销售区何等成功地获得新的处方量时，我感到很惊奇。公司非常需要借助你们的经验，去开发需求疲软的销售区。"

另一个有经验的老销售员提问：这个新政策是否意味着发展新客户将得到额外奖金或者更高的提成？李大勇予以否定，他向全体销售代表承诺，他会在大区经理的权力范围内给予奖励。一个一直坐在角落里默默生闷气的年轻销售员打断了他的话。

他告诉李大勇，关于把年轻销售员调离未开发区的这个建议，使他感到非常泄气。李大勇力图再一次向年轻销售代表们保证，他并没有把他们看成失败者。他指出，之所以作出这一变革，只是因为大区面临极大的销售指标压力，西南大区需要尽快打开销路，确保大区完成销售指标。李大勇的新政虽然遭受到销售代表的抵制，但依然被强制执行。这种做法得到了邓广龙先生的默认支持，也有一些大区经理和销售经理很早就采用这种管理政策。因为他们认为，让能者或强者去开发新市场，是对他们能力的肯定，发挥他们的能力可以帮助公司尽快打开新的市场，何乐而不为！把老员工调离他熟悉的区域，可以抑制销售队伍产生安逸氛围。但实际中，销售员会认为上级在排挤优秀销售员，他们在遭受不公平待遇。他们还担心一旦把新区开发成销售额高的区域，上级又会把他们调离到其他新区，这事情可能没完没了。因此，他们消极怠工，有的开始往外寻求机会。这一年运作下来，顺利转正的新员工较多，但离职的资深员工也很多。

对于销售辖区的分配，广州大区的王秋虎不仅主张能者挑大梁，而且还主张老员工挑大梁。资深销售代表，就意味着能力强，所以负责大客户，承担大指标，而新进销售代表由于"销售能力还不够、对公司还不熟悉、不稳的风险大"，就只能负责小客户。新销售代表分配到的客户，永远是老销售代表不要的"鸡肋"客户。不听话的、没关系的、表现一般的、新进来的销售代表只能捡到"贫土地"或"荒山坡"。销售代表将过多的精力放在销售区域的纷争上，而不是提高销售竞争力上面，这种销售区域混战，必然导致广州大区的销售士气下降和销售势头减缓的结局。这种做法在其他大区也存在，只是王秋虎管理的大区比较明显罢了。

2005年威材的销售实际为4.8596亿元，销售指标（5.46亿元）的达成率为89%，指标达成率为11年间（1995—2005年）最低。2005年，威材销售代表的人均产出实际为140万元（实际销售代表347位），整个销售队伍的年人均产出为121万元，整个销售队伍的年人均成本为80.4万元人民币（主要是由于工资高的销售代表不断在流失，新进销售代表的工资相对他们来说偏低，同时很多新进销售代表拿不到奖金所致）。销售代表的年人均产出由2004年的161万元降低为140万元，比2003年的145万元少5万元，而2005年的销售管理层比2003年的销售管理层多出14位，管理成本虽然提高了，人均产出下降了，人均成本增加不多。这一年，威材盈利额突破3000万元，盈利掩盖了销售代表年人均产出下降的所带来的潜在风险。销售队伍的规模递减效应其实已经在发挥负面的作用，销售士气低落、销售代表离职率增加。

黄德华在2005年5月，推荐熊治纲先生为高级销售主任和区域销售经理，遗憾的是均没有得到批准。2005年7月，南昌的销售组长卢欣淳被提拔为南昌区域的销售主任，归熊治纲先生管辖。直到2006年1月份，熊治纲才被批准为高级销售主任。遗憾的是，这位熊治纲先生在2月份提出辞职，黄德华趁机把杭州大区调整为10个销售区域：杭州一区、杭州二区、杭州三区、宁波区域、温州区域、金华区域、江西区域、湖南区域、湖北一区和湖北二区。威材杭州办事处销售代表的年人均产出为172万元，威材杭州办事处的指标达成率为92%。武汉在威材的销售份额为6%。

威材2006年度的销售指标为6.4612亿元，销售代表人数计划427位（实际为392位），销售队伍的管理人员为80人（销售管理者61人）。威材似乎没有意识2005年的队伍规模边际递减效应，2006年在2005年年初编制的基础上增加77位销售代表。（边际递减效应告诉我们，用边际分析法可以找到盈亏平衡点，即拐点，在拐点之前，增加销售代表人数，销售量与利润都会上升，在拐点之后，销售量上升速度递减，利润就会出现亏损）。2003年杭州大区增加销售代表带来销售量的突飞猛进，并在2003年浙江省销售首次超越上海市，那是黄德华在拐点之前增加了销售代表人数。可惜，包括黄德华在内，没能在理论上意识到这一点！其实上，在2005年，威材就出现了拐点，而威材忽视了它的存在，2006年继续大幅度地增加销售代表。如何给这些新增销售代表以销售地盘，威材公司决定在24个目标城市进行四分组推广（由原来的二分组推广变成四分组推广）。结果，出现重点城市销售代表人满为患：北京市50位、上海市48位、广州市29位、杭州市18位、南京市14位、沈阳市10位；连中小城市也是非常拥挤，如常州市3位、佛山市6位、汕头市4位；连经济落后的城市如商丘、周口、安阳、芜湖、赤峰等10来个城市也招聘销售代表。结果，销售代表的离职率居高不下。销售代表的销售区域每月处在变动之中，出现了大量的闲置的销售区域（新销售代表上任之前处于人员空缺状态中的销售区域），导致非常高的销售遗漏（人员空缺或新的销售代表达到平均水平所需要的时间内发生的销售额损失）。

从2004年开始，黄德华在申请新增加的销售代表名额时变得非常谨慎，也开始敏感，因为直觉告诉黄德华，销售代表人数的增加，导致了他们销售效率的下降，主要表现为销售地盘拥挤、客户的重复率增加、销售收入下降、销售士气下降、销售代表的离职率增加等。2006年，威材要求黄德华在杭州增加5位销售代表，建议把销售队伍分为4个小组，这样就可以落实5位销售代表的人员指标。黄德华根据杭州市的目标客户数进行测算，发现在杭州增加5位销售代表后，每人虽然还能保留2家目标客户单位、100个客户拜访量，但是，雷同的客户单位数却达到50%，雷同的客户数为60%。四分组的方案将使杭州市更加拥挤，而拥挤效应的出现，必定会导致销售效率下降与销售士气的低落。黄德华不愿为了方案而方案，坚持在杭州暂缓执行四分组方案（在黄德华力劝下，邓广龙先生同意杭州市暂缓），由此避免了杭州市销售队伍的边际递减效应的出现。

2006年，威材的销售实际为5.2448亿元，销售指标的达成率为81%。威材销售代表的人均产出实际为132万元，整个销售队伍的年人均产出为110万元，整个销售队伍的年人均成本为112.6万元。这一年，黄德华招聘其他外资的高级医药代表任湖北一区的销售主任，湖北二区的销售主任一直没有得到批准，所以黄德华自己兼任。威材杭州办事处销售代表的年人均产出为172万元，威材杭州办事处的指标达成率为83%。武汉在威材的销售份额为6%。在2006年，黄德华管理的杭州大区人均年产出位全国第一，杭州大区的总利润与人均利润率均全国第一，浙江省超过上海市3000多万元，连续四年第一，从而有效地避免了浙江省销售额迅速下滑！

威材2007年度的销售指标为6.36亿元，销售代表人数计划为450位（实际为399

位），销售队伍的管理人员为86人（高层销售经理1人、中层销售经理3人、中高层销售经理助理4人、基层销售经理11人、基层销售主任57人、销售效能部10人）。落实这些新增77位销售代表的销售区域，威材决定在2007年把全国的四分组与两分组推广模式，变成了六分组推广模式，有的城市有7个组（六分组和综合组），结果出现一家重要大客户有6个威材的销售代表，销售地盘更加拥挤。雪上加霜的是，在2007年，销售区域缩小重组为华北大区（整个华北、西北、东北地区，以及河南、山东）、华东大区（上海、江苏、安徽、浙江）、华南大区（整个华南、西南地区，以及福建、江西、湖南、湖北）。由7个大区缩小为3个大区，4位大区经理必须换岗或离职，原来的大区经理与区域产品经理的去留问题，就变成了突出的问题。原先有晋升为大区销售经理欲望的中基层管理者，发现自己多年来的努力变成徒劳，增加销售大区而得到晋升大区经理的机会变得非常渺茫，11位基层销售经理认为，公司人为地为他们设置了职场天花板，让他们待在职场高原稳定点，于是埋怨与牢骚不断增加；销售代表看到自己的主管都士气低落，并没有心思做管理工作，自然就产生了士气的牛鞭效应，销售代表的士气就更低了，牢骚地更多了，最终增加了客户对威材的不认可。而销售大区数量的减少，导致了销售队伍的销售士气大跌。在3个大区内设立11个区域，区域又不合理（湖北属于福建区域管理）；结果，整个销售队伍的士气继续大跌，整个队伍的流动率达到60%。大区的管理范围过大，差旅成本急剧上升。大区调整过多，致使天津、西安、成都、重庆、武汉、济南、青岛等重点城市的销售额远远低于行业的水平。结果很多区域主任考虑离职，因为他们不服新的区域经理管理。威材在2007年销售指标虽然低于2006年，但实际销售额为4.9981亿元，销售指标的达成率只有79%，实际销售额也低于2006年。威材销售代表的人均产出实际为125万元，整个销售队伍的年人均产出为103万元，整个销售队伍的年人均成本为117.6万元。武汉在威材的销售份额为3%。威材出现了人员增加而销售总量和利润双双下滑的结局。

案例讨论

1. 威材武汉区域反复漂移的做法值得学习吗？为什么？
2. 从销售员的角度，你认为黄德华的销售区域的管理做得如何？
3. 从销售经理的角度，分析黄德华、蔡果盛、李大勇和王秋虎的销售区域管理的优劣。
4. 从公司主管市场销售部的负责人角度，分析邓广龙先生的销售区域管理的优劣。
5. 如果你是威材公司2008年的销售总监，你将如何进行销售区域管理？

【销售组织案例】销售组织的俄罗斯套娃现象及其对策

在1995年7月，黄德华辞职下海了，应聘6家企业的销售代表，有5家企业准备录用他。在外人看来，他选择威材公司（以下简称"威材"），简直不可思议。在这5家公司当中，威材的知名度最小，给的工资也是最低的，月工资税前1200元。但在黄德华看来，这是非常明智的选择，因为他认为自己和两位老板是同路人。物以类聚，人以群分，与同类人的老板相处，非常畅快。两位老板都严谨认真，注重细节，追求证据。在初试的时候，地区主任蔡果盛先生为了证实黄德华所说的夫人在医院工作，要求在医院见黄德华及其夫人。在复试的时候，公司副总理邓广龙先生问他："你不是学医药的，我们怎么相信你可以把医药代表工作做好？"黄德华面对这样的提问，拿出大学获得的5本奖励证书给他，自信地说，自己虽然不是医药学专业毕业的，但这些奖励可以说明他是一个努力、勤奋、追求好业绩的大学生。在邓广龙先生看完获奖证书之后，黄德华立即拿出已发表的两篇论文杂志给邓广龙，并谦虚地说，毕业工作的3年间，在大学导师与单位总工程师的帮助下，通过自身的好学和钻研，他已成功地在国家一级杂志发表了这两篇论文，尽管自己不是高分子专业毕业的。这些证书和文章，可以说明他是一个好学和追求成果的有志青年。邓广龙和蔡果盛依然是一副严肃的样子。不过黄德华对二人，似乎有一种似曾相识的感觉。复试的第二天，黄德华就接到了蔡果盛的录用电话。黄德华选择威材，第二个关键因素是，在5家准备录用他的公司当中，只有威材的复试是由副总经理出面的。黄德华认为，接近最高层，会让自己进步更快，也说明威材重视一线销售员。就这样，武汉大学化学系毕业的黄德华，加入了外资医药代表行列。

通过了面试，参加了一个星期的内训，在内训期间，黄德华得知杭州还有另外一位同事，叫陶艺。陶艺性格也内向，但对人很敏感，为人稳重；可能是老师出身的缘故，善于表达，但说话声不快不慢，声调不高也不低；喜欢唱情歌。而黄德华，性格内向，对事情敏感，认理不认人，主张分析研究后，就要主动出击，不能守株待兔，果断而担当。

在销售技巧的培训中，有一堂课是关于四型个性风格与沟通的心理互应的，这引起了黄德华的兴趣与共鸣，因为黄德华在大学时，看过100多本心理学的书籍。原来做销售，不是先谈业务，而是先谈人，把人分类后，再用匹配的套路，进行拜访沟通。黄德华觉得这样做销售，有意义，也有价值。用心理学也可以做销售，并不一定非要喝酒、唱歌和打牌才能成功。经过6天的培训，黄德华发现，他很喜欢和欣赏邓广龙先生，邓广龙先生也似乎很喜欢黄德华，二人真是相见恨晚，惺惺相惜。不过，黄德华通过蛛丝马迹分析后，发现蔡果盛先生似乎更喜欢陶艺先生，原因在于陶艺先生的为人随和稳重，人缘关系很好，且服从性高。

黄德华和陶艺都由蔡果盛先生管辖，只是公司很小，当时只有36个销售代表，而且将近一半是邓广龙先生复试拍板录用的。很多销售代表对邓广龙先生有感激之情，很乐意直接向他汇报工作，尤其是在非正式场合。销售队伍管理层次只有两层，销售代表—销售主任—邓广龙副总经理。6个销售主任也不介意邓广龙先生直接找销售代表谈工作，因为邓广龙事后都会花时间把管理员工的技巧教给他们。当然，他们更希望邓广龙先生找销售代表谈工作时带上他们，以便他们在旁边观摩学习，因为邓广龙是新加坡华裔，毕业于管理专业，在比威材大得多的外资企业山道公司工作过19年，有着非常丰富成功的管理经验。邓广龙的示范辅导员工，加快了销售主任的成长，也加快了销售员的成长，这是三赢的事情，皆大欢喜。

1996年4月，陶艺在浙二医院神经科召开科室会议，原本请上海的史仲冬先生（上海的医药代表）或蔡果盛先生来宣讲MYO的药理与临床信息，但在会议召开前，他俩突然都来不了杭州，仓促之中陶艺请黄德华去帮忙宣讲MYO。浙二医院神经科是整个浙江省实力最强的医院科室，尽管有畏难念头，但黄德华还是欣快地答应了，因为演讲是需要平台才会不断提升的。黄德华在这次宣讲会上的表现给浙二医院的医生留下了深刻的印象，也给足了陶艺的面子，维护了陶艺的专业形象。其实黄德华的宣讲成功，并不表明黄德华的产品知识比陶艺丰富，只是黄德华有过多次演讲MYO的经历，做事情总是认真严谨而已，当然这与黄德华善用巧妙的心理技巧应对顶级专家们的专业提问是分不开的。不过，黄德华至今还很纳闷，陶艺是药学老师出身，尽管是中专毕业，但是以优秀毕业生的身份留校的，产品知识的宣讲肯定不成问题。再说，浙二医院是陶艺的地盘，他的地盘应该是他唱主角，邀请黄德华去宣讲，不是扩大黄德华在他的地盘上的影响吗？

这一年，威材浙江在黄德华和陶艺的努力工作下，销售额猛增，蔡果盛先生决定在5月份招聘第三位销售代表。结果，6月份，一位叫赵磊的女士加入威材。这位女士性格外向，想法很多，创意不断，更善于表达，表达时经常抑扬顿挫，并略显张扬，对人的敏感高于对事的敏感，乐观有激情，追求新颖与时尚，想做一番事业。她想借助黄德华师兄尽快提高销售技能，借助陶艺师兄学习人际关系的处理。她似乎与两位师兄都有共同之处。黄德华在与公司内部同事相遇时，经常谈论的是工作，其他的谈论，黄德华不屑一顾；久而久之，与黄德华交谈的同事就越来越少。黄德华逐渐成了独行客，除了会做销售，其他的都不会。而陶艺、赵磊，遇到内部的同事时，经常谈论与工作无关的轻松话题，结果两人的人缘越来越好，相互也走得很近。陶艺很受蔡果盛先生的器重，蔡果盛经常给予他指点，暗示他，只要努力和不犯错，将来就会得到提升。三人个性非常鲜明，很不一样，黄德华严谨果敢，陶艺稳重亲和，赵磊外向活泼。这个奇特组合，竟然在蔡果盛先生的带领下，没有公开成为内耗，而成为良性的竞合伙伴。在1996年，他们三人创造的销售业绩达390万元，在威材16个省市中排名第一，被评为优秀省级团队。

1996年12月，威材公司决定1997年在浙江杭州成立办事处，内部晋升1位销售主任。蔡果盛先生想推荐陶艺晋升销售主任，邓广龙没有反对，提出要到杭州来协同拜访客户，每位销售代表获得1天的时间，安排邓广龙共同拜访客户，两次共同宴请客户的机会。消息灵通的赵磊女士，听到邓广龙先生这次来杭州主要是考察谁有资格晋升销售主任，于是做足了功课。蔡果盛先生也提前把消息透露给陶艺，要求陶艺作好准备。邓广龙在协访客户后，对黄德华的评价最高（事后才知道）。邓广龙先生和蔡果盛先生在离开杭州时，要求三个销售代表各递交一份工作报告（1996年的总结与1997年的打算）。这时，孤陋寡闻的黄德华依然蒙在鼓里，没有任何人把晋升的事情告诉他。他只知道努力工作。1997年的工作打算，就是1997年的规划，这是黄德华最擅长的。他不仅总结了1996年的工作成果，而且对浙江省1997年，乃至2000年之前，作了初步的规划。黄德华的工作报告写了五页纸，两页纸谈到1996年的工作业绩与不足,一页纸展望自己在1997年的工作,两页纸展望威材公司在浙江的发展规划。没想到,就是这篇"1996年的总结与1997年的规划",决定了黄德华的命运。

1997年1月,蔡果盛先生要到杭州出差,出差前,他打电话要求黄德华改变衣装,否则就会失去职业发展的机会。刚开始黄德华非常不服气,也很纳闷,衣装与职业发展有什么关联?这又不是结婚?这种职业发展有什么稀罕,反正自己不想当什么销售主任。销售工作相对主管来说,比较自由,直接搞定客户就行;而销售员的管理工作,比较复杂且费脑筋,不自由,既要搞定销售员,又要带着销售员一起搞定客户,还要搞定上级。黄德华认为自己与客户打交道,比与内部员工打交道更快乐,更简单。(威材的销售主管,只管销售员,不管客户。销售主管不能亲自做销售,要把自己的地盘交给新的销售员,要通过销售员完成公司下达的销售指标。)可是,黄德华的夫人要求他珍惜这次发展的机会。在内外压力下,又考虑到春节穿新衣的风俗,黄德华硬着头皮花费1500多元买了一套西装,不再把BP机与钥匙圈别在裤腰上。蔡果盛先生看到黄德华的形象改变,满意而归。就这样,黄德华糊里糊涂地担任了销售主任,管理浙江省,任期从1997年4月1日开始。

走向销售管理岗位的第一件事,就是销售人员的规划和布局。黄德华向蔡果盛先生提出,1997年浙江省的销售代表编制为5人,杭州3人,宁波和温州各1人。很快,编制就得到了批准。由于需要销售代表来接替黄德华在杭州的销售地盘,故而黄德华需要招聘3位新销售代表。第一个招聘从宁波开始,黄德华利用出差跑业务的机会,到报社去办理登招聘广告等事宜,招聘广告采取蔡果盛先生提供的版本,招聘条件有4个:大专以上学历,医药等相关专业;男女不限,有敬业精神;年龄在35周岁以下;需本地户口。

有十来封应聘信寄到威材上海办事处。蔡果盛先生看过应聘信后,把所有的应聘信转寄给黄德华,由黄德华到宁波去初试。可怜的黄德华,没有接受过任何面试技巧的指导与培训,就得亲自去宁波面试销售代表。通过非专业而任意发挥的面试,黄德华最终确定了3位候选人,呈报给蔡果盛先生。一位是有销售代表经验的女性A,中专学历,宁波地区人;一位是有销售经验的男性B,在医药公司工作,中专学历,宁波人;一位是没有销售代表经验的男性C,大专医学临床学历,移民宁波2年左右。前两个候选人的简历,蔡果盛先生通过阅览都打了勾;第三位因照片不佳,而打了叉。1996年12月蔡果盛先生到宁波复试,复试结果是A与C可以入围。黄德华内心倾向招选C,觉得这个人很顺眼,跟自己很像。在从宁波返回杭州的火车上,蔡果盛先生给予黄德华很多面试技巧的指导,以及对A、C的优劣分析。A有经验,宁波人,开发与上量快,未婚女孩子易受婚姻影响;C没有经验,虽然在医院工作,但所在医院太小,在宁波医院界几乎没有关系,最为关键的是,虽然户口在宁波,但不是本地人,虽然结婚,但他夫人也不是本地人,宁波人做宁波的生意好做,而且C的年龄偏大(比黄德华大3岁)。黄德华依然傻乎乎地没有听出蔡果盛先生的言外之意,尽管他也非常虔诚地在听,在思考。在路上,黄德华依然没有给出录用答案,向蔡果盛先生提出需要两天的时间思考分析,蔡果盛先生同意了这个要求,并要黄德华用书面报告形式汇报最终人选。第三天，黄德华汇报人选结果为C（化名为李大勇），说李大勇有生意头脑，对数据敏锐；善于思考，敢于拼搏，有吃苦精神，有一定的眼光。尽管李大勇比黄德华大3岁，但黄德华认为自己在管理上不会有心理压力，反而认为这种人更稳健，不易离职，同时可以从他们身上学到某些东西，如待人的责任和处事的技能等。年龄不是问题，关键是没有经验正如一张白纸，尽管起步比较慢，但画好了，就不容易改了。就这样，李大勇在1月份被批准录用了。

黄德华给李大勇打电话，告知威材录用了他，书面录用通知会在一星期内送达，并征询他，需要多长时间办理与原单位的离职手续。李大勇说，需要半个月的时间，接到书面录用通知后去办理。于是给李大勇的书面录用的上班时间是1月15日。黄德华邮寄了公司说明书、产品说明书及文献资料给他，要他自学这些材料，并告知他，对自学结果，要进行书面考试，考试合格者，继续雇佣。1月22日，黄德华到宁波出差，第一件事就是笔试李大勇，考试题目是黄德华出的，共十道题。当场批卷，李大勇考分为85分，合格，于是黄德华当天带着李大勇跑医院。黄德华采取两人拜访中的示范拜访，即黄德华拜访客户，李大勇在旁边观摩学习，目的是为李大勇提供有效的示范作用，让他体验和熟悉医药代表的拜访业务，增强其做业务的信心。白天带领李大勇跑医院，晚上向李大勇提问并回答李大勇的提问，就这样，黄德华带领李大勇跑了5天的宁波市场。5天下来，黄德华认为李大勇是可塑之才，有销售的天赋。黄德华离开宁波的时候，交给李大勇的任务是，只能拜访和开发黄德华没有跑过的医院，到那里去练兵（提升产品知识和锻炼销售技能）。同时，他告诉李大勇，春节后元宵前，他会到宁波出差，那时候，会把宁波市场转交给李大勇，前提是考核要合格！在离开宁波前，黄德华把公司的业务表格文件，如每日拜访日志、月工作计划和医药代表职责等交给了李大勇。

1997年2月初，春节后的首次出差，黄德华选择和陶艺一起到温州，从陶艺手上接管温州市场（在威材叫转交市场）并到报社登刊医药代表的招聘广告由于此次黄德华是代表身份，只能坐汽车去温州，而坐汽车的路途要12个多小时。温州这个地方，自己创业做老板的人很多，打工做职业人的人很少。很多外企在温州很难招聘到医药代表，招当地温州人就更是难上加难了，因为当地温州人从事医药代表的很少。黄德华从这次接手陶艺先生的温州市场发现，陶艺只抓重点医院、重点科室、重点医生，开发的医院有限、科室有限，拜访的医生不到10位，但与这些医生的关系非常好，拜访的时候，他们总是聊些无用的家常。路途这么远，只见这么少的医生不划算，怪不得黄德华的销售业绩会超过陶艺。黄德华自进威材以来，简直是人海战术，医院多，科室多，医生多，俗称"三多"。

1997年2月18日，黄德华到宁波出差，先让李大勇带领他，去李大勇亲自开发和拜访的医院。他发现李大勇对医院很熟悉，和医生的沟通内容很专业。拜访李大勇开发的医院，一般是采取指导式拜访方式（李大勇拜访为主，黄德华在旁边观看），当李大勇提出这位医生搞不定，需要一起公关时，黄德华采取的是共同拜访（黄德华和李大勇一起面对客户，一起协同和客户谈判，黄德华协助李大勇完成十分重要的交易和答复客户提出的问题)。这天晚上,两人回顾白天的拜访成败时,李大勇说,医生告诉他:"这位医药代表很专业,销售技能比你(李大勇)强,不简单。"这些反馈让他觉得威材很有前途(黄德华和李大勇拜访医生时,不给名片,也不用介绍,只说是李大勇的同事,来学习的)。于是,黄德华第二天就带领李大勇拜访自己开发的医院,正式当着医生的面,告知李大勇来负责威材在这家医院的业务(业内俗称转交医院业务),并把客户信息全部转交给李大勇。晚上,在角色扮演中,黄德华扮演医生或药剂科主任,李大勇扮演威材的医药代表。有时,两人互换角色,进行演练。在离开宁波前,李大勇告诉黄德华,这些转交的医院有好几个医生说,他们原以为李大勇是黄德华的上司,没想到是黄德华的下属。这句话,一是让黄德华感到自豪,招了主管级的医药代表,对李大勇充满了信心;二是提醒了黄德华,他应该提升自己的管理内涵,并改变衣装,让自己更专业。

温州的招聘广告在2月初发布后,一个月内只收到两封求职信。蔡果盛先生看过后,没有一个合格,将求职信转寄给黄德华,黄德华也认为不合格。尽管如此,黄德华在3月初,第二次千里迢迢来温州面试这两位候选人。在路上,蔡果盛先生推荐了一位候选人,这位人选是蔡果盛先生大学同学的小舅子(化名刘成龙),而蔡果盛先生的这位大学同学在温州某三甲医院工作(未来的药剂科主任)。这样就有3个人面试,考虑到公司的面子,黄德华把面试地点安排在三星级酒店,高档的面试地点也许会提升面试者来工作的意愿,可是面试后,他感到非常失望,3个人都没有共事的感觉。蔡果盛推荐的刘成龙,对人很敏感,能言善辩,爱好多而变,做事情不专一,给人虚的感觉,不是黄德华内心喜欢的那一种人。但是最后苦于温州难招人和刘成龙舅舅的关系,黄德华勉强同意推荐录用。

1995—1996年,威材的销售代表都是销售主任初试,邓广龙先生复试拍板。到了1997年,除了有需要,这种需要来自邓广龙自身的判断和销售经理的主动邀请,否则邓广龙就不进行复试。他主张销售主任初试,销售经理复试。不过对于新销售员的入职培训,他都会亲自到场,授课1天,观摩1天,颁奖半天,晚上至少宴请1次新销售员。然后,把所观察的情况反馈给销售经理和销售主任,不合格的,直接建议销售经理和销售主任辞退。宁波的李大勇与温州的刘成龙在3月中旬被送到上海参加5天的上岗培训。新代表入职培训结束后,邓广龙先生反馈给黄德华的意见是:李大勇很有潜力,但需要引导;刘成龙不适合做医药代表,估计不会做长久。

1997年3月初,在杭州媒体发布了威材杭州医药代表的招聘信息,结果,应聘材料很少,主要是威材的知名度比较少,待遇中偏低,月工资为2000元左右。于是蔡果盛先生提议并鼓励内部员工介绍,在杭州出差、拜访医院的时候,蔡果盛先生遇到同行就发名片,希望可以介绍应聘者。

1997年3月,威材在三亚召开1996年度全国市场销售工作会议。在这次会议上,黄德华获得威材公司的1996年度最佳医药代表称号,并提名参加威材全球最佳医药代表的角逐!通过三亚的5天活动观察,黄德华在日记中对他的3位团队成员评价道:陶艺,善良、随和;赵磊,创意多,爱说话;李大勇,适应慢,主见强;管理之道:扬其长而激活之,遇其短而分析之。(温州的刘成龙因为录用时间是3月初,故不能参加三亚的市场销售会议,这是威材公司的惯例。)

在1997年4月初,蔡果盛先生与黄德华一起面试了5个候选人,最后,蔡果盛先生决定录用郭思女士,此人是浙江医科大学毕业的,比黄德华大4岁,沉稳谨慎,逻辑性强。除了年龄偏大(因为已有一位李大勇年龄比黄德华大3岁),其他条件均符合黄德华录用人的观点:正直、理性、条理性强、抗击打能力强、热爱医药学、没有医药代表经验等。郭思接管黄德华做医药代表时在杭州和嘉兴的销售地盘。

4月出差时,黄德华与李大勇一起拜访医院,开始以指导式拜访为主,示范拜访与共同拜访为辅,主要是站在旁边看李大勇怎样拜访,在关键时刻示范给李大勇看,或者两人一起说服医生。中午二人共进午餐时,相互回顾上午拜访的过程,切磋拜访技巧。那天下午,拜访宁波市三医院时,李大勇犯了个严重错误,拜访结束后,与李大勇谈到此事,李大勇不以为然,黄德华命令李大勇返回去解决此事,李大勇很不情愿地服从了指令。从客户那里再次出来后,李大勇带着满意的笑容,并谢谢黄德华的指导,说客户很满意此次拜访。李大勇在4月中旬顺利转正为正式雇员。黄德华寄给了他两封信——转正通知书和恭喜信。黄德华用带领李大勇的方式带领郭思,只是不能利用晚上的时间回顾当天的拜访情形,也不能进行角色扮演。回顾拜访情形总结得失,只能放在第二天拜访客户前,在去医院的路上,或者等候医生的时候,进行回顾式指导。尽管有机会带领郭思到嘉兴出差,但由于是异性,也无法在宾馆进行销售技巧的角色扮演式的演练。尽管黄德华被任命为销售主任,但公司并没有在杭州设立办事处,也无固定办公场所。这就对黄德华提升新销售员的技能带来了新挑战。对陶艺的管理,黄德华主要采取指导式拜访,而且以谈心和欣赏表扬为主。

1997年4月中旬,富有雄心的赵磊女士提出了辞职。黄德华亲自接管赵磊留下的销售地盘,有点儿衣锦还乡的感觉,因为赵磊的地盘,很多是黄德华在1996年给出去的。黄德华从接管医院中发现了很多意外,黄德华以前没有拜访或没有搞定的医生,赵磊都拜访了,都搞定了,这些医生都喜欢赵磊。很多医生祝贺黄德华的晋升,欢迎黄德华的回归,也有部分医生(那些喜欢赵磊的医生)对黄德华产生了怀疑。同一家公司,不同的销售员,其操作风格和方法不一样,而这些不一样会带给公司麻烦与风险,当然也会带来机会。那些怀疑黄德华的为数不多的医生,说赵磊总是带给他们开朗和笑话,她的离职是威材的损失。黄德华仔细琢磨这些医生,发现这些为赵磊说话的医生,其风格与赵磊的相似性比较多。幸好,多数医生还是认可黄德华的务实认真的,讨厌赵磊的虚浮、不守信用。黄德华亲自上阵做销售,并承担负责医院的销售任务,他自己觉得很满意。但接管过程中的意外,带给黄德华以隐痛和深思,促使黄德华有了加快管理学习的压力。4月底,威材在杭州发布招聘广告,应聘者依然不多,而且挑选有限。黄德华认为,一定要招销售能力强的销售代表,这样做领导就可以腾出时间做很多管理上的事情,包括3~5年规划;为了这一点,宁缺毋滥。

1997年4月,黄德华到温州出差,发现刘成龙基本上没有拜访医院,工作报表也几乎没有填写。与刘成龙谈话,两人不欢而散。第二天拜访医院,要想联系刘成龙非常困难。结果到10点钟左右，刘成龙才赶到医院门口。晚上黄德华提议要进行角色扮演以提升销售技能，刘成龙一点儿都不配合，不肯进行角色演练。黄德华耐不住性子批评了刘成龙几句，刘成龙一怒，扔黄德华的东西，还给了黄德华一拳。黄德华躲过了一拳，但是眼镜掉在地上，摔坏了。黄德华立即向蔡果盛先生汇报此事，并要求提前返回杭州。蔡果盛先生同意提前返回，但不同意辞退刘成龙，说"他人小，不懂事，他同学请我们管教他"。黄德华在事发的第三天，根据公司政策作出决定，辞退刘成龙，并把此事告诉蔡果盛先生。蔡果盛先生立即赶到杭州，希望黄德华给予刘成龙机会，否则他无法给他同学交代，而且这件事情会影响到威材在温州的发展。黄德华认为此事关系生命安全，坚决给予辞退。调解不成，蔡果盛先生汇报到上级邓广龙先生，邓广龙先生也认为长痛不如短痛。4月到7月的温州市场，暂时由黄德华自己负责开发与上量。这个时候，黄德华不仅要对整个浙江的销售任务负责任。还要亲自到一线跑温州、杭州部分市场，对这两个暂缺销售代表的市场销售任务负责任，幸好黄德华的销售能力强，精力旺，这两个销售代表的任务，都超额完成了销售指标计划。看到自己的主管这么忙，业绩也不错，又没有影响到他们的团队奖金，另外3位销售代表也没有放松自己的努力，尤其李大勇、郭思两人，他们是新招进的，而且与黄德华有很多相同的性格特点。

直到7月温州市场才招聘到张固良，此人思考严密，性格内向，言辞不多，为人精明，是温州医院临床医学专业毕业的。张固良与李大勇一样喜好下围棋，并与李大勇同龄。这是第三个年龄大于黄德华的部属！黄德华用带领李大勇的方式带领张固良。张固良成长很快，他开发客户的速度不快不慢，很有步骤，跟李大勇差不多；做市场时，他喜欢按照自己的策划进行。8月份，在参加公司举办的新销售员培训期间，张固良在销售技巧的角色扮演中获得第一名，郭思在产品测试中也获得了第一名的好成绩；两人均得到了邓广龙先生的表扬。

这时候，有人提醒黄德华，在职场上，要王伦守寨，防鸠占巢。否则，就会遭受《水浒传》中王伦的惨局。黄德华认为销售能力强不等于管理能力强。他们要超过现在的黄德华，还需要2~3年。再说，这2~3年内，黄德华会在管理方面有很大的提升。

1997年7月，黄德华因1996年被评为威材全球销售代表TOP10，获得了去美国进修学习的机会。在美国，黄德华接受了《适应性销售技巧》和《适应性领导力》课程的训练。对人的行为风格，黄德华有了更深的了解，也知道了人的行为风格理论，不仅可用于销售技巧方面以提高销售沟通效率，还可以用于内部员工的沟通和团队组建。黄德华反思自己组建的团队：4位销售代表中，有3位跟自己的行为风格类似，都属于DISC十字架中的"C"，陶艺属于DISC十字架中的"S"，销售团队组合是3C1S，属于内向严谨谨慎型团队。按美国老师的说法，这种组合的好处是，行为风格相类似，大家相互欣赏，相互喜欢，而人们喜欢为他喜欢的人做事情，因此沟通效率高，执行力也高。但这种队伍很容易走极端，销售方法既内向谨慎又单一，理性过强，逻辑过密，程序偏多，对客户的反应过慢。与其销售关系好的客户，也多半是C型的，而那些D型、I型与S型的客户却很难与他们做生意，将近有3/4的客户没能很好地开发。如果这4种风格可以在销售队伍中相互共存、相互欣赏、相互启发,那么对于事情的解决,就有DISC 4种乃至它们组合出很多思路。这种销售队伍的创新,就会源源不断,并且极富有生机与活力。基于个性心理的组合团队智慧,原来有这么多好处。回忆邓广龙在杭州招聘的黄德华、陶艺和赵磊,应该属于1C1S1I组合,这种个性奇异的组合造就了1996年浙江优异的成绩。于是,黄德华更加崇拜邓广龙了,原来邓广龙就是用DISC组合智慧来组建浙江团队的,不愧是西方管理学出身的。蔡果盛的高明,就在于可以驾驭这种个性奇异的组合,这就更加坚定了黄德华在外企工作的信念,在外企多学学他们做企业管理的智慧。DISC组合团队,尽管有"一个好汉三个帮"的味道,但更具科学性和操作性。

1997年9月,杭州终于能够招选出可以胜任工作的销售代表了。这时,蔡果盛先生也经常给黄德华灌输"最好不要招聘与自己一样的销售员"的理念。招聘与自己一样的销售人员进入公司,就相当于其中有个是多余的。这不就相当于给一个人发了两份工资?这与黄德华在美国接受的训练是不谋而合的。于是,黄德华更有动力来尝试团队组建的白金定律,招不同风格的人进来,让他们(DISC)和谐相处。(备注:D型,即Dominance支配型;I型,即Influence,影响型;S型,即Steadiness,稳健型;C型,即Conscientiousness,尽责型。这是美国心理学家威廉·莫尔顿·马斯顿博士于1920年在《常人之情绪》著作中提出的理论,后来被美国学者用在销售技巧、领导力、创业搭档、团队组建等领域。)

由于没有来得及翻译在美国接受训练的教材,黄德华就凭领悟进行招选,当然蔡果盛先生也是凭感觉来招选,没有用任何测评工具。黄德华和蔡果盛先生共同面试应聘者,并最终共同敲定录用沈跃女士,负责黄德华接管的赵磊离职后所腾出的医院。沈跃是浙江医科大学毕业的,也是大学老师出身,性格外向,对人敏感,善于察言观色、活泼开朗,跳跃式思维。沈跃的整体性格与赵磊相似,是黄德华不喜欢但渴望的那一种。根据DISC理论,沈跃属于I型员工。(备注:DISC中的D型,决策时果断与迅速,控制过程;注重目标,依赖能够支持结果的资料;倾向与迅速行动并面对问题;期望人们注意倾听并及时作出反应。I型,思想方法比较理想化;有激励作用,企图使他人对其理想和见解表示热情;倾向于直率和坦率,甚至在不愉快的场合也是如此;喜欢激情式的解决问题方法。S型,在沟通过程中小心而合作;重视人,依赖他人的支持和参与做决定;往往通过退出或改变话题来避免不愉快的场合;倾向用互动的方式来解决问题。C型,作出决策时保守而实际;着重技术,依赖有条理的方式和有事实的证据;往往用低头看资料的方式或以退席来避免不愉快的场合;善于收集资料和建议性方案,喜欢系统而彻底的方式。)

由于自身的争取,以及浙江团队的优秀销售业绩,浙江团队终于可以租赁固定会议室作为每周见面的场所。这样,就可以和杭州的同事协谈工作了。于是,大家为沈跃进行了为期5天的集中培训,陶艺、郭思和李大勇讲产品知识,每人讲一个产品;黄德华讲销售技巧和公司政策。每个销售员讲产品知识的时候,黄德华都在场聆听,把自己既当成学徒,又当作上级,暗中给各位销售员进行产品知识评分、记下他们的优点，及时表扬他们，记下他们的不足，在私下告诉他们。随着共事的深入，黄德华发现沈跃这个人说话常常不算数，约好在某医院见面再一起拜访医生，沈跃经常会迟到。刚开始，黄德华认为这是沈跃还不习惯的缘故，提醒多次后，她依然如此。而黄德华把时间看得很重，心里为此感到不爽。在和沈跃协访医生的时候，沈跃总是滔滔不绝地谈论与药品无关的话题，总是"忘记"询问医生处方药品的情况和患者使用药品的反馈情况，也总是会"忘记"向医生提出要处方。看起来，沈跃与医生的关系不错，但黄德华总觉得这只停留在表面。1个多月下来，沈跃的销售额一直在下滑。黄德华要沈跃提供工作报告，沈跃每次都会以各种理由推迟，即使交上了的报告，也是逻辑性、分析性、规划性、实践性不强的报告。在黄德华举办的各种内训会议中，沈跃总是有说不完的话，老是开小差，经常走出去通电话。黄德华想用美国所学，尽可能调整自己的领导风格，尽可能留下这种外向而创意不断的员工。黄德华不断地宽容她，试着理解她，增加和她拜访客户的次数和时间，想方设法提高沈跃的销售技巧，改进其销售态度。黄德华做得越多，沈跃的"叛逆"越多。同时，整个团队认为沈跃不合适，这个人太外向，做事情不严谨，太凭直觉做事情，说得多做得少，不务实。沈跃也觉得她很难融进团队，除了陶艺注重人情外，其他人简直是工作狂，天天讲数据，天天作分析。最后，黄德华拿到沈跃兼职的依据（沈跃依然在原单位上班，每天到学校上两个半天的课），在10月底辞掉了沈跃。这对黄德华的打击很大，管理不同风格的员工，原来这么难。

　　1997年11月，很快又有4个候选人面试，通过了黄德华的初试，蔡果盛先生来杭州复试。复试只有厉小豹先生通过，这次黄德华有些犹豫了。黄德华发现这位厉先生有医药销售管理经历，虽然销售业绩一般、销售悟性也一般，但管理潜力与悟性较强。这给黄德华出了道难题。以往，黄德华招选的人都是没有医药销售经历，更不用说销售管理经历了，但很重视应聘者的销售潜力的高低（黄德华把勤奋、执著、抗击打、不服输、好学等当作销售潜力高的特征）。厉小豹也是武汉大学毕业的，说起来是校友，而且比黄德华大3岁，风格属于C型，但在"理性多谋，稳健筹划"方面有明显优势。

　　蔡果盛先生在和黄德华就晚餐的时候说，武大郎开店，为什么一个比一个矮，那是因为武大郎不容大个儿，高他者不用，个高的不用，不听话的不用。要向曾国藩学习，尽用能人帮自己成就事业。请放心，威材不会出现下属替代上司的情形。黄德华觉得蔡果盛先生说得有道理，同时想起了在美国听到的"俄罗斯套娃的故事"：在一次董事会上，美国马瑟公司总裁奥格尔维先生在每位与会者的桌上都放了一个玩具娃娃（俄罗斯套娃）。"大家都打开看看吧，那就是你们自己！"奥格尔维说。董事们很吃惊，疑惑地打开了眼前的玩具包装，发现大娃套着小娃，小娃里面还有更小的娃。娃娃都一模一样，只是一个比一个小。当他们打开最后一层（第五层）时，发现了模子一样的玩具娃娃身上有一张纸条，那是奥格尔维留给他们的：你要是永远都只任用比自己水平差的人，那么我们的公司就会沦为侏儒；你要是敢于启用比自己水平高的人，我们就会成长为巨人公司！我们善用比我们自己更优秀的人。

于是黄德华同意了推荐厉小豹先生。黄德华同样为厉小豹举办了新员工培训，为期5天，分开进行，1—2天培训，1—2天跑市场。总共培训3天产品知识，请陶艺、郭思来宣讲，销售技巧由黄德华主讲。由于是同气质的一类人，厉小豹很快就融入了团队，尽管威材杭州办事处团队组合是5 C 1 S组合，但S型陶艺和C型的李大勇、张固良在价值观中有相同之处，所以陶艺不觉得自己是另类。但黄德华似乎看到了某些不安，这个团队很严谨，开会时都讲数据，对某个观点都要引经据典；冲劲和乐观度欠缺，做市场的方法单一。他们总是喜欢向黄德华问为什么，黄德华虽然擅长回答为什么，但问得多了，有时也很让人烦恼。

这一年，威材销售指标达成率为101%，威材杭州办事处销售指标达成率为125%，每个代表都完成了计划，包括流动的地盘，也完成了销售指标。黄德华很高兴也很自豪。威材杭州办事处获得了最佳销售团队称号，但黄德华个人没有获得最佳销售主任称号，在蔡果盛先生、邓广龙先生进行KPI考核时，黄德华被评为C。缘由是队伍的流动率最高，5个名额的队伍，一年内就流动3个。黄德华觉得很冤，赵磊的离职跟黄德华没有关系，她是因没有当上销售主任而离职的；刘成龙的离职也跟黄德华无关，他是蔡果盛先生推荐的；沈跃的离职是因为她兼职。

由于浙江团队的销售业绩出色，公司批准在杭州设立办事处，浙江团队终于有了办公场所。黄德华把杭州办事处设在延安路上的元通大厦，并在办事处召开了第一次浙江团队的会议，会议主题是威材浙江年度总结，为期1天。上午，各成员阐述自己的1997年，展望1998年，黄德华作了"志同道合、同舟共济迎接1998年"的讲座；下午，颁奖和销售案例讨论。

在春节期间，黄德华对KPI考核为C的埋怨和不快乐的情绪，很快就无影无踪了。他这一年盘整自己的时候，很开心，也很得意：威材中国的员工，除了黄德华，谁去过美国？第一年当主任就带领团队超额完成销售计划，而且完成比例最高，自己奖金也拿得不少，现在又拥有不错的办公场所。

1998年浙江团队要增加两位销售代表，这两个销售代表，要好好地招聘，要按照团队组建的白金法则去招，但要想方设法留用和发展他们。于是，利用春节放假，黄德华好好地复习了美国的学习资料，并把它们翻译成中文。在翻译过程中，他发现了I型员工是他的冤家死对头：I型想聊天、黄德华要分析，I型思维跳跃、黄德华要理性，I型要热闹、黄德华要安静，I型喜欢人多的地方、黄德华喜欢独处，I型相信直觉、黄德华相信分析，黄德华认为没有筹划的直觉是错觉。那怎么办？古人不是说最大的敌人就是自己吗？只有调整自己的风格，读懂对方的风格，并容忍、珍惜对方的风格，才会把团队带领成真正的白金团队，才会创造出奇迹。也许对角线上的风格同事，在同一个城市很难相处，自己目前没有这个相处能力；相距较远，一个月见1~2次，对角线上的风格的人，容易产生"飞蛾扑火"的相互羡慕。这也许正是蔡果盛先生在1995—1996年可以成功驾驭杭州团队的原因，蔡果盛先生在上海招聘的医药代表，绝大多数都属于S和C。想到这里，黄德华信心百倍，想走一条基于个性心理学的销售之路和管理之路。

黄德华激情澎湃地翻译从美国带回的学习资料，并试着用中国的文化来表述DISC。

D型的人的口号是"我们现在就去做，用我们的方式去做"，他们做事当机立断，大部分根据事实进行决策，敢于冒风险，在做决策前，会寻找几个替代方案；更多地关注现在，忽视未来与过去；对事情非常敏感，对人不敏感，属于工作导向型，注重结果而忽视过程，工作节奏非常快，很容易与人起摩擦，如孙悟空。

I型的人热情奔放，精力旺盛，容易接近，有语言天赋，擅于演讲，经常天马行空，做事比较直观，喜欢竞争，对事情不敏感，而对人很敏感并很感兴趣；他们更关注未来，把他们的时间和精力放在如何去完成他们的梦想，而不关注现实中的一些细节；行动虽然迅速，但容易不冷静而改变主意；喜欢描绘蓝图，而不愿意给员工实在的指导与训练；决策时主要依据自己的主观和别人的观点，与员工谈工作时，思维属于跳跃式，员工经常难以跟得上；员工得到的是激励，而得不到具体指导，爱开玩笑，如猪八戒。

S型的人喜欢与别人一道工作，营造人与人相互尊重的气氛；他们决策非常慢，决策时总是寻求与做决定的相关人员达成一致意见，他们总是试图避免风险；办事时不紧不慢，对事情不敏感，而对人的感情很敏感，是关系导向型；很会从小处打动人，为人随和又真诚；非常擅于倾听，属于听而不决的，也很少对员工发怒，员工很喜欢找他们倾述，但他们优柔寡断，如沙和尚。

C型的人非常崇尚事实、原则和逻辑，他们的口号是"我们的证据在这里，所以我们要去做"，他们做事情深思熟虑，有条不紊，意志坚定，很有纪律性，很系统地分析现实，把过去作为预测未来事态的依据；追求周密与精确，没有证据极难说服他们；对事情非常敏感，而对人不敏感，也属于工作导向型，但注重工作证据，决策速度比较缓慢，为人很严肃，难以通融；遇到快速变化的环境时，很容易与下属起摩擦，如唐僧。

通过多次复习研读与反思，黄德华决定坚持DISC团队组建的招选原则，因为这种招选还可以抑制俄罗斯套娃现象中的同质化现象。黄德华在内心上接受了调适自己的沟通与领导风格，也记起了美国老师所教授的风格调适方法与途径。

从1997年12月开始，威材在嘉兴发布了招聘销售代表信息，但收到的应聘信息与1997年杭州一样，非常少，少的结果就是选择的余地很少。为了招选到"价值观类似、销售能力强、风格差异"的销售代表，黄德华决定多次发布招聘信息，直到招聘到优秀的人才为止。蔡果盛虽然表面上支持黄德华这样做，但背后对黄德华花费金钱表示不满，并对其心腹说，黄德华只知道花钱，人脉关系不多，人缘也不好，管理能力不行。两个月后，收到了10多封应聘信，经过黄德华的初试，有3位候选人进入复试，因为当时蔡果盛先生说公司规定进入复试必须有3位候选人。1998年2月份，经过蔡果盛和黄德华一起的复试，只有夏国画和姚益州通过复试关。夏国画很有梦想，敢于挑战自我，热情开朗，对人敏感，只是说话声音不高，所学专业是纺织印染。姚益州，医学专业，在嘉兴二院当医生，逻辑性强，思维缜密。夏国画属于I型，姚益州属于C型。黄德华最后选择了I型的夏国画，得到了上司蔡果盛的批准。夏国画进入公司后,黄德华同样为她举办了新员工培训,为期5天,3天产品知识,请陶艺、郭思和李大勇来讲,销售技巧由黄德华主讲。杭州团队每周必须有半天在办事处,谈工作,角色扮演,不去拜访市场。一个月内夏国画与陶艺走得比较近,黄德华此时能够理解他们,因为他们的行为风格中有相通之处——两人都对人敏感。夏国画与郭思走得近,这是理所当然的,双方都是女性。再说,夏国画要从郭思那里接管嘉兴市场,她们有师姐师妹关系。当时,黄德华以大师兄自居,把邓广龙和蔡果盛称为大师傅和小师傅。夏国画尽可能与那些C型的师兄师姐们靠拢,既学到陶艺的平和友善,又学到郭思的严谨缜密。凡夏国画提出的要求,黄德华都力求快速反应,果断决策,并敢于担责。夏国画在5月份顺利转正了,而且销售业绩节节高升。黄德华长长地舒了口气,觉得改良还是挺有效的。

1998年5月,邓广龙先生正式决定把江西市场划给黄德华管理。6月,蔡果盛和黄德华一起去开发江西市场,并发布招聘广告。7月份两人一起到江西面试应聘者。结果熊治纲先生入围,蔡果盛看重的是熊治纲是他的大学校友,与陶艺的性格类似。黄德华也想增加S型员工,解除陶艺的孤独感,尽可能不让陶艺觉得威材杭州办事处有排他之感。黄德华在杭州办事处,为熊治纲举办了新员工培训,为期5天,3天产品知识,请陶艺、郭思、厉小豹和李大勇来讲,销售技巧由黄德华主讲,并邀请夏国画来旁听(因为考虑到她是印染专业毕业的,需要加强产品知识和医药学知识)。在培训期间,熊治纲和夏国画、陶艺就像预料的那样,三人很快就走到了一起。黄德华不觉得这是问题,反而认为,这是稳定团队所必需的。有了熊治纲的加入,夏国画也觉得多了个说得来的伙伴。已经有了与陶艺3年多的相处,带领熊治纲,就比较轻松了。在7月份,厉小豹、夏国画和熊治纲一起参加了公司举行的新员工培训,三人均获得优异成绩,受到邓广龙先生的表彰。黄德华用带领李大勇和张固良的方式带领熊治纲,只是语气方面变得舒缓些。

在9月份,黄德华带领7位下属讨论"如何开发市场"话题时,有趣的现象产生了。陶艺说,要先在熟悉的市场中找到或培养愿意帮忙的医生,对他进行重点公关,重点突破,然后利用他的关系,带动其他医生。李大勇说,重点突破的应该是说话有分量的专家,这样就可以以最快速度实现"以点带面"。郭思说,有分量的专家一般是顶级专家,不好公关的,他们不吃那一套,而且他们喜欢跟有实力的公司合作,而威材产品的临床证据不够档次。夏国画说,顶级专家要面子要名气,他们喜欢讲课,如果请他给医生讲课,通过面来拉动这个点,这叫以点带面。厉小豹说,关键是顶级专家,威材一般请不起,也请不动。张固良说,夏国画的建议很好,讲课是可以带动面,也可以满足顶级专家桃李满天下的体验。如果请不动顶级专家,就请次一级的专家来授课。这样,可以帮助他提高知名度和美誉度,他就会更愿意和威材合作。熊治纲说,请了次一级的专家讲课,这样做会得罪顶级专家。得罪了顶级专家,开发市场的难度就更大。大家原本通过以点带面进行市场开发,结果可能会弄巧成拙。夏国画说,如果请不动顶级专家来讲课,就请他当大会主席,把这个名头给他,然后邀请次一级的专家授课,这样两方面就都照顾到了。最后,黄德华说,大家的发言建议非常好，开发市场可以从点到面，重点突破，以点带面；也可以不断地造势，跑更多的客户，在更多的客户里找到更多的点，实现以面促点。最好是面点一起抓，做到面点结合或点面结合。是先点后面，还是先面后点，因人而异。杭州办事处不做统一要求，做销售要允许百花齐放，八仙过海，各显神通。在开学术会议的时候，可以采取夏国画的建议，考虑设立大会主席、主持人和授课人，这样做会给医生这样的印象：威材搞定了很多顶级专家，很多专家都帮威材。更为重要的是，既帮助很多想成为顶级专家的医生提高名气，也培养了威材的后备支持力量。熊治纲在10月份顺利转正。这一年，威材销售指标达成率为94%，而威材杭州办事处的销售指标达成率为114%。唯一遗憾的是郭思在12月提出辞职。黄德华被评为最乐观的销售主任，黄德华也觉得自己在成熟，初步尝到了DISC的甜头。

1999年1月，蔡果盛先生对黄德华说："今后能不能提升，就看你能否培养出至少两个接班人了！"黄德华觉得蔡果盛先生的话很有道理，开始了对继任者的精心培养，因为他想晋升为销售经理。黄德华在威材杭州办事处设立民间组长制，通过一年一度的授权形式，选拔销售优异且有管理潜能的销售代表任销售组长。销售组长没有任何物质待遇，只有组长义务。设立民间组长的目的是训练未来的管理者。第一批民间组长为陶艺和厉小豹。为了增加夏国画的同类，改进杭州市的人员风格结构，黄德华在1999年1月把有跳跃性思维的马港招进浙江团队，并经过培训走向销售岗位。新销售员进入威材浙江，都要进行为期5天的上岗培训，这成了黄德华的传统管理项目。从马港的应聘面试开始，黄德华开始带着陶艺和厉小豹一起面试新员工，并听取他们对被面试者的评议，之后黄德华才决定谁入选。其目的是训练陶艺、厉小豹的招选技能，并从中发现谁的管理潜力大；同时给予他们暗示：跟随黄德华，有发展的机会。1999年2月，在杭州成功招聘医药代表葫羌先生，药学本科毕业，为人随和，与陶艺同属于S型员工。这样，在杭州市，除了没有D型的员工之外，其他三种员工都已经具备。从1999年1月起，也许是出于信任，也许是很忙，蔡果盛先生不再对黄德华招聘的员工进行复试，马港与葫羌都顺利转正。在1999年5月的一次聚会上，威材杭州办事处的同事感觉到了黄德华的变化，由内向变成了外向，由决策迟缓变成了行动果断，由不近人情，变成了愿意和员工一起娱乐——喝酒、唱歌。威材杭州办事处团队的凝聚力真正形成了。

1999年6月，蔡果盛先生晋升为威材销售总监，史仲冬先生接替他的大区经理位子，黄德华的新上级变成了史仲冬。史仲冬是蔡果盛先生招进来并一手培养出来的，是黄德华在威材的师兄，性格与蔡果盛先生类似，比蔡果盛先生稍微偏懒一些。

1999年8月，黄德华和陶艺、厉小豹一起把黄啸茜招聘到威材。黄啸茜性格外向，果敢担责，对事情敏感，独立性很强，很重视结果的达成，唯一的缺点是耐心不够，属于D型员工。这样下来，杭州市的团队就有了四种行为风格的员工。黄德华注意到，厉小豹感觉到了压力，他经常会与黄啸茜发生摩擦（邓广龙也放出这种声音，黄啸茜的性格与黄德华有相似之处）。黄啸茜由于自身的努力，很快把一个长期低迷的产品SLX做出了连邓广龙先生都惊讶的业绩。黄啸茜很顺利地转正了，SLX产品开始在浙江省从衰退期重新进入导入期，并导入成功，迈向快速成长期。浙江省的SLX在1999年一跃全国第三。1999年12月，黄德华在宁波招选李一峰进入威材，整个招选过程均让李大勇参与，指导其招选技巧。李一峰属于C型员工，但胆子和冲劲儿没有李大勇大。这一年，威材销售指标的达成率为97%，威材杭州办事处销售指标的达成率为107%。

　　2000年，黄德华因销售管理的业绩出色，被晋升为销售区域经理。他把销售代表的招聘条件修改为：大专以上学历，医药等相关专业；年龄在30周岁以下，本地户口；有良好的沟通、诚信、勤奋和担当等素质。2000年3月属于C型的江蔼加入杭州市团队，其组长为厉小豹；2000年5月属于S型的胡涵博加入威材绍兴，其组长为李大勇；2000年4月I型的林祥尧加入威材台州，组长为张固良；2000年7月属于D型的成博加入杭州市团队，组长为厉小豹。黄德华不断为整个队伍灌输这样的理念：大家一起把平台做大，之后才会有更高的管理职务与更多的管理岗位。管理岗位尽最大努力留给内部有潜力胜任的优秀员工。威材杭州办事处杜绝任何形式的政治斗争，并开始"雏鹰计划"的管理培训，如给高级销售代表进行团队建设的内训，给予销售组长进行招选面试技巧的内训，不断地内训与指导增强其管理能力；而且，公开承诺给予大家安全的职场环境，如直线下属不能直接取代上级。优秀员工若在本团队没有晋升机会，黄德华会考虑在尊重本人意愿的前提下，把他推荐给其他大区晋升，并建议公司颁发伯乐奖、特殊贡献奖或感谢奖。

　　2001年1月份，浙江团队的两位高级销售代表晋升为销售主任：厉小豹为浙江一区的销售主任，李大勇为浙江二区的销售主任。在厉小豹和李大勇任销售主任后，黄德华送给他们的话是："如果招聘了与你一样的人，公司就多付了一个人的薪酬，如果招聘了能力比你强的人，你就还会有晋升的机会。"黄德华要求他们招聘销售能力比他们强的销售员，最后一关的面试，由黄德华来把握。这一年，他俩招选销售代表都是这样的流程：他们初试，黄德华复试。黄德华复试时一看应聘者的销售应变力，二看应聘者的行为风格，尽可能让他们的团队符合白金定律——DISC组合。

　　黄德华还要求两位主任加强新进销售代表的融合管理，因为合理的融合管理有五大好处：第一，改善销售人员的工作业绩和工作满意度；第二，减少工作中的不安情绪及对未来工作的忧虑；第三，减少销售人员的流动率，提升招聘的成功率；第四，使销售人员对公司、工作职责及未来预期产生一种积极影响；第五，节约管理人员的时间，并相应减少成本费用。融合管理可以从一开始把销售人员带上一条正确的轨道，从而为他们将来的销售工作奠定一个坚实的基础。黄德华要求两位主任在新销售员上班报到之前，写一封欢迎邮件给现有的同事，主要内容是这位新销售员的背景、简历、兴趣和特长等。这封信要抄送给黄德华。无论多忙，新销售员报到的第一天，必须和他们相处在一起。如果遇到会议冲突，宁可推迟新销售员的报到时间。在这一天，销售主任要告诉新销售人员有关报酬、费用账户、办公室规则与习惯、膳食设施和未来几周活动的日程安排等信息；与新销售员共同学习销售代表的工作职责，让他知道作为他的直接上级对他的要求与期望；并主持2小时左右欢迎新伙伴的茶话会，安排晚上聚餐与卡拉OK,并邀请黄德华参加。黄德华还要求两位主任在新销售员上班的两周内必须和他们在一起,尽管新代表可能要和资深销售员进行医院转交,遇到这种情况,就三人一起跑医院。在这两周,加强垂直沟通,提高蜜月期的质量,帮助新员工尽快融进自己的团队。

2001年7月,威材邀请了中国台湾地区的培训师,给销售管理者进行第一次专业内训。这次内训课堂上,老师介绍了PDP领导风格。他们把管理者的风格分为老虎型、老鹰型、考拉型、孔雀型和变色龙型。受其影响,黄德华再次认真复习了1997年在美国所学的DISC。黄德华决定把美国的DISC中国化为TOPK(俗称"黄氏TOPK十字圆盘"),用老虎、猫头鹰、孔雀与考拉的英文Tiger、Owl、Peacock、Koala的第一个字母T、O、P、K来表示,这样通俗易懂,容易识别与掌握。2001年的威材杭州办事处的销售管理团队属于1T2O组合,黄德华属于T型,厉小豹和李大勇属于O型。

2002年,黄德华晋升为杭州大区的大区经理。黄啸茜是黄德华提拔的第一位大区产品主任,与销售区域主任同级别。在2002年,杭州大区的市场销售管理团队共5人:2T2O1P组合;武汉区域的销售主任个性属于P型。在2003年,杭州大区的市场销售管理团队为2T3O1P1K组合;温州的张固良(个性属于O型)和南昌的熊治纲(个性属于K型)被提拔为销售主任。黄德华担任大区经理后,要求大家尽最大努力造就强者更强文化,招选的候选人的能力要一代比一代强。反复承诺最能干的下属也不能直接取代直接上司,黄德华致力于提高销售主管的管理能力,加强对他们的培训;同时加强对销售组长、高级销售员的团队技能类的培训,使得后来的销售员知觉到杭州团队是人才济济。

从2002年起,黄德华跟邓广龙先生、蔡果盛先生的接触机会也多了起来,这有利于黄德华更深入了解两位高管。通过观察与分析,黄德华认为邓广龙先生是会变的O型风格,以致常人看不出其天生的领导风格。在指标制定与未来规划及数据方面,他扮演更多的是O型风格;对于公司的原则禁区、市场机会和目标奖惩方面,扮演更多的是T型风格;面对未来,他扮演更多的是积极乐观的P型风格;在每次会议结束后的晚宴或晚会上,他扮演更多的是P型风格;在面对公司各部门的协调方面,他扮演更多的是K型风格。而蔡果盛先生只会在O型和T型之间转换。

同时,黄德华与其他大区的大区经理见面的机会也多了很多。通过各种会议和接触交流,黄德华发现其他四个大区的销售队伍同质化现象很严重,即销售队伍的匹配有严重的TOPK结构缺失。广州大区的大区经理,典型的P型风格,其队伍成员几乎都是P型和K型员工,包括其基层管理者。北京大区的大区经理,典型的K型风格,其队伍成员几乎都是K型员工,少数O型员工,包括其基层管理者。上海大区的大区经理是O型风格,其队伍成员几乎是O型和K型员工,包括其基层管理者。沈阳大区的大区经理,典型的P型风格,其队伍成员几乎都是P型和K型员工,包括其基层管理者。四大区的销售队伍发生了结构性缺失,销售业绩不够理想在所难免。而黄德华,在邓广龙看来,已经具备T型和O型风格,并会在这两种风格之间进行自然转换,与蔡果盛很相像,所以邓广龙对黄德华抱有很大的期望。黄德华带领的杭州大区,四型风格比例相对平衡，而且能够和平共处，相互珍惜。黄德华还发现，四个大区经理，都没有制定新进销售员上岗前的正式培训制度，新招聘的销售员，直接由各个销售主管带领跑市场，边跑市场边培训，反正公司每年有两次新员工培训。他们主张培训在现场，认为把销售员关在办公室培训，会耽误销售员跑市场的时间。可喜的是，杭州大区在2002年，实际销售业绩突飞猛进，由2001年的倒数第二，跃升至2002年的顺数第二！

  2002年4月起，公司成立人力资源管理部，隶属于总经理管理。人力资源管理部有两位招聘专员（这两位招聘专员没有任何销售经历，也不是市场营销专业毕业的），他们要求把销售代表的招聘工作全部交给他们去做。由于各大区的大区经理持反对意见，邓广龙先生也认为，人力资源管理部在不够成熟的情况下就把招聘工作全揽过去，公司完成销售指标有风险。经过协商，人力资源管理部的两位招聘专员只负责招聘广告的发布和应聘信的处理，应聘信一律寄到上海总部，再由两位招聘专员把应聘信统一寄给大区经理。那些把应聘权抓在自己手中的大区经理支持这样做，因为，他们认为，公司这样做，可以防止销售主管把不合格的销售员录用进来，因为人是自私的（大多数人不希望能力强的手下威胁自己的位子），而且销售主管要忙于带队伍、跑市场、做销售，没有更多的时间来看应聘信，他们的招选经验也不专业。在这件事上，黄德华得知，原来每位大区经理面试的模式均不一样：有的大区，由销售主管初试，销售经理复试，大区经理再复试；有的大区，销售主管与销售经理初试，大区经理复试；有的，销售主管和大区经理直接初试录用；有的大区，大区经理直接面试录用。真是百花齐放。

  人力资源管理部把经过审查并自认为是"优秀的销售员"的应聘信递交给大区经理，大区经理自行决定后面的程序。这时，四个大区经理就采取直接自己面试法，新销售员录用后，交给销售主管去管辖。黄德华则授权，招聘专员直接把应聘信转寄给当地的销售主管，让直线销售主管初试，黄德华进行复试。黄德华认为这样做至少有两个好处：第一，销售主任会认为销售员是他招进来的，销售主任的责任感会得到提升；第二，销售主任可以把新员工的融合管理提前在面试环节进行，会提升招选的成功率。

  2002年10月，四位大区经理们纳闷了：这些"优秀的销售员"大多数离开了威材，要么是自己主动提出辞职的，要么是被销售主管辞退的。新员工的离职率很高，有很多市场就变成了遗漏市场。招聘任务在增加，销售部很忙，人力资源部也很忙，销售业绩出现了徘徊，有完不成销售指标的危险。邓广龙先生召开会议探讨这个问题的产生及其解决，四个大区经理的意见一致：这些所谓的优秀销售员，光看简历是不够的。而他们面试的应聘者，已经通过人力资源部筛选，他们为了尽快填补销售空缺，只能从这些"优秀"的应聘信中挑选。人力资源部也承认，优秀带有片面性，主要原因是优秀的标准不统一。

  由于自学了一些管理知识，黄德华认为，他们的销售队伍中出现了格雷欣现象：一般人才驱逐优秀人才（劣币驱逐良币），如果没有被排挤出去，也会出现"螃蟹效应"，最后优秀的人才也就变成了庸才。在职场上每个人都有自私的一面，因为大多数上司都怕自己的地位受到下属的威胁。上级或人力资源管理部招进的优秀销售人才，不仅仅难以"落地"，也会受到"排挤"。黄德华经常听到"其他大区的销售主任百般隐性刁难这些新进的优秀销售员"的故事。当邓广龙要黄德华谈谈对策时，黄德华不好直讲（生怕引起误会），只讲了公司要加大销售主管的培训，同时，公司要增加培训新员工的次数，一年1～2次的新员工培训不够。邓广龙把人力资源管理部经理程玻请来商讨此事。程玻也很头疼，她说，每次发布招聘广告，来应聘信也不多，他们也只能从这些信中挑选"优秀"的应聘者给大区经理。于是，如何通过招聘广告内容来吸引更多的优秀人才来应聘，成了当时的会议重点。最后敲定，由人力资源管理部程玻拟定招聘广告，统一招聘标准，并提交会议讨论。

　　下午，程玻就把新的招聘广告的内容设计出来了，她把招聘广告中的招聘条件改成：大专以上学历，医药等相关专业；年龄在30周岁以下；有良好的沟通、团结等素质；有销售经历的优先考虑。有两个大区经理建议把有销售经历的优先考虑去掉。他们的理由是，这个条件就把那些有销售潜力但没有销售经历的应聘者拒之门外。再说，有销售经历并不等于有销售能力；有时候，白纸一张，训练销售技巧起来，还挺容易的。可是，人力资源管理部依然坚持自己的观点，增加销售经历，就可以提升优秀人才的比例。四大销售经理也认为，有销售经历的，可以很快上手，这对缓解销售指标压力有帮助。于是，新的招聘广告内容就这样通过了，并要求所有地区都必须执行新的招聘广告。因为，人力资源经理程玻认为，不同的招聘广告，会影响公司的形象。

　　新的招聘广告发布后，无论在北京还是上海，收到的应聘信变得更少了。于是，人力资源管理部就增加招聘广告的发布渠道和数量，招聘花费多了，应聘信当然也增加了，提交给大区经理的"优秀"候选人也多了，但依然满足不了销售部的招聘需求，因为新员工的离职率依然没有减少。两个部门相互扯皮，相互推脱。高层管理者看到销售业绩增速在下滑，非常担心2002年完不成销售指标，于是，很快就给人力资源管理部定了个位：人力资源管理部在招聘工作中处于协助角色，只负责招聘广告的发布和复试候选人的背景调查，以及录用手续的办理。而且，两个部门都可以发布招聘广告，招聘广告内容由各大区自行决定，双渠道解决销售代表的短缺问题。于是，黄德华重新采用1997版的招聘广告。

　　厉小豹和李大勇在2003年1月被黄德华推荐晋升为销售区域经理，并获得了批准。黄德华把销售员的招选的复试权授给区域经理，采取三级面试模式（直线主管—区域经理—大区经理）。黄德华对销售经理推荐的新销售员进行第三次面试，并要求销售主管初试后，对录用候选人进行能力评估，并把候选人的能力与其团队内现有销售员的能力进行对比排序，能力在排序中间位置之前的录用，并签字。同时，区域经理也把候选人在其管理的销售员大团队中排序，并签字。如果一年内该员工的能力评估排名倒退，黄德华在给区域经理与区域主管的年度评估中采取扣分。同时，在新销售员培训中，黄德华会观察新销售员，如果发现其能力与素质在大区销售员团队的末位，就取消其试用期，销售主管就必须重新招聘；如果这种现象年度内出现两次以上，两级销售管理者在年底评估后，扣除总分10%。鉴于公司总部对新销售员只进行一年两次的上岗培训，黄德华决定，在杭州大区采取季度性的新销售员培训（一年3次新销售员培训），一般固定在季度末的最后一周；并要求各个销售主任在新销售员跑市场前，要有3天的产品知识培训，销售经理至少1天的销售演练，而且把新销售员的培训与融合管理计入年度考核。

在2003年，由于公司的销售代表达到201位，比2002年新增45位，考虑到销售代表的离职率，离职率以2002年的17%测算，招聘量至少为79位，比2002年的招聘量61位约有提升。两位招聘专员在2002年的年底离职。人力资源管理部在1月很快招聘了两位无销售经历的招聘专员来填补空缺。随着招聘广告的发放渠道增多，投来的应聘信也很多。人力资源部发布的招聘广告费，统一计入人力资源管理部。如果大区要发布招聘广告，招聘广告费记入大区经理的总费用，公司层面不进行补贴。于是，大区经理们在2003年3月起就停止了招聘广告的发布，全部由人力资源部负责。钱花下去了，应聘信也变多了，人力资源管理部开始牛了，从2003年4月起，他们又先把应聘信筛选一遍，把他们认为的合格应聘信寄给大区经理。这当然减轻了大区经理或大区经理助理的工作，除了黄德华外，销售部的其他人都很高兴！黄德华提出，能否依然把应聘信全部寄给要招聘销售代表的主管那里，然后由销售主管确定初试名单，由招聘专员负责材料的审查和通知性等事务。因为有很多需要招聘员工的主管说，拿到招聘专员寄给他们的应聘信，一看就不合适，不合适的人，让他们去面试，就是矮子里拔将军。再说，新招聘专员，也根本没有做过销售，他们根本不了解销售和销售员。经过协商，公司决定在杭州大区进行两个部门的合作试点半年。试点的结果，初试的速度慢了些，因为招聘专员和销售主管沟通的时间多了，如两个人都要看应聘信，共同讨论哪些人可以初试。增加了人力资源部招聘专员的工作量，但初试的质量有了很大提升。试点方案不作推广，但杭州大区可以继续保留这种招聘模式。在9月份，邓广龙通过助理统计到1—9月的离职率为20%，新招销售员的离职率为60%，占一半以上，邓广龙召开会议研讨如何解决，因为这样下去，会影响年度销售指标的完成。在这次会议上，有大区经理反映，招聘专员太霸道，合作精神较差，人力资源管理部首先要招强的招聘专员。程玻经理在会议上说，招聘专员经过半年多的工作，已经成熟了很多，没有问题。新员工的流失率高了些，是因为销售部的要求太高，而且培训不够。有大区经理当场则说，员工培训是人力资源管理部的职责，销售主管的培训，公司重视度不够。邓广龙先生建议，销售员与销售主管的培训是两个部门的职责，双方要同心合作。人力资源管理部要招聘一位培训专员来专职负责培训事宜。在培训专员未到岗之前，各大区经理要亲自抓新员工的培训。

2004年1月，培训专员到岗了，这位先生没有做过销售，在企业从事培训管理只有一年左右的时间，而且原先的公司比威材小得多，不过，这不妨碍大家对他的期盼：盼望他带来很多高质量的培训，尤其是新销售员的培训。两位招聘专员在2003年年底却都辞职了，理由是压力太大！

由于公司在2004年要新增41位销售代表，以2003年的离职率22%测算，预测离职销售代表为53位，那么招聘量至少为94位，两位招聘专员肯定不够。所以，人力资源管理部索性招聘了4位招聘专员，遗憾的是这4位新招聘专员依然没有销售经历，并且招聘经历不到一年。为了给这4位招聘专员找活儿干，从2004年7月起，所有的员工初试由招聘专员承担。这一年，沈阳大区经理提出他们大区的销售员招聘一律由直级主管面试，他只负责签字（俄罗斯套娃现象产生了，离职率却降低了）。招聘专员从7月起，都带着合格的应聘信来到各个地区，和当地大区经理或销售主管一起筛选面试名单。但是随着工作量的增加，他们就直接决定初试名单。结果，发现他们推荐的复试人选，几乎与他们的风格相同。如果用人部门的销售主管或大区经理与招聘专员的风格相同，那问题不大，复试结果很快就可以通过；如果风格不同，复试的淘汰率往往是很高的。招聘专员和销售主管经常相互扯皮和指责，大区经理则和人力资源管理部经理私下协商，调换招聘专员，以适应当地销售部。他们之间的扯皮和指责还是没有减少，调换率只增不减。

　　黄德华的两位区域销售经理，因参加公司管理级会议多了，跟其他大区经理接触多了，发现黄德华的管理规矩比较多，如新销售员要两周的融合管理，新销售员要上岗培训，新销售员的销售能力要排序，并以此考核他们，而其他大区都没有这些考核。太受约束了！其他大区经理都不复试新销售员，对于新销售员都是区域销售经理说了算，杭州大区没有权利的自由！在2004年3月份，这两位区域销售经理（厉小豹和李大勇）觉得自己的翅膀硬了，在"高人"的煽动下参与公司的政治斗争，与别人一道想把黄德华挤走。由于黄德华沉着应战，他们以失败告终。这一年4月，蔡果盛先生带着史仲冬等6位O型的销售经理集体离职，创业开办公司，经营威材的仿制药。这对威材的打击非常大，无论是信誉，还是形象。而且，威材的销售立即呈现下滑，医生对威材的负面评价也突然增加了很多。邓广龙先生立即任命O型风格的蒋俊伟先生接任史仲冬，担任上海大区的大区经理，自己兼任威材销售部总监。5月，厉小豹先生以蔡果盛先生为榜样，离职开办公司，也从事威材的仿制药品的销售。李大勇先生没有辞职，依然受到黄德华的重用，但内心复杂。黄德华决定通过参加清华大学MBA研修班，加强学习，以提升自己的管理能力，拉开与区域经理的管理能力距离。

　　2004年，公司的销售代表离职率上升到25%，新招销售员的离职率为55%，对比2003年1—9月约有下降。培训专员来了以后，威材的培训有了很大的改观：销售大区经理的培训一期，大家反馈还不错，销售主管的培训有两期，销售经理的反馈不怎么样——销售主管培训的管理技能与本公司脱节。销售主管却说，有培训总比没培训好。而新销售员的培训次数依然为两次，销售技巧培训与本公司的要求也脱节。培训脱节是新销售员离职率高的原因之一。市场部总监却说，为什么产品经理没有安排培训？

　　2005年1月，公司要成立西南大区，李大勇有这个意愿参加内部招聘。黄德华得知，公司内部招聘需要得到现任上司的推荐。当李大勇主动咨询如何看待西南大区的时候，黄德华说，从长远来看，西南地区是一片广阔天地，可以大有作为；从大势来看，国家要开发大西部，识时务者为俊杰；但短期来看，收入会下降，因为威材在西南地区的十多年间，管理层一直处在动荡中，没有得到重视，基础薄弱。当然基础薄弱，也意味着容易出成绩，如果不怕吃苦头的话，这是一个好机会。李大勇自己想去试试，黄德华尊重李大勇的选择。收到李大勇申请西南大区的大区经理信件后，黄德华果敢地在应聘信上签字，并为李大勇写了推荐信。黄德华兑现了以往的承诺：把在本大区内无法晋升的优秀员工推荐给公司其他岗位。黄德华既感到非常欣慰，也很难过，因为失去了一员大将，自己栽树，公司乘凉。4月1日，李大勇被正式任命为西南大区经理。部属李大勇的级别与自己一样，对于黄德华来说，没有任何心理障碍，这主要是受曾国藩的影响。如果把清王朝皇帝比作守成的老板，那么曾国藩就是守成的职业经理人。而曾国藩自己虽然经常打败仗，但他用人指挥的部队却经常战胜别人。更难得可贵的是，为了清王朝皇帝，他克制人性的弱点，敢用比自己能力强的人，并给予他们锻炼的机会，适时推荐给清王朝，如一批晚清王朝最出色的人物胡林翼、左宗棠、李鸿章等。为社会的发展、国家的强大，不怕震己，敢用比自己强的人，鼓励门徒独立，与门徒做大局面，这就是曾国藩的伟大之处。

2005年，新增加销售代表112位，招聘量急速增加，人力资源管理部又增加了1位招聘专员。在留下的招聘专员中，提拔1位专门负责主管级的招聘，从事销售代表招聘的专员，3位是2005年新招聘的，只有1位是在威材工作半年左右的。在2005年，威材新招聘的员工离职率高达50%，整个公司的销售代表离职率为30%。培训专员在这一年推出了大区经理与总监读MBA研修班的报销政策，于是大区经理对他们的批评消失了，新销售员依然是一年两次培训，销售技巧的培训依然和公司实际脱节。面对这么高的离职率，以及销售指标未能完成指标，销售部的人说，主要原因是新销售员的到岗很低。因为招聘专员不懂销售，也没有做过销售，招聘过来的人，都是二流三流人才，如此怎么完成销售指标。销售部指责招聘专员只顾完成招聘数量指标，而不管招聘质量。招聘专员也纳闷：我们花了巨大的人力和物力，把那些认可公司文化和有能力胜任销售岗位的人招进来，销售部这么不珍惜，这些人过不了试用期而离职，责任不在招聘专员，而是销售部本身。两个部门的扯皮更加厉害，于是，人力资源管理部在招聘条件中加了一条——有知名外企经历者优先，并花巨资引进招聘测评工具，推荐复试的应聘者都要经过这套软件工具测评。可惜，这套软件工具测评的培训，只给到招聘专员，销售部的管理者无一人参与培训。"推荐的复试者，软件工具测评也合格，还有知名外企经历，我们的招聘质量挺高吧，而且这两个条件都非常客观！而销售部的筛选标准太主观，这么好的人才引进来，没有留住，那不是我们的责任！"程玻经理说。似乎天平滑向了人力资源管理部。可是，销售部说："这些条件都客观，可是来自知名外企的员工，不愿意待在公司呀。因为我们的起点工资低，他们是因为工资低而走的。"于是，人力资源管理部的程玻经理开始酝酿提高底薪。

2005年4月，沈阳大区经理牛荷重先生（个性风格为P型）被提拔为销售部北中国总监，南中国总监由邓广龙先生兼任。北京大区经理非常失望。很多人建议黄德华向邓广龙先生申请南中国总监，黄德华微笑答谢，内心却惶恐不安：邓广龙先生没有以往那么自信果敢，尽管表面依然很乐观，激情不减当年，但出的政策却一个比一个差。

在2005年6月，胡涵博想担任西南大区的区域销售经理，为了公司的大局，需要能干的销售管理者加快西南部市场的大开发，实现西南市场的大发展，黄德华同意调任。黄德华推荐T型风格的高级销售代表陈劲担任绍兴销售主任。黄德华原以为自己作了这么多牺牲，没有得到任何表扬和奖赏，提拔一位销售主任来顶替胡涵博，应该没有任何悬念。出乎意料的是，陈劲的推荐没有得到批准，绍兴区域的销售主任暂由黄德华兼任，直到在2006年4月份陈劲被批准为止。这期间，黄德华多次找邓广龙先生谈，询问为什么没有批准，邓广龙先生的答复是，需要时间来观察，因为胡涵博在提升前向人力资源管理部推荐高级销售代表沈国娟。黄德华的答复是，沈国娟个性属于考拉型，很难驾驭绍兴团队，其协调能力不错，销售业绩也不错，但魄力和思考深度不够。

2005年7月，邓广龙派出牛荷重先生和程玻经理一起制定销售代表的工薪改革条例。12月，威材公司公布了人力资源管理部程玻经理主导设计的牛荷重参与设计的、经营委员会讨论通过的"销售代表的工薪改革方案"。自2006年1月起，新销售代表按新方案实施，原有销售代表的工薪也从1月份实施，但需要在4月一起补发。薪资改革遭到很多人的非议，尤其是公平性的非议。2006年4月，牛荷重先生晋升为威材销售部总监，代表销售部与公司其他部门沟通，尤其是和人力资源管理部的沟通协调。

这一年销售代表的离职率，不仅没有降下来，而且攀升为40%。两大部门又继续扯皮，销售部说，从知名外企招进的销售代表认为，虽然威材的工薪有了竞争力，但奖金缺乏竞争力。人力资源管理部说，销售奖金政策是销售部制定的，与他们无关。销售部说，拿出同行的奖金数据是人力资源管理部的事情。于是，人力资源管理部得到公司支持，程玻经理主导酝酿2007年的奖金条例。

杭州大区由于非常重视新销售员的融合管理，帮助胜任的销售员尽快在杭州大区生根发芽，杭州大区新员工在试用期离职的也有，但不是很多。黄德华认为，销售主管要帮助新销售员回归到团队中去，不能指责或埋怨新销售员不是自己的团队成员，不能埋怨招人难招。因为任何科学的招聘和选拔过程，并不总是保证我们录用了解组织真谛（价值观、准则与行为模式）的销售员，任何来自总部的培训，都会被新销售员认为是公司正式的价值观或书面的行为模式，而用人部门肯定存在潜在价值观或行为模式。

很多销售管理者不能容忍部属比自己强，为了保持心理上的优越感、职业安全和便于管理，他们都喜欢招聘和使用不如自己的人。而有些招聘专员为了减少招聘工作量，总是招选那些大区经理喜欢的应聘者。这样下来，双方都受益。广州大区在2005年的人均销售产出为79万元/年，远远低于杭州大区的172万元/年，广州大区人多为患，出现了明显的帕金森和苛希纳现象。

2006年，威材的销售代表编制为427位，对比2005年计划编制（350位）增加77位，2005年实际到位销售代表数为347位，2006年的离职率为40%，实际招聘量为251位销售代表，相当于每月要招聘21位销售代表。招聘就像机器一样在高速运转，不管质量，只顾数量的现象更为严重。

2006年4月上海大区经理蒋俊伟先生辞职，与前任不同的是，他没有带走任何人。接替上海大区的是典型K型的张益民先生。这时候，整个公司的劣币驱逐良币和螃蟹效应更加严重，好的人才招不进来。该走的没有走，不该走的走了，该来的没有来。王伦遗风越演越烈！杭州大区也不例外，只是程度属于最轻的。邓广龙先生，在2006年7月，因心肌梗死而逝世在工作岗位上。威材总经理兼任其职务，销售部牛荷重和市场部吴浩总监、政策事务部张杰坤总监、医学部洪笛总监、商务部永裕直接向总经理汇报。销售部的很多工作变得非常混乱，招聘、培训、晋升逐渐变成人力资源管理部主导，人力资源管理部程玻经理有了总经理的支持，气势十足。

2006年，招聘专员只完成了198位销售代表的招选。这一年，公司下达命令，把离职率作为销售部和招聘专员的KPI的核心考核指标。到了年底，这一指令成了空文！销售部的牛荷重先生离开了公司。

2006年12月，以人力资源管理部经理主导的销售奖金条例出台了。大家很兴奋，也很愤怒。奇怪的是，这一年的离职率继续攀升至50%。新来的销售总监说，人力资源管理部制定的销售奖金不合理，造成了大量的销售代表通过控制进货来拿高额奖金，拿到高额奖金的销售代表因为接下来很难拿到奖金，所以离职了。同时，来自知名外企的优先考虑，导致来威材应聘的人员有限。公司要向应届毕业生开放，招聘大量的应届毕业生来做销售代表。这些人要求不高，也没有经验，很好带，而且实习期工资又不高，还可为国家解决大学生就业问题。2007年，公司逐渐失去对人力资源管理部程玻经理的信任，3月份，公司招聘人力资源副经理，负责销售部的人力资源管理工作。2009年3月，程玻经理也被迫辞职了。

经过2004年公司高管风波，黄德华感觉到职场不安全，一直在寻求管理能力的突破。在2005年12月，黄德华感觉到MBA的研修依然没有解决"指标、区域和薪酬"的三大难题，遂决定在2006年读浙江大学的EMBA，把自己的销售管理能力提高到更高的层次。

在2006年，威材杭州大区的市场销售管理团队TOPK组合是3T3O4P3K。在招聘与提拔销售员和销售主管时，黄德华坚持三个核心原则——价值观一致（志同道合）、能力互补、风格组合，风格采取TOPK组合。把TOPK组合用于销售队伍的组建，是黄德华的独创，也是黄德华13年的市场销售管理经验的归纳。黄德华一般在招选人时，通过谈话与笔试来验证候选人的风格类型。例如：面试销售员时，黄德华一般会问：现在有个产品有四个属性，质量、效果、服务与情感，您最喜欢使用哪个属性？只能选一项。如果候选人选择质量，而且言之有理，那么这位候选人多半是猫头鹰型；如果候选人选择效果，而且言之有利，那么这位候选人多半是老虎型；如果候选人选择服务，而且言之有义，那么这位候选人多半是考拉型；如果候选人选择情感，而且言之有情，那么这位候选人多半是孔雀型。如果，这个提问无法帮助我们在面试时判断候选人的风格，那么再提问：人类行为学家认为，一般人类有六种基本需求，即权力、成就、合作、安全、秩序和认同，您最喜欢的个人需求有哪两项？如果他选择权力与成就，那么就可以判断候选人为老虎型；如果他选择权力与合作，那么就再次追问：权力与合作的需求中，如果只能满足一项，您会选择哪一项？如果候选人轻而易举地说出权力，那么就表明他属于老虎型。如果难以决策，犹豫不决，那就表明他属于考拉型。如果通过两种提问依然无法判断或者总是不放心自己的判断，就可以选择笔试测试法。

黄德华率领他的团队与队伍从1997年起到2004年都超额完了销售指标，2005年，销售指标的达成率第一，2006年销售指标达成率第三。浙江省的销售总量从2004年到2006年就超过了上海市，2006年超过金额为3600多万元，有两大产品的公司份额第一，其中一个产品达到51%的公司份额，具体业绩如图3所示。

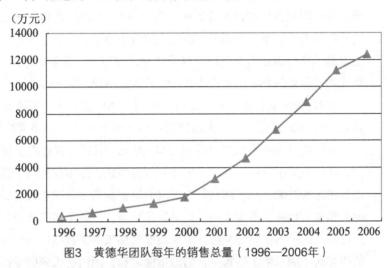

图3　黄德华团队每年的销售总量（1996—2006年）

表2　黄德华团队每年的销售业绩（1996—2006年）

项目	1997	1998	1999	2000	2001	2002	2003	2004	2005	2006
销售业绩（万元）	620	987	1343	1789	3156	4670	6795	8865	11189	12397
占全国的份额	10%	11%	13%	13%	15%	21%	23%	23%	24%	24%
占全国MR人数份额	8%	9%	10%	11%	13%	15%	22%	21%	19%	17%
人员流动率	20%	14%	20%	10%	13%	16%	12%	18%	23%	15%

案例讨论

1. 你是如何看待黄德华的"先匹配再录用、再培训、再融合"的团队管理策略的？
2. 在抑制俄罗斯套娃现象的方面，本案例的做法哪些是成功的，哪些是失败的？
3. 本案例中，人力资源管理部的哪些做法是失败的？你从中学到了什么？
4. 假设你是销售队伍规模为100人以上的销售总监，你将怎样实施销售员的融合管理？
5. 假设你是销售队伍规模为300人以上的销售总监，你会如何抑制俄罗斯套娃现象？

【销售指标案例】销售棘轮效应的影响及其对策

在1994年，威材公司（以下简称"威材"）在全国12个城市有当地籍的销售代表共25人，有5位当地籍的销售主管，销售主管不承担个人的销售指标，只对其管理的团队指标负责任；年销售额为800万元，销售代表的人均产出实际为32万元，整个销售队伍的人均产出实际为26.7万元,销售量指标的完成率为80%。这一年,威材的销售队伍按照贡献毛益法和完全成本法均是亏损的。

1995年,威材通过国际猎头公司挖到了新加坡籍的华裔邓广龙先生。邓广龙先生长期为一家瑞士公司工作,负责管理瑞士公司在东南亚的市场销售工作。他在1995年1月3日到威材上任副总经理,负责管理威材的市场销售部门。他把销售代表增加到36人,从12个城市增加到16个城市,销售主管增加到6位,分别在北京、上海、广州、成都和沈阳。沈阳有两位销售主管,把东北三省和河南、山东两省共划为两个销售区域,由沈阳的两位销售主管管理;市场部有3位产品经理,产品经理和销售主管直接向邓广龙先生汇报,根据临界点法,36位销售员的销售量指标均为58万元,每位销售主管的销售量指标为销售团队成员数乘以58万元。比如,蔡果盛销售主管带领5位销售代表,那么蔡果盛先生的销售指标至少为290万元(58×5)。

在7月份的威材市场销售部会议期间,邓广龙先生公开透露,公司考核他的销售量指标为2100万元,整个市场销售队伍人数为47人,包括邓广龙及其助理在内,整个市场销售队伍的人均产出计划为44.6万元。其助理在这次会议的活动期间,不断地说,邓广龙先生是位好老板,可靠并值得信任,他不仅敢向下属公开公司考核他的销售量指标为2100万元,而且他给下属的销售量指标加起来只有2088万元,低于公司给他的销售量指标,不像有些老板采取隐蔽做法:既不向队伍公开其销售指标,又采取层层加级的销售指标分配法。(所谓层层加级的销售指标分配法,是指公司考核副总的指标高于副总给予销售主管们的指标之和,而销售代表的指标之和大于销售主管的指标,销售指标呈现层层加码。这样做的好处就是销售队伍没有完成销售指标计划,而销售管理者有完成其上级考核他的销售指标的可能。很多销售管理者都喜欢采取这种做法,因为既可以保证其自身完成销售指标的可能,又可以为公司节省奖金支出,是两全齐美的事情,何乐而不为?)加上邓广龙先生的亲和与民主,销售代表们都认为确实遇到了好领导,销售士气高涨!这一年,威材的销售量实际为2293万元,销售指标计划达成率为109%!销售代表的年人均产出实际为63.7万元,整个市场销售队伍的年人均产出实际为48.8万元。这一年,威材的销售队伍按照贡献毛益法计算是盈利的,盈利额不高,而按照完全成本法计算是亏损的。

1996年,邓广龙把威材的销售代表增加到56位,依然公开公司考核他的销售指标为4000万元。对于销售指标的分解采取能力法和临界点法,对于资深销售代表采取能力法,36位资深销售代表人均年产出计划为85万元;对于新进销售代表采取临界点法,20位新进销售代表的人均年产出计划为45万元。所有销售主管晋升一级,由城市销售主任改为地区销售经理。销售管理者和市场产品经理人数不变。有位细心的销售代表黄德华发现,1996年所有销售代表的销售指标总和为3960万元,低于公司考核邓广龙先生的4000万元。黄德华认为,邓广龙销售指标分配不足是来真的,由衷佩服!

在1996年的半年度市场销售会议上,邓广龙先生宣布,从1997年开始,他只负责各销售经理的销售指标制定,而销售代表的销售量指标制定交给各销售经理,他负责制定销售代表的销售量指标制定的规则与流程。比如,资深销售代表的年人均产出指标都要按照一定比例增加,资深销售代表的年人均产出不得低于100万元。在1997年新进销售代表的人均年产出为50万元,底线不得低于45万元(当然资深销售代表的薪酬也会按照一定比例递增)。并且,宣布了4位优秀销售代表晋升为城市销售主任,他还说在1997年,公司将继续提拔优秀的资深销售代表为城市销售主任,如果公司当年完成了销售指标计划,全体市场销售队伍将到国内一个美丽的城市召开年度总结会议。结果市场销售队伍士气大振!这一年,威材公司的销售量实际为4059万元,销售指标计划达成率为101%!销售代表的年人均产出实际为72.5万元,整个队伍的年人均产出实际为52万元(整个市场销售队伍人数为78人)。这一年,威材的销售队伍按照贡献毛益法计算是盈利的,盈利额依然不高,而按照完全成本法计算是亏损的。

1997年,邓广龙先生把销售代表增加到66位,离职了3位,提升了4位优秀销售代表为城市销售主任,销售代表队伍中资深销售代表为46位,新增加销售代表为26位。在资深销售代表中,有4位实际是1996年下半年招聘的。黄德华,由于1996年出色的销售业绩(销售实际为188万元,销售指标为93万元,完成率为202%),被评为威材的销售冠军,并经过考核在1997年1月份提拔为城市销售主任。负责管理浙江省市场,下管辖5位销售代表,2位资深销售代表,3位新进销售代表。黄德华的销售指标为492万元,其上级为蔡果盛先生,上海地区销售经理。蔡果盛先生只是把销售指标分配到销售主任,至少对黄德华而言,是这样的。在销售指标分配时,黄德华没有得到任何指点,只是得到命令,在1997年1月中旬之前,必须把各个销售代表的指标计划给到他的助理,经过他的审批后,才能公布给销售代表。黄德华与两位资深销售代表分别进行沟通,并向他们公开了浙江省的销售指标计划为497万元,对比1996年的实际392万元,增加了105万元,增长率为27%。并向他们承诺:第一,销售指标跟着销售区域走(比如,新销售员,如果完全接管黄德华的销售地盘,那么其销售指标就必然会超过188万元,并给予团队的平均增长率),而他俩有选择销售区域的优先权,如果他俩都选择同一个销售区域,那就采取竞标的方式;第二,他俩的1997年的销售指标计划由他俩各自提出,黄德华一定会尊重他俩提出的指标计划,并充分与他俩分别沟通;第三,浙江省制定销售指标的核心原则是遵循公司的销售指标原则,如资深销售代表的人均年产出的底线,工资增加了销售指标也要增加,月度销售指标占年度销售指标的比例严格执行公司划定的比例等;第四,无论发生什么地震性事件,年初分配的销售指标不会进行调整。

黄德华把浙江省分为5个销售区域,杭州市分为3个销售区域,两位资深的销售代表在杭州选择了两个销售区域。黄德华在两位资深代表提交的销售指标的基础上,下调了一些。在规定的时限内,把5个区域的销售指标和月度销售指标计划递交给蔡果盛先生,获得了批准,并把签字的表格通过传真回传到杭州。两位资深销售代表看到蔡果盛签字的销售指标,都非常高兴,觉得黄德华很可靠,没有给他们加指标,反而下调指标。黄德华对1997年浙江省5个区域的销售指标分配方案见表3。当然,这个表格没有给到蔡果盛先生。

表3　浙江省1997年销售指标分配方案

项目	资深销售代表		新进销售代表			合计
	陶艺	赵磊	杭州C	宁波	温州	
1996年原地盘的销售实际（万元）	110	100	100	60	22	392
资深代表自己提出的1997年销售指标计划（万元）	140	120				
黄德华审批后的1997年销售指标计划（万元）	125	110	112	90	60	497
1997年销售指标增长率	14%	10%	12%	50%	173%	27%

　　1997年4月份在海南三亚召开1996年年度市场销售总结表彰大会。在会议上，邓广龙先生依然公开了威材考核他的销售量指标为6200万元，细心的黄德华发现威材1997年的年增长率为53%，销售代表的人均计划产出为93.9万元，而杭州办事处增长率为27%，销售代表人均计划产出为99.4万元，黄德华的销售指标为497万元，占公司销售指标8%的份额。黄德华觉得这位老板分配指标很合理合情，决定跟着这位老板大干一场。邓广龙还在会上公布了高级销售代表、城市销售主任、高级城市主任的晋升标准。他在会上说，所有销售代表的销售指标计划，虽然是地区销售经理制定的，但都经过他的审核才向销售代表公布的，资深销售代表的人均年产出指标计划为130万元，允许资深销售代表的销售指标计划不一样，但上下浮动幅度没有超过20%。新进销售代表的人均销售指标计划为50万元。他还说，他的销售指标管理理念，就是工资增加了，销售指标就必须增加，工资增加幅度和销售指标增加幅度必须同步。他分配给各个地区的销售指标是民主的，因为他要求各个地区经理提出下年度销售指标的预测计划，要求各个产品经理提出下年度销售指标的预测计划，并按地区和产品两个细分指标进行销售指标预测。

　　这一年，威材销售额创新高，达到6292万元，销售指标达成率为101%。销售代表的年人均产出实际为95.3万元，整个市场销售队伍的年度人均产出实际为70.7万元（整个市场销售队伍中非销售代表人数为23人）。这一年，威材的销售队伍按照贡献毛益法计算是盈利的，盈利额有所提高，而按照完全成本法计算，也是盈利的，只是盈利额很低。黄德华所管辖的浙江省销售指标达成率为125%，达成率在销售主任中排在第一位，销售代表的人均产出为124万元，具体情况见表4。表格中赵磊在1997年4月左右离开威材，在9月份招聘到沈跃，这位女士在10月底离开公司，在11月份招聘到厉小豹；杭州C在1997年4月份由郭思负责，宁波在2月份由李大勇负责，温州在2月份由刘成龙负责，刘成龙在4月份离开威材，7月份招聘到张固良。在销售代表离职期间，所有的客户都由黄德华自己亲手接管，销售指标没有因销售代表的离职发生变化。黄德华在这段时间，既要对整个销售团队的销售指标负责，也要对流失的销售代表的销售区域的销售指标负责。

表4　浙江省1997年销售指标分配方案与实际完成情况

项目	资深销售代表		新进销售代表			合计
	陶艺	赵磊	郭思	李大勇	张固良	
1996年原地盘的销售实际（万元）	110	100	100	60	22	392
资深代表自己提出的1997年销售指标计划（万元）	140	120				
黄德华审批后的1997年销售指标计划（万元）	125	110	112	90	60	497
1997年销售指标增长率	14%	10%	12%	50%	173%	27%
1997年实际销售额（万元）	170	113	140	130	67	620
1997各个代表完成计划比例	136%	103%	125%	144%	112%	125%

1998年1月份，邓广龙先生通过邮件，向销售管理层公布了1998年全体公司的销售量指标为9600万元（年增长率为46%），销售代表人数为82人，产品经理3人，地区销售经理为5人，地区销售经理助理5人，高级城市销售主任3人，城市销售主任10人，高级销售代表15人，包括高级销售代表在内的资深销售代表为50人，新进销售代表人数为32人。他在邮件中要求资深销售代表的年人均产出计划为150万元以上，新进销售代表的年人均产出计划为80万元左右。黄德华推荐的陶艺也在1998年1月份晋升为高级销售代表，属于威材的第一批高级销售代表。

在1997年12月底，黄德华收到蔡果盛先生下达的销售指标计划——863万元。蔡果盛先生说，863万元的销售指标包括江西市场的销售指标，但邓广龙先生说，江西市场正式交给黄德华管辖的时间是1998年4月份，在1—3月依然属于广州大区。由于得到新的地盘，黄德华就不计较"863万元的销售指标是否剔除1—3月份的江西市场指标"。再说，浙江的5位销售代表提出的1998年的销售指标预测数据为860万元，接近863万元的销售指标，具体数据见表5。黄德华是这样分配销售指标计划的，他要求每位销售代表根据自己负责的区域情况与客户数的情况，提出自己的销售指标预测数据，最后他根据汇总情况，进行微调；同时他承诺：无论发生什么情况，年初制定的销售指标一旦公布，就不会发生改变；两年以上的销售代表，谁完成指标的比例最高，谁在下年度指标的增长率最低；在分配销售指标时，会考虑工资收入占销售指标的比重，大家的比重尽可能相同或接近。从表5中可以发现，黄德华审批后各个销售代表的销售指标总和（860万元），略低于威材公司考核黄德华的销售指标863万元，并下调了陶艺、郭思和李大勇的销售指标数据，原因是，这3位销售代表在1997年的销售指标完成率都比较高。对于两位新进的销售代表的销售指标，一个高于公司的标准，一个低于公司的标准，黄德华作了充分解读，得到了新老员工的认可。1月底，黄德华计算了一下，1998年，杭州办事处的销售指标份额为9%，对比1997年的指标份额略有增加。他找到蔡果盛先生，询问公司制定销售指标是否是鞭打快牛。蔡果盛先生说，不是的，给了新地盘，给了人员，晋升了高级代表，就得加销售指标；要发展，就得加指标，这跟鞭打快牛没有直接关系。黄德华觉得有道理。

表5 威材杭州办事处1998年销售指标分配方案

项目	资深销售代表					新进销售代表		合计
	陶艺	厉小豹	郭思	李大勇	张固良	嘉湖	南昌	
1997年各个代表完成计划比例	136%	103%	125%	144%	112%			
1997年原地盘的销售实际（万元）	140	113	120	130	67	50		620
资深代表自己提出的1997年销售指标计划（万元）	170	140	150	160	120	120		860
黄德华审批后的1997年销售指标计划（万元）	160	140	140	150	120	100	50	860
1998年销售指标增长率	14%	24%	17%	15%	79%	100%		39%

从1998年3月份开始，销售队伍中有不少人在议论，上海地区的销售代表的人均指标比北京、广州地区的高得多，这不公平，是鞭打快牛！邓广龙先生分配销售指标只是征求地区经理们的意见，而没有征求销售代表们的意见，地区经理的权力太大了。这些议论是事实。比如，威材杭州办事处的人均指标为123万元，而北京市的人均指标为110万元，广州市的人均指标为100万元，究其原因，是北京市和广州市在1997年有不少销售代表离职了。不理解的是，他们在1998年增加的销售代表比威材杭州办事处多。黄德华担任销售主任已经一年多了，两次分配销售指标，蔡果盛先生都没有征求过黄德华的销售指标意见。4月份有人提醒黄德华，做销售要慢慢来，太快了，会枪打出头鸟的。黄德华对这种友好的提醒表示感谢，心里说：发展是硬道理，拿更多的奖金，才是关键！时不待我！

1998年7月，邓广龙先生召开地区经理和产品经理联谊会议，主要是讨论下年度各个地区和各产品的销售指标预测，为期两天。黄德华被邀请旁听这次会议。各个地区经理和高级城市主任都在会议上阐述了1998年7—12月的销售管理方针，尤其是7—12月的销售预测。黄德华感觉，这次会议中，高级城市主任对下半年度销售指标的完成情况信心不足。地区经理对下年度销售指标的达成率也不是很乐观，只是产品经理对下年度的销售预测数据很乐观。在会议上，邓广龙先生按照市场关键因素派生连比漏斗法，预测了1996年上市的甲钴胺产品的市场潜力可达100多亿元，并根据销售潜力，作出了这个产品的五年规划。黄德华受益匪浅，并对公司的未来充满希望。会议结束后，黄德华经常向其管辖的销售代表宣传这种乐观的前景，通过诱人的前景鼓舞销售团队的士气和战斗力。

这一年，威材的销售额，尽管创新高达到9051万元，接近一个亿，但首次没完成销售指标，销售量指标达成率只有94%。销售代表的年人均产出实际为110万元，整个市场销售队伍的年度人均产出实际为82.3万元（整个市场销售队伍中非销售代表人数为17人）。这一年，威材的销售队伍按照贡献毛益法计算是盈利的，盈利额有所减少，而按照完全成本法计算，接近亏损。黄德华所管辖的浙江省销售指标达成率为115%，在销售主任中排在第一位，销售代表的人均产出为141万元，具体情况见表6。而这一年，威材仅有5位销售主任完成销售指标。

表6 威材杭州办事处1998年各个代表的实际完成情况

项目	资深销售代表					新进销售代表		合计
	陶艺	厉小豹	郭思	李大勇	张固良	夏国画	熊治纲	
1998年各个代表的销售指标计划（万元）	160	140	140	150	120	100	50	860
1998年各个代表的实际销售额（万元）	201	141	143	201	128	115	58	987
1998年各个代表完成计划比例	126%	101%	102%	134%	107%	115%	116%	115%

1998年12月底，邓广龙先生公布全国的1999年销售指标为1.1亿元（年增长率21.5%），销售代表人数为98位，市场销售管理人员为31人，包括产品经理4人，全国销售经理1人，大区销售经理4人，高级城市销售主任5人，城市销售主任6人，区域产品主任4人。他说，他制定销售指标时，除了考虑销售队伍的盈亏情况、销售队伍的能力、销售队伍的组成结构外，还需要考虑市场现状与潜力，在制定程序上，采取从上到下、从下到上的方式，要求各个城市主任在1998年11月底，递交1999年指标预测数据，而不仅仅是地区经理提供1999年的销售指标预测数据，各个产品经理对5个地区的销售指标预测数据，延伸到对16个销售城市主任的销售指标预测数据。他根据三方面的递交预测数据，进行调整形成1999年的最终销售指标数据，对于销售代表的指标数据采取备案，由其助理审理，助理审理有异议，汇报邓广龙先生，由邓广龙先生拍板定夺。

黄德华在1998年12月底，递交的1999年销售指标预测数据为1100万元，销售代表人数为10人。结果，在1999年1月份收到的销售指标计划为1253万元，批准的销售代表人数为10人。对比1998年销售指标计划增长了45%，对比1998年销售实际增长了27%（首次超过公司的年增长率），杭州办事处的销售指标份额为11.4%，黄德华心里一凉：确实有鞭打快牛的味道！这时，又有好友提醒黄德华，要多招人，并让员工流动起来，降低人均产出，这样，来年的指标就会低一些，销售压力也会小一些。蔡果盛和这位朋友说得都有道理，黄德华为此很郁闷、很纠结。黄德华几次开会遇到邓广龙先生，每次都有触电的感觉，每次都获得正能量，邓广龙先生是一个不错的领导，至少让销售主任们有表达指标想法的机会。再说，浙江省市场空间还挺大的，在浙江省生存不容易的，还是尽早多拿奖金才是。于是黄德华又振奋起来。

黄德华在1998年12月，递交威材杭州办事处1999年的销售指标预测之前，就收到其部属7位销售代表递交的1999年销售指标预测数据，总和为1350万元，高于上级给予的1253万元的销售指标，这一点最让黄德华踏实与自豪！黄德华在各个销售代表的预测指标的基础上，依据多年来一直采取的原则，如去年完成指标计划比例越高、今年指标增长比例越低的原则，工资占指标份额的原则，指标跟着区域走的原则，新进销售代表指标底线（80万元）等，进行了1999年的销售指标微调，在公司规定的时间内递交给上级，得到上级的许可后，颁布给下级；并在春节后召开上年度总结会议和本年度的行动方针会议。

1999年3月份，邓广龙先生在苏州召开了威材市场销售部的五年规划会议，各个地区销售经理、产品经理和高级城市主任都在会议上宣讲了各自管辖市场的五年规划，产品经理也在会议上宣讲了各自管理产品在各个销售地区的五年规划。黄德华作为1998年的销售业绩出色者，被邀请参加了公司的首次5年规划会议，并在会议上了宣讲威材杭州办事处五年规划。采取市场关键因素派生连比漏斗法预测市场潜力，根据公司的政策计算销售潜力预测数据，这个方法是邓广龙在1998年7月的市场销售会议上使用过的方法。当然，由于黄德华没有邓广龙先生的数据充分，所以在使用过程中遇到不少阻力，数据存在很多漏洞，不够严谨。不过，黄德华创新采取了以经济数据为基础的参照类比法，来计算市场潜力和销售潜力预测数据，两套方法数据用各50%的权重，就得出会议上的汇报数据。结果，这次会议上，黄德华的预测数据，在销售管理者中是最乐观、最积极的。会后，不少销售管理者说，黄德华真傻，自己给自己找苦吃，向领导汇报数据应该打折，否则吃不饱兜着走。黄德华听到后，也有些后悔，想想这两年，蔡果盛先生下达销售指标，从来不征求意见，更谈不上协商。不过，既然事情发生了，那就随它去吧，今年拿奖金更要紧，再说，明年的奖金政策是不是比今年好也很难说。现在才是关键。黄德华依然很努力，这些提醒也没有影响到他带领的威材杭州办事处团队成员。

1999年6月份，威材的生产基地从东北搬迁到长三角，威材由合资公司变成了外商独资公司，并在6月1日完成新的市场销售队伍组织结构的变革，从内部提拔了来自上海地区的蔡果盛先生为全国销售经理，原来的5个销售地区变成4个销售地区；全国和各级销售指标不变，销售区域有调整的，销售指标跟着销售区域走。比如，销售区域的销售指标为200万元，这个销售区域归A地区销售经理，A地区销售经理的销售指标就增加200万元，被拿出这个销售区域的地区销售经理的销售指标就减少200万元。所有的销售队伍人员，固定薪资从1999年7月起都增加30%。黄德华的上级变成了史仲冬先生，史仲冬先生是原上海市高级城市销售主任。

1999年7月，邓广龙按惯例召开了2000年年度销售指标预测会议。在会议上，他公布了2000年销售指标分配公式：

$$X=A\times a+B\times b+C\times c+D\times d$$

式中，A为地区销售经理的预测数据，B为城市销售主任的预测数据，C为产品经理的预测数据，D为财务经理的预测数据，a、b、c、d为权重数，$a+b+c+d=100\%$。要求各级销售管理者在分配销售指标时参照他的做法，至少要收集部属递交的销售指标预测数据。会议后，大家私下对这种分配销售指标方法持不同态度，赞成、保留和反对意见都有。不过，整个销售代表对这种分配销售指标的方法，持肯定态度的占多数，预计为90%以上。少数人担心的有三点：权重的设计、财务经理的预测、城市主任和销售经理是否会真的听取他们的意见。

这一年，威材的销售额突破了1亿元，威材首次举行了庆典大会，所有的员工，包括生产部全体员工在内都参加。销售额实际为1.06亿元，销售指标的达成率为97%，尽管没有完成销售指标，但比1998年94%的完成率提高了3个百分点。邓广龙先生认为这是好的开始，他非常自信，因为90%以上的销售代表认可他的指标分配方法，他分配指标的方法科学民主。这一年，威材的销售代表，其人均产出实际为108万元，整个市场销售队伍的人均产出实际为82.4万元。这一年，威材的销售队伍按照贡献毛益法计算是盈利的，盈利额有所减少，而按照完全成本法计算，接近亏损。

不过，这一年，威材销售代表的离职人数依然在攀升，有19位销售代表离职，为历史最高值，当然由于销售代表的基数大，故离职率（19.4%）不是最高，大部分原因是销售代表完不成销售指标。这些离职的销售代表，多半认为销售经理制定的销售指标不公平，不透明。销售经理在分解销售指标时，没有严格执行邓广龙先生的政策。黄德华带领的销售团队从1998年开始到1999年，只有1个人离职，离职率极低，这与1997年形成了鲜明的对比。黄德华管理的威材杭州办事处，10个销售代表都完成了计划，威材杭州办事处是完成了销售指标的107%。

1999年12月，邓广龙先生公布，威材2000年度的销售指标为1.38亿元（年增长率为30.2%），销售代表人数为110位，市场销售管理者为35人。黄德华和山东省的销售主任晋升为区域销售经理，依然归属于地区销售经理管辖。邓广龙先生要求：各个地区经理们在2000年1月7日之前，把销售指标分解到各个城市销售主任和区域销售经理，各个销售主任和区域销售经理在1月15日之前把分解给各个销售代表的销售指标，和销售指标分解的详细表给到其助理和地区销售经理，各个销售代表在17日之前收到他们在2000年的销售指标。因为邓广龙先生在12月15日之前就下达了各个地区的销售指标数据，这个数据是根据7月公布的指标计算公式得出的。

上海地区销售经理史仲冬先生，在1月5日召开了销售指标分解会议，参加人员为各个销售主任、区域销售经理，邀请了蔡果盛先生参与指导。会议召开的情景如下：在美丽的玄武湖畔的四星级宾馆的会议室里，英姿勃发的职业经理人蔡果盛先生，正在激情洋溢地给上海地区（上海市、江苏省、安徽省、浙江省、江西省和福建省）的销售管理者训话。他说，他是从上海地区出来的，对上海地区有深厚的感情，但不能因为自己从上海地区出来，就给上海地区偏低的销售指标，否则人家会说他是上海地区的销售经理，而不是全国销售经理，看到多年合作的分上，请大家理解并支持他。大家给予了他最热烈的掌声。他继续激扬地说，他从1994年就耕耘上海地区的五省一市，深知上海地区潜力巨大，医药行业的10大市场，上海地区就占有4个；在座的各位销售管理者各个都是精英人杰，各个销售团队也都人才济济，客户数量多，客户关系质量好；公司的生产基地和市场销售总部都在上海地区（备注：生产基地在江苏苏州，公司总部在上海市），是天时地利人和的好地方；近水楼台先得月，上海地区肯定会优先得到公司的大力支持，这是不容置疑的。上海地区的指标份额只增加了5%，他坚信上海地区承担37%的销售指标是没有问题的（具体数据见表7）。上海地区有骨气也有志气实现这个销售指标，从而为威材公司作出大贡献。

接着，史仲冬先生发言。他说，今天在美丽的地方召开销售指标分解会议，是一件非常有意义的事件，好地方会带给大家好心情，好心情需要大家共同维护。今天的会议，将本着公开透明和民主统一的两大原则，把5106万元的销售指标分解落实到各个销售区域。晚上，到档次很高的地方聚餐，由蔡果盛先生请客。聚餐后有卡拉OK

等活动让大家放松，由史仲冬请客。大家热烈鼓掌！他激情地说，做销售的，就是要敢于接受销售指标的挑战，要敢于对销售指标负责任，做销售的就是要面对年年递增的销售指标，否则就不要做销售。能者多劳和多劳多得是销售职业的常态，各个销售团队之间要相互理解和帮助，大家要同心协力，这样整个大区就会好！大区好，大家才会好，这才是真的好。大河有水小河满，这个道理大家都知道，所以一定要适应，否则不换思想，就换人。蔡果盛先生是大家的老领导，现在是全国经理，大家要支持他。他也有他的苦处，大家要理解他。下面的议程是各个销售主任和销售经理阐述2000年的市场销售预测与策略方针。

在各个销售经理与主任发完言后，史仲冬先生总结说，刚才大家汇报的数据和1999年12月给出的数据是一样的，大家要有负责任的职业态度，时间过了一个月，市场也变了，预测数据怎么能不变呢？大家的预测数据总和为4480多万元，差距为626万元。他严肃地说，他根据各个区域的市场实际情况、客户实际状况与销售团队的实际状况等，进行了详细的认真分析，从地区经理的角度提出了各个区域的销售指标计划。当史仲冬先生宣讲了销售指标分解情况后（上海市一区800万元、上海市二区1000万元、浙赣1800万元、苏皖900万元、福建610万元），5个销售主管都说，销售指标偏高，销售任务压力大。

苏皖的销售主任首先发言："史老板，我先说两句。我不是抱怨，但我要陈述我这边市场的实际情况，我这里新代表人数超过80%，还有一半的销售代表没有到位……在这样的情况下，我的销售指标增长，竟然是1999年实际销售额的49%！"黄德华接着说："蔡老板、史老板，我知道，作为部属必须服从上级，但话还是要让我们部属说。我们地区的市场经过多年的经营，市场基础是相对好一些，我们承担高一点的销售指标是应该的。多年来，我们一直都支持蔡老板的，带领团队拼销量，现在，史老板是我们的直线上级，我们同样也会拼销量，支持两位老板。不过也要请两位老板理解我们的难处。现在公司大了，人员多了，各种意见都有，有些工作做起来就不那么容易了。销售指标的分配关键要公平，销售代表关心的不仅仅是民主透明，如果民主透明中有不公平，他们可以拍拍屁股就走了，倒霉是留下的同事和领导。我们期待，在今年的任务制定中，老板能够给我们适当有效的指点并体现公平！"

这个时候，福建的销售主任也开始发话了："听说公司销售指标增长比例为30%，我们地区今年业绩这么好，还要增长41%，公司对我们不公平！上海的陶主任也忍不住说，上海市的人均产出这么高，客户数就这么多，再说，上海市的人口虽然有1200多万，也不及广东省的1/6，广东省有钱的人肯定比上海市多，深圳那么好的地方，听说销售指标只有百万不到……于是，大家突然找到了一个看似非常合理的减压借口，你一言我一语的，会场突然喧哗起来！

史仲冬先生急了："我们这个行业，10个市场中，我们就占了4个，我们的销售份额不到40%呀。我们上海地区的销售指标是不能变的，因为我认为，这是我们上海地区作为全国重点市场应当承担的必然压力，否则要我们在座的各位干什么；今天的会议是要大家提出销售指标的分解方案，大家要根据现有的客户和未来的客户，进行销售指标的分解。既考虑现有区域的销售量，也要考虑即将开发区域的销售量，要派优秀的销售代表守住重要区域，适当派些开发能力强的销售代表去开拓新区域。各区域的目标在来开会议前，都应该调整的。大家都不主动增加，那我就一个人说了算，那我们也就不需要开这个任务分解碰头会了，直接将销售目标发给大家。多么省力呀！"各个主管都不吭声了，低着头，手写着什么。

史仲冬先生看到训话有效，依然严肃地说："要么这样，你们每个人都当一次上海地区经理。我们这里有各个区域的销售指标分解表格，每个人都填写一份，不记名，把上海地区的5106万元分解到5个区域。"福建的主任又发话了："我对上海、浙江和江苏又不熟悉。大家都不熟悉对方的市场，这怎么填呀。"上海市的杨主任接着说："那就只能毛估了。"苏皖的销售主任接着说："史老板，听了我们的市场销售分析后，你就直接自己下达指标吧。免得我们大家伤了和气。"史仲冬先生说："既然这样，那大家还是要填写的，我就不公布你们的平均值了。但我会参照你们的平均值，再加上我的意见，最后得出销售指标分解的最终稿，在你们返回办事处的那天，你们将会收到销售指标……"

黄德华回到办事处的当天，接到史仲冬先生的邮件，威材杭州办事处的2000年销售指标为1713万元，比他递交的1600万元多了100多万元，杭州办事处的指标份额为12.4%，28%的年增长率约低于公司的30%，1713万元的销售指标，没有超过黄德华10位部属递交的销售指标（部属预测的销售指标总和为1900多万元）。经过这次会议后，黄德华的内心既幸运又担忧。幸运的是带领一批"不用扬鞭自奋蹄"的部属，担忧的是，自己将来能否面对分解销售指标的挑战。时隔一个月后，上海大区的销售主任们在私下单独聊天的时候，都说自己的销售指标偏高，史仲冬老板分解销售指标的方法有堵口的意思。黄德华在各个销售代表的预测指标的基础上（两位新代表的指标预测由原负责区域的销售代表帮助预测），依据多年来一直采取的原则，如去年完成指标计划比例越高、今年指标增长比例越低的原则，工资占指标份额的原则，指标跟着区域走的原则，新进销售代表指标底线原则（100万元）等，对10位销售代表的2000年销售指标进行了微调，在公司规定的时间内递交给上级，得到上级的许可后，颁布给下属，每位下属都会收到一张威材杭州2000年销售指标分解表，上面有每位销售代表的指标数据。幸好，没有一位代表找到黄德华诉说指标偏高。春节后，黄德华首次召开上年度总结会议和本年度的行动方针会议。补充材料见表7。

表7 威材公司4个销售地区1999—2000年销售数据表

项目	上海	北京	广州	沈阳	合计
1999年销售实际（万元）	3617	2447	2340	2234	10638
各个地区的销售份额	34%	23%	22%	21%	100%
2000年销售指标计划（万元）	5106	3036	2898	2760	13800
各个地区的销售份额	37%	22%	21%	20%	100%
2000年计划增长率	141%	124%	124%	124%	130%

2000年，威材的销售实际为1.3844亿元，100%完成了销售指标（1.38亿元），威材销售代表的人均产出实际为126万元，整个市场销售队伍的人均产出实际为95.5万

元。这一年，威材的销售队伍按照贡献毛益法计算是盈利的，盈利额增加，而按照完全成本法计算，也是盈利的。黄德华带领的销售团队销售指标达成率为104%，销售额达到1789万元，12位销售代表都完了销售指标。

2000年12月，邓广龙先生公布了威材2001年度的销售指标为1.8亿元（年增长率为30.4%），销售代表人数为112位，市场销售管理者为36人。依然采取2000年度销售指标分配的方法分解1.8亿元到各个地区，分解销售指标的公式为：

$$X = A \times a + B \times b + C \times c + D \times d$$

式中，A为地区销售经理的预测数据，B为城市销售主任的预测数据，C为产品经理的预测数据，D为财务经理的预测数据，a、b、c、d为权重数，$a+b+c+d=100\%$。要求各级销售管理者在分配销售指标时参照他的做法，至少要收集部属递交的销售指标预测数据。不过，这次邓广龙先生没有要求销售代表的指标数据和城市主任的指标数据给到他审核（2001年，邓广龙的分解销售指标方法与2000年类似，只是在权重方面有所调整，但没有公布权重具体数字）。

上海地区的史仲冬先生，在2001年采取直接下达法，分解销售指标。他在邮件中强调的是分解销售指标要灵活务实，既考虑历史数据，又考虑市场潜力和队伍情况；他强调，不能让偏弱的区域承担跳三跳都无法实现的销售指标，各个区域的销售指标要现实，各个区域要平衡发展，快牛哥哥要帮慢牛弟弟。他还说，今年你能超额完成销售指标，说明你能干，是个强者，说明你还有潜力"牛劲"没有发挥出来。快牛要更快，方显英雄本色。公司就是让快牛快起来，因为快牛可以起到带头作用。快牛哥哥要带动慢牛弟弟动起来，激发其他牛进入快牛行列，万牛奔腾才是目标。他无法使用公式分解上海地区的销售指标，因为他没有产品经理负责这项工作。财务经理目前也只能提出各个地区的财务数据，不可能分解到各个城市，他们人手不够，不能给他们增加工作负担。大家要相信他，他肯定会秉公分解销售指标，他在威材公司6年多的经历证明了这一点。过了半年后，上海地区有销售主任发现史仲冬先生所承担的销售指标，比他的部属5个销售主任所承担的销售指标之和要少一些，估计少10%左右。大家都开始纷纷效仿，唯独黄德华不为之所动。黄德华认为，销售指标分配过量和邓广龙的分配不足有冲突，不利于信任文化的继续。

在7月份，黄德华向公司提出提拔两位销售主任，浙赣区域分为4个小片区，其中两个片区（江西和温台丽区域）由黄德华直接管理，另两个区域由两位城市主任管理，两位城市销售主任来自内部的提拔晋升，一位是多年的销售冠军（宁波的李大勇），一位虽然不是销售冠军，但是团队合作型的激励高手，当然每年也都完成了销售指标（杭州的厉小豹）。同时，他向公司申请区域产品主任职务，给第三位销售优胜者（杭州的陶艺）。邓广龙先生经过5个多月的考察，在12月初批准了两位销售城市主任的申请，但没有同意区域产品主任的申请。在2000年12月份，黄德华收到部属的销售指标预测数据是2300多万元，依然超过了史仲冬先生下达的2198万元。这一点，让黄德华感到很欣慰，尽管2001年的销售指标为公司份额的12.2%。2001年，黄德华的销售团队共18人，包括黄德华在内有3位销售管理者，7位高级销售代表（其中

2位,被黄德华授权为民间销售组长)。黄德华依然采取了以往分解销售指标的原则和方法,由于考虑到工资占销售额的比重,两位新的销售主任所承担的销售指标适度提高了一些,但两位销售主任对此并没有异议。黄德华笑称这个做法是"摸一下,打一下",阴阳平衡。

2001年,威材的销售实际为1.7627亿元,销售指标(1.8亿元)的达成率为98%。威材销售代表的人均产出实际为157万元,整个市场销售队伍的人均产出实际为119万元。这一年,威材的销售队伍,按照贡献毛益法和完全成本法计算,都是盈利的,按照完成成本法计算,盈利额突破500万元。首次出现销售队伍没有完成销售指标,而市场销售部却出现了盈利的情况。这种情况,地区销售经理以下的人都不知道,包括黄德华。只是地区经理不小心传给他的心腹。黄德华所带领的销售团队实现销售额为2627万元,销售指标达成率为120%,在威材中排名第一,两位新任销售主任带领的销售团队也都超额完成销售指标。

2001年12月,邓广龙先生公布了威材2002年度的销售指标为2.1亿元(年增长率为19.3%),销售代表人数为156位,市场销售管理者为40人。4个销售地区变革为5个销售大区(上海、北京、广州、沈阳和杭州),黄德华被提拔为杭州大区销售经理,归属于全国销售经理蔡果盛先生管理。湖南和湖北划归黄德华管理,浙赣的销售指标由史仲冬先生提出,湖南的销售指标由广州地区销售经理提出,湖北的销售指标由沈阳地区销售经理提出。3块的销售指标之和就是黄德华的销售指标。拿到销售指标,黄德华内心非常恐惧。4位地区经理对于拿出的地盘,都给予超过公司增长率的销售指标,尤其是湖南与湖北出现了移库销售。黄德华所承担的销售指标为3800万元,对比2001年4个省的销售实际3056万元,增加了744万元,年增长率为24.3%。黄德华决定不改变湖南、湖北的销售指标,按照原有分解销售指标的方法分配浙赣的销售指标。湖南只有1位销售代表,湖北有5人(1位销售主任带领4位销售代表)。湖北销售团队的销售指标分解由黄德华、湖北销售主任、销售代表共同参与完成,采取销售代表提出,三方协商,遵循销售指标跟随客户走的原则及新进销售代表底线80万元、资深销售代表底线120万元的原则,并通过湖北的指标分解会议,分享了黄德华历年来分解销售指标的原则。从2003年起,湖北也要实施大区的分解指标原则。2002年上市两个新产品,对于新产品的指标分配,邓广龙先生同意蔡果盛先生的建议:按照各个大区原有产品销售指标在公司的份额(沈阳17%、北京16%、上海36%、杭州18%、广州13%),分解新产品的销售指标。这个分解指标得到了3个大区经理的支持,1个大区经理的反对,黄德华作为新大区经理,采取默认态度。大家表面上热情支持新产品的上市,但在实际行为中,销售队伍对新产品的开发很缓慢,从大区经理层开始的管理层,对新产品的强调力度都不够,暗中出现了抵触情绪,并把新产品的开发缓慢归因于市场的原因,如竞争对手、客户的政策、国家的政策,等等。

2002年7月,黄德华和下属的销售主任、产品主任、销售组长,用一天的时间一起研究了市场关键因素派生连比漏斗法,进行了各个区域的五年销售规划和大区的五年规划。在这次会议上,有位销售主任说,其他大区在分配销售指标时采取层层加码的方法，如大区经理背的指标为2000万元，区域销售主任加起来的指标为2200万元，所有业务员加起来的销售指标是2600万。所以，只要整个队伍完成销售指标的77%，大区销售经理就100%完成了计划。（备注：这种方法叫作销售指标分配过量，主张在销售指标分配中进行这种操作的销售领导认为，如果出现一些意想不到的情况，那么额外的分配量将有助于确保整个销售队伍实现目标，不少的销售管理者都采取这种方法。其实这种方法是致命的，既不道德，也无可信度。）他说，这个方法不错的，他想试试。黄德华说，没有必要采取这种方法，这种方法与公司邓广龙提倡的信任员工的管理哲学不相吻合。在这次会议上，黄德华与他的管理团队，共同拟定了杭州大区分解销售指标的原则：第一，用数学方法处理销售历史数据法来预测销售指标时，统一用三年数据平均法；第二，产品主任对各个销售区域进行销售指标预测权重为30%，产品主任预测销售指标方法采取市场潜力法，并结合五年规划；第三，销售主任的销售指标预测数据权重为30%，销售主任预测销售指标方法采取销售潜力法，并结合五年规划；第四，销售代表的销售指标预测数据的权重为20%，采用客户购买法；第五，销售大区经理的销售指标预测数据的权重为20%，大区经理的指标预测方法主要是经营状况法中的临界点法和能力法；第六，大区经理最终根据内外情况对指标进行微调，使之达到这样的结局——指标的达成率越高，指标的增长率越低；第七，下级指标之和等于上级所承担的指标。

2002年，威材的销售实际为2.1061亿元，销售指标（2.18亿元）的达成率为100%。威材销售代表的人均产出实际为135万元，整个市场销售队伍的人均产出实际为102万元。这一年，威材的销售队伍，按照贡献毛益法和完全成本法计算，都是盈利的，按照完全成本法计算，盈利额突破900万元。两个新产品没有完成指标计划，指标计划的达成率都没有超过60%。威材杭州大区实现销售额为4670万元，销售指标（3800万元）达成率为123%，成为唯一完成销售指标的销售大区。

这时，一位好心的资深大区经理对黄德华说，任何公司在分配销售指标时，都是鞭打快牛的，要悠哉点，指标高上去了，就下不来了，要留着市场慢慢做才对。黄德华对此表示感谢，但心里不认可：如果我当年保留销售实力，降低销售努力，能有机会当大区经理吗？现在如果保留实力，可能我会在大区经理的位置上待一辈子，这样，不是在浪费时光吗？时间就是金钱。不行，要抓紧时间多赚点儿钱。

2002年12月，邓广龙先生公布了威材2003年度的销售指标为2.8亿元（年增长率28%），销售代表人数为201位，市场销售管理者为53人。从公司外部空降了1位市场部总监，管理8位中央市场部的产品经理。邓广龙先生设立市场销售部数据管理小组，由邓广龙、蔡果盛、市场总监、邓广龙的助理和销售数据专员组成。在12月份，市场销售数据管理小组召开销售指标分解联谊会议，由销售部、市场部、企划部、财务部和人力资源部的部门经理组成销售指标分解审议成员，每个大区销售经理带领销售主任，面对销售指标审议成员宣讲各大区的2003年商业运作计划和行动方案，并回答公司销售指标分解审议成员对销售指标的所有提问。5个大区都单独进行，每个大区一天时间。邓广龙先生说，这样做的目的，是让各个城市销售指标更加合理和公平,并提高各个大区与区域销售经理、产品主任分解销售指标的能力。邓广龙先生在这次会议上首次公开其销售指标分解结果的评定标准:今年做得越少,明年的增长率就更高(例如A:100→150=+50%);今年做得越多,明年销售额会比A增长多,但增长比率却低于A(例如B:150→210=+40%)。经过这次会议,很多销售经理和销售主任主任都觉得自己的销售管理能力有待提升,都表示要加强学习,并要求公司给予更多的培训。同时,大家都觉得在威材工作可以得到更多的锻炼与思考,从而获得真正的进步;对邓广龙现在这种公正透明、民主科学的分解销售指标的做法,感到由衷地钦佩!整个销售队伍的士气比2002年更加高涨。

2003年1月份,5个大区销售经理收到蔡果盛先生给予的指标分解最终结果,见表8。

表8 威材公司5个大区的2003年年度销售计划分配情况表　　单位:万元

地区	2002						2003				
	行业市场指数	Sale（T）	MR人数	人均产出	公司实际指数	完成计划	Sale（P）	03P/02A	公司计划指数	MR人数	完成计划
沈阳	17%	3373	24	141	15%	95%	4400	130%	16%	25	
北京	23%	3544	20	177	16%	94%	4600	130%	16%	23	
上海	23%	7368	42	175	34%	97%	9350	127%	33%	45	
杭州	16%	4670	20	234	21%	123%	5900	126%	21%	29	
广州	21%	2876	18	160	13%	93%	3800	132%	14%	22	
合计	100%	21831	124	176	100%	100%	28050	128%	100%	144	

2003年,黄德华分解销售指标的压力少了很多,因为3位销售主任在指标审议会上,都接受了指标分解审议成员的更高挑战,也亲眼目睹了黄德华所接受的挑战。再说,这一年,黄德华依然坚持2002年的威材杭州办事处共同制定的指标分解7项原则,这7项原则的结果是轻打快牛、重打慢牛。黄德华自从担任销售管理者以来,一直在无意中实施了"奖励快牛和训练慢牛"的管理原则。整个队伍都很认可黄德华的管理风格。

在2003年,威材分解销售指标的唯一缺陷,依然是两个新产品的指标分解存在不公平。有个别大区在这两个新产品给予上司颜色看,开发与提量速度均很慢。邓广龙先生为了弥补指标分配不公造成销售队伍对新产品的推广士气不足,尤其是销售管理层的士气不足,在4月份提出了新产品的特别奖励计划:如果这两个新产品在年底完成销售指标,就带领销售大区经理与完成销售指标的区域经理和主任到日本和西班牙旅游。

2003年,威材的销售实际为2.91亿元,销售指标(2.8亿元)的达成率为104%。完成销售量指标率从1995年以来的第二高,整个销售队伍都感到兴奋与自豪!威材销售代表的人均产出实际为145万元,整个市场销售队伍的人均产出实际为118万元。这一年,威材的销售队伍,按照贡献毛益法和完全成本法计算,都是盈利的,按照完全成本法计算,盈利额突破1300万元。这一年,5个大区都完成了销售指标:沈阳的达成率为101%,北京为103%,上海为100%,杭州为115%,广州为101%。当然两个新产品也完成了指标,而且5大区也都完了销售指标。威材第一次出现了满堂红,销售队伍士气大振!

2003年12月,邓广龙先生公布了威材2004年度的销售指标为3.96亿元(年增长率36%),销售代表人数为242位,市场销售管理者为63人。成立了销售指标分解委员会,除了邓广龙、市场销售助理、销售总监、市场总监、人力资源经理、财务经理、数据专员外,还邀请了行业数据专家(来自行业数据调研公司)。各个销售主任、销售经理在2003年11月递交了2004年度的销售指标预测数据,但都没有参加销售指标分解的过程,也没有召开类似2003年的指标分解挑战会议。各个销售大区经理对各个大区2004年销售指标的分解负全部责任,采取授权形式,各个销售大区经理可以采取任何分解指标的方式。这时又有一位好心的资深大区经理对黄德华说:"德华老弟呀,这次邓广龙先生给予我们大区经理权力,你不要那么较真了。这是千载难逢的好机会,抓住机会鞭打快牛,快牛使用起来顺手,把快牛打走,让人均销售指标下降,使用"慢牛",虽然费时费心费力,又解决不了问题,但也要悠着点儿,要做长远打算。"同时,有位产品经理对黄德华说:"德华老兄呀,趁这次好机会,重重鞭打快牛,让有野心的快牛尽快出局或者累死,否则他们翅膀硬了,你会吃苦头的。"黄德华觉得他们的话很有道理,但是这些建议与自己多年来倡导的文化背道而驰。黄德华在2004年承担的销售指标为8826万元,占公司指标份额的22.3%,比2003年指标份额21%增加了1.3%,这让黄德华隐隐约约感受到,邓广龙先生的指标分解也有鞭打快牛的意思,尽管杭州办事处的指标30%增长率低于全国指标36%的增长率。黄德华很纠结,很孤独,于是决定去清华大学MBA研修班学习,看看外面的世界。获得了正能量,黄德华依然自信地贯彻威材杭州大区指标分解7原则分解销售指标,只是在分解销售指标过程中,有一位区域销售经理对黄德华的做法有些不满,他希望黄德华向邓广龙先生那样授权,允许他们发挥各自的智慧来分解销售指标。

2004年,威材的销售实际为3.9053亿元,销售指标(3.96亿元)的达成率为99%。威材销售代表的人均产出实际为161万元,整个市场销售队伍的人均产出实际为128万元。这一年,威材公司的销售队伍,按照贡献毛益法和完全成本法计算,都是盈利的,按照完全成本法计算,盈利额突破2300万元。两个新产品销售指标达成率只有70%,其中,只有一个大区勉强完成了销售指标。很多区域这一年花了很多精力,在消化2003年的库存(2002年为了出国,压了很多货给经销商和零售商,即提前进了很多货,在理论上这些销售称为移库销售)。这一年,威材整个队伍的离职率达到了22%,对比2003年的13%增加了9%,包括全国销售总监蔡果盛先生和上海大区销售经理史仲冬先生(两位自己创业)离职。其中,两个大区的销售代表离职率为30%,原因都是抱怨指标分配不公,说自己的领导在分配指标时只会鞭打快牛,对慢牛束手无策。这两个大区,一个是业绩不错的队伍规模最大的上海区,另一个是业绩一直不稳定(在大区层面来说,属于慢牛区)的广州区。黄德华管理的杭州大区实现销售额8865万元,100%完成了销售指标(8826万元),是两个完成销售指标的大区之一。威材杭州办事处的销售代表人均产出为173万元,是5个大区中最高的。

2004年12月，邓广龙先生公布了威材2005年度的销售指标为5.46亿元（年增长率39.6%），销售代表人数为350位，市场销售管理者为70人。邓广龙先生这次是通过邮件的方式，把各个大区经理的2005年销售指标给到他们。说起来，依然是通过指标分解委员会得出的指标，但实际上是邓广龙一家之言（后来听说，企划部、财务部经理都是新经理，而人力资源部只派了一位薪酬管理专员参加）。黄德华分到的销售指标为1.22亿元，占公司指标的22.3%，年增长率为35.4%。看到邓广龙先生那么繁忙，黄德华不忍心去打扰他，也不忍心去质询他：虽然分解指标程序公正，但结果是能者吃亏。黄德华学了MBA，对销售指标的制定与分解也无新解！没有学到新招，黄德华只好继续贯彻威材杭州大区指标分解7原则。只是在分解销售指标过程中，有一位高级区域销售主任对黄德华的做法有些不满，他希望黄德华先生学邓广龙先生，适当照顾"落后"的区域，不要重打慢牛；他提出，无论什么队伍，总有慢牛和快牛之分，作为上级，应该考虑到市场的实际情况、竞争状况和队伍情况，而不仅仅是市场潜力，不仅仅是分解指标的7原则，7原则也要与时俱进。黄德华与这位高级销售主任沟通后，依然没有解决两者的分歧，因为他管理的团队在杭州大区属于慢牛团队。黄德华承诺会在精力上和方法上多关注他的区域，大家一起来迎接销售指标的挑战。这一年，在黄德华带领的队伍中，那些"不用扬鞭自奋蹄"的人员也在减少。

2005年，威材的销售实际为4.8596亿元，销售指标（5.46亿元）的达成率为89%。威材销售代表的人均产出实际为140万元（实际销售代表347位），整个市场销售队伍的人均产出实际为117万元。这一年，威材的销售队伍，按照贡献毛益法和完全成本法计算，都是盈利的，按照完全成本法计算，盈利额突破3000万元。两个新产品，销售指标达成率只有64%，没有一个大区完成销售指标。黄德华管理的杭州大区完成率为92%，实现销售额1.1189亿元，在原5个销售大区中，完成计划比例是最高的。这一年，7个销售大区，首次都没有完成销售指标，销售队伍士气大跌，销售队伍的离职率依然达到30%。整个队伍在流传：公司对销售员很抠，销售指标年年高，完成指标比例逐年下降，奖金收入也逐年下降，而公司的盈利却逐年大幅度提升。销售员穷了，公司富了。

2006年，邓广龙把分解销售指标到大区的权力，交给了新任销售总监牛荷重先生。牛荷重先生是2005年12月宣布为新销售总监的，顶替在2004年离职的蔡果盛先生。在2006年1月16日，黄德华收到新任销售总监牛荷重先生下达销售指标的邮件："杭州大区销售指标为14989万元。"黄德华回信问："为什么？"牛先生回信答曰："对比去年实际增长34%。"黄德华又问："为什么是34%。"牛先生答曰："我根据市场的判断，您不信任领导吗？"黄德华说："请问，公司的销售指标是多少？"牛先生答曰："不用急，到时候会公布的。"黄德华说："去年，我完成计划比例最高，您这不是鞭打快牛吗？"牛先生答曰："这是命令。"黄德华感到非常茫然，也非常痛苦，回顾威材十多年销售指标分解的历史，发现这次是最糟糕的一次。黄德华对公司的信心也跌入了深谷。因为他通过数据收集，发现牛荷重先生分解指标的结果如表9所示。这一结果，把邓广龙先生多年来提倡的"谁完成指标计划比率高，谁的指标增长比例最低"的指标哲学也给毁了。黄德华承担的销售指标，占公司指标份额的23.2%，再次攀高！而且，黄德华通过计算还发现，7个大区经理加起来的销售指标为6.4997亿元，超过邓广龙在2006年4月会议上公布的6.461亿元，存在分配过量。公司增加了两位大区经理，自己为公司奉献了两位经理，一位大区经理，一位区域经理，自己这里的干将不仅少了，申请的替补干将又不批准，自己为公司兢兢业业，任劳任怨，结果，确实如此，真有点"悲凉"！

官大一级压死人，谁叫牛荷重先生是上级，直接找邓广龙先生诉说，又担心打击报复，落个越级汇报。看到邓广龙先生憔悴的身影，黄德华就只好忍耐下去。在这高指标的压力下，黄德华很难分配销售指标，努力向网络、书本、朋友寻找分解销售指标的方法，依然找不到满意的解决方案。最终，无奈之下，黄德华依然采取威材杭州大区分解指标的7项原则，只是把分解结果变成"中打慢牛、中打快牛"。在2005年向黄德华提出不要重打慢牛的高级销售主任，在2006年2月份辞职了，他所带的团队也有半数销售员在2月或3月辞职了。人心散了，队伍不好带了。黄德华趁机把这个区域一分为二，索性推倒重来，向牛荷重先生提出要两位销售主任。黄德华陈述说：由两个主任来承担销售指标压力，会比一个主任承担销售指标压力好，同时可以让这两个主任进行竞争，通过竞争来促使他们把"慢牛队"带成"快牛队"。牛荷重先生口头上答应去向邓广龙先生那里争取，但迟迟没有明确答复（一直到年底，都无消息）。得不到支持，黄德华决定再次到高校读工商管理，换个学校碰碰运气，看一看能否学到销售指标的分解方法，于是，春节后，黄德华报考了浙江大学的EMBA。

表9　威材公司7个大区的2006年年度销售计划分配情况　　　　　　　　　单位：万元

地区	2005				2006			
	Sale（T）	MR人数	人均产出	完成计划	Sale（P）	06P/05T	MR人数	人均计划
沈阳	7816	56	140	88%	10142	130%	78	130
北京	7827	51	153	89%	10692	137%	68	157
上海	13873	80	173	83%	18034	130%	90	200
杭州	11186	65	172	93%	14989	134%	73	205
广州	4469	49	91	90%	5866	131%	70	84
西南	1613	21	77	92%	2538	157%	22	115
西北	1812	25	72	92%	2736	151%	26	105
合计	48596	347	140	89%	64610	136%	427	151

牛荷重根据非潜力因素设立指标，而且，是单纯地根据上年度数据乘以简单的百分比，就得出大区总监所承担的销售量指标。这就使得销售指标分配的棘轮效应更加明显，导致了销售队伍对公司的不满，因为这种分解指标的方法给销售员不公平感。首先，潜力不一样，实际销售额不一样，怎么可以乘以简单的一个数字？而且这个数字差距不大，乃至相同，随意性太大，不科学。其次，代表越多的区域，指标越高；去年做得好的代表，指标也越高。结果优秀销售员就选择离开公司，因为他们的指标增加了，实际收入却会下降或持平。很多优秀销售员纷纷跳槽到销售指标分配相对合

理的公司。看到优秀销售员纷纷辞职，受其影响，那些普通的销售员也不安心在威材工作，纷纷寻找机会离职。那些想留下了的销售员，也开始降低其努力水平，采取观望的态度，因为他们认为在能够完成销售指标的情况下，虽然会受到一定的奖励，为了明年可以继续在公司从事销售工作，保留实力和市场潜力最要紧，销售指标达成率只要不难看即可。其中不少销售员把当年的销售推迟到下一个财务年度，因为他们知道自己在第一年努力工作，会导致在第二年同等努力程度下，其报酬会降低。于是，那些不打算离开威材的销售员都纷纷降低第一年的努力水平。邓广龙先生的压力越来越大，工作也越来越忙，到处扑火。最后，在2006年7月，邓广龙先生倒在了工作岗位上，再也没有起来。威材的总经理（在黄氏TOPK十字圆盘中，性格属于聪明的考拉型）兼管市场销售部，人心更加不稳，大家（包括销售大区经理在内）身在曹营心在汉，表面上在为威材工作，实际中只要有机会，就在寻找下家。

威材为了留住销售员，在2006年第四季度，就宣传2007年的奖励政策很好，请大家不要离开公司。结果，留下来的销售员，在年底纷纷降低其努力程度，把客户的订货推迟到下个年度。

这一年，威材的销售实际为5.2448亿元，销售指标（6.4612亿元）的达成率为81%。这一年，7个销售大区都再一次没有完成销售指标，各个大区的完成情况，见表10。整个销售队伍的离职率达到40%。销售代表的人均年产出为132万元，大幅度降低。这一年，威材公司盈利接近为零。

表10　威材公司7个大区的2006年年度销售计划分配与实际达成情况　　　　单位：万元

地区	2005				2006						
	Sale（T）	MR人数	人均产出	完成计划	Sale（P）	06P/05T	MR人数	人均计划	Sale（T）	完成计划	人均实际
沈阳	7816	56	140	88%	10142	130%	78	130	8357	82%	107
北京	7827	51	153	89%	10692	137%	68	157	8103	76%	119
上海	13873	80	173	83%	18034	130%	90	200	14018	78%	156
杭州	11186	65	172	93%	14989	134%	73	205	12397	83%	170
广州	4469	49	91	90%	5866	131%	70	84	5359	91%	77
西南	1613	21	77	92%	2538	157%	22	115	2035	80%	93
西北	1812	25	72	92%	2736	151%	26	105	2179	80%	84
合计	48596	347	140	89%	64610	136%	427	151	52448	81%	123

2006年12月，没有找到解决方案的黄德华知道大势已去，决定离开销售部到市场部，担任大区市场总监，以旁观者的身份来观察销售部如何重建。由于从2007年1月份开始，牛荷重休长假（实际上准备离职），所以分配2007年销售指标的任务落到了全国市场总监身上。这一年，威材的销售指标为6.36亿元，指标分解由各个产品经理负责，产品经理采取的方法是，把销售指标分解到各个客户（每家医院），再把客户的销售指标汇总为销售代表的指标，销售代表的指标汇总为区域主任的指标，区域主任的指标汇总为大区销售经理的指标。分解给客户（医生）的指标，采取根据2006年的实际数据乘以一定的比例而得出，这个比例由各个产品经理根据自己对市场的理解

来判断。结果可想而知,销售指标的棘轮效应更加明显。全国市场总监在7月离职,威材总经理在7月份也被提前退休。在8月份,威材来了4个新人(总经理、管市场销售的副总经理、全国市场总监、全国销售总监)。自2007年9月起,威材宣布原有销售指标重新进行分解,今后销售指标计划每个季度公布一次,每个季度都进行销售指标的调整,调整由销售效能部与销售总监说了算,分解指标的结果是,上季度完成销售指标计划的销售代表,下季度增加销售指标计划;上季度没有完成销售指标计划的销售代表,下季度减少销售指标计划;结果,销售指标的棘轮效应更加明显,并导致了更为严重的销售曲棍球棒效应。他们在分配销售指标时,也采取分配过量的做法,所有销售代表的销售指标计划之和大于其上级的销售指标计划。口头提倡的信任文化,在实际中却背道而驰。结果,这一年,威材公司的实际销售额为4.9981亿元,销售指标的达成率只有79%,威材的市场销售部的离职率达到50%。黄德华深感在威材再也学不到什么了,于是毅然决然在2007年12月也离开了为之奋斗13年的威材。

案例讨论

1. 销售棘轮效应在销售指标分解中是不可避免的吗,为什么?
2. 在邓广龙分解销售指标的方法中,哪些是可取的,哪些是不可取的?
3. 在黄德华分解销售指标的方法中,哪些是可取的,哪些是不可取的?
4. 黄德华带领的大区为什么也出现慢牛团队的推倒重来?
5. 如果你是威材2006年的销售总监,你将如何进行销售指标管理?

【销售薪酬案例】销售薪酬的曲棍球棒效应及其对策

1996年1月13日,黄德华收到威材的奖金条例,他很快就计算出可能的奖金收入为2380元/季度:个人消化奖奖(产品消化奖+总销量奖)最高值为1230元(880+350),被封顶;产品开发奖没有限制;团队奖(团队产品消化奖)最高值为1150元,虽然不少(非常接近个人消化奖),有希望,但不可控。新产品MBL没有封顶,但有时间限制(7—12月)。黄德华的月工资为2000元,如果只拿封顶奖金,月收入只能为2793元(固定工资:变动收入=72:28)。想得到更多的收入,就要从不封顶部分进行突破。而在第一季度和第二季度,只能想办法从产品开发奖部分多拿奖。开发冲奖金和120%完成销售指标就成了,黄德华的销售工作指南。在第一季度和第二季度,产品开发渗透奖占据黄德华销售薪酬收入的1/3左右,见表11和表12。这样,黄德华的第一季度月收入为3165元(固定工资:变动收入=63:37),第二季度的月收入为3245元(固定工资:变动收入=62:38)。

表11 产品开发渗透奖(第一季度)

产品	条件	奖金数额(元)	渗透的医院数	应得的奖金数额(元)
MYO	A	70	5	350
	B	40	2	80
	C	15	2	30

续表

产品	条件	奖金数额（元）	渗透的医院数	应得的奖金数额（元）
NEQ	A	70	2	140
	B	40	1	40
	C	15	1	15
MRS	A	40	3	120
	B	20	5	100
	C	10	5	50
SLX	A	40	3	120
	B	20	2	40
	C	10	3	30
合计			34	1115

表12 产品开发渗透奖（第二季度）

产品	条件	奖金数额（元）	渗透的医院数	应得的奖金数额（元）
MYO	A	70	7	490
	B	40	5	200
	C	15	4	60
NEQ	A	70	0	0
	B	40	1	40
	C	15	1	15
MRS	A	40	6	240
	B	20	5	100
	C	10	2	20
SLX	A	40	3	120
	B	20	3	60
	C	10	1	10
合计			38	1355

  1—6月，黄德华完成销售指标总量的273%，每个产品都超额完成销售指标。很多"好心"人士都规劝黄德华，悠着点，留着市场明年做，这样做下去，明年的销售指标肯定会猛涨。尝到"钞票奖金"甜头的黄德华哪肯罢休，心里老是盘算着如何拿更多的奖金。他心里嘀咕道：钱要尽快到手，能今年拿的奖金，为什么要放到明年拿。如果明年老板让我拿不到奖金，今后谁还会像我这样拼命去做销售呀？即使发生了这种情况，我大不了不在这家公司做了，还是回到老本行（黄德华的大学专业是化学）。

  尽管从7月开始，奖金诱惑更大的MBL产品上市，但黄德华依然没有放弃产品开发渗透奖的诱惑，只是开发的产品集中在与新产品MBL关联度较大的MYO和MRS。这一策略对黄德华极有帮助，使他又获得了超过千元的开发奖，见表13和表14。更为激动的是，第三季度，黄德华在奖金不封顶的新产品MBL的销售量为532盒，获得新产品的奖金2128元。第四季度的新产品MBL的销售盒数为2149，获得新产品的奖金为8596元。这样的结果，黄德华的第三个季度月收入为3854元（固定工资：变动收入=52:48），第四季度的月收入为6047元（固定工资：变动收入=33:67）。

表13 产品开发渗透奖（第三季度）

产品	条件	奖金数额（元）	渗透的医院数	应得的奖金数额（元）
MYO	A	70	5	350
	B	40	8	320
	C	15	8	120
NEQ	A	70	0	0
	B	40	0	0
	C	15	1	15
MRS	A	40	2	80
	B	20	3	60
	C	10	5	50
SLX	A	40	0	0
	B	20	2	40
	C	10	2	20
合计			36	1055

表14 产品开发渗透奖（第四季度）

产品	条件	奖金数额（元）	渗透的医院数	应得的奖金数额（元）
MYO	A	70	7	490
	B	40	8	320
	C	15	10	150
NEQ	A	70	0	0
	B	40	0	0
	C	15	0	0
MRS	A	40	2	80
	B	20	3	60
	C	10	3	30
SLX	A	40	0	0
	B	20	1	20
	C	10	2	20
合计			36	1170

销售工作虽然很累，每天面临医生的拒绝，但黄德华每天都很积极、阳光，总是微笑着来到客户那里，因为在第四季度，黄德华拿到的奖金特别多，年收入接近5万元！在1996年，黄德华成为威材中国公司的奖金大户，并超额完成公司给予的93万元的销售指标（达成率为203%），开发渗透医院总量为144个，被称为开发能手。黄德华意外地被评为威材全球TOP10的医药代表，并在1997年1月被任命为威材杭州办事处的城市主任；最令黄德华惊喜的是，他在1997年8月以"雏鹰计划"被送到美国进修学习。1996年的简单思维，即通过努力拿到更多的合理奖金，使得黄德华名利双收。这一年，威材销售指标达成率为101%！

1997年，黄德华以这一思想指导其带领的5位员工，在第一个月，就和他们沟通奖金的计算。他说，本年度的奖金，各个产品的消化奖不封顶，产品开发奖不封顶，大家要抓住机会多拿奖金。现在每个销售员的地盘都很大，都有很多医院等待去开发，这就好比钱掉在地上，等待勤快的人去捡。如果采取保守的做法（以100%完成销售指标），月收入只能是2347元（个人奖1040元/季度），如果杭办团队也100%完成销售指标，月收入只能是2497元（团队奖450元/季度）。要拿更多的奖金，有两条路子，即冲销量（超额部分提成）和开发渗透更多的品种和医院，再说，开发渗透本身就是增加销量。公司的领导邓广龙先生认为，威材的市场销售部实行每年加薪制，平均调薪幅度超过中国GDP的增长幅度，每年年初，公布新年度的加薪政策，包括加薪幅度。加薪政策有一项条款是，特殊贡献者的加薪，可通过特殊报告陈述特殊理由来申报。如果威材杭州办事处团队超额完成指标，他就会对特殊贡献者的加薪进行特殊申报。结果，5位销售员在这一年也都拿了不少奖金，其中，宁波的李大勇和温州的张固良都成了奖金大户。这一年，威材销售指标达成率再次达到101%。威材杭州办事处以125%的达成率超额完成了销售指标，黄德华的奖金也不少。

1998年1月，黄德华再次与销售团队沟通销售奖金。有销售代表提出，公司的奖金条例是变好了还是变坏了？黄德华当众回答他，差不多，要努力拿今年的奖金。为什么？他说，他以1996年的销售数据验证了1997年、1998年的奖金条例，发现在1997年，按照1996年的销售数据可以拿到29085元，增长率为28%，扣除通货膨胀与GDP的增长，约有上升。在1998年，按照黄德华1996年的销售数据可以拿到35412元，对比1997年，增长率为22%。经过三年的开发，各地开发的空间虽然缩小了不少，但是1998年的奖金条例中增加了销售速度奖，不仅总销售量有速度奖，而且每个产品都有速度奖。同时，产品的奖金提成率单一，计算很方便，大家可以直接根据奖金获得情况，调整销售努力！大家不要期待1999年的奖金会更多，从而保存销售实力，把销售机会放在来年，拿更多的奖金，而要考虑通货膨胀和GDP的增长，今天的1元钱，明年就可能只值0.8元。再说，公司领导说，每年实行加薪制，去年就有两位同事的加薪通过特殊贡献特殊申报程序，获得了超过最高加薪幅度的加薪。如果威材杭州办事处团队完成销售指标，就会坚持利用特殊贡献特殊政策，决不让奋斗者吃亏！奖金拿得多，又有加薪，何乐而不为？这一年，威材以94%的达成率完成销售指标；而威材杭州办事处以114%的达成率完成了销售指标。

1999年1月，在黄德华与他的团队沟通奖金的会议上，有代表说，今年的奖金条例变得更好了，如奖金提成的起点变成了105%，比去年的120%下降了不少，那么2000年奖金提成起点会不会变成100%？黄德华当众回答："不晓得，难以预料，不在我们掌控之内。1999年的奖金条例与1998年的没有太大的变化，除了你刚才说的奖金提成起点降到105%外，销售速度奖和产品开发渗透奖都有所增加。那些未开发量越来越少的地方，由于奖金提成不封顶，要冲奖金就必须冲量。而未开发量较多的地方，要加紧时间开发，产品上市3年后还有开发渗透奖的情况，在医药行业内少见。威材公司，也很有可能在2000年取消开发奖。同样的销售指标与销售实际数据，如果取消开发奖，1999年的奖金比1998年的奖金约有增长，增长比率接近预计的通货膨胀率。"这一年，威材由合资公司转为独资公司，所有人员的工资底薪提升了，平均提升600元左右。试用期新员工的工资薪水不包括四金在内，为2200～2500元；试用期特别优秀的员工有不超过10%的加薪。这一年，威材销售指标达成率为97%；威材杭州办事处的销售指标达成率为107%。

2000年，威材的奖金条例真的发生了很大的变化，各个产品都换算成100元左右的单位数。黄德华与12个销售代表进行了较多时间的奖金沟通。很多人为这个奖金条例而欢呼，因为变动收入变成了佣金+奖金组合，每元销售额都有佣金提成。有代表说："在威材已经三年了，这些年来，公司的奖金条例都是越来越好，拿奖金要适度，同样的销售额与销售指标，扣除开发奖，我的销售奖金增加了将近67%。依据惯例，同样的销售数据与指标，2001年可能会拿更多的奖金。"黄德华当众回答："拿在手里的，才算自己的。市场不会空在那儿，你不去占领，竞争对手会占领，那时你很可能拿不下来，结局就是销售实际不会增长或增长缓慢，而销售指标肯定会增长，这样算来，你的奖金不仅明年少了，今年该拿的部分也没拿到；明年的加薪也因今年业绩表现一般而受损，明年加薪很可能也是最低的，很可能为零。挺可惜！年轻人就要想办法尽快实现"五子"（票子、房子、妻子、儿子、车子）登科！你们看看，李大勇、张固良、夏国画都是来威材以后买了房子的，熊治纲也准备购房，郭思来威材之前就有房，现在她成了富姐。陶艺在进威材之前就有房子，现在正在考虑买第二套房子。我也还清了房子的借款。房价今后肯定会涨的，我们拿奖金的速度，要超过房价的速度才是。"还有代表这样说："如果我放弃某个季度奖金，集中到下季度拿奖金，这样不是会拿更多的奖金吗？"黄德华回答道："这样做不合算。第一，每个阶段的销售单位虽然奖金不同，采取2、3、4、6元四个梯度计算，但从4元开始，是指超越部分以4元计算。假设两个季度的指标均为10000个单位，张三把第一季度的销售实际做为9000个单位，把2000个单位推到第二个季度，这样张三的第二季度销售实际为13000个单位（假设张三第二季度也可以做到11000个单位）。这种结果的奖金是，第一季度张三的奖金为18000元，第二季度奖金为37000元，两季度总和为55000元。如果张三每个季度都是11000个单位，两个季度的奖金都是25000元，两季度总和为50000元。这样算来，似乎多了5000元，但是奖金是要交税的，37000元的税会大大超过25000元的税，同时张三会失去团队奖金700～1500元。张三的做法还会影响团队的团队奖金的金额。也许威材杭州办事处在第一季度，每个人都少拿团队奖或团队奖为零。这种做法对自己帮助不多，但损害了集体，同时会给主管留下不好的印象，今后提升和加薪都会受到很大影响。张三的做法看似聪明，实则愚蠢，得少失大！"还有代表说："新品ART的奖金看起来不错，但70%完成指标的奖金门槛很高，没有MBL1996年的奖金政策好。"黄德华当众回答："这个意见很好，会向公司领导反映。作为威材杭州办事处的负责人，我向大家保证，分配销售指标决不会鞭打快牛！"这一年，威材100%完成销售指标，新产品ART的销售指标达成率只有30%；威材杭州办事处104%的达成率完成销售指标，ART的销售指标达成率为54%。

2001年1月，黄德华又和他带领的15位销售团队成员进行奖金沟通，这时已经提拔了两位销售城市主任。有位销售代表说，他用2000年的销售指标与数据套了2001年的奖金条例，发现奖金数据几乎没有增长，当然也没有下降。同样的销售额，明年的奖金会不会下降？黄德华当众回答："很有可能。"又有代表说，2001年ART和SLX折算奖金的单位有所增加，ART奖金门槛也降到了50%，这是好事情。不过，ART的计划对比2000年实际就增长了130%，这样看来，ART的奖金难度其实是增大了。黄德华当众回答："威材杭州办事处的ART，其2001年销售计划对比2000年的实际，增长率为75%，但对比2000年的销售指标，只增长了48%。这就可以得出，今年完成计划比例越少，明年销售指标对比今年实际的增长率就越高。我们增长率超过75%，是因为在2000年我们没有完成ART的销售指标。我们都知道，做销售的，市场是一年比一年难做，如果某一年没有完成指标，那么第二年就会难上加难。今后难做，反过来，就是今年好做，今年好做，好拿奖金，为什么不今年拿？我们拿了这个奖金，可以尽快改善生活。"又有代表说，第二条给付条件不合理，完成指标的90%~100%，对比去年同期未超过105%。这又不是代表的错，这是公司分配销售指标有问题，同时，表明公司有些地方的指标增长率不到5%，而威材杭州办事处的指标增长率为40%左右，这不公平。黄德华当众回答："这个意见提得很好，不过每个区域的指标增长都在30%以上，因为公司的指标增长为31%。至于个别地方出现完成指标，但对比去年同期不到105%，确实是销售指标分配有问题。我向大家保证，我们威材杭州办事处的销售指标绝不会出现这种情况。"又有代表说，产品平衡奖对比2000年有倒退，比如，两个产品未完成当季度计划的，当季度奖金总额减少10%。这实际上是公司借理由扣罚销售员的奖金。虽然"减少"二字看起来比"扣罚"人性化，但给人感觉就是不舒服（按专业术语，人们会产生卡尼曼损失厌恶效应）。再说，每个主管分配销售指标，能保证客观吗？黄德华回答："这是很好的建议，我会向公司反映。我保证杭州办事处的销售指标分配逼近客观现实。让我们齐心协力，一起努力做到不减少奖金总额。"这一年，威材销售指标达成率为98%，ART的销售指标达成率为90%；威材杭州办事处以120%的达成率完成销售指标，ART的销售指标达成率为155%。威材杭州办事处的每位员工的腰包里，奖金都鼓得满满的。

  2002年1月，黄德华与23位销售代表（包括3位销售主任）进行销售奖金的沟通。有代表说，去年我们反映的问题，在2002年的奖金条例中没有体现。黄德华当众回答："我反映了两次，可能是我反映的方式方法有待改进，责任在我。今年会继续反映。"又有代表说，他以2001年的销售指标与销售实际数据套用2002年的奖金条例，发现奖金减少13%。同样的销售数据出现奖金递减，公司是出于什么考虑的？黄德华回答："这非常正常。公司对销售支持的部门和力量在不断地增加，这些人需要支付薪水，达成今年的销售数据也有他们的功劳，这就要分出薪金给他们。这是共赢的做法！从公司层面，销售部门做同样的销售额的难度在减少，但由于市场竞争的加剧，从市场层面，销售部门做同样的销售额的难度在增大。难度一减一增，再加上自身的努力，也会获得更多的奖金。大家要抓住机会把销售量做上去，同样的销售数据明年的奖金可能会更少，那就意味着我们要趁今年多拿奖金。当然，同样的销售数据获得的销售奖金，如果突然下降太多，那是不好的。"又有代表说，ART折算奖金的单位数提高到15个单位,这是好事。而设立ART特别奖,如奖金条例的第五条,看起来是为了销售员,却给人的感觉是,公司对ART完成计划没有信心。会不会产生为了ART2002年的奖金,把2003年的ART销售提前?黄德华回答:"有道理!我会尽力把这个意见反映到公司管理层。"

1996年,MBL实行的是有时间限制的佣金制,如果不计算这部分奖金,我们可以发现,其他产品的奖金为2300~3135元/季度。1996年的薪酬组合计划中的激励成分为34%。在2002年,薪酬组合计划中,激励成分为60%左右。随着公司产品的品牌知晓度与美誉度的增加,薪酬中的激励成分不减反升,这令黄德华很困惑。

从2002年2月开始,威材公司上市KST和PRA两个新品,实行单独奖励政策。KST的奖金条例是,对于医药代表,KST奖金分为开发医院奖和上量奖。其中,开发奖:上市3个月内,A医院奖400元,B医院奖300元;上市4~6个月内,A医院奖300元,B医院奖200元。上量奖:1月内进药,每盒5元;2月内进药,每盒4元;3月内进药,每盒3元;4—6月内进药,每盒2元。对于销售区域主任或区域经理,当季度区域100%完成计划,按所负责区域代表所得的KST奖金总额的30%奖励。PRA的奖金条例是,对于医药代表,PRA的奖金分为开发奖与上量奖。其中,开发奖:8月底之前开发医院的,A级医院奖700元,B级医院奖500元;12月底之前开发医院的,A级医院奖500元,B级医院奖300元。上量奖:7月底之前并达成销售指标的50%,每瓶8元;9月底之前并达成销售指标的70%,每瓶5元;12月底之前并达成销售指标的80%,每瓶3元。对于区域销售主任或区域销售经理,季度区域完成指标80%以上,奖金按区域内代表所得的PRA奖金总额的30%计算。两个新品虽然同时上市,但是,威材在2002年有80%的代表已分成两大推广组,这两大新品属于不同的组,但对20%的销售代表来说,这一年,在推销6个老品的同时,要兼顾两个新品,精力是个挑战。这一年,威材100%完成了销售指标,ART首次100%完成销售指标,PRA的销售指标达成率为135%,而KST的销售指标达成率只有28%。威材杭州办事处以123%的达成率完成销售指标,威材杭州办事处的ART以109%的达成率完成销售指标。威材杭州办事处的PRA以112%的达成率完成销售指标,而KST销售指标的达成率只有3%。

从2003年1月开始,医药代表的奖金条例按照推广组分为三种,每组的条例大同小异,但引起了组间的比较与争议。威材杭州办事处的销售队伍已经达到52人,不再是销售团队了,而是销售队伍。于是,黄德华把销售奖金条例的沟通会议改成分区域分组进行,虽然提高了沟通效果,但增加了沟通成本,尤其增加了黄德华用于奖励政策的沟通时间,但黄德华认为这是值得的。在巡回沟通中,有位新代表说,完成计划85%就有奖金,是不是整个公司销售完成85%,公司领导就完成了母公司给予他们的指标?黄德华回答:"据7年的经验来看,不可能出现这种情况。"又有新代表说,佣金不等于奖金,公司为什么把佣金等同于奖金?黄德华回答:"有道理,不过,我们做销售的,不要去管他什么概念,用心做好销售,多拿合理的奖金才是正道。"又有代表说,公司越来越不信任销售员,整个奖励版面,扣除奖金的就占1/3。(《逸周书·命训》有云:"极罚则民所诈,多诈则不忠,不忠则无报。"翻译过来就是,处罚过度，百姓（员工）就多诡诈，百姓（员工）多诈就不诚实，不诚实就没有报答了）还有代表说，年度补偿奖金不是明摆着鼓励大家提前压货吗？还有代表说，没有转正的销售代表没有团队奖，难道他们不是团队成员吗？还有不少代表反映说，同样的销售金额，ART组的奖金凭什么就远远高于MBL组？对于这类问题，黄德华都一一做了回答。黄德华带领的销售队伍，在2003年第四季度，每个人都拿到了奖金，大家都很兴奋。这一年，威材公司以104%的达成率完成了销售指标，ART以88%的达成率完成销售指标。威材杭州办事处以115%的达成率完成销售指标，威材杭州办事处的ART的销售指标达成率为97%。

2004年1月，又是黄德华与销售队伍沟通销售奖金的月份。ART组没有了扣罚条款，其他与2003年没有本质差异。但MBL组和综合组的奖金条例发生巨变，并且依然保留扣罚条款。销售代表对这个扣罚条款意见很大，但高管团队认为扣罚的目的只是引起销售队伍对该产品的重视。而销售代表则认为，公司借政策理由抢走了他们的奖金，要给公司一点儿颜色看看。大家拿到奖金条例和计算表格后，纷纷说，奖金下降了，尤其是MBL组和综合组。综合组的某位代表把2003年第四季度的销售指标和销售实际数据套用2003年奖金条例，获得了7825元奖金，套用2004年的奖金条例，计算所得奖金仅为4633元，下降了3192元，下降幅度为41%！MBL组的某位代表，也把2003年第四季度的销售指标和销售实际数据套用2003年奖金条例，获得了18852元奖金，而套用2004年的奖金条例，计算所得的奖金仅为9504元，下降幅度为49.6%！ART组的某位代表，也把2003年第四季度的销售指标和销售实际数据套用2003年奖金条例，获得了11440元奖金，而套用2003年的奖金条例，计算所得的奖金为11284元，下降幅度为1.4%。这三位销售员都因想不通而找到黄德华。黄德华请销售助理核算后，确实如此。黄德华亲自答应他们，会把他们关于奖金的想法转告给公司高管，请公司把2005年的奖金条例变得更有激励性，并承诺会加大投资，尤其是智力投资，通过提高销售技能和营销运作技能及管理层的领导力，帮助大家在2004年拿到奖金。奖金收入不下降，是整个队伍的奋斗目标。大家都是职业人，要有职业精神，不要做任何伤害公司和他人的事情。可是运作一个季度后，黄德华发现，2004年第一季度威材杭州办事处的奖金总额仅为2003年第四季度的44%！这一年，威材的销售队伍经常公开或私下讨论公司的奖金政策，抱怨声源源不断，销售士气大幅度下降，以致公司高管两次召集大区营销总监讨论销售奖金政策。在2004年12月的销售薪酬会议上，黄德华拿出了表15，希望公司在2005年取消年度补奖条款。2004年，威材销售指标达成率为99%，ART销售指标达成率为69%。威材杭州办事处100%完成销售指标，威材杭州办事处的ART的销售指标达成率为76%。这一年，威材的销售代表离职率为22%，大大地超过了2003年的13%。威材杭州办事处的销售代表离职率也不低，为18%！这一年有9位销售代表离职。威材杭州办事处的季度奖金总额最高季度的奖金，也仅为2003年第四季度奖金的87%！而2004年的销售代表比2003年增加了7个，出现了人员增加，奖金支出没有增加的现象。威材杭州办事处的51位销售代表中仅有4位全年没有拿到奖金，5位销售奖金不到5000元，离职的9位销售代表就是他们。

表15　2004年销售奖金数据中的特别数据

Name	041Q	042Q	043Q	044Q
Zhang Ao	22146	0	31330	0
Zhang Yan	0	17078	0	17223
Ye Pei Hong	0	0	19899	23186
Chen Yun Bin	0	7393	7156	0
Zhou Cheng Feng	0	0	0	21585
Zhang Hai Wei	0	4542	0	9482
Liu Dan Dan	0	15172	15861	0
Xu Hui	0	13812	0	22012
Wang Jun	0	16386	0	23987
Zhou Ping	0	0	9371	0

2005年1月，黄德华拿到新奖金条例时哭笑不得，两年来呼吁取消的特别补偿奖依然存在，他顿时忧心忡忡。不过在他和销售代表沟通时，大家都很高兴，因为按照新奖金条例，销售奖金额提高了不少。有位综合组的某位代表说，2004年第四季度他只拿到4483元的奖金，用2004年的销售指标与销售实际数据套用2005年的奖金条例，他可以获得11850元奖金，指标和销售实际不变，其奖金就提高了7367元，提高幅度为164%！MBL组的某位代表说，2004年第四季度她的奖金为15037元，套用新的奖金条例，她2004年第四季度的数据在2005年可以拿23964元，奖金提高了8927元，提高幅度为59%。ART组的某位代表说，2004年第四季度他的奖金为41047元，套用新的奖金条例，他2004年第四季度的数据在2005年可以拿48748元，奖金提高了7701元，提高幅度为19%。看到大家的积极反馈，原本心事很重的黄德华也舒缓了些，看来2005年是大丰收的一年，完成销售指标肯定没有问题。但直觉告诉黄德华，2005年的奖金条例是有问题的，因为《逸周书·命训》有这样一段话："极赏则民贾其上，贾其上则民无让，无让则不顺。"翻译过来就是，赏赐过度，百姓（下属）就与上司讨价还价，与上司讨价还价就没有逊让之心，没有逊让则政令就不顺达。不少的销售代表对扣罚条款非常反感，总是找公司的茬儿。那些刚刚晋升的主管们，埋怨收入不高，很后悔晋升，他们私下里说，宁愿回去当销售代表。推迟订单或提前压货的现象，也似乎越演越烈。销售指标越低，拿到奖金的数额就越大，威材全国的销售代表都在议论销售指标的分配，纷纷指责公司分配指标不公平，分配销售指标的难度越来越大，威材杭州办事处也不例外。黄德华听说，1位在1998年加入威材的老员工，在私下里骂威材，说威材欠他每年15万元左右的奖金，仔细说来，他用他在1998年的销售指标与实际数据，套2005年的奖金条例，发现他的销售业绩在2005年，可以拿20多万元奖金，而当年他只有4.2万元奖金。听到这个故事后，黄德华静悄悄地把威材杭州办事处2004年每个销售代表的销售业绩套用2005年的奖金条例，发现整个威材杭州办事处的"新"奖金是2004年实际奖金的2.3倍。公司的奖金条例历来是公布后就不修改的，黄德华是有心反馈无力回天。黄德华告诉他带领的队伍，这么好的奖金条例下，要赶快冲量拿奖金，明年"威材"的奖金肯定会下调。多拿合理的奖金机不可失！

从2005年7月开始，威材酝酿2006年的基本工资改革。这次改革由人力资源管理部主导，调工资的原则要考虑学历、工作经历和工作地点。这一消息的公布，立刻在公司里炸开了锅，大家纷纷加入工资调整论战，那些奖金受罚的销售代表更加起劲地从消极的角度给调资政策添油加醋，销售工作明显受到影响。为了稳定销售队伍，2005年10月，通过非正式场合，公司透露出明年奖金会更好的信号。于是，大家纷纷放缓销售努力，期待明年好梦想。2005年12月初，终于公布了调资条例，各岗位工资标准设定公式为：

个人起薪={标准工资×[0.7+（学历系数+经验系数+综合素质系数）×0.1]}×城市差异指数

需要注意的是：

（1）标准工资依据公司经营状况、行业及地区调研情况每年进行调整。

（2）学历系数：中专，0.9；大专，1.0；本科，1.2；硕士，1.4。

（3）经验系数：无工作经验，0.9；1年≤工作经验≤2年，1.0；2年＜工作经验≤3年，1.2；3年＜工作经验≤4年，1.4；4年＜工作经验，1.6。

（4）综合素质系数（两项）：基本符合职位要求，0.4；完全符合职位要求，0.6；高于职位要求，1.0；有相关经验，0.4；良好的相关经验，1.0；知名外企的相关经验，2.0。

结果，整个销售队伍又陷入了混战中，有人高兴，更多的人丧气。"压货—离职"的现象更加频繁！这一年，威材销售指标达成率为89%，ART的销售指标达成率为79%。威材杭州办事处销售指标达成率为92%，威材杭州办事处的ART 100%完成销售指标。威材的销售代表离职率升为30%，威材杭州办事处的销售代表离职率为18%。年初认为很好的奖金条例，到了年底，却使得整个公司都没有完成销售指标。黄德华也是第一次没有完成销售指标。他非常沮丧惘然，心想，如果2006年的奖金条例再出现这种情况，他就要去寻找新的机会：要么离职，要么换岗，要么求学。

2006年的销售奖金条例在2005年12月中旬就公布了，黄德华和销售代表同时拿到了销售奖金条例。2006版的奖金条例与2005版对比，又发生了很大的变化，有销售组长称号的销售代表，其奖金基数比其他代表的奖金基数高出2500元，这令很多高级代表不服气。销售代表生产力系数不明确，属于事后结果，大家做得好，全国平均值会提高，生产力系数也会降低，大家做得差，全国平均值也会降低，说不定生产力系数会提高；现在拿到奖金条例，无法估算出自己能拿多少奖金。扣罚条款过于严厉，对于KST被拿掉关联扣罚条款，MBL组与综合组的销售代表终于舒了口气。提前公布次年的销售薪酬方案，打乱了销售代表在2005年的最后几个星期里的工作。由于2006年的销售薪酬没有吸引力，大家纷纷要求客户提前给订单。由于工作被打乱，黄德华也索性取消了往年与部署的销售奖金沟通会议；采取的是被动沟通方式，部属因奖金问题找黄德华沟通时，黄德华才和他们沟通，而且是以倾听为主，几乎没有什么表态。2006年1月招聘的销售代表按新的工资条例执行，原有销售代表的调薪也从1月份执行，但需要在4月份把差额补发放，补发时的税收由员工自己承担。标准工资为3800

元（包括四金在内），新老员工的标准工资都一样。新进的销售员从进来开始，就按学历、经历、城市等分成三六九等，很多新销售代表比原有优秀销售代表的工资高得多。从1995年至2005年，威材执行的工资无地区差异（因为邓广龙先生信奉"和之以均"原则），学历、经历、素质等都不计入工资，只是给予一个幅度——2200～2500元/月，这个工资不包括四金在内，因为每个地方的养老金等四金的额度是不一样的，每年都有工资的调高机会。而在这场工资改革中，销售代表的工资执行岗位制，个人工资与个人销售业绩无关，只与公司经营状况有关。销售代表分等级，而销售指标不分等级，于是销售代表们就不满起来，整天发牢骚。2006年3月，黄德华带着销售薪酬设计的困惑，报考了浙江大学EMBA。

为了稳住军心，威材在2006年11月就在散布消息：2007年的奖金条例比2006年要好。这样，威材在2006年11—12月就更乱套了，大家都在议论没有看到的奖金条例，心思不在如何完成2006年的销售工作上。更糟糕的是，那些厌恶公司的销售代表，散布更多的消极情绪，说公司故意在放烟雾弹。大家人心惶惶，工作无方向，人心散了，很难聚！有不少代表想方设法压货，拿奖金走人。2006年，威材销售指标达成率为81%，ART的销售指标达成率为78%。威材杭州办事处销售指标达成率为83%，ART的销售指标达成率为88%。威材的销售代表离职率继续攀升，升为40%，威材杭州办事处的销售代表离职率也升为30%。72位销售代表的威材杭州办事处有22位离职，其中，14位的销售奖金为0，另外8位都是靠提前进货拿了不少奖金而辞职的。

2006年12月黄德华得到公司批准，2007年到市场部轮岗任华东大区市场总监，带领产品经理团队负责产品的市场运作。黄德华以旁观者的角度，来观察威材的薪资改革，对于销售奖金政策及其产生的影响，感触更为深刻。

2007年的奖励条例终于在2006年12月下旬公布，推广组之间的奖金差距太大，销售代表普遍认为公司对待他们不公平，有的组模拟奖金对比2006年增长30%，有的组模拟奖金对比2006年增长300%，有的组模拟奖金对比2006年增长50%。在1月份，这些模拟数据对2004年前进入威材的员工打击最大。他们觉得同样的销售额，已得到的回报反而更少。资深医药代表与内部提拔的销售主管们都觉得公司以前亏待了他们，这种不公平的气氛对于资深员工来说，非常严重，于是出现了更加严重的消极怠工。2007年4月，威材的药品在其代理公司（ZP公司）的库存积压已达到99天。作为刚刚加入威材的医药代表，听到2007年奖金政策很好，很兴奋，也很激动——通过自己的努力就可以拿到如此高的奖金。然而兴奋之余，在有怨气的资深员工开导下，他会发现，如果现在努力拿佣金与奖金，按照威材的习惯，明年所负责销售区域减少，销售指标却增加很多，同样的努力，在明年就会得到更少的佣奖金收入。威材的指标很高，压货就需要很长时间去消化，奖金就好比水中月，于是新销售员的热情与斗志也开始下降。奖金模拟似乎增加了不少，但是销售指标与压货的消化致使他们拿不到奖金，或者奖金比去年减少60%。他们开始放弃难做的产品，如ART、MYO、SLX等。

在全国范围内，压货拿奖金的现象变得更加严重，为数不少的医药代表都采取这样的做法：第一个月销售实际很少，一般完成计划的30%左右，第二个月完成计划的

50%左右，第三个月完成计划高达300%以上。比如，医药代表李某的ART季度销售指标为600盒，目前市场实际销售起点是400盒/季度，那么在实际工作中会怎么样呢？很有可能是：第一个月30盒，第二个月50盒，第三个月70盒，第四个月200盒，第五个月300盒，第六个月500盒，第七个月20盒，第八个月10盒，第九个月20盒……于是就出现了曲棍球棒效应，累积销售量，没有增加或增加不多，但是企业支付的奖金却增加不少。医药代表李某每个季度的销售额为400盒ART，由于没有达到70%（420盒），奖金为0。但在实际工作中，第一个季度奖金为0，第三个季度奖金也为0，但是第二个季度奖金为35000元，结果企业就得多付35000元，而销售业绩依然是三个季度为1200盒。为什么会这样？因为李某认为第一季度拿奖金有困难，即使努力做到420盒，也只能提成23元/盒。如果采取第一季度订单滞后或第三季度订单提前，奖金就可以达到35000元。他认为没有必要努力去增加每季度20盒，因为公司采取鞭打快牛的销售指标分配方法。有部分医药代表某个季度奖金高达10万元，下个季度为0，平均每季度的奖金为5万元。很多医药代表拿到高额奖金就辞职，因为销售量是订单提前或者压货压出来的。这给新进公司的销售员增加了很多麻烦，很多新进销售员只能想方设法去消耗库存，有的库存半年都消化不完。很多医院（药店等零售商）把货退给经销商，这些经销商又把货退给公司。大家都在做无用功。

威材的奖金支出远远超过年初预算，结果，由于无法支付这些奖金，公司就把奖金封顶，把超过4万元奖金的销售员的奖金扣到4万元以下，还采取延迟发放，销售队伍的士气就更加低落了，整个销售队伍更不用心踏实做事，挖空心思"堤内损失堤外补"，兼职贪污腐败等乱象层出不穷，他们嘴上还说"公司不仁，我怎么义呢？"威材在2007年下半年，改进了销售指标分配办法，调整了销售指标的公布时间，但是此次行动过于草率，没有与销售区域、销售薪酬联动改进，故无济于事。这不过是头痛医头，脚痛医脚的做法。这一年，威材公司销售指标达成率为79%。威材的销售代表离职率继续攀升，升为50%，威材浙江的销售代表离职率也升为30%。

黄德华在2007年11月，以他在1996年做医药代表的销售数据（包括销售指标在内）作为计算奖金的数据，套用1996—2007年威材公司的奖金条例，绘出图形（见图4）。看到这张图，黄德华心似寒冰，终于选择走人了。

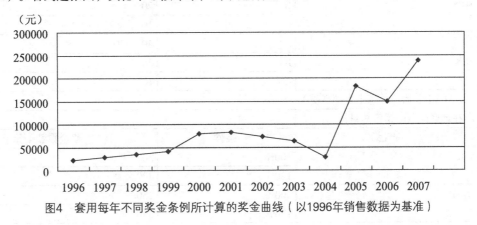

图4 套用每年不同奖金条例所计算的奖金曲线（以1996年销售数据为基准）

表16到表33为1996—2007年威材中国公司的销售代表奖金条例。

表16 1996年威材中国公司医药代表的奖金条例

一、（MR）个人		
1.产品的消化SalesB与计划对比（合数）		
产品	条件	奖金数额（元）
MYO	80%	120
	100%	200
	120%	300
NEQ	80%	100
	100%	180
	120%	280
MRS	80%	70
	100%	100
	120%	150
SLX	80%	70
	100%	100
	120%	150
2.总营业额		
销售目标	条件	奖金数额（元）
季度计划	80%	80
	100%	200
	120%	350
3.产品在医院的渗透		
产品	条件	奖金数额（元）
MYO	A	70
	B	40
	C	15
NEQ	A	70
	B	40
	C	15
MRS	A	40
	B	20
	C	10
SLX	A	40
	B	20
	C	10
二、（MR）团体（每个人都享受）		
所在地区团队的销售总目标		
产品	条件	奖金数额（元）
MYO	100%	300
	120%	400
NEQ	100%	250
	120%	350

MRS	100%	150
	120%	200
SLX	100%	150
	120%	200
三、新产品奖金		
MBL（7月上市）	奖金另算：4元/盒，1996年12月31日之前	

表17　1997年威材中国公司医药代表的奖金条例

基本原则
成绩关系到奖金，奖金没有限制——消化多，奖金多；
对单个产品（总量）看消化金额与计划金额比；
医院渗透最少渗透10大盒（20小盒）。
一、MR（个人）
1. 单个产品奖金

产品	条件	奖金数额（元）
MBL	80%	150
	100%	250
	100%～130%	提取超越100%部分的0.5%
	超过130%	提取超越100%部分的1%
MYO	80%	120
	100%	200
	100%～130%	提取超越100%部分的1%
	超过130%	提取超越100%部分的2%
NEQ	80%	100
	100%	170
	100%～130%	提取超越100%部分的1%
	超过130%	提取超越100%部分的2%
SLX	80%	80
	100%	130
	100%～130%	提取超越100%部分的1%
	超过130%	提取超越100%部分的2%
MRS	80%	70
	100%	120
	100%～130%	提取超越100%部分的0.5%
	超过130%	提取超越100%部分的1%

2. 总消化额奖金

消化	条件	奖金数额（元）
总消化	80%	80
	100%	170
	100%～130%	300
	超过130%	500

3. 产品在医院的渗透

产品	条件	奖金数额（元）
MBL	A	80
	B	50

MYO	A	70
	B	40
NEQ	A	70
	B	40
SLX	A	60
	B	30
MRS	A	60
	B	30

二、(MR)团队（成员至少2MR，每个人都会享受）

消化	条件	奖金数额（元）
总消化	100%	450
	120%	600
	100%~150%	800
	超过150%	1000

表18　1998年威材中国公司医药代表的奖金条例

基本原则

成绩关系到奖金，奖金没有限制——消化多，奖金多；
对单个产品（总量）看消化金额与计划金额比；
达到全年产品与消化总额的速度奖，团队奖。

一、(MR)个人

1. 单个产品的奖金

产品	条件	奖金数额（元）
MBL	80%~100%	150
	100%	270
	100%~120%	400
	超过120%	提取超越120%部分的1%
MYO	80%~100%	200
	100%	350
	100%~120%	650
	超过120%	提取超越120%部分的3%
NEQ	90%~99%	120
	100%	200
	100%~120%	320
	超过120%	提取超越120%部分的1%
SLX	90%~99%	100
	100%	180
	100%~120%	300
	超过120%	提取超越120%部分的2%
MRS	90%~99%	100
	100%	180
	100%~120%	300
	超过120%	提取超越120%部分的1%

2. 消化总额

消化	条件	奖金数额（元）
总消化	90%~99%	300
	100%~110%	500
	110%~120%	700
	超过120%	1000

3. 消化速度奖金

项目	条件	奖金数额（元）
各产品	10月底之前完成计划	每个产品500元
	11月底之前完成计划	每个产品350元
总消化额	10月底之前完成计划	1500
	11月底之前完成计划	1000

4. 产品在医院的渗透

产品	条件	奖金数额（元）
MBL	A	80
	B	50
MYO	A	120
	B	80
NEQ	A	60
	B	30
SLX	A	60
	B	30
MRS	A	60
	B	30

二、（MR）团队（成员至少2MR，每个人都会享受）

消化	条件	奖金数额（元）
总消化	100%~120%	550
	120%	700
	120%~150%	850
	超过150%	1100

表19　1999年威材中国公司医药代表的奖金条例

基本原则
成绩关系到奖金，奖金没有限制——消化多，奖金多； 对单个产品（总量）看消化金额与计划金额比； 达到全年产品与消化总额的速度奖，团队奖。

一、（MR）个人

1. 单个产品的奖金

产品	条件	奖金数额（元）
MBL	90%~99%	270
	100%~105%	400
	超过105%	提取超越105%部分的1%

	90%~99%	350
MYO	100%~105%	600
	超过105%	提取超越105%部分的2.5%
	90%~99%	200
NEQ	100%~105%	350
	超过105%	提取超越105%部分的1%
	90%~99%	200
SLX	100%~105%	320
	超过105%	提取超越105%部分的1%
	90%~99%	180
MRS	100%~105%	320
	超过105%	提取超越105%部分的1%

2. 消化总额

消化	条件	奖金数额（元）
	90%~99%	300
总消化	100%~105%	800
	超过105%	1500

3. 消化速度奖金

项目	条件	奖金数额（元）
各产品	10月底之前完成计划	每个产品600元
	11月底之前完成计划	每个产品450元
总消化额	10月底之前完成计划	2000
	11月底之前完成计划	1500

4. 产品在医院的渗透

产品	条件	奖金数额（元）
MBL	A	110
	B	70
MYO	A	150
	B	110
NEQ	A	80
	B	50
SLX	A	80
	B	50
MRS	A	80
	B	50

二、（MR）团队（成员至少2MR，每个人都会享受）

消化	条件	奖金数额（元）
	100%~109%	550
总消化	110%~119%	700
	120%~139%	850
	超过140%	1100

表20 2000年威材中国公司医药代表的奖金条例

基本原则
激励更好的表现：不封顶系统； 奖金没有限制——消化多，奖金多； 激励高计划的员工； 达到全年产品与消化总额的速度奖，团队奖，产品平衡发展奖。
奖金条件
1. 计算单位
MBLT100、A10、NEQT100、SLX100每盒折为1个计算单位
ART30每盒折为5个计算单位。
MBLT20、MYO20、SLX20每5盒折为1个计算单位。
MRS100每2盒折为1个计算单位，MRS30每6盒折为1个计算单位。
NEQ30每3盒折为1个计算单位。
2. 给付条件
（1）完成计划90%以下没有奖金。
（2）完成计划90%~100%，0%~90%的部分，每计算单位为2元，90%~100%的部分，每计算单位为3元。
（3）完成计划100%~110%，100%~110%的部分，每计算单位为4元。
（4）超过计划110%的部分，每计算单位为6元。
3. 团队奖
（1）所在区域达到总计划的90%，每人700元。
（2）所在区域达到总计划的100%，每人1000元。
（3）所在区域达到总计划的110%，每人1500元。
*个人必须完成计划，才能领取团队奖，否则直接领导把其团队奖金直接分配给其他达标的人员。
4. 速度奖
10月底之前完成全年计划的奖3500元。
11月底之前完成全年计划的奖2500元。
5. 产品平衡奖（年底一次领取）
（1）靠3个产品完成计划，个人奖励1500元。
（2）靠4个产品完成计划，个人奖励2500元。
（3）靠5个产品完成计划，个人奖励3500元。
ART组
1. 给付条件
（1）完成计划70%以下没有奖金。
（2）完成计划70%~100%，0%~70%部分，每盒奖励30元，70%~100%部分每盒奖励40元。
（3）完成计划100%~120%，100%~120%的部分，每盒为50元。
（4）超过计划120%的部分，每盒为60元。
2. 医院渗透奖（经医院药事会同意，正式进入医院药剂科用药）
A级医院：一次性奖励500元。
B级医院：一次性奖励400元。
C级医院：一次性奖励300元。
其他与其他MR一样。
SLX组

3. 给付条件	
（1）完成计划50%以下没有奖金	
（2）完成计划50%～90%，0%～50%部分，每个计算单位为2元，50%～90%部分每个计算单位为3元。	
（3）完成计划90%～100%，90%～100%的部分，每个计算单位为4元。	
（4）完成计划100%～120%，100%～120%的部分，每个计算单位为5元。	
（5）超过计划120%的部分，每个计算单位为6元。	
（6）其他与其他MR一样。	

表21　2001年威材中国公司医药代表的奖金条例

基本原则
激励更好的表现；激励高计划的员工； 不封顶，奖金没有限制——消化多，奖金多； 达到全年产品与消化总额的速度奖，团队奖，产品平衡发展奖。
奖金条件
1. 计算单位
MBLT100、A10每盒折为1个计算单位。
ART30每盒折为8个计算单位，ART7每盒折为2个计算单位。
MBLT20、MYO20每5盒折为1个计算单位。
MRS100每2盒折为1个计算单位，MRS30每6盒折为1个计算单位。
NEQ30每3盒折为1个计算单位；SLX每4盒折为1个计算单位。
2. 给付条件
（1）完成计划90%以下没有奖金。
（2）完成总金额计划90%，但没有达到100%，而且对比去年同期成绩未超过105%，没有奖金。
（3）完成计划90%～100%，0%～90%的部分，每计算单位为2元，90%～100%的部分，每计算单位为3元。
（4）完成计划100%～110%，100%～110%的部分，每计算单位为4元。
（5）超过计划110%的部分，每计算单位为6元。
3. 团队奖
（1）所在区域达到总计划的90%，每人700元。
（2）所在区域达到总计划的100%，每人1000元。
（3）所在区域达到总计划的110%，每人1500元。
*个人必须完成计划，才能领取团队奖，否则直接领导把其团队奖金直接分配给其他达标的人员。
4. 速度奖
10月底之前完成全年计划的奖3500元。
11月底之前完成全年计划的奖2500元。
5. 产品平衡奖（年底一次领取）
（1）靠4个产品完成计划，个人奖励2500元。
（2）靠5个产品完成计划，个人奖励3500元。
（3）当季度销售成绩达到奖金给付条件，但有2个产品未完成当季度计划的，当季度奖金总额减少10%，有3个或3个产品以上未完成当季度计划的，当季度奖金总额减少20%。
ART组
1. 给付条件
（1）完成计划50%以下没有奖金。
（2）完成计划50%～90%，0%～50%部分，每盒奖励20元，50%～90%部分每盒奖励30元。

（3）完成计划90%～100%，90%～100%的部分，每盒为40元。
（4）完成计划100%～120%，100%～120%的部分，每盒为50元。
（5）超过计划120%的部分，每盒为60元。
（6）其他与其他MR一样。

SLX组

1. 给付条件

（1）完成计划70%以下没有奖金。
（2）完成计划70%～100%，0%～70%部分，每个计算单位为2元，70%～100%部分每个计算单位为3.5元。
（3）完成计划100%～120%，100%～120%的部分，每个计算单位为5元。
（4）超过计划120%的部分，每个计算单位为6元。
（5）其他与其他MR一样。

表22　2002年威材公司医药代表的奖金计划

开始时间：2002年1月

奖励时期：每三个月一次

基本原则

激励超额完成ART计划；激励计划高的员工；

激励更好的表现；不封顶，销售越多，挣得奖金就越多！

丰富奖励那些表现出色者，惩戒表现差的员工，特别是ART成绩差的员工！

鼓励尽快完成全年计划；鼓励团队精神/同心合作。

奖金金额及条件

1. 计算单位

（1）MBLT100、A10，每1盒为0.8个计算单位。
（2）AriceptT28每1盒为15个计算单位。
（3）MBLT20每6盒为1个计算单位。

MRST30每6盒为1个计算单位。

MYOT20每4盒为1个计算单位。

NEQT30每4盒为1个计算单位。

SLXC20每4盒为1个计算单位。

2. 给付条件

（1）完成总金额计划90%以下，或ART未完成80%，没有奖金。
（2）完成总金额计划90%，但没有达到100%，而且对比去年同医院同期成绩未超过105%，没有奖金。
（3）完成总金额计划90%，0%～90%部分，每个计算单位为2元。
（4）完成总金额计划90%，但未达到100%时，90%～100%部分，每个计算单位为2.5元。
（5）完成总金额计划100%，但未达到110%时，100%～110%部分，每个计算单位为4.元。
（6）超过总金额计划110%部分，每个计算单位为5元。

3. 达到全年消化计划总额的速度奖（年底一次领取）

（1）在10月份完成全年总金额计划的个人奖励3500元。
（2）在11月份完成全年总金额计划的个人奖励2500元。

4. 产品平衡发展奖

（1）靠4个产品完成计划，个人奖励2500元（年底一次领取，贡献度小于10%产品除外）。
（2）靠5个产品完成计划，个人奖励3500元（年底一次领取，贡献度小于10%产品除外）。

（3）当季度销售成绩达到奖金给付条件，但有3个或3个产品以上未完成当季度计划的，当季度奖金总额减少10%。

5. ART特别奖

年底完成全年计划，则可以补给未拿到奖金的季度奖，即当年底完成全年计划的时候，对实际完成低于80%的季度，可以在年底补拿奖金，但必须由个人承担所得税。

6. 团队奖给付条件

（1）所有在区域的团队达到总金额计划的100%时，每一个团队成员奖名额1000元。

（2）所有在区域的团队达到总金额计划的110%时，每一个团队成员奖名额1500元。

（3）团队中未达到上述条件的个人，没有团队奖，他的奖金额度由地区经理批准后，经直接主管分配给达标人员分享。

（4）团队奖不得因同情而分配给未完成100%金额计划的成员；团队奖不得挪用作其他目的。否则，公司有权取消该团队当年申请团队奖的资格。

（5）未转正代表没有团队奖，也不享有团队成员名额。

表23　2003年威材公司医药代表（不分组）的奖金计划

开始时间：2003年1月
奖励时期：每三个月一次
基本原则
激励超额完成ART计划；激励计划高的员工；
激励更好的表现；不封顶，销售越多，挣得奖金就越多！
丰富奖励那些表现出色者，惩戒表现差的员工，特别是ART成绩差的员工！
鼓励尽快完成全年计划；鼓励团队精神/同心合作。
奖金金额及条件
1. 计算单位
（1）MBLT100、A10每1盒为0.9个计算单位。
（2）AriceptT28每1盒为20个计算单位（增加5个单位）。
（3）MBLT20每6盒为1个计算单位；MRST30每6盒为1个计算单位。
MYOT20每4盒为1个计算单位。
NEQT30每4盒为1个计算单位。
SLXC20每4盒为1个计算单位。
KSTT10每1盒为2个计算单位。
PRAB1每1盒为二个计算单位。
2. 给付条件
（1）完成总金额计划85%以下或者ART未完成60%，没有奖金。
（2）完成总金额计划85%，但没有达到100%，而且对比去年同医院同期成绩未超过105%，没有奖金。
（3）完成总金额计划85%，0%~85%部分，每个计算单位为2元。
（4）完成总金额计划85%，但未达到100%时，85%~100%部分，每个计算单位为2.5元。
（5）完成总金额计划100%，但未达到110%时，100%~110%部分，每个计算单位为4元。
（6）超过总金额计划110%部分，每个计算单位为5元。
（7）KST第一季度未达到KST季度计划的30%，扣除奖金总额的30%。
（8）KST第二季度未达到KST季度计划的45%，扣除奖金总额的30%。
（9）KST第三季度未达到KST季度计划的60%，扣除奖金总额的30%。
（10）KST第四季度未达到KST季度计划的80%，扣除奖金总额的30%。
3. 达到全年消化计划总额的速度奖（年底一次领取）

（1）在10月份完成全年总金额计划的个人奖励3500元。
（2）在11月份完成全年总金额计划的个人奖励2500元。

4. 年底完成特别补偿奖励（必须由个人承担所得税）
（1）当年年底完成全年总量计划的时候，对因为总量未得奖金的季度，可以在年底补拿奖金。
（2）当年年底完成全年ART计划的时候，对因为ART未得奖金的季度，可以在年底补拿奖金。
（3）当年年底KST总量完成80%，可以补因KST未达到条件扣除的奖金部分并奖励奖金1000元。
（4）当年年底KST总量完成90%，可以补因KST未达到条件扣除的奖金部分并奖励奖金2000元。
（5）当年年底KST总量完成100%，可以补因KST未达到条件扣除的奖金部分并奖励奖金3000元。

表24　2003年威材公司医药代表（ART组）的奖金计划

开始时间：2003年1月
奖励时期：每三个月一次
基本原则
激励超额完成ART计划；激励更好的表现；
不封顶，销售越多，挣得奖金就越多！
丰富奖励那些表现出色者，惩戒表现差的员工，特别是ART成绩差的员工！
鼓励尽快完成全年计划；激励计划高的员工；
鼓励团队精神/同心合作。
奖金金额及条件
1. 计算单位
（1）AriceptT28每1盒为20个计算单位（增加5个单位）。
（2）MRST30每5盒为1个计算单位。
（3）NEQT30每4盒为1个计算单位。
（4）SLXC20每4盒为1个计算单位。
（5）PRAB1每1盒为2个计算单位。
2. 给付条件
（1）完成总金额计划85%以下或者ART未完成60%，没有奖金（ART计划和实际除外）。
（2）完成总金额计划85%，但没有达到100%，而且对比去年同医院同期成绩未超过105%，没有奖金。
（3）完成总金额计划85%，0%~85%部分，每个计算单位为2元。
（4）完成总金额计划85%，但未达到100%时，85%~100%部分，每个计算单位为2.5元。
（5）完成总金额计划100%，但未达到110%时，100%~110%部分，每个计算单位为4元。
（6）超过总金额计划110%部分，每个计算单位为5元。
（7）ART完成计划的60%，每个计算单位为3元。
（8）ART完成计划的90%，60%~90%部分，每个计算单位为3.5元。
（9）ART完成计划的100%，90%~100%部分，每个计算单位为4元。
（10）ART超过计划的100%部分，每个计算单位为5元。
3. 达到全年消化计划总额的速度奖（年底一次领取）
（1）在10月份完成全年总金额计划的个人奖励3500元。
（2）在11月份完成全年总金额计划的个人奖励2500元。
4. 总量和ART年底完成特别补偿奖励（必须由个人承担所得税）
（1）当年年底完成全年总量计划的时候，对未达标的季度，可以在年底补拿未得到部分的奖金。
（2）当年年底完成全年ART计划的时候，对未达标的季度，可以在年底补拿未得到部分的奖金。

表25　2003年威材公司医药代表（MBL组）的奖金计划

开始时间：2003年1月
奖励时期：每三个月一次
基本原则
激励超额完成KST计划；激励更好的表现；
不封顶，销售越多，挣得奖金就越多！
丰富奖励那些表现出色者，惩戒表现差的员工，特别是KST成绩差的员工！
鼓励尽快完成全年计划；激励计划高的员工；
鼓励团队精神/同心合作。
奖金金额及条件
1.计算单位
（1）MBLT100、A10每1盒为0.9个计算单位。
（2）MBLT20每5盒为1个计算单位。
（3）MYOT20每4盒为1个计算单位。
（4）KSTT10每1盒为2个计算单位。
2.给付条件
（1）完成总金额计划85%以下，没有奖金。
（2）完成总金额计划85%，但没有达到100%，而且对比去年同医院同期成绩未超过105%，没有奖金。
（3）完成总金额计划85%，0%~85%部分，每个计算单位为2元。
（4）完成总金额计划85%，但未达到100%时，85%~100%部分，每个计算单位为2.5元。
（5）完成总金额计划100%，但未达到110%时，100%~110%部分，每个计算单位为4元。
（6）超过总金额计划110%部分，每个计算单位为5元。
（7）KST第一季度未达到KST季度计划的30%，扣除奖金总额的30%。
（8）KST第二季度未达到KST季度计划的45%，扣除奖金总额的30%。
（9）KST第三季度未达到KST季度计划的60%，扣除奖金总额的30%。
（10）KST第四季度未达到KST季度计划的80%，扣除奖金总额的30%。
3.达到全年消化计划总额的速度奖（年底一次领取）
（1）在10月份完成全年总金额计划的个人奖励3500元。
（2）在11月份完成全年总金额计划的个人奖励2500元。
4.年底完成特别补偿奖励（必须由个人承担所得税）
（1）当年年底完成全年总量计划的时候，对因为总量未得奖金的季度，可以在年底补拿奖金。
（2）当年年底完成全年KST计划的时候，对因KST未得奖金的季度，可以在年底补拿奖金。
（3）当年年底KST总量完成80%，可以补因KST未达到条件扣除的奖金部分并另奖励奖金1000元。
（4）当年年底KST总量完成90%，可以补因KST未达到条件扣除的奖金部分并另奖励奖金2000元。
（5）当年年底KST总量完成100%，可以补因KST未达到条件扣除的奖金部分并另奖励奖金3000元。

表26　2003年威材公司团队奖（以区域为单位）

开始时间：2003年1月
奖励时期：每三个月一次
基本原则
鼓励团队精神/同心合作；
激励计划高的员工做得更多，以帮助团队表现更出色；

惩戒表现差的员工。
团队奖给付条件
（1）所在区域的团队达到总金额计划的100%时，每一个团队成员名额奖1000元。
（2）所在区域的团队达到总金额计划的110%时，每一个团队成员名额奖1500元。
（3）团队中未达到上述条件的个人，没有团队奖，他的奖金额度由地区经理批准后，经直接主管分配给达标人员分享。
（4）团队奖不得因同情而分配给未完成100%金额计划的成员；团队奖不得挪用作其他目的。否则，公司有权取消该团队当年申请团队奖的资格。
（5）未转正代表没有团队奖，也不享有团队成员名额。

表27　2004年威材公司医药代表（综合组、MBL组）的奖金计划

开始时间：2004年1月
奖励时期：每三个月一次
基本原则
激励超额完成ART计划；激励更好的表现；
不封顶，销售越多，挣得奖金就越多！
丰富奖励那些表现出色者，惩戒表现差的员工，特别是ART成绩差的员工！
鼓励尽快完成全年计划；激励人均产出高的员工做得更好。
奖金金额及条件
1.给付条件
综合组
（1）完成总金额计划80%以下或者ART上半年未完成60%或下半年未完成70%，没有奖金。
（2）完成总金额计划80%，但是未完成100%，而且对比去年同期未达到105%的增长，没有奖金。
（3）KST或PRA未达到各自产品季度计划的80%，扣除奖金总额的20%（最高20%）。
MBL组
（1）完成总金额计划80%以下，没有奖金。
（2）KST未达到季度计划的80%，扣除奖金总额的20%。
2.达到给付条件以后，奖金给付单位
（1）季度产出小于18万元，奖金数：0元。
（2）季度产出大于等于18万元，小于24万元，奖金数为1500元。
（3）季度产出大于等于24万元，小于27万元，奖金数为2000元。
（4）季度产出大于等于27万元，小于30万元，奖金数为3000元。
（5）季度产出大于等于30万元，小于42万元，奖金数为季度总销量×1.3%。
（6）季度产出大于等于42万元，小于60万元，奖金数为7000+（季度总销量−42万）×1.8%。
（7）季度产出大于等于60万元，小于90万元，奖金数为11000+（季度总销量−60万）×2.3%。
（8）季度产出大于等于90万元，奖金数为18000+（季度总销量−90万）×3%。
3.达到全年消化计划总额的速度奖（年底一次领取）
（1）在10月份完成全年总金额计划的个人奖励5000元。
（2）在11月份完成全年总金额计划的个人奖励2500元。
4.年底完成特别补偿奖励（必须由个人承担所得税）
（1）当年年底完成全年总量计划的时候，对因为总量未得奖金的季度，可以在年底补拿奖金。
（2）当年年底完成全年ART计划的时候，对因为ART未得奖金的季度，可以在年底补拿奖金。

表28　2004年威材公司医药代表（ART组）的奖金计划

开始时间：2004年1月
奖励时期：每三个月一次
基本原则
激励超额完成ART计划；激励更好的表现；
不封顶，销售越多，挣得奖金就越多！
丰富奖励那些表现出色者，惩戒表现差的员工，特别是ART成绩差的员工！
鼓励尽快完成全年计划；激励人均产出高的员工做得更好。
奖金金额及条件
1. 计算单位
（1）AriceptT28每1盒为20个计算单位。
（2）MRST30每5盒为1个计算单位。
（3）SLXC20每4盒为1个计算单位。
（4）PRAB1每1盒为1个计算单位。
2. 给付条件
（1）完成总金额计划80%以下或者ART上半年未完成60%或下半年未完成70%，没有奖金。
（2）完成总金额计划80%，但没有达到100%，而且对比去年同医院同期成绩未超过105%，没有奖金。
（3）完成总金额计划80%，0%～80%部分，每个计算单位为2元（ART计划和实际除外）。
（4）完成总金额计划80%，但未达到100%时，80%～100%部分，每个计算单位为2.5元。
（5）完成总金额计划100%，超过部分，每个计算单位为4元。
（6）ART完成计划的60%（下半年70%），每个计算单位为3元。
（7）ART完成计划的100%，60%（下半年70%），100%的部分，每个计算单位为3.5元。
（8）ART超过计划100%的部分，每个计算单位为4元。
3. 达到全年消化计划总额的速度奖（年底一次领取）
（1）在10月份完成全年总金额计划的个人奖励5000元。
（2）在11月份完成全年总金额计划的个人奖励2500元。
4. 年底完成特别补偿奖励（必须由个人承担所得税）
（1）当年年底完成全年总量计划的时候，对未达标的季度，可以在年底补拿未得到部分的奖金。
（2）当年年底完成全年ART计划的时候，对未达标的季度，可以在年底补拿未得到部分的奖金。

表29　2005年威材公司医药代表（MBL组）的奖金计划

开始时间：2005年1月
奖励时期：每三个月一次
基本原则
按总量档次进行奖励，贡献越大，奖金越高，上不封顶；
鼓励尽快完成全年计划；
激励销售人员做MYO，达到80%以上开始额外奖励。
奖金金额及条件
1. 给付条件
（1）完成总金额计划80%以下，没有奖金。
（2）完成总金额计划80%，但未达到100%，且对比去年同期未达到105%的增长，没有奖金。
（3）KST未达到季度计划的80%，扣除奖金总额的20%。

2. 达到给付条件以后，奖金给付方法		
条件	奖金数	MYO达80%以上后开始额外奖励
月均消化小于15万元 （当季度总消化<45万元）	基数×X%×Y/45 （基数为人民币10000元，X为对比计划完成率，Y为当季度总消化额）	80%～100%，超过部分每盒3元； 100%～110%，超过部分每盒6元； 110%以上，超过部分每盒10元。
月均消化15万～30万元 （当季度总消化为45万～90万元）	基数×X%×Y/90 （基数为18000元，X、Y意义同上）	80%～100%，超过部分每盒3元； 100%～110%，超过部分每盒6元； 110%以上，超过部分每盒10元。
月均消化30万～50万元 （当季度总消化90万～150万元）	基数×X%×Y/150 （基数为30000元，X、Y意义同上）	80%～100%，超过部分每盒3元； 100%～110%，超过部分每盒6元； 110%以上，超过部分每盒10元。
月均消化>50万元 （当季度总消化>150万）	基数×X% （基数为45000元，X为完成率）	80%～100%，超过部分每盒3元； 100%～110%，超过部分每盒6元； 110%以上，超过部分每盒10元。
3. 达到全年消化计划总额的速度奖（年底一次领取）		
（1）在10月份完成全年总金额计划的个人奖励6000元。		
（2）在11月份完成全年总金额计划的个人奖励3500元。		
4. 年底完成特别补偿奖励（必须由个人承担所得税）		
当年年底完成全年总量计划的时候，对因为总量未得奖金的季度，可以在年底补拿奖金。		

表30　2005年威材公司医药代表（综合组）的奖金计划

开始时间：2005年1月
奖励时期：每三个月一次
基本原则
按总量档次进行奖励，贡献越大，奖金越高，上不封顶；
鼓励尽快完成全年计划；
激励销售人员做MYO，达到80%以上开始额外奖励；
激励超额完成ART计划；
激励人均产出高的员工做得更好。
奖金金额及条件
1. 给付条件
（1）完成总金额计划80%以下，没有奖金。
（2）完成总金额计划80%，但未达到100%，且对比去年同期未达到105%的增长，没有奖金。
2. 达到给付条件以后，奖金给付方法；

条件	奖金数	MYO达80%以上后开始额外奖励
月均消化小于15万元 （当季度总消化<45万元）	基数×X%×Y/45 （基数为人民币10000元，X为对比计划完成率，Y为当季度总消化额）	80%～100%，超过部分每盒3元； 100%～110%，超过部分每盒6元； 110%以上，超过部分每盒10元。
月均消化15万～30万元 （当季度总消化为45万～90万元）	基数×X%×Y/90 （基数为18000元，X、Y意义同上）	80%～100%，超过部分每盒3元； 100%～110%，超过部分每盒6元； 110%以上，超过部分每盒10元。

月均消化30万~50万元 （当季度总消化90万~150万元）	基数×X%×Y/150 （基数为30000元，X、Y意义同上）	80%~100%，超过部分每盒3元； 100–110%，超过部分每盒6元； 110%以上，超过部分每盒10元。
月均消化>50万元 （当季度总消化>150万元）	基数×X% （基数为45000元，X为完成率）	80%~100%，超过部分每盒3元； 100%~110%，超过部分每盒6元； 110%以上，超过部分每盒10元。

注：ART完成率≤100%，总奖金额必须乘以ART的完成率；ART完成率>100%，超过100%部分额外奖励每盒50元。

3. 达到全年消化计划总额的速度奖（年底一次领取）

（1）在10月份完成全年总金额计划的个人奖励6000元。

（2）在11月份完成全年总金额计划的个人奖励3500元。

4. 年底完成特别补偿奖励（必须由个人承担所得税）

（1）当年年底完成全年总量计划的时候，对因为总量未得奖金的季度，可以在年底补拿奖金。

（2）当年年底完成全年ART计划的时候，对因为ART未得奖金的季度，可以在年底补拿奖金。

表31　2005年威材医药代表（ART组）的奖金计划

开始时间：2005年1月
奖励时期：每三个月一次
基本原则
激励MR提高总量和ART完成率；
鼓励尽快完成全年计划；
激励MR提高总量和ART完成率；
激励超额完成ART计划。
奖金金额及条件
1. 给付条件
（1）完成总金额计划70%以下，没有奖金。
（2）完成总金额计划70%，未达到100%，且对比去年同医院同期成绩未超过105%，没有奖金。
（3）PRA未达到季度计划的80%，扣除奖金总额的20%。
2. 计算单位
（1）ART–T28：1盒=20单位。
（2）MRS–T30：5盒=1单位。
（3）SLX–C20：4盒=1单位。
（4）PRA–BOT：1盒=1单位。
3. 给付条件
（1）完成总金额计划70%，0%~70%部分，每个单位2元（ART计划和实际除外）。
（2）完成总金额计划70%，未达到100%，70%~100%部分，每个单位为2.5元。
（3）完成总金额计划100%，超过部分，每个计算单位为4元。
（4）ART——每个单位4元；但是ART的完成单位数必须乘ART的完成率 （ART完成率为80%，单位数为1000，则ART部分的奖金为：1000×4×80%=3200元）。
4. 达到全年消化计划总额的速度奖（年底一次领取）
（1）在10月份完成全年总金额计划的个人奖励6000元。
（2）在11月份完成全年总金额计划的个人奖励3500元。

5. 年底完成特别补偿奖励（必须由个人承担所得税）
（1）当年年底完成全年总量计划的时候，对未达标的季度，可以在年底补拿未得到部分的奖金。
（2）当年年底完成全年ART计划的时候，对未达标的季度，可以在年底补拿未得到部分的奖金。

表32　2006年威材公司医药代表销量奖金计划

开始时间：2006年1月
奖励时期：每三个月一次
基本原则
销量奖金结构简单，各组奖金力争保持平衡、公平。
按计划完成率和平均生产力两个关键业绩指标进行考核，上不封顶。
鼓励产出超过全国平均生产力。
激励团队所有成员有良好的表现，整体完成计划。
奖金金额及条件
1. 给付条件
（1）完成总金额计划80%以下，没有奖金。
（2）完成总金额计划80%，但未达到90%，且对比去年同期未达到105%的增长，没有奖金。
（3）6个城市分成4组的代表，任何产品低于季度计划的80%，扣除奖金总额的20%。
（4）负责3~4个产品的代表，任何产品低于季度计划的70%，扣除奖金总额的20%。
（5）综合组代表重点考核ART/MBL两个品种，任何品种低于季度计划的70%，扣除奖金总额的20%。
2. 达到给付条件以后的计算办法
（1）全国代表（含高代）统一季度奖金基数为14500元。
（2）全国组长统一季度奖金基数为17000元。
（3）奖金结构：奖金基数×该代表当季度计划完成率×该代表生产力系数。
注：①代表生产力系数=代表实际销售总金额/所在组全国实际平均值；
②各组全国实际平均值=各组当季度实际销售总金额/当季度各组代表人数；
③当季度各组代表人数的统计：若代表在该季度实际工作日未满11日，则该代表人数不计算在该季度代表总人数中，反之则计算在内。
3. 团队奖
（1）任何团队完成销售计划的95%以上（含95%），该团队代表人均可得3000元团队奖。
（2）未完成计划的代表没有奖金，并且平均影响到团队中其他成员的该项奖金总额，人均扣除金额=未完成计划的代表人数×3000/团队完成计划的人数。
4. 达到全年消化计划总额的速度奖（年度一次领取）
（1）在10月份完成全年总金额计划的个人奖励6000元。
（2）在11月份完成全年总金额计划的个人奖励3500元。
5. 年底完成特别补偿奖励（必须由个人承担所得税）
当年年底完成全年总量计划的时候，对因为总量未得奖金的季度，可以在年底补拿奖金。

表33　2007年威材公司销售部的奖金条例

1. 主要原则
（1）不同的产品有不同的起奖线。
（2）超过起奖线的部分，每盒以固定金额折算成奖金，不封顶。
（3）销售完成率低于70%，没有奖金。
（4）70%<销售总额<100%时，完成率需要作为奖金系数。

（5）销售总额>100%时，以100%计算。

2. 产品起奖点及单盒计算标准

产品	条件	四分组	三分组	综合组
MBL 20T	>75%	1.5	2.5	1
	>85%	3.5	4.5	1.5
	>95%	6	7	3
ART 7T 5mg/10mg	>70%	23	23	15
	>90%	35	35	25
MRS 30T	>70%	1.5	1.5	1
	>85%	2.2	2.2	2
MYO 20T	>40%	1.5	1.5	0.5
	>65%	3	3	1.5
	>80%	4.5	4.5	3
	>90%	6	6	4
PRA T7	>50%	1.5	1	1
	>70%	3	1.5	1.8
	>85%	5	4	3
SLX 20C	>70%	2.5	2.5	0.5
	>80%	5	5	1.5
	>90%	7	7	3
ERIL	>0%	4	4	4

案例讨论

1. 请你点评威材公司12年的销售代表的奖金条例的优点与缺点。
2. 请你点评威材公司2005年开始的销售岗位工资改革。
3. 请你阐述销售曲棍球棒效应产生的原因与危害。
4. 如何在销售薪酬设计方案中抑制销售曲棍球棒效应？
5. 假设你是威材2007年销售薪酬方案的决策者，你会怎么做？

参考文献

[1] Weitz B A，Castleberry S B，Tanner J F. 销售与顾客关系管理[M]. 胥悦红，译. 北京：人民邮电出版社，2008.

[2] Futrell Charles M. 销售学基础 [M]. 赵银德，译. 9版. 北京：机械工业出版社，2006.

[3] Futrell Charles M. 销售管理：团队、领导与方法 [M]. 刘寅龙，译. 6版. 北京：机械工业出版社，2004.

[4] Jobber D，Lancaster G. 推销与销售管理[M]. 俞利军，译. 7版，北京：中国人民大学出版社，2007.

[5] Cichelli D J. 销售团队的薪酬设计[M]. 王天，谢子力，译. 北京：电子工业出版社，2008.

[6] Manning G L. 当代推销学[M]. 吴长顺，等译. 8版. 北京：电子工业出版社，2002.

[7] Pancero J. 销售团队管理[M]. 朱国振，高晓燕，译. 北京：电子工业出版社，2007.

[8] Kotler P. 等. 营销管理[M]. 梅清豪，译. 3版. 北京：中国人民大学出版社，2005.

[9] Daft R L. 组织理论与设计精要[M]. 李维安，等译. 北京：机械工业出版社，2003.

[10] Noe R A，Hollenbeck J R，Gerhart B，等. 人力资源管理：赢得竞争优势[M]. 刘昕，译. 5版. 北京：中国人民大学出版社，2005.

[11] Robbins S P，Coulter M. 管理学[M]. 孙健敏，黄卫伟，王凤彬，等译. 7版. 北京：中国人民大学出版社，2004.

[12] Stanton W J，Spiro R. 销售队伍管理[M]. 江明华，译. 10版. 北京：北京大学出版社，2002.

[13] 黄德华. 患者流分析：市场策略的军用卫星[J]. 销售与市场，2007（11）：86-87.

[14] 李先国. 销售管理[M]. 3版. 北京：中国人民大学出版社，2012.

[15] 徐国华，张德，赵平. 管理学[M]. 北京：清华大学出版社，1998.

[16] 余凯成. 组织行为学[M]. 3版. 大连：大连理工大学出版社，2006.

[17] 张大亮，邢以群. 公平的报酬体系[M]. 北京：机械工业出版社，2007.
[18] 张德. 组织行为学[M]. 2版. 北京：高等教育出版社，2005.
[19] 黄德华. 基于销售战略目标的销售队伍激励问题研究[D]. 杭州：浙江大学，2008.
[20] 欧阳小珍. 销售管理[M]. 2版. 武汉：武汉大学出版社，2010.
[21] 于斌. 组织理论与设计[M]. 北京：清华大学出版社，2012.
[22] 甘华鸣，李湘华. 领导[M]. 北京：中国国际广播出版社，2002.